# 叶圣陶语文教育论集

叶圣陶　著

中国教育科学研究院　编

教育科学出版社

·北京·

# 出版说明

　　1980 年，本社成立伊始出版的第一本书《叶圣陶语文教育论集》，在语文教育界曾引起广泛的关注，产生了重要的影响。时至今日，很多语文名师、语文教育专家在向同行、后辈推荐的书目中，依然常提及这本书。今年适逢叶圣陶先生诞辰 120 周年，本社再版此书，除了纪念为语文教育做出卓越贡献的叶圣陶先生，更有向经典致敬的意味。

　　本次再版，除了将原来的两本合成一本，由小开本变成大开本，在版式上做了调整外，也将一些异体字、异形词换成了现今的用法，修订了原书中出现的诸如标点符号等方面的错误，同时最大限度地保持了第一版本来的样子。

　　本书的再版得到了叶圣陶先生长孙叶永和先生及孙媳蒋燕燕女士的授权，谨此致谢。

教育科学出版社

二〇一四年十月

# 编者的话

一、叶圣陶同志是著名的作家、教育家、语言学家。我们编辑《叶圣陶语文教育论集》的主要目的，是便于广大语文教育工作者研究叶圣陶同志的语文教育思想，为改进语文教育作参考，并适应一般读者学习语文的需要。

二、本书编入叶圣陶同志一九一九年以来论述语文教育的文章一百一十二篇，书简三十六封。分为六部分：（一）语文教育和语文学习的论述；（二）作者编辑的和参加编辑的各级学校语文课本的例言、序言等；（三）阅读和文章分析；（四）写作、写作教学和作文评改；（五）语言文字和修辞；（六）语文教育书简。每一部分各按年代顺序编排。从报章杂志或手稿录载的，以发表日期或写作日期为序，从单行本录载的，以出版年月为序。

编入本书的文章，文字都经过作者校改。

三、本书在编辑过程中，得到王泗原同志、叶至善同志的帮助，又承吕叔湘同志为本书作序。我们在此一并志谢。

四、本书是由我所教育史研究室和教学法研究室编辑的，负责编辑工作的是蒋仲仁、杜草甬两同志。限于水平，编辑工作中难免存在缺点和错误，希望读者指正。

中央教育科学研究所

一九八〇年八月

# 序

　　叶圣陶先生从一九一二年起从事语文方面的教学、编辑、出版工作，前后六十多年，对于这半个多世纪里我国语文教育工作中的利弊得失知道得深切详明，写下了大量文章，收在这个集子里的就有一百多篇。凡是关心当前语文教育问题的人都应该读一读这本集子。按说这本集子里边的文章大部分是解放以前写的，为什么现在还没有过时呢？这是因为现在有很多问题表面上是新问题，骨子里还是老问题，所以这些文章绝大部分仍然富有现实意义。

　　这本集子里的文章，涉及的面很宽，性质也多种多样，有商讨语文教育的理论原则的，也有只谈论一篇文章或者评议一两个词语的。通观圣陶先生的语文教育思想，最重要的有两点。其一是关于语文学科的性质：语文是工具，是人生日用不可缺少的工具。其二是关于语文教学的任务：教语文是帮助学生养成使用语文的良好习惯。过去语文教学的成绩不好，主要是由于对这两点认识不清。

　　语言文字本来只是一种工具，日常生活中少不了它，学习以及交流各科知识也少不了它。这样一个简单的事实，为什么很多教语文的人和学语文的人会认识不清呢？是因为有传统的看法作梗。"学校里的一些科目，都是旧式教育所没有的，惟有国文一科，所做的工作包括阅读和写作两项，正是旧式教育的全部。一般人就以为国文教学只需继承从前的传统好了，无须乎另起炉灶。这种认识极不正确，从此出发，就一切都错。旧式教育是守着古典主义的：读古人的书籍，意在把书中内容装进头脑里去，不问它对于现实生活适合不适合，有用处没有用处；学古人的文章，意在把那一套程式和腔调模仿到家，不问它对于抒发心情相配不相配，有效果没有效果。旧式教育又是守着利禄主义的：读书作文的目标在取得功名，起码要能得'食廪'，飞黄腾达起来做官做府，当然更好；至于发展个人生活上必要的知能，使个人终身受用不尽，同时使社会间接蒙受有利的影响，这一套，旧式教育根本就不管。因此，旧式教育可以养成记诵很广博的'活书橱'，可以养成学舌很巧妙的'人形鹦鹉'，可以养

成或大或小的官吏以及靠教读为生的'儒学生员'，可是不能养成善于运用国文这一种工具来应付生活的普通公民。"（64 页）

　　圣陶先生在这里扼要地指出旧式语文教学的三大弊病，并且在好些处别的地方加以申说。第一是在阅读教学上不适当地强调所读的内容而把语文本身的规律放在次要的地位。"国文是各种学科中的一个学科，各种学科又像轮辐一样辏合于一个教育的轴心，所以国文教学除了技术的训练而外，更需含有教育的意义。说到教育的意义，就牵涉到内容问题了。……笃信固有道德的，爱把圣贤之书教学生诵读，关切我国现状的，爱把抗战文章作为补充教材，都是重视内容也就是重视教育意义的例子。这是应当的，无可非议的。不过重视内容，假如超过了相当的限度，以为国文教学的目标只在灌输固有道德，激发抗战意识，等等，而竟忘了语文教学特有的任务，那就很有可议之处了。道德必须求其能够见诸践履，意识必须求其能够化为行动。要达到这样地步，仅仅读一些书籍与文篇是不够的，必须有关各种学科都注重这方面，学科以外的一切训练也注重这方面，然后有实效可言。国文诚然是这方面的有关学科，却不是独当其任的唯一学科。所以，国文教学，选材能够不忽略教育意义，也就足够了，把精神训练的一切责任都担在自己肩膀上，实在是不必的。"（41 页）

　　第二种弊病是在作文教学上要求模仿一套程式。"不幸我国的写作教学继承着科举时代的传统，兴办学校数十年，还摆脱不了八股的精神。"（316 页）所谓八股的精神就是第一，不要说自己的话，要"代圣人立言"，第二，要按照一定的间架和腔调去写。圣陶先生很形象地加以形容说："你能够揣摩题目的意旨以及出题目的人的意旨，按着腔拍，咿唔一阵，就算你的本领；如果遇到无可奈何的题目，你能够无中生有，瞎三话四，却又叮叮当当的颇有声调，那更见出你的才情。"（30 页）他并且用自己小时候的经验做例子，"我八九岁的时候在书房里'开笔'，教师出的题目是《登高自卑说》；他提示道：'这应当说到为学方面去。'我依他吩咐，写了八十多字，末了说：'登高尚尔，而况于学乎'就在'尔'字'乎'字旁边博得了两个双圈。登高自卑本没有什么说的，偏要你说；单说登高自卑不行，一定要说到为学方面去才合式：这就是八股的精神。"（317 页）

　　第三种弊病就是读书作文不是为了增长知识，发表思想，抒发感情，而是为了应付考试。"从前读书人学作文，最主要的目标在考试，总要作得能使考官中意，从而取得功名。现在也有考试，期中考试，期末考试，还有升学考试。但是，我以为现在学生不宜存有为考试而学作文的想头。只要平时学得扎实，作得认真，临到考试总不会差到哪里。推广开来说，人生一辈子总在面临考试，单就作文而言，刚才说的写封信打个报告之类其实也是考试，不过通常叫作'考验'不叫作'考试'罢了。学生学作文就是要练成一种熟练技能，一辈子能禁得起这种最广泛的意义的'考试'即'考验'，而不是为了一时的学期考试和升学考试。"（114 页）

过去的第二点错误认识是把语文课看成知识课，看成跟历史、地理或者物理、化学一样，是传授一门知识的课，因而要以讲为主。在读文言文的时代，自然逐字逐句大有可讲，到了读白话文课本，就"从逐句讲解发展到讲主题思想，讲时代背景，讲段落大意，讲词法句法篇法，等等，大概有三十来年了。可是也可以说有一点没有变，就是离不了教师的'讲'，而且要求讲'深'，讲'透'，那才好。"（110－111 页）"我想，这里头或许有个前提在，就是认为一讲一听之间事情就完成了，像交付一件东西那么便当，我交给你了，你收到了，东西就在你手里了。语文教学乃至其他功课的教学，果真是这么一回事吗？"（112 页）

这种以教师讲解为主的教学法，其流弊，第一是学生"很轻松，听不听可以随便。但是，想到那后果，可能是很不好的"。其次，"学生会不会习惯了教师都给讲，变得永远离不开教师了呢？永远不离开教师是办不到的，毕业了，干什么工作去了，决不能带一位教师在身边，看书看报的时候请教师给讲讲，动笔写什么的时候请教师给改改。那时候感到不能独自满足当前的实际需要，岂不是极大的苦恼？"（112 页）

这就触及教育学上的根本问题：在教学活动中，教师起什么作用？圣陶先生的看法是，"各种学科的教学都一样，无非教师帮着学生学习的一串过程"。换句话说，教学、教学，就是"教"学生"学"，主要不是把现成的知识交给学生，而是把学习的方法教给学生，学生就可以受用一辈子。在这个问题上，圣陶先生有一句精辟的话，现在已经众口传诵，那就是："教是为了不教。"这句话在这本论文集里多次出现，例如："'讲'当然是必要的。问题可能在如何看待'讲'和怎么'讲'。说到如何看待'讲'，我有个朦胧的想头。教师教任何功课（不限于语文），'讲'都是为了达到用不着'讲'，换个说法，'教'都是为了达到用不着'教'。……语文教材无非是例子，凭这个例子要使学生能够举一而反三，练成阅读和作文的熟练技能；因此，教师就要朝着促使学生'反三'这个标的精要地'讲'，务必启发学生的能动性，引导他们尽可能自己去探索。"（112－113 页）又如："学生须能读书，须能作文，故特设语文课以训练之。最终目的为：自能读书，不待老师讲；自能作文，不待老师改。老师之训练必作到此两点，乃为教学之成功。"（520页）"我近来常以一语语人，凡为教，目的在达到不需要教。以其欲达到不需要教，故随时宜注意减轻学生之倚赖性，而多讲则与此相违也。"（523页）"尝谓教师教各种学科，其最终目的在达到不复需教，而学生能自为研索，自求解决。故教师之为教，不在全盘授与，而在相机诱导。必令学生运其才智，勤其练习，领悟之源广开，纯熟之功弥深，乃为善教者也。"（524页）"凡为教者必期于达到不须教。教师所务惟在启发导引，俾学生逐步增益其知能，展卷而自能通解，执笔而自能合度。"（538页）

怎样才能达到这个目的，关键在于使学生的学习由被动变为主动。例如要求学生预习，给以必要的指导；发起对课文的讨论（主要指语文方面，不是内容方面），予以有效的启发；对学生的作文只给些评论和指点，让他自己去考虑如何修改；如此等等。这一切，作者在《精读指导举隅》的《前言》以及别的篇章里都有详细的论述。这样教学，当然比逐句讲解吃力，但是这才是教学的正经道路。正如圣陶先生所说："把上课时间花在逐句讲解上，其他应该指导的事情就少有工夫做了；应该做的不做，对不起学生，也对不起自己。"（60－61页）

前面说过，这本集子里边谈到的问题很多，上面只是就它的主要内容，就是关于语文教育的指导思想作了些简单的介绍。此外，如第三部分关于文章的分析鉴赏，第四部分关于写作当中的某些具体问题的讨论，也都有很多好见解，值得我们学习。但是最重要的恐怕还是借阅读这本集子的机会来对照检查我们自己的工作。有许多现在还常常有争论的问题，事实上圣陶先生多年前已经遇到，并且提出了他的看法。有的话尽管是对学生说的，实际上也适用于教师。比如"举一反三"这件事，要教给学生这样做，教师就要首先这样做。那么，现在有些教师希望每一篇课文都有人给写出类似教案的文章来发表在刊物上，让他上课的时候照本宣科，那就完全不对了。这个集子里有一篇题为《中学国文教师》的文章，列举七类教师，都是在教学上犯了这样或那样的毛病的，很值得我们拿来作为反面的借鉴。当然，我希望这种种类型的教师都已经或者即将绝迹。

吕叔湘

一九八〇年八月十八日

# 语文教学二十韵

教亦多术矣，运用在乎人，孰善孰寡效，贵能验诸身。

为教纵详密，亦仅一隅陈，贵能令三反，触处自引伸。

陶不求甚解，疏狂不可循。甚解岂难致？潜心会本文。

作者思有路，遵路识斯真。作者胸有境，入境始与亲。

一字未宜忽，语语悟其神，惟文通彼此，譬如梁与津。

学子由是进，智赡德日新。文理亦畅晓，习焉术渐纯。

操觚令抒发，二事有可云，多方善诱导，厥绩将无伦。

一使需之切，能文意乃申，况复生今世，交流特纷纭。

一使乐其业，为文非苦辛，立诚最为贵，推敲宁厌频。

常谈贡同辈，见浅意殷勤。前途愿共勉，服务为新民。

一九六二年

# 目录

## 第三辑

## 第四辑

## 第五辑

## 第六辑

第
一
辑

　　国文教学的目标，在养成阅读书籍的习惯，培植欣赏文学的能力，训练写作文字的技能。这些事不能凭空着手，都得有所凭借。凭借什么？就是课本或选文。有了课本或选文，然后养成、培植、训练的工作得以着手。课本里所收的，选文中入选的，都是单篇短什，没有长篇巨著。这并不是说学生读了一些单篇短什就足够了。只因单篇短什分量不多，要做细磨细琢的研读功夫，正宜从此入手，一篇读毕，又读一篇，涉及的方面既不嫌偏颇，阅读的兴趣也不致单调，所以取作"精读"的教材。

# 略谈学习国文①

　　无论学习什么学科，都该预先认清楚为什么要学习它。认清楚了，一切努力才有目标，有方向，不至于盲目地胡搅一阵。

　　学生为什么要学习国文呢？这个问题，读者诸君如果没有思考过，请仔细地思考一下。如果已经思考过了，请把思考的结果和后面所说的对照一下，看从中能不能得到些补充或修正。

　　学习国文就是学习本国的语言文字。语言人人能说，文字在小学阶段已经学习了好几年，为什么到了中学阶段还要学习？这是因为平常说的语言往往是任意的，不免有粗疏的弊病；有这弊病，便算不得能够尽量运用语言；必须去掉粗疏的弊病，进到精粹的境界，才算能够尽量运用语言。文字和语言一样，内容有深浅的不同，形式有精粗的差别。小学阶段学习的只是些浅的和粗的罢了，如果即此为止，还算不得能够尽量运用文字；必须对于深的和精的也能对付，能驾驭，才算能够尽量运用文字。尽量运用语言文字并不是生活上一种奢侈的要求，实在是现代公民所必须具有的一种生活的能力。如果没有这种能力，就是现代公民生活上的缺陷；吃亏的不只是个人，同时也影响到社会。因此，中学阶段必须继续着小学阶段，学习本国的语言文字——学习国文。

　　语言文字的学习，就理解方面说，是得到一种知识；就运用方面说，是养成一种习惯。这两方面必须联成一贯；就是说，理解是必要的，但是理解之后必须能够运用；知识是必要的，但是这种知识必须成为习惯。语言文字的学习，出发点在"知"，而终极点在"行"；到能够"行"的地步，才算具有这种生活的能力。这是每一个学习国文的人应该记住的。

　　从国文科，咱们将得到什么知识，养成什么习惯呢？简括地说，只有两项，一项是阅读，又一项是写作。要从国文科得到阅读和写作的知识，养成阅读和写作的习惯。阅读是"吸收"的事情，从阅读，咱们可以领受人家的经验，接触人家的心情；写作是'发表'的事情，从写作，咱们可以显示自己

_____

　　① 原载一九四二年一月一日《国文杂志》（成都）第一期。

的经验，吐露自己的心情。在人群中间，经验的授受和心情的交通是最切要的，所以阅读和写作两项也最切要。这两项的知识和习惯，他种学科是不负授予和训练的责任的，这是国文科的专责。每一个学习国文的人应该认清楚：得到阅读和写作的知识，从而养成阅读和写作的习惯，就是学习国文的目标。

知识不能凭空得到，习惯不能凭空养成，必须有所凭借。那凭借就是国文教本。国文教本中排列着一篇篇的文章，使学生试去理解它们，理解不了的，由教师给予帮助（教师不教学生先自设法理解，而只是一篇篇讲给学生听，这并非最妥当的帮助）；从这里，学生得到了阅读的知识。更使学生试去揣摩它们，意念要怎样地结构和表达，才正确而精密，揣摩不出的，由教师给予帮助；从这里，学生得到了写作的知识。如果不试去理解，试去揣摩，只是茫然地今天读一篇朱自清的《背影》，明天读一篇《史记》的《信陵君列传》，那是得不到什么阅读和写作的知识的，国文课也就白上了。

这里有一点必须注意。国文教本为了要供学生试去理解，试去揣摩，分量就不能太多，篇幅也不能太长；太多太长了，不适宜于做细琢细磨的研讨功夫。但是要养成一种习惯，必须经过反复的历练。单凭一部国文教本，是够不上说反复的历练的。所以必须在国文教本以外再看其他的书，越多越好。应用研读国文教本得来的知识，去对付其他的书，这才是反复的历练。

现在有许多学生，除了教本以外，不再接触什么书，这是不对的。为养成阅读的习惯，非多读不可；同时为充实自己的生活，也非多读不可。虽然抗战时期，书不容易买到，买得到的价钱也很贵；但是只要你存心要读，究竟还不至于无书可读。学校图书室中不是多少有一些书吗？图书馆固然不是各地都有，可是民众教育馆不是普遍设立了吗？藏书的人（所藏当然有多有少）不是随处都可以遇见吗？各就自己所好，各就各科学习上的需要，各就解决某项问题的需要，从这些处所借书来读，这是应该而且必须做的。

写作的历练在乎多作，应用从阅读得到的写作知识，认真地作。写作，和阅读比较起来，尤其偏于技术方面。凡是技术，没有不需要反复历练的。学校里的定期作文，因为须估计教师批改的时间和精力，不能把次数规定得太多。每星期作文一次算是最多了；就学生历练方面说，还嫌不够。为养成写作的习惯，非多作不可；同时为适应生活的需要，也非多作不可。作日记，作读书笔记，作记叙生活经验的文章，作发抒内部情思的文章，凡遇有需要写作的机会，决不放过，这也是应该而且必须做的。

# 《精读指导举隅》前言①

在指导以前，得先令学生预习。预习原很通行，但是要收到实效，方法必须切实，考查必须认真。现在请把学生应做的预习工作分项说明于下。

## 一 通读全文

理想的办法，国文教本要有两种本子：一种是不分段落，不加标点的，供学生预习用；一种是分段落，加标点的，待预习过后才拿出来对勘。这当然办不到。可是，不用现成教本而用油印教材的，那就可以在印发的教材上不给分段落，也不给加标点，令学生在预习时候自己用铅笔画分段落，加上标点。到上课时候，由教师或几个学生通读，全班学生静听，各自拿自己预习的成绩来对勘；如果自己有错误，就用墨笔订正。这样，一份油印本就有了两种本子的功用了。现在的书籍报刊都分段落，加标点，从著者方面说，在表达的明确上很有帮助；从读者方面说，阅读起来可以便捷不少。可是，练习精读，这样的本子反而把学者的注意力减轻了。既已分了段落，加了标点，就随便看下去，不再问为什么要这样分，这样点，这是人之常情。在这种常情里，恰恰错过了很重要的练习机会。若要不放过这个机会，唯有令学生用一种只有文字的本子去预习，在怎样分段、怎样标点上用一番心思。预习的成绩当然不免有错误，然而不足为病。除了错误以外，凡是不错误的地方都是细心咬嚼过来的，这将是终身的受用。

假如用的是现成教本，或者虽用油印教材，而觉得只印文字颇有不便之处，那就只得退一步设法，令学生在预习的时候，对于分段标点作一番考核的功夫。为什么在这里而不在那里分段呢？为什么这里该用逗号而那里该用句号呢？为什么这一句该用惊叹号而不该用疑问号呢？这些问题，必须自求解答，说得出个所以然来。还有，现成教本是编辑员的产品，油印教材大都经教师加

---

① 原载作者与朱自清合著的《精读指导举隅》，商务印书馆一九四二年三月出版。

过工，"智者千虑，必有一失"，岂能完全没有错误？所以，不妨再令学生注意，不必绝对信赖印出来的教本与教材，最要紧的是用自己的眼光通读下去，看看是不是应该这样分段，这样标点。

要考查这一项预习的成绩怎样，得在上课时候指名通读。全班学生也可以借此对勘，订正自己的错误。读法通常分为两种：一种是吟诵，一种是宣读。无论文言白话，都可以用这两种读法来读。文言的吟诵，各地有各地的调子，彼此并不一致；但是都为了传出文字的情趣，畅发读者的感兴。白话一样可以吟诵，大致与话剧演员念台词差不多，按照国语的语音，在抑扬顿挫表情传神方面多多用功夫，使听者移情动容。现在有些小学校里吟诵白话与吟诵文言差不多，那是把"读"字呆看了。吟诵白话必须按照国语的语音，国语的语音运用得到家，才是白话的最好的吟诵。至于宣读，只是依照对于文字的理解，平正地读下去，用连贯与间歇表示出句子的组织与前句和后句的分界来。这两种读法，宣读是基本的一种；必须理解在先，然后谈得到传出情趣与畅发感兴。并且，要考查学生对于文字理解与否，听他的宣读是最方便的方法。比如《泷冈阡表》的第一句，假如宣读作"呜呼！唯我皇——考崇公卜——吉于泷冈——之六十年，其子修始——克表于其阡，非——敢缓也，盖有待也"。这就显然可以察出，读者对于"皇考"，"崇公"，"卜吉"，"六十年"与"卜吉于泷冈"的关系，"始"字"克"字"表"字及"非"字"敢"字"缓"字缀合在一起的作用，都没有理解。所以，上课时候指名通读，应该用宣读法。

## 二　认识生字生语

通读全文，在知道文章的大概；可是要能够通读下去没有错误，非先把每一个生字生语弄清楚不可。在一篇文章里，认为生字生语的，各人未必一致，只有各自挑选出来，依赖字典辞典的翻检，得到相当的认识。所谓认识，应该把它解作最广义。仅仅知道生字生语的读音与解释，还不能算充分认识；必须熟习它的用例，知道它在某一种场合才可以用，用在另一种场合就不对了，这才真个认识了。说到字典辞典，我们真惭愧，国文教学的受重视至少有二十年了，可是还没有一本适合学生使用的字典辞典出世，现在所有的，字典脱不了《康熙字典》的窠臼，辞典还是《辞源》称霸，对学习国文的学生都不很相宜。通常英文字典有所谓"求解""作文"两用的，学生学习国文，正需要这一类的国文字典辞典。一方面知道解释，另一方面更知道该怎么使用，这才使翻检者对于生字生语具有彻底的认识。没有这样的字典辞典，学生预习效率就不会很大。但是，使用不完善的工具总比不使用工具强一点；目前既没有更适用的，就只得把属于《康熙字典》系统的字典与称霸当世的《辞源》将就应用。这当儿，教师不得不多费一点心思，指导学生搜集用例，或者搜集了若干用例给学生，使学生自己去发现生字生语的正当用法。

学生预习，通行写笔记，而生字生语的解释往往在笔记里占大部分篇幅。这原是好事情，记录下来，印象自然深一层，并且可以备往后的考查。但是，学生也有不明白写笔记的用意的；他们因为教师要他们交笔记，所以不得不写笔记。于是，有胡乱抄了几条字典辞典的解释就此了事的；有遗漏了真该特别注意的字语而仅就寻常字语解释一下拿来充数的。前者胡乱抄录，未必就是那个字语在本文里的确切意义；后者随意挑选，把应该注意的反而放过了；这对于全文的理解都没有什么帮助。这样的笔记交到教师手里，教师辛辛苦苦地把它看过，还要提起笔来替它订正，实际上对学生没有多大益处，因为学生并没有真预习。所以，须在平时使学生养成一种观念与习惯，就是：生字生语必须依据本文，寻求那个字语的确切意义；又必须依据与本文相类和不相类的若干例子，发现那个字语的正当用法。至于生字生语的挑选，为了防止学生或许会有遗漏，不妨由教师先行尽量提示，指明这一些字语是必须弄清楚的。这样，学生预习才不至于是徒劳，写下来的笔记也不至于是循例的具文。

要考查学生对于生字生语的认识程度怎样，可以看他的笔记，也可以听他的口头回答。比如《泷冈阡表》第一句里"始克表于其阡"的"克"字，如果解作"克服"或"克制"，那显然是没有照顾本文，随便从字典里取了一个解释。如果解作"能够"，那就与本文切合了，可见是用了一番心思的。但是还得进一步研求："克"既然作"能够"解，"始克表于其阡"可不可以写作"始能表于其阡"呢？对于这个问题，如果仅凭直觉回答说，"意思也一样，不过有点不顺适"，那是不够的。这须得研究"克"和"能"的同和异。在古代，"克"与"能"用法是一样的，后来渐渐分化了，"能"字被认为常用字，直到如今："克"字成为古字，在通常表示"能够"意义的场合上就不大用它。在文句里面，丢开常用字不用，而特地用那同义的古字，除了表示相当意义以外，往往还带着郑重、庄严、虔敬等等情味。"始克表于其阡"一语，用了"能"字的同义古字"克"字，见得作者对于"表于其阡"的事情看得非常郑重，不敢随便着手，这正与全文的情味相应。若作"始能表于其阡"，就没有那种情味，仅仅表明方始"能够"表于其阡而已。所以直觉地看，也辨得出它有点不顺适了。再看这一篇里，用"能"字的地方很不少，如"吾何恃而能自守邪"，"然知汝父之能养也"，"吾不能知汝之必有立也"，"故能详也"，"吾儿不能苟合于世"，"汝能安之"。这几个"能"字，作者都不换用"克"字，因为这些语句都是传达母亲的话，无须带着郑重、庄严、虔敬等等情味；并且，用那常用的"能"字，正切近于语言的自然。用这一层来反证，更可以见得"始克表于其阡"的"克"字，如前面所说，是为着它有特别作用才用了的。——像这样的讨究，学生预习时候未必人人都做得来；教师在上课时候说给他们听，也嫌烦琐一点。但是简单扼要地告诉他们，使他们心知其故，还是必需的。

学生认识生字生语，往往有模糊笼统的毛病，用句成语来说，就是"不求甚解"。曾见作文本上有"笑颜逐开"四字，这显然是没有弄清楚"笑逐颜开"究竟是什么意义，只知道在说到欢笑的地方仿佛有这么四个字可以用，结果却把"逐颜"两字写颠倒了。又曾见"万卷空巷"四字，单看这四个字，谁也猜不出是什么意义；但是连着上下文一起看，就知道原来是"万人空巷"；把"人"字忘记了，不得不找一个字来凑数，而"卷"字与"巷"字字形相近，因"巷"字想到"卷"字，就写上了"卷"字。这种错误全由于当初认识的时候太疏忽了，意义不曾辨明，语序不曾念熟，怎得不闹笑话？所以令学生预习，必须使他们不犯模糊笼统的毛病；像初见一个生人一样，一见面就得看清他的形貌，问清他的姓名职业。这样成为习惯，然后每认识一个生字生语，好像积钱似的，多积一个就多加一分财富的总量。

## 三　解答教师所提示的问题

一篇文章，可以从不同的观点去研究它。如作者意念发展的线索，文章的时代背景，技术方面布置与剪裁的匠心，客观上的优点与疵病，这些就是所谓不同的观点。对于每一个观点，都可以提出问题，令学生在预习的时候寻求解答。如果学生能够解答得大致不错，那就真个做到了"精读"两字了——"精读"的"读"字原不是仅指"吟诵"与"宣读"而言的。比较艰深或枝节的问题，估计起来不是学生所必须知道的，当然不必提出。但是，学生应该知道而未必能自行解答的，却不妨预先提出，让他们去动一动天君，查一查可能查到的参考书。他们经过了自己的一番摸索，或者是略有解悟，或者是不得要领，或者是全盘错误，这当儿再来听教师的指导，印入与理解的程度一定比较深切。最坏的情形是指导者与领受者彼此不相应，指导者只认领受者是一个空袋子，不问情由把一些叫作知识的东西装进去。空袋子里装东西进去，还可以容受；完全不接头的头脑里装知识进去，能不能容受却是说不定的。

这一项预习的成绩，自然也得写成笔记，以便上课讨论有所依据，往后更可以覆按、查考。但是，笔记有敷衍了事的，有精心撰写的。随便从本文里摘出一句或几句话来，就算是"全文大意"与"段落大意"；不赅不备地列几个项目，挂几条线，就算是"表解"；没有说明，仅仅抄录几行文字，就算是"摘录佳句"；这就是敷衍了事的笔记。这种笔记，即使每读一篇文字都做，做上三年六年，实际上还是没有什么好处。所以说，要学生作笔记自然是好的，但是仅仅交得出一本笔记，这只是形式上的事情，要希望收到实效，还不得不督促学生凡作笔记务须精心撰写。所谓精心撰写也不须求其过高过深，只要写下来的东西真是他们自己参考与思索得来的结果，就好了。参考要有路径，思索要有方法，这不单是知识方面的事，而且是习惯方面的事，习惯的养成在教师的训练与指导。学生拿了一篇文章来预习，往往觉得茫然无从下手。教师要训练他们去参考，指导他们去思索，最好给他们一种具体的提示。比如读《泷冈阡表》，这一篇是作者叙述他的父亲，就可以教他们取相类的文章归有光的《先妣事略》来参考，看两篇的取材与立意上有没有异同；如果有的话，为什么有。又如《泷冈阡表》里有叙述赠封三代的一段文字，好像很罗嗦，就可以教他们从全篇的立意上思索，看这一段文字是不是不可少的；如果不可少的话，为什么不可少。这样具体地给他们提示，他们就不至于茫然无从下手，多少总会得到一点成绩。时时这样具体地给他们提示，他们参考与思索的习惯渐渐养成，写下来的笔记再也不会是敷衍了事的了。即使所得的解答完全错误，但是在这以后得到教师或同学的纠正，一定更容易心领神会了。

上课时候令学生讨论，由教师作主席、评判人与订正人，这是很通行的办法。但是讨论要进行得有意义，第一要学生在预习的时候准备得充分，如果准备不充分，往往会与虚应故事的集会一样，或是等了好久没有一个人开口，或是有人开口了只说一些不关痛痒的话。教师在无可奈何的情形之下，只得不再要学生发表什么，只得自己一个人滔滔汩汩地讲下去。这就完全不合讨论的宗旨了。第二还得在平时养成学生讨论问题，发表意见的习惯。听取人家的话，评判人家的话，用不多不少的话表白自己的意见，用平心静气的态度比勘自己的与人家的意见，这些都要历练的。如果没有历练，虽然胸中仿佛有一点准备，临到讨论是不一定敢于发表的。这种习惯的养成不仅是国文教师的事情，所有教师都得负责。不然，学生成为只能听讲的被动人物，任何功课的进步至少要减少一半。——学生事前既有充分的准备，平时又有讨论的习惯，临到讨论才会人人发表意见，不至于老是某几个人开口。所发表的意见又都切合着问题，不至于胡扯乱说，全不着拍。这样的讨论，在实际的国文教室里似乎还不易见到；然而要做到名副其实的讨论，却非这样不可。

讨论进行的当儿，有错误给与纠正，有疏漏给与补充，有疑难给予阐明，虽说全班学生都有份儿，但是最后的责任还在教师方面。教师自当抱着客观的态度，就国文教学应有的观点说话。现在已经规定要读白话了，如果还说白话淡而无味，没有读的必要；或者教师自己偏爱某一体文字，就说除了那一体文字都不值一读；就都未免偏于主观，违背了国文教学应有的观点了。讲起来，滔滔汩汩连续到三十五十分钟，往往不及简单扼要讲这么五分十分钟容易使学生印入得深切。即使教材特别繁复，非滔滔汩汩连续到三十五十分钟不可，也得在发挥完毕的时候，给学生一个简明的提要。学生凭这个提要，再去回味那滔滔汩汩的讲说，就好像有了一条索子，把散开的钱都穿起来了。这种简明的提要，当然要让学生写在笔记本上；尤其重要的是写在他们心上，让他们牢牢记住。

课内指导之后，为求涵咀得深，研讨得熟，不能就此过去，还得有几项事情要做。现在请把学生应做的练习工作分项说明如下。

## 一　吟　诵

在教室内通读，该用宣读法，前面已经说过。讨究完毕以后，学生对于文章的细微曲折之处都弄清楚了，就不妨指名吟诵。或者先由教师吟诵，再令学生仿读。自修的时候，尤其应该吟诵；只要声音低一点，不妨碍他人的自修。原来国文和英文一样，是语文学科，不该只用心与眼来学习；须在心与眼之外，加用口与耳才好。吟诵就是心、眼、口、耳并用的一种学习方法。从前人读书，多数不注重内容与理法的讨究，单在吟诵上用功夫，这自然不是好办法。现在国文教学，在内容与理法的讨究上比从前注重多了；可是学生吟诵的功夫太少，多数只是看看而已。这又是偏向了一面，丢开了一面。唯有不忽略讨究，也不忽略吟诵，那才全而不偏。吟诵的时候，对于讨究所得的不仅理智地了解，而且亲切地体会，不知不觉之间，内容与理法化而为读者自己的东西了，这是最可贵的一种境界。学习语文学科，必须达到这种境界，才会终身受用不尽。

一般的见解，往往以为文言可以吟诵，白话就没有吟诵的必要。这是不对的。只要看戏剧学校与认真演习的话剧团体，他们练习一句台词，不惜反复订正，再四念诵，就可以知道白话的吟诵也大有讲究。多数学生写的白话为什么看起来还过得去，读起来就少有生气呢？原因就在他们对于白话仅用了心与眼，而没有在口与耳方面多用功夫。多数学生登台演说，为什么有时意思还不错，可是语句往往杂乱无次，语调往往不合要求呢？原因就在平时对于语言既没有训练，国文课内对于白话又没有好好儿吟诵。所以这里要特别提出，白话是与文言一样需要吟诵的。白话与文言都是语文，要亲切地体会白话与文言的种种方面，都必须花一番功夫去吟诵。

吟诵的语调，有客观的规律。语调的差别，不外乎高低、强弱、缓急三类。高低是从声带的张弛而来的分别。强弱是从肺部发出空气的多少而来的分别。缓急是声音与时间的关系，在一段时间内，发音数少是缓，发音数多就是急。吟诵一篇文章，无非依据对于文章的了解与体会，错综地使用这三类语调而已。大概文句之中的特别主眼，或是前后的词彼此关联照应的，发声都得高一点。就一句来说，如意义未完的文句，命令或呼叫的文句，疑问或惊讶的文句，都得前低后高。意义完足的文句，祈求或感激的文句，都得前高后低。再说强弱。表示悲壮、快活、叱责或慷慨的文句，句的头部宜加强。表示不平、热诚或确信的文句，句的尾部宜加强。表示庄重、满足或优美的文句，句的中部宜加强。再说缓急。含有庄重、畏敬、谨慎、沈郁、悲哀、仁慈、疑惑等等情味的文句，须得缓读。含有快活、确信、愤怒、惊愕、恐怖、怨恨等等情味的文句，须得急读。以上这些规律，都应合着文字所表达的意义与情感，所以依照规律吟诵，最合于语言的自然。上面所说的三类声调，可以用符号来表示，如把"·"作为这个字发声须高一点的符号，把"△"作为这一句该前低后高的符号，把"▽"作为这一句该前高后低的符号，把"∨"作为句的头部宜加强的符号，把"∧"作为句的尾部宜加强的符号，把"◇"作为句的中部宜加强的符号，把"——"作为急读的符号，把"———"作为缓读的符号，把"～～～"作为不但缓读而且须摇曳生姿的符号。在文字上记上符号，练习吟诵就不至于漫无凭依。符号当然可以随意规定，多少也没有限制，但是应用符号总是对教学有帮助的。

吟诵第一求其合于规律，第二求其通体纯熟。从前书塾里读书，学生为了要早一点到教师跟前去背诵，往往把字句勉强记住。这样强记的办法是要不得的，不久连字句都忘记了，还哪里说得上体会？令学生吟诵，要使他们看作一种享受而不看作一种负担。一遍比一遍读来入调，一遍比一遍体会亲切，并不希望早一点能够背诵，而自然达到纯熟的境界。抱着这样享受的态度是吟诵最易得益的途径。

## 二　参读相关的文章

精读文章，每学年至多不过六七十篇。初中三年，所读仅有两百篇光景，再加上高中三年，也只有四百篇罢了。倘若死守着这几百篇文章，不用旁的文章来比勘，印证，就难免化不开来，难免知其一不知其二。所以，精读文章，只能把它认作例子与出发点；既已熟习了例子，占定了出发点，就得推广开来，阅读略读书籍，参读相关文章。这里不谈略读书籍，单说所谓相关文章。比如读了某一体文章，而某一体文章很多，手法未必一样，大同之中不能没有小异；必须多多接触，方能普遍领会某一体文章的各方面。或者手法相同，而相同之中不能没有个优劣得失；必须多多比较，方能进一步领会优劣得失的所以然。并且，课内精读文章是用细琢细磨的功夫来研讨的；而阅读的练习，不但求其理解明确，还须求其下手敏捷，老是这样细磨细琢，一篇文章研讨到三四个钟头，是不行的。参读相关文章就可以在敏捷上历练；能够花一两个钟头把一篇文章弄清楚固然好，更敏捷一点只花半个钟头一个钟头尤其好。参读的文章既与精读文章相关，怎样剖析，怎样处理，已经在课内受到了训练，求其敏捷当然是可能的。这种相关文章可以从古今"类选""类纂"一类的书本里去找。学生不能自己置备，学校的图书室不妨多多陈列，供给学生随时参读。

请再说另一种意义的相关文章。夏丏尊先生在一篇说给中学生听的题目叫作《阅读什么》① 的演讲辞里，有以下的话：

诸君在国文教科书里读到了一篇陶潜的《桃花源记》，……这篇文字是晋朝人做的，如果诸君觉得和别时代人所写的情味有些两样，要想知道晋代文的

_____

① 见《阅读与写作》，作者与夏丏尊合著，开明书店一九三八年四月出版。

情形，就会去翻中国文学史；这时文学史就成了诸君的参考书。这篇文字里所写的是一种乌托邦思想，诸君平日因了师友的指教，知道英国有一位名叫马列斯的社会思想家，写过一本《理想乡消息》，和陶潜所写的性质相近，拿来比较；这时《理想乡消息》就成了诸君的参考书。这篇文字是属于记叙一类的，诸君如果想明白记叙文的格式，去翻看记叙文作法；这时记叙文作法就成了诸君的参考书。还有，这篇文字的作者叫陶潜，诸君如果想知道他的为人，去翻《晋书·陶潜传》或陶集；这时《晋书》或陶集就成了诸君的参考书。

这一段演讲里的参考书就是这里所谓另一种意义的相关文章。像这样把精读文章作为出发点，向四面八方发展开来，那么，精读了一篇文章，就可以带读许多书，知解与领会的范围将扩张到多么大啊！学问家的广博与精深差不多都从这个途径得来。中学生虽不一定要成学问家，但是这个有利的途径是该让他们去走的。

其次，关于语调与语文法的揣摩，都是愈熟愈好。精读文章既已到了纯熟的地步，再取语调与语文法相类似的文章来阅读，纯熟的程度自然更进一步。小孩子学说话，能够渐渐纯熟而没有错误，不单是从父母方面学来的；他从所有接触的人方面去学习，才会成功。在精读文章以外，再另读一些相类似的文章，比之于小孩子学说话，就是要他们从所有接触的人方面去学习。

## 三  应对教师的考问

学生应对考问是很通常的事情。但是对于应对考问的态度未必一致。有尽其所知所能，认真应对的；有不负责任，敷衍应对的；有提心吊胆，战战兢兢地只着眼于分数的多少的。以上几种态度，自然第一种最可取。把所知所能尽量拿出来，教师就有了确实的凭据，知道哪一方面已经可以了，哪一方面还得督促。考问之后，教师按成绩记下分数；分数原是备稽考的，分数多不是奖励，分数少也不是惩罚，分数少到不及格，那就是学习成绩太差，非赶紧努力不可。这一层，学生必须明白认识。否则误认努力学习只是为了分数，把切己的事情看作身外的事情，就是根本观念错误了。

教师记下了分数，当然不是指导的终结，而是加工的开始。对于不及格的学生，尤须设法给他们个别的帮助。分数少一点本来没有什么要紧；但是分数少正表明学习成绩差，这是热诚的教师所放心不下的。

考查的方法很多，如背诵、默写、简缩、扩大、摘举大意、分段述要、说明作法、述说印象，也举不尽许多。这里不想逐项细说，只说一个消极的原则，就是：不足以看出学生学习成绩的考问方法最好不要用。比如教了《泷冈阡表》之后，考问学生说，"欧阳修的父亲做过什么官？"这就是个不很有意义的考问。文章里明明写着"为道州判官，泗绵二州推官，又为泰州判官"，学生精读了一阵，连这一点也不记得，还说得上精读吗？学生回答得出这样的问题，也无从看出他的学习成绩好到怎样。所以说它不很有意义。

考问往往在精读一篇文章完毕或者月考期考的时候举行；除此之外，通常不再顾及，一篇文章讨究完毕就交代过去了。这似乎不很妥当。从前书塾里读书，既要知新，又要温故，在学习的过程中，匀出一段时间来温理以前读过的，这是个很好的办法。现在教学国文，应该采取它。在精读几篇文章之后，且不要上新的；把以前读过的温理一下，回味那已有的了解与体会，更寻求那新生的了解与体会，效益决不会比上一篇新的来得少，这一点很值得注意，所以附带在这里说一说。

# 《略读指导举隅》前言①

　　国文教学的目标，在养成阅读书籍的习惯，培植欣赏文学的能力，训练写作文字的技能。这些事不能凭空着手，都得有所凭借。凭借什么？就是课本或选文。有了课本或选文，然后养成、培植、训练的工作得以着手。课本里所收的，选文中入选的，都是单篇短什，没有长篇巨著。这并不是说学生读了一些单篇短什就足够了。只因单篇短什分量不多，要做细磨细琢的研读功夫，正宜从此入手，一篇读毕，又读一篇，涉及的方面既不嫌偏颇，阅读的兴趣也不致单调，所以取作"精读"的教材。学生从精读方面得到种种经验，应用这些经验，自己去读长篇巨著以及其他的单篇短什，不再需要教师的详细指导，这就是"略读"。就教学而言，精读是主体，略读只是补充；但是就效果而言，精读是准备，略读才是应用。学生在校的时候，为了需要与兴趣，须在课本或选文以外阅读旁的书籍文章；他日出校之后，为了需要与兴趣，一辈子须阅读各种书籍文章；这种阅读都是所谓应用。使学生在这方面打定根基，养成习惯，全在国文课的略读。如果只注意于精读，而忽略了略读，功夫便只做得一半。其弊害是想象得到的，学生遇到需要阅读的书籍文章，也许会因没有教师在旁作精读那样的详细指导，而致无所措手。现在一般学校，忽略了略读的似乎不少，这是必须改正的。

　　略读不再需要教师的详细指导，并不等于说不需要教师的指导。各种学科的教学都一样，无非教师帮着学生学习的一串过程。略读是国文课程标准里面规定的正项工作，哪有不需要教师指导之理？不过略读指导与精读指导不同。精读指导必须纤屑不遗，发挥净尽；略读指导却需提纲挈领，期其自得。何以需提纲挈领？唯恐学生对于当前的书籍文章摸不到门径，辨不清路向，马马虎虎读下去，结果所得很少。何以不必纤屑不遗？因为这一套功夫在精读方面已

---

　　①　原载作者与朱自清合著的《略读指导举隅》，商务印书馆一九四三年一月出版。

经训练过了，照理说，该能应用于任何时候的阅读；现在让学生在略读时候应用，正是练习的好机会。学生从精读而略读，譬如孩子学走路，起初由大人扶着牵着，渐渐的大人把手放了，只在旁边遮拦着，替他规定路向，防他偶或跌跤。大人在旁边遮拦着，正与扶着牵着一样的需要当心；其目的唯在孩子步履纯熟，能够自由走路。精读的时候，教师给学生纤屑不遗的指导，略读的时候，更给学生提纲挈领的指导，其目的唯在学生习惯养成，能够自由阅读。

仅仅对学生说，你们随便去找一些书籍文章来读，读得越多越好；这当然算不得略读指导。就是斟酌周详，开列个适当的书目篇目，教学生自己照着去阅读，也还算不得略读指导。因为开列目录只是阅读以前的事；在阅读一事的本身，教师没有给一点帮助，就等于没有指导。略读如果只任学生自己去着手，而不给他们一点指导，很容易使学生在观念上发生误会，以为略读只是"粗略的"阅读，甚而至于是"忽略的"阅读；而在实际上，他们也就"粗略的"甚而至于"忽略的"阅读，就此了事。这是非常要不得的，积久养成不良习惯，就终身不能从阅读方面得到多大的实益。略读的"略"字，一半系就教师的指导而言：还是要指导，但是只须提纲挈领，不必纤屑不遗，所以叫作"略"。一半系就学生的功夫而言：还是要像精读那样仔细咀嚼，但是精读时候出于努力钻研，从困勉达到解悟，略读时候却已熟能生巧，不需多用心力，自会随机肆应，所以叫作"略"。无论教师与学生都须认清楚这个意思，在实践方面又须各如其分，做得到家，略读一事才会收到它预期的效果。

略读既须由教师指导，自宜与精读一样，全班学生用同一的教材。假如一班学生同时略读几种书籍，教师就不便在课内指导；指导了略读某种书籍的一部分学生，必致抛荒了略读别种书籍的另一部分学生；各部分轮流指导固也可以，但是每周略读指导的时间至多也只能有两小时，各部分轮流下来，必致每部分都非常简略。况且同学间的共同讨论是很有帮助于阅读能力的长进的，也必须阅读同一的书籍才便于共同讨论。一个学期中间，为求精详周到起见，略读书籍的数量不宜太多，有二三种也就可以了。好在略读与精读一样，选定一些教材来读，无非"举一隅"的性质，都希望学生从此学得方法，养成习惯，自己去"以三隅反"；故数量虽少，并不妨事。学生如果在略读教材之外，更就兴趣选读旁的书籍，那自然是值得奖励的；并且希望能够普遍地这么做。或许有人要说，略读同一的教材，似乎不能顾到全班学生的能力与兴趣。其实这不成问题。精读可以用同一的教材，为什么略读就不能？班级制度的一切办法，总之以中材为标准；凡是忠于职务，深知学生的教师，必能选取适合于中材的教材，供学生略读；这就没有能力够不够的问题。同时，所取教材必能不但适应学生的一般兴趣，并且切合教育的中心意义；这就没有兴趣合不合的问题。所以，略读同一的教材是无弊的，只要教师能够忠于职务，能够深知学生。

课内略读指导，包括阅读以前对于选定教材的阅读方法的提示，及阅读以后对于阅读结果的报告与讨论。作报告与讨论的虽是学生，但是审核他们的报告，主持他们的讨论，仍是教师的事；其间自不免有需要订正与补充的地方，所以还是指导。略读教材若是整部的书，每一堂略读课内令学生报告并讨论阅读那部书某一部分的实际经验；待全书读毕，然后令作关于全书的总报告与总讨论。至于实际阅读，当然在课外。学生课外时间有限，能够用来自修的，每天至多不过四小时。在这四小时内，除了温理旁的功课，作旁的功课的练习与笔记外，分配到国文课的自修的，至多也不过一小时。一小时够少了，而精读方面也得自修、预习、复习、诵读、练习，这些都是非做不可的；故每天的略读时间至多只能有半小时。每天半小时，一周便是三小时，（除去星期放假）。每学期上课时间以二十周计，略读时间仅有六十小时。在这六十小时内，如前面所说的，要阅读二三种书籍，篇幅太多的自不相宜；如果选定的书正是篇幅太多的，那只得删去若干，选读它的一部分。不然，分量太多，时间不够，学生阅读势必粗略，甚而至于忽略；或者有始无终，没有读到完篇就丢开；这就会养成不良习惯，为终身之累。所以漫无计算是要不得的。与其贪多务广，以致发生流弊，不如预作精密估计，务使在短少时间之内把指定的教材读完，而且把应做的工作都做到家，绝不草率从事，借此养成阅读的优良习惯，来得有益得多。学生有个很长的暑假，又有个相当长的寒假；在这两个假期内，可以自由阅读很多的书。如果略读时候养成了优良习惯，到暑假寒假期间，各就自己的需要与兴趣去多多阅读，那一定比不经略读的训练多得吸收的实效。归结起来说，就是：略读的分量不宜过多，必须顾到学生能用上的时间；多多阅读固宜奖励，但是得为时间所许可，故以利用暑假寒假最为适当。

书籍的性质不一，因而略读指导的方法也不能一概而论。就一般说，在阅读以前应该指导的有以下各项。

# 一 版本指导

一种书往往有许多版本。从前是木刻，现在是排印。在初刻初排的时候或许就有了错误，随后几经重刻重排，又不免辗转发生错误；也有逐渐的增补或订正。读者读一本书，总希望得到最合于原稿的，或最为作者自己惬意的本子；因为唯有读这样的本子才可以完全窥见作者的思想感情，没有一点含糊。学生所见不广，刚与一种书接触，当然不会知道哪种本子较好；这须待教师给他们指导。现在求书不易，有书可读便是幸事，更谈不到取得较好的本子。正唯如此，这种指导更不可少；哪种本子校勘最精审，哪种本子是作者的最后修订稿，都得给他们说明，使他们遇到那些本子的时候，可以取来覆按，对比。还有，这些书经各家的批评或注释，每一家的批评或注释自成一种本子，这中间也就有了优劣得失的分别。其需要指导，理由与前说相同。总之，这方面的指导，宜运用校勘家、目录家的知识，而以国文教学的观点来范围它。学生受了这样的熏陶，将来读书不但知道求好书，并且能够抉择好本子，那是受用无穷的。

# 二 序目指导

读书先看序文，是一种好习惯。学生拿到一部书，往往立刻看本文，或者挑中间有趣味的部分来看，对于序文，认为与本文没有关系似的；这是因为不知道序文很关重要的缘故。序文的性质常常是全书的提要或批评，先看一遍，至少对于全书有个概括的印象或衡量的标准；然后阅读全书，就不至于茫无头绪。通常读书，其提要或批评不在本书而在旁的地方的尚且要找来先看；对于具有提要或批评的性质的本书序文怎能忽略过去？所以在略读的时候，必须教学生先看序文，养成他们的习惯。序文的重要程度，各书并不一致。属于作者的序文，若是说明本书的作意、取材、组织等项的，那无异于"编辑大意""编辑例言"，借此可以知道本书的规模，自属非常重要。有些作者在本文之前作一篇较长的序文，其内容并不是本文的提要，却是阅读本文的准备知识，犹如津梁或门径，必须通过这一关才可以涉及本文；那就是"导言"的性质，重要程度也高。属于编订者或作者师友所作的序文，若是说明编订的方法，抉出全书的要旨，评论全书的得失的，都与了解全书直接有关，重要也不在上面所说的作者自序之下。无论作者自作或他人所作的序文，有些仅仅叙一点因缘，说一点感想，与全书内容关涉很少；那种序文的本身也许是一篇好文字，对于读者就比较不重要了。至于他人所作的序文，有专事赞扬而过了分寸的，有很想发挥而不得要领的；那种序文实际上很不少，诗文集中尤其多，简直可以不必看。教师指导，要教学生先看序文，更要审查序文的重要程度，与以相当的提示，使他们知道注意之点与需要注意力的多少。若是无关紧要的序文，自然不教他们看，以免浪费时力。

目录表示本书的眉目，也具有提要的性质。所以也须养成学生先看目录的习惯。有些书籍，固然须顺次读下去，不读第一卷就无从着手第二卷。有些书籍却不然，全书分做许多部分，各部分自为起讫，其前后排列或仅大概以类相从，或仅依据撰作的年月，或竟完全出手编排时候的偶然；对于那样的书籍，就不必顺次读下去；可以打乱全书的次第，把有关某一方面的各卷各篇聚在一起读，读过以后，再把有关其他方面的各卷各篇聚在一起读，或许更比顺次读下去方便且有效得多。要把有关的各卷各篇聚在一起，就更有先看目录的必要。又如选定教材若是长篇小说，假定是《水浒》，因为分量太多，时间不够，不能通体略读，只好选读它的一部分，如写林冲或武松的几回。要知道哪几回是写林冲或武松的，也得先看目录。又如选定教材的篇目若是非常简略，而其书又适宜于不按照次第来读的，假定是《孟子》，那就在篇目之外，最好先看赵岐的"章指"。"章指"并不编列在目录的地位；用心的读者不妨抄录二百几十章的"章指"，当它是个详细的目录提要。有了这样详细的目录提要，因阅读的目标不同，就可以把二百几十章作种种的组合，为某一目标取某一组合来精心钻研。目录的作用当然还有，可以类推，不再详说。教师指导的时候，务须相机提示，使学生能够充分利用目录。

## 三　参考书籍指导

参考书籍，包括关于文字的音义，典故成语的来历等所谓工具书，以及与所读书有关的必须借彼而后明此的那些书籍。从小的方面说，阅读一书而求其彻底了解，从大的方面说，做一种专门研究，要从古今人许多经验中得到一种新的发现，一种系统的知识，都必须广博地翻检参考书籍。一般学生读书，往往连字典词典也懒得翻，更不用说跑进图书室去查阅有关书籍了。这种"读书不求甚解"的态度，一时未尝不可马虎过去；但是这就成了终身的病根，将不能从阅读方面得到多大益处；若做专门研究工作，更难有满意的成就。所以，利用参考书籍的习惯，必须在学习国文的时候养成。精读方面要多多参考，略读方面还是要多多参考。起初，学生必嫌麻烦，这要翻检，那要搜寻，不如直接读下去来得爽快；但是渐渐成了习惯，就觉得必须这样多多参考，才可以透彻地了解所读的书，其味道的深长远胜于"不求甚解"；那时候，让他们"不求甚解"也不愿意了。国文课内指导参考书籍，当然不能如专家做研究工作一样，搜罗务求广博，凡有一语一条用得到的材料都舍不得放弃，开列个很长的书目。第一，须顾到学生的能力。参考书籍用来帮助理解本书，若比本书艰深，非学生能力所能利用，虽属重要，也只得放弃。譬如阅读某一书，须做关于史事的参考，与其教学生查《二十四史》，不如教他们翻一部近人所编的通史；再退一步，不如教他们看他们所读的历史课本。因为通史与历史课本的编辑方法适合于他们的理解能力；而《二十四史》本身还只是一堆材料，要在短时期间从中得到关于一件史事的概要，事实上不可能。曾见一些热心的教师给学生开参考书目，把自己所知道的，巨细不遗，逐一开列，结果是洋洋大观，学生见了唯有望洋兴叹；有些学生果真去按目参考，又大半不能理解，有参考之名，无参考之实。这就是以教师自己为本位，忽略了学生能力的弊病。第二，须顾到图书室的设备。教师提示的书籍，学生从图书室立刻可以检到，既不耽误功夫，且易引起兴趣。如果那参考书的确必要，又为学生的能力所能利用，而图书室没有，学生只能以记忆书名了事；那就在阅读上短少了一分努力，在训练上错过了一个机会。因此，消极的办法，教师提示参考书籍，应以图书室所具备的为限；积极的办法，就得促图书室有计划地采购图书——各科至少有最低限度的必要，参考书籍，国文科方面当然要有它的一份。这件事很值得提倡。现在一般学校，不是因经费不足，很少买书，就是因偶然的机缘与教师的嗜好，随便买书；有计划地为供学生参考而采购的，似乎还不多见。还有个补救的办法，图书室没有那种书籍，而地方图书馆或私家藏书却有，教师不妨指引学生去借来参考。图书室购备参考书籍，即使有复本，也不过两三本；一班学生同时要拿来参考，势必争先恐后，后拿到手的，已经浪费了许多时间。为解除这种困难，可以用分组参考的办法：假定阅读某种书籍需要参考四部书，就分学生为四组，使每组参考一部；或待相当时间之后互相交换，或不再交换，就使每组报告参考所得，以免他组自去参考。第三，指定了参考书籍，教师的事情并不就此完毕。如果那种书籍的编制方法是学生所不熟悉的，或者分量很多，学生不容易找到所需参考的部分的，教师都得给他们说明或指示。一方面要他们练习参考，一方面又要他们不致茫无头绪，提不起兴趣；唯有如上所说相机帮助他们，才可以做到。

## 四　阅读方法指导

各种书籍因性质不同，阅读方法也不能一样。但是就一般说，总得像精读时候的阅读那样，就其中的一篇或一章一节，逐句循诵，摘出不了解的处所；然后应用平时阅读的经验，试把那些不了解的处所自求解答；得到了解答，再看注释或参考书，以检验解答的对不对；如果实在无法解答，那就径看注释或参考书。不了解的处所都弄清楚了，又复读一遍，明了全篇或全章全节的大意。最后细读一遍，把应当记忆的记忆起来，把应当体会的体会出来，把应当研究的研究出来。全书的各篇或各章各节，都该照此办法。略读原是用来训练阅读的优良习惯，必须脚踏实地，毫不苟且，才有效益；决不能让学生胡乱读过一遍就算。唯有开始脚踏实地，毫不苟且，到习惯既成之后才会"过目不忘"，"展卷自得"。若开始就草草从事，说不定将一辈子"过目辄忘"，"展卷而无所得"了。还有一层，略读既是国文功课方面的工作，无论阅读何种书籍，都宜抱着研究国文的态度，平常读一本数学课本，不研究它的说明如何正确；读一本史地课本，也不研究它的叙述如何精当。数学课本与史地课本原可以在写作技术方面加以研究；因作者的造诣不同，同样是数学课本与史地课本，其正确与精当的程度实际上确也大有高下。但是在学习数学、学习史地的立场，自不必研究那些；如果研究那些，便转移到学习国文的立场，抱着研究国文的态度了。其他功课的阅读都只须顾到书籍的内容。国文功课训练阅读，独须内容形式兼顾，并且不把内容形式分开来研究，而认为不可分割的两方面；经过了国文功课方面的训练，再去阅读其他功课的书籍，眼力自也增高。认清了这一层，对于选定的略读书籍自必一律作写作技术的研究，被选的书总有若干长处；读者不仅在记得那些长处，尤其重要的在能看出为什么会有那些长处。同时不免或多或少有些短处；读者也须能随时发现，说明它的所以然，这才可以做到读书而不为书所蔽。——这一层也是就一般说的。

现在再分类来说，有些书籍，阅读它的目的在从中吸收知识，增加自身的经验；那就须运用思考与判断，认清全书的要点，不歪曲也不遗漏，才得如愿。若不能抉择书中的重要部分，认不清全书的要点，或忽略了重要部分，却把心思用在枝节上，所得结果就很少用处。要使书中的知识化为自身的经验，自必从记忆入手；记忆的对象若是阅读之后看出来的要点，因它条理清楚，印入自较容易。若不管重要与否，而把全部平均记忆，甚至以全部文句为记忆的对象，那就没有纲领可凭，徒增不少的负担，结果或且全部都不记忆。所以死用记忆决不是办法，漫不细心地读着读着，即使读到烂熟，也很难有心得；必须随时运用思考与判断，接着择要记忆，才合于阅读这一类书籍的方法。

又如小说或剧本，一般读者往往只注意它的故事；故事变化曲折，就感到兴趣，读过以后，也只记住它的故事。其实凡是好的小说和剧本，故事仅是迹象；凭着那迹象，作者发挥他的人生经验或社会批判，那些才是精魂。阅读小说或剧本而只注意它的故事，专取迹象，抛弃精魂，决非正当方法。在国文课内，要培植欣赏文学的能力，尤其不应如此。精魂就寄托在迹象之中，对于故事自不可忽略；但是故事的变化曲折所以如此而不如彼，都与作者发挥他的人生经验和社会批判有关，这一层更须注意。初学者还没有素养，一时无从着手；全仗教师给他们易晓的暗示与浅明的指导，渐渐引他们入门。穿凿附会固然要不得，粗疏忽略同样要不得。凭着故事的情节，逐一追求作者要说而没有明白说出来的意思，才会与作者的精神相通，才是阅读这一类书籍的正当方法。有些学生喜欢看低级趣味的小说之类，教他们不要看，他们虽然答应了，一转身还是偷偷地看。这由于没有学得阅读这类书籍的方法，注意力仅仅集中在故事上的缘故。他们如果得到适当的暗示与指导，渐渐有了素养，就会觉得低级趣味的小说之类在故事之外没有东西，经不起咀嚼；不待他人禁戒，自然就不喜欢看了。——这可以说是消极方面的效益。

又如诗集，若是个人的专集，按写作年月，顺次看诗人意境的扩大或转换，风格的确立或变易，是一种读法。按题材归类，看诗人对于某一题材如何立意，如何发抒，又是一种读法。按体式归类，比较诗人对于某一类体式最能运用如意，倾吐诗心，又是一种读法。以上都是分析研究方面的事，而文学这东西，尤其是诗歌，不但要分析地研究，还得要综合地感受。所谓感受，就是读者的心与诗人的心起了共鸣，仿佛诗人说的正是读者自己的话，诗人宣泄的正是读者自己的情感似的。阅读诗歌的最大受用在此。通常说诗歌足以陶冶性情，就因为深美玄妙的诗歌能使读者与诗人同其怀抱。但是这种受用不是没有素养的人所能得到的；素养不会凭空而至，还得从分析的研究入手。研究愈精，理解愈多，才见得纸面的文字——是诗人心情动荡的表现；读它的时候，心情也起了动荡，几乎分不清那诗是诗人的还是读者自己的。所读的若是总集，也可应用类似前说的方法，发现各代诗人取材的异同，风格的演变，比较各家各派意境的浅深，抒写的技巧；探讨各种体式如何与内容相应，如何去旧而谋新：这些都是研究的事，唯有经过这样研究，才可以享受诗歌。我国历代诗歌的产量极为丰富；读诗一事，在知识分子中间差不多是普遍的嗜好。但是就一般说，因为研究不精，感受不深，往往不很了然什么是诗。无论读和写，几乎都认为凡是五字一句，七字一句，而又押韵的文字便是诗；最近二十年通行了新体诗，又都认为凡是分行写的白话便是诗。连什么是诗都不能了然，哪里还谈得到享受？更哪里谈得到写作？中学生固然不必写诗，但是有享受诗的权利；要使他们真能享受诗，自非在国文课内认真指导不可。

又如古书，阅读它而要得到真切的了解，必须明了古人所处的环境与所怀的抱负。陈寅恪先生作审查一本中国哲学史的报告，中间说："古人著书立说，皆有所为而发；故其所处之环境，所受之背景，非完全明了，则其学说不易评论。而古代哲学家去今数千年，其时代之真相极难推知。吾人今日可依据之材料，仅为当时所遗存最小之一部；欲借此残余断片以窥测其全部结构，必须备艺术家欣赏古代绘画雕刻之眼光及精神，然后古人立说之用意与对象始可以真了解。所谓真了解者，必神游冥想，与立说之古人处于同一境界，而对于其持论所以不得不如是之苦心孤诣，表一种之同情，始能批评其学说之是非得失，而无隔阂肤廓之论。否则数千年前之陈言旧说，与今日之情势迥殊，何一不可以可笑可怪目之乎？"这里说的是专家研究古代哲学应持的态度，并不为中学生而言；要达到这种境界，必须有很深的修养与学识，一般知识分子尚且不易做到，何况中学生？但是指导中学生阅读古书，不可不酌取这样的意思，以正他们的趋向——尽浅不妨，只要趋向正，将来可以渐求深造。否则学生必致辨不清古人的是非得失，或者一味盲从古人，成个不通的"新顽固"，或者一味抹杀古人，骂古人可笑可怪，成个浅薄的妄人。这岂是教他们阅读古书的初意？所谓尽浅不妨，意思是就学生所能领会的，给他们适当的指导。如读《孟子·许行章》："或劳心，或劳力；劳心者治人，劳力者治于人；治于人者食人，治人者食于人：天下之通义也。"一节，若以孟子这个话为天经地义，而说从前君主时代竭尽天下的人力物力以供奉君主是合理的，现代的民权思想与民主政治是要不得的；这便是糊涂头脑。若以孟子这个话为胡言乱语，而说后代劳心者与劳力者分成两个阶级，劳心阶级地位优越，劳力阶级不得抬头，都是孟子的遗毒；这也是偏激之论。要知道孟子这一章在驳许行的君臣并耕之说，他所持的论据是与许行相反的"分工互助"。劳力的百工都有专长，劳心的"治人者"也有他的专长，各出专长，分任工作，社会才会治理：这是孟子的政治理想。时代到了战国，社会关系渐趋繁复，许行那种理想当然行不通。孟子看得到这一点，自是他的识力。要怎样才是他理想中的"治人者"？看以下"当尧之时"一大段文字便可明白，就是：像尧舜那样一心为民，干得有成绩，才算合格。这是从他"民为贵"的根本观点而来的；正因"民为贵"，所以为民除疾苦，为民兴教化的人是"治人者"的模范。于此可见他所谓"治人者"至少含有"一心为民，干政治具有专长的人"的意思，并不泛指处在君位的人，如古代的酋长或当时的诸侯。至于"食人""食于人"，在他的意想中，只是表示互助的关系而已，并不含有"注定被掠夺""注定掠夺人家"的意思。——如此看法，大概近于所谓"了解的同情"，与前面说起的糊涂头脑与偏激之论全然异趣。这未必深奥难知，中材的高中二三年生也就可以领会。多做类似的指导，学生自不致走入泥古诬古的歪路了。

## 五　问题指导

无论阅读何种书籍，要把应当记忆的记忆起来，把应当体会的体会出来，把应当研究的研究出来，总得认清几个问题——也可以叫作题目。如读一个人的传记，这个人的学问、事业怎样呢？或读一处地方游记，那地方的自然环境、社会情形怎样呢？都是最浅近的例子。心中存在着这些问题或题目，阅读就有了标的，辨识就有了头绪。又如阅读《爱的教育》，可以提出许多问题或题目：作为书中主人翁的那个小学生安利柯，他的父亲常常勉励他，教训他，父亲希望他成个怎样的人呢？书中写若干小学生，家庭环境不同，品性习惯各异，品性习惯受不受家庭环境的影响呢？书中很有使人感动的地方，为什么能使人感动呢？诸如此类，难以说尽。又如阅读《孟子》，也可以提出许多问题或题目：孟子主张"民为贵"，书中的哪些篇章发挥这个意思呢？孟子的理想中，把政治分为王道的与霸道的两种，两种的区别怎样呢？孟子认为"王政"并不难行，他的论据又是什么呢？诸如此类，难以说尽。这些是比较深一点的。善于读书的人，一边读下去，一边自会提出一些问题或题目来，作为阅读的标的，辨识的头绪，或者初读时候提出一些，重读时候另外又提出一些。教学生略读，当然希望学生也能如此；但是学生习惯未成，功力未到。恐怕他们提不出什么，只随随便便地胡读一阵了事，就有给他们提示问题的必要。对于一部书，可提出的问题或题目，往往如前面说的，难以说尽。提得太深了，学生无力应付；提得太多了，学生又无暇兼顾。因此，宜取学生能力所及的，分量多少又得顾到他们的自修时间。凡所提示的问题或题目，不只教他们"神游冥想"，以求解答，还要让他们利用所有的凭借，就是序目、注释、批评、及其他参考书。在教师提示之外，学生如能自己提出，当然大可奖励。但是提得有无价值，得当不得当，还须由教师注意与指导。为养成学生的互助习惯与切磋精神起见，也可分组研究；令每组解答一个问题或题目，到上课时候报告给人家知道，再听同学与教师的批判。

以上说的，都是教师给学生的事前指导。以后就是学生的事情了——按照教师所指导的去阅读，去参考，去研究。在这一段过程中；学生应该随时作笔记。说起笔记，现在一般学生似乎还不很明白它的作用；只因教师吩咐要作笔记，他们就在空白本子上胡乱写上一些文字交卷。这种观念必须纠正。要让他们认清，笔记不是教师向他们要的赋税，而是他们读书学习不能不写的一种记录。参考得来的零星材料，临时触发的片段意思，都足以供排比贯穿之用，怎能不记录？极关重要的解释与批评，特别欣赏的几句或一节，就在他日还值得一再检览，怎能不记录？研究有得，成了完整的理解与认识，若不写下来，也许不久又忘了，怎能不记录？这种记录都不为应门面，求分数，讨教师的好，而只为于他们自己有益——必须这么做，他们的读书学习才见得切实。从上面的话看，笔记大概该有两大部分：一部分是碎屑的摘录；一部分是完整的心得——说得堂皇一点，就是"读书报告"或"研究报告"，对于初学，当然不能求其周密深至；但是敷衍塞责的弊病必须从开头就戒除，每抄一条，每写一段，总得让他们说得出个所以然。这样成了习惯，终身写作读书笔记，便将受用无穷，无论应付实务或研究学问，都可以从笔记方面得到许多助益。而在上课讨论的时候，这种笔记就是参加讨论的准备；有了准备，自不致茫然无从开口，或临时信口乱说了。

学生课外阅读之后，在课内报告并讨论阅读一书某一部分的实际经验；待全书读毕，然后作全书的总报告与总讨论，前面已经说过。那时候教师所处的地位与应取的态度，《精读指导举隅》曾经提到，不再多说。现在要说的是成绩考查的事。教师指定一本书教学生阅读，要他们从书中得到何种知识或领会，必须有个预期的标准；那个标准就是判定成绩的根据。完全达到了标准，成绩很好，固然可喜；如果达不到标准，也不能给他们一个不及格的分数就了事，必须研究学生所以达不到标准的原因——是教师自己的指导不完善呢，还是学生的资质上有缺点，学习上有疏漏？——竭力给他们补救或督促，希望他们下一次阅读的成绩比较好，能渐近于标准。一般指导自然愈完善愈好；对于资质较差，学习能力较低的学生的个别指导，尤须有丰富的同情与热诚。总之，教师在指导方面多尽一分力，无论优等的次等的学生必可在阅读方面多得一分成绩。单是考查，给分数，填表格，没有多大意义；为学生的利益而考查，依据考查再打算增进学生的利益，那才是教育家的存心。

以上说的成绩，大概指了解，领会以及研究心得而言。还有一项，就是阅读的速度。处于事务纷繁的现代，读书迟缓，实际上很吃亏；略读既以训练读书为目标，自当要求他们速读，读得快，算是成绩好，不然就差。不用说，阅读必须以精细正确为前提；能精细正确了，是否敏捷迅速却是判定成绩应该注意的。

# 读罗陈两位先生的文章<sup>①</sup>

## 阅读能力的问题

本志<sup>②</sup>第二卷第一期刊载罗根泽先生一篇文章，题目是《抢救国文》，篇中从三十一年度高考国文试卷的成绩不好，论到国文该从中学阶段抢救。罗先生所举成绩不好的例子共有七个，是从七本试卷中摘录出来的，不尽是全篇。就例子看，这七个应试者犯了同样的毛病，就是看不懂题目。题目是《试以近代文明发展之事实，引证〈荀子〉"从天而颂之，孰与制天命而用之"之说。》现在先不谈这个题目出得有没有道理，单就理解题目来说。题目说以甲引证乙，就知道出题者的意思以乙为主，要应试者对于乙有所疏解或发挥，然后引甲来证成其说。这儿的乙是《荀子》的话。大学毕业生（具有应高考资格的人）不一定读过《荀子》，读过《荀子》不一定读过含有"从天而颂之，孰与制天命而用之"这句话的《天论》，读过《天论》不一定都记得，也许忘记得干干净净了，也是情理中事；然而就字面求理解，大学毕业生似乎不应该办不到，他们照理应有"了解一般文言文之能力"与"读解古书之能力"的（这儿引号中的是初高中国文课程标准目标项下的话）。题目上的"从"字"颂"字"制"字"用"字都是寻常用法，与现代文言没有什么差异；"天"字不指天空，只要想天空怎么能"从"，天空怎么会有所"命"，就可以知道；还有，"甲孰与乙"是个差比句式，表示说话人的意思乙胜于甲，这种句式在古书中是常见的，所谓"一般文言文"中也有用到的，如果应试者能够知道这些个，就是没有读过《天论》或者读过而忘记得干干净净了，也会理解《荀子》这句话；再把以甲引证乙是什么意思弄清楚，那就完全懂得题目了。

---

①　原载一九四三年十一月十五日《国文杂志》（桂林）第二卷第五期。

②　本志，即《国文杂志》（桂林）。下文中的三十一年，即公历一九四二年；高考，指当时的高等文官考试。

可是就罗先生所举的例子看，七个应试者对于《荀子》的话几乎全不能就字面求理解，"从"字"颂"字这些个寻常用法都不明白，"天"字多数认作天空，"甲孰与乙"的差比句式竟没有一个人理会到；对于整个题目以甲引证乙的意思也完全没有注意。

这是阅读能力的问题。咱们且不把这个题目认作作文题目，只把它认作阅读文言的测验题目。这七个应试者都看不懂，也就是表现了阅读能力不够。这个题目一共只有三十个字，凭公道说，实在不是艰深的文言，这还看不懂，对于较长较艰深的文言当然更无法阅读。在现在这个时代，写作定要用文言，自然只是一部分人的成见与偏见；但是阅读文言的能力，至少在受过普通教育与大学教育的人必须养成，这是大家一致，无待辩难的认识。不论学什么科目的学生，在他学习与从业的期间，或多或少，总得与文言乃至所谓古书打交道；如果无法阅读，远大的方面且不说，他个人方面就是大大的吃亏。可惜罗先生所看高考试卷仅约四百本，不是全份；又没有就他所看四百本之中作个统计，像所举七例那样看不懂题目的，所占百分数究竟有多少。如果所占百分数相当多，那就表示大学毕业生阅读文言的能力还不够标准，倒确是个严重的问题。教国文的教师知道当前有这么个问题，只要他们有教育热诚与尽职观念的话，自当在平时的指导上多加注意。而正受教育与受毕教育的青年知道当前有这么个问题，也得回问自己，"我的阅读文言的能力够不够标准？"不够标准，看不懂像这儿所举的题目，也不过考不上高考，作不成官儿罢了，没有什么了不得；无奈不够标准也就看不懂文言乃至所谓古书，这就闭塞了一条获得经验处理生活的重要途径（我不说唯一途径），是无论如何要不得的，必须把他改变过来才成。

## 题　目

八月十六日某报的副刊批评本志第二卷第一期，提及罗先生的文章，中间有这样的话："要是一定要救的话，我看还是先把那些出题目的先生们救一救的好。"这话看似过火，细想起来却有道理。试想出这个题目的人，他预期应试者作出什么样的文章才认为"合格"？他以为应试者必然读过《荀子》的《天论》，对于"从天而颂之，孰与制天命而用之"非但能够疏解，而且有所发挥；在疏解一阵发挥一阵之后，这才说到近代文明的发展，控制自然呀，利用自然呀，都是近代人的业绩；可是咱们的荀子在很古的时代早已见到了，于是赞叹一阵，懿欤休哉！这样作来，一方面是鉴古，一方面又知今，对于"固有文化"既不乏"深切了解"，对于"民族精神"也能够"发扬光大"，出题目的人大概要慷慨地批上八十分了。可是，荀子虽然说过"从天而颂之，孰与制天命而用之"的话，他到底没有创造近代文明；荀子想的只是个笼统的观念，近代文明却是一件一件具体的事实。现在把荀子的话与近代文明联在一块儿，实在不免牵搭之嫌。你要写得"合格"就不能不这样牵搭，因为题目把你限制住了。还有，出题目的人预期应试者"懿欤休哉"地赞叹一阵，这中间隐伏着一段阿Q精神。阿Q精神为什么要不得？就因为他自卑而又自夸，唯其自卑，不得不自夸，用自夸来掩饰自卑，掩饰一下之后，仿佛把心理上自卑的愧恨抹去了，这就无妨"依然故我"地活下去：其弊病在不长进，不要好。咱们要能促进近代文明的发展，在近代文明的发展中有或多或少的功劳，才是长进，才是要好；仅仅说近代文明发展的原理，咱们的荀子老早说过了，因而脸上现出荣耀的神色，这就不免是阿Q的同志。出题目的人却预期应试者个个是阿Q的同志。应试者是否个个是阿Q的同志，咱们没有看过试卷，无从知道；可是出题目的人显然是的，因为他对应试者作过这样的预期。牵搭，阿Q精神，出题目的人的意识上至少有着这两项缺陷。可见某报副刊所说"救一救"的话不算过火。其实，他人是无法救的，要救还须自救。觉悟这两项是缺陷，力求弥补，就是自救了。

现在来谈谈关于题目的话。咱们有话要说，执笔作文，咱们都有自己的题目。譬如写一封信，与朋友讨论当前的战局，题目就是《与友人论战局书》；考察某一家工厂，写一份报告，题目就是《考察某工厂报告书》；作一篇论文，研究近几年来物价上涨的情况，题目就是《近几年来物价上涨的研究》；作一篇小说，叙写一个男主人公或女主人公初恋的经过，题目就是《初恋》。诸如此类，都是先有一些要说的材料，后有一个标明的题目。这是自然的，顺当的。咱们决不会先定下一个题目，然后去找寻要说的材料。如果这样，就是勉强要说话，勉强的话又何必说呢？可是，国文课内有写作练习的项目，由教师出题目；各种考试要测验应试者的写作能力，由主试者出题目。练习者与应试者见了题目，就得找寻一些材料来说，也就是勉强要说话，这显然是不自然不顺当的事。要弥补这个缺陷，全靠出题目的人不凭主观，能够设身处地，就练习者与应试者着想。出题目的人如能揣度练习者与应试者在某一范围内应该有话可说，说出来也并不勉强，就从这个范围内出个题目，那么，练习者与应试者执笔作文，就同自己本来要说话没有什么两样。要说督促练习，唯有出这样的题目才真是督促练习，因为这可以鼓起写作的欲望，使练习者体会到有话可说才是有文可写。要说测验写作能力，唯有出这样的题目才真能测验写作能力，因为把要说的话写得好或不好，才真是写作能力的好或不好。这儿说的只是寻常不过的话，并无深文大义，头脑清楚一点的人都会明白。无奈事实上，多数的出题目的人偏不明白。

在小学的阶段，出题目的情形似乎还好。一到中学的阶段就不然了，尤其是高中的阶段，必须练习论说文了，教师还附带声明，圆通一点的说"最好作文言"，板方一点的说"非文言不看"。出些什么题目呢？《学而时习之说》《学然后知不足说》《多难兴邦说》《人必自侮而后人侮之论》，诸如此类。学而时习之，才会熟练，才见切实，这一类的道理也极简单易晓，未必中学生就懂不得；可是在懂得这一点点之外，还要横说竖说说出一番话来，写成一篇文章，就不是个个中学生所能办到的，那些能够办到的，由于体验得深广，当然值得赞许；那些不能办到的，由于他们的体验仅仅限于"学而时习之"一句话，也不能算不够格。然而题目既已出了，就是不能办到的也得搜索枯肠，勉强说一些话来完卷。这简直是在练习瞎说，还成什么写作练习？写作练习的本意原在使练习者不要放过那些要说的值得说的材料，要把那些材料一一写成文章，而且要写得恰好；可是写作练习的题目却教练习者练习瞎说。这岂不是南辕北辙？并且什么事情都一样，练习次数多了，行为上总不免受影响；练习瞎说成了习惯，待到自己真个有话要说了，说不定也会牵三搭四来一阵瞎说。这岂不是写作练习反而妨害了写作能力，还不如不要练习来得好些？再说，咱们平时会不会蓄着一段意思，想就《学而时习之说》一类的题目作一篇文章？恐怕除了读书得间，体验特深的极少数人而外，谁也不会这么想的，就是出题目的人也未必会这么想。总之，这样的写作动机极不普遍。然而在国文教室与试场里，这类题目却极常见。人家问，为什么出这类题目？教师说，各种考试都出这类题目，就不能不练习这类题目。主试人说，向来考试都出这类题目，现在当然也出这类题目，在简单的答话里，缘由显然了。练习者一篇一篇地写作那并无写作动机的文章，为的是应付考试。一个人一辈子能经历几回考试呢？在日常生活中，需要写一封信，写一份报告书，写一篇论文，写一篇小说的机会必然多得多；为练习者终身受用计，这类文章的写作正该着意练习。可是，出题目的人认定"考试第一"，对于这些也就顾不得了。

平时练习这类题目，练习的目标专为应付考试，这是八股时代的传统。八股是一种考试专用的文体。写信不用八股，记事传人不用八股，著书立说不用八股，唯有应试才用八股。这正与咱们自己不会想作一篇《学而时习之说》或者《试以近代文明发展之事实……》，唯有在国文教室与试场里才会遇见这类题目，情形相似。八股据说是代圣人立言，其实是不要你说自己认为要说的值得说的话，你能够揣摩题目的意旨以及出题目的人的意旨，按着腔拍，咿唔一阵，就算你的本领；如果遇到无可奈何的题目，你能够无中生有，瞎三话四，却又丁丁当当的颇有声调，那更见出你的才情。现在作《学而时习之说》，无非要你把已经由题目限定的意思横说竖说唠叨一番，在要你揣摩不要你说自己的话这一点上，岂不正与八股相同？八股在清朝光绪手里就废止了，八股的传统却保留在国文教室与试场里直到如今，这是可怪而不足怪的事。我国人以前不学数学、生物、物理、化学等类的科目，这些科目自然不致也不会承受八股的传统。我国人以前要学的科目唯有读书，读书读到了家的，成为博学通儒，那只是最少数，而作八股，应考试，却几乎是读书人普遍的目的。现在的读国文不就是以前的读书吗？一般人有意识地或无意识地这么想。于是国文一科把八股的传统承受下来了。

罗先生的文章中，提出请求三事：

（一）请求教育当局减少中学国文教员负担。

（二）请求中学国文教员选讲适合学生程度的文章。

（三）请求中学学生以相当时间读、作国文。

本志第二卷第三期陈卓如先生的《从〈抢救国文〉说到国文教学》中，表示一点希望：

我只希望现在从事国文教学的人，"躬自厚而薄责于人"。对于学生程度之劣，只有反省忏悔，努力寻求教学上的缺陷与学生的困难，加以纠正。

为增进国文教学的效果，维护学生的实益起见，罗陈两先生说的都是很好的意思。但是我在这儿想补充一些，在写作教学上，必须绝对摆脱八股的传统。摆脱了八股的传统，按照罗先生的说法"学生以相当时间读、作国文"，才会逐渐得到进益，否则只是练习瞎说，非徒无益而又害之。摆脱了八股的传统，按照陈先生的说法"努力寻求教学上的缺陷"，才算真个得到着落，否则只是细枝小节，"纠正"了也未必有多大效果。八股的传统摆脱了，出出来的题目必然改观；那必然是练习者与应试者"应该有话可说"的题目，虽然由教师与主试者出出来，却同练习者与应试者自己本来要说这么一番话一样。我还要重说一遍，唯有出这样的题目，在平时才真是督促练习，在考试时才真能测验写作能力。

摆脱八股的传统容易吗？我想大不容易。我在这儿认真地说，自以为见得不错，也许有些先生们看了，认为胡说八道，他们或者想现在哪儿有什么八股的传统，或者想八股的传统也并不坏啊。要希望人同此心，心同此理，大家认为八股的传统非绝对摆脱不可，我实在不能预言该要多少年。在八股的传统还没有摆脱的时候，练习者与应试者只有吃亏，这是无可免的悲剧。可是，自己明白落在悲剧中间，总比糊糊涂涂混下去好些；明白了之后，自己加上努力，未尝不可以打破悲剧的圈套。单就写作一事来说，青年们幸而不遇到承受八股传统的题目，自然最好；如果遇到了这类题目，就该知道这是怎么一回事，尤其该知道自己要练习写作，得走另外的路子，从而认真练习起来。走路有人引导，固然是好；在得不到引导的时候，自个儿也要走去：这是自学的说法。至于写不好《学而时习之说》，不过得不到及格的分数，写不好《试以近代文明发展之事实……》，不过考不上高考，作不成官，在我看来，都无关紧要。只要在需要写信的时候写得成一封明白畅达的信，在需要作报告书的时候写得成一份清楚确实的报告书，在意见完成的时候写得成一篇有条有理的论文，在灵感到来的时候写得成一篇像模像样的小说，诸如此类，都是写作练习的实效，自学的成功。这种实效与成功，将终身受用不尽。

## 阅读的材料与方法

罗先生文中所举七例，其中两个是：

文明者，文化发展之谓。而文化发展之由，莫不有其所自。其所自出者何？曰道而已耳。夫道之为物，视而不见，听而不闻，仅存于人群意识之中。此所谓天视自我民视，天听自我民听者是。凡天下事物背于此意识者谓之逆，合于此意识者谓之顺，顺则文化发达而繁衍，逆则文化萎退而灭亡。古之神权文明封建文明之所以见坠于今日，物质文明民主文明之所以勃兴于此时者，一逆一顺也。然天道靡常，唯圣贤能察而颂之，从而制之。荀子曰，"从天而颂之，孰与制天命而用之"，其是之谓欤。

举凡升天航海代步传情怡心养性启智迪慧，莫不借科学以克服自然繁荣奇异之各种障碍，以促进人类身心优异之发展。

罗先生评这两例为"糊涂"。陈先生说"这二段文章从'国文'观点来看,实在文通字顺。前一个例子最后几句因作者不了解荀子论'天'的意思,与'天道'相混,说得有点冬烘,但文字是通的。但是今日之大学生头脑冬烘,侈谈天道,试问是谁之过?第二个例子,我和罗先生的意见正相反,觉得不但文字通顺,而且文气紧凑而充沛"。我平常想,所谓文字通顺包含两个条件:一是合于语文法,二是合于论理;语文法不是古文笔法,也不是新文学作法,只是我国人口头笔头习惯通行的说法;论理不一定要研习某家名学某种逻辑,只要不违背常情常理,说出来能使一般人理解就成。不知道罗陈两位先生是否同意我这个想头。如果我这个想头不错,那么,罗先生所说"糊涂"就是不合于我所说的第二个条件。陈先生说这两个例子通顺,其实只合于我所说的第一个条件(但前一个例子的"见坠"显然是错误的),而不合于我所说的第二个条件,还是不通顺。陈先生也说前一个例子"有点冬烘"、"冬烘"与"糊涂"与"不合论理"实是近似的说法。至于陈先生说第二个例子"不但文字通顺,而且文气紧凑而充沛",那恐怕只是故意说说的了。

从前一个例子自易想到读物选材的问题与阅读方法的问题。罗先生"请求中学国文教员选讲适合学生程度的文章"。陈先生说"今日之大学生头脑冬烘,侈谈天道,试问是谁之过?"这句话多少含着责备读物选材不得其当的意思。不得其当就是不适合,哪怕读物本身有很高的价值,对于学生并没有用处;非但没有用处,而且很有害处。试看前一个例子,这个作者很读了些经子,但是说出话来一片糊涂,一派冬烘;虽然这个题目承受着八股的传统,本来也写不成什么好文章,但是作者如果没有读过经子,没有杂七夹八记上一大串,仅凭自己的想头勉强凑一篇,也许不至于这样糊涂与冬烘。这并不是可笑的事,实在是可惨的事。作者显然受了经子的害处。单在试卷上表现糊涂与冬烘,还不要紧;只怕习惯成自然,在日常生活上随时表现糊涂与冬烘,那更惨不胜言了。我曾经听见一个大学一年级学生说,中国如果实行孔子之道,日本小鬼不打自退(他并非说俏皮话,是一本正经说的)。这又是个受害的例子。陈先生说"思想糊涂应该由各科共同负责",见出教育家的襟怀,我绝对同感。但是国文教材有示范与供给材料的作用,对于学生的思想似应多负一点责任。料知学生将会"天"啊"道"的乱来一阵,对于"天"啊"道"的读物就该郑重将事,或者是消极的不选,或者是看定了学生可以理解而不至于乱来一阵的才选。这只是举个例子。总之,就"是不是切要?""会不会消化?"

"要不要发生坏影响?"这些个问题考虑一过,选下来的教材总会适合些,得当些。可是担任选材的先生们似乎不大肯考虑这些个问题,在先前,是无意识地继承着向来读书的办法,到近来,"国学根柢"啊"固有文化"啊那一套成了流行性感冒,更有意识地想把经史子集一股脑儿往学生头脑里装。他们的想法又很简单,学生的头脑好比一个空箱子,只消装进去,箱子里就有了那些经史子集了。结果是学生因为不感切要,不能消化,长不成什么"根柢",领不到什么"文化";而零零星星的一知半解,以及妄知谬解,不但表现在写作里,同时也表现在日常的思想行动里,却是显然的坏影响。在有心人看来,这正是大可忧虑的事。

学校里课程的设置,通常根据三种价值:一种是实用价值,一种是训练价值,还有一种是文化价值。古书具有文化价值,让学生读些古书,了解"固有文化",实在不是没有道理。但是重要之点在乎真个做到"了解",囫囵吞枣与"了解"却是两回事。装进空箱子就算了事,那是把囫囵吞枣认作"了解",自然发生流弊。我常常想,就教师一方面说,古书非不可教,但是必须清彻通达的人才可以教。单把给学生介绍古书来作例子,要能像编撰《经典常谈》的朱自清先生,介绍起来才不至于引学生走入迷途。① 就学生一方面说,古书非不可读,但是必须是清彻通达的人才可以读。唯有这样的人读了古书,才会受到文化的涵濡而不会受到古书的坏影响。一个人要达到清彻通达的境界,当然与整个生活都有关系;可是就读书言读书,必须阅读方法到家,才可以真个了解,才可以清彻通达。如果不讲方法或者没有方法,宁可退一步想,教师还是不教古书的好,学生还是不读古书的好。——这自然是为学生的利益着想。

---

① 参看本书《读〈经典常谈〉》。

# 读《经典常谈》[①]

学校国文教室的黑板上常常写着如下一类的粉笔字："三礼：周礼，仪礼，礼记。""三传：公羊传，谷梁传，左传。"学生看了，就抄在笔记簿上。

学期考试与入学考试，国文科常常出如下一类的测验题目："《史记》何人所作？《资治通鉴》何人所作？""什么叫四书？什么叫四史？""司马相如何代人？杜甫何代人？他们有哪一方面的著作？"与考的学生只消写上人名、书名、朝代名就是。写错了或者写不出当然没有分数。

曾经参观一个中学，高中三年级上"中国文学史"课，用的是某大学的讲义《中国文学史要略》，方讲到隋唐。讲义中提及孔颖达的《五经正义》，杜佑的《通典》，王通的《中说》等，没有记明卷数，教师就一一写在黑板上，让学生一一抄在本子上。在教室里立了大约半点钟，没听见教师开一声口，只看见他写的颇为老练的一些数目字。

书籍名，作者名，作者时代，书籍卷数，不能不说是一种知识。可是，学生得到了这种知识有什么受用，咱们不妨想一想。参与考试，如果遇到这一类的测验题目，就可以毫不迟疑地答上去，取得极限的分数，这是一种受用。还有呢？似乎没有了。在跟人家谈话的当儿，如果人家问你"什么叫四史？"你回答得出"就是《史记》《汉书》《后汉书》《三国志》"，你的脸上自然也会有一副踌躇满志的神色。可惜实际上谈话时候把这种问题作话题的并不多。

另外一派人不赞成这种办法，说这种办法毫无道理，不能叫学生得到真实的受用。这个话是千真万确的。他们主张，学生必须跟书籍直接打交道，好比朋友似的，你必须跟他混在一块，才可以心心相通，彼此影响，仅仅记住他的尊姓大名，就与没有这个朋友一样。这个话当然也没有错。可是他们所说的书籍范围很广，差不多从前读书人常读的一些书籍，他们主张现在的学生都应该

---

① 原载作者的《西川集》，文光书店一九四五年一月出版。

读。而且，他们开起参考书目来就是一大堆，就说《史记》罢，关于考证史事的有若干种，关于评议体例的有若干种，关于鉴赏文笔的有若干种。他们要学生自己去摸索，把从前人走过的路子照样走一遍，结果才认识《史记》的全貌。这儿就有问题了。范围宽广，从前读书人常读的一些书籍都拿来读，跟现代的教育宗旨合不合，是问题。每一种书籍都要由学生自己去摸索，时间跟能力够不够，又是问题。这些问题不加注意，徒然苦口婆心地对学生说："你们要读书啊。"其心固然可敬，可是学生还是得不到真实的受用。

现代学生的功课，有些是从前读书人所不做的，如博物、理化、图画、音乐之类。其他的功课，就实质说，虽然就是从前读书人学的那一些，可是书籍不必再用从前人的本子了。一部历史教本就可以摄取历代史籍的大概，经籍子籍的要旨。这自然指编撰得好的而言；现在有没有这样好的教本，那是另一问题。试问为什么要这么办？为的是从前书籍浩如烟海，现代的学生要做的功课多，没有时间一一去读它。为的是现代切用的一些实质，分散在潜藏在各种书籍里，让学生淘金似的去淘，也许淘不着，也许只淘着了一点儿。尤其为的是从前的书籍，在现代人看来，有许多语言文字方面的障碍；先秦古籍更有脱简错简，传抄致误，清代学者校勘的贡献虽然极大，但是否完全恢复了各书的原样，谁也不敢说定；现代学生不能也不应个个劳费精力在训诂校勘上边，是显而易见的。所以，为实质的吸收着想，可以干脆说一句，现代学生不必读从前的书。只要历史教本跟其他学生用书编撰得好，教师和帮助学生的一些人们又指导得法，学生就可以一辈子不读《论语》《庄子》，却能知道孔子、庄子的学说；一辈子不读《史记》《汉书》，却能明晓古代的史迹。

可是，有些书籍的实质和形式是分不开的，你要了解它，享受它，必须面对它本身，涵泳得深，体味得切，才有得益。譬如《诗经》，就不能专取其实质，翻为现代语言，让学生读"白话诗经"。翻译并不是不能做，并且已经有人做过，但到底是另外一回事；真正读《诗经》还得直接读"关关雎鸠"。又如《史记》，作为历史书，尽可用"历史教本""中国通史"之类来代替；但是它同时又是文学作品，作为文学作品，就不能用"历史教本""中国通史"之类来代替，从这类书里知道了楚汉相争的史迹，并不等于读了《项羽本纪》。我想，要说现代学生应该读些古书，理由应该在这一点上。

还有一点。如朱自清先生在这本《经典常谈》的序文里说的，"在中等以上的教育里，经典训练应该是一个必要的项目。经典训练的价值不在实用，而在文化。有一位外国教授说过，阅读经典的用处，就在教人见识经典一番。这是很明达的议论。再说做一个有相当教育的国民，至少对于本国的经典也有接触的义务"。一些古书，培育着咱们的祖先，咱们跟祖先是一脉相承的，自当尝尝他们的营养料，才不至于无本。若讲实用，似乎是没有，有实用的东西都收纳在各种学科里了；可是有无用之用。这可以打个比方。有些人不怕旅行辛苦，道路几千，跑上峨眉金顶看日出，或者跑到甘肃敦煌，看石窟寺历代的造像跟壁画。在专讲实用的人看来，他们干的完全没有实用，只有那股傻劲儿倒可以佩服。可是他们从金顶下来，打敦煌回转，胸襟扩大了，眼光深远了，虽然还是各做他们的事儿，却有了一种新的精神。这就是所谓无用之用。读古书读的得其道，也会有类似的无用之用。要说现代学生应该读些古书，这是又一个理由。

这儿要注意，"现代学生应该读些古书"，万不宜忽略"学生"两字跟一个"些"字。说"学生"，就是说不是专家，其读法不该跟专家的一样（大学里专门研究古书的学生当然不在此限）。说"些"，就是说分量不能多，就是从前读书人常读的一些书籍也不必全读。就阅读的本子说，最好辑录训诂校勘方面简明而可靠的定论，让学生展卷了然，不必在一大堆参考书里自己去摸索。就阅读的范围说，最好根据前边说的两个理由来选定，只要精，不妨小，只要达到让学生见识一番这么个意思就成。这本《经典常谈》的序文里说，"我们理想中一般人的经典读本——有些该是全书，有些只该是选本节本，——应该尽可能地采取他们的结论；一面将本文分段，仔细地标点，并用白话文作简要的注释。每种读本还得有一篇切实而浅明的白话文导言。"现代学生要读些古书，急切需用这样的读本。口口声声嚷着学生应该读古书的先生们，似乎最适宜负起责任来，编撰这样的读本。可是他们不干，只是"读书啊！读书啊！"的直嚷；学生实在没法接触古书，他们就把罪名加在学生头上，"你们自己不要好，不爱读书，教我有什么办法？"我真不懂得他们的所以然。

朱先生的《经典常谈》却是负起这方面的责任来的一本书。它是一些古书的"切实而浅明的白话文导言"。谁要知道某书是什么，它就告诉你这个什么，看了这本书当然不就是读了古书，可是古书的来历，其中的大要，历来对于该书有什么问题，直到现在为止，对于该书已经研究到什么程度，都可以有个简明的概念。学生如果自己在一大堆参考书里去摸索，费力甚多，所得未必会这么简明。因这本书的导引，去接触古书，就像预先看熟了地图跟地理志，虽然到的是个新地方，却能头头是道。专家们未必看得起这本书，因为"这中间并无编撰者自己的创见，编撰者的工作只是编撰罢了"（序文中语）；但是这本书本来不是写给专家们看的，在需要读些古书的学生，这本书正适合他们的理解能力跟所需分量。尤其是"各篇的讨论，尽量采择近人新说"（序文中语），近人新说当然不单为它"新"，而为它是最近研究的结果，比较可作定论；使学生在入门的当儿，便祛除了狭陋跟迂腐的弊病，是大可称美的一点。

这本书所说经典，不专指经籍；是用的经典二字的广义，包括群经，先秦诸子，几种史书，一些集部，共十三篇。把目录抄在这儿：说文解字第一；周易第二；尚书第三；诗经第四；三礼第五；春秋三传第六（国语附）；四书第七；战国策第八；史记汉书第九；诸子第十；辞赋第十一；诗第十二；文第十三。前头十一篇都就书讲；末了"诗""文"两篇却只叙述源流，不就书讲，"因为书太多了，没法子一一详论，而集部书的问题也不像经、史、子那样重要，在这儿也无需详论"（序文中语）。

# 《国文教学》序<sup>①</sup>

　　我们将近些年来写的关于国文教学的论文和随笔编成这本书，就题为《国文教学》。这里面以论中学的国文教学为主，大学的也有几篇论及。我们都做了多年的国文教师，也编过一些国文科的读物给青年们看，本书的文章就是根据这些经验写成的。这些文章偏重教学的技术方面，精神方面谈到的很少。因为精神方面部订的课程标准里已经定得够详细的。再说"五四"以来国文科的教学，特别在中学里，专重精神或思想一面，忽略了技术的训练，使一般学生了解文字和运用文字的能力没有得到适量的发展，未免失掉了平衡。而一般社会对青年学生要求的却正是这两种能力，他们要求学生第一要写得通，其次要读得懂。我们根据实际情形立论，偏重技术一面也是自然而然。

　　一般社会把写看得比读重，青年们自己也如此。但是在课程里，在实际教学上，却是读比写重。课程里讲读的时数多于作文的时数，是因为讲读负担着三重的任务。讲读一方面训练了解的能力，一方面传播固有的和现代的文化，另一方面提供写作的范本。学生似乎特别注重写作的范本。从前的教本原偏重示范作用，没有发生读和写的比重问题。"五四"后的教本兼顾三重任务，学生感到范文的缺少，好像讲读费了很多时间，并没有什么实用，因而就不看重它。不过这个问题很复杂，范文其实还只是一个因子，另一个因子是文言。"五四"以后，一般学生愿意写白话，写白话而读文言，这是一个矛盾。再一个因子是教学。教学应该读和写并重，可是讲读的时数既多，而向来教师又没有给予作文课足够的注意，便见得读重了。其实重读也只是个幻象，一般的讲读只是

---

　　① 原载作者与朱自清合著的《国文教学》，开明书店一九四五年四月出版。全书分上下两辑，上辑收录作者的文章，下辑收录朱自清的文章。

　　编入本书第一辑的《国文教学的两个基本观念》《论国文精读指导不只是逐句讲解》《论中学国文课程的改订》《认识国文教学》《中学国文教师》《大学一年级国文》，都载《国文教学》上辑。

逐句讲解，甚至于说些不相干的话敷衍过去，学生毫无参加和练习的机会，怎能够引起他们的趣味，领导他们努力呢?

青年们不愿意读文言，尤其不愿意读古书，是因为不容易懂，并且跟现代生活好像无甚关系似的。若能在观行的标点分段之外，加上白话注释，并附适当的题解或导言，愿意读的人也许多些。到那时青年们也许就可以看出，中国人虽然需要现代化，但是中国人的现代化，得先知道自己才成；而要知道自己还得借径于文言或古书。我们尽可以着手用白话重述古典，等到这种重述的古典成为新的古典，尽可以将文言当作死文字留给专门学者去学习，不必再放在一般课程里。但是现在还不行，还得学习文言。可是现行课程标准规定初中一年起就将文言和白话混合教学，文言的比例逐年增加，直到大学一年整个讲读文言为止，这样办效果却不好。学生不但文言没有学好，白话也连带着学得不够好。教本里选的文言花样太杂。使他们不容易摸门路，而混合教学又使他们彷徨，弄不清文言和白话的分别。我们赞成本书附录里浦江清先生的主张①，将白话和文言分别教学。我们还主张文言的教学从高中开始，初中只学白话；大学一年还该在作文课里让学生读些白话范本。作文该全写白话，文言教学的写的方面只到造句就成。

学生不看重讲读，还有一个缘故。他们觉得讲读总不免咬文嚼字费功夫，而实际的阅读只消了解大意就够；他们课外阅读，只求了解大意，快当得多。他们觉得只有这种广泛的阅读才能促进写作能力的发展；讲读在一年里只寥寥三四十篇，好像简直没有益处似的。但是没有受过相当的咬文嚼字的训练或者没有下过相当的咬文嚼字的功夫，是不能了解大意的，至少了解不够正确。学

---

① 指浦江清的《论中学国文》（原载一九四○年《国文月刊》第一卷第三期）。这篇文章主张将白话和文言分开教学。语体文教本，初高中都各编两种。初中：一种选宋元以来白话小说的菁华，另一种选现代白话文的短篇。并以一部浅近的国语文法作为课外参考书。高中：一种与初中的第二种相同，程度稍稍加深；另一种专选通俗的学术文。文言文教本，初高中都各编两本。初中：第一本从单句讲到短篇文章（文法和选文混编），要求学生作造句和翻译的练习；第二本选短篇文章，程度可以参考二十年前的高小教本而增加文言尺牍，要求学生试作百字以内的作文，并练习文言书札。高中：一本是"古文学读本"，以文为主，附以诗，词曲可以不选。教师可以选教，但是教过的应要求学生读熟背诵，另一本选晚清到民国的文言文，这一本是为帮助学生练习文言之用，不要求学生"精读"。

生课外阅读，能了解大意，还是靠讲读教育——虽然这种讲读教育没有很大的效率——或者靠自修。阅读有时候不止于要了解大意，还要领会那话中的话，字里行间的话——也就是言外之意，不能读得太快，得仔细吟味；这就更需要咬文嚼字的功夫。再说课外阅读可以帮助增进写作的能力，固然是事实，但是一目数行地囫囵吞枣地读下去，至多只能增进一些知识和经验，并不能领会写作的技术。要在写作上得益处，非慢慢咬嚼不可。一般人的阅读大概都是只观大意，并且往往随读随忘；虽然读得很快，却是毫无用处。随读随忘，不但不能帮助写作，恐怕连增进知识和经验的效果也不会有。所以课外阅读决不能无条件的重视，而讲读还是基本。不过讲读不该逐句讲解，更不该信口开河，得切实计划，细心启发，让学生们多思考，多讨论，多练习，才能有合乎课程标准的效率。

这就要谈到师生的合作和学校的纪律了。讨论教学技术，无论如何精当，若是教师不负责任，不肯干，也是枉然。现在一般国文教师的情形，本书中有专篇讨论①。我们觉得负责的教师真是太少了。教师得先肯负责，才能谈到循循善诱，师生合作。教师不负责，有的因为对教学本无兴趣，当教师只是暂局。这种人只有严加淘汰一法。有的因为任课太多，照顾不及。这种人也许减少钟点调整待遇可望改善。有的却因为一般纪律不好，难以独严。学校纪律不好，有时固然由于一般政治和社会的影响，不是某一学校的责任，但是多半还是由于学校当局不尽职或者才力不足。只要当局能够和教师通力合作，始终一贯，纪律总会严明的。话说回来，即使学校纪律不好，一个教师也还有他可负的责任。事在人为，只要诚恳公正，他在相当的限度之内也还可以严格教学的。本书里许多文章虽然根据经验写成，却也假定了一些条例，如学校纪律相当好，教师肯负责地干等；从这方面看也就不免还是些理想。不过理想是事实之母，只要不是空想，总该能够一点一滴实现的。我们在期待着。

我们将自己的文章分编为上下两辑。另有浦江清先生《论中学国文》② 一篇，我们觉得其中精到的意见很多。感谢他的同意，让我们附录在这本书里。

一九四四年十月

---

① 指《中学国文教师》。
② 浦江清《论中学国文》的主要内容，参看本书第 39 页注①。

# 国文教学的两个基本观念

我们当国文教师，必须具有两个基本观念。我作这么想，差不多延续了二十年了。最近机缘凑合，重理旧业，又教了两年半的国文，除了同事诸君而外，还接触了许多位大中学的国文教师。觉得我们的同行具有那两个基本观念的诚然有，而认识完全异趣的也不在少数。现在想说明我的意见，就正于同行诸君。

请容我先指明那两个基本观念是什么。第一，国文是语文学科，在教学的时候，内容方面固然不容忽视，而方法方面尤其应当注重。第二，国文的涵义与文学不同，它比文学宽广得多，所以教学国文并不等于教学文学。

如果国文教学纯粹是阅读与写作的训练，不含有其他意义，那么，任何书籍与文篇，不问它是有益或者有损于青年的，都可以拿来作阅读的材料与写作的示例。它写得好，摄取它的长处，写得不好，发见它的短处，对于阅读能力与写作能力的增进都是有帮助的。可是，国文是各种学科中的一个学科，各种学科又像轮辐一样辏合于一个教育的轴心，所以国文教学除了技术的训练而外，更需含有教育的意义。说到教育的意义，就牵涉到内容问题了。国文课程标准规定了教材的标准，书籍与文篇的内容必须合于这些个标准，才配拿来作阅读的材料与写作的示例。此外，笃信固有道德的，爱把圣贤之书教学生诵读，关切我国现状的，爱把抗战文章作为补充教材，都是重视内容也就是重视教育意义的例子。这是应当的，无可非议的。不过重视内容，假如超过了相当的限度，以为国文教学的目标只在灌输固有道德，激发抗战意识，等等，而竟忘了语文教学特有的任务，那就很有可议之处了。

道德必须求其能够见诸践履，意识必须求其能够化为行动。要达到这样地步，仅仅读一些书籍与文篇是不够的。必须有关各种学科都注重这方面，学科以外的一切训练也注重这方面，然后有实效可言。国文诚然是这方面的有关学科，却不是独当其任的唯一学科。所以，国文教学，选材能够不忽略教育意义，也就足够了，把精神训练的一切责任都担在自己肩膀上，实在是不必的。

国文教学自有它独当其任的任，那就是阅读与写作的训练。学生眼前要阅读，要写作，至于将来，一辈子要阅读，要写作。这种技术的训练，他科教学是不负责任的，全在国文教学的肩膀上。所谓训练，当然不只是教学生拿起书来读，提起笔来写，就算了事。第一，必须讲求方法。怎样阅读才可以明白通晓，摄其精英，怎样写作才可以清楚畅达，表其情意，都得让学生们心知其故。第二，必须使种种方法成为学生终身以之的习惯。因为阅读与写作都是习惯方面的事情，仅仅心细其故，而习惯没有养成，还是不济事的。国文教学的成功与否，就看以上两点。所以我在前面说，方法方面尤其应当注重。

现在四五十岁的人大都知道从前书塾的情形。从前书塾里的先生很有些注重方法的。他们给学生讲书，用恰当的方言解释与辨别那些难以弄明白的虚字。他们教学生阅读，让学生点读那些没有句读的书籍与报纸论文。他们为学生改文，单就原意增删，并且反复详尽地讲明为什么增删。遇到这样的先生，学生是有福的，修一年学，就得到一年应得的成绩。然而大多数书塾的先生却是不注重方法的，他们只教学生读，读，读，作，作，作，讲解仅及字面，改笔无异自作，他们等待着一个奇迹的出现——学生自己一旦豁然贯通。奇迹自然是难得出现的。所以，在书塾里坐了多年，走出来还是一窍不通，这样的人着实不少。假如先生都能够注重方法，请想一想，从前书塾不像如今学校有许多学科，教学的只是一科国文，学生花了多年的时间专习一种学科，何至于一窍不通呢？再说如今学校，学科不止一种了，学生学习国文的时间约占从前的十分之二三，如果仍旧想等待奇迹，其绝无希望是当然的。换过来说，如今学习时间既已减少，而应得的成绩又非得到不可，唯有特别注重方法，才会收到事半功倍的效果。多读多作固属重要，但是尤其重要的是怎样读，怎样写。对于这个"怎样"，如果不能切实解答，就算不得注重了方法。

现在一说到学生国文程度，其意等于说学生写作程度。至于与写作程度同等重要的阅读程度往往是忽视了的。因此，学生阅读程度提高了或是降低了的话也就没听人提起过。这不是没有理由的，写作程度有迹象可寻，而阅读程度比较难捉摸，有迹象可寻的被注意了，比较难捉摸的被忽视了，原是很自然的事情。然而阅读是吸收，写作是倾吐，倾吐能否合于法度，显然与吸收有密切的关系。单说写作程度如何如何是没有根的，要有根，就得追问那比较难捉摸的阅读程度。最近朱自清先生在《国文月刊》创刊号发表一篇《中学生的国文程度》，他说中学生写不通应用的文言，大概有四种情形。第一是字义不明，因此用字不确切，或犯重复的毛病。第二是成语错误。第三是句式不熟，虚字不通也算在这类里。第四是体例不当，也就是不合口气。他又说一般中学生白话的写作，比起他们的文言来，确是好得多。可是就白话论白话，他们也还脱不掉技术拙劣，思路不清的考语。朱先生这番话明明说的写作程度不够，但是也正说明了所以会有这些情形，都由于阅读程度不够。阅读程度不够的原因，阅读太少是一个，阅读不得其法尤其是重要的一个。对于"体会""体察""体谅""体贴""体验"似的一组意义相近的词，字典翻过了，讲解听过了，若不能辨别每一个的确切意义并且熟悉它的用法，还算不得阅读得其法。"汗牛充栋"为什么不可以说成"汗马充屋"？"举一反三"为什么不可以说成"举二反二"？仅仅了解他们的意义而不能说明为什么不可以改换，阅读方法也还没有到家。"与其"之后该来一个"宁"，"犹"或"尚"之后该接上一个"况"，仅仅记住这些，而不辨"与其"的半句是所舍义，"宁"的半句才是所取义，"犹"或"尚"的半句是旁敲侧击，"况"的半句才是正面文章，那也是阅读方法的疏漏。"良深哀痛"是致悼语，"殊堪嘉尚"是奖勉语，但是，以人子的身分，当父母之丧而说"良深哀痛"，以学生的身分，对抗战取胜的将领而说"殊堪嘉尚"，那一定是阅读时候欠缺了揣摩体会的功夫。以上只就朱先生所举四种情形，举例来说。依这些例子看，已经可以知道阅读方法不仅是机械地解释字义，记诵文句，研究文法修辞的法则，最紧要的还在多比较，多归纳，多揣摩，多体会，一字一语都不轻轻放过，务必发现他的特性。唯有这样阅读，才能够发掘文章的蕴蓄，没有一点含糊。也唯有这样阅读，才能够养成用字造语的好习惯，下笔不至有误失。

阅读方法又因阅读材料而不同。就分量说，单篇与整部的书应当有异，单篇宜作精细的剖析，整部的书却在得其大概。就文体说，记叙文与论说文也不一样，记叙文在看作者支配描绘的手段，论说文却在阐明作者推论的途径。同是记叙文，一篇属于文艺的小说与一篇普通的记叙文又该用不同的眼光，小说是常常需要辨认那文字以外的意味的。就文章种类说，文言与白话也不宜用同一态度对付，文言——尤其是秦汉以前的——最先应注意那些虚字，必需体会它们所表的关系与所传的神情，用今语来比较与印证，才会透彻地了解。多方面地讲求阅读方法也就是多方面地养成写作习惯。习惯渐渐养成，技术拙劣与思路不清的毛病自然渐渐减少，一直减到没有。所以说阅读与写作是一贯的，阅读得其法，阅读程度提高了，写作程度没有不提高的。所谓得其法，并不在规律地作训诂学、文法学、修辞学与文章学的研究，那是专门之业，不是中学生所该担负的。可是，那些学问的大意不可不明晓，那些学问的治学态度不可不抱持，明晓与抱持又必须使他成为终身以之的习惯才行。

以下说关于第二个基本观念的话。五四运动以前，国文教材是经史古文，显然因为经史古文是文学。在一些学校里，这种情形延续到如今，专读《古文辞类纂》或者《经史百家杂抄》便是证据。"五四"以后，通行读白话了，教材是当时产生的一些白话的小说、戏剧、小品、诗歌之类，也就是所谓文学。除了这些，还有什么可以阅读的呢？这样想的人仿佛不少。就偏重文学这一点说，以上两派是一路的，都以为国文教学是文学教学。其实国文所包的范围很宽广，文学只是其中一个较小的范围，文学之外，同样包在国文的大范围里头的还有非文学的文章，就是普通文。这包括书信、宣言、报告书、说明书等等应用文，以及平正地写状一件东西载录一件事情的记叙文，条畅地阐明一个原理发挥一个意见的论说文。中学生要应付生活，阅读与写作的训练就不能不在文学之外，同时以这种普通文为对象。若偏重了文学，他们看报纸、杂志与各科课本、参考书，就觉得是另外一回事，要好的只得自辟途径，去发见那阅读的方法，不要好的就不免马虎过去，因而减少了吸收的分量。再就写作方面说，流弊更显而易见。主张教学生专读经史古文的，原不望学生写什么文学，他们只望学生写通普通的文言，这是事实，但是正因所读的纯是文学，质料不容易消化，技术不容易仿效，所以学生很难写通普通的文言。如今中学生文言的写作程度低落，我以为也可以从这一点来解释。如果让他们多读一些非文学的普通文言，我想文言的写作或许会好些。很有些人，在书塾里熟读了《四书》《五经》笔下还是不通，偷空看了《三国演义》或者《饮冰室文集》，却居然通了，这可以作为佐证。至于白话的写作，国文教师大概有这样的经验，只要教学生自由写作，他们交来的往往是一篇类似小说的东西或是一首新体诗。我曾经接到过几个学生的白话信，景物的描绘与心情的抒写全像小说，却与写信的目的全不相干。还有，现在爱写白话的学生多数喜欢高谈文学，他们不管文章的体裁与理法，他们不知道日常应用的不是文学而是普通文。认识尤其错误的，竟以为只要写下白话就是写了文学。以上种种流弊，显然从专读白话文学而忽略了白话的普通文生出来的，如果让他们多读一些非文学的普通白话，我想用白话来状物、记事、表情、达意，该会各如其分，不至于一味不相称地袭用白话文学的格调吧。

学习图画，先要描写耳目手足的石膏像，叫作基本练习。学习阅读与写作，从普通文入手，意思正相同。普通文易于剖析、理解，也易于仿效，从此立定基本，才可以进一步弄文学。文学当然不是在普通文以外别有什么方法，但是方法的应用繁复得多，变化得多，不先作基本练习而径与接触，就不免迷惘悦。我也知道有所谓"取法乎上，仅得其中"的说法，而且知道古今专习文学而有很深的造诣的不乏其人。可是我料想古今专习文学而碰壁的，就是说一辈子读不通写不好的，一定更多。少数人有了很深的造诣，多数人只落得一辈子读不通写不好，这不是现代教育所许可的。从现代教育的观点说，人人要作基本练习，而且必须练习得到家。说明白点，就是对于普通文字的阅读与写作，人人要得到应得的成绩，绝不容有一个人读不通写不好。这个目标应该在中学阶段达到，到了大学阶段，学生不必再在普通文的阅读与写作上费功夫了——现在大学里有一年级国文，只是一时补救的办法，不是不可变更的原则。

至于经史古文与现代文学的专习，那是大学本国文学系的事情，旁的系就没有必要，中学当然更没有必要。我不是说中学生不必读经史古文与现代文学，我只是说中学生不该专习那些。从教育意义说，要使中学生了解固有文化，就得教他们读经史古文。现代人生与固有文化同样重要，要使中学生了解现代人生，就得教他们读现代文学。但是应该选取那些切要的，浅易的，易于消化的，不宜兼收并包，泛滥无归。譬如，老子的思想在我国很重要，可是，《老子》的文章至今还有人作训释考证的功夫而没有定论，若读《老子》原文，势必先听取那些训释家考证家的意见，这不是中学生所能担负的。如果有这么一篇普通文字，正确扼要地说明老子的思想，中学生读了也就可以了解老子了，正不必读《老子》原文。又如，历来文家论文之作里头，往往提到神理气味格律声色的话，这些是研究我国文学批评的重要材料，但是放在中学生面前就不免徒乱人意。如果放弃这些，另外找一些明白具体的关于文章理法的普通文字给他们读，他们的解悟该会切实得多。又如，茅盾的长篇小说《子夜》，一般都认为精密地解剖绎济社会的佳作，但是它的组织繁复，范围宽广，中学生读起来，往往不如读组织较简范围较小的易于透彻领会。依以上所说，可以知道无论古文学现代文学，有许多是中学生所不必读的。不读那些不必读的，其意义并不等于忽视固有文化与现代人生，也很显然。再说文学的写作，少数中学生或许能够写来很像个样子，但是决不该期望于每一个中学生。

这就是说，中学生不必写文学是原则；能够写文学却是例外。据我所知的实际情形，现在教学生专读经史古文的，并不期望学生写来也像经史古文，他们只望学生能写普通的文言，而一般以为现代文学之外别无教材的，却往往存一种奢望，最好学生落笔就是文学的创作。后者的意见，我想是应当修正的。

在初中阶段，虽然也读文学，但是阅读与写作的训练应该偏重在基本方面，以普通文为对象。到了高中阶段，选取教材以文章体制、文学源流、学术思想为纲，对于白话，又规定"应侧重纯文艺作品"，好像是专向文学了，但是基本训练仍旧不可忽略。理由很简单，高中学生与初中学生一样，他们所要阅读的不纯是文学，他们所要写作的并非文学，并且，唯有对于基本训练锲而不舍，熟而成习，接触文学才会左右逢源，头头是道。

我的话到此为止。自觉说得还不够透彻，很感惭愧。

# 论国文精读指导不只是逐句讲解

教书逐句讲解，是从前书塾里的老法子。讲完了，学生自去诵读；以后是学生背诵，还讲，这就完成了教学的一个单元。从前也有些不凡的教师，不但逐句讲解，还从虚字方面仔细咬嚼，让学生领会使用某一些虚字恰是今语的某一种口气；或者就作意方面尽心阐发，让学生知道表达这么一个意思非取这样一种方式不可；或者对诵读方面特别注重，当范读的时候，把文章中的神情理趣，在声调里曲曲传达出来，让学生耳与心谋，得到深切的了解。这种教师往往使学生终身不忘；学生想到自己的受用，便自然而然感激那给他实益的教师。这种教师并不多，一般教师都只逐句讲解。

逐句讲解包括：（一）解释字词的意义；（二）说明成语典故的来历这两项预备工作，预备工作之后；（三）把书面的文句译作口头的语言，便是主要工作了。应用这样办法，论理必作如下的假定：（一）假定学生无法了解那些字词的意义。（二）假定学生无法考查那些成语典故的来历。（三）假定学生不能把书面的文句译作口头的语言。不然，何必由教师逐一讲解？（四）假定读书的目标只在能把书面的文句译作口头的语言；译得来，才算读懂了书。不然，何以把这一项认为主要工作而很少顾及其他？还有（五），假定教学只是授受的关系，学生是没有能力的，自己去探讨也无非徒劳，必待教师讲了授了，他用心地听了受了，才会了解他所读的东西。不然，何不让学生在听讲之外，再做些别的工作？——教师心里固然不一定意识到以上的假定；可是，如果只做逐句讲解的工作，就不能不承认有这几个假定。而从现代教育学的观点，这几个假定都是不合教学的旨趣的。

从前书塾教书，不能说没有目标。希望学生读通了，写通了，或者去应科举，取得功名，或者保持传统，也去教书，或者写作书信，应付实用：这些都是目标。但是能不能达到目标，教师似乎不负什么责任。一辈子求不到功名的，只怨自己命运不济，不怪教师；以误传误当村馆先生的，似是而非写糊涂书信的，自己也莫名其妙，哪里会想到教师给他吃的亏多么大？在这样情形之下，教师对于怎样达到目标（也就是对于教学方法），自然不大措意。现在的国文教学可不同了，国文教学悬着明晰的目标：养成阅读书籍的习惯，培植欣赏文学的能力，训练写作文章的技能。这些目标是非达到不可的，责任全在教师身上；而且所谓养成、培植、训练，不仅对一部分学生而言，必须个个学生都受到了养成、培植、训练，才算达到了目标。因此，教学方法须特别注重。如果沿袭从前书塾里的老法子，只逐句讲解，就很难达到目标。可是，熟悉学校情形的人都知道现在的国文教学，一般的说，正和从前书塾教书差不多。这不能说不是一个相当严重的问题。

阅读书籍的习惯不能凭空养成，欣赏文学的能力不能凭空培植，写作文章的技能不能凭空训练。国文教学所以要用课本或选文，就在将课本或选文作为凭借，然后种种工作得以着手。课本里收的，选文入选的，都是单篇短什，没有长篇巨著。这并不是说学生读一些单篇短什就够了。只因单篇短什分量不多，要做细琢细磨的研读功夫正宜从此入手；一篇读毕，又来一篇，涉及的方面既不嫌偏颇，阅读的兴趣也不致单调，所以取作精读的教材。学生从精读方面得到种种经验，应用这些经验，自己去读长篇巨著以及其他的单篇短什，不再需要教师的详细指导（不是说不需要指导），这就是略读。就教学而言，精读是主体，略读只是补充；但就效果而言，精读是准备，略读才是应用。精读与略读的关系如此，试看，只做逐句讲解的工作，是不是就尽了精读方面的指导责任？

所谓阅读书籍的习惯，并不是什么难能的事，只是能够按照读物的性质作适当的处理而已。需要翻查的，能够翻查；需要参考的，能够参考；应当条分缕析的，能够条分缕析；应当综观大意的，能够综观大意；意在言外的，能够辨得出它的言外之意；又有疏漏的，能够指得出它的疏漏之处：到此地步，阅读书籍的习惯也就差不多了。一个人有了这样的习惯，一辈子读书，一辈子受用。学生起初当然没有这样的习惯，所以要他们养成；而养成的方法，唯有让他们自己去尝试。按照读物的性质，作适当的处理，教学上的用语称为"预习"。一篇精读教材放在面前，只要想到这是一个凭借，要用来养成学生阅读书籍的习惯，自然就会知道非教他们预习不可。预习的事项无非翻查、分析、综合、体会、审度之类；应该取什么方法，认定哪一些着眼点，教师自当测知他们所不及，给他们指点，可是实际下手得让他们自己动天君，因为他们将来读书必须自己动天君。预习的事项一一做完了，然后上课。上课的活动，教学上的用语称为"讨论"，预习得对不对，充分不充分，由学生与学生讨论，学生与教师讨论，求得解决。应当讨论的都讨论到，须待解决的都得到解决，就没有别的事了。这当儿，教师犹如集会中的主席，排列讨论程序的是他，归纳讨论结果的是他，不过他比主席还多负一点责任，学生预习如有错误，他得纠正，如有缺漏，他得补充，如有完全没有注意到的地方，他得指示出来，加以阐发。教师的责任不在把一篇篇的文章装进学生脑子里去；因为教师不能一辈子跟着学生，把学生切要读的书一部部装进学生脑子里去。教师只要待学生预习之后，给他们纠正，补充，阐发；唯有如此，学生在预习的阶段既练习了自己读书，在讨论的阶段又得到切磋琢磨的实益，他们阅读书籍的良好习惯才会渐渐养成。如果不取这个办法，学生要待坐定在位子上，听到教师说今天讲某一篇之后，才翻开课本或选文来；而教师又一开头就读一句，讲一句，逐句读讲下去，直到完篇，别无其他工作：那就完全是另一回事了。

第一，这里缺少了练习阅读最主要的预习的阶段。学生在预习的阶段，固然不能弄得完全头头是道；可是教他们预习的初意本来不要求弄得完全头头是道，最要紧的还在让他们自己动天君。他们动了天君，得到理解，当讨论的时候，见到自己的理解与讨论结果正相吻合，便有独创成功的快感；或者见到自己的理解与讨论结果不甚相合，就作比量短长的思索；并且预习的时候决不会没有困惑，困惑而没法解决，到讨论的时候就集中了追求解决的注意力。这种快感、思索与注意力，足以鼓动阅读的兴趣，增进阅读的效果，都有很高的价值。现在不教学生预习，他们翻开课本或选文之后又只须坐在那里听讲，不用做别的工作；从形式上看，他们太舒服了，一切预习事项都由教师代劳；但是从实际上说，他们太吃亏了，几种有价值的心理过程都没有经历到。第二，这办法与养成阅读书籍的习惯那个目标根本矛盾。临到上课，才翻开课本或选文中的某一篇来；待教师开口讲了，才竖起耳朵来听；这个星期如此，下个星期也如此，这个学期如此，下个学期也如此，还不够养成习惯吗？可惜养成的习惯恰是目标的反面。目标要学生随时读书，而养成的习惯却要上课才翻书；目标要学生自己读书，而养成的习惯却要教师讲一句才读一句书。现在一般学生不很喜欢而且不很善于读书，如果说，原因就在国文教学专用逐句讲解的办法，大概也不是过火的话吧。并且逐句讲解的办法，对于一篇中的文句是平均看待的，就是说，对于学生能够了解的文句，教师也不惮烦劳，把他译作口头的语言，而对于学生不甚了解的文句，教师又不过把他译作口头的语言而止。

如讲陶潜《桃花源记》，开头"晋太元中，武陵人捕鱼为业"，就说："太元是晋朝孝武帝的年号，武陵是现在湖南常德县；晋朝太元年间，武陵地方有个捕鱼的人。"凡是逢到年号，总是说是某朝某帝的年号；凡是逢到地名，总是说是现在某地；凡是逢到与今语不同的字或词，总是说是什么意思。如果让学生自己去查一查年表、地图、字典、辞典，从而知道某个年号距离如今多少年；某一地方在他们居处的哪一方，距离多远；某一字或词的本义是什么，引申义又是什么：那就非常亲切了，得到很深的印象了。学生做了这番功夫，对于"晋太元中，武陵人捕鱼为业"那样的文句，自己已能了解，不须再听教师的口译。现在却不然，不管学生了解不了解，见文句总是照例讲，照例口译；学生听着听着，非但没有亲切之感与很深的印象，而且因讲法单调，不须口译的文句也要口译，而起厌倦之感。我们偶尔听人演说，说法单调一点，内容平凡一点，尚且感到厌倦，学生成月成年听类似那种演说的讲解与口译，怎得不厌倦呢？厌倦了的时候，身子虽在坐位上，心神却离开了读物，或者"一心以为有鸿鹄将至"，或者什么都不想，像禅家的入定。这与养成读书习惯的目标不是相去很远吗？曾经听一位教师讲曾巩《越州赵公救菑记》，开头"熙宁八年夏，吴越大旱；九月，资政殿大学士右谏议大夫知越州赵公，前民之未饥，为书问属县……"在讲明了"熙宁""吴越""资政殿大学士""右谏议大夫""知"之后，便口译道："熙宁八年的夏天，吴越地方遇到大旱灾；九月间，资政殿大学士……赵公，在百姓没有受到灾患以前，发出公文去问属县……"若照逐句讲解的原则，这并没有错。可是学生听了，也许会发生疑问：（一）遇到大旱灾既在夏天，何以到了九月间还说"在百姓没有受到灾患以前"呢？（二）白话明明说"在百姓没有受到灾患以前"，何以文句中的"前"字装到"民"字的前头去呢？这两个疑问，情形并不相同：（一）是学生自己糊涂，没有辨清"旱"和"饥"的分别；（二）却不是学生糊涂，他正看出了白话和文言的语法上的异点。而就教师方面说，对于学生可能发生误会的地方不给点醒，对于学生想要寻根究底的地方不给指导，都只是讲如未讲。专用逐句讲解的办法，不免常常有这样的情形，自然说不上养成读书习惯了。

其次，就培植欣赏文学的能力那个目标来说，所谓欣赏，第一步还在透彻了解整篇文章，没有一点含糊，没有一点误会。这一步做到了，然后再进一步，体会作者意念发展的途径及其辛苦经营的功力。体会而有所得，那踌躇满志，与作者完成一篇作品的时候不相上下；这就是欣赏，这就是有了欣赏的能力。而所谓体会，得用内省的方法，根据自己的经验，而推及作品；又得用分析的方法，解剖作品的各部，再求其综合；体会决不是冥心盲索、信口乱说的事。这种能力的培植全在随时的指点与诱导。正如看图画听音乐一样，起初没有门径，只看见一堆形象，只听见一串声音，必得受了内行家的指点与诱导，才渐渐懂得怎么看，怎么听；懂得怎么看怎么听，这就有了欣赏图画与音乐的能力。国文精读教材固然不尽是文学作品，但是文学与非文学，界限本不很严，即使是所谓普通文，他既有被选为精读教材的资格，多少总带点文学的意味；所以，只要指点与诱导得当，凭着精读教材也就可以培植学生的欣赏文学的能力。如果课前不教学生预习，上课又只做逐句讲解的工作，那就谈不到培植。前面已经说过，不教学生预习，他们就经历不到在学习上很有价值的几种心理过程；专教学生听讲，他们就渐渐养成懒得去仔细咀嚼的习惯。综合起来，就是他们对于整篇文章不能做到透切了解。然而透切了解正是欣赏的第一步。再请用看图画、听音乐来比喻，指点与诱导固然仰仗内行家，而看与听的能力的长进，还靠用自己的眼睛实际去看，用自己的耳朵实际去听。这就是说，欣赏文学要由教师指一点门径，给一点暗示，是预习之前的事。实际与文学对面，是预习与讨论时候的事。现在把这些事一概捐除，单教学生逐句听讲，那么，纵使教师的讲解尽是欣赏的妙旨，在学生只是听教师欣赏文学罢了。试想，只听内行家讲他的对于图画与音乐的欣赏，而始终不训练自己的眼睛与耳朵，那欣赏的能力还不是只属于内行家方面吗？何况前面已经说过，逐句讲解，把它译作口头的语言而止，结果往往是讲如未讲，又怎么能是欣赏的妙旨？如归有光《先妣事略》末一句，"世乃有无母之人，天乎痛哉！"要与上面的话联带体会，才知道是表达孺慕之情的至性语。上面说母亲死后十二年，他补了学官弟子；这是一件重要事，必须告知母亲的，母亲当年责他勤学，教他背书，无非盼望他能得上进；然而母亲没有了，怎么能告知她呢？又说母亲死后十六年，他结了婚，妻子是母亲所聘定的，过一年生了个女儿；这又是一件重要事，必须告知母亲的，母亲当年给他聘定妻子，就只盼望他们夫妇和好，生男育女；然而母亲没有了，怎么能告知她呢？因为要告知而无从告知，加深了对于母亲的怀念。可是怀念的结果，对于母亲的生平，只有一二"仿佛如昨"，还记得起，其余的却茫然了；这似乎连记忆之中的母亲也差不多要没有了。于是说"世乃有无母之人，天乎痛哉！"好像世间不应当有"无母之人"似的。由于怀念得深，哀痛得切，这样痴绝的话不同平常的话正是流露真性情的话。这是所谓欣赏的一个例子。若照逐句讲解的原则，轮到这一句，不过口译道："世间竟有没有母亲的人，天啊！哀痛极了！"讲是讲得不错。但是，这篇临了，为什么突兀的来这么一句呢？母亲比儿子先死的，世间尽多，为什么这句中含着"世间不应当有的'无母之人'似的"的意思呢？对于这两个疑问都不曾解答。学生听了，也不过听了"世间竟有没有母亲的人，天啊！哀痛极了！"这么一句不相干的话而已，又哪里会得到什么指点与暗示，从而训练他们的欣赏能力？

再其次，就训练写作文章的技能那个目标来说。所谓写作，也不是什么了不得的事。从外面得来的见闻知识，从里面发出的意思情感，都是写作的材料；哪些材料值得写，哪些材料值不得写，得下一番选剔的功夫。材料既选定，用什么形式表现它才合式，用什么形式表现它就不合式，得下一番斟酌的功夫。斟酌妥当了，便连布局，造句，遣词都解决了。写作不过是这么一个过程，粗略地说，只要能识字能写字的人就该会写作。写作的技能所以要从精读方面训练，无非要学生写作得比较精一点。精读教材是挑选出来的，它的写作技能当然有可取之处；阅读时候看出那些可取之处，对于选剔与斟酌就渐渐增进了较深的识力；写作时候凭着那种识力来选剔与斟酌，就渐渐训练成较精的技能。而要看出精读教材的写作技能的可取之处，与欣赏同样（欣赏本来含有赏识技能的意思），第一步在对于整篇文章有透切的了解；第二步在体会作者意念发展的途径及其辛苦经营的功力。真诚的作者写一篇文章，决不是使花巧，玩公式，他的功力全在使情意与文字达到个完美的境界；换句话说，就是使情意圆融周至，毫无遗憾，而所用文字又恰正传达出那个情意。如范仲淹作《严先生祠堂记》，末句原作"先生之德，山高水长"，李泰伯看了，教他把"德"字改为"风"字；又如欧阳修作《醉翁亭记》，开头历叙滁州的许多山，后来完全不要，只作"环滁皆山也"五字：历来传为写作技能方面的美谈。这些技能都不是徒然的修饰。根据《论语》"君子之德风"那句话，用个"风"字不但可以代表"德"字，并且增多了"君子之"的意思；还有，"德"字是呆板的，"风"字却是生动的，足以传达德被世人的意思，要指称高风亮节的严先生，自然用"风"字更好。再说《醉翁亭记》，醉翁亭既在滁州西南琅琊山那方面，何必历叙滁州的许多山？可是不说滁州的许多山，又无从显出琅琊山，唯有用个说而不详说的办法作"环滁皆山也"，最为得当。可见范仲淹的原稿与欧阳修的初稿都没有达到完美的境界，经李泰伯的代为改易与欧阳修的自己重作，才算达到了完美的境界。要从阅读方面增进写作的识力，就该在这等地方深切地注意。要从实习方面训练写作的技能，就该效法那些作者的求诚与不苟。无论写一个便条，记一则日记，作一篇《我的家庭》或《秋天的早晨》，都像李泰伯与欧阳修一样的用心。但是，国文教学仅仅等于逐句讲解的时候，便什么都谈不到了。逐句讲解既不足以培植欣赏文学的能力，也不足以训练写作文章的技能。纵使在讲过某一句的时候，加上去说："这是点题"或"这是题目的反面"，"这是侧击法"或"这是抑宾扬主法"，算是关顾到写作方面；其实于学生的写作技能并没有什么益处。因为这么一说，给予学生的暗示将是：写作只是使花巧，玩公式的事。什么"使情意圆融周至"，什么"所用文字恰正传达那个情意"，他们心中却没有一点影子。他们的写作技能又怎么训练得成功？

因为逐句讲解的办法仅仅包含（一）解释字词的意义，（二）说明成语典故的来历，（三）把书面的文句译作口头的语言三项工作，于是产生了两个不合理的现象：（一）认为语体没有什么可讲，便撇开语体，专讲文言；（二）对于语体，也像文言一样读一句讲一句。语体必须精读，在中学国文课程标准里素有规定；现在撇开语体，一方面是违背规定，另一方面是对不起学生——使他们受不到现代最切要的语体方面的种种训练。至于讲语体像讲文言一样，实在是个可笑的办法。除了各地方言偶有差异而外，纸面的语体与口头的语言几乎全同；现在还要把它口译，那无非逐句复读一遍而已。语体必须教学生预习，必须在上课时候讨论；逐句复读一遍决不能算精读了语体。关于这一点，拟另外作一篇文章细谈。

逐句讲解是最省事的办法；如要指导学生预习，主持课间讨论，教师就麻烦得多。但是专用逐句讲解的办法达不到国文教学的目标，如前面所说；教师为忠于职责忠于学生，自该不怕麻烦，让学生在听讲之外，多做些事，多得些实益。教师自己，在可省的时候正不妨省一点讲解的辛劳，腾出功夫来给学生指导，与学生讨论，也就绰有余裕了。

# 论中学国文课程的改订

我国有课程标准，从民国十一年颁布《新学制课程标准》开始。以后历次修订，内容和间架都和第一次颁布的相差不远，没有全新的改造。普通人的习性原来如此；地面本没有路，有些人走过了就成了路，随后大家就依着那条路走了。

关于国文教学，我曾经发表了一些意见。那些意见大致都依据国文课程标准出发；就是说，在国文课程标准的范围之内，我以为国文该怎么教学。其实也不妨超出这个范围来想一想，超出这个范围，才可以发见某些部分还得修订，甚而至于整个须得改造。现在依据平时和朋友们商讨的，以及近来各杂志上关于这方面的文章所提出的，用我的意见来判断，从中提出值得斟酌的几点来，写成这篇文章，供参加中等教育会议的诸君作参考。这几点，对于国文课程标准，还是修订而并非改造。至于写这篇文章的期望，那是很明显的，无非要国文教学收到实效，中等学生得到实益。

第一点，是"了解固有文化"的问题。一个受教育的人，依理说，必须了解固有文化，才可以"继往开来"。否则像无根之草，长发不起来，也就说不上受教育。而且，这里的了解不只是通常所说的"知道"，它比"知道"深广得多，包含着"领会""体验""有在自己身上"等等意思。要使学生有这样深广的了解，不是国文一科单独办得了的，其他学科也得负责，如历史和地理。国文一科所担负的大概是这样：在固有文化的记录之中（文字的记录并不就等于固有文化），有一部分运用文学形式的，须由国文一科训练学生和它们接触，得到了解它们的能力。因为文学和其他艺术制作一样，内容和形式分不开来，要了解它就得面对它本身，涵泳得深，体味得切，才会有所得；如果不面对它本身，而只凭"提要""释义"的方法来了解它，那就无论如何隔膜一层，得不到真正的了解。此外并不运用文学形式的固有文化的记录，只是一堆材料，一些实质，尽不妨摘取它的要旨，编进其他学科的课程里去；换一句说，它的内容和形式是分得开的，所以无须乎面对它本身，国文一科也就可以不管。

这样说来，《修正高级中学国文课程标准》"目标"项第二日"培养学生读解古书，欣赏中国文学名著之能力"中"古书"两字似乎应当去掉。广义的"古书"，国文科不必管；"古书"而是"文学名著"，是内容和形式分不开来的东西，国文科才管。如果去掉了"古书"两字，这一目就成"培养学生读解并欣赏中国文学名著之能力"；"中国文学名著"把"文学的""古书"包括在内了。读解和欣赏是达到真正了解的途径，有了读解和欣赏的能力，才可以了解中国文学名著，也就是了解一部分固有文化。这种能力的培养，第一要有具体的凭借，就是必须面对某种文学名著。第二要讲求方法，就是怎样去读解它欣赏它；这种方法仅成为一种知识还不够，更须能自由运用，成为习惯才行。

《修正初级中学国文课程标准》"目标"第四项说"使学生从本国语言文字上，了解固有文化"。这并不是国文一科独有的任务；如讨论史地方面的问题，阅读史地方面的书籍，也是"从本国语言文字上，了解固有文化"。国文科对于初中学生，要在"了解固有文化"方面尽它的专责，似乎也得特别提出"文学名著"来才对。查"目标"第三目有"养成欣赏文艺之兴趣"的话；"文艺"和"文学名著"，含义固然差不多，可是含混一些，不如像高中一样，特别提出"文学名著"来得显明。特别提出了，就表示"文学名著"是固有文化的一部分，为要"了解固有文化"，所以要使学生读解它，欣赏它。

"文学名著"很多，虽是博学的人，花了终身的功力，也未必能全读，何况中学生？中学生当然只能选读，依学生的程度选，依"文学名著"对于学生的"了解固有文化"切要与否选。选读的分量虽然少，只要真个能读解，能欣赏，成为习惯，就可以随时随地用这种能力和习惯阅读没有选读的其他的"文学名著"，也就是终身在"了解固有文化"的进程之中。教育的本旨原来如此，养成能力，养成习惯，使学生终身以之。以为教育可以把学生所需要的一切全部给他们，学生出了学校再不用自己去研讨追求了，这种认识是根本不对的。因此，就国文教学说，对于选读的"文学名著"，必须使学生真个能读解它，能欣赏它；必须借此养成学生阅读其他"文学名著"的能力和习惯。这涉及教学方法方面，在以后说。

第二点，是"语体"的问题。语体成为国文的教材和习作的文体，是《新学制课程标准》开始规定的，到现在二十年间，一直承袭着。可是就实施情形看，语体始终没有好好教学过。喜新的教师专教一些"新文艺"和论制度论思想的语体，结果是谈论了"新文艺"的故事和制度思想的本身，而忽略了他们所担任的是属于语文教育的国文科。不喜新的教师就只阳奉阴违，对于教本中编列的语体，一一翻过不教，如果自选教材，就专选文言，不选语体；他们以为文言才有可教，值得教。两派教师的做法绝不相同；但是有共通之点，都没有好好地教学语体。就学生的写作成绩看，虽是高中毕业生，写语体还有很多毛病。也有少数学生能写像样的语体，不但没有毛病，而且有些文学的意趣；可是他们的成就大都从课外阅读和课外习作得来，并非国文科语体教学的效果。《修正国文课程标准》在初中的"目标"项说"养成用语体文及语言叙事说理表情达意之技能"，在高中的"目标"项说"除继续使学生自由运用语体文外，并……"，话都不错，问题就在以往的实施情形并没有养成这种技能，以后怎样切实教学才可以养成这种技能。

有一派心理学者说，思想是不出声的语言。我们运用内省的方法，可以证明这个话近于实际；一个思想在我们脑里通过，先想到某一层，次想到某一层，最后终结在某一层，这一层层如果用口说出来，就是一串的语言。有些时候，脑中只有朦胧一团的知觉，不成为思想，那就用口也说不出来，用笔也写不出来（往往有人说，我有一些思想，可是说不出来，写不出来；其实这所谓思想还只是没有化为"不出声的语言"的朦胧一团的知觉而已）。人不能虚空无凭地想，必须凭着语言来想。语体的依据既是语言，语言和思想又是二而一的东西，所以语体该和语言思想一贯训练；怎样想，怎样说，怎样写，是分不开的。不经训练的人也能思想，但是不免粗疏或错误。不经训练的人也能说话，但良好的语言习惯没有养成，说话如果不精密，不正确，就会影响到思想，使思想也不精密，不正确。不经训练的人也能写语体（只要他能识字能写字），但是语言习惯如果不良，写来就有很多毛病，够不上说已能叙事说理表情达意。训练思想，就学校课程方面说，是各科共同的任务；可是把思想语言文字三项一贯训练，却是国文的专责。

为申说前面一节话，请举一个例子（是王了一先生检出来的）。某报上说："马相伯先生百龄高寿，不但为国之大老，且在我国近代学术史上占重要地位。"这句话有一个小毛病，一个大毛病。小毛病是"国之大老"和"在我国近代学术史上占重要地位"并不对等，不对等就不宜并列，作者却拿来并列了。大毛病是"百龄高寿"下面接着就说"不但为……重要地位"，一口气念下去，竟像马老先生因为"百龄高寿"才"在我国近代学术史上占重要地位"似的。像这样的话，该说它文字不顺呢，语言不明呢，还是思想不清？就印在纸面的说，当然是文字不顺；但文字不顺的缘故，还在语言不明，思想不清；语言和思想又互为因果，也可以说因为思想不清，才使语言不明，也可以说因为语言不明，才使思想不清。所以单独训练语体是没有意义的，也是不可能的；要训练语体，就得和语言思想一贯训练。

训练文言文或外国文，情形也一样，不能和语言思想脱离关系。要能写文言，必须能说文言的语言，凭着文言的语言来思想；要能写外国文，必须能说外国的语言，凭着外国的语言来思想。文言或外国文并不是依据口头的语言，以及凭着口头语言来想的思想，经过一道翻译的功夫，才写成的。

我们平日都用现代语言说话，都凭现代语言思想；因此，依据现代语言的语体，无论在写作的人方面，在阅读的人方面，最具有亲切之感。这是普通教育必须教学语体的根本理由。教学语体的时候，语言思想的训练就有了具体的凭借；学习语体达到相当程度的时候，语言思想至少不至有粗疏或错误的毛病，同时就得到了人己交通（吸收和发表）的一种切要技能。语体必须切实教学，就是为此。

前面说过，现在虽是高中毕业生，写语体也还有很多毛病。其实岂但高中毕业生，就是评论家和文艺家，常常在报纸杂志上发表文章的，他们的文章也往往有或大或小的毛病。这种现象不仅表示大家的语体写作技能没有到家，同时也表示大家的语言和思想的训练还有问题。站在国文教学的立场上，对于这种现象不能不注意。要训练学生的语言和思想，使他们写出语体来不再有毛病，待到五年十年之后，报纸杂志上不再出现有毛病的语体，才算国文教学有了成效。就这点说，国文教学该把推进语体，使它达到完美的境界，作为"目标"项的一目。现在《课程标准》中并没有特别提出这一目，似乎应当补充进去。

第三点，是"文言写作"的问题。依理说假如真能运用语体"叙事说理表情达意"，已经足够了，不必再写文言。现在《高中国文课程标准》"目标"项下有"除继续使学生能自由运用语体文外，并养成其用文言文叙事说理表情达意之技能"一目，要高中学生写文言，这是迁就现状的办法；办法的订定又从一个假定出发，那假定就是初中毕业生已经有了相当的运用语体的技能。

所谓现状，指现在还有一些文章，如报纸公文和书信，用文言写作而言。那些文章原没有不能用语体写作的道理，但是其中一部分现在还用文言写作，却是事实。既然有这事实，为中学生将来出而应世起见，就教他们学写文言。这该是主张教学文言写作的最正当的理由。若说要学生写各体的古文，期望他们成为古文家，那是大学国文系都没有提出的目标，对于高中的文言写作显然不适合。至于莫名其妙的主张教学文言写作，说不出学生学写了文言为什么的，这里可以不谈。

如果承认前面所说，学生要学写的是报纸公文和书信的那种文言，那么，作为范本的不该是唐宋的文学，六朝的文学，汉魏的文学，甚至先秦的文学，而该是应用文言字汇，文言调子，条理上情趣上和语体相差不远的近代文言，如梁启超先生蔡元培先生写的那些。现在学生学写文言，成绩比语体更差，我想，就坏在把唐宋以上的文学作为范本。他们读那些文学，没有受到好好的指导，没有经过好好的训练，只是生吞活剥，食而不化；他们不能说那种文言的语言，他们不能凭着那种文言的语言来思想，怎么能写成那种文言？我们翻开学生的作业本，看他们的文言写作，总觉得毛病百出，几乎无一是处；若问所以然，全可以用这个理由来解释。进一步说，即使受到好好的指导，经过好好的训练，但是因为那些范本是文学，也只能达到了解和欣赏的地步，而不能就写得和范本相类。凡是涉猎过艺术部门的人都知道，了解、欣赏和创作不是一回事，能了解、欣赏而不能创作的，世间尽多；文学也属于艺术部门，当然不是例外。再进一步说，即使能写得和范本相类，但是学生将来出而应世，需用的并不是那种文言。现在报纸的记载不需要《左传》和《史记》的笔法，公文不需要《谕巴蜀檄》或《陈政事疏》的派头，书信不需要韩愈或柳宗元的格调；因此，虽能写得和范本相类，还是没有达到国文科教学文言写作的目标。认清了教学文言写作的目标，知道学生要学写的是近代文言（也可以叫做普通文言或应用文言），不是古文言，尤其不是古文学；自会知道把古文学作为范本决不是办法。这是不能用"取法乎上，仅得其中"的说法来辩解的；古文学和近代文言是两回事，无所谓"上""中"；古文学和古文学之间，近代文言和近代文言之间，才可以判别"上""中"的等第。唯有选择上品的近代文言作为范本，使学生精读熟习，他们才能够写近代文言。这一点，向来不大注意，今后应当特别注意。为了教学文言写作，专选一些教材，分量要多，研读要勤。到学生能够说这种文言的语言，能够凭着这种文言的语言来思想的时候，他们也就能够写作这种文言了。

第四点，是"教材支配"的问题。按照前面所说，国文教材似乎应当这么支配：初中阶段，一部分是"文学名著"，着重在"了解固有文化"（"增强民族意识"和"发扬民族精神"也就包括在内）；一部分是"语体"，着重在文字语言思想三者一贯的训练。高中阶段，除以上两部分外，又加上一部分"近代文言"，着重在文言写作的训练。这三部分教材中的每一部分，并不是在本身的目标之外，和其他目标全无关系。说明白些，从"语体"和"近代文言"之中，未尝不可以"了解固有文化"；从"文学名著"和"近代文言"之中，未尝不可以训练思想；从"文学名著"之中，未尝不可以得到些文言写作的训练，虽说要写得和"文学名著"相类，事实上很难办到。这里分开来支配，说"着重在"什么，只是表示某一部分教材该把某项目标作为主要目标的意思。这样点明之后，教材的选择才有明确的依据；当实际教学的时候，才有努力的明确趋向。

现在的精读教材全是单篇短章，各体各派，应有尽有。从好的方面说，可以使学生对于各种文体都窥见一斑，都尝到一点味道。但是从坏的方面说，将会使学生眼花缭乱，心志不专，仿佛走进热闹的都市，看见许多东西，可是一样也没有看清楚。现在的国文教学，成绩不能算好，一部分的原因，大概就在选读单篇短章，没有收到好的方面的效果，却受到了坏的方面的影响。再说国文教学的目标之中，大家都知道应有"养成读书习惯"一目，而且是极重要的一目。但是就实际情形看，学生并不读整本的书，除了作为国文教材的一些单篇短章，以及各科的教本以外，很少和书本接触。《课程标准》的"实施方法概要"项下虽然列着"略读书籍"的门类，高中部分并且特别提出"专书精读"，和"选文精读"并列；可是真个如此"实施"的，据我所知，绝无仅有。少数学生能和书本接触，那是为了自己的嗜好，或者遇到了偶然的机缘，并不是国文科训练出来的。试问，要养成读书习惯而不教他们读整本的书，那习惯怎么养得成？我们固然可以说，单篇短章和整本的书原不是性质各异的两种东西；单篇短章分量少，便于精密的剖析，能够了解单篇短章，也就能够了解整本的书，但是，平时教学单篇短章，每周至多两篇，以字数计，至多不过四五千字；像这样迟缓的进度，哪里是读书习惯所许可的？并且，读惯了单篇短章，老是局促在小规模的范围之中，魄力就不大了；等遇到规模较大的东西，就说是两百页的一本小书吧，将会感到不容易对付。这又哪里说得上养成读书习惯？

以上的话如果不错，那么，国文教材似乎该用整本的书，而不该用单篇短篇，像以往和现在的办法。退一步说，也该把整本的书作主体，把单篇短章作辅佐。单篇短章的选择，分记叙说明抒情议论几种文体；这几种文体在一些整本的书中一样的具备，而且往往就具备在一本之中；所以要讨究各体的理法，整本的书完全适用。就学生方面说，在某一时期专读某一本书，心志可以专一，讨究可以彻底。在中学阶段内虽然只能读有限的几本书，但是那几本书是真正专心去读的，这就养成了读书的能力；凭这能力，就可以随时随地读其他的书以及单篇短章。并且，经常拿在手里的是整本的书，不是几百言几千言的单篇短章，这么习惯了，遇见其他的书也就不至于望而却步。还有，读整部的书，不但可以练习精读，同时又可以练习速读。如此说来，改用整本的书作为教材，对于"养成读书习惯"，似乎切实有效得多。

把前面两层意思配合起来，就是初中的教材该分两部分，高中的教材该分三部分；那些教材该是整本的书，或者把整本的书作主体。

那些教材，我以为该召集一个专家会议，经过郑重精细的讨论之后，开出书目来（仅仅规定几项原则，说"合于什么者""含有什么者"可以充教材，或"不合什么者""不含什么者"不能充教材，那是不济事的）。参与这个会议的专家，不一定要是文学家或国故家，但必须是教育家兼语文学家。

第五点，是"教学方法"的问题。我以为要改进教学方法，必须废除现在通行的逐句讲解的办法。这是私塾时代的遗传；大家以为现在教国文和从前私塾里教书是一回事，就承袭了成规。这办法的最大毛病在乎学生太少运用心力的机会。一篇文章，一本书，学生本身不甚了解的，坐在教室里听教师逐句讲解之后，就大概了解了，（听了一回二回讲解，实际上决不会彻底了解，只能说"大概"），这其间需要运用心力的，只有跟着教师的语言来记忆，来理会，此外没有别的。天天如此，年年如此，很够养成习惯了；可惜那习惯是要不得的。凡是文章书本，必须待教师讲解之后才大概了解，即使一辈子跟着教师过活，也还有脱不了依傍的弊病；何况学生决不能够一辈子跟着教师过活？国文教学明明悬着"养成读书习惯"的目标，这所谓"读书习惯"指自己能够读，自己欢喜读而言；但是逐句讲解的办法却不要学生自己能够读；既然自己不能读，又怎么会欢喜读？再就教师方面说，因为把上课时间花在逐句讲解上，其他应该指导的事情就少有功夫做了；应该做的不做，对不起学生，也对不起自己。所以，"不用逐句讲解的办法"一条是应该在《课程标准》的"实施方法概要"项下大书特书的。

学生不甚了解的文章书本，要使他们运用自己的心力，尝试去了解。这才和"养成读书习惯"的目标相应合；因为我们遇到一篇文章或一本书，都不能预言必然能了解，总是准备着一副心力，尝试去了解。尝试的结果，假如果真了解了，这了解是自己的收获，印入必然较深，自己对于它的情感必然较浓。假如不能了解，也就发见了困惑所在，然后受教师的指导，就困惑所在加以解答，其时在内容的领悟上和方法的运用上，都将感到恍然有得的快感；对于以后的尝试，这是有力的帮助和鼓励。无论成功与否，尝试都比不尝试有益得多；其故就在运用了一番心力，那一番心力是一辈子要运用的，除非不要读书。为督促学生尝试起见，似乎该特别提示"预习"一项，规定为必须使学生实做的工作。指导"预习"不仅如《初中课程标准》"实施方法概要"项的"教法要点"目下所说，"令学生运用工具书籍，查考生字难句及关于人地时种种问题"；同时也应使学生"领悟文章之内容体裁作法及其背景"，"指导学生作分析综合比较之研究"。对于上面两层的前一层，《课程标准》定作教师讲述的时候应该注意之点；对于后一层，《课程标准》定作教师讲述后应该做的事：这还是把教师的"讲述"看作主体，还是贯彻不了督促尝试的宗旨。现在都移在指导"预习"的阶段中；假如学生能够"领悟"了，能够"研究"出来了，就无须乎教师的"讲述"；教师所"讲述"的，只是学生想要"领悟"而"领悟"不到，曾经"研究"而"研究"不出的部分：这才显出"讲述"的真作用，才真个贯彻了尝试的宗旨。

逐句讲解的办法废除了，指导预习的办法实施了，上课的情形就将和现在完全两样。上课做什么呢？在学生是报告讨论，不再是一味听讲，在教师是指导和订正，不再是一味讲解。报告是各自报告预习的成绩，讨论是彼此讨论预习的成绩，指导是指导预习的方法，提示预习的项目，订正是订正或补充预习的成绩。在这样的场合里，教师犹如一个讨论会的主席，提出问题由他，订补意见由他，结束讨论由他。当这样的教师当然比较麻烦些，"讨论要点"或"讨论大纲"都得在事前有充分的准备；学生在这样的教师的面前，却真个能够渐渐地"养成读书习惯"，为了学生，似乎不应该避免麻烦。

就前面举出的三部分教材说，指导该各有偏重之点。对于"文学名著'，似乎该偏重在涵泳和体味方面（通解文意当然是先决条件）。对于"语体"，似乎该偏重在语法和论理的训练方面（这并非说使学生作语法和论理学的专科修习，不过说使他们的思想语言和文字必须合着这两科的纲要而已）。对于"近代文言"，似乎该偏重在基本训练方面（一个"也"字，一个"者"字，一个"夫"字，一个"盖"字，诸如此类，必须从范文中提出"用例"，归纳它的意义，熟习它的语气）。这里说"偏重"，当然也只是在某方面多注意些的意思，并不是说读"语体"和"近代文言"就不必涵泳和体味，读"文学名著"和"近代文言"就不必管语法和论理，读"文学名著"和"语体"就可以对词义和语气含糊过去。至于怎样的"偏重"，说来话长，只得在另外的文篇里再谈。

这里还有附带要说的。上课以前，学生要切实预习，讨论过后，又要切实复习：他们要多读书，在多读之中，不但练习精读，同时练习速读，这必须有充裕的时间才办得到。像现在的实际情形，学科这么多，各科都有课外作业，一个学生如果认真用功的话，非把每天休息睡眠的时间减少到不足以维持健康的程度不可（尤其是高中学生）；纵使这么拼命硬干，分配到学习国文方面的时间也不过半小时一小时，还是说不上充裕。时间不充裕，该做的作业没有功夫去做，那就一切全是白说，国文教学还是收不到实效，学生还是得不到实益。减少些学科，多分配些时间给国文学习方面，我以为可能的，而且是应该的，必要的。这轶出了讨论国文课程的范围，也不想多说；这里只表示我的希望，希望大家就教育的观点，对这问题作一番通盘筹算。

# 认识国文教学

## ——《国文杂志》[1] 发刊辞

如果认真检讨我国的学校教育，谁都会发见种种不满意处；训练不切实，教学不得法，是两大项目，分开来说，细目多到数不清。在各科教学方面，若问哪一科有特殊优良的成绩，似乎一科也指不出来。数学吗？理化吗？史地吗？艺术吗？都不见得有特殊优良的成绩。而国文教学尤其成问题。他科教学的成绩虽然不见得优良，总还有些平常的成绩；国文教学的问题却不在成绩优良还是平常，而在成绩到底有没有。如果多多和学校接触，熟悉学校里国文教学的情形，更多多和学生接触，熟悉学生运用国文的情形，就会有一种感想，国文教学几乎没有成绩可说。这并不是说现在学生的国文程度低落到不成样子的地步了，像一些感叹家所想的那样；而是说现在学生能够看书，能够作文，都是他们自己在暗中摸索，渐渐达到的；他们没有从国文课程得到多少帮助，他们的能看能作当然不能算是国文教学的成绩。另有一部分学生虽然在学校里学习了国文课程，可是看书不能了了，作文不能通顺。国文教学的目标原在看书能够了了，作文能够通顺，现在实效和目标不符，当然是国文教学没有成绩。

国文，在学校里是基本科目中的一项，在生活上是必要工具中的一种。可是国文教学几乎没有成绩可说，这是目前教育上一个严重的问题。即使人人能够在暗中摸索，渐渐达到能看能作，也不能说这个问题不严重；因为暗中摸索所费的功力比较多，如果改为"明中探讨"，就可以节省若干功力去做别的事情；尤其因为教育的本旨就在使受教育的人"明中探讨"，如果暗中摸索就可以，也就无需乎什么教育了。何况要人人从暗中摸索达到能看能作，事实上必然办不到。那些看书不能了了，作文不能通顺的，就是摸索不通或是根本没有

---

[1] 《国文杂志》，作者主编，一九四二年八月一日创刊于桂林。

去摸索的人。他们不能运用生活上的一种必要工具，自然是直接吃亏。他们都是社会的构成分子，就社会说，他们的缺陷也可以使社会间接蒙受不利的影响。教育不能补益个人，同时又牵累到社会，问题岂不严重？

国文教学没有成绩的原因，细说起来当然很多；可是赅括扼要地说，只有一个，就是对国文教学没有正确的认识。学校里的一些科目，都是旧式教育所没有的，唯有国文一科，所做的工作包括阅读和写作两项，正是旧式教育的全部。一般人就以为国文教学只需继承从前的传统好了，无须乎另起炉灶。这种认识极不正确，从此出发，就一切都错。旧式教育是守着古典主义的：读古人的书籍，意在把书中内容装进头脑里去，不问它对于现实生活适合不适合，有用处没有用处；学古人的文章，意在把那一套程式和腔调模仿到家，不问它对于抒发心情相配不相配，有效果没有效果。旧式教育又是守着利禄主义的：读书作文的目标在取得功名，起码要能得"食廪"，飞黄腾达起来做官做府，当然更好；至于发展个人生活上必要的知能，使个人终身受用不尽，同时使社会间接蒙受有利的影响，这一套，旧式教育根本就不管。因此，旧式教育可以养成记诵很广博的"活书橱"，可以养成学舌很巧妙的"人形鹦鹉"，可以养成或大或小的官吏以及靠教读为生的"儒学生员"，可是不能养成善于运用国文这一种工具来应付生活的普通公民。历来善于运用国文这一种工具的人并非没有，而且很多，出类拔萃的还成为专门家，可是他们都是离开了旧式教育的传统，自己在暗中摸索，或是遇到了不守传统的特别高明的教师，受他的指导，而得到成功的。如果没有暗中摸索的志概，又没有遇到特别高明的教师的幸运，那就只好在传统中混一辈子。居然是"活书橱"了，可是对于记诵的那些书籍，内容和形式都不甚了了；居然是"人形鹦鹉"了，可是写下一封通常书信来，须入"文章病院"；已经是民国时代了，可是蓄在心头的意念，甚至写在纸面的文字，还想"得君行道"：这样的人，现在从四十岁以上的人中间满可以找到。比这样的人更不如的当然还有，而且很多。旧式教育在他们生活上，只能算是空白的一页。现在的感叹家早也一声"国文程度低落"，晚也一声"国文程度低落"，好像从前读书人的国文程度普遍地"高升"似的。其实这哪里是真相？通文达理的是极少数人，大多数人一辈子不能从读书达到通文达理。知道了这个真相，就会相信从前读书人的国文程度并没有普遍的"高升"了。为什么不能普遍地"高升"？就为旧式教育守着古典主义和利禄主义。现在的国文教学既然继承着旧式教育的精神，它不能取得成绩，不能使学生的国文程度普遍地"高升"，正是当然的结果。

必须有正确的认识，国文教学才会有成绩。而达到正确的认识的先决条件，就是抛弃旧式教育的古典主义和利禄主义。古人的书并非不该读，为了解本国的文化起见，古人的书甚且必须读；但是像古典主义那样死记硬塞，非但了解不了什么文化，并且在思想行动上筑了一道障壁，读比不读更坏。一个人的聪明才智并非不该用文字表现：现代甄别人才的方法也用考试，考试的方法大都是使受试者用文字表现；但是像利禄主义那样专做摹仿迎合的功夫，非但说不上终身受用，并且把心术弄坏了，所得是虚而所失是实。知道了这两种主义应该抛弃，从反面想，自会渐渐地接近正确的认识。阅读和写作两项是生活上必要的知能；知要真知，能要真能，那方法决不是死记硬塞，决不是摹仿迎合。就读的方面说，若不参考、分析、比较、演绎、归纳、涵泳、体味，哪里会"真知"读？哪里会"真能"读？就作的方面说，若不在读的功夫之外再加上整饬思想语言和获得表达技能的训练，哪里会"真知"作？哪里会"真能"作？这些方法牵涉到的范围虽然很广，但是大部分属于语文学和文学的范围。说人人都要专究语文学和文学，当然不近情理；可是要养成读写的知能，非经由语文学和文学的途径不可，专究诚然无须，对于大纲节目却不能不领会一些。站定语文学和文学的立场，这是对于国文教学的正确的认识。从这种认识出发，国文教学就将完全改观。不再像以往和现在一样，死读死记，死摹仿程式和腔调；而将在参考、分析、比较、演绎、归纳、涵泳、体味、整饬思想语言，获得表达技能种种事项上多下功夫。不再像以往和现在一样，让学生自己在暗中摸索，结果是多数人摸索不通或是没有去摸索；而将使每一个人都在"明中探讨"，下一分功夫，得一分实益。这样，国文教学该会"有"成绩，有"优良的"成绩了吧。

以上的意思，不但施教的教师应该认清，就是受教的学生也该明白。明白了这个意思，在遇不到可以满意的教师的时候，自己学习就不至于暗中摸索。还有些被摈弃在学校门外的青年，知道国文和生活关系密切，很想努力自学；他们也明白了这个意思，一切努力才不至于徒劳。

我们这个杂志没有什么伟大的愿望，只想在国文学习方面，对青年们（在校的和校外的）贡献一些助力。我们不是感叹家，不相信国文程度低落的说法；可是，我们站定语文学和文学的立场，相信现在的国文教学决不是个办法，从现在的国文教学训练出来的学生，国文程度实在不足以应付生活，更不用说改进生活。我们愿意竭尽我们的知能，提倡国文教学的改革，同时给青年们一些学习方法的实例。所谓学习方法，无非是参考、分析、比较、演绎、归纳、涵泳、体味、整饬思想语言，获得表达技能这些事项。这个杂志就依照这些事项来分门分栏。我们的知能有限，未必就能实现我们的愿望；希望有心于教育和国文教学的同志给我们指导，并且参加我们的工作，使我们的愿望不至于落空。如果这样，不仅是我们的荣幸，实在是青年们的幸福。对青年的读者，我们希望凭着这个杂志的启发，自己能够"隅反"；把这里所说的一些事项随时实践，应用在阅读和写作方面。单看一种杂志，不必再加别的努力，就会把国文学好了，这是一种错误观念。我们相信青年们不至于有这种错误观念。

# 中学国文教师

国文课程标准对于实施方法规定得很详细。所谓实施方法，就是教师教学生学习国文的方法。现在的国文教师，能够依照实施方法教学的固然很多，可是不很顾到实施方法的也不是没有。这里谈几种教师，请读者就自己的经验想想，是不是遇到过这样的教师。

有些国文教师以为教学国文就是把文章一句一句讲明，而讲明就是把纸面的文句翻译成口头的语言。从这种认识出发，就觉得文言是最可讲的教材。文言的字汇与语言不全相同，文言的语调与语言很有差异，这些都得讲明，学生才会明白。于是根据从前所受的教养，又翻检了《辞源》与《康熙字典》一类的工具书，到教室里去当个翻译。把一篇文章翻译完毕，任务也就完毕了。至于语体文，在他们看来，与口头的语言差不多，即使他们并非国语区域里的人，也觉得语体文很少有需要翻检《辞源》与《康熙字典》的地方，那还有什么可讲呢？于是遇到教本里来一篇语体文的时候，就说："这一篇是语体文，没有什么讲头，你们自己看看好了。把这一篇翻过去，讲下一篇文言。"为称说便利起见，咱们称这种教师为第一种教师。

有些国文教师喜欢发挥，可是发挥不一定集中在所讲的那篇文章。如讲《孟子·许行章》，或者说孟子把社会中人分作劳心劳力两类，"劳心者治人，劳力者治于人"，这是天经地义，千古不易的原则。谁敢反对这个原则，就是非圣无法，大逆不道。以下蔓延开来：慨叹现在人心不古，乱说什么劳工神圣，还可以有一大套。或者说孟子作这样主张，使我国社会走入不平等的途径，以后的君主专制，平民吃苦，都受的他这番话的影响。所以孟子，实在是我国社会的大罪人。以下蔓延开来，说孟子是儒家，儒家既是社会的大罪人，儒家的学术思想还要得吗？这样也可以有一大套。又如某篇文章提到北平，就说北平地方，从前曾经到过。刮起大风来，真是飞沙走石，难受难当。可是北平的房子太舒服了，裱糊得没有一丝儿缝，寒天生起炉子，住在里面，如江南三四月间那样暖和。北平的果子多，苹果、梨、杏子、桃子，你可以吃一个够。北平的花多，海棠、丁香、芍药、牡丹，你可以看一个饱。诸如此类，滔滔不绝。又如选文的作者是梁启超，就说梁启超的演说，从前曾经听过。他的头顶秃了，亮亮地发光，上唇有一撮灰白的短须，他的说话带着广东音，不容易听清楚，只看他那气昂昂的神态，知道他是抱着一腔热诚来演说的。他的儿子梁思成，现在是我国建筑学专家。他的女儿梁令娴，是个很有文才的女子。诸如此类，也滔滔不绝。学生听这样的发挥，常常觉得很有滋味，正在张开嘴静听，忽然下课铃响起来了，不免嫌摇铃的校工有点杀风景。——这是第二种教师。

有些国文教师忧世的心情很切，把学生的一切道德训练都担在自己肩膀上。而道德训练的方法，他们认为只须熟读若干篇文章，学生把若干篇文章熟读了，也就具有一切道德了。从这种认识出发，他们的讲解自然偏重在文章的内容方面。如讲一篇传记，所记的人物是廉洁的，就发挥廉洁对于立身处世怎样重要。讲一首诗歌，是表现安贫乐道的情绪的，就发挥贪慕富贵怎样卑鄙不足道。他们的热诚是很可敬佩的，见学生不肯用心读文章，就皱着眉头说："你们这样不求长进，将来怎么能做个堂堂的人？"见学生偶尔回答得出一句中肯的话，就欣然含笑说："你说得很有道理，很有道理。"仿佛那学生当前就是道德的完人了。——这是第三种教师。

有些国文教师喜欢称赞选文，未讲以前，先来一阵称赞，讲过以后，又是一阵称赞，而所用的称赞语无非一些形容词或形容语，如"好"、"美"、"流利"、"明彻"、"典丽矞皇"、"雅洁高古"、"运思入妙"、"出人意表"、"情文相生"、"气完神足"之类。为什么"好"？因为它是"好"。你读了之后，不觉得它"好"吗？为什么"美"？因为它是"美"。你读了之后，不觉得它"美"吗？这是他们的逻辑。学生听了这种称赞，有时也约略可以体会出这些形容词或形容语与选文之间的关系，有时却只落得个莫名其妙。虽然莫名其妙，而笔记簿上总有可记的材料了，听说是"好"就记下"好"字，听说是"美"就记下"美"字。——这是第四种教师。

有些国文教师喜欢出议论题教学生作，如关于抗战的《抗战必胜说》《就敌我之各种情势论我国抗战之前途》《武汉撤退以后》《南宁之失陷无关抗战全局说》，关于历史的《论汉高项羽之成败》《汉唐为我国历史上最光荣之时代说》，关于一般修养的《宁静致远说》《勤以补拙说》《君子不忧不惧说》《礼义廉耻国之四维论》。以上所举三类题目，其实都不容易作。要论抗战前途，必须对于敌我双方有多方面的透彻的认识，这种认识，就是高中学生也还差得远，遇到这类题目，除了从报纸杂志上摘取一点意见来，别无办法。第二类题目，在大学历史系里就是两篇很要费点功夫的论文，史学家也可以著成两本专书，到中学生手里，只能根据历史教本里的一两句话，随意地扩而充之了。第三类题目，原是从生活经验社会经验得来的结论，生活经验社会经验还没有到丰富而且深切的地步，也只能根据教师的讲说与书本的议论，重说一遍罢了。归结起来，以上这些议论题并不要学生说自己想到的见到的话，只是教学生把听来的看来的话复述一遍。出题者的意思大概正是如此，他们从复述得对不对，有没有条理上，来看学生运思作文有没有功夫。为什么要出这种题目？有的没有表示，有的却说："高中招考要出这种题目，初中就不能不练习这种题目。"或者说："大学招考要出这种题目，高中就不能不练习这种题目。"这分明说学生辛辛苦苦练习作文，最大的目标在应付将来的入学考试，正同从前十年窗下，最大的目标在应考时候做得成几篇适合考官胃口的文章一模一样。——这是第五种教师。

有些国文教师看学生所写的文章，只觉得它不通，勾掉愈多，愈感觉满意。这种观念发展到极点，于是整段勾掉的也有，全篇不要的也有。勾掉之后，按照自己的意思在行间写上一些文字，就把练习本发还学生。为什么原文要不得？为什么一定要照改本那样说才对？都没有说明，待学生自己去揣摩。学生接到这样的改本，见自己的文字差不多都包在向下一勾向上一勾之中，大概是不大肯去揣摩的，望了一望，就塞进抽斗里去了。然而下一回的习作交上来，教师还是那一套，向下一勾，向上一勾，按照自己的意思在行间写上一些文字。——这是第六种教师。

有些国文教师看学生所写的文章，不问那个地方该用句号或该用逗号，都打一个圈，表示眼光并没有在任何地方跳过。圈下去圈下去圈到完毕，事情也完毕了。或者还加一个批语在后头，如"清顺"、"畅达"、"意不完足"、"语有疵病"之类。学生接到发还的这种练习本，大概也只是望了一望，就塞进抽斗里去，因为与交上去的时候并无两样，不过在语句旁边多了一些圈，或者在篇末多了一个批语而已。——这是第七种教师。

够了，咱们不能说这里已经想得周全，再想一想，也许还有第八第九种教师，但是不须多举了。咱们把教师说成七种，是为了分别的便利；事实上一个教师兼属某几种，却是常见的。现在要老实说，以上所举的七种教师，都是不很顾到实施方法的。

第一种教师只知道把纸面的文句翻译成口头的语言，这在讲解文言的时候，固然是一种必要的工作，然而也不是唯一的工作。因为按照初中课程标准"实施方法概要"项下的第二目"教法要点"，课前是要使学生预习的，翻检工具书，试解生字难句，都是学生预习时候的工作。教师只须纠正他们的错误，补充他们的缺漏，不该嫌麻烦，由自己一手包办。讲说的时候，"对于选文应抽绎其作法要项指示学生，使其领悟文章之内容、体裁、作法及其背景，并注意引起其自学之动机"。讲说过后，又"应指导学生分析、综合、比较之研究，务使透彻了解，或提出问题，令学生课外自行研究"。对于这两项工作，第一种教师也没有做。所以单就文言教材说，他们的教法也只做了若干工作中的一项。至于语体文，说它没有什么讲头，简直一点工作都不做了。咱们看课程标准里所定的方法，课前要使学生预习，课内要"引起其自学之动机"，指导学生作种种的研究，课后又要"令学生自行研究"（高中课程标准里所举的方法，意义大致相同），可见上课是教师与学生的共同工作，而共同工作的方式该如寻常集会那样的讨论，教师仿佛集会的主席。第一种教师把共同工作误认作单独工作，又把单独工作的范围限得很窄，于是学生只有静听翻译文言的份儿了。（第二、三、四三种教师同样把共同工作认作单独工作，现在在这里提一句，以下不再说了。）第二种教师把讲说推广到相当限度以外去，虽然能够引起学生的兴趣，但是蔓延得愈广，对于选文本身忽略得愈多。并且，从选文中摘出几个词几句句子来大加发挥，是不能使学生了解整篇的各方面的。第三种教师显然把国文科认作公民科了。即使是公民科，教学的收效也不在学生熟读公民教本，而在学生能够按照公民教本所讲的来实践。说国文科绝对不含道德训练的意义，固然不通，但是说国文科的意义就在道德训练，那也忘记了国文立科的本旨了。第四种教师对选文一律称赞，也有理由。如果不值得称赞，为什么要选它读它呢？然而专用形容词形容语来称赞一件东西，表白自己的印象的作用多，指导人家去体会的作用少。要人家真实体会，也从心里头说出一个"好"字一个"美"字来，必须精细剖析，指明"好"在哪里，"美"在何处才行。不然，人家听你说"好"也说"好"，听你说"美"也说"美"，那是鹦鹉了，还说得上体会吗？第五种教师教学生把听来的看来的话复述一遍，诚然也是一种练习的方法，可不是切要的方法。学生为什么要练习作文呢？一方面为要练习语言文字的运用，另一方面也为生活上有记载知闻与表白情意的必要，时时练习，时时把知闻记载下来，情意表白出来，这才成了习惯，才可以终身受用。根据这一层，作文题最好适合学生的经验与思想，让他们拿出自己的东西来，不宜使他们高攀，作一些非中学生能够下手的题目。不能下手而硬要下手，自然只得复述听来的看来的话了。复述惯了，拿出自己的东西来的途径便渐渐阻塞，这已经得不偿失；如果复述又不清不楚，或者前后脱节，或者违反原意，简直把头脑搅糊涂了，这更是重大的损害。对于这一点，第五种教师似乎没有顾虑到。至于认为练习作文在应付将来的入学考试，可以说完全没有明了练习作文的本旨。现在高中与大学的入学考试，国文题目往往有不很适合投考学生的经验与思想的，是事实。然而这是高中与大学方面的不对，他们应当改善。为了他们的不对，却花费了初中高中练习作文的全部功夫去迁就他们，达成什么话呢？第六第七两种教师对于学生的习作的看法是相反的，然而他们有个共通之点，就是没有评判的标准。学生作文，无论好坏，总有他们的思路。认清他们的思路，看这样说法合不合理，是一个标准。看这样说法能不能使人明白，又是一个标准。合不合理是逻辑的问题，能不能使人明白是文法的问题，所以评判的标准，简单说来，就是逻辑与文法。不合逻辑不合文法的地方才给修改，其余都得留着，因为作文是学生拿出自己的东西来，只要合于逻辑与文法，你没有理由不许他们这样说，定要他们那样说。整段整篇地勾掉，再按照自己的意思在行间写上一些文字，这办法是不很妥当的。从另一方面说，一般人作文也常常会不合逻辑不合文法，报纸杂志的文章，作者的国文程度该比中学生高一点，细心的读者还常常可以发见这两方面的毛病，难道中学生的习作会完全没有毛病？可见打圈打到底的办法也不很妥当。至于发还改本，不给说明，待学生自己去揣摩，这会做到教师学生各用各的心思，可是始终不接头。学生猜不透教师的心思，那么，把作文本缴上去，不也多此一举吗？

这几种教师不很顾到实施方法，也不能说他们对于学生全无帮助，只能说帮助不会很多就是了。他们所以如此，大概由于对国文教学的认识差一点。可是国文教学并不是一件深奥难知的事情，只要不存成见，不忘实际，从学生为什么要学习国文这一层仔细想想，就是不看什么课程标准，也自然会想出种种的实施方法来的。读者如果遇到这样的国文教师，正不必失望，很可以从积极方面希望：他们的认识该会有转变的一天吧。现在对于国文教学的讨论渐渐多起来了。谁不愿意择善而从？他们的转变在事实上是可能的。

# 大学一年级国文

　　大学一年级普遍添设国文课程，是民国二十七年度开始的，到现在两年了。为什么要添设？据说因为大学新生国文程度差。差在哪里以及差到什么地步呢？似乎没有精密的考核与说明，只是根据考卷的文章欠通与别字连篇，就说他们国文程度差了。大学一年生读了一年的国文，成绩怎样呢？国文程度是不是进到了相当的地步呢？似乎也不见有人考核过，说明过。

　　其实两种考核都是必需的。不知道差在哪里以及差到什么地步，教师就只得各凭主观的见解来教学。主观的见解是千差万别的，对于学生未必都能有帮助。不知道实施以后的成绩怎样，教学就没有改进的依据。过去实施的，会不会与添设课程的本旨全不相干呢，这又谁能说定？

　　考核必须有个标准。大学一年级，除了国文系，本来没有国文课程，现在因为程度差，添设国文课程，可见这个"差"字应该指够不上高中的标准而言。大学一年生读了一年的国文，如果够得上高中的标准，这就是不"差"了。《高中国文课程标准》的第一项是"目标"，共有四目：

　　（一）使学生能应用本国语言文字，深切了解固有文化，并增强其民族意识。

　　（二）除继续使学生能自由运用语体文外，并养成其用文言文叙事说理表情达意之技能。

　　（三）培养学生读解古书，欣赏中国文学名著之能力。

　　（四）培养学生创造国语新文学之能力。

　　要"使学生能"的，学生能了，要"养成"的"技能"，养成了，要"培养"的"能力"，培养好了；这就教师方面说，是教学达到了"目标"。就学生方面说，"能"了，"养成"了，"培养"好了，就是够上了高中的标准。大学里要考核学生的国文程度，唯有依据这个高中的标准。

　　按照这个高中的标准看来，一个高中毕业生，或是一个大学一年级生，不问他往后的专门是文法理工农医中的哪一门，须"能应用本国语言文字，深切了解固有文化，并增强其民族意识"。这第一目的后两语可以说与第三目是二而一的，不过一是抽象原则，一是具体办法。固有文化的方面很多，增强民族意识的途径也不止一条，现在要从国文课程来理解，来增强，不就等于说阅读有关固有文化与民族意识的书籍吗？再看第二目，学生须"能自由运用语体文"，并且要有"用文言文叙事说理表情达意之技能"。由此可见高中或是大学一年级还是要练习语体文的写作的。因为初中还做不到"自由运用"，所以说"继续"，而高中必须达到的标准是"自由运用"。若不"继续"练习，怎么能达到标准呢？这里后半句说学生要作文言文，只说用了文言文这工具要能收到"叙事说理表情达意"的效果，才够标准，可没有说要作哪一体哪一派的文言文。所以，站在某一体（如选体）某一派（如桐城派）的观点上，选择范文与训练写作的技能，都是不对的。第三目说学生须能"读解古书，欣赏中国文学名著"。"古书"该是指经籍与诸子而言，"文学名著"该是指史部集部里偏于文学性的作品以及小说戏曲等类而言。一方面说"读解"，一方面说"欣赏"，可见都注重在方法。古书时代遥远，语言文字环境思想上与现代都有差异，必须讲求读解的方法，才能够了解。文学名著与其他艺术品一样，没有素养就辨不出他的真味，必需讲求欣赏的方法，才能够领会。讲求方法到了相当程度，就是有了"读解"与"欣赏"的"能力"，也就是达到了标准。第四目说学生须能"创造国语新文学"。这就字面看，好像每个学生该是"国语新文学"的作者，即使并不动手"创造"，也该有这种"创造"的"能力"。可是一般的见解，文学创造是天才与努力的乘积，并不是人人能够着手的。说人人要用本国文字叙事说理表情达意，这是大家承认的；说人人要有文学创造的能力，就好比说人人要有图画创作音乐创作的才能，怎么能成为站得住的标准？其实推求起来，这里的"新文学"就是语体文。现在与十多年前并无两样，还有许多教师、学生以及学校以外的人，不管文章的本质是不是文学，只要是语体文就一律叫做新文学。这里的"新文学"也是这样的用法。语体文不只是把平常说话写到纸面上去，还得先教说话带着点文学的意味。说须能"创造国语新文学"，就等于说须能写带着点文学意味的语体文；把这个作为高中或是大学一年级的标准，自然没有什么不妥当。这一目与第二目的前半句都说语体文，可是方面不同，这里就"质"而言，第二目就"技术"而言。

把以上的话综合起来，高中毕业生或大学一年级生，在阅读方面，"读解古书"与"欣赏中国文学名著"的方法，须讲求到相当程度；而"读解"与"欣赏"的结果，须"深切了解固有文化，并增强其民族意识"。在写作方面，须能"自由运用语体文"，又须能写"叙事说理表情达意"的文言文。

凭着大学入学试验的国文卷子，是很不容易看出学生够不够得上标准的。现在国文卷子的主要部分是一篇作文，此外往往是一段文字的点读，由文言翻语体或是由语体翻文言的翻译，以及所谓"国学常识"的答问等等。阅卷委员看了满意，分数给得多一点，看了不顺眼，就给得少一点，甚而至于给零分。但是，得分较多的是不是阅读与写作两方面都够上了上述的标准呢？得分最少的是不是"读解"与"欣赏"全没方法，"固有文化"与"民族意识"毫不存在胸中，"语体文"与"文言文"都写不成个样子呢？阅卷委员如果遇到这样的问题，仓促之间是无法回答的。就作文与翻译，固然可以看出一点他们对于语体文与文言文能不能"自由运用"，然而也须题目出得恰当，才有希望。善于出题目的人往往替与试者设身处地着想。他出作文题，或教他们叙经验的事，或教他们说能推的理，或教他们表固有的情，或教他们达素具的意。他出翻译题，也能按照他们的能力，选取那不需用工具书与参考书就可以理解的材料（试验时候是不像平时那样可以翻检工具书与参考书的）。这样就是恰当。与试者遇到恰当的题目，又须尽其所能认真下笔，这才显出他对于语文的造诣的实际。倘若作文题是出自与试者并不熟悉的书籍里的，或是同与试者的经验与意念距离很远的，翻译题是在平时有方法可以理解，而在没有工具书与参考书的情况之下却是难理解的，这样就是不恰当。与试者遇到这种不恰当的题目，下笔写作只是一种近乎无意识的举动，写得不好是当然的了。难道能说他对于语文的造诣太差吗？所以，要看出实际，题目先要出得恰当。至于对于"固有文化"是否"深切了解"，其"民族意识"是否强固，那是整个生活方面的事情，从一篇作文里也许会偶尔透露一点，实在不足为凭。还有，"读解古书"与"欣赏中国文学名著"的方法，并不限于点读文字与记住一些"国学常识"等项，凭着一段文字的点读与"国学常识"的答问，实在也无从看出"读解"与"欣赏"的方法讲求到了什么程度。因为这样，考试方法似乎有斟酌改变的必要。作文无妨仍旧，认定它是用来考核语文的造诣的。此外出几个扼要的切实的测验题目，一半是考核对于"固有文化"的"了解"与"民族意识"的是否强固（"了解""固有文化"与"增强民族意识"诚然是整个生活方面的事情，可是就国文言国文，只得教与试者从文字方面表现出来）；一半是考核"读解"与"欣赏"的能力。关于前者，须使与试者表出了解与践履的实况；关于后者，须使与试者表出他平时所用的方法。如果用这样的考试方法，才顾到了国文标准的全部，才可以看出学生够不够得上标准。

阅卷评分，谁都知道主观的成分多。摇着头说"文字欠通"，也只是一句笼统话。要确切看出一般学生的国文程度够不够得上标准，最好作统计，而入学考试（假定用前面所说的考试方法）的国文卷子就是统计的材料。就作文来说，"自由运用"还是广泛的说法，这里头至少包含着用词明确，句式熟练，没有不合体例与论理的语句等项。又如就写作的作用分，叙事，说理，表情，达意，便是四项。如果把这些作为统计的项目来看试卷的作文，够标准的够到什么程度，不够标准的又是个什么情形，一一记录下来，把同例的归并起来，不就可以看出一般学生写作程度的全部实况吗？除了作文，对于测验题目的答案同样作统计，不就可以看出一般学生国文程度的全部实况吗？假如国文程度确实不够，就能精密说明不够在哪里，也不至于单用一个"差"字了之了。听说某机关想把本届统一招生某区的国文试卷拿来作统计，本届考试方法虽然还没有改变，但是能作统计总是非常有益的事情，只要方法定得精密，工作人员又不马虎，希望他们认真干起来，得到满意的成绩。

在没有得到精密的统计报告的现在，对于学生国文程度只能作约略的估计，而教学的实施方法也只能依据约略的估计来规定。最约略可是最少主观色彩的估计是什么呢？那就是认定大学新生的国文程度还够不上高中的标准，差度多少且不问，总之须得加工学习才够得上。这个估计是很有理由的，不然，为什么要添设大学一年级国文呢？假如承认这个估计，那么，大学一年级国文的实施方法应该如以下所说的。

关于阅读方面，应该选读一两种"古书"与"文学名著"。"古书""文学名著"当然与"固有文化"有关，为了"增强其民族意识"，又得选读那些有关"民族意识"的。为什么只选一两种？这是由于时间的限制。每星期国文课三时，全学年共有九十时上下，在这么一些时间内，除了阅读上述两类书，还有别的工作要做，再要多读几种，事实上不可能了。然而一两种也并不嫌少，语文科选读文学书籍原是所谓"举一隅"，待学生"以三隅反"的，学生若从一两种书的阅读得到了方法，走对了门径，就可以自己去阅读其他的若干种了。因此，对于阅读这两类书的指导与讨论应该偏重在方法方面。文字的形、声、训的研究，古代文语例的剖析，古代环境与思想的观测，文学原理的理解，文学史的认识，文学作品的鉴赏，以及工具书的使用，参考书的搜集，诸如此类的方法，是非指导与讨论不可的。学生必须学得了这些方法，才能够真正"读解"，真正"欣赏"，也必须学得了这些方法，才能够从"读解""欣赏""深切了解固有文化，并增强其民族意识"。

此外应该选读文章若干篇，选取的目标在训练学生的写作技能。这并不是说阅读古书与文学名著对于写作技能丝毫没有关系，而是说阅读古文与文学名著既然另有目标，所以应该再读文章若干篇，专顾到写作技能，这种文章的选取，内容方面固然不容忽视，可是尤其要注意它的写作技能，必须它的写作技能足以供现代学生观摩的，是现代学生需要学习的，才值得选取。当然不必用文学史的选法，每个时代来几篇代表作品，每个重要作家来一篇代表作品。也当然不能用文体论的选法，什么诏令、奏议、箴铭、辞赋，都来一两篇。国文课程标准里提起叙事、说理、表情、达意四项，又有"自由运用"一语，可以作为依据。那几篇文章的叙说表达的技术近乎理想，可为模范，同时必然是能够"自由运用"语言文字的，就值得选读。依据这个标准，语体文也得选读是不待说的了。语体文与文言文共选多少篇呢？前面已经说过，选读原是"举一隅"，这里"举"的是写作技能的"一隅"，无需乎多，事实上也不能多，假定每星期一篇，有三十篇就够一年读了。这三十篇文章必需使学生读熟，而指导与讨论应该偏重在写作方法方面。"事"要怎样"叙"？"理"要怎样"说"？"情"要怎样"表"？"意"要怎样"达"？语言文字要怎样"运用"？这些都是写作方法的问题。必须在理智方面明白这些方法，又能在习行方面应用这些方法，这才成为"技能"。

前面说的文章的选读，可以说是写作的准备功夫的一部分。至于执笔作文，那是准备以后的实习了。实习要与准备相应，讨论了叙事方法之后就该作叙事文，讨论了说理方法之后就该作说理文。这样，才可以看出学生对于方法的理解程度怎样，对于方法的应用程度又怎样，如果理解与应用还差一点，或者还差得多的话，可以设法补救。不然，可出的文题多得很，为什么前一期要出《宁静致远说》，这一期要出《德并捷克感言》，而不出别的？这样出题是说不出理由的。关于实习作品的批评与订正，通常的办法是圈圈点点，添注涂改。进一步的办法是先给打上种种符号，由学生自己订正了，再交上来，然后圈圈点点，添注涂改。如果功夫到此为止，那不免偏于教师的立场了。教师从圈圈点点添注涂改表示他的意见，可是学生未必就能体会得毫不错误。第二种办法使学生多下一番揣摩的功夫，当然是好的，可是揣摩得来的结果也未必就能与教师的意见吻合。站在学生的立场上说，学生最需要知道的是教师为什么要这样圈圈点点，添注涂改。唯有知道了这一层，他才明白自己对于方法的理解与应用达到了何等程度。这样说来，圈点改订以后，还有一种功夫是必须做的，就是说明——依据指导与讨论的结论，把所以圈点改订之故加以说明。说明须个别举行，很是费事，但是做过这种功夫的人都知道学生的得益是何等的深切。为学生的利益起见，费事一些也值得。何况一班学生实习作品，是好是坏，未必没有共同之点，只要有共同之点，就可以共同说明了。

在选读的文章里，虽然有若干篇是通常所称的古文，也许还有几篇纯文艺，但古文与纯文艺是不必习作的，因为课程标准里只说须能作叙事、说理、表情、达意的文言与自由运用语体文（都是普通文），并没有说须能作古文与纯文艺。学生爱作古文或纯文艺，自己去练习，那是另外一回事。

最近听说教育部聘请几位专家编订大学一年级国文的细目，愿意把以上的意见提出来，供他们参考。至于该选哪几篇文章以及哪几部"古书"与"文学名著"，似乎可以多请些人各就所见推选，就从其中挑出得票最多的来。单举篇名与书名不足以看出推选的意义，必需有详细的说明，说明某文某书所以合于标准，值得选读之故才行。

末了应当说到实施以后的考核。用了前面所说的实施方法，一年终了，再像入学试验时候那样作精密的考核。假如考核的结果，表示学生在阅读与写作两方面都够得上标准，便是成功。不然，实施方法必然有不妥当处，就得修改，这才是认真。马马虎虎教学生多修一年国文课程，就以为他们的国文程度该会提高，那样的糊涂想法，决不是教育家应当有的。

# 中 文 系①

## ——致教师书之八

接到您的来信，承您问及关于中文系有什么意见。很觉惭愧，我虽然当过中文系的教员，感到的全属于消极的方面，中文系仿佛不是那么一回事；要我说说积极的方面，该怎么办才像个中文系，至少在此刻还想不大透。不敢辜负您的好意，就把消极方面的向您说说吧。

中文系是个简称，说完全叫做中国文学系。看了名称就知道学习研究的对象是文学，是咱们中国的文学。但是向来就少有人仔细辨认过，到如今似乎还没有多大改变，把中文系学习研究的对象认作国学国故之类去了。国学，国故，多么庞大而含糊的名称啊！凡是咱们中国从前的学问，圣经贤传，诸子百家，以至声音训诂，阳湖桐城，全都包括在这个名称里面，而中文系的学生就得学习研究那些东西。且不说旁的，单说范围的广泛，已经够教人摇头了。短短的四年功夫，把那些东西搞通当然不可能，就是普遍地去摸一摸门径，又哪里办得到？即使办到了，又何尝就是学习研究了中国文学？

教学那些科目的，各有各的师承，各有各的家法。说到经学，不管他们主张古文还是今文，总之把经学看成一种特别的学问。《三百篇》算是一望而知的文学了，可是他们说《三百篇》是经学，治经学自有治经学的法度。说到考据跟小学，远一点，他们抬出乾嘉诸儒来，近一点就抬出章先生黄先生跟王先生。乾嘉诸儒以至章黄王三先生的劳绩，谁也不容菲薄，是当然的，可是他们做考据跟小学的功夫并不就是做中国文学的功夫，这一点却往往忽略了。说到文学批评，他们一致推举《文心雕龙》，带着骄傲的颜色提起这部宝典。除了标明"文学批评"的课程采用它以外，专籍选读也选到它，大一国文也选到它。既然刘彦和的理论无可移易，研读它自然只须做些疏解阐明的功夫罢

---

① 原载一九四五年六月十日《新华日报》第四版。

了。于是写黑板，付油印，《文心雕龙》的笔记劄记越来越多，使学生应接不暇。

不知道您有没有与我同样的感想，我觉得在中文系里，教经籍的巴望学生成为经学家，教考据的巴望学生成为考据家，教小学的巴望学生成为小学家，偏偏忘了学生学习研究的对象是中国文学。捧住《文心雕龙》的似乎不忽略中国文学了，可是认《文心雕龙》为取之不尽用之不竭的宝藏，未免缺少了开拓新天地的勇气，中国文学这样搞下去，恐怕只有日渐趋向萎缩的路子。

我也不敢武断地说，经籍跟考据跟小学对于中国文学的学习研究全没有关系，可以不必去搞。我只想说，必须把主从关系先搞清楚。既然中国文学是主，搞这些东西就不必走经学家考据家小学家的路，学生知道了那些东西的最近的比较正确的结论，也就够了。我也不敢武断地说，中文系可以不要《文心雕龙》。我只想说，《文心雕龙》到底是刘彦和那时代的东西，在他以后，咱们中国人又想了许多心思，写了许多文学，所以不宜把《文心雕龙》作为唯一的规范。

再说要搞清楚主从关系，就得把国学国故那些含糊概念完全丢开，中国文学就是名副其实的中国文学。哪些专书哪些篇章是主要的中国文学，该归必读之列，哪些专书哪些篇章是次要的，该归参看之列，又按照四年的时间分配，宁可精而少，使学生担负得起。这样的定出课程来，或许可以收些实效。若照如今模样，教师的意思是最好《三礼》《三传》《尔雅》《说文》，以至《二十四史》《资治通鉴》《九通》《正续经解》等等，学生都读个遍。学生听见那些书籍的卷数就吓坏了，索性一本也不翻，于是教师叹息道，"你们不爱读书，教我有什么办法呢?"这个话一半是解嘲，一半是卸责，而中文系搞不出个名堂来依然如故。

中国文学，就材料而言，当然指中国以往的文学。所谓以往，有远有近，若说近的，只要在今天以前，都是以往。但是中文系所学习研究的，往往上自皇古，下迄明清，民国以来的东西不谈。有少数中文系开了"新文学研究"的课程，就成为嘲讽的资料，好像文学史到了明清可以永远绝笔了似的。依我想来，退一步说，断到明清也可以，就是专究某一时期也未始不可以，不过有一点很重要，必须随时警惕，是中国四十年代的人在学习研究中国以往的文学，不是中国以往的人在学习研究中国以往的文学。把这一点记住了，学习研究就不至于取抱残守缺的态度，虽然搞的是以往的文学，也可以发掘出一些新东西来。进一步说，咱们固然要知道以往，但是尤其要开创将来。中国文学以后的路子全靠咱们用自己的脚掌一步步地踏出来。怎么个踏法，须要大家来学习研究。如今大学里多的是文学研究社文艺座谈会，都是学生自动的组织，他们热切地盼望开路有路。开几个正式的课程，满足他们的要求，不正是中文系应尽的责任吗？——在嘲讽"新文学研究"的环境里，我这话当然又是个嘲讽的资料，一笑。

依一般的看法，中文系只读中文好了，读外文不过应个景儿，符合功令。把功夫多花在外文上，实在没有意思。但是另外有人说，你守定中文搞中国文学，希望不落在抱残守缺的陷坑里，几乎不大可能。必须与他国的文学相提并论，才可以放宽眼界，触发心机，不同于以往的人搞中国文学。要接触他国的文学固然可以看译本，但是文学不比说明文字，能看原文尤其好，这就得通晓外文了。然而咱们知道，十个中文系的教师，反对学生读外文的至少有七个，鼓励学生读外文的不一定有一个，看见学生手里捧一本外文读本或是翻译作品，就情不自禁，露出吃醋的眼光来。这种见解，与主张中国自有特别国情的人是一脉相承的，以为中国文学自有特别情形，又高贵又堂皇，他国文学算得什么？阿Q精神是表现得很充分了，可惜脱不了个抱残守缺。

希望中文系搞好，先得整个教育改好，希望整个教育改好，还得靠其他广大的因素。这些且不谈。单就中文系本身而言，必待主持者把对象认清，把态度改正，不把知识向学生死灌，只是站在辅助的地位，引导学生往学习研究的路子走去，才有比较像个样儿的日子。可是如今尚非其时。您以为我的话太丧气了吗？

写信说不畅，哪天咱们会了面，再来细谈吧。

# 国文常识试题①

有一位朋友告诉我，他的女儿去考某大学，碰到的国文常识题是"下列各篇系何人所作"，篇名是《一行传》，《两都赋》，《三年问》，《四愁诗》，顺次下去五六七八直到十，都排在篇名的第一字，那些篇名我现在记不起来了。

朋友的女儿一篇也回答不来，对于这个题目，她只能"不着一字"。与她同时应考的青年有几个回答得来，没有调查，当然没法知道。

先说这样的出题目，态度上大有可商。嵌字的体制，在诗文方面向来认为纤巧的玩意儿，有志概的作者是不屑做的。吟诗作文，原是胸中有所得，才提起笔来。现在先有若干要嵌入的字，然后就那些字找话来说，即使说得很像一番话，与"修辞立其诚"差得太远了，无论如何只能认它为游戏文字。至于游戏的事情，如聚饮的时候行酒令，或者几个人在一起无聊消遣，也往往想起嵌字格。譬如，各人说出一个剧名来，第一个字须是数目字，而且顺着次序：于是《一捧雪》，《二进宫》，《三叉口》，《四进士》，《五雷阵》……大家哈哈一笑，觉得非常好玩。除了好玩之外，也再没有别的意义。这本来是游戏的事情，自然无可非议。但是考试并不是游戏的事情，为什么某大学的国文常识题竟与酒令相仿佛呢？以考试为游戏，至少表现了教育者不庄重不严肃的态度。

其次说到国文常识。揣测那发问者的意思，大概不外两层：一层是你们有没有读过那些篇章，又一层是你们有没有听见过那些篇章的名儿，顺便记住那些篇章的作者的名儿。就第一层说，高中毕业生对于那些篇章多半不会读过。现在通行的任何种高中国文教本中决没有《两都赋》与《三年问》。自选教材的教师无论如何酷爱词章，笃好经学，也决不会选用《两都赋》与《三年问》。不选用那些篇章是应该的，理由很简单，因为那些篇章不适宜于高中学生，不是高中学生学习国文所需。那么，在大学入学考试的时候问"你们有

---

① 原载一九四七年十月一日《中学生》第一九二期。

没有读过那些篇章?"不是不明白高中国文教学的实际情形,就是故意与应试者为难,要他们目瞪口呆,完全答不上来——"二者必居一于此矣"。再就第二层说,记记篇章的名儿,记记作者的名儿,那是连"记问之学"也说不上的,也可以称为"常识"吗?把这些认为常识,出题目的人对于常识的观念怎样鄙陋,可以知道了。把这些不足为常识的"常识"测验应试者,应试者的真常识必然测验不出来,也可以知道了。

# 讲　解①

　　国文课里读到文言，就得作一番讲解的功夫。或者由同学试讲，由教师和其他同学给他订正（讲得全对，当然无需订正）；或者径由教师讲解，同学们只须坐在那儿听。两种方法比较起来，自然前一种来得好。因为让同学们试讲和订正，同学们先做一番揣摩的功夫，可以增进阅读的能力。坐在那儿听固然很省事，不大费什么心思，可是平时自己阅读没有教师在旁边，就不免要感到无可依傍了。

　　不妨想一想，为什么要讲解？回答是：因为文言与咱们的口语不一样。

　　像有一派心理学者所说，思想的根据是语言，脱离语言就无从思想。就咱们的经验来考察，这种说法大概是不错的。咱们坐在那儿闷声不响，心里在想心思，转念头，的确是在说一串不出声的语言——朦胧的思想是不清不楚的语言，清澈的思想是有条有理的语言。咱们心里也有不思不想的时候，那就是心里不说话的时候。思想所根据的语言当然是从小学会的最熟习的口语。现在咱们想心思，转念头，都是在说一串不出声的口语。这也是作文该写口语的一个理由。心里怎样想就怎样写出来，当然最为亲切，不但达意，而且传神传情。

　　依此推想，古来人思想所根据的是他们当时的口语，写下来就是现在咱们所谓文言。咱们说古来人，包括不同时代的人。时代不同，语言也有差异。所以文言这个名词实在包含着多种的语言。还有须知道的，古来人虽然根据他们当时的口语来思想，待写下来的时候，为了书写的方便，把他们的口语简缩了，这是很寻常的事情；因而文言与他们的口语多少有些出入。还有，后一时代的人也可以学习前一时代的语言，用前一时代的语言来写文章，或者参用一些前一时代的语言来写文章（其实就是根据前一时代的语言来思想），而且不限于前一时代，尽可以伸展到以前若干时代；因而某一时代的文言大都不纯粹

　　① 原载一九四七年十一月一日《中学生》第一九三期。

是某一时代的语言，往往是若干时代的语言的混合体。还有，文言中间也有并非任何时代的口语，而是一种人工的语言，例如骈体文。骈体文各句的字数那么整齐，通体全是对偶，又要顾到声音的平仄：哪一时代的人口头曾经说过那样的话？的确，没有一个时代的人口头曾经说过那样的话，那是一种人工的语言。用骈体文来写作的人，他平时的思想当然也根据他当时的口语，但是他要作骈体文的时候，就得把他的思想加一道转化的功夫，转化为根据那种人工的语言来思想，这才写得成他的骈体文；或者他对于那种人工的语言非常熟习了，像对于他当时的口语一样，因而也不需要什么转化的功夫，他要写骈体文就可以自然而然地根据那种人工的语言来思想。（这种经验咱们也有的。咱们写现代文，自然是根据咱们的口语来思想。但是咱们也可以写文言；在初学的时候，是加一道转化的功夫，转化为根据文言来思想；到了熟习的时候，要写文言就径自根据文言来思想了。岂但本国文字，咱们还可以写外国文呢；在初学的时候，是加一道转化的功夫，转化为根据外国语来思想；到了熟习的时候，要写外国文就径自根据外国语来思想了。）

写作的方面且不多说，这一回单说理解的方面——理解文言的方面。咱们是根据现代的语言来思想的，而文言是根据以前若干时代的混合语言来思想的，（咱们的语言里当然也混合着以前若干时代的语言；但是以前语言里的若干部分，咱们的语言里不用了，这是减；以前语言里所没有的部分，咱们的语言里却产生出来了，这是加；一减一加，这就成为与以前语言不一样的现代语言。）这其间就有了距离。咱们要彻底地理解文言，须做到与那些文言的作者一样，能够根据文言来思想。凡是能够通畅地阅读文言的人都已达到了这个境界。他们在阅读文言的时候，抛开了从小学会的最熟习的口语，仿佛那文言就是他们从小学会的最熟习的语言，他们根据这个来领受作者所表达的一切。但是，初学文言的人就办不到这一层。他们还没有习惯根据文言来思想，对着根据文言来思想的文言，只觉得到处都是别扭似的。消除那些别扭须做一道转化的功夫。根据咱们的口语是怎么说的，根据文言就该怎么说，要一点一滴地问个清楚，搞个明白；反过来，自然也知道根据文言是怎么说的，根据咱们的口语就该怎么说。这就是转化的功夫。转化的功夫做到了家，口语与文言的距离消失了。遇见文言就可以根据文言来思想来理解，与平时根据口语来思想一样。其实这时候已经多熟习了一种语言了（文言），正同熟习了一种外国语相仿。

　　那转化的功夫就是讲解。讲解其实就是翻译。不过就习惯说，翻译是指把外国语文化为本国语文，与讲解不一样。但是，现在学校里测验学生文言阅读的程度，往往选一段文言，让学生"翻译为口语"。这个"翻译"显然就是"讲解"。

　　作外国语文的翻译，须能够根据外国语来思想，理解他表达的是什么，然后在本国语言里挑选最切当的语言把他表达出来。无所谓"直译"与"意译"，翻译的正当途径就只有这么一条。文言的讲解也是如此。

　　这一回只说些抽象的话。下一回再举些具体的例子，继续谈文言的讲解。

# 再谈讲解①

　　上一回（第一九三期）谈文言的讲解②，说了些抽象的话。这一回举些具体的例子，继续谈文言的讲解。

　　一个字往往有几个意义。在从前，几个意义都有人用。到后来，某一个或某几个意义少人用了，咱们姑且叫它做"僻义"。如果凭着常义去理解僻义，那必然发生误会。例如《诗·豳风·七月》中有"八月剥枣"的话，咱们现在常说剥花生，剥瓜子，好似正与剥"枣"同例。但是这个"剥"字并不同于剥花生剥瓜子的"剥"，这个"剥"字是"攴"的假借字，"攴枣"是把枣树上结着的枣子打下来。又如《诗·小雅·渐渐之石》中有"月离于毕"的话，咱们现在说起来，"离"是离开，"月离于毕"是月亮离开了毕宿（星宿）。但是这个"离"字并不是离开，它的意义正与离开相反，是靠近。"月离于毕"是月亮行近了毕宿。屈原的《离骚》，《史记·屈原传》中解释道，"离骚者，犹离忧也。"这两个"离"字都不是离开，是遭遇，遭遇与靠近是可以相贯的。

　　文言中常不免有些僻义的字。倒不一定由于作者故意炫奇，要读者迷糊，大都还是他们熟习了那些僻义，思想中想到了那些字，就用出来了。咱们遇到那些字，若照常义去理解，结果是不理解。欲求理解，就得自己发现那些僻义，多找些例句来归纳，或者查字典，再不然就去请教人家。如果自己研究既怕麻烦，请教人家又嫌啰唆，不理解的亏还是自己吃的。

　　文言中有些词语与现在说法不同。如"犊"字，咱们说"小牛"，"与某某书"的"书"字，咱们说"信"或"书信"。这只要随时随字留意，明白某字现在该怎么说，从而熟习那些字，直到不用想现在该怎么说，看下去自然了悟。又如从前人文中常用"髫龀"，寻求字义，"髫"是小儿垂髫，"龀"是

---

　　① 原载一九四八年一月十日《中学生》第一九五期。
　　② 谈文言的讲解，即编入本书的《讲解》。

小儿毁齿。可是咱们遇见"髫龀之年"四个字，如果死讲作"垂头髫毁牙齿的年纪"，这就别扭了。咱们思想中从来没有这么个想法，口头上也从来没有这么个说法。咱们应该知道这四个字只是说幼年时候，大约七八岁光景。从前人说"髫龀之年"，正同咱们说"七八岁光景"一样。"髫"字"龀"字什么意义固然要问个明白，可是对于"髫龀之年"还得作整个的理解，不必垂头髫啊毁牙齿啊什么的。

又如"倚闾之情"，如果死讲作"倚靠着里门的心情"，简直不成话。"愿共赏析"讲作"愿意跟您一同欣赏分析"，"颇费推敲"讲作"着实要花一番考虑"，话是成一句话，可是不够透彻。原来"倚闾""赏析""推敲"都是有来历的。"倚闾"出于王孙贾的母亲口里，她说儿子不回家，她就"倚闾而望"。（《战国策·齐六》）"赏析"是简约陶渊明的两句诗组成的，那两句诗是"奇文共欣赏，疑义相与析。"（《移居》）"推敲"是韩愈和贾岛的故事，他们两个共同考虑一句诗中的一个字，用"推"好还是"敲"好。下笔的人知道这些来历，他们写"倚闾之情"，先记起王孙贾的母亲的话，就用这四个字来表达望儿心切的意思。他们写"愿其赏析"，先记起陶渊明那两句诗，所以"赏析"两个字中特别含着欣赏文章解析文章的意思。他们写"颇费推敲"，先记起韩愈和贾岛的故事，所以用"推敲"两个字虽不一定说作诗，可特别含着认真考虑反复考虑的意思。咱们遇见这些语句，当然也得知道"倚闾""赏析""推敲"的来历，才可以不发生误会，理解得透彻。这样的语句，文言中非常多。"不求甚解"，固然也可以对付过去。可是，如果要不发生误会，理解得透彻，就必须探求来历。最简捷的办法是勤查辞书。

文言中的单音词，咱们现在多数说成复音词。咱们看起来，单音词含混，复音词明确。在理解文言的当儿，得弄清楚文中的这个单音词等于现在的哪个复音词，待习惯成自然，就能够凭单音词理解，不至于含混。譬如一个"神"字，"祭神如神在"的"神"，咱们现在说"神道"；"神品"的"神"，咱们现在说"神妙"；"神与古会"的"神"，咱们现在说"精神"；"了不惊愕，其神自若"的"神"，咱们现在说"神态"。初学的时候必须逐个逐个对译，以求理解的明确，而同时，目的在养成习惯，达到单看上下文就知道是哪个"神"字的境界。

文言语句中各部分的次序，有的和现在的口语一致，有的不一致。所谓一致，就是文言怎么排列，现在的口语也怎么排列。譬如"喜食草实"是文言句，咱们现在说起来就是"喜欢吃草的子儿"，排列的次序彼此相同，不过把"喜"说成"喜欢"，"食"说成"吃"，"草实"说成"草的子儿"罢了。在这一类古今次序相同的语句里，有一点可以注意的，就是文言常有略去的部分，须由读者意会，按现在的说法说起来，那略去的部分往往必须说出。譬如《礼记·檀弓》"苛政猛于虎"那一节中，那妇人说明了公公、丈夫、儿子都被虎害了，孔子就问她"何为不去也?"妇人回答说"无苛政。"这在咱们说起来，就得说"这儿没有苛酷的政治。"《檀弓》的原文可没有相当于"这儿"的词语，须意会才能辨出。

所谓不一致，就是语法的不一致，文言的语法是这样，现在口语的语法却另是一样。这须得两两比较，求得贴切的讲解，最后目的还在习惯那些文言的语法。譬如文言"糊之以漆纸"也可以作"以漆纸糊之"，"覆之以布"也可以作"以布覆之"，现在口语却只说"用漆纸糊上它""用布盖着它"（次序与"以漆纸糊之""以布覆之"相同），若照"糊之以漆纸""覆之以布"的次序说成"糊上它用漆纸""盖着它用布"，就不成话。又如文言"子何好?""子何能?"现在口语说成"您喜欢什么?""您会干什么?""何好"与"喜欢什么"，"何能"与"会干什么"，次序刚好颠倒。文言"吾不之惧"，"吾未之信"，现在口语说成"我不怕他"，"我没有相信这个"，"之惧"与"怕他"，"之信"与"相信这个"，次序也刚好颠倒。这些都属于语法研究的范围。研究了语法就知道通则，无论文言或现在的口语，这样说才合于约定俗成的通则，不这样说就违背了通则。熟习了种种通则，听人家的话，读人家的文章，自然不至于错解误会。自己发表些什么，或者用口，或者用笔，也可以正确精当，没有毛病。

关于讲解，可以说的还多。现在因为赶紧要付排，姑且在此截止，以后有机会再谈。

# 中学国文学习法①

**认定目标**　学习国文该认定两个目标：培养阅读能力，培养写作能力。培养能力的事必须继续不断地做去，又必须随时改善学习方法，提高学习效率，才会成功。所以学习国文必须多多阅读，多多写作，并且随时要求阅读得精审，写作得适当。

在课内，阅读的是国文教本。那用意是让学生在阅读教本的当儿，培养阅读能力。凭了这一份能力，应该再阅读其他的书，以及报纸杂志等等。这才可以使阅读能力越来越强。并且，要阅读什么就能阅读什么，才是真正的受用。

在课内，写作的是老师命题作文。那用意是让学生在按题作文的当儿，培养写作能力。凭了这一份能力，应该随时动笔，写日记，写信，写笔记，写自己的种种想要写的。这才可以使写作能力越来越强。并且，要写作什么就能写作什么，才是真正的受用。

就一个高中毕业生说，阅读能力和写作能力应该达到如下的程度：

阅读方面——（一）能读日报和各种并非专门性质的杂志；（二）能看适于中学程度的各科参考书；（三）能读国人创作的以及翻译过来的各体文艺作品的一部分；（四）能读如教本里所选的欧阳修、苏轼、归有光等人所作散文那样的文言；（五）能适应需要，自己查看如《论语》《孟子》《史记》《通鉴》一类的书；（六）能查看《国语辞典》《辞源》《辞海》一类的工具书。这里所说的"能"表示了解得到家，体会得透彻，至少要不发生错误。眼睛在纸面上跑一回马，心里不起什么作用，那是算不得"能"的。

写作方面——（一）能作十分钟的演说；（二）能写合情合理合式的书信；（三）能把自己的所见所闻所思所感记下来；（四）能写类似现社会中通用的文言信那样的文言。这里所说的"能"指表达得正确明白而言，至少也

---

① 原载中学生杂志社编的《中学生手册》，开明书店一九四八年七月出版。原题《国文》。

得没有语法上论理上的错误。就演说和书信说，还得没有礼貌上的错误。为什么把演说也列在写作方面？因为演说和写作是同一源头的两条水流，演说是用口的写作，写作是用笔的演说。

以上虽只是个人的意见，我自以为很切实际，一个高中毕业生能够如此，国文程度也就可以了，自己也很够受用了。至于阅读不急需的古书如《尚书》《左传》《老子》《庄子》，写作不切用的体裁如骈文古文旧体诗，各人有各人的自由，旁人自然不便说他不对。可是就时代观点和教育立场说，这些都是不必教中学生操心思花功夫的。还有文艺创作，能够着手固然好，不能够也无须强求，因为这件事不是人人都近情的。

**靠自己的力**　阅读要多靠自己的力，自己能办到几分务必办到几分。不可专等老师给讲解，也不可专等老师抄给字典辞典上的解释以及参考书上的文句。直到自己实在没法解决，才去请教老师或其他的人。因为阅读是自己的事，像这样专靠自己的力才能养成好习惯，培养真能力。再说，我们总有离开可以请教的人的时候，这时候阅读些什么，非专靠自己的力不可。

要靠自己的力阅读，不能不有所准备。特别划一段时期特别定一个课程来准备，不但不经济，而且很无聊。也只须随时多用些心，不肯马虎，那就是为将来作了准备。譬如查字典，如果为了作准备，专看字典，从第一页开头，一页一页顺次看下去，这决非办法。只须在需要查某一字的时候看得仔细，记得清楚，以后遇到这个字就是熟朋友了，这就是作了准备。不但查字典如此，其他都如此。

应作的准备大概有以下几项：

（一）留心听人家的话。写在书上是文字，说在口里就是话。听话也是阅读，不过读的是"声音的书"。能够随时留心听话，对于阅读能力的长进大有帮助。听清楚，不误会，固然第一要紧；根据自己的经验加以衡量，人家的话正确不正确，有没有罅漏，也是必要的事。不然只是被动地听，那是很有流弊的。至于人家用词的选择，语调的特点，表现方法的优劣，也须加以考虑。他有长处，好在哪里？他有短处，坏在哪里？这些都得解答，对于阅读极有用处。

（二）留心查字典。一个字往往有几个意义，有些字还有几个读音。翻开字典一看，随便取一个读音一个意义就算解决，那实在是没有学会查字典。必须就读物里那个字的上下文通看，再把字典里那个字的释文来对勘，然后确定那个字何音何义。这是第一步。其次，字典里往往有些例句，自己也可以找一些用着那个字的例句，许多例句聚在一块儿，那个字的用法（就是通行这么用）以及限制（就是不通行那么用）可以看出来了。如果能找近似而不一样的字两相比较，辨明彼此的区别在哪里，应用上有什么不同，那自然更好了。

（三）留心查辞典。一个辞也往往有几个意义，认真查辞典，该与前一节说的一样。那个辞若是有关历史的，最好根据自己的历史知识，把那个时代的事迹想一回，那个辞若是个地名，最好把地图翻开来辨认一下。那个辞若是涉及生物理化等科的，最好把自己的生物理化的知识温习一遍，辞典里说的或许很简略，就查各科的书把它考究个明白。那个辞若是来自某书某文的典故或是有关某时某人的成语，如果方便，最好把某书某文以及记载某时某人的话的原书找来看看。那个辞若是一种制度的名称，一个专用在某种场合的术语，辞典里说的或许很简略，如果方便，最好找些相当的书来考究个详细。以上说的无非要真个弄明白，不容含糊了事。而且，这样将辞典作钥匙，随时翻检，阅读的范围就扩大了，阅读参考书的习惯也可以养成了。

（四）留心看参考书。参考书范围很广，性质不一，未可一概而论。可是也有可以说的。一种参考书未必需要全部看完，但是既然与它接触了，它的体例总得弄清楚。目录该通体一看，书上的序文，人家批评这书的文章，也该阅读。这样，多接触一种参考书就如多结识一个朋友，以后需要的时候，还可以向他讨教，与他商量。还有，参考书未必全由自己购备，往往要往图书馆借看。那么，图书分类法是必要的知识。某个图书馆用的什么分类法，其中卡片怎样安排，某一种书该在哪一类里找，必须认清搞熟，检查起来才方便。此外如各家书店的特点以及它们的目录，如果认得清，取得到，对于搜求参考书也有不少便利。

以上说的准备也可以换成"积蓄"两个字。积蓄得越多，阅读能力越强。阅读不仅是中学生的事，出了学校仍需要阅读。人生一辈子阅读，其实是一辈子在积蓄中，同时一辈子在长进中。

**阅读举要**　如果经常作前面说的那些准备，阅读就不是什么难事情。阅读时候的心情也得自己调摄，务需起劲，愉快。认为阅读好像还债务，那一定读不好。要保持着这么一种心情，好像腹中有些饥饿的人面对着甘美膳食的时候似的，才会有好成绩。

阅读总得"读"。出声念诵固然是读，不出声默诵也是读，乃至口腔喉舌绝不运动，只用眼睛在纸面上巡行，如古人所谓"目治"，也是读。无论怎样读，起初该用论理的读法，把文句中一个个词切断，读出它们彼此之间的关系来。又按各句各节的意义，读出它们彼此之间的关系来。这样读了，就好比听作者当面说一番话，大体总能听明白。最忌的是不能分解，不问关系，糊里糊涂读下去——这样读三五遍，也许还是一片朦胧。

读过一节停一停，回转去想一下这一节说的什么，这是个好办法。读过两节三节，又把两节三节连起来回想一下。这个办法可以使自己经常清楚，并且容易记住。

回想的时候，最好自己多多设问。文中讲的若是道理，问问是怎样的道理？用什么方法论证这个道理？文中讲的若是人物，问问是怎样的人物？用怎样的笔墨表现这个人物？有些国文读本在课文后面提出这一类的问题，就是帮助读者回想的。一般的书籍报刊当然没有这一类的问题，唯有读者自己来提出。

读一遍未必够，而且大多是不够的，于是读第二遍第三遍。读过几遍之后，若还有若干地方不明白不了解，就得做翻查参考的功夫。这在前面已经说过了，关于翻查字典辞典，以及阅读参考书，这儿不再重复。

总之，阅读以了解所读的文篇书籍为起码标准。所谓了解，就是明白作者的意思情感，不误会，不缺漏，作者表达些什么，就完全领会他那什么。必须做到这一步，才可以进一步加以批评，说他说得对不对，合情理不合情理，值不值得同情或接受。

在阅读的时候，标记全篇或者全书的主要部分，有力部分，表现最好的部分，这可以帮助了解，值得采用。标记或画铅笔线，或做别种符号，都一样。随后依据这些符号，可以总结全部的要旨，可以认清全部的警句，可以辨明值得反复玩味的部分。

说理的文章大概只需论理地读，叙事叙情的文章最好还要"美读"。所谓美读，就是把作者的情感在读的时候传达出来。这无非如孟子所说的"以意逆志"，设身处地，激昂处还他个激昂，委宛处还他个委宛，诸如此类。美读的方法，所读的若是白话文，就如戏剧演员读台词那个样子。所读的若是文言，就用各地读文言的传统读法，务期尽情发挥作者当时的情感。美读得其法，不但了解作者说些什么，而且与作者的心灵相感通了，无论兴味方面或受用方面都有莫大的收获。

读要不要读熟？这看自己的兴趣和读物的种类而定。心爱某篇文字，自然乐于读熟。对于某书中的某几段文字感觉兴趣，也不妨读熟。读熟了，不待翻书也可以随时温习，得到新的领会，这是很大的乐趣。

学习文言，必须熟读若干篇。勉强记住不算熟，要能自然成诵才行。因为文言是另一种语言，不是现代口头运用的语言，文言的法则固然可以从分析比较而理解，可是要养成熟极如流的看文言的习惯，非先熟读若干篇文言不可。

阅读当然越快越好，可以经济时间，但是得以了解为先决条件。糊里糊涂读得快，不如通体了解而读得慢。练习的步骤该是先求其无不了解，然后求其尽量地快。出声读须运动口腔喉舌，总比默读仅用"目治"来得慢些。为阅读多数书籍报刊的便利起见，该多多练习"目治"。

阅读之后该是作笔记了，如果需要记什么的话。关于作笔记，在后面谈写作的时候说。

最要紧的，阅读不是没事做闲消遣，无非要从他人的经验中取其正确无误的，于我有用的，借以扩充我的知识，加多我的经验，增强我的能力。就是读文艺作品如诗歌小说等，也不是没事做闲消遣。好的文艺作品中总含有一种人生见解和社会观察，这对于我的立身处世都有极大的关系。

**写作须知**　写作必须把它看成一件寻常事，好比说话一样。但是又必须把它看成一件认真事，好比说话一样。

写作决不是无中生有。必须有了意思才动手写作，有了需要才动手写作。没意思，没需要，硬找些话写出来，这会养成不良的写作习惯，而且影响到思想方面。

写作和说话虽说同样是发表，可也有不同处。写作一定有个中心，写一张最简单的便条，写一篇千万字的论文，同样的有个中心，不像随便谈话那样可以东拉西扯，前后无照应。写作又得比说话正确些，齐整些，干净些。说话固然也不宜错误拖沓，可是听的人就在对面，不明白可以当面问，不心服可以当面驳，嫌啰唆也可以说别太啰唆了。写了下来，看的人可不在对面，如果其中有不周到不妥贴处，就将使他人不明白，不心服，不愉快，岂不违反了写作的本意？所以写作得比说话正确些，齐整些，干净些。

写作的中心问自己就知道。写一张便条，只要问为什么写这张便条，那答案就是中心。写一篇论文，只要问我的主要意思是什么，那答案就是中心。

所有材料（就是要说的事物或意思）该向中心集中，用得着的毫无遗漏，用不着的淘汰净尽。当然,用得着用不着只能以自己的知识能力为标准。按标准把材料审查一下总比不审查好,不审查往往会发生遗漏了什么或多余了什么的毛病。

还有一点,写作不仅是拿起笔来写在纸上那一段时间内的事情。如前面所说,意思的发生,需要的提出,都在动笔之前。认定中心,审查材料,也在动笔之前。提起笔来写在纸上,不过完成这工作的一段步骤罢了。有些人认为写作的工作在提起笔来的时候才开始,这显然是错误的,如果如此,写作就成为一种无需要,无目的,可做可不做的事了。

写作完毕之后,或需修改,或不需修改。不改,是自以为一切都写对了,没有什么遗憾了。至于修改,通常说由于自己觉得文字不好。说得确切一点,该是由于自己觉得还没有写透那意思,适合那需要。于是再来想一通,把材料增减一些,调动一些,把语句增减一些,变换一些,这就是修改。

练习写作,如果是课内作文,也得像前面所说的办。题目虽然是老师临时出的,可是学生写的意思要是平时有的,所需的材料又要是找得到的,不然就是无中生有的勾当了。(老师若出些超出学生能力范围的题目,学生只好交白卷,但是不必闹风潮。)练习是练习有意思有材料就写,而且写得像样,不是练习无中生有。

无论应用的或练习的写作,以写得像样为目标。记事物记清楚了,说道理说明白了,没有语法上的毛病了,没有论理上的毛病了,这就是像样。至于写得好,那是可遇而不可求的。经验积聚得多,情感蕴蓄得深,思想钻研得精,才可以写成好文章。换句话说,好文章是深度生活的产品,生活的深度不够,是勉强不来的。希求生活渐进于深度,虽也是人生当然之事,可是超出了国文学习的范围了。

要写得像样,除了审查材料以外,并得在语言文字上用心,这才可以表达出那选定的材料,不至于走样。所谓在语言文字上用心,实际也是极容易的事,试列举若干项。(一)所用的词要熟习的,懂得他的意义和用法的。似懂非懂的词宁可不用,换一个熟习的来用。(二)就一句句子说,那说法要通行的,也就是人家会这么说,常常这么说的。一句话固然可以有几样说法,作者有自由挑选那最相宜的使用,可是决不能独造一种教人家莫名其妙的说法。(三)就一节一段说,前后要连贯,第二句接得上第一句,第三句接得上第二句。必须注意连词的运用,语气的承接,观点的转换不转换。一个"所以"

一个"然而"都不可随便乱用。陈述、判断、反诘、疑问等的语气都不可有一点含糊。观点如须转换,不可不特别点明。(四)如果用比喻,要问所用的比喻是否恰当明白。用不好的比喻还不如不用比喻。(五)如果说些夸张话,要问那夸张话是否必要。不必要的夸张不只是语言文字上的毛病,也是思想上修养上的毛病。(六)不要用一些套语滥调如"时代的巨轮""紧张的心弦"之类。这些词语第一个人用来见得新鲜,大家都用就只有讨厌。(七)运用成语以不改原样为原则,如"削足适履"不宜作"削足凑鞋","怒发冲冠"不宜作"怒发把帽子都顶起来了"。(八)用标点符号必须要审慎。宜多用句号,把一句句话交代清楚。宜少用感叹号,如"以为很好""他怕极了"都不是感叹语气,用不着感叹号。用问号也得想一想。询问和反诘的语气才用问号,并不是含有疑问词的语句都要用问号。如"他不知道该怎么做""我问他老张哪一天到的"都不是问句,用不着问号。

**写作举要**　　练习写作,最好从记叙文入手。记叙文的材料是现成的,作者只须加上安排取舍的功夫,容易着手。

议论文也不是不必练习,但是所说的道理或意见必须明白透彻,最忌把不甚了了的道理或意见乱说一阵。因此,练习议论文该从切近自身的话题入手,如学习心得和见闻随感之类。

应用文如书信,如读书报告,往往兼包记叙和议论。写作这类东西,一方面固然应用,一方面也是练习。所以也得认真地写,多一回认真的练习,就多一分长进。

以下略说写作各类东西的大要。

(一)记物的文字须把那东西的要点记明。譬如记一幅图画,画的什么就是要点,必须记明。也许画面上东西很多,而以其一件东西为主,这某一件东西必须说明。

(二)叙事的文字须把那事件的始末和经过叙明。譬如叙一个文艺晚会,晚会的用意和开会的过程必须叙明。也许会中节目很多,几个重要的节目必须详叙,其余节目只说几句简单的话带过。

(三)书信须把自己要向对方说的话说清楚。不清楚,失了写信的作用,重复啰唆,容易混淆对方的心思,都不能算写得适当。书信又须注意程式。程式不是客套,程式之中实在包含着情分和礼貌。不注意程式,在情分上礼貌上若有欠缺,就将使对方不快,这也违反写信的初意。

（四）日记最好能够天天写，对修养有好处，对写作也有好处。刻板式的日记比较没有意义。一天里头总有些比较新鲜的知识见闻和想头，就把那些记下来。

（五）读书笔记不只是把老师写在黑板上的注解表格等等抄上去，也不只是把一些书本上的美妙紧要的文句抄上去。除了这些，还有应该记的，如：翻了几种书，就可以把参照比较的结果记录下来。读了一篇文章一部书，自己有些想头，或属怀疑，或属阐发，或属欣赏，都可以记录下来。

（六）给壁报揭载的或投寄报纸杂志的文章与其他文章一样，也应该以写自己熟知的了解的东西为主。可是有点不同，这类文章是特地写给他人看的，写的时候，心目中就须顾到读者。既然顾到读者，人人知道的事物和道理就不必写。至于自己还没有弄清楚的大问题大道理，那非但不必写，简直不容写，写出来就是欺人，欺人是最要不得的。

**写字**　末了儿还得说一说写字。一般人只须讲求实用的写字，不必以练成书家为目标。实用的写字，除了首先求其正确之外，还须求其清楚匀整，放在眼前觉得舒服，至少也须不觉得难看。

临碑帖，一般人没有这么多闲功夫。只须逢写字不马虎，就是练习。写字是手的技能，随时留意，自然会做到心手相应的地步。

目前写字的工具不只毛笔，钢笔铅笔也常用，也许用得更多。无论用什么笔写，全都得不马虎，才可以养成好习惯。

就字体而论，一般人只须注意真书行书两种。行书写起来比真书快，所以应用更广。行书是真书的简化，基本还是真书。真书写得像样，行书就不会太差。

真书求其清楚匀整，大略有如下几点可以说的：（一）笔笔交代清楚，横是横，撇是撇，一点不含糊。（二）横平竖直，不要歪斜，这就端正了。（三）就一个字而言，各笔的距离务须匀称，不太宽也不太挤：这须相度各个字的形状。偏旁占一半还是三分之一，头和底各占几分之几，中心又是哪一笔，相度清楚，然后照此落笔。距离匀称，不宽不挤，看在眼里就舒服。（四）就一行的字而言，须求其上下连贯，无形中好像有一条直线穿着似的。还须认定各个字的中线，把中线放在一直线上。中线或是一竖，如"中"字"草"字，或是虚处，如"非"字"井"字，很容易辨明。（五）就若干行的字而言，须求两行之间有一条空隙。次行的字的笔画触着前行的字的笔画固然不好看，就是几乎要触着也不好看。(六)写一长篇的字须要前后如一。如果开头端端整整，到后来潦潦草草，这就通篇不一致，说不上匀整了。

如果有工夫练习实用的写字，可以按字的形体分类练习，如挑选若干木旁字来写，又挑选若干雨头字来写。木旁雨头的字是比较容易的。比较烦难的尤宜如此，如心底的字，从辶的字。手写之外，宜乎多看，看人家怎样把这些字写得合适。看与写并行，心与手并用，自然会逐渐有进步。

# 改变字风①

常听人说起，写字潦草已成风气，为了工作和交际，不得不看连篇累牍的潦草字，实在头痛。我也有同感。读一篇稿子，看一封信，往往要顿住，因为好些字面生，一眼认不清，必须连着上下文猜详，跟本件中相似的字比照，一遍不成再来一遍，才认得清。少数几个字面生还不要紧。面生的字多到连篇累牍，当然要头痛了。

字怎么写，人人有自由。但是写出字来让别人头痛，未免自由过分了。我早就想向凡是写字给别人看的人呼吁。我的呼吁不过一句话，写字务恳为看的人着想。分别言之，就是写信要为收信人着想，起什么稿子要为商量这份稿子的人着想，写的稿子准备付印付排的要为打字员排字工人着想。为看的人着想，是人与人的协作，对工作和交际有莫大好处。这些道理似乎无须多说，因为多数人都能说。重要的不在于能说，而在于真正能顾到看的人，真正能养成习惯，每逢写字决不潦草。那么，用一句简要的话点醒一下也就够了。每逢写字决不潦草，当然要多花些功夫，但是跟多花看的人的功夫相比，跟潦草字所引起的事故相比，多花些功夫还是非常值得的。这一层意思，我倒要附带地点醒。

学生写字大多潦草，也是人们常常皱着眉头说起的。皱着眉头，为的是从中看到一般潦草的局面势将继续下去。但是这个局面能让它继续下去吗？不能。必须赶快改变这个局面，造成写字端正的风气。而造成风气的主要阵地在学校。无论小学中学大学，出来的学生都写得一手端正的字，风气不就丕变吗？绝不说写几个字无关宏旨，绝不想潦草点儿也无所谓，教育工作者和学生共同努力，一边认真训练，以身作则，一边认真练习，积久成习，在这样情形之下，做到学生都写得一手端正的字又有何难呢？

---

① 原载一九六一年六月二十四日《光明日报》第二版。

所谓端正的字，说得具体些，无非个个字笔画清楚，间架匀称，整幅字行款整齐而已。工作上和交际上有这样的需要，所以人人要写这样的字。并不要求什么碑神帖意，钟王欧颜。那是艺术方面的事，有爱好有兴趣的人尽不妨努力追求，可不是人人所必需。既然如此，习字的范本不一定要出于名家之手，凡是笔画清楚，间架匀称，行款整齐的，都可以作范本，楷体铅字印的书也可以作范本。也不一定要用毛笔，只要养成认真写字的好习惯，钢笔同样可以写得清楚匀称整齐。没有好习惯，用了毛笔也可以写得很潦草。目前一般小学里正是在这样的认识之下训练学生写字的。学生写得不错的也不少，如兰州工人子弟小学的一位老师所教的学生，他们的文稿我见过十来篇，都够得上端正二字。

小学里教识字总要教笔顺，这就同时教了写字。单体字好比合体字的零件，单体字的笔顺教会了，合体字的笔顺就不须多教了。多数老师教写字又给学生指点，某个字的言旁占二分之一，某个字的言旁占三分之一，某个字的竹头占二分之一，某个字的竹头占三分之一，这就是教间架。至于行款，习字本子或者印着格子，或者印着一条条的直线，只要把字写在格子里，写在两条直线之间，自然不至于歪歪扭扭。可以这么说，属于教的方面的事差不多应有尽有了。但是学生写字的成绩大多不怎么好，叫人皱眉头，这又是什么原由呢？

大凡传授技能技巧，讲说一遍，指点一番，只是个开始而不是终结。要待技能技巧在受教的人身上生根，习惯成自然，再也不会离谱走样，那才是终结。所以讲说和指点之后，接下去有一段必要的功夫，督促受教的人多多练习，硬是要按照规格练习。练成技能技巧不是别人能够代劳的，非自己动手，认真练习不可。如果只讲说指点，而疏于督促，要求技能技巧在他身上生根就很难说了。疏于督促，是不是学生写字的成绩不怎么好的原由之一呢？如果是的，老师就可以在这上头多用些功夫，方法不妨多种多样，各有巧妙不同，总之，要学生多练，要严格要求。学生初学写字就注意督促，从早把底子打好，是事半功倍的法门。老师可以少为学生写字操许多心，而学生一开始就养成写字的好习惯，也将终身受用不尽。

还可以这样考虑，教的方面的事差不多应有尽有了，而学生写出字来潦潦草草，不按规格，这里头似乎不仅是写字的问题，而且是学习态度的问题。就是说，学习态度不够认真严肃。如果这个说法中肯的话，那就要在写字教学以外想办法了。字写得潦潦草草，演算草未必就端端正正吧，读课内课外各种书籍未必就仔仔细细吧。既然叫做态度，对于各方面自当一视同仁，不会薄于此而厚于彼。这是比写字潦草更为严重的事。学习态度本来非端正不可。而学习态度一端正，自然会把写字当一回事，又何况写得清楚些，匀称些，整齐些，究竟也没有什么难。要求端正学习态度，说道理，讲任务，固然不可少，但是督促实践，即知即行，蔚为风气，尤其是成功收效的关键。

写字潦草，原由之一是求快，要写的字有那么多，慢慢地写来不及。求快是必然之势，毛病在带来了潦草。针对这个情形，最好开始教写字就多注意，先要求写得端正，成为习惯，在端正的基础上再要求写得快，成为习惯。这样就又端正又快，双方兼备。要是求快而不端正的习惯已经养成，把它扭转来当然要多费些功夫。但是为了长久的方便，多费些功夫也在所不惜，还得回到开始教写字的阶段上去，先要求端正再要求快。

孟子说的"引而置之庄岳之间"（《滕文公下》）的办法可能有些用处。就是说，让学生处在这样的环境里，只看见写得端正的，看不见写得潦草的，从而受到影响，练成写字的好习惯。在学校以内，造成这样的环境似乎不太难。凡是揭示的标语，指示的牌子，张贴的写件，刻蜡的印件，写在黑板上的粉笔字，批在作业本上的毛笔字或是钢笔字，全都端端正正，一笔不苟，这样的环境不就差不多了吗？课堂里图书室里或是其他适宜的地方，既然可以挂画，自也不妨挂一些写得不错的字幅，那么环境就更见得美备了。教导和指点不一定要在课堂教学中进行，任何时候说说这一件写得多端正，那一件为什么那么好看，哪怕一句两句，也是教导和指点。学生耳濡目染，不知不觉鼓起了兴趣，提高了眼力，将会严格地要求自己，心到手到，非练成端正的字不可。学任何技能技巧，到了严格地要求自己的地步，成功的把握少说也有十之六七了。

现在一般的理解，小学毕业生要能写端正的字。这个要求切合实际，适应工作和交际的需要，所以必须达到。有好些小学毕业生已经达到了，又可见这个要求并不高，只要师生共同努力，所有小学毕业生都能达到。到中学阶段，按理说，写字不须再劳老师的神，再费学生的力了。但是实际情形并不然。那没有别的办法，只有补课，补应当在小学里完成的课。时间不妨抓紧些，要求不妨严格些，中学生比小学生大了，一定要在限定的时期内练成端正的字。老师不要怕给学生添麻烦，学生也不要嫌老师给添麻烦。现在麻烦点儿，写得一手端正的字，将来体会好处，感觉到方便，将会永远珍爱这个麻烦呢。至于写字潦草的大学生，对他们提出呼吁，请他们务必为看的人着想，也就可以了。人与人要协作，写在纸上的字是工作和交际的必要工具，不能马虎，大学生哪有不明白的？只望他们前进一步，把这些道理贯彻在写字的实践中而已。再说，改变字风总比改变文风容易些吧，文风尚且要改变，字风不好，当然要改变。手头当心点儿，积久成习，也就改变过来了。

# 认真学习语文<sup>①</sup>

## 学习语文很重要

学习语文的确很重要。近几年来，越来越多的人觉得自己的语文程度不够高。语文程度不够高，大约指两个方面：一方面是阅读。比方看《人民日报》社论，有些人看是看下去了，可是觉得不甚了然，抓不住要点，掌握不住精神。另一方面是写作。写了东西，总觉得词不达意，仿佛自己有很好的意思，只因写作能力差，不能充畅地表达出来。这就可见阅读和写作两方面的能力都要提高。

阅读是什么一回事？是吸收。好像每天吃饭吸收营养料一样，阅读就是吸收精神上的营养料。要做一个社会主义时代的公民，吸收精神上的营养料比任何时代都重要。写作是什么一回事？是表达。把脑子里的东西拿出来，让人家知道，或者用嘴说，或者用笔写。阅读和写作，吸收和表达，一个是进，从外到内，一个是出，从内到外。这两件事，无论做什么工作都是经常需要的。这两件事没有学好，不仅影响个人，还会影响社会。说学习语文很重要，原因就在这里。

## 对学习语文要有正确的认识

什么叫语文？平常说的话叫口头语言，写到纸面上叫书面语言。语就是口头语言，文就是书面语言。把口头语言和书面语言连在一起说，就叫语文。这个名称是从一九四九年下半年用起来的。解放以前，这个学科的名称，小学叫"国语"，中学叫"国文"，解放以后才统称"语文"。

---

① 这是作者在北京中华函授学校举办的"语文学习讲座"第一讲的讲话，登在该校《语文学习讲座》第一辑，一九六二年十月出版。后来发表在一九六三年十月五日的《文汇报》，发表时对原稿做了删改。现在根据《文汇报》排印。

语言是一种工具。工具是用来达到某个目的的。工具不是目的。比如锯子、刨子、凿子是工具，是用来做桌子一类东西的。我们说语言是一种工具，就个人说，是想心思的工具，是表达思想的工具；就人与人之间说，是交际和交流思想的工具。思想和语言是分不开的，想心思得靠语言来想，不能凭空想。可以说，不凭借语言的思想是不存在的。固然，绘画、音乐、舞蹈表达思想内容是不凭借语言的，绘画凭借线条和色彩，音乐凭借声音和旋律，舞蹈凭借动作和姿态，可是除了这些以外，表达思想都要依靠语言。

就学习语文来说，思想是一方面，表达思想内容的工具又是一方面。工具有好有坏，有的是锋利的，有的是迟钝的，有的合用，有的不合用，这是一方面。思想也有好有坏，有的是正确的，有的是错误的，有的很周密，很深刻，有的很粗糙，很肤浅，这又是一方面。学习语文，这两方面都要正确对待。

有些人认为只要思想内容好，用来表达的语言好不好无所谓。有些人甚至认为语文是雕虫小技，细枝末节，不必多注意。既然这样，看书无妨随随便便，写文章无妨随随便便。文章写出来半通不通，不认为不对，反而认为只要思想内容好，写得差些没有关系。实际上，看书，马马虎虎地看，书上的语言还不甚了然，怎么能真正理解书的内容？写文章，马马虎虎地写，用词不当，语句不通，怎么能说思想内容好？文章写不通，主要由于没想通，半通不通的文章就反映半通不通的思想。

有些人认为只要学好了语文，思想内容的问题也会随之解决，因而就想专在字词语句方面下功夫。这个想法也不对。有人写工作总结写不好，写调查研究的报告写不好，认为这只是"写"的问题。学好了语文，工作总结和调查报告是不是一定写得好？不一定。为什么？工作总结必须参加了某项工作，对这一项工作比较全面地了解，知道这一项工作的优点和缺点，经验和教训，再加上语文程度不错，才能写好。调查报告也一样，一定要切切实实地调查，材料既充分而又有选择，还要能恰当地安排，才能写好。

这样说起来，要写好工作总结和调查报告，既要在语文方面下功夫，也要在实践方面下功夫。两方面的功夫都要认真地做，切实地做。

学语文为的是用，就是所谓学以致用。经过学习，读书比以前读得透彻，写文章比以前写得通顺，从而有利于自己所从事的工作，这才算达到学习语文的目的。进一步说，学习语文还可以养成想得精密的习惯，理解人家的意思务求理解得透彻，表达自己的意思务求表达得准确；还有培养品德的好处，如培养严肃认真、一丝不苟的态度等。这样看来，学习语文的意义更大了，对于从事工作和培养品德都有好处。

## 学习语文不能要求速成

我常常接到这样的信，信上说，"我很想学语文，希望你来封信说说怎样学"。意思是，去一封回信，他一看，就能学好语文了。又常常有这样的请求，要我谈谈写作的方法。我谈了，谈了三个钟头。有的人在散会的时候说："今天听到的很解决问题。"解决问题哪有这么容易？哪有这么快？希望快，希望马上学到手，这种心情可以理解；可是学习不可能速成，不可能画一道符，吞下去就会了。学习是急不来的。为什么？学习语文目的在运用，就要养成运用语文的好习惯。凡是习惯都不是几天功夫能够养成的。比方学游泳。先看看讲游泳的书，什么蛙式，自由式，都知道了。可是光看书不下水不行，得下水。初下水的时候很勉强，一次勉强，两次勉强，勉强浮起来了，一个不当心又沉了下去。要等勉强阶段过去了，不用再想手该怎么样，脚该怎么样，自然而然能浮在水面上了，能往前游了，这才叫养成了游泳的习惯。学语文也是这样，也要养成习惯才行。习惯是从实践里养成的，知道一点做一点，知道几点做几点，积累起来，各方面都养成习惯，而且全是好习惯，就差不多了。写完一句话要加个句号，谁都知道，一年级小学生也知道。但是偏偏有人就不这么办。知道是知道了，就是没养成习惯。

一定要把知识跟实践结合起来，实践越多就知道得越真切，知道得越真切就越能起指导实践的作用。不断学，不断练，才能养成好习惯，才能真正学到本领。

有人说，某人"一目十行"，眼睛一扫就是十行。有人说，某人"倚马万言"，靠在马旁边拿起笔来一下子就写一万字。读得快，写得快，都了不起。一目十行是说读书很熟练，不是说读书马马虎虎；倚马万言是说写得又快又好，不是说乱写一气，胡诌不通的文章。这两种本领都是勤学苦练的结果。

要学好语文就得下功夫。开头不免有点勉强，不断练，练的功夫到家了，才能得心应手，心里明白，手头纯熟。离开多练，想得到什么秘诀，一下子把语文学好，是办不到的。想靠看一封回信，听一回演讲，就解决问题，是办不到的。

有好习惯，也有坏习惯。好习惯养成了，一辈子受用；坏习惯养成了，一辈子吃它的亏，想改也不容易。譬如现在学校里不少学生写错别字，学校提出要纠正错别字，要消灭错别字。错别字怎么来的呢？不会写正确的形体吗？不见得。有的人写错别字成了习惯，别人告诉他写错了，他也知道错，可是下次一提笔还是错了。最好是开头就不要错，错了经别人指出，就勉强一下自己，硬要注意改正。比方"自己"的"己"和"已经"的"已"搞不清楚，那就下点儿功夫记它一记，随时警惕，直到不留心也不会错才罢休。

## 学习语文要练基本功

学习语文要练基本功。写一篇文章，就语文方面说，用一个字，用一个词，写一个句子，打一个标点，以及全篇的结构组织，全篇的加工修改，这些方面都要做到家才算好。这些方面都得下功夫，都得养成好的习惯。这样，写起文章来就很自由，没有障碍，能够从心所欲。培养这些方面的能力，养成好的习惯，就叫练基本功。

一出戏要唱工做工都好是不容易的。最近我看周信芳、于连泉（筱翠花）几位总结他们表演艺术经验的书，讲一个动作如何做，一句唱词如何唱，都有很多道理。道理不是嘴上说说的，是从实践里归结出来的。我们学习语文，看文章和写文章也能达到他们那样程度，就差不多了。学戏的开始，不是从整出的戏入手的，一定要练基本功，唱腔，道白，身段，眼神，一举手一投足，都要严格训练，一丝不苟。起初当然勉强，后来逐渐熟练，表演起来就都合乎规矩。然后再学一出一出的戏。学绘画，要先练习写生，画茶杯，画花瓶，进一步练速写，这些都是基本功。学音乐、舞蹈也一样，都要练基本功。木工做一张桌子也不简单，锯子、刨子和凿子，使用要熟练，要有使用这些工具的好习惯，桌子才能做得合规格。总之，无论学什么，练基本功是很重要的。

学语文的基本功是什么？大体上说有以下几方面。

第一，识字写字。可能有人想，谁还不识字，这个功夫没有什么可练的。可是一个字往往有几个意义，几种用法，要知道得多些，个个字掌握得恰当，识字方面还得下功夫。譬如"弃甲曳兵而走"，这是《孟子》上的一句话。小学生可能不认识"曳"字，其余都是认识的。可是小学生只学过"放弃""抛弃"等词，没学过单用的"弃"字。至于"甲"知道是"甲、乙"的"甲"，"兵"知道是"炮兵""伞兵"的"兵"，"走"知道是"走路"的"走"。他们不知道"甲"是古代的军装，"兵"在古代语言中是武器，古人说"走"，现代人说"逃跑"。"曳"这个字现代不用了,只说"拖"。"而"字在现代语言中是有的,如"为……而奋斗"。可是照"弃甲曳兵而走"这句话的意思说,"而"字就用不着了。用现代话说,这句话就是"丢了铠甲拖着武器逃跑"。到高中程度,识字当然要比小学比初中更进一步,对某些字知道更多的意义和用法。中国字太多,太复杂,谁也不能夸口说念字不会念错。字要念得正确,不要念别字,这也是识字方面应该下的功夫。

写字也要下些功夫。不一定要去买什么碑帖,天天临它几小时,这不需要;可是字怎么写,总要有个规矩。写下的字是让人家看的,不要使人家看不清楚,看得很吃力。有时候我接到些信,字写得不清楚,要看好些时间,看得很吃力。不要自己乱造字,简化字有一定的规范,不要只管自己易写,不管别人难认。字要写得正确,一笔一画都辨得很明白;还要写得熟练,如果写一个字要想三分钟,这怎么能适应需要?要把字写得正确熟练,这就是基本功。

第二,用字用词。用词要用得正确,贴切,就要比较一些词的细微的区别。这是很要紧的。譬如与"密"字配合的,有"精密""严密""周密"等词,粗粗看来好像差不多,要细细辨别才辨得出彼此的差别。"精密"跟"周密"有何不同,"精密"该用在何处,"周密"该用在何处,都要仔细想一想。想过了,用起来就有分寸。如果平时不下功夫,就不知道用哪一个才合适。

用词,有时也表示一个人的立场。立场,就是站在哪一方面;比方有人说,在土地改革的时候,某村地主很"活跃",这就是立场不对头。"活跃"往往用在对一件事表示赞美的场合。对地主用"活跃"不合适,要用"猖獗"。否则人家会认为你是站在地主的立场呢。这些地方如果平时不注意,就会出错。用词还有个搭配的问题。比方"成绩",可以说"取得成绩","做出成绩",如果说"造出成绩"就不合适。前边的词跟后边的词,有搭配得上的,有搭配不上的,把不相配的硬配在一起,就不行。所以用词也是基本功,无论阅读或是写作都要注意。

第三,辨析句子。句子是由许多词组成的,许多词当中有主要的部分和附加的部分。读句子,写句子,要分清主要部分和附加部分,还要辨明附加部分跟主要部分是什么关系。比方"在党的领导下,我们取得了中国革命的胜利"。这句话的主要部分是什么?是"我们取得了胜利"。取得了什么胜利?取得了"中国革命的"胜利。还要弄清楚,"在党的领导下"是"取得"的条件,虽然放在头里,却关系到后面的"取得"。读一句话,写一句话,要能马上抓住主要的部分，能弄清楚其他的部分跟主要的部分的关系，这就是基本功。长句子尤其要注意。有些人看文章，又像看得懂，又像看不懂，原因之一就是弄不清楚长句子的各个组成部分的关系。

读文章，写文章，最好不要光用眼睛看，光凭手写，还要用嘴念。读人家的东西，念出来，比光看容易吸收。有感情的文章，念几遍就更容易领会。自己写了东西也要念，遇到念来不顺的地方，就是要修改的地方。好的文章要多读，读到能背。一边想一边读，有好处。这好处就是自己脑子里的想法好像跟作者的想法合在一起了，自己的想法和语言运用能力就从而提高不少。长的文章可以挑出精彩的段落来多读，读到能背。读的时候不要勉强做作，要读得自然流畅。大家不妨试试。

第四，文章结构。看整篇文章，要看明白作者的思路。思想是有一条路的，一句一句，一段一段，都是有路的，这条路，好文章的作者是决不乱走的。看一篇文章，要看它怎样开头的，怎样写下去的，跟着它走，并且要理解它为什么这样走。譬如一篇议论文，开头提出问题，然后从几个方面来说，而着重说的是某一个方面，其余几个方面只说了一点儿。为什么要这样安排呢？一定有道理。读的时候就得揣摩这个道理。再往细处说，第二句跟头一句是怎样连接的，第三句跟第二句又是怎样连接的，第二段跟第一段有什么关系，第三段跟第二段又有什么关系，诸如此类，都要搞清楚。这些就叫基本功。练，就是练这个功夫。

总起来一句话，许多基本功都要从多读多写来练。读人家的文章，要学习别人运用语言的好习惯。自己写文章，要养成自己运用语言的好习惯。要多读，才能广泛地吸取。要多写，越写越熟，熟极了才能从心所欲。多写，还要多改。文章不好，原因之一就是自己不改或者少改。有人写了文章，自己不改，却对别人说："费你的心改一改吧。"自己写了就算，不看不改，叫别人改，以为这就过得去，哪有这么容易的事？

写之前要多想想，不要就动笔写。想得差不多了，有了个轮廓了，就拟个提纲。提纲可以写在纸上，也可以记在脑子里。总之，想得差不多了然后写。写好以后，念它几遍，至少两三遍，念给自己听，或者念给朋友听。凡是不通的地方，有废话的地方，用词不当的地方，大致可以听出来。总之，要多念多改，作文的进步才快。请别人改，别人可能改得不怎么仔细，或者自己弄不明白别人这样那样改的道理，这就没有多大好处。当然，别人改得仔细，自己又能精心领会，那就很有好处。

## 认真不认真，是学得好不好的关键

希望学得好，先要树立认真的态度。看书，不能很快地那么一翻；看文章，不能眼睛一扫了事。写文章，不能想都不想，就动笔写，写完了自己又懒得改。这些都是不认真的态度。如果这样，一定学不好。某个中学举行过一次测验，有一道题里学生需用"胡同"这个词，竟有不少学生把极容易的"同"字写错了。从这上头可以看出学生学习态度不认真。这应该由老师负责，老师没有用种种办法养成学生认真的习惯。大事情是由无数小事情加起来的，小事情不注意，倒能注意大事情，这是不能令人相信的。

有的人写了文章，别人给他指出某处是思想认识上的错误，某处是语言文字上的错误，他笑了笑就算了，这也是不认真的态度的表现。写个请假条，写封信，也要注意。无论读或是写，都不能马虎。马虎是认真的反面。马虎的风气在学校里和机关里都有，要想办法改变这种坏风气。

有的老师有的家长往往说，某某孩子两天就看完了《红岩》，真了不起。我认为这不很好。这样大的一本书两天就看完，可能只看见些影子，只记得几个人名，别的很难领悟。这样的读书法是不该提倡的。先要认真读，有了认真读的习惯，然后再求读得快。

一句话，希望同志们认真自学。在这里听到的，只能给同志们一些启发，一些帮助，重要的还在自学。再说，在这里听到的不一定全接受，要自己认真想过，认为确然有些道理，才接受。

# 大力研究语文教学
# 尽快改进语文教学①

　　讨论语言学科的研究规划，我想，规划里总得有一项，研究中小学的语文教学，给语文教学提供切实有效的帮助。

　　我跟中小学语文教师有所接触。他们在砸碎了"四人帮""两个估计"的精神枷锁之后，思想得到解放，急切盼望投入教育革命的行列，把自己担任的语文教学工作搞好。但是，对于怎样提高语文教学的效率，他们感到缺少办法。问我有什么办法，我很惭愧，我没有。

　　近来几个月里，各地方出版了一些有关语文教学的刊物，多是师范院校办的。刊物的编辑同志给我来信，问我做好语文教学工作有什么窍门，我很惭愧，我答不出。

　　我为什么不能满足语文教师和编辑同志的期望，就得说到我当教师的经历和感想。

　　我开始当教师在民国元年（一九一二年），担任的是初等小学二年级的级任教员，教国文和算术。当时的小学国文课本是文言，教国文，就是教认字，用本地方言讲课本上的文言。这个办法跟私塾一个样。

　　我小时候读私塾，先读《三字经》《千字文》，然后是《四书》《诗经》《易经》。都要读熟，都要在老师跟前背诵，背得出了，老师才教下去。每天还要理书，就是把先前背熟了的书轮替温理一部分，背给老师听。这样读书是怎么一回事呢？一是广泛地认字，二是学说古代的书面语言，那是跟任何地方的方言都不相同的一种语言。然后读《左传》，这才开始听老师讲。《左传》开头是"郑伯克段于鄢"，什么叫"克"，什么叫"于"，老师给讲成苏州方言，我明白了。

---

　　①　这是作者一九七八年三月间在社会科学院语言研究所召开的北京地区语言学科规划座谈会上的发言，发表在《中国语文》一九七八年第二期。

我开始当教师，干的就是跟私塾老师同样的事。不过也有所不同，一是并不先教学生广泛地认字，二是一开头就讲，就用本地方言讲课本上的文言。

我想，这样教法大概很古了吧。汉朝的大师传经授书，讲究声音训诂，后代人看来似乎很了不起，可是按实际一想，跟私塾老师教我，我教小学生相差并不多，无非是讲书。

从清朝末年废止科举，开办新式学校，直到民国初年我当小学教员的时候，小学中学教国文跟古代一脉相承，还是讲书。因为小学国文课本是文言（前面已经说过），也选些短篇古文，中学国文教材几乎全是名家古文。其他各科的课本也用文言编写。是文言，就得讲。因而各科教员都讲书，数学教师讲数学书，理化教师讲理化书，史地教师讲史地书，因而各种功课几乎都是国文课。

白话文（又叫语体文，就是用现代语写录的书面语言）从什么时候起用作小学教材，我记不确切了，大概在五四运动前后。白话文开始在中学课本里占地位，我记得是一九二三年的事，那一年公布新学制中小学各科的课程标准（相当于现在的教学大纲）。当时小学的"国语"、中学的"国文"相当于现在的语文课。中学国文课程标准是这样规定的：初中阶段，白话文和文言文掺合着教，各年级比率不同，低年级白多文少，高年级文多白少；高中阶段完全教文言。三个年级选教材的方法不同，一年级按记叙文、说明文等文体来选，二年级按《诗经》《楚辞》等文学史的顺序来选，三年级按《老子》《荀子》等思想史上的流派来选。这可见那时候的教些白话文只是顺应潮流，主要目的是归结到古文，而且诗词歌赋、诸子百家都要叫中学生尝一尝，大大超过了科举时代的童生的阅读范围。

那时候我主要做编辑工作了，先后兼教几所中学的高年级，教材是文言文，当然照老办法讲。白话文没教过，可是我想，如果教，大概还是照老办法讲。白话文里很有些文言成分，可以讲。白话文大体是现在所谓普通话，普通话跟本地方言不同的部分也可以讲。但是可讲之处总不及文言文那么多。因此有些教师常常说，文言文"有讲头"，白话文"没讲头"。

从一九二三年到如今，五十五年了，编选教材的办法屡次变更，可是有一点没有变，就是中学里白话文和文言文掺合着教。教法也有所变更，从逐句讲解发展到讲主题思想，讲时代背景，讲段落大意，讲词法句法篇法，等等，大概有三十来年了。可是也可以说有一点没有变，就是离不了教师的"讲"，而且要求讲"深"，讲"透"，那才好。教师果真是只管"讲"的吗？学生果真是只管"听"的吗？一"讲"一"听"之间，语文教学就能收到效果吗？我怀疑好久了，得不到明确的答案。还有，对于白话文和文言文掺合着教，我也怀疑已久。学文言文究竟是什么目的？掺合着学会不会彼此相妨而不是彼此相成？问题还有好些，我当然也得不到答案。我说到这里，同志们就可以知道我开头说的不能满足语文教师和编辑同志的期望的所以然了。我的经历只是讲书，有什么可以贡献的呢？

前些日子《人民日报》登载吕叔湘同志的《语文教学中两个迫切问题》，引起广大读者的注意，尤其是教育工作者和担任语文课的教师。文章里说："十年的时间，二千七百多课时，用来学本国语文，却是大多数不过关，岂非咄咄怪事！"文章里说："少数语文水平较好的学生，你要问他的经验，异口同声说是得益于课外看书。"文章里问："是不是应该研究研究如何提高语文教学的效率，用较少的时间取得较好的成绩？"就这几句话，尽够发人深省的了。

我想，从前读书人十年窗下，从师读书，不管他们后来入不入仕途，单说从老师那里真得到益处，在读书作文方面真打下基础，不至于成为似通非通的孔乙己的，不知道占多少比率。向来没有作过统计，当然没法知道占多少比率。但是我武断地想，恐怕不会很多吧。从前那些读书读通了的人，那些成为学问家著作家的人，可能是像叔湘同志所说的"得益于课外看书"（就是说，脱出塾师教读的范围），或者是碰巧遇到个高明的塾师，受到他高明的引导，因而打下了坚实的基础的吧。

假如我的猜想有点儿对头，那么咱们如今的语文教学再不能继承或者变相继承从前塾师教读的老传统了。从前读书人读不通，塾师可以不负责任，如今普通教育阶段的语文教学却非收到应有的成绩不可，语文是工具，自然科学方面的天文、地理、生物、数、理、化，社会科学方面的文、史、哲、经，学习、表达和交流都要使用这个工具。要做到个个学生善于使用这个工具（说多数学生善于使用这个工具还不够），语文教学才算对极大地提高整个中华民族的科学文化水平尽了分内的责任，才算对实现四个现代化尽了分内的责任。以往少慢差费的办法不能不放弃，怎么样转变到多快好省必须赶紧研究，总要在不太长的时期内得到切实有效的改进。

实践出真知，语文教学的实践者是教师，因此研究语文教学如何改进，语文教师责无旁贷。个人研究总不及集体研究，学校里已经恢复了教研组，集体研究就很方便。几个学校的教研组互相联系，交流研究和实践的结果，那是集思广益的好途径。

语言学科的工作者有的兼任语文教师，就是不任教师的，研究的东西往往跟语文教学有关联。因此，语言学科的工作者是语文教师最亲密的伙伴，义不容辞，要为改进语文教学尽力，提供切实有效的帮助。

我在这里恳切地呼吁，愿语文教师和语言学科的工作者通力协作研究语文教学，做到尽快地改进语文教学！

至于我，以往的经历只是讲书，跟从前的塾师一个样，够可笑的。后来不当教师了，讲主题思想讲时代背景之类我都没干过，只在不多几所中学小学里参观过语文的课堂教学，只看过些中学生小学生的作文本子。参观了，看了，不免有些感想。是感想，不能不主观，又难免片面，但是也不妨说出来请同志们指教。

我还要说教师只管"讲"这回事。我想，这里头或许有个前提在，就是认为一讲一听之间事情就完成了，像交付一件东西那么便当，我交给你了，你收到了，东西就在你手里了。语文教学乃至其他功课的教学，果真是这么一回事吗？

我想，课堂教学既然是一讲一听的关系，教师当然是主角了，学生只处在观众的地位，即使偶尔举举手答个问题，也不过是配角罢了。这在学生很轻松，听不听可以随便。但是，想到那后果，可能是很不好的。学生会不会习惯了教师都给讲，变得永远离不开教师了呢？永远不离开教师是办不到的，毕业了，干什么工作去了，决不能带一位教师在身边，看书看报的时候请教师给讲讲，动笔写什么的时候请教师给改改。那时候感到不能独自满足当前的实际需要，岂不是极大的苦恼？

我又想，口耳授受本来是人与人交际的通常渠道之一，教师教学生也是人与人交际，"讲"当然是必要的。问题可能在如何看待"讲"和怎么"讲"。说到如何看待"讲"，我有个朦胧的想头。教师教任何功课（不限于语文），"讲"都是为了达到用不着"讲"，换个说法，"教"都是为了达到用不着"教"。怎么叫用不着"讲"用不着"教"？学生入了门了，上了路了，他们能在繁复的事事物物之间自己探索，独立实践，解决问题了，岂不是就用不着给"讲"给"教"了？这是多么好的境界啊！教师不该朝这样的好境界努力吗？

再说怎么"讲"。我也曾经朦胧地想过，知识是教不尽的，工具拿在手里，必须不断地用心地使用才能练成熟练技能的，语文教材无非是例子，凭这个例子要使学生能够举一而反三，练成阅读和作文的熟练技能；因此，教师就要朝着促使学生"反三"这个标的精要地"讲"，务必启发学生的能动性，引导他们尽可能自己去探索。倾筐倒箧容易，画龙点睛艰难，确是事实，可是为了学生的长远利益，似乎不应该怕难而去走容易的途径。这就需要研究。此外如布置作业，出些练习题，指定些课外阅读书，着眼在巩固学生的记忆固然有其必要，可是尤其重要的是要考虑到如何启发学生，把所学的应用到实际生活的各方面去。这就需要研究。说也说不尽，总而言之，我以为学生既然要一辈子独自看书作文，语文教学就得着眼在这一点上，为他们打下坚实的基础。如何打下这样的基础是研究的总题目。

关于中学里教不教文言文，我们少数几个朋友曾经商谈过，得到几个想法，现在简单说说。

一个想法是中学里不教文言文。什么理由呢？回答是：绝大多数中学毕业生只要把现代语文学通学好就可以了，往后他们在工作中在进修中都用不着文言文。至于少数进大学学古代史、古典文学之类的，当然要跟古代语文打交道，只要他们真的把现代语文学通学好了，只要他们有足够的常识，进了大学花一年的时间集中学习古代语文，应该就能管用。如果问：现代语文里有一些古代语文的成分，怎么办？回答是：这就在学习现代语文的时候学，不必为了那么点东西花费许多功夫去学古代语文。凡是古代书籍对现代人普遍有用的，应当组织力量把它正确地改写成现代语文，让读者直捷爽快地接触它的实质，而不是凭不容易认清楚的古代语文的外貌而去揣摩它的实质。西方有中等文化程度的人都多少知道些古典的东西，荷马的神话故事，亚里斯多德的哲学，莎士比亚的《哈姆莱特》，等等，他们都不是读这些作者的原著才知道的，他们是从改写成现代语文的书本里知道的。而咱们要学生都来学古代语文，这里头仿佛含有这么个意思：你们要接受古来的遗产吗？好，你们学习古代语文吧，学通了古代语文，然后自己想办法去了解那些古东西吧。假如果真是这么个用意，距离"现代化"岂止十万八千里？

我们几个朋友再一个想法是中学的语文课本全是现代文，另外编一种文言读本，供一部分学生选修。假如学制变更，文理分科，那么这个文言读本在文科是必修。

再一个想法是语文课本里还是编入一部分文言文，但是不像现在这样"雨夹雪"似的，要相对地集中（这又可以有几种集中的办法）。

至于教文言文，我们几个朋友都相信，像我曾经干过的那样逐句逐句翻译成现代语或当地方言就算了事的办法必须坚决放弃。教文言文和教现代文当然有共通之点，也必然有教文言文的特殊之点，我想，什么是特殊之点又是需要研究的一个题目。

关于作文教学，我想，大概先得想想学生为什么要学作文。要回答似乎并不难，当然是：人在生活中在工作中随时需要作文，所以要学作文，在从前并不是人人需要，在今天却人人需要。写封信，打个报告，写个总结，起个发言稿，写一份说明书，写一篇研究论文，诸如此类，不是各行各业的人经常要做的事吗？因此要求学生要学好作文，在中学阶段打下坚实的基础。至于作诗作小说，并不是人人所需要，学生有兴致去试作，当然绝对不宜禁止，但是这并非作文教学的目标。

从前读书人学作文，最主要的目标在考试，总要作得能使考官中意，从而取得功名。现在也有考试，期中考试，期末考试，还有升学考试。但是，我以为现在学生不宜存有为考试而学作文的想头。只要平时学得扎实，作得认真，临到考试总不会差到哪里。推广开来说，人生一辈子总在面临考试，单就作文而言，刚才说的写封信打个报告之类其实也是考试，不过通常叫作"考验"不叫作"考试"罢了。学生学作文就是要练成一种熟练技能，一辈子能禁得起这种最广泛的意义的"考试"即"考验"，而不是为了一时的学期考试和升学考试。假如我的想头有点儿对头，那么该如何给学生做思想工作，使他们有个正确的认识，也是需要研究的。

说到做思想工作，还得加说一段。粉碎"四人帮"以前的几年里，中小学也是重灾区，若干学校的课堂秩序乱了，课都上不成了，哪还顾得上什么作文？即使是勉强还能上课、还能叫学生作文的学校，有一种现象并不是个别的，就是学生作文尽找当时受"四人帮"控制的《人民日报》来乱抄，不仅中学生，小学的高年生就如此。这个极端恶劣的影响决不可忽视，不要以为"四人帮"被粉碎了，影响就消失了。在作文教学中，首先要要求学生说老实话，绝不容许口是心非，弄虚作假。譬如学生作文说他自己学雷锋，曾经搀扶一位老太太过马路，就首先要问有没有这回事，其次才看写得好不好。要是根本没有这回事，那就可见这个学生所受"四人帮"的影响还在他身上作怪，那就必须恳切地严肃地对他做思想工作，直到彻底消毒才罢休。"教学工作"也就是"教育工作"，认真负责的教师不该如此吗？说假话之外，还有说套话，说废话，说自己也莫名其妙的话，等等，都是"四人帮"的歪文风，谁沾上了，谁就不能作成适用的文，在生活中在工作中禁得起随时遇到的考验。因此，当前作文教学有一项迫切的任务，就是杜绝"四人帮"的歪文风的一切影响。请教同志们，我这么说对不对？

现在说一说命题作文。咱们平时作文，总是为了实际需要，刚才已经说过。而教师出个题目让学生作文的时候，学生并没有作文的实际需要，只因为要他们练习作文，才出个题目让他们作。就实际说，这有点儿本末倒置，可是练习又确乎必不可少。因此，命题作文只是个不得已的办法，不是合乎理想的办法。

我曾经想，我当教师的时候师生只在课堂里见面，出了课堂就难得碰头了；现在可不然，在课外师生也常在一块儿，因此，学生平时干些什么，玩些什么，想些什么，教师都多少有个数。有个数，出题目就有了考虑的范围；就叫学生把干的、玩的、想的写出来，他们决不会感到没有什么可写。再加上恰当的鼓动，引起他们非写出来不可的强烈欲望。那么，他们虽然按教师的题目作文，同时也是为了实际需要而作文了。命题作文既然是不得已的办法，总要经常顾到学生有什么可写，总要想方设法鼓动他们的积极性，使他们觉得非写出来不可。我料想，必然有好些教师已经这么做，而且有了具体而有效的方法了；那是很值得提供给大家研究观摩的。

我又曾经想，能不能从小学高年级起，就使学生养成写日记的习惯呢？或者不写日记，能不能养成写笔记的习惯呢？凡是干的、玩的、想的，觉得有意思就记。一句两句也可以，几百个字也可以，不勉强拉长，也不硬要缩短。总之实事求是，说老实话，对自己负责。这样的习惯如何养成，我说不出方法和程序来。我只觉得这样的习惯假如能够养成，命题作文的办法似乎就可以废止，教师只要随时抽看学生的日记本或笔记本，给他们一些必要的指点就可以了。不知道我这样想是不是太偏了。

最后说一说改作文。我当过教师，改过学生的作文本不计其数，得到个深切的体会：徒劳无功。我先后结识的国文教师语文教师不在少数，这些教师都改过不计其数的作文本，他们得到的体会跟我相同，都认为改作文是一种徒劳无功的工作；有的坦率地说，有的隐约地说，直到最近，还听见十几位教师对我坦率地说。徒劳无功，但是大家还在干，还要继续干下去，不是很值得想一想吗？

改作文不知道始于何朝何代，想来很古了吧。从来读书人笔下有通有不通，因教师给改而通了的究竟占百分之几，当然没有统计过。我想，自古以来肯定作文必得由教师改，大概有个作为前提的设想在，那就是教师费心费力地改，学生必然能完全理解，而且全部能转化为作文的实际能力。这样的设想，如今在四五十人的班级里实在是难以实现的。首先得算算，四五十本作文本全都给"精批细改"要花多少时间和精力，教师办得到吗？即使办得到，把作文本发还学生就完事了吗？假如学生不完全理解你的用意，岂不就是白费？那就还得给四五十个学生说明为什么这么改，这又要花多少时间和精力？教师办得到吗？即使办得到，可是学生听了教师这一回的说明，知道了该这样写不该那样写，未必就能转化为作文的实践能力，因而下一回作文又那样写了；那岂不是照旧要给他"精批细改"，再来个循环？再说，任何能力的锻炼总是越频繁越好，而教师的时间和精力有限；因而中小学的作文每学期不过五六次，有些学校有大作文和小作文，加起来也不过十次光景。就学生作文能力的锻炼说，实在太少了；就教师改作文的辛劳说，实在太重了。尽管费心费力，总收不到实效，于是来了"徒劳无功"的共同感慨。

我想，学生作文教师改，跟教师命题学生作一样，学生都处于被动地位。能不能把古来的传统变一变，让学生处于主动地位呢？假如着重在培养学生自己改的能力，教师只给些引导和指点，该怎么改让学生自己去考虑去决定，学生不就处于主动地位了吗？养成了自己改的能力，这是终身受用的。在生活和工作中，谁都经常有作文的需要。作文难得"一次成功"，往往要改几次才算数。作了文又能自己改，不用请别人改，这就经常处于主动地位，岂不是好？

"改"，究竟是怎么一回事呢？改的是写在纸上的稿子，实际上是审核并修订所想的东西，使它尽可能切合当前的需要。正确不正确当然是首先要审核的。此外如有什么不必说的，有什么没有说明白的，有没有换个说法更恰当的，有没有叫人家看了会发生误会的，等等，也是需要审核之点。审核过后在需要修订的处所作修订，通常的说法就叫"改"。"改"与"作"关系密切，"改"的优先权应该属于作文的本人，所以我想，作文教学要着重在培养学生自己改的能力。教师该如何引导和指点学生，使他们养成这种能力，是很值得共同研究的项目。

动笔之前想定个简要的提纲，写在纸上也好，记在头脑里也好，这是一种好习惯。写完了，从头至尾看一遍，马上自己审核，自己修订，这也是一种好习惯。写完了，站在读者的地位把自己的文念一遍，看它是不是念起来上口，听起来顺耳，这样做是从群众观点审核自己的文，也是一种好习惯。这些好习惯养成了，一辈子受用不尽。要不要让学生养成这些好习惯？我看要。那么，如何养成这些好习惯，似乎也是个研究的项目。凡属于养成习惯的事项，光反复讲未必管用。一句老话，要能游泳必须下水。因此，教师的任务就是用切实有效的方法引导学生下水，练成游泳的本领。

我说我的感想到此为止。感谢同志们听我的发言。

# 去年高考的语文试题<sup>①</sup>

　　去年全国高等学校举行统一招生考试的时候，我刚动过手术，躺在病床上。有人来看我，把语文试题给我大略说了一遍。我听了很高兴，认为这份试题出得比较好，尤其是作文一项，出的题打破了历来的传统。

　　过去的入学考试，作文一项总是出个题目，让考生作一篇文章。这一回却选了一篇一千七百多字的论文，让考生仔细阅读之后缩写成五六百字，要求缩写以后仍然是一篇完整的论文，还要求突出原文的中心思想，全面地、准确地反映原文的主要论点。要求提得具体、明确，考生就有所遵循，不至于对着考卷发愣，胡诌一篇了事。

　　入学考试要考语文，目的是什么呢？目的是测验考生的阅读能力和写作能力，也就是理解语文的能力和运用语文的能力，看他们够得上够不上大学所要求的水平。这一回的作文题兼顾这两方面，因此我认为值得称赞。这当然不是唯一的方式，只要认真想，别的比较好的方式一定还有。

　　尤其值得称赞的，这一回的作文题打破了命题作文的老传统，是思想上的大突破，大解放。

　　用命题作文（还有命题作诗，且不说它）的方式举行考试，真可以说源远流长了。封建时代的考试全都是命题作文。读书人"十载寒窗"下苦功夫，无非为了应付考试，企图通过命题作文这个关得到录取。因此，他们平时要作种种揣摩。揣摩当时文章的风尚。揣摩当前的考试官员喜爱哪一派哪一路的文章。揣摩此时此际此考试官员可能出什么样的题目。一方面揣摩，一方面实习。挑选若干份先前被录取的人的考卷，把它读得烂熟，这是实习。自己写若干篇文章，请老师或名家琢磨修改，然后把它读得烂熟，这也是实习。这样实习做什么？目的在临到考试的时候碰碰运气。如果考试的题目凑巧，可以套用

------

① 原载《中学语文教学》一九七九年第二期。

读熟的文章交卷，岂不便当？如果考试的题目正好是自己作过的题目，那真是天大的喜事，只要把先前作的又经过老师或名家修改的文章抄上去就成，这当儿短不了在心里喊一声"这回可押中了宝了！"

科举制度废掉了，开办了新式学校，用命题作文的方式举行考试的办法却继承了下来。在高考的语文（过去叫国文）试题中，命题作文所占评分的比率比较大，因而从前那种揣摩和实习的办法也延续下来了。

去年年初，想去投考高等学校的学生就开始作准备。准备当然是必要的。检查一下各科的学习成绩，有不熟练的，复习一下，有不明白的，补习一下，且不问考上考不上，对自己总有实在的好处。可惜我知道，为语文考试作准备的时候，有些考生并不是这样做的。他们收集了前年各省高考的语文试题，看命题作文项下出了些什么样的题目，用来揣摩这一回可能出什么样的题目。他们还收集些前年得分较多的试卷，用来揣摩该怎么样写才能得到较多的分数。经过揣摩，还有人拟了一二十个题目，每个题目写一篇，请人修改，记在心里，还有请别人代写的，都是想去碰碰运气。这种心理和封建时代读书人的想法没有多大区别。像这样作准备，就不是什么复习和补习，而是近乎弄虚作假，投机取巧，跟品德有关的事项了。我非常不愿意这么说，可是事实正是这样。至于碰上运气的考卷不表示考生的真水平，那是用不着说的。

但是，作这样准备的考生决不该受到责备。语文试题中既有命题作文这一项，所占评分的比率又比较大，就必然会产生这样的后果。

去年高考不再命题作文，不是出个题目让考生发挥一通，可能把千百年来不良的老传统从此杜绝了，所以我认为值得大大称赞。

一九七九年三月十六日作

# 重印《经典常谈》序<sup>①</sup>

出版社准备重印这本《经典常谈》，要我写篇序文，我才把它重新看一遍。朱先生逝世已经三十二年，重看这本书，他的声音笑貌宛然在面前，表现在字里行间的他那种嚼饭哺人的孜孜不倦的精神，使我追怀不已，痛惜他死得太早了。

朱先生所说的经典，指的是我国文化遗产中用文字写记下来的东西。假如把准备接触这些文化遗产的人比做参观岩洞的游客，他就是给他们当个向导，先在洞外讲说一番，让他们心中有个数，不至于进了洞去感到迷糊。他可真是个好向导，自己在里边摸熟了，知道岩洞的成因和演变，因而能够按真际讲说，决不说这儿是双龙戏珠，那儿是八仙过海，是某高士某仙人塑造的。求真而并非猎奇的游客自然欢迎这样的好向导。

朱先生在这本书的序文里，认定经典训练是中等以上的教育里的必要项目之一。说"中等以上"，中等教育自然包括在内。他这样考虑的依据是一九二二年教育部制定的初中高中的《国文课程标准》。这本书出版之后不久，我写过一篇《读〈经典常谈〉》，也赞同他的考虑。

在三十多年之后的今天，我对朱先生和我自己的这样考虑——就是经典训练是中等教育里的必要项目之一——想有所修正了。第一，直接接触这些经典，不仅语言文字上的隔阂不少，风俗习惯典章制度上的疙瘩更多，马马虎虎地读吧，徒然耗费学生的精力和时间，认认真真地读它极少一部分吧，莫说初中，高中阶段恐怕也难以办到。因此，我想中学阶段只能间接接触，就是说阅读《经典常谈》这样的书就可以了。第二，当时所谓国文课就是现在的语文课，现在我想，就说跟经典间接接触，也不光是语文课的事，至少历史课应当分担责任，因为经典是文化遗产，历史课当然不能忽略文化遗产。第三，在高等教育阶段，学习文史哲的学生就必需有计划地直接跟经典接触，阅读某些经典的全部和另外一些

---

① 这是作者为三联书店重印的朱自清《经典常谈》写的。据手稿排印。

经典的一部分。那一定要认认真真地读，得到比较深入的理解。

可惜不能像三十多年前同在成都时候那样，想到什么就跑到望江楼对面朱先生的寓所，跟他当面谈一谈。假如他如今还在，我早就把这三点意思跟他说了，无论他赞同或者驳斥，都是莫大的欢快。想到这一层，怅惘无极。

我又想，经典训练不限于学校教育的范围而推广到整个社会，是很有必要的。历史不能割断，文化遗产跟当前各条战线上的工作有直接或者间接的牵连，所以谁都一样，能够跟经典有所接触总比完全不接触好。朱先生在时还没有"古为今用"的提法，"批判地接受"的提法他有没有听到过，我不敢断言，而这两个提法正说明了各条战线上的人都该接触一些经典。因此，著作家和出版界要为人民服务，在这方面就有许多工作必得做。撰写像《经典常谈》模样的书，使广大读者间接接触经典，这一项工作就该做。朱先生在序文里提到"理想中一般人的经典读本"，他把编撰的办法说得非常具体。三十多年过去了，这样"理想中的读本"还非常之少，非共同努力，尽快多出这种读本不可。

我还想到一点。现在正在编撰百科全书，朱先生这本书里的十三篇可以作为十三个条目收到百科全书里去；为完备起见，只要把最近三十多年间重要的研究新成果加进去就可以了。

一九八〇年四月九日

第二辑

　　拉杂写了许多话,一部分是我们对于中学国文科教学的私见,想提出来和教学者商量的;一部分是本书编辑上的甘苦之谈。无论做什么事,做的人自己最明白,所谓"冷暖自知"之境者就是。编书的人把关于编书的情形以及书的长处短处,供状似的告诉给读者听,应该是有意义的事,尤其是有多数人使用的教本之类的书。

# 小学初级学生用《开明国语课本》①编辑要旨

一、本书依据教育部最近颁布的小学国语课程标准编辑。全书八册,专供小学初级国语科教学之用。

二、本书内容以儿童生活为中心。取材从儿童周围开始,随着儿童生活的进展,逐渐拓张到广大的社会。与社会、自然、艺术等科企图作充分的联络,但本身仍然是文学的。

三、本书每数课成一单元,数单元又互相照顾,适合儿童学习心理。

四、本书尽量容纳儿童文学及日常生活上需要的各种文体;词、句、语调力求与儿童切近,同时又和标准语相吻合,适于儿童诵读或吟咏。

五、本书每数课之后列有练习课。有的注重于内容的讨究,有的注重于语法的整理,有的注重于写作的训练。练习课文字与图画并用,绝无枯燥、呆板的弊病。

六、本书每册后附《词汇》,列载新出现的词,供儿童翻检、应用。各课新字数目都有限制,检查《词汇》便可知道。注音见《教学法》,课本上不再标明。

七、本书图画与文字为有机的配合;图画不单是文字的说明,且可拓展儿童的想象,涵养儿童的美感。

八、本书另有《教学法》八册,包括《国语科学概论》及各单元的实际教学方案,并对教材加以补充、阐发。教师据以教学本书,可得圆满的效果。

---

① 小学初级学生用《开明国语课本》,作者编纂,丰子恺书画,开明书店一九三二年开始出版。一九四九年改名为《幼童国语读本》。

# 小学高级学生用《开明国语课本》①编辑要旨

一、本书遵照教育部最近颁布的小学国语课程标准编辑,全部四册,专供小学高级国语科教学之用。

二、本书教材随着儿童生活的进展,从家庭、学校逐渐拓张到广大的社会。与卫生、体育、社会、自然、劳作、美术、音乐等科企图作充分的联络,但每课本身仍然是文学的读物。

三、本书尽量容纳儿童文学及日常生活上需要的各种文体。用词力求正确,造句力求精密,务期与标准语相吻合,堪为儿童说话作文的模范。

四、本书每数课之后列有练习课,有的注重于语法、作法、修辞的讨究,有的注重于内容的研求和欣赏。儿童据此自学,阅读和写作的能力自会逐渐增进。

五、本书图画与文字为有机的配合。图画不单是文字的说明,且可拓展儿童的想象,涵养儿童的美感。

六、本书另有《教学法》四册,详列各课的实际教学方法,并广搜各项参考材料。教师据以教学本书,可得圆满的学习效果。

---

① 小学高级学生用《开明国语课本》,作者编纂,丰子恺书画,开明书店一九三四年开始出版。一九四七年改名为《少年国语读本》,篇目有所更动。

# 《开明国文讲义》①编辑例言

一、这部讲义里的文章的选录,第一第二两册注重在文章的类别和写作的技术方面,第三册注重在文学史的了解方面。通体阅读之后,就可以得到国文科的全部知识。

二、每篇选文的后面附有解题、作者传略以及语释。解题述说那篇文章的来历和其他相关的事项;作者传略述说作者的生平;语释解明文章里的难词、难句。在阅读选文的时候,顺次地看这些后附的部分,就可以充分理解,毫无遗憾。

三、在第一第二两册里,每隔开四篇选文有一篇文话,用谈话式的体裁,述说关于文章的写作、欣赏种种方面的项目,比较起寻常的"读书法""作文法"来,又活泼又精密,读了自然会发生兴味,得到实益。在第三册里,每隔开三篇选文有一篇文学史话,注重文学的时代和社会的背景,并不琐屑地作对于文家和文篇的叙述,不像一般文学史那样枯燥呆板。读了自然会穷源知委,明了大概。文话、文学史话又和选文互相照应:前者阐发后者,后者印证前者。参合起来看,所得当然更多。

四、在第一第二两册里,每隔开四篇选文有一篇关于文法的讲话。文法完了之后,接着讲修辞。这两部分注重理解和实用,竭力避免机械的术语和过细的分析。务使读者修习之后,对于语言文字的规律具有扼要的概念,并且养成正确地、精当地发表的习惯。

五、文话、文法等的后面附着练习的题目,有的是属于测验性质的,有的是待读者自己去发展思考能力的,逐一练习过后,不但对于选文和讲话可以有进一步的理解,并且可以左右逢源,发见独自的心得。

---

① 《开明国文讲义》系开明函授学校讲义,作者与夏丏尊、宋云彬、陈望道合编,开明书店一九三四年开始出版。

# 初中国文科教学自修用《国文百八课》[1]编辑大意

一、本书依教育部初级中学国文科课程标准编辑,供初级中学国文科教学及有志自修者之用。

二、本书用分课的混合编制法,共六册。每册十八课,供一学期的教学。

三、在学校教育上,国文科一向和其他科学对列,不被认为一种科学。因此国文科至今还缺乏客观具体的科学性。本书编辑旨趣最重要的一点就是想给予国文科以科学性,一扫从来玄妙笼统的观念。

四、从来教学国文,往往只把选文讲读,不问每小时每周的教学目标何在。本书每课为一单元,有一定的目标,内含文话、文选、文法或修辞、习问四项,各项打成一片。文话以一般文章理法为题材,按程度配置;次选列古今文章两篇为范例;再次列文法或修辞,就文选中取例,一方面仍求保持其固有的系统;最后附列习问,根据文选,对于本课文的文话、文法或修辞提举复习考验的事项。

五、古今论文之作及关于文艺上主义、派别的论著,向占国文教材的一部分,本书虽也采取纯文艺作品,但论文之作及文艺理论概不收录。一则因每课已有自具系统的特编的文话,不必再依赖此种零星材料;二则编者在经验上深信片段的论文之作及文艺理论对于初中程度的青年并非必要,甚且足以诱致一知半解的恶果。

六、本书选文力求各体匀称,不偏于某一种类,某一作家。内容方面亦务取旨趣纯正有益于青年的身心修养的。唯运用上注重于形式,对于文章体制、文句格式、写作技术、鉴赏方法等,讨究不厌详细。

七、本书每课所列文选,以文话为中心,并不定取同类的文章,使活用的范围更广。

八、应用文为中学国文教学上的一个重要纲目,坊间现行国文课本大都不曾

---

① 初中国文科教学自修用《国文百八课》,作者与夏丏尊合编,开明书店一九三五年开始出版。

列入。本书从第一册起即分别编入此项材料,和普通文同样处置。

九、本书选文不附注释。一般所谓注释只着眼于难字、典故和人地名。其实,何者应注释,何者不应注释,因用书的人而不同,定不出明确的标准。本书所收选文都是极常见的传诵之作,不附注释,教学时当也不致有何困难。编者又以为对于每一篇选文,教学上所当注意的方面正多,关于难字、典故、人地名有现成的辞书可以利用,比较上还是最容易解决的一方面,很可以把这余地留给教学者的。

十、本书关于教材和教法虽已大体拟定,实际教学时尚有待于教师的补充、阐发。如各项例证的扩充,章句的实际吟味,临时材料的提出,参考文篇的指示,练习的多方运用等,都希望教师善为处理。

十一、本书编辑上所依据的只是编者往日教学的经验和个人的信念,如在实际教学上发觉有不合不妥的地方,尚望不吝指教。

# 谈识字课本的编辑<sup>①</sup>

我不知道推行识字教育的成绩怎样。我只看见一些进了识字学校的人,有的是没有终局就不去了,有的是终局之后丢开课本,不再同文字打交道,渐渐把识得的几个字忘记干净了完结。

被迫着去识字的人往往这样问:"识了字就有饭吃吗?"这当然是他的不明白。然而这种不明白应该得到人家的原谅。顶要紧的吃饱肚子的事情尚且办不了,哪里有闲心思和闲功夫去识什么字? 其实识字和吃饭之间,的确有着间接的关系;这一层一时难以想透,他自然不能相信。

至于读了几册课本的,他已经把文字这宗工具拿到手里,论理应该一直使用下去了。可是不然,他渐渐把识得的几个字忘记干净了完结。这是什么缘故呢?其一,还是由于他的不明白。他觉得生活上不需要文字这宗工具,跑去识字本来是被迫的,到没有逼迫的时候,就把文字丢开了。其二,就得归到所识文字的不够应用。他自以为识了字了,但是拿起一份杂志来看,例如《申报周刊》,不甚了了,拿起一本书籍来看,例如《现代十国论》,似懂非懂。这样碰了几回壁,阅读的热心自然冷淡下来。要去找一些适合他的文字程度的书本,只有和课本差不多的民众读物之类,而他对于这些已经不发生什么兴趣,不很喜欢看。于是,已经拿到手里的文字这宗工具不丢而自丢了。

我不说怎样使不明白的人明白过来。肚子尚且饿着的,要教他安心识字,觉得生活上不需要文字这宗工具的,要教他感觉迫切的需要,这是绝大经纶,我说不上来。

我只想说说要使所识文字能够应用,我们应该怎样编辑这类课本。并且我只说到形式方面,内容方面暂且不论。

现在编辑这类课本的,选用的字数大都有个限制,或者是一千两千,或者是

---

① 原载一九三六年十一月一日《申报周刊》第一卷第四十三期。

六百八百。他们挑选的方法似乎很有科学精神。拿起一部《水浒》或者《红楼梦》来，统计其中每个字出现的次数，又取一年的《申报》或者一卷的《东方杂志》，也做同样的功夫。更精细的还要光顾到小书摊上的唱本，店家人家的账簿，以及大小机关的字纸篓。这样统计之后，像选举一样，得票最多的若干字就是当选者。这些字出现次数最多，当然是必须认识的了，就把它们组织在课本里头。为便利读者复习起见，更注意到它们的复见，就是说，每个字要让它在课本里头屡次出现，次数越多越好。

现代通用的文字诚然并不多，在一些书报上写来写去的，也不外乎选出来的若干字。然而识了这若干字不一定就能够阅读书报。譬如，"国"是"国家"的"国"，"际"是"交际"的"际"，识得了，但是"国际"是什么呢？"手"是"一只手"的"手"，"续"是"接续"的"续"，识得了，但是"手续"是什么呢？假若在课本里头没有遇见过，就不免"面熟陌生"。识字和交友一样，应该"知面"又"知心"的。现在只晓得"国际"和"手续"的形体和声音，可是不知道"国际"和"手续"的意义，那只好算没有识。从这个例子可以看出单单提出"国"字"际"字"手"字"续"字来，认为必须认识，是不够的。必须把"国际"和"手续"各看作一个单位，如果这两个单位是必须认识的，就把它们组织在课本里头，才行。

这个道理很平常，学过一点文法的人都知道。语言的单位是一个个的词。"国际"和"手续"各是一个词，不可分割，要理解就得看作一个意义去理解。国、际、手、续，是一个个的字。在古代，一个字也就是一个词。可是到了现代，有许多字不成一个词了。就像际字续字，在现代语言里头，要和别的字拼合起来才成一个词，如"交际""际会""接续""继续"。

统计的方法是不错的，从出现次数的多少可以知道应用的繁不繁，作为取舍的标准。但是统计不该用字，而该用词。如果把目前通行的书报作为依据，统计其中每个词的出现次数，结果，把得票最多的若干词（数目当然不止一千两千）组织在课本里头，我想，读了这课本的人固然不能够就去阅读《五经》或者《史》《汉》，但是看看《申报周刊》，或者《现代十国论》，该不会有"面熟陌生"的憾事了。

还有句式，也是编辑课本的所该注意的，只是某一地方的土语的句式，当然可以不管。但是取得了国语的资格的，取得了写上纸面去的资格的，所有句式都该收容在课本里头。这样，读者读了课本再去读现代的书报，就可以应付裕如。要知道必须采用的句式有多少，也不妨用统计的方法。这工作比较统计词总要简便一点。可惜用这样方法来编辑课本的还没有。

我以为要望文字教育有成效,作者读者双方都得迁就一些。作者方面的迁就,除了内容适合读者的胃口外,就是不要采用过分生僻的词和过分离奇的句式。读者方面的迁就,就是努力学习自己方言里所没有而阅读书报常要遇见的词和句式,单教作者这也不要用,那也不要用,是办不到的。现在有人在提倡方言文学,那是另一回事情。就通行的书报而论,用的无非是和任何方言不尽一致的国语。一个不识字的人拿一本课本在手,其意义不只在识几个字,更重要的还在学习语言,接受新的词和句式。因此,作为学习的材料的课本当然不能马马虎虎。

编辑课本从统计词和句式入手,诚然麻烦。然而读者读了这样编成的课本,可以到处应用,不至于把拿到手里的工具随便丢开。那么麻烦一点也是值得的。

# 关于《国文百八课》①

这是一部侧重文章形式的书,所选取的文章虽也顾到内容的纯正和性质的变化,但文章的处置全从形式上着眼。

依我们的信念,国文科和别的学科性质不同,除了文法、修辞等部分以外,是拿不出独立固定的材料来的,凡是在白纸上写着黑字的东西,当作文章来阅读、来玩索的时候,什么都是国文科的工作,否则不是。一篇《项羽本纪》是历史科的材料,要当作文章去求理解,去学习章句间的法则的时候,才算是国文科的工作。所以在国文科里读《项羽本纪》,所当着眼的不应只是故事的开端、发展和结局,应是生字难句的理解和文章方法的摄取。读英文的人,如果读了《龟兔竞走》,只记得兔怎样自负,龟怎样努力,结果兔怎样失败,龟怎样胜利等等的故事的内容,而不记得那课文章里的生字、难句,以及向来所未碰到过的文章上的某种方式,那么他等于在听人讲龟兔竞走的故事,并不在学习英文。故事是听不完的,学习英文才是目的,不论国文、英文,凡是学习语言文字如不着眼于形式方面,只在内容上去寻求,结果是劳力多而收获少。竟有许多青年在学校里学过好几年国文,而文章还写不通的。其原因也许就在学习未得要领。他们每日在教室里对着书或油印的文选,听教师讲故事,故事是记得了,而对于那表现故事的方法仍旧茫然。难怪他们表现能力缺乏了。

因此,我们主张把学习国文的目标侧重在形式的讨究,同时主张把材料的范围放宽,洋洋洒洒的富有情趣的材料固然选取,零星的便笺、一条一条的章则、朴实干燥的科学的记述等也选取。

本书在编辑上自信是极认真的,仅仅每课文话话题的写定,就费去了不少的时间。本书预定一百零八课,每课各说述文章上的一个项目。哪些项目需要,哪

---

① 原载作者与夏丏尊合著的《阅读与写作》。

些项目可略,颇费推敲。至于前后的排列,也大费过心思。

文话的话题决定以后,次之是选文了。文章是多方面的东西,一篇文章可从种种视角来看,也可应用在种种的目标上。例如朱自清的《背影》可以作“随笔”的例,可以作“抒情”的例,可以作“叙述”的例,也可以作“第一人称的立脚点”的例,此外如果和别篇比较对照起来,还可定出各种各样的目标来处置这篇文章。(如和文言文对照起来,就成语体文的例等等。)我们预定的文话项目有一百零八个,就代表着文章知识的一百零八个方面。选文每课两篇,共计二百十六篇。要把每一篇选文用各种各样的视角去看,使排列成一个系统,既要适合又要有变化,这是一件难得讨好的事。我们在这点上颇费了不少的苦心。

最感麻烦的是文法、修辞的例句的搜集。关于文法和修辞的每一法则,如果凭空造例,或随举前人的文句为例,是很容易的,可是要在限定的几篇选文中去找寻,却比较费事了。我们为了找寻例句,记忆翻检,费尽功夫,非不得已,不自己造句或随取前人文句。

选古今现成的文章作教材,这虽已成习惯,其实并不一定是好方法,尤其是对于初中程度的学生。现代的青年有现代青年的生活,古人所写的文章内容形式固然不合现代青年的需要,就是现代作家所写的文章,写作时也并非以给青年读为目的,何尝能合乎一般青年的需要呢?最理想的方法是依照青年的需要,从青年生活上取题材,分门别类地写出许多文章来,代替选文。

我们多年以来,也曾抱有这种理想。这次编辑本书,一时曾思把这理想实现,终于因为下面所说的两个原因中止了。第一,叫青年只读我们一二人的写作,究竟嫌太单调。第二,学习国文的目的,一部分在练习写作,一部分在养成阅读各种文字的能力。一个青年将来必将和各种各样的文字接触,如果只顾到目前情形的适合,对于他们的将来也许是不利的。犹之口味,他们目前虽只配吃甜,将来难免要碰到酸的、苦的、辣的东西。预先把甜、酸、苦、辣都叫他们尝尝,也是合乎教育的意义的事。

说虽如此,我们总觉得现成的文章不适合于青年学生。现在已是飞机、炸弹的时代了,从《三国志演义》里选出单刀匹马的战争故事叫青年来读,固然不对劲;青年是活泼的,叫他们读现代中年人或老年人所写的感伤的文字,也同样不合理。

初中国文科的讲读材料是值得研究的大问题。本书虽因上面所举的两个原因,仍依向来旧习惯,选用古今现成的文章,但自己并不满意。

前面讲过,本书是侧重文章形式的,从形式上着眼去处置现成的文章,也许可将内容不适合的毛病减却许多。时下颇有好几种国文课本是以内容分类的。把内容相类似的古今现成文章几篇合成一组,题材关于家庭的合在一处,题材关于爱国的合在一处。这种办法,一方面侵犯了公民科的范围,一方面失去了国文科的立场,我们未敢赞同。

本书每课附有修辞法或文法。修辞法和文法在中国还是新成立的学问。

修辞法在中国自古就有不少零碎的宝贵遗产,近来有人依靠外国的著作,重新作系统的演述,其中最完整的有陈望道先生的《修辞学发凡》。这是近年来的好书。有了这部书,修辞法上的问题差不多都已头头是道地解决了。我们依据的就是这部书。

至于文法,名著《马氏文通》只是关于文言的,本身也尚有许多可议的地方。白话文法虽也有几个人写过,差不多都是外国文法的改装,不能用来说明中国语言的一切构造。文法一科,可以说尚是有待开垦的荒地,尤其是关于白话方面的。朋友之中,颇有从各部分研究,发见某一类词的某一法则,或某一类句式的构造的新说明的。我们也曾努力于此,偶然有所发见。这些发见都是部分的,离开系统地建设尚远。

本书介绍文法,大体仍沿用马氏及时下文法书的系统,对于部分如有较好的新说者,在不破坏现在的系统条件之下,尽量改用新说(如第一册关于叙述句和说明句的讨论,关于句的成分的排列法的讨论等)。在此青黄不接的时代,我们觉得除此更无妥当的方法了。

本书问世以来,颇得好评。至于缺点,当然难免。我们自己发觉的缺点有一端就是太严整、太系统化了些。本书所采的是直进的编制法,步骤的完密是其长处,平板是其毛病。例如把文章分成记述、叙述、说明、议论四种体裁,按次排列,在有些重视变化兴味的人看来,会觉得平板吧。

但本书是彻头彻尾采取"文章学"的系统的,不愿为了变化兴味自乱其步骤。为补救平板计,也曾于可能的范围内力求变化。例如第三册里所列的大半虽为说明文的材料,但着眼的方面却各自不同。

我们以为杂乱地把文章选给学生读,不论目的何在,是从来国文科教学的大毛病。文章是读不完的,与其漫然的瞎读,究不如定了目标来读。本书每课有一目标。为求目标与目标间的系统完整,有时把变化兴味牺牲亦所不惜。所望使用者一方面认识本书的长处,一方面在可能的时候设法弥补本书的短处。(如临时提供别的新材料等。)

拉杂写了许多话,一部分是我们对于中学国文科教学的私见,想提出来和教学者商量的;一部分是本书编辑上的甘苦之谈。无论做什么事,做的人自己最明白,所谓"冷暖自知"之境者就是。编书的人把关于编书的情形以及书的长处短处,供状似地告诉给读者听,应该是有意义的事,尤其是有多数人使用的教本之类的书。

# 谈语文教本①
## ——《笔记文选读》序

一

青年们个个都捧着语文教本,可是不一定个个都想过语文教本是什么东西,有什么作用。通常以为语文教本选的是些好篇章,人人必读的,读了这个,就吸尽了本国艺文的精华。读起来又怀着一类神秘的想头,只要一味地读着,神智就会开朗起来,笔下就会畅达起来。这未免看得简单了些。人人必读的好篇章,判别的标准就不容易定。前些年许多专家给青年们开必读书目,开出来几乎各各不同。他们当然各有标准,但公同的标准不容易定,从此也可以见出。就说选的确是十足道地的好篇章,语文教本也不过是薄薄的小册子,而以为天下之道尽在于是,所见未免欠广。再说"开卷有益"也只是句鼓励人家的话。实际上,把篇章读得烂熟,结果毫无所得,甚至把个头脑读糊涂了,这样的人古今都有。毫无所得是无益,把个头脑读胡涂了是非但无益而且有害。所以,认为一味的读具有魔法似的作用,未见得妥当。

语文教本只是些例子,从青年现在或将来需要读的同类的书中举出来的例子;其意是说你如果能够了解语文教本里的这些篇章,也就大概能阅读同类的书,不至于摸不着头脑。所以语文教本不是个终点。从语文教本入手,目的却在阅读种种的书。说到了解就牵涉到能力的问题。能力的长进得靠训练,能力的保持得靠熟习,其间都有个条理、步骤,不能马马虎虎一读了之。所以语文教本需要精读。并不是说旁的书就可以马马虎虎的读,只是说在读语文教本的时候,养成了精读的能力,读旁的书才不至于马马虎虎。精读的条理、步骤,读得多了,决不会全没领悟;如果经人指导,使那领悟直捷而且周遍,自然更好。语文教本

---

① 原载作者与朱自清合著的《国文教学》。

所以要待老师来教,就在于此。老师不是来讲书的,尤其不是来"逐句逐句的翻",把文言翻为白话,把白话翻为另一个说法的白话的。他的任务在指导学生的精读,见不到处给他们点明,容易忽略处给他们指出,需要参证比较处给他们提示。当然,遇到实在搅不明白处,还是给他们讲解。——这一节说语文教本的性质跟作用。

这个认识很寻常,可是很关紧要。有了这个认识,就不会把语文教本扔在抽屉角里,非不得已再也不翻一翻;也不会把语文教本认作唯一的宝贝,朝夜诵读而外,不再涉及旁的书。你想,语文教本好比一个锁钥,用这个锁钥可以开发无限的库藏——种种的书,你肯把它扔在抽屉角里吗?锁钥既已玩熟,老玩下去将觉乏味,必然要插入库藏的锁眼儿,把库藏开开,才感满足。于是你渐渐养成广泛读书的习惯。这样,语文素养有了,读书习惯有了,岂不是你一辈子的受用?

## 二

现在中学里的语文教本,白话文言兼收;就材料说,从现在人的随笔小说以至经史子集,几乎无所不包。这个风气在民国十一二年间开始,到现在二十年,一直继承下来。当时白话文运动迅速展开,大家认为白话与古文一样,有在课内研读的必要;于是白话取得了编入教本的资格。至于无所不包,那是把"举例"的意思推广到极端的办法。譬如说,桌子上放着几十样好菜,教本就从每样里夹一筷子,舀一调羹,教你都尝一点儿。这种编辑方法并不是绝无可商之处的。前一篇彭端淑的《为学》,后一篇朱自清的《背影》,前一篇孟子的《鱼我所欲也》章,后一篇徐志摩的《我所知道的康桥》,无论就情趣上文字上看,显得多么不调和。不调和还没有什么,最讨厌的是读过一篇读下一篇,得准备另一副心思。心思时常转换,印入就难得深切。再说经史百家都来一点,因受时代的限制,无论编辑人怎样严守"切合现代生活"的标准,总不免选入一些篇章让青年们觉得格格不入。例如墨子的《非攻》,王粲的《登楼赋》,韩愈的《原毁》,欧阳修的《朋党论》,这些东西并没有什么深文大义,青年们也很容易了解;可是只认为古人说过的一番话,要沉浸其中,心领神会,就未必能办到。如果这类篇章所占成分不少,那么,原来的每样都尝一点儿的好意反而得了每样都只是浅尝的劣果。但是人总喜欢在走熟了的路上走,二十年来,教本出了不知多少种,都继承着十一二年间的规模,并无改革。

然而改革的议论也并不是没有。有人主张把现代白话跟文言分开来教,作为两种课程,使用两种教本。他们以为现代白话虽然不少承袭文言的地方,二者并非截然无关的两个系统,但现代白话跟普通文言的差异,比起普通文言跟古文的差异来还多得多。无论普通文言或荒远的古文,不问在写作的当时上口不上口,在现今看,总之可以包括成一大类,叫做古文;而现代白话是现代上口的语言,又成一类。这两类在理法上差异很多,在表达上也大不一样,要分开来学习才可以精熟;不然就夹七夹八,难免糊涂。两相比较当然是需要的,但是须待分头弄清楚了才能比较。开头就混合在一起,不分辨什么是什么,比较也只是徒劳。这个主张着眼在学习的精熟,见到白话文言混合学习,结果两样都不易精熟,就想法改革。效果如何虽还不得而知,值得试办却是无疑的。

语文教本的选材,也有人主张须在内容跟形式两方面找出些条件来做取舍的标准。内容方面,大概可以凭背景的亲近不亲近,需要的迫切不迫切,头绪的简明不简明这些条件;形式方面,大概可以凭需要的迫切不迫切,结构的普通不普通,规律的简单不简单这些条件。这就跟每样都尝一点儿的办法不一样;每样都尝一点儿的办法是只问好菜,这个办法却顾到吃的人的脾胃,顾到他的真实得到营养。上下古今泛览一阵子,在要求博通的人自然是好,但是在语文课程里是不是也该如此,确然是个疑问。着眼在背景、头绪、需要、结构、规律等等方面,也许可以使学习的人受用得多吧。而这样的着眼,必然有若干篇章,虽属好菜,可不在入选之列。这当然也值得试办。

<h2 style="text-align:center">三</h2>

吕叔湘先生这部《笔记文选读》就是按照以上主张试办的语文教本。专选文言,为的是希望读者学习文言,达到精熟的地步。文言之中专选笔记,笔记之中又专选写人情,述物理,记一时的谐谑,叙一地的风土,那些跟实际人生直接打交道的文字,为的是内容富于兴味,风格又比较朴实而自然,希望读者能完全消化,真实得到营养。没经过试用,效果如何不敢说。假如有些有心的老师采取这个本子好好地教学生,或者有些有志的青年采取这个本子认真的自己研读,那成绩是好是坏(好就是说比较白话文言混合学习的时候,文言的程度见得高强,坏就是说见得不如),就可判定这个本子的效果是正是负,同时也约略可以判定有了二十年传统的语文教本需要不需要改革。

对于文字写成的篇章,一般人心目中都有普通文跟文学作品的分别。若问什么是普通文,什么是文学作品,似乎又不容易说清楚。现在且不谈这个,单就人生日用上说，一个人不一定要写一般心目中的文学作品，可必须写一般心目中的普通文。看见什么，听见什么，记得下来，想到什么，悟到什么，写得出来，只要写记的大致不走样，文字方面没有毛病，给人家看可以了了，这样一个人在写作方面也就很可以满足了。这些正是普通文；按体类说，又多半是记叙文。除非对宇宙人生有所觉解，像老子，人不会想写一部《道德经》；除非身处政界，感触很深，意欲有所劝惩，像欧阳修，人不会想写一篇《朋党论》。这儿且不问《道德经》跟《朋党论》是普通文还是文学作品，总之可见论说文跟著述文在多数人是不大写的。给多数人预备语文教本，一半总带着供给写作范式的意思。那自然该多选记叙文，少选论说文跟著述文，甚至完全不选。吕先生这个选本，取材以笔记为范围，几乎全是记叙文，对于读者日常写作该会有不少帮助。在阅读的当儿，同时历练观察的方法，安排的层次，印象的把捉，情趣的表出。这些逐渐到家，就达到什么都记得下来，什么都写得出来的境地。并且，这些跟白话文言不生关系，从这儿历练，对于白话的写作同样的有好处。

这个选本有吕先生写的"注释与讨论"。这是所谓指导工作，属于老师分内的事儿。通行的语文教本也有加入这一部分的，可是平心的说，并非阿其所好，吕先生的才真做到了"指导"。他用心那么精密，认定他在指导读者读文言，处处不放松，他使读者不但得到了解，并且观其会通。在现在青年，文言到底是一种比较生疏的语言，不经这样仔细咬嚼，是很难弄通的。他的指导又往往从所读的篇章出发，教读者想开去，或者自省体验，或者旁求参证。这无关于文言不文言，意在使读者读书，心胸常是活泼泼地，不至于只见有书，让书拘束住了。愿意读者好好地利用这个本子。

# 《开明新编国文读本（甲种）》①序

我们编这部读本，预备给自修国文的人用。如果教师们认为可采，作学生的补充读物，或者径作讲读的材料，都可以。

白话文言混合教学的办法，是民国十一年编订新学制课程标准的时候开的头。到如今二十多年了，没有改变。有些人关心这件事情，以为混合教学虽有比较与过渡的好处，也有混淆视听与两俱难精的毛病。二十年来国文教学没有好成绩，混合教学也许是原因之一。他们主张分开来教学，读物要分开来编。我们觉得这个话有道理。这部读本就分开来编，甲种六册专选白话，乙种三册专选文言。到底比混合编的本子好还是不好，当然要待试用了相当时期之后才知道。

我们编这部读本，第一，希望切合读者的生活与程度。就积极方面说，足以表现现代精神的，与现代青年生活有关涉的，为现代青年所能了解，所能接受的，才入选。第二，希望读者读了这部读本，自己去读成本的书，所以一部分的材料是从成本的书中节录出来的。自修国文不能单靠一种读本，要多看成本的书才容易见功效。第三，既称读本，文字形式上应该相当的完整，所选文篇如有疏漏之处，我们都加上修润的功夫。这是要请各位作者原谅的。为着读者的利益起见，想来一定能蒙各位作者原谅。

在每篇文字之后，我们写了短短的几句，或是指点，或是发问，意在请读者读过以后，再用些思索的功夫。可以思索的当然不止这些个，我们写的不过举例而已。

这部读本另外有一种本子，后面不附注释。读者可以就需要选用一种本子。

一九四六年七月，编者。

---

① 《开明新编国文读本（甲种）》，作者与周予同、郭绍虞、覃必陶合编，开明书店一九四六年开始出版。

# 《开明新编国文读本(乙种)》<sup>①</sup>序

　　我们编这部读本,预备给自修国文的人用。如果教师们认为可采,作学生的补充读物,或者迳作讲读的材料,都可以。

　　白话文言混合教学的办法,是民国十一年编订新学制课程标准的时候开的头。到如今二十多年了,没有改变。有些人关心这件事情,以为混合教学虽有比较过渡的好处,也有混淆视听与两俱难精的毛病。二十年来国文教学没有好成绩,混合教学也许是原因之一。他们主张分开来教学,读物要分开来编。我们觉得这个话有道理。这部读本就分开来编,甲种六册专选白话,乙种三册专选文言。到底比混合编的本子好还是不好,当然要待试用了相当时期之后才知道。

　　在甲种本的序文里,说了我们编这部读本的宗旨与方法。这是乙种本,专选文言的,单就文言教学说几句。一个青年开头读文言,语汇与文法大多是生的,就一个个字看,也许都认得,把许多字连起来看,可不知道说些什么。因此,语汇与文法得一点一滴的教学,又得研究各各的用例,与白话对照,比较。经验累积得多了,才可以达到通晓的地步。老师的指点固然很关重要,可是读者自己多读多想尤其要紧。能够熟读当然最好,因为熟读就是把那种话(文言)说惯了。

　　乙种本选的多数是短篇。要逐字逐句的揣摩,短篇才不至于引起厌倦。各篇的内容都是现代青年所能了解,所能接受的。就体裁说,以记叙文为主。文言的议论文在历来的国文教学上已经发生了不少毛病,所以我们选议论文特别谨慎。

　　在每篇文章之后,我们写了短短的几句,大多关涉文法方面。能在文法方面多加思索,距离通晓文言的境界也就不远了。可以思索的当然不止这些个,我们写的不过举例而已。

　　这部读本另外有注释本,各篇都有详尽的注释。读者可以就需要选用一种本子。

一九四七年八月,编者。

---

　　① 《开明新编国文读本(乙种)》,作者与徐调孚、郭绍虞、覃必陶合编,开明书店一九四七年开始出版。

# 《开明新编高级国文读本》①
# 编辑例言

我们继续《开明新编国文读本》来编这部读本。这部读本叫做《开明新编高级国文读本》,"高级"是就文章里思想情感的性质和表现说的。这部读本里的文篇一般的要比头一部里的复杂些,在了解和欣赏上需要的经验和修养多些。如果头一部的对象是初中的青年,这一部的对象就是高中的青年。但是这两部读本是衔接着的。这部读本还是预备给自修国文的人用。如果教师认为可采,作学生的补充读物,或者迳作讲读的材料,都可以。

白话文言混合教学的办法,是民国十一年编订新学制课程标准的时候开的头。到如今二十多年了,没有改变。有些人关心这件事情,以为混合教学虽有比较与过渡的好处,也有混淆视听与两俱难精的毛病。二十年来国文教学没有好成绩,混合教学也许是原因之一。他们主张分开来教学,读物要分开来编。我们觉得这个话有道理。这部读本六册就专选白话,另外编一部《开明文言读本》,专选文言。

我们编这部读本,第一,希望切合读者的生活与程度。就积极方面说,足以表现现代精神的,与现代生活有关涉的,为现代青年所能了解,所能接受的,才入选。第二,希望读者读了这部读本,自己去读成本的书,所以一部分的材料是从成本的书中节录出来的。自修国文不能单靠一种读本,要多看成本的书才容易见功效。第三,既称读本,文字方面不得不特别注意,所选文篇如有疏漏之处,我们都加上修润的功夫。这是要请各位作者原谅的。为着读者的利益起见,想来一定能蒙各位作者原谅。

每篇的后面分列"篇题""音义""讨论""练习"四栏。"篇题"说明本篇的体裁,用意,性质,和作者的经历与作风。如果是从成本的书中节录的,并且说明那

---

① 《开明新编高级国文读本》,作者与朱自清、吕叔湘合编,开明书店一九四八年开始出版。

全书的性质以及跟本篇相关的前后节目。"音义"就是头一部读本的"注释",还是用白话。注的词语大概限于人名地名,专门术语,翻译的词语,文言成分,方言,旧白话。人名地名,专门术语,翻译的词语和旧白话,容易见出,方言也大都特别提明,剩下的就差不多全是文言成分。这些文言成分和旧白话,一部分会上我们的口成为现代的白话,更多的一部分却正在淘汰的过程中。读者如果有上口的合用的词语,写作最好不必再用这些。"音义"栏里我们用了少数符号来替代普通的解释的词语,这里略加说明。(一)—,代表方括号里的字,如【半晌】—尸尢。(二)=,意义相同,如【筋头】=跟头。(三)≒,意义不同,如【愣】カ∠,副词,硬,不能通融,≒发呆。(四)≡,等于另外一个字,从前说"同"或"通",如【衒学】夸耀学问。衒≡炫。(五)≒,字形相近,注意辨别,如[和蔼]—苏,和气一团。蔼≒霭,苏,云气,烟气。至于注音,全照《国音常用字汇》。《字汇》里没有的字,照说话的音注出。

"讨论"全用发问的方式。读者从这些问题里可以学习分析文篇的方法,知道怎样把握要点,贯穿脉络,怎样看字面,怎样看字里行间。这里其实要分析和综合并用才成。这样才能了解和欣赏,也才能学习怎样表现。"练习"除了背诵或默写以及指出某一类特别的表现法外,也都用发问的方式。这里提出结构的分析,词语的讲解,句式和比喻的运用等。句式属于文法,比喻属于修辞,结构属于文章作法。这部读本里并不系统地讲到这些,但是在"音义"和"练习"里常常提出具体的文法问题,如词语的形声、结构、意义等。偶然用到文法术语,大多采用一般通用的。关于文法的说明,我们希望教师和读者用王了一先生的《中国语法纲要》(开明)和叔湘的《中国文法要略》(商务)做参考。在"练习"里也常提出修辞问题和作法问题,如隐喻和篇段的结构等。我们注重的是应用,不是理论,所以采取这样一点一滴的办法。"讨论"和"练习"两栏里的问题有时候并没有严格的分界,要看文篇的性质而定。总之,我们希望读者能够得到实际的益处。

这部读本的分册是由浅入深的。每册里文篇的排列大致也如此,但是还参照着体裁和内容,让读者比较学习,有个清楚的路线。就体裁而论,大致一二册记叙文描写文多些,说明文议论文少些,以后说明文和议论文逐渐加多,五六册记叙文描写文就比较少了。这部读本里选的诗比别种读本多些,为的是新诗不但已经有了独立的地位,并且有了多方面的发展,想来读者也乐意多读些的。每册里的文篇长短不拘,因此每册的篇数也不划一,不过总在二十篇到二十五篇之间。我们不避长文,为的是免得读者感到单调,并且希望培养读书的耐性。再说学习写作,一方面固然要求简炼,另一方面也得要求发挥。双方并进,才能培养自由表现的能力。

一九四八年七月,编者。

# 《开明文言读本》①编辑例言

我们编辑这套读本,有两点基本认识作为我们的指导原则。第一,我们认为,作为一般人的表情达意的工具,文言已经逐渐让位给语体,而且这个转变不久即将完成。因此,现代的青年若是还有学习文言的需要,那就只是因为有时候要阅读文言的书籍:或是为了理解过去的历史,或是为了欣赏过去的文学。写作文言的能力决不会再是一般人所必须具备的了。第二,我们认为,在名副其实的文言跟现代口语之间已有很大的距离。我们学习文言,应该多少采取一点学习外国语的态度和方法,一切从根本上做起,处处注意它跟现代口语的同异。也许有人要说,很多文言词语都已经在现行的国语读本里出现,这样渐渐学会文言并不难,何必还要无中生有的去辨别同和异?我们承认有这种趋势,可是我们要指出,它的不良的效果已经昭昭在人耳目,就是产生了一种陆志韦先生说的"八不像"的白话文②。所以这个趋势应该纠正,不应该再直接间接加以鼓励。

这两点认识决定了我们的选材和编制。我们把纯文艺作品的百分比减低,大部分选文都是广义的实用文。我们不避"割裂"的嫌疑,要在大部书里摘录许多篇章;我们情愿冒"杂乱"的讥诮,要陈列许多不合古文家义法的作品。我们既不打算提供模范文给读者摹仿,而阅读从前的书籍又的确会遇到各种风格的文字,我们为什么不能这么办?可是我们的选材也有一些限制,凡是跟现代青年的生活经验相去太远,是他们无论如何难于理解的,一概不取。先秦的作品,生僻的词语太多的,也尽量少用。

现在通行的国文读本,大率从初中第一册起文言就占了小半的篇幅,高中的六册更几乎是清一色的文言。拿分量来说,可算是很重了。但是学习的成绩往往并不如理想的好。我们相信,要是起头学习就一丝不苟,不囫囵,不躐等,有三年功夫该能养成阅读普通文言书籍的能力。所以我们这套读本只有六册,若是

---

① 《开明文言读本》,作者与朱自清、吕叔湘合编,开明书店一九四八年开始出版。

② 原编者注:《观察》四卷九期,陆志韦《目前所需要的文字改革》。

学校里采用做教本,可供高中三年之用,大约每星期上课三小时可以教完,还留下一部分时间供语体文的教学。我们是主张初中里不要教文言的,若是要采用本书,也只能以一二册为限,可以放在第三年或分在第二第三年教。

以上说明全书的大概。关于第一册,得另外再说几句话。第一册纯粹是个启蒙的性质。我们在卷首预备了一篇导言,说明文言和现代语的种种区别,并且罗列了一百多个普通称为虚字的字,把它们的用法分项举例说明①。每篇的后面有(一)"作者及篇题",对于这两者作简单的说明。(二)"音义"和(三)"古今语"解释文篇里的词语:现代语里已经完全不用的字,人名地名,事实和制度的说明等等归入"音义",现代语里形式略变或意义略变,还有限制地使用的字归入"古今语"。不加注释的就是跟现代语里形式和意义完全相同的字。(唯一的例外是加"子"尾"儿"尾的字,为省事起见,也不入注。)(四)"虚字"这一项里面只把本篇的虚字在导言里的节数标明,除例外用法之外不再注解②。(五)"文法"项下指出除虚字以外的文法上可注意的事项。(六)"讨论及练习"包括对于选文内容,文章形式,词语应用等各方面的讨论,以及翻译和造句的练习。翻译只有把文言译成现代语的一种,目的在促进读者对于选文的更确实的了解。造句的练习也还是为了增进读者对于文言字法句法的认识,并不希望读者能由此习作文言。在所选的四首诗后面又增加"诗体略说"一项,说明各诗的体制用韵等等。

在"音义"和"古今语"这两栏,我们用了少数符号和一个缩语来替代普通的解释词语,这里举例说明:

— 代表(一)方括号里的字,例如:【惭】—愧。【渐】— —的。(二)方括号里的同地位的字,例如:【制钱】小—。[穿窬]—凵。(三)方括号里的两个字,例如:【中外】—国—国。

= 意义相同。例如:【慎】谨—( =小心)。

≒ 意义不同(后一意义比较常见,在这里有误会可能)。例如:【卒】当差的,≒兵。【叹】赞美,≒—气。

---

① 原编者注:虚字这一部分主要是供检查参考,完全没有读过选文的对于这里面所引的例句也许不能完全明白。

② 原编者注:在头上四篇,差不多每个虚字都这样指明;第五篇以后,少数常用虚字的常见用法(都已见于前四篇)从略。如需检查,可看目录。

≡　等于另外一个字(在后的一个比较常见)。包括两种情形:(一)这两个字到处一样,从前所谓"同",例如:【麤】≡粗。(二)在某一意义,这两个字一样,从前所谓"通",例如:【反】回来。(≡返。)

≠　字形相近,注意辨别。例如:【彊】强横。(≡强,≠疆。)

今只(一)在逗号之后,表示这个意义现在只见于合成语。

例如【足】够,今只—够,满—。但:【易】今只容—,省作:【易】容—,"易"字现在也不能单用。(二)在句号之后,表示这个字现在只用于另一意义。例如【谨】恭敬。今只—慎。【素】白。今只＝纯色(—的,不是花的)。

我们这种注释的办法,尤其是"古今语"一栏的一部分,如:【一日】一天,【上】一头,【偶】一然,这些都入注,似乎是多余的,可是我们相信,对于一个完全没有接触过文言的青年,这些注释的绝大多数是有需要的。有少数不注也可以明白的,注了也能帮助他确定古今形式的不同,对于他在语体方面的学习也不无益处。

第一册选文十六篇,诗四首,排列的次序大体是依照文字的深浅,也就是古字古义的多少,可是也有为了别种考虑而略为变通的。前半册最好依着排定的次序读下去,后半册要稍微改变也没有什么不可以。

一九四八年七月,编者。

# 中学语文科课程标准①

一、目标

中学语文科课程依照《中学课程标准总纲》的规定,根据本科的性质和范围,以下列两项为目标:

1.通过语言文字的学习,从感性的认识出发,在学生的情操和意志方面,培养他们。

(一)对劳动跟劳动人民的热爱,

(二)对祖国的无限忠诚,

(三)随时准备去克服困难战胜敌人的决心和勇气,

(四)服从公共纪律爱护公共财物的集体主义精神。

2.顺应学生身心的发育和生活经验的扩展,逐步的培养他们凭我国语言文字吸收经验表达情意的知能。

(一)初中

① 听人说话:能够了解对方的要旨,不发生误会。又能够加以评判,对或不对,妥当或不妥当,都说得出个所以然。

② 对个人或公众能够说出自己的意思,能够作辩论,不虚浮、不夸张,老老实实,诚中形外。说话又能够不违背论理和我国的语言习惯,明确,干净,不含糊,不罗嗦。

③ 能够就语汇、语法、修辞格三方面区别方言和普通话,能够彼此转译,达到相对的准确。

④ 能够自由阅读适合程度的各种书籍、报章、杂志、文件,遇有疑难,凭自己的翻检和参考大部分能够解决。

---

① 这份《中学语文科课程标准》,是个草稿,一九四九年八月草拟的。这里据手稿排印。当时作者在华北人民政府教育部教科书编审委员会任主任委员。文中提到的小学课程标准,指蒋仲仁同志起草的《小学语文科课程标准》。

⑤ 能够写出自己的意思,象第②条所说的。

（二）高中

① 听话、说话、阅读、写作四项,承接着初中的第①②④⑤四条,更求其提高。

② 能够通解普通文言。能够辨明口语和文言的区别,把文言转译成口语达到相对的准确。

说明:

1.中学课程应该和小学课程衔接,凡是小学课程标准中已经说明了的,这一份里不再复述。

2.高中的阅读包括文艺欣赏。

3.所谓普通文言就是明白易晓的古文。为接受以前的文化,为参考需用的书籍,高中学生有通解普通文言的必要。

4.普通话、方言、文言的区别在语汇、语法、修辞格三方面。中等学生固然不必象专门家似的研究这些,但是有一点辨别能力有实际的益处。第一,听与读两方面可以排除障碍,深解内容。第二,表达不致有混杂不纯的弊病。

二、教材

① 中学语文教材,就精神说,要符合目标第一项所规定的各点;就内容说,必然的涉及各科,以各科的内容为内容;就品质说,要朴实、精确,足以为目标第二项的模范;就体裁说,要包括一般人在生活上所触及的各类文字(不列举),高中要选读若干明白易晓的古文,以能够通解普通文言为目标。

② 中学语文教材除单篇的文字而外,兼采书本的一章一节,高中阶段兼采现代语的整本的书。

③ 教材的性质同于样品,熟悉了样品,也就可以理解同类的货色。可是阅读要养成习惯才有实用,所以课外阅读的鼓励和指导必须配合着教材随时进行。换句话说,课外书也该认作一项教材。

说明:

1.教材的选择,第①条是原则。再配上学生的生活实际与学习程度,错综的加以编排。具体的篇目、书目要待编辑的时候决定,预定某种某类占多少的百分比恐怕没有多大用处,实际编辑的时候总不免要更动。编辑的成功与否自然要看选材的得当不得当,不能单看原则。

2.中学语文教材不宜偏重文艺,虽然高中有文艺欣赏的项目。语文的范围广,文艺占其中的一部分。偏重了文艺,忽略了非文艺的各类文字,学生就减少了生活上的若干受用,这是语文教学的缺点。

3.单篇教材后面要列出"提示"的项目,或者摘出要点,或者举列疑难,或者提出问题,或者指导参证,目的在引导学生依着一条线索彻底了解教材的本身。阅读整本的书的时候,也要列出"纲要",目的同上。

4.语法、修辞法、作文法、思想方法都不作孤立的教学,孤立的教学徒然研讨一些死知识,劳而少功;必须就实际的听、说、阅读之中相机提出教材。

5.一个人取教材来念,其余的人听他,这时候,教材在念的人就是说的教材,在听的人就是听的教材。这说与听要和日常的说与听联系,以求能力的逐渐提高。

三、教学要点

① 要使学生尽量自求了解,在没法彻底了解的时候,教师才给他们说明,订正,补充。不作逐字逐句的机械讲解。

② 要强调预习,预习是自求了解的重要步骤。课内多采用讨论会的方式,教师也是一个会员,至多处于主席的地位。

③ 除了课内的说话听话,课外的演讲会、辩论会等也该是语文科的重要项目。乃至日常的说话与听话,语文教师也得多费一分心,随时帮助学生求进步。

④ 要作课外阅读的指导。某种书该怎么阅读,参考些什么,可以与哪些实际联系起来,这些项目固然最好由学生自己解决,可是教师总得给他们安排一条探索的道路。

⑤ 语法、修辞法、作文法、思想方法要从实际的听、说、阅读之中多多提出实例,让学生自己去发见种种的法则。

⑥ 普通话、方言、文言的语汇、语法、修辞格三方面,要随时从教材中提出实例,作彼此的比较研究。比较研究不必象专门家那么细密,只要使学生养成这么个习惯就成。

⑦ 不要把作文看作特殊的事项。要养成习惯,要写就写,象口头的要说就说一样。写的时候依据语言,逐渐的达到比语言更精炼,可仍旧是语言。

⑧ 出题练习是诱导发表的途径,目的在达到由自发表,要就学生的实际生活出发,出各式各样的题(题虽然由教师出,仍是学生本身所固有的材料),不勉强学生写他们所没有的材料。

⑨ 出题练习之外,可以由学生自己命题,自己命题就是自由发表。他如写

笔记,写日记,写信,写报告,给壁报写稿等项,也需随时鼓励学生们去做。

⑩ 改文以就原文修改,使内容表达得完足切当为主。教师给修改不如学生自己修改。学生个人修改不如共同修改。每一处修改一定要说得出个所以然。自己修改不限于课内作文,要使学生养成习惯,无论写什么都要修改,把修改看作一种思想过程。

说明:

1.语文科目的之一,是使学生在阅读的时候能够自求了解。了解不了才给学生帮助一下,困惑得解,事半功倍。逐字逐句的机械讲解刚刚与这个办法相反,是教学生们什么都依靠教师,自己不用花一点心思,所以要不得。

2.课内讨论以"提示"或"纲要"所列的各项目为中心,最后由教师作总结。也可以由学生作总结,教师看情形予以承认或订正。

3.第⑥条举例:四川人说"莫得钱""没有来",文言作"无钱""未来",普通话说"没有钱""没有来"。这个现象可以提出来比较研究。比较的结果,知道四川话的"莫得"相当于文言的"无","没有"相当于文言的"未",普通话的"没有"相当于四川话的"莫得""没有",文言的"无""未"。这种比较研究的习惯养成了,读书,听话,谈话,各处来往,都有受用。

4."把作文看作特殊的事项"是科举时代传下来的弊病,到今天还存留在学校教育里。反过来,要把作文看作日常生活中的事项,为有实际的需要才作文,没有需要就不必作。所谓"写的时候依据语言",就是要上口,可以说,要顺耳,可以听。现代文字写口语,就在依靠口耳,说得来,听得懂。假如不顾到这一点,何不像从前一样写文言?

5.高中学生也不必写文言。学习文言的目的只在能够阅读普通文言的书籍。像《尚书》《楚辞》"骈文"之类,高中毕业程度的人也没有阅读的必要。

6.教师要深入学生的生活,出题才能就学生的实际生活出发。这一点照理说该可以办到,尽职的教师哪有不深入学生的生活的?

7.一个词用得合适不合适,一个虚字该补上还是该删掉,都是内容问题,不是"文字问题"。语言既然是表达内容的唯一工具,只有把语言运用得的当,才能表达得到家。在选择推敲的时候,本来含浑的内容渐渐的明确化具体化了。所以说文字的修改是一种思想过程。

# 《大学国文（现代文之部）》<sup>①</sup>序

　　这个选本的目录，原先由北京大学跟清华大学的国文系同人商定，后来加入了华北人民政府教育部教科书编审委员会的同人，三方面会谈了几次，稍稍有些更动，成为现在的模样。一共三十二题。毛主席的《在延安文艺座谈会上的讲话》列入目录，可没有把全文印在里面，因为这篇文章流传得很普遍，哪儿都可以找到。这是"现代文之部"，另外还要选编个"古典文之部"，跟这个本子相辅而行。

　　我们选材的标准不约而同。那些怀旧伤感的，玩物丧志的，叙述身边琐事的，表现个人主义的，以及传播封建法西斯毒素的违反时代精神的作品，一概不取。入选的作品须是提倡为群众服务的，表现群众的生活跟斗争的，充满着向上的精神的，洋溢着健康的情感的。我们注重在文章的思想内容适应新民主主义革命的要求，希望对于读者思想认识的提高有若干帮助。就文章的体裁门类说，论文、杂文、演说、报告、传叙、速写、小说，都选了几篇。这些门类是平常接触最繁的，所以我们提供了若干范例。

　　现在想向读者——大学一年级同学——说几句话。

　　我们曾经考虑过大学国文的目标：中学毕了业进了大学还要读国文，到底为什么？对于中学国文教学的现况跟成绩，我们也知道一些，可是同学们感受得深切，知道得更多。正好清华大学今年入学考试的几个国文题都涉及国文教学，从试卷里看来，大部分同学都说在中学里没有把国文学好，写作能力差，希望进了大学好好地学一学。说到原由，有的怪自己不肯认真，没有努力，有的怪教师教法不好，诱导无方。看看试卷的文字，写作能力差是真的。我们这就决定：大学国文的目标应当卑之无甚高论，就在乎提高同学们的写作能力。写作能力跟阅读能力有关联，阅读得其道，无论在思想吸收方面或者技术训练方面，都是写作

---

　　① 《大学国文（现代文之部）》，新华书店一九四九年十月出版。

上的极大帮助。现在说写作能力差,大概阅读能力也不见得没有问题吧。而且,即使不管写作,阅读能力也非常切要,吸收的途径虽然那么多,阅读到底是最宽广的一条。因此我们修改我们的决定:大学国文的目标就在乎提高同学们的阅读能力跟写作能力。

我们首先希望同学们记住事实,记住自己的阅读能力跟写作能力还差。这个差呀,倒不在乎考试考不好,分数得不多,重要的是自己生活上不够受用,不能够充量的吸收,适当的表达。为了受用,无论准备学文法的,学理工的,都得好好的把国文补修一下。至于怪自己,怪教师,甚至怪传统的教育精神以及国民党反动政府的教育措施,固然也是探究根原的时候应有的事儿,但是更重要的还在认清楚自己的欠缺在哪儿。仅仅怪这个怪那个没有用处,认清楚了欠缺所在,补修才有准确的方向。

其次,要知道所谓能力不是一会儿就能够从无到有的,看看小孩子养成走路跟说话的能力多麻烦。阅读跟写作不会比走路跟说话容易,一要得其道,二要经常的历练,历练到成了习惯,才算有了这种能力。说阅读跟写作的能力差,并不指没有阅读过,没有写作过,是指以往的阅读跟写作还不怎么得其道,因而经常的历练多半成了白费,不能够养成好习惯。现在要来补修,当然得竭力争取得其道,跟着还得经常的历练,才可以收到实际的效果。

又其次,要知道国文选本只是个凭借,争取得其道不能够空口说白话,有了凭借,历练才有着落。以往阅读是怎样的,大家自己有数,如果发觉其中有些不妥当处,现在阅读这个选本就改变个方法,新的历练从此开始。从此开始可不就此终止,除了这个选本,阅读其他的东西同样的改变个方法,这就逐渐的养成受用的好习惯,也就是阅读能力逐渐的在那里加强起来。不在读法方面多注点儿意,阅读十个选本也是徒然,不用说一个。对这个选本注了意,不能说为了它是选本才注意,应该认清楚阅读无论什么东西都得这样注意,要不就是草率从事,可能临了儿读了跟没有读一样。常言道"举一反三",选本的阅读是举一,推到其他东西的阅读是反三,一贯的目的在养成阅读的好习惯,加强阅读能力,一辈子受用:这一点,希望同学们仔细体会,深切同意,并且认真实践。

同学们在中学的时候,国文课也许习惯了听教师的讲解,教师逐字逐句的讲下去,听完他一篇又是一篇。课外当然看些书报,也许习惯了粗枝大叶的看法,匆匆看过就放了手。情形如果像这样,吃亏就在这上头。听教师逐字逐句的讲解是最省事可是最少效果的事儿。理由很简单,你不能够一辈子请教师给你逐字逐句的讲解。你上国文课，目的原在养成独立阅读的能力，专靠教师的讲解距离独立阅读可太远了。课外看些书报诚然是独立阅读，可是你又"不求甚解"，以致什么东西看过了又好像没有看过。现在要改善阅读习惯，加强阅读能力，不能不反其道而行之，尽量的做到独立阅读，独立阅读又尽量的求其不马虎。

怎样才是不马虎？不妨在这儿提出一句口号：了解第一。无论理性的文章或者感性的文章，你要接受它，信从它，欣赏它，感受它，辨正它，批评它，首先必须了解它，否则什么都会落空。了解作者写作的时代跟环境。就文章本身而言，了解文章里作者思想发展的途径最为切要。除了信笔乱写的东西，一篇文章总有个中心，一部书也有个中心，作者的思想怎样从开头逐步发展，环绕着那个中心，把那个中心雕啊刻的让读者能够认识，能够感动，这非了解不可。了解了这个，你才跟作者合得拢在一块儿，你才有接受它，信从它，欣赏它，感受它，辨正它，批评它的资格。要达到这样的了解，自然得用分析的功夫。哪一部分是主要的意旨，哪一部分只是疏解，阐明，描摹，衬托，这一些又各有什么样的作用，必得条分缕析的认清楚才成。同时对于一个语词一种句式也不容忽略，作者用的这一个语词这一种句式，表达的是什么样的意念跟情态，都要毫不含糊的咬个实。一个小节的欠缺了解会妨碍通体的彻底了解，认识全牛不能够放过皮毛、肢体、脏腑跟窾郤。熟极生巧的时候固然可以不费多大心思就达到彻底了解，学习的时候可不应该过分珍惜你的心思。

在学校里修习又有一种好处，自己在课前准备是独立阅读，到上课时候又可以集体阅读。集体阅读如果采用讨论的方式，大家提出问题，彼此解答、辩论、纠正、补充，这就弥补了独立阅读的不足。讨论惯了的时候，眼力更敏锐了，心思更致密了，往后的独立阅读必然会更进一步。这当然不及坐在那里听教师逐字逐句讲解那么省事，可是兴趣好得多了，自己的受用多得多了，尤其重要的还在自己的受用多。要知道以往咱们学校里的各种功课，国文教学受的传统影响最深，书塾的一套办法传到学校的国文课，这是国文教学劳而少功的一个原因。现在要在国文教学收实效，要让同学们多多受用，必须摆脱传统影响，排除书塾的一套办法，由同学们独立阅读同时集体阅读。

再说写作。首先要理解的，是咱们生活上有写作的需要，所以要学习写作，认真写作。写作不是一件装饰品，借此夸奇逞强的。写作的需要大家都有，不必多说。有些人说没有什么可以写的，似乎他们没有需要，其实是他们不曾习惯，因而不能够自觉罢了。一般人感觉写作的困难在拿起笔来的时候，好像一堆乱丝摊在面前,理不出个头绪来,或者好像看见个朦胧的影子,定神看去可看不真切。这种情形通常总说是写作能力差,实际是思想过程还没有完成。写一篇文章或者一部书,像说一番话或者作几次连续的演说一样,是一连串的思想过程。事前想熟了,想通了,那条途径了然胸中,拿起笔来就可以毫不迟疑,一挥而就。这与其说是不假思索,不如说是先有了腹稿,腹稿的意思就是思想过程完成在动笔之前。至于拿起笔来感觉困难,原由在事前没有想熟想通,这就不能不一边写一边想,随时还得加加减减,修修改改,无非为的完成那思想过程。完成思想过程其实也不太难。要表达什么样的主旨,自己哪有不知道的?所用的材料,直接经验的或者间接得来的,又都有在自己的胸中,只要以主旨为依归加上取舍跟安排,一条途径就成立了。固然,途径未必仅有一个方式,可以这样发展,也可以那样发展,同样的表达了主旨,可是愿意仔细想的总能够找着某一个惬当的方式。把没有完成当作已经完成看,就想一挥而就,那当然感觉困难。知道它还没有完成,完成它就不难了。咱们每天认识些事物,研究些问题,习惯地完成一串串的思想过程,写作不过是把它写到纸面上去罢了,并不是什么特别稀罕的事儿。

其次,写作所用的工具是语言,写下来就是文字,为了种种的理由,现代人要写现代的语言,这当然达到一个结论:语文一致。口头的语言或许不免凌乱些,芜杂些,写到纸面上去可得求其精确,整齐,干净。这个要求并不是另外去造一种异样的语言,只是把语言运用得更精练一些,它仍然是现代的语言,仍然是语文一致。咱们为了生活上的实际需要,从小就学习语言。平时听人说话,对人说话,阅读书籍,写作文章,一方面为了实际需要,一方面也是在那里学习语言。在学习的过程中,如果有几分自觉心,随时揣摩,分析,比较,什么样的语言才算精确的,整齐的,干净的,得到了解不太难。根据了解的自求改进,只要持之有恒,养成习惯,提高语言也不太难。重要的是那种自觉心,我们愿意在这里特别指出。不一定要系统的研究逻辑学、文法学跟修辞学。能够不脱离生活实际,究明语言跟生活实际的关联,一点一滴的收获自然都会合于逻辑学、文法学跟修辞学,这些学问原来从生活实际中来的。拿起笔来如果感觉语言方面有困难,那该怪以往没有那种自觉心,虽然经常的听、说、读、写,可不曾对语言注点儿意。来者可追,从今为始就得提起那种自觉心。只要一提起,就会觉得随时有可以注意的材料,也就是随时可以做揣摩、分析、比较的功夫,于是提高语言将是必然的后果。语言提高了,临到写作更不用多花心思在推敲语言上,怎样想就怎样说,怎样说就怎样写,好似一股活水自然流注,没有半点儿阻碍。熟习写作的人就是达到了这个境地的。为了写作在生活上的切实应用,谁都该鼓励自己达到这个境地。

到这儿可以说一说写作跟读物的关系了。咱们拿读物到手,研读它,目的固然在彻底了解它的内容,挑那好的有用的来滋养咱们的生活。前面说过,要达到彻底了解,得用分析的功夫,辨认作者思想发展的途径,这个功夫同时就训练了咱们的思想习惯。再说,咱们跟作者之间的唯一的桥梁是语言文字,咱们凭借语言文字了解作者所想的所感的,不能不像前面说过的,提起那种自觉心,注意他怎样运用语言文字。注意他怎样运用语言文字,同时就训练了咱们的语言文字的习惯。写作可以从读物方面得到益处主要在这些地方,并不在摹拟仿作,依样葫芦。摹拟仿作是一种玩意儿。咱们写作是生活上有这个需要,自己有东西要表达出来,决不该让它成为玩艺儿。

希望同学们考量我们在前面说的话,如果认为有意思,就请采纳。阅读跟写作的能力的提高是逐步逐步来的,即使以往不怎么得其道,从研读这个选本开始也不嫌迟,只要能够认真,当一回事儿。临了儿,请不要忘了一年之后估量自己的成绩。

一九四九年九月

# 《大学国文（文言之部）》<sup>①</sup>序

这个选本的目录,由北京大学中国文学系、清华大学中国文学系、出版总署编审局三方面的同人共同商定。本来想把它叫做"古典文之部",后来觉得"古典文"这个名儿需要解释,人家单看名儿不看解释容易发生误会,就改作"文言之部"。"文言"这个名儿包括的体裁固然多,可是简要的说,它指称古代绝大部分的笔头语,决不是现代咱们口头的语言。这样的认识差不多是一致的,用上了它,谁都可以一望而知,不生误会。

在"现代文之部"的序文里,我们说过大学国文的目标在乎提高同学们的阅读能力跟写作能力。现在就文言说,只消上半句就够了。文言有阅读的需要。就浅近的说,找参考书,不能单看现代的,有时要看古代的跟近代的,古代的跟近代的书大部分用文言编写。还有,大学里有些课本,尤其是理工方面的,也用文言编写。当然,咱们希望今后的大学课本一律用现代文编写,可是摆在咱们面前的有文言的,你要读得下去,就得学习文言。至于写作,那全是自己的事儿,自己有什么意思要表达出来,当然使用最便利的工具,最便利的工具是口头的语言。用文言写作没有实际上的需要了,所以下半句写作能力的话可以不提。

根据以上的认识,我们商定大学同学学习文言的目标是:培养阅读文言书籍从而批判的接受文化遗产的能力。这个目标跟国粹主义完全不同。抱定国粹主义的以为唯有文言书籍值得读,里头有东西。读的时候又得全盘接受,要做的功夫只在疏解跟阐发,能够疏解,就是接受过来了,如果还能够阐发,那是接受得更深切的表现。以往的国文教学往往有这个倾向,实在是承袭了很久以来教育的传统。现在时势转变,大家知道这个旧传统不应该再承袭下去了。可是国粹主义的影响恐怕不容易立刻摆脱,碰到文言又会不知不觉的回上老路去。因此,对于我们商定的目标还得说一说。

---

① 《大学国文(文言之部)》,新华书店一九五〇年五月出版。

　　普遍用白话写东西从"五四"开的头，到现在只有三十多年，在"五四"以前，绝大多数的书籍是用文言写的。那些书籍当中多少包含着有价值的东西，表现出人类追求真理的努力，值得咱们来学习，来接受。当然，所谓有价值并不等于十全十美，也许还有不少的缺点跟错误，那是因为作者受了时代、阶级、认识的限制，追求真理只能够达到一定的程度。咱们只要用批判的眼光阅读那样的东西，就可以撇开它的缺点跟错误，看出它好的正确的一方面。并且，从这儿还可以看出人类怎样一步步的向前探索真理，因而加强咱们对于真理的把握。过左的想法以为非现代的东西一律要不得，无条件的给它个排斥。那就割断了古今的关联，一切都得从今开始，自然没有什么接受文化遗产的问题。咱们相信古今的关联是割不断的，文化遗产是需要接受的，所以咱们要磨炼批判的眼光，要用批判的眼光阅读已往的书籍。不用说，磨炼批判的眼光决不单靠阅读已往的书籍，主要的还得靠政治思想跟文化知识的提高。文化遗产也决不限于已往的书籍，其他方面还有的是。可是，要想把批判的眼光用在书籍这一宗文化遗产上，能够读通文言是个必要的先决的条件。我们的希望并不怎么样大，我们只希望大学里的同学懂得文言的基本常识，获得阅读文言的普通能力，在接触到已往的书籍的时候，能够用批判的眼光来读它：就是这样。

　　目标认定了，我们还得重复"现代文之部"的序文里说过的话，"要知道国文选本只是个凭借"，"有了凭借，历练才有着落"。但是，单靠这个选本，单读这么三二十篇东西，是未必就能够达到目标的。必须在阅读选本的时候切实运用好方法，又用这些好方法去阅读其他的东西，这才可以逐渐的养成一辈子受用的好习惯。"不在读法方面多注点儿意，阅读十个选本也是徒然，不用说一个。对这个选本注了意，不能说为了它是选本才注意，应该认清楚阅读无论什么东西都得这样注意，要不就是草率从事，可能临了儿读了跟没有读一样。常言道'举一反三'，选本的阅读是举一，推到其他东西的阅读是反三，一贯的目的在养成阅读的好习惯，加强阅读能力，一辈子受用。"

　　我们编辑这个本子，预先选了数目超过两倍的文篇，淘汰了好几回，才确定现在这个目录。对于入选的文篇，依据我们的目标，定了些标准。有爱国思想的，反对封建迷信的，抱着正义感，反抗强权的，主张为群众服务的。就思想方法说，逻辑条理比较完密的，我们才选它。换句话说，那篇东西在那个时代那个环境那些条件之下是有进步性的，我们才选它。咱们不能要求古人的想法全合于现今的思想政治水平，咱们对于古人的东西必须批判的接受，选读前面所说的一类东西，跟实际并不脱离，同时又便于磨炼批判的眼光。 

我们也考虑过教学分量的分配，决定现代文占三分之二，文言占三分之一。如果咱们承认大学国文为的是补修，最要紧的当然是现代文，分量应当多些。按教学时间来说，我们希望把三分之二的时间给现代文，三分之一给文言。或许有人要问："现代文之部"将近三百面，不算少，又加上这个"文言之部"，教学时间可只有一年，读得完吗？我们说：读不完没关系，反正选文只是个凭借，尽可以按二与一之比，在两个本子里头挑来读。剩下的部分呢，留在课外去读。我们说过课内阅读只是举一，在课外阅读剩下的部分正可以反三。如果有个别的班次或者个别的同学国文程度差不多了，不必再花功夫补修，自然可以免修，或者在现代文跟文言里头免修一种。不过我们要郑重提醒，在决定国文程度是否差不多的时候，必须经过精密的考查。这不单是教师的事儿，同学们尤其应该了解，实际需要补修而错过机会不补修，吃亏不仅在同学们本身。

以下我们就语文学习方面说一些话。

文言跟现代文的区别在哪儿？如果要找一个最简单的标准，可以这样说：用耳朵听得懂的是现代文，非用眼睛看不能懂的是文言。在名副其实的现代文（依据现代口语写的）跟文言之间已经有很大的距离。咱们学习文言，应该多少采取一点学习外国语的态度跟方法，一切从根本上做起，处处注意它跟现代口语的同异。辨别同异到了家，养成了习惯，在工具观点一方面就算成功了，虽然咱们的目标不仅是工具观点。

同异可以分几方面来看。第一是词汇。文言跟现代口语比较起来，词汇有相同的，有不同的，有部分相同的，也许最后一种最多。文言里大多数是单音词，现代口语里大多数是复音词。

词汇相同的如"人""手""爱""笑""大""小""国家""制度""经营""商量""聪明""滑稽"。因为相同，不至于发生什么误会，咱们就不需要多费心思。

不同的可得注意，如果疏忽了，也许会不明白文言里说的是怎么回事。如古代"冠"现代口语是"帽"，"辛"是"辣"，"甘"是"甜"，"侏儒"是"矮子"，"怂恿"是"撺掇"，"雉"是"野鸡"，"弈"是"下棋"，"忆"是"想起"，"敛"是"收缩"，"廉"是"便宜"，咱们必须知道两两相当，才能得到确切的了解。

部分相同的大致有以下两种情形。一种情形是文言的单音词包含在现代口语的多音词里头，如"鼻子""带子"里包含"鼻""带"，"指头""外头"里包含"指""外"，"老虎""老鹰"里包含"虎""鹰"，"耳朵""胸脯"里包含"耳""胸"，

"讨厌""相信"里包含"厌""信"。又一种情形是两个文言的单音词合成一个现代口语的多音词,如"皮肤""墙壁""行为""官长""美丽""困难""骄傲""单独""更改""制造""增加""分析",在文言里都可以分成两个单音词,两个中间用一个就成。从这两种情形可以看出现代口语词汇多音化的倾向,为的是说出来便于听清楚,不至于缠混。

最需要注意的是表面相同可是实在不同的那些个,如果不明白彼此实在不同,误会就大了。如同样一个"去",古代"去"是现代口语的"离开",现代口语"去"是古代的"往";同样一个"兵",古代"兵"是现代口语的"武器",现代口语"兵"是古代的"士卒";同样一个"股",古代"股"是现代口语的"腿",现代口语"股"是个单位词。又如同样一个"交通",在古代是"交际,勾结",在现代口语里是"水陆往来";同样一个"消息",在古代是"生灭,盛衰",在现代口语里是"音讯,新闻";同样一个"口舌",在古代是"言语",在现代口语里是"争吵";同样一个"时髦",在古代是"一时的英才",在现代口语里是"一时的好尚"。又如同样一个"偷",在古代是"苟且",在现代口语里是"偷东西";同样一个"慢",在古代是"不加礼貌",在现代口语里是"快"的反面:"苟且"跟"不加礼貌"是古代的主要意义,现代可不用了;"偷东西"跟"快"的反面是古代的次要意义,现代可成了唯一意义了。还有些语词,现代的意义把古代的扩大了。如"嘴",古代写"觜",只指鸟的嘴,可是现在一切动物的嘴都叫"嘴"。又如"哭",古代只指出声的,不出声的叫"泣",可是现在不管出声不出声都叫"哭"。跟这个相反,有些语词的现代的意义把古代的缩小了。如"肉",古代指各种动物的肉,可是现在只指猪肉。又有些语词,古代的主要意义现在已经改用了别的,可是引申意义现在还保存着。如"口"的主要意义已经改用了"嘴",可是"门口""瓶口"都还用"口"。又如"面"的主要意义已经让"脸"替代了,可是"面子""地面""桌面""门面"都还用"面"。("脸"本来只指"目下颊上"那一小块儿,所以从"脸"这方面看,又是意义扩大,跟"嘴"一样。)

看文言跟现代口语的同异,第二个方面是文法。文言的文法大体上跟现代口语相去不远,值得说一说的有以下三点。

一点是文言里语词的变性跟活用很普遍。动词用成名词的例子如"吾见师之'出'而不见其'入'也"。形容词用成名词的例子如"摧'枯'拉'朽'";"乘'坚'策'肥'"。名词用来修饰动词的例子如"豕'人'立而啼"。名词变动词的例子如"'衣冠'而见之";"慎勿'声'"。形容词变动词的例子如"敬鬼神而'远'

之";"相公'厚'我'厚'我"。形容词跟名词变动词,有"以……为"意义的例子如"滕公'奇'其言";"孟尝君'客'我"。名词、形容词跟一般动词变成有"致使"意义的动词的例子如"适燕者'北'其辕,适越者'南'其楫";"'正'其衣冠,'尊'其瞻视";"进不满千钱,'坐'之堂下"。

又一点是文言句子里各部分的次序跟现代口语有些差别。文言里疑问代词作宾语,就倒过来放在动词之前,如"子'何'恃而往?""泰山其颓,则吾将'安'仰?"否定句里代词作宾语,也倒过来放在动词之前,如"时不'我'待";"盖有之矣,我未'之'见也"。还有一种倒装的格式,在宾语跟动词中间插个"之"或者"是",如"非夫人'之'为恸而谁为?""君人者将祸'是'务去"。这类句子又往往在前头有个"唯",如"不知稼穑之艰难,不闻小人之劳,'唯'耽乐'之'从";"除君之患,'唯'力'是'视"。还有,"以"的宾语也常常倒过来放在前头,如"'礼'以行之,'逊'以出之,'信'以成之";"若晋君'朝'以入,则婢子'夕'以死,'夕'以入,则'朝'以死"。一般的宾语倒装,或者为了加重,或者为了宾语太长。现代口语也常常应用这个格式,如"这儿的事情,你不用管"。可是在文言里,常常在动词之后补一个代词,如"俎豆之事,则尝闻'之'矣";"是疾也,江南之人常常有'之'"。除了宾语倒装,文言里的"以……""于……"往往跟现代口语里的"拿……""在……"位置不同,如"与以钱"(现代口语说"拿钱给他");"动之以情"("拿感情打动他");"遇之于途"("在路上遇见他");"杂植竹木于庭"("在院子里种了些竹子树木")。可是跟现代口语位置相同的也不少,如"以天下与人"("把天下给别人");"能以足音辨人"("能够凭脚步声音辨别是谁");"寓书于其友"("寄信给他的朋友");"于心终不忘"("在心里一直忘不了")。

第三点是文言句子里各部分的省略。先说主语的省略。这是文言里跟现代口语里同样常见的,也许文言比现代口语更多,因为文言里少了一个可以用作主语的第三身代词("之"跟"其"不用作主语,"彼"又语气太重),除了重复前面的名词,只有省去不说。尤其应该留意的是不止一个主语省略的时候,如"郤子至,请伐齐,晋侯不许;〔 〕请以其私属,〔 〕又不许"。其次说宾语的省略。第一个动词之后的宾语,兼作第二个动词的主语的,常常省略,如"勿令〔 〕入山";"夏蚊成雷,私拟〔 〕作群鹤舞空";"寡人有弟不能和协,而使〔 〕糊其口于四方"。"以""与""为""从"后头的宾语常常省略,如"以〔 〕攻则取,以〔 〕守则固,以〔 〕战则胜";"聊以〔 〕答诸生之意";"不足与〔 〕图大事";"可与〔 〕言而不与〔 〕言,失人,不可与〔 〕言而与〔 〕言,失言";"乃有意欲为〔 〕收责于薛乎"？"即解貂覆生，为〔 〕掩户"；"八龄失母，寝食与父共，从〔 〕受国文，未尝就外傅"；"时过其家，间从〔 〕乞果树"。宾语后头跟着"以……"或者"于……"的时候，那个宾语也常常省略，如"余告〔 〕以故"；"其畜牛也，卧〔 〕以青丝帐"；"取大鼎于宋，纳〔 〕于太庙"；"家贫无书，则假〔 〕于藏书之家而观之"。其他省略宾语的例子如"主人恐其扰，不敢见〔 〕"；"张建封美其才，引〔 〕以为客"；"褚公名字已显而位微，人多未〔 〕识"；"熙宁中高丽入贡，所经州县，悉要地图，所至皆造〔 〕送〔 〕"。省略主语跟宾语之外，"以"跟"于"这两个介词也常常省略。省略"以"的例子如"陈人使妇人饮之〔以〕酒"；"客闻之，请买其方〔以〕百金"；"群臣后应者，臣请〔以〕剑斩之"。省略"于"的例子如"予自束发读书〔于〕轩中"；"饮〔于〕旅馆中，解金置〔于〕案头"；"秦始皇大怒，大索〔于〕天下"。末了儿，还得说一说"曰"的主语常常省去，有时连"曰"都省去了，如"孟子曰：'许子必种粟而后食乎？'〔陈相〕曰：'然。'〔孟子曰：〕'许子必织布而后衣乎？'〔陈相〕曰："否，许子衣褐。'〔孟子曰：〕'许子冠乎？'〔陈相〕曰：'冠。'……"①

以上说的三点：语词的变性跟活用很普遍，句子里各部分的次序跟现代口语有些差别，句子里各部分的省略，都是文言的文法方面的事儿。咱们熟习的是现代的语法，对于文言里那些特殊的文法，第一要处处咬实，不让滑过，才可以得到确切的了解。第二要熟习那些文法，像熟习现代的语法一样，阅读的时候才可以顺流而下，不生障碍。

看文言跟现代口语的同异，第三个方面是虚字。这可以说大多数全不相同，得逐个逐个的学。因为全不相同，必须深切的体会，知道某一个虚字在某种场合跟现代口语里的某一个语词相当，进一步，必须熟习那些虚字，念下去就能够正确的通晓，才有用处。要知道某一个虚字跟现代口语里的某一个语词相当，查字典是一种办法。如果能够收集若干句子来看某一个虚字的用法，那就更好。字典下一个定义作一条注解就是这么来的，附列的例句可往往只有一句两句，读者自己收集若干句子在一块儿来揣摩，更可以把所谓某种场合的情况认的真，不只是受动的记住。文言里常用的虚字也不太多，不过一两百个，每个虚字可往往不

---

① 从开始谈文言跟现代文的区别到这儿，全都摘录的开明书店版《开明文言读本》第一册导言里的话。那篇导言是吕叔湘先生写的，对于学习文言很有帮助，这儿不能全录，希望同学们自己去找来看。最近那篇导言印了单行本。——作者注

止一个意义，一种用法。能照前面说的方法做，把一两百个常用的虚字的每个意义每种用法（不管那些生僻的）都认的真，同时也就熟习那些虚字了。当然，字典还是可以查，人家也不妨请教。①

辨别文言跟现代口语的同异到了家，在现代文的写作方面也多少有些好处。咱们写的是现代文，依据的是现代口语，最后的目标在写的纯粹，能够上口，能够入耳。一部分写作的人没有顾到纯粹不纯粹的问题，过去的教养跟平时的阅读又离不开文言的影响，写起文章来就不免亦文亦白，不文不白。这样的文章只能看，不能说，不能听，亲切的感觉多少要减少一部分。固然，现代口语要求它尽量丰富，可以从多方面去吸收。文言也是可以吸收的一个方面，只要行得开，大家说得惯就成。语词如"酝酿"，语式如"以……为……"，本来是文言成分，现在都转成口语成分了。但是，文言成分里头有决不能转成口语成分的，譬如文言连词"则"，现在在文章里用得相当广了，可还没有人在谈话或者演说的时候用过，可见这个"则"没法儿吸收。硬把没法儿吸收的吸收过来，收不到丰富语言的功效，倒发生了语言不纯粹的毛病。唯有认清楚语言发展的情况以及文言跟现代口语的同异，才不至于发生这样的毛病。再说，咱们现在还不能废掉汉字不用，但是为了种种的理由，将来总得废掉汉字，改用标音的新文字。用了标音的新文字，写一些不能说不能听的文章，那时连作者自己也会看不懂自己昨天写的文章的，何况叫别人看。为给将来改用新文字铺平道路起见，咱们现在就得有意识的把文章写得纯粹。写纯粹的口语，能说又能听——单就文体来说，这样的文章才是名副其实的现代文。

关于语文学习方面的话到这儿为止。我们在前面说过，编选这个本子的时候也有思想政治的标准，希望同学们掌握住标准，真正做到批判的接受。至于语文学习方面，这儿不过说个大概，举些例子，希望同学们自己去类推。不单在阅读这个选本的时候，就是阅读其他文言的东西也随时留意。临了儿，我们重复"现代文之部"的序文里说过的，"请不要忘了一年之后估量自己的成绩"。

一九五〇年四月

---

① 《开明文言读本》的导言里收集一百五十多个常用的虚字，按照字典的方式，说明意义，并且附列例句，极便于检查。——作者注

第二辑

　　写文章不是什么神秘的事,艰难的事。文章的材料是经验和意思,文章的根据是语言。只要有经验和意思,只要会说话加上会识字写字,就能够写文章了。这不是寻常不过容易不过的事情吗？所谓好的文章,也不过材料选得精当一点,话说得周密一点罢了。如果单为着要写好文章而去求经验和意思的精当,语言的周密,那就是本末倒置。但是一个人在实际生活中,本来就该求经验和意思的精当,语言的周密。这为的并不是写文章,为的是生活。生活中有这样修养的人往往会觉得有许多文章要写,而写出来的往往是好文章。生活就如泉源,文章犹如溪水,泉源丰盈而不枯竭,溪水自然活泼泼地流个不歇。

# 《文章例话》序①

　　今年《新少年杂志》创刊，朋友们建议应该有这么一栏，选一些好文章给少年们读。这件事由我担任下来，按期选录一篇文章，加上一些谈话，栏名叫做《文章展览》。现在把这些文章选录二十四篇，集成这本书，书名叫做《文章例话》。为了切近读者的意趣，我只选现代人的文章。所选文章有些是文艺作品，也把它们当作普通文章，就普通文章的道理来谈。

　　文章不是茶余饭后作为消遣写成的，也不是怕人家认为不会写文章，不得不找几句话来说说，勉勉强强写成的。凡是好文章必然有不得不写的缘故。自己有了一种经验，一种意思，觉得它和寻常的经验、寻常的意思不同，或者比较新鲜，或者特别深切，值得写下来，作为生活的标记，备将来需用的时候查考。这才提起笔来写文章。这些经验和意思，有的必须向自己心目中的一些人倾诉。这才也提起笔来写文章。前者为的是自己，后者为的是他人，总之都不是无所为的笔墨游戏。

　　学校中有作文的科目。学生本来不想写什么文章，先生出了题目，学生就得写。既然没有不得不写的缘故，那就似乎近于无所为的笔墨游戏了。但是，学校中作文为的是练习写作，练习就不得不故意找一些题目来写，好比算术科为了练习计算，必须作一些应用题目一样。善于教导学生的先生无不深知学生的底细，他出的题目往往在学生经验和意思的范围以内。学生本来不想写什么文章，可是经他一提醒，觉得大有可写了。这就和其他作者的写作过程没有什么两样，也为着有得写，需要写，才翻开他的作文簿来。

　　以上的意思为什么必须明白呢？因为这是一种正确的写作态度。抱着这种写作态度就能够辨别什么材料值得一写，什么材料不必徒费笔墨，还能够辨别人家的文章，哪些是合于这种写作态度的，值得阅读，哪些相去很远，不妨搁在

---

①　原载作者著的《文章例话》，开明书店一九三七年二月出版，共收文章二十四篇，本书选录了七篇。

一旁。

　　写文章不是什么神秘的事,艰难的事。文章的材料是经验和意思,文章的根据是语言。只要有经验和意思,只要会说话加上会识字写字,就能够写文章了。这不是寻常不过容易不过的事情吗?所谓好的文章,也不过材料选得精当一点,话说得周密一点罢了。如果单为着要写好文章而去求经验和意思的精当,语言的周密,那就是本末倒置。但是一个人在实际生活中,本来就该求经验和意思的精当,语言的周密。这为的并不是写文章,为的是生活。生活中有这样修养的人往往会觉得有许多文章要写,而写出来的往往是好文章。生活就如泉源,文章犹如溪水,泉源丰盈而不枯竭,溪水自然活泼泼地流个不歇。

　　从前以为写文章是几个读书人特有的技能,那技能奥妙难知,几乎同于方士的画符念咒。这种见解必须打破。现在我们要相信,不论什么人都可以写文章。车间里的工人可以写文章,田亩中的农人可以写文章,乃至店铺里的店员,码头上的搬运工,都可以写文章,因为他们各有各的生活。写文章不是生活上的一种点缀,一种装饰,而就是生活的本身。一般人都要认识文字,练习写作,并不是为着给自己捐上一个"读书人"或者"文学家"的头衔,而是使自己的生活更见丰富,更见充实。能写文章算不得什么可以夸耀的事,不能写文章却是一种缺陷,这种缺陷同哑巴差不多,对生活有相当大的坏影响。

　　以上的意思为什么必须明白呢?因为这是对于写作训练的一种正确的认识。有了这种认识才可以充分利用写作这一项技能,而不至于作文章的奴隶,为写文章而写文章,或者把文章看得高不可攀,不敢接近。

　　这本书选录的文章可以作为上面的话的例证。第一,它们都不是无聊消遣的游戏笔墨,内容各有值得一写的价值。第二,它们都不是幻术那样的把戏,内容都是作者生活的泉源里的一股溪水,流出来那样地自然。我并不说它们以外再没有好文章,我只想拿它们做例子,给读者看看,这样的文章就是好文章。要写出好文章,决不是铺开一张纸,拿起一支笔,硬想一阵所能办到的。读了这些篇,至少可以领悟这个道理。

　　我在每篇之后加上的谈话,内容并不一致。有时候指出这篇文章的好处,有时候说明这类文章的作法,有时候就全篇文章来说,有时候只说到中间的一部分。读者看了这些话,犹如听了国语教师讲解一篇文章之后,再来一个概要的总述。以后,自己读其他文章,眼光就会比较明亮,比较敏锐,不待别人指说就能够把好处和作法等等看出来。如果有不妥当不合法度的地方,也能够看出来,不轻轻滑过。这既有益于眼光,也有益于手腕。自己写作,什么道路应该遵从,什么毛病应该避免,大致也就有数了。总之,我写这本书的意思和国语教师所怀的志愿一样,希望对读者的阅读和写作有一点帮助。

末了还得说明,阅读和写作都是一种行为,凡是行为必须养成习惯才行。譬如坐得正,立得正,从生理学看来,是有益于健康的。但是决不能到了要坐要立的时候再来想坐立的姿势应该怎样。必须养成坐得正立得正的习惯,连生理学什么的也绝不想起,这才可以终身受用。阅读和写作也是这样。临时搬出一些知识来,阅读应该怎样,写作应该怎样,岂不要把整个儿的兴致分裂得支离破碎了吗? 所以阅读和写作的知识必须化为技能,养成习惯,必须在不知不觉之间受用着它,才是真正的受用。读者看这本书,请不要忘记这一句:养成习惯。

一九三六年十二月二十日

# 文章例话(选录)

## 背　影

朱自清

……父亲要到南京谋事,我也要回北京念书,我们便同行。

到南京时,有朋友约去游逛,勾留了一日;第二日上午便须渡江到浦口,下午上车北去。父亲因为事忙,本已说定不送我,叫旅馆里一个熟识的茶房陪我同去。他再三嘱咐茶房,甚是仔细。但他终于不放心,怕茶房不妥帖;颇踌躇了一会。其实我那年已二十岁,北京已来往过两三次,是没有什么要紧的了。他踌躇了一会,终于决定还是自己送我去。我两三回劝他不必去;他只说,"不要紧,他们去不好!"

我们过了江,进了车站。我买票,他忙着照看行李。行李太多了,得向脚夫行些小费,才可过去。他便又忙着和他们讲价钱。我那时真是聪明过分,总觉他说话不大漂亮,非自己插嘴不可。但他终于讲定了价钱;就送我上车。他给我拣定了靠车门的一张椅子;我将他给我做的紫毛大衣铺好坐位。他嘱我路上小心,夜里要警醒些,不要受凉。又嘱托茶房好好照应我。我心里暗笑他的迂;他们只认得钱,托他们直是白托! 而且我这样大年纪的人,难道还不能料理自己么? 唉,我现在想想,那时真是太聪明了!

我说道,"爸爸,你走吧。"他望车外看了看,说,"我买几个桔子去。你就在此地,不要走动。"我看那边月台的栅栏外有几个卖东西的等着顾客。走到那边月台,须穿过铁道,须跳下去又爬上去。父亲是一个胖子,走过去自然要费事些。我本来要去的,他不肯,只好让他去。我看见他戴着黑布小帽,穿着黑布大马褂,深青布棉袍,蹒跚地走到铁道边,慢慢探身下去,尚不大难。可是他穿过铁道,要爬上那边月台,就不容易了。他用两手攀着上面,两脚再向上缩;他肥胖的身子向左微倾,显出努力的样子。这时我看见他的背影,我的泪很快地流下来了。我赶紧拭干了泪,怕他看见,也怕别人看见。我再向外看时,他已抱了朱红的桔子望回走了。过铁道时,他先将桔子散放在地上,自己慢慢爬下,再抱起桔子走。到这边时,我赶紧去搀他。他和我走到车上,将桔子一股脑儿放在我的皮大衣上。于是扑扑衣上的泥土,心里很轻松似的。过一会说,"我走了;到那边来信!"我望着他走去。他走了几步,回过头看见我,说,"进去吧,里边没人。"等他的背影混入来来往往的人里,再找不着了,我便进来坐,我的眼泪又来了。……

这篇《背影》,大家说是朱自清先生的好文章,各种初中国文教科书都选了它。现在我们选读它的中部。删去的头和尾,分量大约抵全篇的三分之一。

一篇文章印出来,都加得有句读符号,依着句读符号读下去,哪里该一小顿,哪里该一大顿,不会弄错。但是句中词与词间并没有什么符号。就得用我们的心思给它加上无形的符号,划分清楚。例如看见"父亲要到南京谋事",就划分成"父亲——要——到——南京——谋事",看见"我也要回北京念书",就划分成"我——也——要——回——北京——念书"。这一番功夫要做得完全不错,先得逐一明白生字和难语。例如,"勾"字同"留"字,"踌"字同"躇"字,"蹒"字同"跚"字是不是连在一起的呢?"一股脑儿"是不是"一股的脑子"的意思呢?这等问题不解决,词就划分不来。解决这等问题有三个办法:一是凭自己的经验,一是查词典,一是请问别人。

词划分清楚了,还要能够辨明哪些是最主要的词。例如读到"叫旅馆里一个熟识的茶房陪我同去",就知道最主要的词只是"叫——茶房——去",读到"我将他给我做的紫毛大衣铺好坐位",就知道最主要的词只是"我——铺——坐位"。能这样,就不致不明白或者误会文章的意思了。

这篇文章把父亲的背影作为主脑。父亲的背影原是作者常常看见的,现在写的却是使作者非常感动的那一个背影。那么,在什么时候、什么地方看见那一个背影,当然非交代明白不可。这篇文章先要叙明父亲和作者同到南京,父亲亲自送作者到火车上,就是为此。

有一层可以注意:父子两个到了南京,耽搁了一天,第二天渡江上车,也有大半天的时间,难道除了写出来的一些事情以外再没有旁的事情吗?那一定有的,朋友约去游逛不就是事情吗?然而只用一句话带过,并不把游逛的详细情形写出来,又是什么缘故?缘故很容易明白:游逛的事情和父亲的背影没有关系,所以不用写。凡是和父亲的背影没有关系的事情都不用写;凡是要写出来的事情都和父亲的背影有关系。

这篇文章叙述看见父亲和背影，非常感动，计有两回：一回在父亲去买桔子，爬上那边月台的时候，一回在父亲下车走去，混入来往的人群里头的时候。前一回把父亲的背影描写得很仔细；他身上穿什么衣服，他怎样走到铁道边，穿过铁道，怎样爬上那边月台，都依照当时眼见的写出来。在眼见这个背影的当儿，作者一定想到父亲不肯让自己去买桔子，仍旧把自己当小孩子看待，这和以前的不放心让茶房送，定要他亲自来送，以及他的忙着照看行李，和脚夫讲价钱，嘱托车上的茶房好好照应他的儿子等等行为是一贯的。作者一定又想到父亲为着爱惜儿子，情愿在铁道两边爬上爬下，做一种几乎不能胜任的工作。这中间含蓄着一段多么感人的爱惜儿子的深情！以上这些意思当然可以写在文章里头，但是不写也一样，读者看了前面的叙述，看了对背影的描写，已经能够领会到这些意思了。说话要没有多余的话，作文要没有多余的文句。既然读者自能领会到，那么明白写下反而是多余的了，所以不写，只写了"我的泪很快地流下来了"。后一回提到父亲的背影并不描写，只说"他的背影混入来来往往的人里，再找不着了"。这一个消失在人群里头的背影是爱惜他的儿子无微不至的，是再三叮咛舍不得和他的儿子分别的，但是现在不得不"混入来来往往的人里"去了。做儿子的想到这里，自然起一种难以描摩的心绪，也说不清是悲酸还是惆怅。和前面所说的理由相同，这些意思也是读者能够领会到的，所以不写，只写了"我的眼泪又来了"。

到这里，全篇的主旨可以明白了。读一篇文章，如果不明白它的主旨，而只知道一点零零碎碎的事情，那就等于白读。这篇文章的主旨是什么呢？就是把父亲的背影作为叙述的主脑，从其间传出父亲爱惜儿子的一段深情。

这篇文章记父亲的话只有四处，都非常简单。并不是在分别的那一天父亲只说了这几句简单的话。而是因为这几句简单的话都是深情的流露，所以特地记下来。在作者再三劝父亲不必亲自去送的当儿，父亲说，"不要紧，他们去不好！"在到了车上，作者请父亲回去的当儿，父亲说，"我买几个桔子去。你就在此地，不要走动。"在买来了桔子将要下车的当儿，父亲说，"我走了；到那边来信！"在走了几步回过头来的当儿，父亲说，"进去吧，里边没人。"这里头含蓄着多少怜惜、体贴，依依不舍的意思！我们读到这几句，不但感到了这些意思，还仿佛听见了那位父亲当时的声音。

其次要说到叙述动作的地方。叙述一个人的动作当然先得看清楚他的动作。看清楚了，还得用最适当的话写出来，才能使读者宛如看见这些动作一样。这篇文章叙述父亲去买桔子，从走过铁路去到回到车上来，动作不少。作者所用的话都很适当，排列又有条理，使我们宛如看见这些动作，还觉得那位父亲真做了一番艰难而愉快的工作。还有，所有叙述动作的地方都是实写，唯有加在"扑扑衣上的泥土"下面的"心里很轻松似的"一语是作者眼睛里看出来的，是虚写。这一语很有关系，把"扑扑衣上的泥土"的动作衬托得非常生动，而且把父亲情愿去做这一番艰难工作的心情完全点明白了。

有几处地方是作者说明自己的意思的：在叙述父亲要亲自去送的当儿，说自己"北京已来往过两三次"了；在叙述父亲和脚夫讲价钱的当儿，说自己"总觉他说话不大漂亮"；在叙述父亲郑重嘱托车上的茶房的当儿，说自己"心里暗笑他的迂"。这些都有衬托的作用，可以看出父亲始终把作者看做一个还得保护的孩子，所以随时随地给他周到的照顾。至于"我那时真是聪明过分"，"那时真是太聪明了"，那是作者事后省悟过来责备自己的意思。"聪明过分"，"太聪明了"，换句话说就是"一点也不聪明"。为什么一点也不聪明？因为当时只觉得父亲"说话不大漂亮"，暗笑父亲"迂"，而不能够体贴父亲疼爱儿子的心情。

这篇文章通体干净，没有多余的话，没有多余的字眼。即使一个"的"字一个"了"字也是必须用才用。多读几遍，自然有数。

# 浴池速写

## 茅 盾

沿池子的水面，伸出五个人头。

因为池子是圆的，所以差不多是等距离地排列着的五个人头便构成了半规形的"步哨线"，正对著池子的白石岸旁的冷水龙头。这是个擦得耀眼的紫铜质的大家伙，虽然关着嘴，可是那转柄的节缝中却蚩蚩地飞迸出两道银线一样的细水，斜射上去约有半尺高，然后乱纷纷地落下来，象是些极细的珠子。

五岁光景的一对女孩子，就坐在这个冷水龙头旁边的白石池岸上，正对着我们五个人头。水蒸气把她们俩的脸儿熏得红喷喷地，头上的水打湿了的短发是墨黑黑地，肥胖的小身体又是白生生地。她们俩象是孪生的姊妹。坐在左边的一个的肥白的小手里拿着个橙黄色透明体的肥皂盆子；她就用这小小的东西舀水来浇自己的胸脯。右边的一个呢，捧了一条和她的身体差不多长短的毛巾，在她的两股中间揉摩。

虽是这么幼小的两个，却已有大人的风度，然而多么妩媚。

这样想着，我侧过脸去看我左边的一个人头。这是满腮长着黑森森的胡子根的中年汉子的强壮的头。他挺起了眼睛往上瞧，似乎颇有心事。

我再向右边看。最近的一个正把滴水的毛巾盖在脸上，很艰辛地喘气。再过去是三角脸的青年，将后颈枕在池子的石岸上，似乎已经入睡。更过去是一张肥胖的圆脸，毫无表情地浮在水面，很象个足球。

忽然那边的矿泉水池里豁剌剌一片水响，冒出小黄脸大汉来，胸前有一丛黑毛。他晃着头，似乎想出来，却又蹲了下去。

大概是惊异着那边还有人，两个小女孩子都转过头去了。拿肥皂盒的一个的小脸儿正受着冷水龙头迸出来的水珠。她似乎觉得有些痒罢，她慢慢地举起手来搔了几下，便又很正经地舀起水来浇胸脯。

　

茅盾先生这篇文章并不是告诉我们一个故事，只是告诉我们他眼睛里看见的一番光景。文章的内容本来是各色各样的。记载一件东西，叙述一桩事情，发表一种意见，吐露一腔情感，都可以成为文章。把眼睛里看见的光景记下来，当然也成为文章。

我们从早上睁开眼睛起来到晚上闭上眼睛睡觉，随时随地看见种种光景。如果把种种光景完全记下来，那就像一篇杂乱无章的流水账，教人家看了摸不着头脑。而且作者也没有写这种流水账的必要。作者要写的一定是感到兴趣、觉得有意思的一番光景。至于那些平平常常的光景，虽然看在眼里，决不高兴拿起笔来写。

这样说起来，写这类文章，必须在种种光景里画一圈界线，把要写的都圈在界线里边，用不着的都搁在界线外边。茅盾先生写这篇文章就先画这么一圈界线。读者试想一想：他那界线是怎样画的？

当时作者在日本的浴池洗澡，若把身子打一个旋，看见的应该是浴池全部的光景。但是他的兴趣并不在浴池全部。他只对于正在洗澡的几个人感到兴趣，觉得他们值得描写。所以他所写的限于池子，池子以外的光景都不写：他的界线是沿着池岸画的。

写出眼睛里看见的光景，第一要位置分明，不然，人家看了你的文章就糊涂，不会看见像你看见的那样。读者试注意这篇文章里位置的交代："池子是圆的"，"五个人头便构成了半规形"，"正对着池子的白石岸旁的冷水龙头"。五个人头中间，作者是一个，作者的左边一个，右边三个。冷水龙头旁边的池岸上坐着两个女孩子。那边还有个矿泉水池，里面也有一个人在那里洗澡。像这样把位置交代清楚，使人家看了，简直可以画一张图画。

因为写的是作者看见的光景，所以对于作者自己并没有写什么。看见池子怎样就写池子怎样。看见冷水龙头怎样就写冷水龙头怎样。看见洗澡的几个人怎样就写洗澡的几个人怎样。池子跟冷水龙头固然是死物，洗澡的几个人却是有思想感觉的。思想感觉藏在他们的里面，作者无从知道。作者只能根据看得见的他们的外貌，去推测藏在里面的他们的思想感觉。推测不一定就准，所以看见左边一个"挺起了眼睛往上瞧"，说他"似乎颇有心事"，看见矿泉水池里的一个"晃着头"，说他"似乎想出来"，看见"两个小女孩子都转过头去了"，说她们"大概是惊异着那边还有人"，看见拿肥皂盒的一个"慢慢地举起手来搔了几下"，说"她似乎觉得有些痒罢"。读者试想：这些地方假如去掉了"似乎"跟"大概"，有没有什么不妥当？有的。假如去掉了"似乎"跟"大概"就变得作者的眼光钻到这几个人的里面去了。这就不是专写光景的手法。这就破坏了全篇的一致。——作者的眼光钻到人物里面去的写法并非绝对不容许，而且常常用得到。像许多小说里，一方面叙述甲的思想感觉，同时又叙述乙、丙、丁的思想感觉，好像作者具有无所不知的神通似的。这是一种便利的法门，不这样就难教读者深切地了解各方面。然而小说并不是专写光景的文章。

专写光景的文章，所占时间往往很短，就只是作者放眼看出去的一会儿。这篇文章虽然有六百多字，所占时间却仅有四瞥的功夫——向对面两个女孩子一瞥，向左边的一个一瞥，向右边的三个一瞥，"忽然那边的矿泉水池里豁剌剌一片水响"，又是一瞥。这类文章也有不占时间的。比如记述一件东西，描写一处景物，作者自己不出场，并不叙明"我"在这里看，那就不占时间了。

这篇文章写得细腻。写得细腻由于看得精密。你看他写一个冷水龙头，使我们仿佛亲眼看见了那"紫铜质的大家伙"。若不是当时精密地看过，拿着笔伏在桌子上想半天也想不出来的。其余写几个人的形象跟动作的地方也是这样。读者都应该仔细体会。

# 现代建筑的形式美

丰子恺

现代建筑的形式美,约言之,有四条件:第一,建筑形态须视实用目的而定。第二,建筑形态须合于工学的构造。第三,建筑形态巧妙地应用材料的特色。第四,建筑形态须表出现代感觉。

现代建筑界的宠儿勒·可尔褒齐(Le Corbusier)有一句名言:"家是住的机械。"这句话引起了世界的反应,大家从机械上探求建筑美。换言之,即从实用价值中看出的艺术的价值。凡徒事外观美而不适实用的建筑,都没有美术的价值,在现代人看来都是丑恶的。现代人的家,要求室内有轻便的卫生设备,换气、采光、暖房等。要求建筑材料宜于保住温度,宜于防湿气,宜于隔离音响,且耐久耐震。要求窗户的启闭轻便而自由。因此木框的窗改为铁框的窗。最彻底表现这种建筑美的,便是 Sied lune——无产者集合住宅的新形态,集合住宅的意图:是用最小限的费用,来企图最大限的活用。昔日不列入艺术范围内的平民之家,现在成了最显示美的特质的建筑题材。

建筑形态合于工学的构造,就是要求力学的机能与建筑的基本样式保有密切的关系。例如铁比石轻便,比石占据地位更少;铁骨建造可使建筑物表面免去柱的支体。尽量利用这种力学的机能,便可以在建筑上显示一种特殊的美。

材料的特色,例如古代建筑用石材,表示石材特有的美。现今的建筑用铁,用玻璃,亦必尽量发挥铁和玻璃所固有的材料美。白色的半透明玻璃的夜光的效果,已在现代都市中处处显示着。

现代感觉,不限于视觉,须与现代人生活全部相关联。例如最近流行一种钢管的家具桌椅,便是为了它适合现代感觉,与现代人的简便轻快的生活相调和,最适宜于作为"住的机械"的一部分的原故。

这篇文章是从丰先生的《西洋建筑讲话》第六讲"店的艺术"中摘录出来的,题目是我加上的。丰先生编的讲述艺术的书不少,有关于图画的,有关于音乐的,有关于建筑的。现在摘录这一篇来和读者诸君谈谈,除了使诸君知道它的内容以外,更重要的在使诸君辨认文体,懂得一种文体的作法。

我们读教科书,看报纸和杂志,接触许多文章。留心一下,就觉得这许多文章在作用上并不相同。譬如,讲一只可爱的猫的,讲几幅名贵的画的,这些文章讲的是占有空间的东西,按照东西的性状写下来,好比作写生画。又譬如,讲某次战争的始末的,讲某人努力学习的经过的,这些文章讲的是占有时间的事情,把事情的前前后后写下来,好比拍活动影片。无论是讲占有空间的东西或者是讲占有时间的事情,都是记叙外界的现成的材料,通常叫做记叙文。

但是这一次选读的这篇文章又不同了。它讲到现代建筑,可并不讲某一所建筑的外观和内容,也不讲某一所建筑从奠基到落成的经过情形。它所讲的不是占有空间的东西,也不是占有时间的事情,而是附着于事物的一种道理。它讲明白现代的建筑的形式美是什么,换一句说,就是讲明白现代建筑的形式美根据什么来判定。现代建筑的形式美根据什么来判定,这是一种道理,凭空去找是找不到的,因为它附着于现代建筑,离开现代建筑就不存在。不凭空去找,要凭现代建筑去找,但是只凭一所建筑还是不行,必须看了许多现代建筑,才能发现这个道理,理解这个道理。发见了、理解了才能讲。这同记叙文不一样,不是告诉人家一些外界的现成的材料,而是告诉人家一些内心的努力的结果。这样的文章,作用在讲明白一些内心所发见、所理解的道理,通常叫做说明文。

人类生活非常繁复,人与人之间不能够单把所接触的东西,所知道的事情互相告诉了就完事,还得把所发见、所理解的道理互相传授,互相印证,使彼此的知识更加丰富起来。因此,写文章不能只写记叙文,还得写说明文。

说明文的用处非常大。我们读的教科书就大半是说明文。生理学、物理学的教科书不必说了;就像历史教科书,它那述说史实的部分固然是记叙文,但是指明前因后果的部分就是说明文;又像地理教科书,它那述说地方的部分固然是记叙文,但是阐明有关人文的部分就是说明文。

这篇文章中所引勒·可尔褒齐的话"家是住的机械",可以说是最简单的说明文。只有一句话,但是说出了他对于家的理解。通常的说明文也无非许多这样形式的话的集合,以及它们的引申。像这篇文章的第一节,作者对于"现代建筑的形式美"有四项理解,就用四句话来说明。这四句的每一句,形式都和"家是住的机械"相同。例如第一句,其实就是"现代建筑的形式美的条件是建筑形态须视实用目的而定"。说了这四句恐怕人家还不明白,要问什么叫做建筑形态须视实用目的而定。这就不得不加引申,于是写了第二节。第三、四、五节也是同样的道理。这就构成了全篇。

说明文的好坏在乎所发见、所理解的道理准确不准确。发见得准确,理解得准确,写下来的就是好的说明文,除非文字上有什么毛病。如果所发见的是空想,所理解的是误会,即使文字上一无毛病,也不能认为好的说明文。怎样才能使所发见、所理解的道理完全准确呢? 这要靠平时修养、锻炼,是整个生活上的事情,不是只读几篇文章所能做到的。

# 分头努力

## 韬 奋

我记得有一个时候,有人提出枪杆和笔杆对救国谁的力量强的问题。有些人对这个问题打了一顿笔墨官司,结果还是你说你的,我说我的,没有得到什么一定的结论。其实枪杆自有枪杆的效用,笔杆也自有笔杆的效用,只须用得其当,都可有它的最大的贡献;真要救国,应该各就各的效用作最大限度的努力。当十九路军在淞沪英勇抗敌御侮的时候,我们亲眼看到枪杆对于保卫国土所贡献的伟大的力量,但是同时我们也亲眼看到民众被爱国言论和宣传所引起的异常深刻的感动,万众一心,同仇敌忾,有钱的出钱,有力的出力,妇孺老幼都奋发努力于后方的种种工作,军力和民力打成了一片。

救国的工作是要靠各种各样的分工配合而成的,是要各就自己所有的能力作最大限度的奋斗。

试再就军事上的作战说吧,有的担任前线的冲锋,有的卫护后方的辎重,各有各的任务,谁也少不了谁;你如果一定要使冲锋的队伍都到后方来卫护辎重,或一定要使辎重队都往前方去冲锋陷阵,那在军事的作战上都是损失。

不但枪杆和笔杆,不但军事上的作战,我们对于各种各样的工作,乃至似乎是很平凡的工作,都应作如是观。例如一个报馆里卷包报纸的社工,在表面上看来,他的工作似乎是很平凡的,但是只要这个报纸是热心参加救国运动的,在救国的任务上,他的工作也有着重要的意义。

稍稍有一点知识和良心的中国人,没有不时常想到中华民族解放,没有不殷切盼望中华民族解放的早日实现,所以也没有不想在这上面尽他的力量。这种心理的随处流露,在救国运动方面当然是一件可喜的事情。但是有许多人因此感到苦闷,总想跳出他所处的现实,跑到一个合于他的理想的环境中去努力。他没有想到我们应该各就各的能力,即在现实中随时随地做功夫;更没有想到环境若使真能合于我们的理想,那需要我们的努力也就不会怎样迫切的了。

也许我们自己还没有做到"最大限度",那只有更奋勉地加工干去。也许别人还没有做到"最大限度",那我们也不应轻视他,却要指示他,鼓励他,帮助他,做到"最大限度"。

让我们在民族解放的大目标下,分头努力干去!

我们已经选读了一些说明文。说明文无非说明一种道理、原由、关系等等。那种道理、原由、关系等等是本来存在的,并非作者所创造,也非任何人所能创造。作者不过懂得了这些(或者由自己悟出来,或者从他人那里传习得来),就把所懂得的告诉他人罢了。这时候作者的态度是异常冷静的,一点不掺入自己的感情或愿望,也不问读者是谁,只要把自己所懂得的说明白了就行。如果在另一处地方,另一个时间还有说明那种道理、原由、关系等等的必要,若是他自信所懂得的并不错误,那么他所写出来的依然是从前的那番话。读者对于那番话相信不相信,他是不过问的。相信不相信是读者的事情,而他只担负说明白那种道理、原由、关系等等的责任。这种态度是说明文的特点。

从说明文进一步,也是说明一种道理、原由、关系等等,但是同时伴着一种愿望,必须说服读者,使读者信从。这时候,所说明的道理、原由、关系等等就成为作者的主张。从文章体制上说,这篇文章就成为议论文了。无论什么主张,决不能没有理由地建立起来。譬如你主张常常运动以增进健康,必然由于你懂得了运动和健康的关系。可见主张也不是凭空造出来的。从事事物物之间去参悟、去体验,因而懂得什么是应该的,什么是不应该的,什么是必须做的,什么是不能做的;这样的主张才有价值,才可以作为言论和行动的标准。一个人有了一种主张,他自己的言论和行动当然和它一致,那是不用说的,不然就是人格的不一致,道德上的缺失。同时一个人常常欢喜把自己的主张告诉他人,使他人相信他的主张确有道理,言论和行动也和它一致。为着使他人相信,语气之间就不能像说明文那样冷静,得带有表示感情或愿望的成分。议论文和说明文的区别就在这里。说明文以"说明白了"为成功,而议论文却以"说服他人"为成功。我们时常看见的"宣言"、"告××书"一类的宣传文章,其中当然有一些意思,但是这些文章不只希望把那些意思说明白,还要用一种打动人心的语句和调子表达出来,使他人乐于接受。这类文章也是议论文,从这类文章也可以看出议论文和说明文的不同。

这一回我们选读韬奋先生的一篇文章。这篇文章所说明的是什么呢？读者诸君一定能够看出，就是作为第二节的一句话："救国的工作是要靠各种各样的分工配合而成的，是要各就自己所有的能力作最大限度的奋斗。"从淞沪战役的经验，知道枪杆和笔杆同样具有伟大的力量。从军事的常识，知道担任前线的冲锋和卫护后方的辎重同样不能缺少。更从其他很平凡的工作着想，知道一家热心参加救国运动的报馆里的一个卷包报纸的社工，他的工作也有着重要的意义。"各种各样的分工"以及"各就自己所有的能力作最大限度的奋斗"的道理，是从这些认识上悟出来的，并不是作者凭空造出来的。

假如文章只说这些，那就是一篇说明文。作者所以要说明白这个道理，为的是从这个道理他建立了一个主张："让我们在民族解放的大目标下，分头努力干去！"有许多人"总想跳出他所处的现实，跑到一个合于他的理想的环境中去努力"。作者要拿他的主张去劝说那些人，使他们不再这么想，而在现实中随时随地做功夫。他用提醒的方法来劝说。第一，他指出他们没有想到各就各的能力去做功夫的道理。第二，他指出他们意念的错误。现在迫切地需要大家努力，为的就是现实环境不合理想，又怎么能够跳出现实，另寻理想的环境去努力呢？经作者这么一提醒，这许多人至少要爽然自失，因而信从作者的主张吧。倒数第二节是表示意志的语言。不放松自己，也不放松别人，像共同宣誓一样把"做到'最大限度'"作为彼此努力的目标。最后一节，简单地明确地提出主张。如果是在台上演说，这一句话是字字着力地说出来的。就在此划然而止，打动听众心坎的力量是多么强大啊！

# 北平的洋车夫

## 老　舍

北平的洋车夫有许多派：年轻力壮，腿脚灵利的，讲究赁漂亮的车，拉"整天儿"，爱什么时候出车与收车都有自由；拉出车来，在固定的"车口"或宅门一放，专等坐快车的主儿；弄好了，也许一下子弄个一块两块的；碰巧了，也许白耗一天，连"车份儿"也没着落，但也不在乎。这一派哥儿们的希望大概有两个：或是拉包车；或是自己买上辆车——有了自己的车，再去拉包月或散座就没大关系了，反正车是自己的。

比这一派岁数稍大的,或因身体的关系而跑得稍差点劲的,或因家庭的关系而不敢白耗一天的,大概就多数的拉八成新的车;人与车都有相当的漂亮,所以在要价儿的时候也还能保持住相当的尊严。这派的车夫,也许拉"整天",也许拉"半天"。在后者的情形下,因为还有相当的精气神,所以无论冬天夏天总是"拉晚儿"。夜间,当然比白天需要更多的留神与本事;钱自然也多挣一些。

年纪在四十以上,二十以下的,恐怕就不易在前两派里有个地位了。他们的车破,又不敢"拉晚儿",所以只能早早的出车,希望能从清早转到午后三四点钟,拉出"车份儿"和自己的嚼谷。他们的车破,跑得慢,所以得多走路,少要钱。到瓜市,果市,菜市,去拉货物,都是他们;钱少,可是无须快跑呢。

在这里,二十岁以下的——有的从十一二岁就干这行儿——很少能到二十岁以后改变成漂亮的车夫的,因为在幼年受了伤,很难健壮起来。他们也许拉一辈子洋车,而一辈子连拉车也没出过风头。那四十以上的人,有的是已拉了十年八年的车,筋肉的衰损使他们甘居人后,他们渐渐知道早晚是一个跟头会死在马路上。他们的拉车姿式,讲价时的随机应变,走路的抄近绕远,都足以使他们想起过去的光荣,而用鼻翅儿扇着那些后起之辈。可是这点光荣丝毫不能减少将来的黑暗,他们自己也因此在擦着汗的时节常常微叹。不过,以他们比较另一些四十上下岁的车夫,他们还似乎没有苦到了家。这一些是以前决没有想到自己能与洋车发生关系,而到了生和死的界限已经不甚分明,才抄起车把来的。被撤差的巡警或校役,把本钱吃光的小贩,或是失业的工匠,到了卖无可卖,当无可当的时候,咬着牙,含着泪,上了这条到死亡之路。这些人,生命最鲜壮的时期已经卖掉,现在再把窝窝头变成的血汗滴在马路上。没有力气,没有经验,没有朋友,就是在同行的当中也得不到好气儿。他们拉最破的车,皮带不定一天泄多少次气;一边拉着人还得一边儿央求人家原谅,虽然十五个大铜子儿已经算是甜买卖。

此外,因环境与知识的特异,又使一部分车夫另成派别。生于西苑海甸的自然以走西山,燕京,清华,较比方便;同样,在安定门外的走清河,北苑;在永定门外的走南苑……这是跑长趟的,不愿拉零座;因为拉一趟便是一趟,不屑于三五个铜子的穷凑了。可是他们还不如东交民巷的车夫的气儿长,这些专拉洋买卖的讲究一气儿由东交民巷拉到玉泉山,颐和园或西山。气长也还算小事,一般车夫万不能争这项生意的原因,大半还是因为这些吃洋饭的有点与众不同的知识,他们会说外国话。英国兵,法国兵,所说的万寿山,雍和宫,"八大胡同",他们都晓得。他们自己有一套外国话，不传授给别人。他们的跑法也特别，四六步儿不快不慢，低着头，目不旁视的，贴着马路边儿走，带出与世无争，而自有专长的神气。因为拉着洋人，他们可以不穿号坎，而一律的是长袖小白褂，白的或黑的裤子，裤筒特别肥，脚腕上系着细带；脚上是宽双脸千层底青布鞋；干净，利落，神气。一见这样的服装，别的车夫不会再过来争座与赛车，他们似乎是属于另一行业的。

这篇文章是从老舍先生最近发表的长篇小说《骆驼祥子》第一章节取来的，《北平的洋车夫》是我给它加上的题目。

读者诸君试把这篇文章念几遍，就会感觉到老舍先生的文章别有风格，和许多作者的文章不同。说起文章的风格，好像是带点儿玄妙意味的事情。其实不然。就一个人来说，言语、举动虽然和许多人大体相同，可是总有着"小异"之点，待人接物也有他的态度和方法。把这些综合起来，人家对他就有更深切的认识，不仅是声音，是面貌，凡是一言一动，都觉得印着他的标记：这是这一个人而不是其他的人。这样的认识可以说是认识了这个人的风格，而不只认识了这个人的外形。文章的风格，情形恰正相同，所以并不玄妙。

老舍先生文章的风格，第一，从尽量利用口头语言这一点上显示出来。现在虽然大家在写语体文，真能把口头语言写得纯粹的还是不多。字眼的选择，多数人往往随便对付，在口头语言里找不到相当的字眼，就用文言的字眼凑上。至于语句的调子，或者依傍文言，或者根据一些"硬译"的译本，或者自己杜撰一下，总之，口头语言里所没有的那种调子，现在的语体文里常常可以遇见。这样的文章，看看当然也可以理会其中讲的是什么，然而缺少明快、简洁，不能显出自然之美。老舍先生特别注意到这方面。他有一篇题目是《我不肯求救于文言》的文章，说明他用功的经验。现在抄录一节在这里。

我不求文字雅，而求其有力量，活动，响亮。我的方法是在下笔之前，不只想一句，而是想好了好几句；这几句要是顺当，便留着；否则从新写过。我不多推敲一句里的字眼，而注意一段一节的气势与声音，和这一段一节所要表现的意思是否由句子的排列而正确显明。这样，文字的雅不雅已不成问题；我要的是言语的自然之美。写完一大段，我读一遍，给自己或别人听。修改，差不多都在音节与意思上，不专为一半个字费心血。

看了这一节,可以知道他是从纯粹的口头语言出发。再进一步,在气势与声音上,在表现意思是否正确显明上费心血,使文章不仅是口头语言而且是精粹的口头语言。这就成为他的风格。他说"我不多推敲一句里的字眼",这并不是随便对付的意思。他注意到整句的排列,整句排列得妥帖、适当,其中每一个字眼当然是妥帖、适当的了。过分在一两个字眼上推敲,往往会弄成纤巧,不自然。在一段一节上用功夫,正是所谓"大处落墨"的办法。

老舍先生文章的风格,又从幽默的趣味显示出来。幽默是什么,文艺理论家可以写成大部的书,我们且不去管它。一般人往往以为幽默就是说俏皮话,嘻嘻哈哈,乱扯一顿,要不就是讽刺,对人生对社会来一阵笑骂和嘲弄。这却无论如何是一种误会,幽默决非如此。老舍先生有一篇《谈幽默》,其中说:

它表现着心怀宽大。一个会笑而且能笑的人,决不会为件小事而急躁怀恨。褊狭,自是,是"四海兄弟"这个理想的大障碍;幽默专治此病。嬉皮笑脸并非幽默,和颜悦色,心宽气朗,才是幽默,一个幽默写家对于世事,如入异国观光,事事有趣。他指出世人愚笨可怜,也指出那可爱的古怪地点。

我们不妨说这是老舍先生的幽默观。这样的幽默非常可贵,不只是"笑",不只是"事事有趣",从"心怀宽大"这一点更可以达到悲天悯人的境界。就像以下的几句话:"那四十以上的人,有的是已拉了十年八年的车,筋肉的衰损使他们甘居人后,他们渐渐知道早晚是一个跟头会死在马路上。他们的拉车姿式,讲价时的随机应变,走路的抄近绕远,都足以使他们想起过去的光荣,而用鼻翅儿扇着那些后起之辈。可是这点光荣丝毫不能减少将来的黑暗,他们自己也因此在擦着汗的时节常常微叹。"这里头透着幽默,然而多么温厚啊!

对于这篇文章,这里不必多说,读者诸君看了自然能够完全明白。这里只想教读者诸君理会这位作者文章的风格。每个成熟的作者有他特具的风格。阅读文章可以从种种方面着眼,理会风格也是其中的一方面。

# 包身工

## 夏　衍

……她们正式的名称却是"包身工"。她们的身体,已经以一种奇妙的方式,包给了叫做"带工"的老板。每年——特别是水灾旱灾的时候,这些在东洋厂里有"脚路"的带工,就亲身或者派人到他们家乡或者灾荒区域,用他们多年熟练了的、可以将一根稻草讲成金条的嘴巴,去游说那些无力"饲养"可又不忍让他们的儿女饿死的同乡。

"还用说,住的是洋式的公司房子,吃的是鱼肉荤腥,一个月休息两天,咱们带着到马路上去玩玩,嘿,几十层楼的高房子,两层楼的汽车,各种各样,好看好玩的外国东西,老乡! 人生一世,你也得去见识一下啊。

"做满三年,以后赚的钱就归你啦,块把钱一天的工钱,嘿,别人跟我叩了头也不替她写进去! 咱们是同乡,有交情。

"交给我带去,有什么三差二错,我还能归家乡吗?"

这样说着,咬着草根树皮的女孩子可不必说,就是她们的父母也会怨恨自己没有跟去享福的福分了。于是,在预备好了的"包身契"上画上一个十字,包身费一般是大洋二十元,期限三年,三年之内,由带工的供给住食,介绍工作,赚钱归带工者收用,生死疾病,一听天命,先付包洋十元,人银两交,"恐后无凭,立此包身契据是实!"

……十一年前内外棉的顾正红事件,尤其是五年前的"一二八"战争之后,东洋厂家对于这种特殊的廉价"机器"的需要突然增加起来。据说,这是一种极合经营原则和经济原则的方法。有括弧的机器,终究还是血和肉构成起来的人类。所以当他们忍耐到超过了最大限度的时候,他们往往会很自然地想起一种久已遗忘了的人类所该有的力量。有时候,愚蠢的"奴隶"会理会到一束箭折不断的理论,再消极一点他们也还可以拚着饿死不干。此外,产业工人的"流动性",这是近代工业经营最嫌恶的条件;但是,他们是决不肯追寻造成"流动性"的根源的。一个有殖民地人事经验的自称是"温情主义者"的日本人在一本著作的序文上说:"在这次争议(五卅)里面,警察力没有任何的威权。在民众的结合力前面,什么权力都是不中用了!"可是,结论呢? 用温情主义吗? 不,不! 他们所采用的,只是用廉价而没有"结合力"的"包身工"来替代"外头工人"(普通的自由劳动者)的方法。

第一,包身工的身体是属于带工的老板的,所以她们根本就没有"做"或者"不做"的自由,她们每天的工资就是老板的利润,所以即使在生病的时候,老板也会很可靠地替厂家服务,用拳头、棍子,或者冷水来强制她们去做工……

第二,包身工都是新从乡下出来,而且她们大半都是老板的乡邻,这一点,在"管理"上是极有利的条件。厂家除出在工房周围造一条围墙,门房里置个请愿警,和门外钉一块"工房重地,闲人莫入"的木牌,使这些"乡下小姑娘"和别的世界隔绝之外,将管理权完全交给了带工的老板。这样,早晨五点钟由打杂的或者老板自己送进工厂,晚上六点钟接领回来,她们就永没有和"外头人"接触的机会。所以,包身工是一种"罐装的劳动力",可以"安全地"保藏,自由地取用,绝没有因为和空气接触而起变化的危险。

第三,那当然是工价的低廉。包身工由"带工"带进厂里,于是她们的集合名词又变了,在厂方,她们叫做"试验工"和"养成工"两种,试验工的期间表示了厂家在试验你有没有工作的能力,养成工的期间那就表示了准备将一个"生手"养成为一个"熟手"。最初的工钱是每天十二小时大洋一角乃至一角五分,最初的工作范围是不需要任何技术的扫地、开花衣、扛原棉、松花衣之类,几个礼拜之后就调到钢丝车间、条子间、粗纱间去工作。在这种工厂所有者的本国,拆包间、弹花间、钢丝车间的工作,通例是男工做的,可是在上海,他们就不必顾虑到"社会的纠缠"和"官厅的监督",就将这种不是女性所能担任的工作,加到工资不及男工三分之一的包身工们身上去了。……

这次选读的这篇文章见于《光明》的创刊号。全文很长,只能摘取一部分。这一部分也可以自成起讫,不妨看做独立的一篇。读者诸君要看全文,可以去找《光明》。

这一类文章,大家称为"报告文学"。这是一个外来的名词。意思是说它的作用在向大众报告一些什么,而它的本身又是文学。报告一些什么的文章,我们见得很多。开工厂,设公司,就有营业报告书;派人员,办调查,就有调查报告书。这种文章,就文体说,归到"应用文"的门类里去。应用文当中,有好些纯公式的东西,如契据、公函、报告书之类,和文学根本是两路。然而报告文学却教报告书和文学结了婚。应用文的报告书,一般读者往往懒得看下去,因为不看下去也会知道无非这一套。报告文学可不然,读者像被吸引住了一般,总想一直看下去,知道它的究竟。读者诸君看见了《包身工》的题目,不是绝不肯把它放过,一定要知道这是怎样的一种工人,以及这种工人在怎样的条件下产生出来的吗?

二者所以有这样的不同,大概由于写作动机的不同。

应用文的报告书,写作动机在应付事务上的必需。开股东会必得有营业报告书,出去调查回来必得有调查报告书。这样的报告书往往用公式去应付,或者分列一、二、三、四等项目,或者定下"关于什么""关于什么"等小标题,好比填写表格,只要在每一格里填写上了就完事。

报告文学的写作动机不同,不是事务上的应付。作者对于社会中某一方面的情形非常熟悉,而这一方面的情形不只是几个人的身边琐事,而是有关于社会全体的大事。一种强烈的欲望激动着他,必须把他所熟悉的一五一十告诉大众才行,不然就像在饥饿的人群中间私自藏下多余的饭,是不可饶恕的自私的行为。于是他提起笔来。他站在大众的客观的立场,视野广大,见得周到,把捉到的都是真实情况。

报告文学本身是文学,而应用文的报告书不是。像在这篇《包身工》里面,叙述那些"带工"到家乡或者灾荒区域去游说的那一段,叙述那个"温情主义者"文章写的是一套,实际采用的又是另一套的那一段,就是两段出色的文章。前一段写那批口蜜腹剑的家伙,让读者如闻其声。后一段写"温情主义者"在实际上抛开了"温情主义",引起读者许多回味。说那些"带工"的嘴巴是"可以将一根稻草讲成金条的嘴巴",说那些"包身工"是"'罐装的劳动力',可以'安全地'保藏,自由地取用,绝没有因为和空气接触而起变化的危险",都是很好的文学手法。在应用文的报告书里不会有这样的手法。

读者诸君喜欢执笔作文。写什么呢?与其写一些空泛议论,不如写一些亲身经历。所以,议论怎样推行新生活,怎样使国家强盛起来,不如叙述曾经经历过的某一桩事情,不如抒写对于本乡本镇的感情。这些还只是限于个人方面。如果能够推广开来,把自己所熟悉的社会中某一方面的情形作为写作材料,那就更有意义了。读者诸君不妨向报告文学方面去试试。

# 看　戏

鲁　迅

我在倒数上去的二十年中,只看过两回中国戏,前十年是绝不看,因为没有看戏的意思和机会,那两回全在后十年,然而都没有看出什么来就走了。

第一回是民国元年我初到北京的时候,当时一个朋友对我说,北京戏最好,你不去见见世面么?我想,看戏是有味的,而况在北京呢。于是都兴致勃勃的跑到什么园,戏文已经开场了,在外面也早听到冬冬地响。我们挨进门,几个红的绿的在我的眼前一闪烁,便又看见戏台下满是许多头,再定神四面看,却见中间也还有几个空座,挤过去要坐时,又有人对我发议论,我因为耳朵已经喤喤的响着了,用了心,才听到他是说"有人,不行!"

我们退到后面,一个辫子很光的却来领我们到了侧面,指出一个地位来。这所谓地位者,原来是一条长凳,然而他那坐板比我的上腿要狭到四分之三,他的脚比我的下腿要长过三分之二。我先是没有爬上去的勇气,接着便联想到私刑拷打的刑具,不由的毛骨悚然的走出了。

走了许多路,忽听得我的朋友的声音道,"究竟怎的?"我回过脸去,原来他也被我带出来了。他很诧异的说,"怎么总是走,不答应?"我说,"朋友,对不起,我耳朵只在冬冬喤喤的响,并没有听到你的话。"

后来我每一想到,便很以为奇怪,似乎这戏太不好,——否则便是我近来在戏台下不适于生存了。

第二回忘记了那一年,总之是募集湖北水灾捐而谭叫天还没有死。捐法是两元钱买一张戏票,可以到第一舞台去看戏,扮演的多是名角,其一就是小叫天。我买了一张票,本是对于劝募人聊以塞责的,然而似乎又有好事家乘机对我说了些叫天不可不看的大法要了。我于是忘了前几年的冬冬喤喤之灾,竟到第一舞台去了,但大约一半也因为重价购来的宝票,总得使用了才舒服。我打听得叫天出台是迟的,而第一舞台却是新式构造,用不着争座位,便放了心,延宕到九点钟才出去,谁料照例,人都满了,连立足也难,我只得挤在远处的人丛中看一个老旦在台上唱。那老旦嘴边插着两个点火的纸捻子,旁边有一小鬼卒,我费尽思量,才疑心他或者是目连的母亲,因为后来又出来了一个和尚。然而我又不知道那名角是谁,就去问挤小在我左边的一位胖绅士。他很看不起似的斜瞥了我一眼,说道,"龚云甫!"我深愧浅陋而且粗疏,脸上一热,同时脑里也制出了决不再问的定章,于是看小旦唱,看花旦唱,看老生唱,看不知什么角色唱,看一大班人乱打,看两三个人互打,从九点多到十点,从十点到十一点,从十一点到十一点半,从十一点半到十二点,——然而叫天竟还没有来。

我向来没有这样忍耐的等候过什么事物,而况这身边的胖绅士的吁吁的喘气,这台上的冬冬喤喤的敲打,红红绿绿的晃荡,加之以十二点,忽而使我省悟到在这里不适于生存了。我同时便机械的拧转身子,用力往外只一挤,觉得背后便已满满的,大约那弹性的胖绅士早在我的空处胖开了他的右半身了。我后无回路,自然挤而又挤,终于出了大门。街上除了专等看客的车辆之外,几乎没有什么行人了,大门口却还有十几个人昂着头看戏目,别有一堆人站着并不看什么,我想:他们大概是看散戏之后出来的女人们的,而叫天却还没有来……

这是鲁迅先生的小说《社戏》开头的部分,《看戏》这个题目是我加上去的。

选读这一段文章,为的是拿它作为例子,说明写文章的一种方法。

我们平常写文章,把自己看见、听见的告诉人家,往往先把所看见、所听见的分析一番,整理一番。譬如,一个人的形状,就说他的身材怎样,面貌怎样,说一个音乐队的演奏,就说笛子的声音怎样,三弦的声音怎样。这些都是经过了分析和整理以后的结果。在当时,看见的只是完整的一个人,并不分什么身材和面貌,听见的只是和谐的一派乐调,并不分什么笛子和三弦的声音。只因为想教没有看见、没有听见的人知道,不得不分开项目来回想回想。那人的身材,那人的面貌,笛子的声音,三弦的声音,都是回想时候所定的项目。项目自然不能全备,然而提出来的一定是比较重要的。读文章的人读到了关于比较重要的若干项目的报告,虽然不能像亲见亲闻一样,可是对于那个人、那一场演奏,总算知道一个大概了。

另外还有一个方法。就是不用事后的分析、整理的功夫,只依据看着听着的当时的感觉写下来。即使写的时候离开看着听着的当时很远,也从记忆中去把当时的感觉找回来,然后依据着写。什么叫做当时的感觉呢?无论在何时何地,我们的周围总是有许多事物环绕着。这许多事物并不逐件逐件闯进我们的意念,对于我们,大部分是虽有如无。唯有引得起我们的注意的几件,我们才感觉到它们的存在。而且同样一件事物,只因环境不同,心情不同,在感觉它的时候也就见得不同。不问那事物在别的时候怎样,只说这一回感觉它的时候怎样,这就是所谓当时的感觉。

上面说的意思,好像不大容易明白。让我们从本篇中取一个实例来说,就非常清楚了。本篇第二节,写的是作者第一回看中国戏跑进戏园时候的情形。跑进戏园,接触的事物当然很多,倘若要一件也不漏地报告出来,不知要记多么长的一篇账呢。作者并不采用记账的办法,只把最引起他注意的写下来,这就是

"几个红的绿的在我的眼前一闪烁,便又看见戏台下满是许多头"。"红的绿的"是什么呢? 自然是戏台上的演员。演员分生、旦、净、丑等角色,某角色扮演剧中的某人物,要详细说起来,不是一句话可以了事的。"许多头"是什么呢? 自然是一班观众。观众有男、女、老、少的分别,他们的神态、服装等等又各各不同,要说得详细,也得用好些句话。为什么作者只用"红的绿的"和"许多头"把演员和观众一笔带过呢? 原来在作者跑进戏园的当时,最先引起他注意的是几个红的绿的,而且仅仅是几个红的绿的,也不辨他们是什么角色,扮演的是什么剧中的什么人物,只觉得他们在眼前这么一闪烁罢了。他依据当时的感觉写下来,就是"几个红的绿的在我的眼前一闪烁"。接着引起他的注意的是许多头,而且仅仅是许多头,也不辨他们是何等样人,作何等的神态,穿何等的服装,只觉得他们挤满台下罢了。他依据当时的感觉写下来,就是"便又看见戏台下满是许多头"。

我们差不多都有过跑进戏园的经验。凭着我们的经验,读到"几个红的绿的在我的眼前一闪烁,便又看见戏台下满是许多头",我们的意想中就展开一幅热闹的、活动的图画,我们的鼻子里仿佛嗅到戏园中那种闷热的空气,换一句话说,就是如临其境。所以,写文章把自己的见闻告诉人家,倘若能够捉住当时的感觉,顺次写下来,就使人家如临其境。倘若用前一种方法,先作一番分析整理的功夫,然后逐项写下来,那只能使人家知道一个大概,说不到如临其境。

教科书里的文章,注重在教人家记忆、理解,大多用前一种方法。至于文艺,注重在教人家感动,欣赏,适宜用后一种方法。文艺部门中的小说多数出于虚构,小说里一切当然不尽属作者亲自的经历(本篇却是作者亲自的经历),有修养的作者能够像写出自己当时的感觉那样写出来,使读者随时有如临其境的乐趣。本篇用这个方法写的不止前面提出的两句。读者不妨逐一检查出来,并体会它们的好处。

# 文艺作品的鉴赏①

## 一　要认真阅读

文艺鉴赏不是一桩特别了不起的事,不是只属于读书人或者文学家的事。
我们苏州地方流行着一首儿歌:

咿呀咿呀踏水车。水车沟里一条蛇,游来游去捉虾蟆。虾蟆躲(原音"伴",意义和"躲"相当,可是写不出这个字来)在青草里,青草开花结牡丹。牡丹娘子要嫁人,石榴姊姊做媒人。桃花园里铺"行家"(嫁装),梅花园里结成亲。……

儿童唱着这个歌,仿佛看见春天田野的景物,一切都活泼而有生趣:水车转动了,蛇游来游去了,青草开花了,牡丹做新娘子了。因而自己也觉得活泼而有生趣,蹦蹦跳跳,宛如郊野中一匹快乐的小绵羊。这就是文艺鉴赏的初步。

另外有一首民歌,流行的区域大概很广,在一百年前已经有人记录在笔记中间了,产生的时间当然更早。

月儿弯弯照九州。几家欢乐几家愁?

几家夫妇同罗帐?几个飘零在外头?

唱着这个歌,即使并无离别之感的人,也会感到在同样的月光之下,人心的欢乐和哀愁全不一致。如果是独居家中的妇人,孤栖在外的男子,感动当然更深。回想同居的欢乐,更见离别的难堪,虽然头顶上不一定有弯弯的月儿,总不免簌簌地掉下泪来。这些人的感动也可以说是从文艺鉴赏而来的。

可见文艺鉴赏是谁都有分的。

但是要知道,文艺鉴赏不只是这么一回事。

文艺中间讲到一些事物,我们因这些事物而感动,感动以外,不再有别的什么。这样,我们不过处于被动的地位而已。

---

① 原载作者与夏丏尊合著的《阅读与写作》。

我们应该处于主动的地位,对文艺要研究,考察。它为什么能够感动我们呢? 同样讲到这些事物,如果说法变更一下,是不是也能够感动我们呢? 这等问题就涉及艺术的范围了。而文艺鉴赏正应该涉及艺术的范围。

在电影场中,往往有人为着电影中生离死别的场面而流泪。但是另外一些人觉得这些场面只是全部情节中的片段,并没有什么了不起,反而对于某景物的一个特写、某角色的一个动作点头赞赏不已。这两种人中,显然是后一种人的鉴赏程度比较高。前一种人只被动地着眼于故事,看到生离死别,设身处地一想,就禁不住掉下泪来。后一种人却着眼于艺术,他们看出了一个特写、一个动作对于全部电影所加增的效果。

还就看电影来说。有一些人希望电影把故事交代得清清楚楚,例如剧中某角色去访朋友,必须看见他从家中出来的一景,再看见他在路上步行或者乘车的一景,再看见他走进朋友家中去的一景,然后满意。如果看见前一景那个角色在自己家里,后一景却和朋友面对面谈话了,他们就要问:"他门也没出,怎么一会儿就在朋友家中了?"像这样不预备动一动天君的人,当然谈不到什么鉴赏。

散场的时候,往往有一些人说那个影片好极了,或者说,紧张极了,巧妙极了,可爱极了,有趣极了——总之是一些形容词语。另外一些人却说那个影片不好,或者说,一点不紧凑,一点不巧妙,没有什么可爱,没有什么趣味——总之也还是一些形容词语。像这样只能够说一些形容词语的人,他们的鉴赏程度也有限得很。

文艺鉴赏并不是摊开了两只手,专等文艺给我们一些什么。也不是单凭一时的印象,给文艺加上一些形容词语。

文艺中间讲到一些事物,我们就得问:作者为什么要讲到这些事物? 文艺中间描写风景,表达情感,我们就得问:作者这样描写和表达是不是最为有效? 我们不但说了个"好"就算,还要说得出好在哪里,不但说了个"不好"就算,还要说得出不好在哪里。这样,才够得上称为文艺鉴赏。这样,从好的文艺得到的感动自然更深切。文艺方面如果有什么不完美的地方,也会觉察出来,不至于一味照单全收。

鲁迅的《孔乙己》,现在小学高级和初级中学都选作国语教材,读过的人很多了。匆匆读过的人说:"这样一个偷东西被打折了腿的瘪三,写他有什么意思呢?"但是,有耐心去鉴赏的人不这么看,有的说:"孔乙己说回字有四样写法,如果作者让孔乙己把四样写法都写出来,那就索然无味了。"有的说:"这一篇写的孔乙己,虽然颓唐、下流,却处处要面子,处处显示出他所受的教育给与他的影响,绝不同于一般的瘪三,这是这一篇的出色处。"有一个深深体会了世味的人说:"这一篇中,我以为最妙的文字是'孔乙己是这样的使人快活,可是没有他,别人也便这么过。'这个话传达出无可奈何的寂寞之感。这种寂寞之感不只属于这一篇中的酒店小伙计,也普遍属于一般人。'也便这么过',谁能跳出这寂寞的网罗呢?"

可见文艺鉴赏犹如采矿,你不动手,自然一无所得,只要你动手去采,随时会发见一些晶莹的宝石。

这些晶莹的宝石岂但给你一点赏美的兴趣,并将扩大你的眼光,充实你的经验,使你的思想、情感、意志往更深更高的方面发展。

好的文艺值得一回又一回地阅读,其原由在此。否则明明已经知道那文艺中间讲的是什么事物了,为什么再要反复阅读?

另外有一类也称为文艺的东西,粗略地阅读似乎也颇有趣味。例如说一个人为了有个冤家想要报仇,往深山去寻访神仙。神仙访到了,拜求收为徒弟,从他修习剑术。结果剑术练成,只要念念有辞,剑头就放出两道白光,能取人头于数十里之外。于是辞别师父,下山找那冤家,可巧那冤家住在同一的客店里。三更时分,人不知,鬼不觉,剑头的白光不必放到数十里那么长,仅仅通过了几道墙壁,就把那冤家的头取来,藏在作为行李的空皮箱里。深仇既报,这个人不由得仰天大笑。——我们知道现在有一些少年很欢喜阅读这一类东西。如果阅读时候动一动天君,就觉察这只是一串因袭的浮浅的幻想。除了荒诞的传说,世间哪里有什么神仙? 除了本身闪烁着寒光,剑头哪里会放出两道白光? 结下仇恨,专意取冤家的头,其人的性格何等暴戾? 深山里住着神仙,客店里失去头颅,这样的人世何等荒唐? 这中间没有真切的人生经验,没有高尚的思想、情感、意志作为骨子。说它是一派胡言,也不算过分。这样一想,就不再认为这一类东西是文艺,不再觉得这一类东西有什么趣味。读了一回,就大呼上当不止。谁高兴再去上第二回当呢?

可见阅读任何东西不可马虎,必须认真。认真阅读的结果,不但随时会发见晶莹的宝石,也随时会发见粗劣的瓦砾。于是吸取那些值得取的,排除那些无足取的,自己才会渐渐地成长起来。

采取走马看花的态度的,谈不到文艺鉴赏。纯处于被动的地位的,也谈不到文艺鉴赏。

要认真阅读。在阅读中要研究，考察。这样才可以走上文艺鉴赏的途径。

## 二 驱遣我们的想象

原始社会里，文字还没有创造出来，却先有了歌谣一类的东西。这也就是文艺。

文字创造出来以后，人就用它把所见所闻所想所感的一切记录下来。一首歌谣，不但口头唱，还要刻呀，漆呀，把它保留在什么东西上（指使用纸和笔以前的时代而言）。这样，文艺和文字就并了家。

后来纸和笔普遍地使用了，而且发明了印刷术。凡是需要记录下来的东西，要多少份就可以有多少份。于是所谓文艺，从外表说，就是一篇稿子，一部书，就是许多文字的集合体。

当然，现在还有许多文盲在唱着未经文字记录的歌谣，像原始社会里的人一样。这些歌谣只要记录下来，就是文字的集合体了。文艺的门类很多，不止歌谣一种。古今属于各种门类的文艺，我们所接触到的，可以说，没有一种不是文字的集合体。

文字是一道桥梁。这边的桥堍站着读者，那边的桥堍站着作者。通过了这一道桥梁，读者才和作者会面。不但会面，并且了解作者的心情，和作者的心情相契合。

先就作者的方面说。文艺的创作决不是随便取许多文字来集合在一起。作者着手创作，必然对于人生先有所见，先有所感。他把这些所见所感写出来，不作抽象的分析，而作具体的描写，不作刻板的记载，而作想象的安排。他准备写的不是普通的论说文、记叙文；他准备写的是文艺。他动手写，不但选择那些最适当的文字，让它们集合起来，还要审查那些写下来的文字，看有没有应当修改或是增减的。总之，作者想做到的是：写下来的文字正好传达出他的所见所感。

现在就读者的方面说。读者看到的是写在纸面或者印在纸面的文字，但是看到文字并不是他们的目的。他们要通过文字去接触作者的所见所感。

如果不识文字，那自然不必说了。即使识了文字，如果仅能按照字面解释，也接触不到作者的所见所感。王维的一首诗中有这样两句：

大漠孤烟直，
长河落日圆。

大家认为佳句。如果单就字面解释，大漠上一缕孤烟是笔直的，长河背后一轮落日是圆圆的,这有什么意思呢? 或者再提出疑问:大漠上也许有几处地方聚集着人,难道不会有几缕的炊烟吗? 假使起了风,烟不就曲折了吗? 落日固然是圆的,难道朝阳就不圆吗? 这样地提问,似乎是在研究,在考察,可是也领会不到这两句诗的意思。要领会这两句诗,得睁开眼睛来看。看到的只是十个文字呀。不错,我该说得清楚一点:在想象中睁开眼睛来,看这十个文字所构成的一幅图画。这幅图画简单得很,景物只选四样,大漠、长河、孤烟、落日,传出北方旷远荒凉的印象。给"孤烟"加上个"直"字,见得没有一丝的风,当然也没有风声,于是更来了个静寂的印象。给"落日"加上个"圆"字,并不是说唯有"落日"才"圆",而是说"落日"挂在地平线上的时候才见得"圆"。圆圆的一轮"落日"不声不响地衬托在"长河"的背后,又是多么静寂的境界啊! 一个"直",一个"圆",在图画方面说起来,都是简单的线条,和那旷远荒凉的大漠、长河、孤烟、落日正相配合,构成通体的一致。

像这样驱遣着想象来看,这一幅图画就显现在眼前了。同时也就接触了作者的意境。读者也许是到过北方的,本来觉得北方的景物旷远、荒凉、静寂,使人怅然凝望。现在读到这两句,领会着作者的意境,宛如听一个朋友说着自己也正要说的话,这是一种愉快。读者也许不曾到过北方,不知道北方的景物是怎样的。现在读到这两句,领会着作者的意境,想象中的眼界就因而扩大了,并且想想这意境多美,这也是一种愉快。假如死盯着文字而不能从文字看出一幅图画来,就感受不到这种愉快了。

上面说的不过是一个例子。这并不是说所有文艺作品都要看作一幅图画,才能够鉴赏。这一点必须清楚。

再来看另一些诗句。这是从高尔基的《海燕》里摘录出来的。

白濛濛的海面上,风在收集着阴云。在阴云和海的中间,得意洋洋地掠过了海燕……

海鸥在暴风雨前头哼着,——哼着,在海面上窜着,愿意把自己对于暴风雨的恐惧藏到海底里去。

潜水鸟也在哼着——它们这些潜水鸟,够不上享受生活的战斗的快乐! 轰击的雷声就把它们吓坏了。

蠢笨的企鹅,畏缩地在崖岸底下躲藏着肥胖的身体……

只有高傲的海燕,勇敢地,自由自在地,在泛着白沫的海面上飞掠着。

——暴风雨！暴风雨快要爆发了！

勇猛的海燕，在闪电中间，在怒吼的海上，得意洋洋地飞掠着，这胜利的预言者叫了：

——让暴风雨来得利害些吧！


如果单就字面解释，这些诗句说了一些鸟儿在暴风雨之前各自不同的情况，这有什么意思呢？或者进一步追问：当暴风雨将要到来的时候，人忧惧着生产方面的损失以及人事方面的阻障不是更要感到不安吗？为什么抛开了人不说，却去说一些无关紧要的鸟儿？这样地追问，似乎是在研究，在考察，可是也领会不到这首诗的意思。

要领会这首诗，得在想象中生出一对翅膀来，而且展开这对翅膀，跟着海燕"在闪电中间，在怒吼的海上，得意洋洋地飞掠着"。这当儿，就仿佛看见了聚集的阴云，耀眼的闪电，以及汹涌的波浪，就仿佛听见了震耳的雷声，怒号的海啸。同时仿佛体会到，一场暴风雨之后，天地将被洗刷得格外清明，那时候在那格外清明的天地之间飞翔，是一种无可比拟的舒适愉快。"暴风雨有什么可怕呢？迎上前去吧！教暴风雨快些来吧！让格外清明的天地快些出现吧！"这样的心情自然萌生出来了。回头来看看海鸥、潜水鸟、企鹅那些东西，它们苟安、怕事，只想躲避暴风雨，无异于不愿看见格外清明的天地。于是禁不住激昂地叫道："让暴风雨来得利害些吧！"

像这样驱遣着想象来看，才接触到作者的意境。那意境是什么呢？就是不避"生活的战斗"。唯有迎上前去，才够得上"享受生活的战斗的快乐"。读者也许是海鸥、潜水鸟、企鹅似的人物，现在接触到作者的意境，感到海燕的快乐，因而改取海燕的态度，这是一种受用。读者也许本来就是海燕似的人物，现在接触到作者的意境，仿佛听见同伴的高兴的歌唱，因而把自己的态度把握得更坚定，这也是一种受用。假如死盯着文字而不能从文字领会作者的意境，就无从得到这种受用了。

我们鉴赏文艺，最大目的无非是接受美感的经验，得到人生的受用。要达到这个目的，不能够拘泥于文字。必须驱遣我们的想象，才能够通过文字，达到这个目的。

# 三 训练语感

前面说过,要鉴赏文艺,必须驱遣我们的想象。这意思就是:文艺作品往往不是倾筐倒箧地说的,说出来的只是一部分罢了,还有一部分所谓言外之意,弦外之音,没有说出来,必须驱遣我们的想象,才能够领会它。如果拘于有迹象的文字,而抛荒了言外之意、弦外之音,至多只能够鉴赏一半;有时连一半也鉴赏不到,因为那没有说出来的一部分反而是极关重要的一部分。

这一回不说"言外"而说"言内"。这就是语言文字本身所有的意义和情味。鉴赏文艺的人如果对于语言文字的意义和情味不很了了,那就如入宝山空手回,结果将一无所得。

审慎的作家写作,往往斟酌又斟酌,修改又修改,一句一字都不肯随便。无非要找到一些语言文字,意义和情味同他的旨趣恰相贴合,使他的作品真能表达他的旨趣。我们固然不能说所有的文艺作品都能做到这样,可是我们可以说,凡是出色的文艺作品,语言文字必然是作者的旨趣的最贴合的符号。

作者的努力既是从旨趣到符号,读者的努力自然是从符号到旨趣。读者若不能透切地了解语言文字的意义和情味,那就只看见徒有迹象的死板板的符号,怎么能接近作者的旨趣呢?

所以,文艺鉴赏还得从透切地了解语言文字入手。这件事看来似乎浅近,但是是最基本的。基本没有弄好,任何高妙的话都谈不到。

陶渊明"好读书不求甚解",从来传为美谈,因而很有效法他的。我还知道有一些少年看书,遇见不很了了的地方就一眼带过;他们自以为有一宗可靠的经验,只要多遇见几回,不很了了的自然就会了了。其实陶渊明的"好读书不求甚解"究竟是不是胡乱阅读的意思,原来就有问题。至于把不很了了的地方一眼带过,如果成了习惯,将永远不能够从阅读得到多大益处。囫囵吞东西,哪能辨出真滋味来?文艺作品跟寻常读物不同,是非辨出真滋味来不可的。读者必须把捉住语言文字的意义和情味,才有辨出真滋味来——也就是接近作者的旨趣的希望。

要了解语言文字,通常的办法是翻查字典辞典。这是不错的。但是现在许多少年仿佛有这样一种见解:翻查字典辞典只是国文课预习的事情,其他功课内就用不到,自动地阅读文艺作品当然更无需那样了。这种见解不免错误。产生这个错误不是没有原因的。其一,除了国文教师以外,所有辅导少年的人都不曾督促少年去利用字典辞典。其二,现在还没有一种适于少年用的比较完善的字典和辞典。虽然有这些原由,但是从原则上说,无论什么人都该把字典辞典作为终身伴侣,以便随时解决语言文字的疑难。字典辞典即使还不完善,能利用总比不利用好。

不过字典辞典的解释,无非取比照的或是说明的办法,究竟和原字原辞不会十分贴合。例如"踌躇",解作"犹豫",就是比照的办法;"情操",解作"最复杂的感情,其发作由于精神的作用,就是爱美和尊重真理的感情",就是说明的办法。完全不了解什么叫做"踌躇",什么叫做"情操"的人看了这样的解释,自然能有所了解。但是在文章中间,该用"踌躇"的地方不能换上"犹豫",该用"情操"的地方也不能拿说明的解释语去替代,可见从意义上、情味上说,原字原辞和字典辞典的解释必然多少有点距离。

不了解一个字一个辞的意义和情味,单靠翻查字典辞典是不够的。必须在日常生活中随时留意,得到真实的经验,对于语言文字才会有正确丰富的了解力,换句话说,对于语言文字才会有灵敏的感觉。这种感觉通常叫做"语感"。

夏丏尊先生在一篇文章里讲到语感,有下面的一节说:

在语感锐敏的人的心里,"赤"不但解作红色,"夜"不但解作昼的反对吧。"田园"不但解作种菜的地方,"春雨"不但解作春天的雨吧。见了"新绿"二字,就会感到希望、自然的化工、少年的气概等等说不尽的旨趣,见了"落叶"二字,就会感到无常、寂寥等等说不尽的意味吧。真的生活在此,真的文学也在此。

夏先生这篇文章提及的那些例子,如果单靠翻查字典,就得不到什么深切的语感。唯有从生活方面去体验,把生活所得的一点一点积聚起来,积聚得越多,了解就越深切。直到自己的语感和作者不相上下,那时候去鉴赏作品,就真能够接近作者的旨趣了。

譬如作者在作品中描写一个人从事劳动,末了说那个人"感到了健康的疲倦",这是很生动很实感的说法。但是语感欠锐敏的人就不觉得这个说法的有味,他想:"疲倦就疲倦了,为什么加上'健康的'这个形容词呢? 难道疲倦还有健康的和不健康的的分别吗?"另外一个读者却不然了,他自己有过劳动的经验,觉得劳动后的疲倦确然和一味懒散所感到的疲倦不同;一是发皇的、兴奋的,一是萎缩的、委靡的,前者虽然疲倦但有快感,后者却使四肢百骸都像销融了那样地不舒服。现在看见作者写着"健康的疲倦",不由得拍手称赏,以为"健康的"这个形容词真有分寸,真不可少,这当儿的疲倦必须称为"健康的疲倦",才传达出那个人的实感,才引得起读者经历过的同样的实感。

这另外一个读者自然是语感锐敏的人了。他的语感为什么会锐敏?就在乎他有深切的生活经验,他知道同样叫做疲倦的有性质上的差别,他知道劳动后的疲倦怎样适合于"健康的"这个形容词。

看了上面的例子,可见要求语感的锐敏,不能单从语言文字上揣摩,而要把生活经验联系到语言文字上去。一个人即使不预备鉴赏文艺,也得训练语感,因为这于治事接物都有用处。为了鉴赏文艺,训练语感更是基本的准备。有了这种准备,才可以通过文字的桥梁,和作者的心情相契合。

## 四 不妨听听别人的话

鉴赏文艺,要和作者的心情相契合,要通过作者的文字去认识世界,体会人生,当然要靠读者自己的努力。有时候也不妨听听别人的话。别人鉴赏以后的心得不一定就可以转变为我的心得;也许它根本不成为心得,而只是一种错误的见解。可是只要抱着参考的态度,听听别人的话,总不会有什么害处。抱着参考的态度,采取不采取,信从不信从,权柄还是在自己手里。即使别人的话只是一种错误的见解,我不妨把它搁在一旁;而别人有几句话搔着了痒处,我就从此得到了启发,好比推开一扇窗,放眼望出去可以看见许多新鲜的事物。阅读文艺也应该阅读批评文章,理由就在这里。

批评的文章有各式各样。或者就作品的内容和形式加以赞美或指摘;或者写自己被作品引起的感想;或者说明这作品应该怎样看法;或者推论这样的作品对于社会会有什么影响。一个文艺阅读者,这些批评的文章都应该看看。虽然并不是所有的批评文章都有价值,但是看看它们,就像同许多朋友一起在那里鉴赏文艺一样,比较独个儿去摸索要多得到一点切磋琢磨的益处和触类旁通的机会。

文艺阅读者最需要看的批评文章是切切实实按照作品说话的那一种。作品好在哪里,不好在哪里;应该怎样看法,为什么;对于社会会有什么影响,为什么:这样明白地说明,当然适于作为参考了。

有一些批评文章却只用许多形容词,如"美丽"、"雄壮"之类;或者集合若干形容词语,如"光彩焕发,使人目眩","划时代的,出类拔萃的"之类。对于诗歌,这样的批评似乎更常见。从前人论词（从广义说，词也是诗歌），往往说苏、辛豪放，周、姜蕴藉，就是一个例子。这只是读了这四家的词所得的印象而已；为要用语言文字来表达所得的印象，才选用了"豪放"和"蕴藉"两个形容词。"豪放"和"蕴藉"虽然可以从辞典中查出它们的意义来，但是对于这两个形容词的体会未必人人相同，在范围上，在情味上，多少有广狭、轻重的差别。所以，批评家所说的"豪放"和"蕴藉"不就是读者意念中的"豪放"和"蕴藉"。读者从这种形容词所能得到的帮助很少。要有真切的印象，还得自己去阅读作品。其次，说某人的作品怎样，大抵只是扼要而言，不能够包括净尽。在批评家，选用几个形容词，集合几个形容词语，来批评某个作家的作品，固然是他的自由；可是读者不能够以此自限。如果以此自限，对于某个作家的作品的领会就得打折扣了。

阅读了一篇作品，觉得淡而无味，甚至发生疑问，作者为什么要采集这些材料，写成这篇文章呢？这是读者常有的经验。这当儿，我们不应该就此武断地说，这是一篇要不得的作品，没有道理的作品。我们应该虚心地想，也许是没有把它看懂吧。于是去听听别人的话。听了别人的话，再去看作品，觉得意味深长了；这些材料确然值得采集，这篇文章确然值得写作。这也是读者常有的经验。

我有一个朋友给他的学生选读小说，有一回，选了日本国木田独步的一篇《疲劳》。这篇小说不过两千字光景，大家认为国木田独步的佳作。它的内容大略如下：

篇中的主人公叫作大森。所叙述的时间是五月中旬某一天的午后二时到四时半光景。地点是一家叫做大来馆的旅馆里。譬之于戏剧，这篇小说可以分为两场：前一场是大森和他的客人田浦在房间里谈话；后一场是大森出去了一趟回到房间里之后的情形。

在前一场中，侍女阿清拿了来客中西的名片进来报告说，遵照大森的嘱咐，帐房已经把人不在馆里的话回复那个来客了。大森和田浦正要同中西接洽事情，听说已经把他回复了，踌躇起来。于是两个人商量，想把中西叫来；又谈到对付中西的困难，迁就他不好，对他太像煞有介事也不好。最后决定送信到中西的旅馆去，约他明天清早到这里来。大森又准备停会儿先出去会一会与事情有关的骏河台那个角色；当夜还要把叫做泽田的人叫来，教他把"样本的说明顺序"预备妥当，以便对付中西。

在后一场中，大森从外面回来，疲劳得很，身子横倒在席上，成了个"大"字。侍女报说江上先生那里来了电话。大森勉强起来去接，用威势堂堂的声气接谈，回答说，"那么就请来。"大森"回到房里，又颓然把身子横倒了，闭上眼睛。忽而举起右手，屈指唱着数目，似乎在想什么。过了一会，手'拍'地自然放下，发出大鼾声来，那脸色宛如死人。"

许多学生读了这篇小说，觉得莫名其妙。大森和田浦要同中西接洽什么事情呢？接洽的结果怎样呢？篇中都没有叙明。像这样近乎无头无尾的小说，作者凭什么意思动笔写作呢？

于是我的朋友向学生提示说：

"你们要注意，这是工商社会中生活的写生。他们接洽的是什么事情，对于领会这篇小说没有多大关系；单看中间提及'样本的说明顺序'，知道是买卖交易上的事情就够了。在买卖交易上需要这么勾心斗角，斟酌对付，以期占得便宜：这是工商社会的特征。

"再看大森和田浦的生活方式完全是工商社会的：他们在旅馆里开了房间商量事情；那旅馆的电话备有店用的和客用的，足见通话的频繁；午后二时光景住客大都出去了，足见这时候正有许多事情在分头进行。大森在房间里拟的是'电报稿'，用的是'自来水笔'，要知道时间，看的是'案上的金时计'。他不断地吸'纸烟'，才把烟蒂放下，接着又取一支在手；烟灰盆中盛满了埃及卷烟的残蒂。田浦呢，匆忙地查阅'函件'；临走时候，把函件整理好了装进'大皮包'里。这些东西好比戏剧中的'道具'，样样足以显示人物的生活方式。他们在商量事情的当儿，不免由一方传染到对方，大家打着'呵欠'。在唤进侍女来教她发信的当儿，却顺便和她说笑打趣。从这上边，可以见到他们所商量的事情并不是怎样有兴味的。后来大森出去了一趟再回来，横倒在席上，疲劳得连洋服也不耐烦脱换。从这上边可以见到他这一趟出去接洽和商量的事情也不是怎样有兴味的。待他接了江上的电话之后，才在'屈指唱着数目，似乎在想什么'，但是一会儿就入睡了，'脸色宛如死人'。这种生活怎样地使人疲倦，也就可想而知了。

"领会了这些，再来看作为题目的'疲劳'这个词，不是有画龙点睛的妙处吗？"

许多学生听了提示，把这篇小说重读一遍，差不多异口同声地说："原来如此。现在我们觉得这篇小说句句有分量，有交代了。"

# 未厌居文谈①

## 《孔乙己》中的一句话

鲁迅先生那篇《孔乙己》，国文课本选用的很多，中学同学想都熟悉。全篇用酒店小伙计的口气，描写一个叫做孔乙己的人物：他读书不成，潦倒非常，终于做小偷，被人家打断了腿，默默而死。其中表现出旧式教育的不易发展人的才能，潦倒的读书人的意识和姿态，以及社会对于不幸的人的冷淡——除了随便的当作取笑的资料以外，再没有其他的关心。

全篇分为两部分。前一部分，那酒店小伙计说他在店里专管温酒，单调而无聊。"掌柜是一副凶脸孔，主顾也没有好声气，教人活泼不得；只有孔乙己到店，才可以笑几声。"就从孔乙己引人发笑，使人快活这一点上，把孔乙己这个人物刻画出来，让读者认识。刻画虽不限于一方面（计有孔乙己所受的教育，生活越来越坏的过程，心绪上的颓唐而自负等方面），可是着墨不多，而且都以小伙计在酒店里的所见所闻为范围，而且都不脱离"引人发笑，使人快活"的线索。一则说"引得众人都哄笑起来，店内外充满了快活的空气"；再则说"在这时候，众人也都哄笑起来，店内外充满了快活的空气"；第三回又说"于是这一群孩子都在笑声里走散了"：把范围和线索点得很清楚。后一部分，用孔乙己所欠的酒账作线索。从这个线索，叙出孔乙己"仍旧是偷"，以至被打折了腿；又叙出他最后一回的到店喝酒；末了用掌柜在年关和第二年的端午都看着粉板上的挂账说"孔乙己还欠十九个钱呢！"表示他永不再来，表示他已经默默而死。

写了前一部分，接着就是后一部分，似乎也未尝不可。可是作者在前后两部分中间插了一句话：

"孔乙己是这样的使人快活，可是没有他，别人也便这么过。"

---

① 原载一九四二年八月十五日《国文杂志》（桂林）第一卷第一期。

就小说写作的理想说，一句话该有一句话的必要和效果。若是可有可无的话，就不必写。要判定某一句话是否可有可无，不妨就从必要和效果着眼。不必要的，不增加什么效果的，就是可有可无的话；非有不可的，能够增加效果的，就是决不该漏掉的话。现在试看这一句话属于哪一类。

《孔乙己》前一部分是平叙；就是小伙计叙说关于孔乙己的所见所闻，是综合了平时的经验来叙说的，并非叙说某时某天的所见所闻，其间没有时间的关系。后一部分是直叙；就是小伙计叙说中秋前的两三天掌柜结账，引起掌柜和酒客关于孔乙己的谈论，将近初冬，孔乙己忽然来喝酒了，受了旁人的一阵讪笑，年关和第二年的端午掌柜看账，都提到了孔乙己，这些都是叙说某时某天的所见所闻，其间有时间的关系。从平叙转到直叙，插入前面提出的那句话，一方面把以前的平叙总结一下（那句话本身也还是平叙），一方面又给前后两部分立一个明显的界限。

那句话的上半句"孔乙己是这样的使人快活"，和前面"只有孔乙己到店，才可以笑几声，所以至今还记得"的话相应，而且补充了前面的话的意思。孔乙己所以引起小伙计的兴味，把他叙说出来，无非因为他"这样的使人快活"，让小伙计自己"可以笑几声"而已；否则再也不会记得他了。作者写孔乙己，当然不是为了"使人快活"，引人"笑几声"；他在篇幅的背后蕴藏着深刻的批判和无限的同情。可是从作为叙说者的小伙计看来，孔乙己只是一件可以取笑的引人发笑的资料。就在这一层上，也暗示出作者的批判和同情。

那句话的下半句"可是没有他，别人也便这么过"，见得别人从孔乙己得到快活，不过是偶然的凑趣，并非必不可缺少的事。既非必不可缺少的事，岂不是孔乙己这个人物就在"使人快活"这一点上，也只是无关重要的吗？岂不是他的存在与不存在对于别人都毫无关系的吗？于是，后一部分用孔乙己所欠的酒账来作线索，有了确切的根据，成了自然的联系。掌柜几次的记起孔乙己，提到孔乙己，都只为他有欠账，并不为他能够"使人快活"（虽然他到店来喝酒的时候又不免取笑他一番）。若不在粉板上挂了账，孔乙己不在面前的时候，掌柜是决不会想到孔乙己的。不幸的人在一般人心里这样的没有地位，这意思从插在前后两部分中间的那句话传达出来。读者若能细心体味，自然可以理会。

再说那句话里的"别人"，当然包括小伙计自己在内；而且自指的成分比兼指他人的成分多。小伙计因孔乙己"这样的使人快活"，对他感到兴味；虽然感到兴味，可是不一定需要他。"别人也便这么过"，意即"我也便这么过"，无异自叙的口气。假如认为自叙的口气,就与前面所说"专管温酒"是"一种无聊职务",在店里任事"虽然没有什么失职,但总觉有些单调,有些无聊"等话相应。"也便这么过",换句话说,就是耐着单调和无聊,还是每天站在柜台里温酒而已。这话里透露着深深的寂寞之感。它与末后掌柜取下粉板来说"孔乙己还欠十九个钱呢"的寂寞情景相配合,它与篇中凡孔乙己引人哄笑的情节骨子里都蕴蓄着人生的寂寞相配合,构成了全篇的寂寞的空气。

有些人说语体文没有什么讲头。像这里所提出的《孔乙己》中那句话,简单明白,当然更没有什么讲头。殊不知如果把那句话轻易滑过,就会毫无所得。要细心研读,才有以上几层意思可说(而且未必就此说尽)。从这几层意思看,就会明白那句插进去的话并不是可有可无的,它在结构上是必要的,在作用上是能够增加效果的。

## 略谈韩愈《答李翊书》

国文课本中往往选用古人论文的文章。这类文章,多数表白作者自己的甘苦,犹如现在所谓写作经验。其中有的持论很高,说理近乎玄奥。一个中学青年学习国文,在写作一方面所求并不很高,无非要在组织思想、处理材料、运用语言文字等事项上养成良好习惯而已。所求不过如此,而用这类文章作为指导的理论,就会使读者觉得写作是非常艰难的工作,在修养还没有到家的时候,简直没有执笔的资格。这就会抑止写作的动机,妨碍写作的应用,所受的影响不免是"负"面的了。

然而这类文章也未尝不可读,只要能活读而不死读。所谓活读,就是辨明古人持论的范围,酌取其大意,而不拘泥于一言一句的迹象。辨明了范围,就知道古人持论的所以然;这是知识方面的事。酌取其大意,化为自己的习惯,就增长自己的写作能力;这是行为方面的事。如果在讲解和记诵以外不再作什么研讨,那就是死读。

韩愈的《答李翊书》,各种高中国文课本差不多都选了,有些初中课本也选了。这篇文章以"蕲至于古之立言者"为作文的标的,又以"行乎仁义,游乎诗书"为修养的基本,都是非常艰巨的事。一个中学青年如果也要认定这样的标的,立下这样的基本,然后写作,那就一辈子别想写作了。可是韩愈也并非故为高论。他所说的原是"著述之文",不是一般的文。"著述之文"必待存养有所得,学术成系统,然后写作。古来成一家言的作者差不多都是存养有所得,学术成系统的。所以他以"蕲至于古之立言者"为标的。他又是自认为继承儒家道统的人。儒家最大的修养纲领是仁义，儒家最重要的教科书是经籍（以偏赅全就是"诗书"），所以他以"行乎仁义，游乎诗书"为基本。知道了这些，就辨明了他这篇文章持论的范围。从此更可以推想开来。现在一个中学青年作文，不过要表白自己所经验的事物，发抒自己所蕴蓄的情意，以适应处于人群之中的需要；决不是要"立言"，也决不是要写"著述之文"。写"著述之文"只是极少数人的事，并非人人所必需。而运用语言文字叙事达意却是生活的重要条件，实为人人所必具。二者不可混为一谈。因此，我们不妨理解韩愈为什么这样说，可是不必攀附他的说法，也以"蕲至于古之立言者"为作文的标的。再说，韩愈以文见道，为了要继承道统。我们写文，或者给朋友寄封信，或者向父母有所报告，都只是日常生活的事，无所谓道统。存心和制行要不违仁义，原是不错的；但是我们不必为了作文而"行乎仁义"。阅读记载前人经验的书，也是有道理的；可是我们不必而且不该限于经籍而"游乎诗书"。若是作者自命要继承儒家道统，原无妨依照韩愈的说法；但是我们只要做一个能够利用语言文字的人，就不须依照韩愈的说法了。

这篇《答李翊书》中用了这些譬喻，如"养其根而俟其实，加其膏而希其光，根之茂者其实遂，膏之沃者其光晔"，"气，水也，言，浮物也，水大而物之浮者大小毕浮"。读譬喻，必须究明它所喻的是什么，才有用处。"根茂实遂，膏沃光晔"，无非说内面越充实，表现于外的越完美；所以从根本入手，须求内面的充实，这就得"养根""加膏"。"气"是个玄奥的名词，包括人的一切修养成果——包括孟子所谓"浩然之气"的"气"和曹丕所谓"文以气为主"的"气"，前者是德性方面的修养成果，后者是语言文字方面的修养成果。表现于外面的"言"决定于修养成果的"气"，正如浮物的"大小毕浮"与否决定于水的大小。这些意思，对于希冀"立言"的作者固然有用，对于通常学习写作的人，如中学青年，也未尝无用。一般人学习写作，往往只从记诵和摹仿入手。常常听到这样的发问："要把文章写好，该读些什么书？"就是例证。殊不知写作的根源在于自身的生活，脱离生活，写作就无从说起。即以一封平常的信来说，也必须把所要说的弄得清清楚楚，才写得好；而把所要说的弄得清清楚楚，就是生活方面的事，不是记诵和摹仿方面的事。生活内容有繁简和深浅的分别，在简和浅的阶段的人固然不能强求其繁和深；可是连简和浅的阶段也抛开了，就只能一阵胡写，决无是处。从韩愈所说气与言的关系，又可知一切修养是写作的基本。德性方面有修养，观物论事自然中节;语言文字方面有修养,遣词谋篇自然合度。修养在乎平时,文章随时而作;随时的写作有了平时的修养,就可以依习惯着手,无所容心,而"物之浮者大小毕浮"。就一个中学青年说,德性方面的修养是通于各种学科各项行为的事,语言文字的修养是国文科所专重的事;要希望写作得像个样子,还必须平时在这两方面努力才行(还得补充一句,德行方面的修养,其目的不在于写作,而在于要作一个健全的人)。

韩愈这一篇"抑又有难者"以下一段,写创作的心理与过程,如果能够活读,也有受用处。此外也还有可说的,恐怕头绪太繁,不再说了。

# 责己重而责人轻（范文选读）<sup>①</sup>

蔡孑民（元培）先生民国二十九年三月五日去世，到现在两年多了，还没有人把他毕生的著作编成全集行世。他的集子只有一部《蔡孑民先生言行录》，还是民国九年新潮社编辑的，现在归开明书店出版发行。那部书中的"附录"收入先生所编的《华工学校讲义》。那是给留法的华工读的，共四十篇，德育方面的三十篇，智育方面的十篇。这篇《责己重而责人轻》，就是德育三十篇中的。各种初中国文课本选用这篇的很多。现在我们也选作范文，请读者诸君细读。

《责己重而责人轻》这个题目，是把本文开头所引"躬自厚而薄责于人"及"其责己也重以周，其待人也轻以约"简括而成的。责己重，就是躬自厚，就是责己重以周；责人轻，就是薄责于人，就是待人轻以约。作为题目，见得简括得很好。

孔子曰："躬自厚而薄责于人，则远怨矣。"①韩退之又申明之曰：②"古之君子，其责己也重以周，其待人也轻以约。③重以周，故不怠；轻以约，故人乐为善。"④其足以反证此义者：⑤孟子言父子责善之非，而述人子之言曰："夫子教我以正，夫子未出于正也。"⑥原伯及先且居皆以效尤为罪咎。⑦椒举曰："无瑕者可以戮人。"⑧皆言责人而不责己之非也。

①孔子这一句话记载在《论语·卫灵公》。"躬"是身。"躬自"就是"身自"，是副词，用作状语。《史记·万石传》有"身自浣涤"，就是"躬自浣涤"。"躬自"或"身自"，相当于现在说的"自身"。"躬自厚"就是身自厚责。这责字省略，从下文"薄责"见出。下文"薄责于人"，就是对别人责备得薄。"躬自厚"，照现在说法，还得补充"对"字的意思，就是对自己责备得厚。"躬自厚"和"薄责于人"相背反，所以中间用个转折连词"而"。"远怨"是远于怨恨。怨恨包括别

①　原载一九四二年九月十五日《国文杂志》（桂林）第一卷第二期。

人对我的怨恨，我对别人的怨恨而言。远于怨恨，现在没有这样说法；可以揣摩原意，解作不会有怨恨。远离了，也就不会有了。

②"退之"是韩愈的"字"。"申明"是说明白的意思，不可与"声明"相混——"声明"是表白的意思。"之"字指上面所引孔子的话。下面所引韩愈的话见于《原毁》篇。

③这一句分析开来，实是四个意思：古之君子责己重，古之君子责己周，古之君子待人轻，古之君子待人约。"重"和"周"都是责己的情形，"轻"和"约"都是待人的情形，所以各用"以"字连起来。这"以"字和平等连词"而"字相当（"而"字可用作转折连词，也可用作平等连词）。"也"字加进去，表示语气的拖长，使人注意那"责己""待人"以及"责己""待人"的情形。"责己""待人"既是属于"古之君子"的两种举动，就等于两个名词，该用"之"字来表示它们与"古之君子"的关系。但是，作"古之君子之责己也重以周"两用"之"字，嫌噜苏。第二句作"古之君子之待人也轻以约"，更见得重复。所以把两句并作一句，先提"古之君子"，下面用两个"其"字来代他。这里的"其"字，意义是"他的"。"周"是周备、详审。"约"是简单、粗略。

④这一句承上文说，所以略去"责己""待人"，只说"重以周""轻以约"。"责己重以周"是因，"不怠"是果，用"故"字表示二者的因果关系，后半句亦然。这里有一点应该注意：说"不怠"没有点明谁"不怠"，说"乐为善"却点明一个"人"字，这是什么缘故？原来"责己"是责者被责者都是自己，那"不怠"的效果当然也属于自己，不待点出，自能明白；"责人"却不然，责者是己，被责者是人，那"乐为善"的效果到底属于谁，必须点出才明白。

"不怠"是说认真修养，永不懈怠。

⑤这里的"其"字表示换一方面说话的开端，与上文两个"其"字不同。现代话里没有贴切相当的字，勉强可以解作"那"。"此义"指上文所引孔子及韩退之说的意思。以下所举，"皆言责人而不责己之非"。"责人而不责己"既"非"，可见"责己重而责人轻"是"是"了。下文与上文着眼点相反，可是归趋相同，所以说"足以反证"。

⑥这里所引孟子的话见于《孟子·离娄》。公孙丑问君子为什么不自教他的儿子，孟子说："势不行也。教者必以正。以正不行，继之以怒。继之以怒，则反夷矣。'夫子教我以正，夫子未出于正也。'则是父子相夷也。父子相夷则恶矣。"

"责善"是督责策励,勉为善行。"人子"等于现在说的"做儿子的"。同样的说法如"人君""人臣"。"夫子"是对长辈的敬称,这里是做儿子的称父亲。"出于"表示从某一方面实做的意思。"夫子未出于正也"一语,用现在的话说,就是"您自己还没有做得正当呢"。

⑦"原伯"就是原庄公,周朝的卿士。鲁庄公二十一年,郑伯入周,杀王子颓,请周惠王饮酒,仿效王子颓徧舞六代之乐。原伯说:"郑伯效尤(效尤是仿效别人不好的行为),其亦将有咎。"事见《左传》庄公二十一年。"先且居"(且音雎),春秋时晋国人,晋襄公时任中军元帅。当晋文公的末年,卫使孔达领兵伐郑。郑是晋的盟国,照理卫应该先行朝晋,求得晋的谅解,才好出兵;可是卫并没有先行朝晋。到襄公即位,便起兵伐卫。先且居以为倘不先行朝周而伐卫,那是"效尤,祸也",所以请襄公先朝周而后伐卫。事见《左传》文公元年。

⑧"椒举"是春秋时楚大夫伍举,封于椒。楚灵王伐吴,拿住齐国的庆封,责他弑君的罪(齐国崔杼杀了国君,庆封是崔杼同党),要杀掉他。伍举因为楚灵王自己也是杀君自立的,所以说了这个话,劝他不要这样做,以免自己的罪恶也被庆封宣布出来。事见《左传》昭公四年。

"瑕"是玉上的斑点,引申为人行为上的缺失。"戮"是明正其罪而处罚。

准人我平等之义,似乎责己重者责人亦可以重,责人轻者责己亦可以轻。①例如多闻见者笑人固陋,有能力者斥人无用,意以为我既能之,彼何以不能也。②又如怙过饰非者每喜引他人同类之过失以自解,意以为人既为之,我何独不可为也。③

①"准"是以某一原则某一道理为标准,在口语里就是"按照"。

本篇的主旨是"责己重,责人轻"。人己之间为什么应该有轻重?很容易引起怀疑。照一般的想,重就该人己并重,轻就该人己并轻,才是"人我平等"的道理。作者唯恐读者有这样的怀疑,存这样的想头,所以提出这一句话。用个"似乎",表示那想头好像不错的;说好像不错,言外之意是其实不对。

②这一句举出"责己重者责人亦重"的实例,并设想他们重责别人的时候是那样想的。

"固陋"是拘执浅薄。"彼"指被"笑"被"斥"的"人"。

③这一句举出"责人轻者责己亦轻"的实例,并设想他们轻责自己的时候是那样想的。

"怙过饰非"是不想纠正过失,只想遮掩过失。

"自解"是替自己解释。

不知人我固当平等,而既有主观客观之别,则观察之明晦显有差池,而责备之度亦不能不随之而进退。①盖人之行为常含有多数之原因:②如遗传之品性,渐染之习惯,薰受之教育,拘牵之境遇,压迫之外缘,激刺之感情,皆有左右行为之势力。③行之也为我,则一切原因皆反省而可得。④即使当局易迷,而事后必能审定。⑤既得其因,则迁善改过在在可以致力。⑥其为前定之品性,习惯及教育所驯致耶,将何以矫正之?⑦其为境遇,外缘及感情所迫成耶,将何以调节之?⑧既往不可追,我固自怨自艾;而苟有不得已之故,决不虑我之不肯自谅。⑨其在将来,则操纵之权在我,我何馁焉?⑩至于他人,则其驯致与迫成之因决非我所能深悉。⑪使我任举推得之一因而严加责备,宁有当乎?⑫人人各自有其重责之机会,我又何必越俎而代之?⑬

①是谁"不知"? 就是有如上的想头的那些人"不知";这一句中所说的道理,都是他们所不知道的。"人我平等之义"是不错的,所以在"当平等"之上加个"固"字。可是在"责备"这一点上却不应该人我平等,所以用个转折连词"而"("而"与"固"相应)。"主观""客观"是两个对立的心理学用语。凡认识的主体和属于自我"内心的"事物、地位和属性,叫做"主观"。凡被认识的客体,就是离开自我而存在的外界事物,叫做"客观"。"我"是"主观"。"人"是"客观"。"差池"这个词原用来形容不齐的样子,这里就是说不齐。"观察之明晦"怎样不齐呢? 就是主观观察易明,客观观察难明(就是"晦")。这一句中第二个"而"字是顺递连词;用了这"而"字,上面的"则"字就管到"责备之度'了(句中"而"字与"则"字,"而"字与"亦"字都是相应的,可注意)。"度"是程度。"进退"是加减。怎样是"随之而进退"呢? 就是:主观观察易明,责备的程度因而加重;客观观察难明,责备的程度因而减轻。

②"盖"字用在这里,表示下面的话是用来阐明上面的话的。现代话里没有贴切相当的字,勉强解作"因为"。

③这里的"渐"字音"尖",也是"染'的意思,与"染"字构成复合词。社会习惯对于个人,好像染色对于织物,染着便受影响,所以说"渐染之习惯"。"薰"原是以香薰物的意思。人受教育,好像物受香薰,所以说"薰受之教育"。"外缘"

是外界的事物。外界事物与我的精神生活物质生活若相违反,就是"压迫之外
缘"了。"左右"是使他向左或向右的意思,同于"支配"或"牵制"。

④这句里的"也"字,与上文"其责己也重以周"的"也"字作用相同。但是可
以换用"者"字。"行之者为我",就是说:做那行为的是我自己。"反省"是自己
省察。因为主观观察易明,所以"一切原因皆反省而可得"。

⑤"当局易迷"是一句老话,在人生经验上也是一种事实。作者恐怕读者援
引那句老话,以为一切原因未必皆反省而可得,所以加入这一句,补充说明。意
思是:"当局易迷"诚然不错,但是迷是迷在一时,到事过境迁的"事后",便不迷
了。不迷而"反省",一切原因"必能审定'。

⑥"在在"就是"处处"。"致力"是"用力"或"着力"。

⑦这句与下句的"其"字表示分别指称的开端,也可以勉强解作"那"。这句
与下句的"耶"字表示语气的拖宕,不是表示疑问口气的。

"驯致"是积渐而成,用现代口语说,就是:渐渐地成为这样子。

作者在"品性,习惯及教育"上面加上形容语"前定之",大概因为品性是父
母遗传的,习惯是社会酿成的,教育的制度和方法是社会规定的,都决定于我生
之前,所以说"前定"。但是就及于人的影响说,一般都认遗传是"先天的",习惯
和教育是"后天的"。"前定的"和"先天的"易于相混,如果读者混为一谈,认为
习惯和教育也是"先天的",那就误会了。这"前定之"三字也可以不用。这句与
下句对称,下句"境遇,外缘及感情"上面并没有什么形容语,这句也无须有。

⑧上句与这句说"致力"的途径。"其为……耶"是审定原因,"将何以……
之"是根据原因,寻求迁善改过的方法。

⑨这句说对于既往的过失的态度。既往的过失,不能追上去改正,那固然是
很可懊恼的事;可是反省之后,觉得当时行为都由种种原因牵制(就是所谓"不
得已之故"),也决不肯原谅自己。"自怨自艾"是个熟语。"艾"一向解作"芟",
除去的意思。"自艾"是自己想除去过失。有人说,"艾"可能是"惩"的假借字,
是惩戒的意思。"自艾"是惩戒自己。"决不虑我之不肯自谅",直译为现代口
语,就是"决不愁我不肯原谅自己";但是话没有这么曲折的,解作"决不肯原谅
自己"就可以了。

⑩"其"字与上文"其足以反证此义者"的"其"字作用相同。"焉"在这里是
助词。"我何馁焉?"就是说:对于将来的迁善改过,我有什么胆怯呢?不胆怯的
原由是"操纵之权在我"。"操纵之权在我"的原由是过失的原因已经审定,迁善

改过的方法已经求得。从"行之也为我"到这一句,说明责己宜重的所以然。

⑪因为客观观察难明,所以"驯致与迫成之因决非我所能深悉"。

⑫"使"是假使。"宁"是哪。"当"是得当。原因很多,推求到的未必就是主因要因。任便举一个去责备别人,自然不会得当了。

"宁有当乎?"是反诘口气。若作直说口气,便是"必无当矣"。反诘口气引起读者思索,让读者自己去领会出"必无当矣"的意思,效力比较大。

⑬这句又推进一层说。大家都能"重责自己",大家都可以"致力"于迁善改过,我又何必代人费心呢?

《庄子·逍遥游》中说:"庖人虽不治庖,尸祝不越樽俎而代之矣。""尸"是假拟鬼神受祭祀的人,"祝"是管祭祀的人。"樽俎"是盛酒食的器具。意思是:尸祝不代管庖人的事。凡管不是自己分内的事,都可以说"越俎而代之"。"越俎代庖"成了成语。

从"至于他人"到这一句,说明责人宜轻的所以然。

故责己重而责人轻,乃不失平等之真意。否则迹若平而转为不平之尤矣。①

①"转"就是现代口语的"反而"。"尤"是最甚,也就是"极"。"××之尤"是文言的形式,如极不平可作"不平之尤",极荒唐可作"荒唐之尤";但不可照样直译,说"不平的极","荒唐的极"。

"责己重者责人亦重,责人轻者责己亦轻",从形迹上看似乎很公平,这叫做"迹若平"。客观观察不如主观观察的详明,若对己对人,责备之度相同,便是强不同以为同,这叫做"转为不平之尤"。

解说到这里完了。下面说说全篇的布置。对于"责己""责人"可有三种态度:一种是责人而不责己;一种是责己责人同其重轻;又一种是责己重而责人轻。作者主张取第三种,非把前两种提到不可。责人而不责己是不对的,这容易明白,所以在引用成语故事之后,只说"皆言责人而不责己之非也",一笔带过。由此反证,可知责人者须能责己。人己并责,很可能采取同其轻重的态度,因为有个"平等之义"在那里。作者要主张责己重而责人轻,必须把不该同其重轻详细说明才行,就有第三段的一大段文字。不该同其重轻的所以然说明白了,对于责己重责人轻,也就无可怀疑了。——这篇思路发展的线索是这样的,全篇的布置就从这样的线索而来。

# 读《五代史·伶官传叙》<sup>①</sup>

我们想谈谈读一篇文章应该注意应该讨论的事项,供读者诸君自修参考。这些事项方面很多,不能面面俱到,分几回谈,各个方面就都谈到了。

这一回想就文言的句式,文言虚字的用法,以及文章的结构等项谈谈。选用的文章是欧阳修的《五代史·伶官传叙》。

呜呼!盛衰之理虽曰天命,岂非人事哉?原庄宗之所以得天下与其所以失之者,可以知之矣。

世言晋王之将终也,以三矢赐庄宗而告之曰:"梁吾仇也;燕王吾所立,契丹与吾约为兄弟,而皆背晋以归梁:此三者吾遗恨也。与尔三矢,尔其无忘乃父之志!"庄宗受而藏之于庙。其后用兵,则遣从事以一少牢告庙,请其矢,盛以锦囊,负而前驱,及凯旋而纳之。方其系燕父子以组,函梁君臣之首,入于太庙,还矢先王,而告以成功,其意气之盛可谓壮哉!

及仇雠已灭,天下已定,一夫夜呼,乱者四应,苍皇东出,未及见贼而士卒离散,君臣相顾,不知所归,至于誓天断发,泣下沾襟,何其衰也!

岂得之难而失之易欤,抑本其成败之迹而皆自于人欤?

《书》曰:"满招损,谦得益。"忧劳可以兴国,逸豫可以亡身,自然之理也。

故方其盛也,举天下之豪杰莫能与之争;及其衰也,数十伶人困之,而身死国灭,为天下笑。

夫祸患常积于忽微,而智勇多困于所溺,岂独伶人也哉?

作《伶官传》。

要透彻理解这篇文章,篇中提到的一些史事,篇中所有词语的意义,都非知

---

① 原载一九四七年一月一日《中学生》第一八三期。

道不可。读者诸君如果早已知道这些，当然最好。如果不大知道，希望用自己的能力去找参考，像平时国文课前做预习的功夫一样。手头有一部《辞源》或者《辞海》，一部通史或者高中本国史，也够参考了。如果方便，找到《二十四史》或者《二十五史》，不妨把欧阳修编的《新五代史》检出来看看。

"虽曰……岂非……哉"这种形式，表示撇开了"虽曰"以下的一层，侧重在"岂非"以下的一层。就这篇文章说，这一句就是表示盛衰之理，与天命的关系比较轻，与人事的关系特别重。

"岂非人事哉"是反诘语气带着感叹语气的判断。反诘与询问不同。询问要人家回答，反诘可根本不要人家回答，只是用一种较强的语气表达出自己的意见。就反诘语气说，通常用"哉"字，与"岂不""岂非"相应。就感叹语气说，也以用"哉"字为常。这篇文章论世代盛衰，见出人事与盛衰关系重大，单凭一个"哉"字，还嫌感叹语气不足，所以开头先来个叹词"呜呼"。这句话如果不用反诘语气带感叹语气，也可以用直陈语气来说，那就是"实亦人事也"，或者"实由人事也"。

第二句若不用代名词，该是"原庄宗之所以得天下与庄宗之所以失天下者，可以知'盛衰之理虽曰天命，岂非人事哉'矣。"这多么啰唆，话也没有这么说法的，当然要用代名词以求简约。"其"字就代替第二个"庄宗之"；"所以失之者"跟在"所以得天下"后面，"之"字当然代替"天下"；"原庄宗之……失之者"是个条件，有了这个条件就"可以知之矣"，"之"字当然代替第一句全句。这几处都用了代名词，都不会使人模糊。"所以……者"这种形式，用现在的说法，就是"……的原因"，或者"……的理由"。"所以得天下者"就是"得天下的原因"，"所以决之者"就是"失天下的原因"，用"与"字连起来，就合用一个"者"字了。这种形式还残留在现在的口语里，例如"他要这么做的理由"，"希脱勒灭亡的原因"，往往说成"他所以要这么做的理由"，"希脱勒所以灭亡的原因"。

"晋王之将终也"，"方其盛也"，"及其衰也"，句式相同。"方其盛也"就是"方庄宗之盛也"，"及其衰也"就是"及庄宗之衰也"。这三个"也"字都表示语气稍稍停顿，带着口语中"呢"的意味。同类的语气如：

大道之行也，天下为公。（《礼记》）

赤之适齐也,乘肥马,衣轻裘。(《论语》)

有功之生也,孺人比乳他子加健。(归有光文)

这里有个问题。写成"大道行","赤适齐","有功生","晋王将终",意义并无改变,而且也能使人明白,为什么要加个"之"字?因为"大道行","赤适齐","有功生","晋王将终",本来具备独立成句的资格,现在作为一个句子的一部分,失去了这个资格。加个"之"字,就是在形式上确定它从句子变为词组,见了"……之……"这个形式,就知道那不是独立的句子。再从读者的心理说,"大道行"断了句,接着说"则天下为公",我们虽然可以知道"大道行"并不独立,可是不如加上个"之"字,让读者从头就知道句子未完,就期待下文。这样,句子更觉紧凑。(采用吕叔湘《文言虚字》的说法,见第七第八两页)现在口语"大道施行的时候",显然不能独立成句,我们就决不说"大道的施行的时候"了。


以三矢赐庄宗

以一少牢告庙

盛以锦囊

系燕父子以组

告以成功

这五语是同类的,可以合在一起讨论。五语分两式,两式调换,意义都一样。如果一律调换成"以"字在前动词在后的一式,就是:

以三矢赐庄宗

以一少牢告庙

以锦囊盛(之)——原当作"盛之以锦囊","之"字代替"矢"。但是"盛"字紧接着上句的"矢"字,习惯上往往省去"之"字。现在调转来,"盛"字与"矢"字隔开,"之"字就不能省了。

以组系燕父子

以成功告(之)——"之"字代替"先王"。补上"之"字的理由,与"以锦囊盛之"同。

如果一律调换成动词在前"以"字在后的一式,就是:

赐庄宗以三矢

告庙以一少牢

盛(之)以锦囊

系燕父子以组

告（之）以成功

可是这篇里两式并用,不从一律,这也有可以说的。如果作"赐庄宗以三矢而告之曰","之"字就与"庄宗"隔远了;虽然不至于使人误会,不如照原文"之"字与"庄宗"贴近更为明白,如果作"则遣从事告庙以一少牢",下一语"请其矢"的"其"字就与"庙"隔远了;"其"字代替"庙中的",该与"庙"贴近才见醒豁,要贴近就得作"以一少牢告庙"。如果作"以锦囊盛之","以成功告之",语气就舒缓了;可是就上下文体会,两语都该作紧张急促的语气,"盛以锦囊","告以成功",语气就比较急促。如果作"方其以组系燕父子",原也可以,可是作"系燕父子以组",与下一语"函梁君臣之首"恰好成为形式上的对偶。这一篇里有好些语句都作对偶,因而这个对偶也必须保持。


"以三矢赐庄宗而告之曰"的"而"字,作用在把"以三矢赐庄宗"和"告之曰"两个行动连接在一起。他如:

庄宗受而藏之于庙——"受"字下省了"之"字,代替"矢"。也可以作"受之而藏于庙"。如果作"受之而藏之于庙",那就嫌罗嗦了。

负而前驱——"负"字下省了"之"字,代替"矢"。

还矢先王而告以成功

这些"而"字都是把两个行动连接在一起。在口语里,以上例语中用"而"字的地方都不需用什么连接词。如说"把三枝箭赐给庄宗,告诫他说"就成了。

得之难而失之易

祸患常积于忽微而智勇多困于所溺

这两个"而"字,作用也在连接,把两个观念连接在一起,前一例是相对的两个观念,在口语里不需用什么连接词,说成"得天下难,失天下容易"就成了。后一例是相关的两个观念,"智勇多困于所溺"伸说"积于忽微"的容易,在口语里就得说成"祸患常常在不经意中累积起来,并且足智多勇的人大多被溺爱的事物困住",或者"足智多勇的人又大多被溺爱的事物困住"。"并且"和"又"大致相当于那个"而"字。

及凯旋而纳之

未及见贼而士卒离散

这两个"而"字,作用也在连接,把行动的时间连接到行动上去。"及凯旋"

说明"纳之"的时间,"未及见贼"说明"士卒离散"的时间。在口语里,往往把"而"字以上的部分说作"……的时候",就不再需用什么连接词了。如说"到凯旋的时候,把箭送回庙中"。

燕王吾所立,契丹与吾约为兄弟,而皆背晋以归梁。

数十伶人困之,而身死国灭。

这两个"而"字,作用在转接,表示"而"字以下的话与"而"字以上的话多少有相反的意味。"吾所立"和"与吾约为兄弟"同"背晋以归梁",在人情上是相反的。"数十伶人困之",势力并不大,"身死国灭",受祸很严重,在常理上是相反的。这种转接作用的"而"字,多数相当于"可是"。第二例该说成"只有几十个伶人困住他,可是他命也丧了,国也亡了"。

现在只剩"抑本其成败之迹而皆自于人欤"的"而"字没有说了。这个"而"字是可以不要的,作"抑本其成败之迹皆自于人欤",并无不妥当。加用个"而"字,只在表示语气的舒缓。那一句接在询问兼感叹语"何其衰也"之后,还是感叹,语气舒缓是足以增强感叹的意味的。

这篇里用了四个"吾"字。"燕王吾所立","吾"字等于"我",在主位。"契丹与吾约为兄弟","吾"字等于"我",在宾位(介词"与"的宾语)。"梁吾仇也","此三者吾遗恨也","吾"字都等于"我的",在领位。在古书里,"吾""我"两字用在主位、领位和宾位的都有,只是"吾"字用在宾位的不常见。现在我们写白话,就专用"我"字不用"吾"字了。


燕王吾所立

不知所归

智勇多困于所溺

这三个"所"字,作用在代替与下面的动词相关的事物。"所立"就是"立他为王的人"(全句是"燕王是我立他为王的人"),"所归"就是"归向的处所","所溺"就是"溺爱的事物"。现在的口语不能单说"所立","所归","所溺",常常要像上面说的把相关的事物说出,因而"所"字用不着了。现在我们还在说"我所厌恨的人","他所喜欢的东西",那是文言的残留。其实说"我厌恨的人","他喜欢的东西",就足够了。试听与古书古文无缘的人的言语,就很少用这样的"所"字。

"而皆背晋以归梁"的"以"字,作用与"而"字一样,连接"背晋"与"归梁"两个动作。径作"而皆背晋而归梁",也没有什么不可以。现在用"以"字是为了避免"而"字在一语之中重复。"以"字用作这样的连接词,例子很多,如:

天大雷电以风。(《尚书》)

使民敬忠以劝,如之何?(《论语》)

治世之音安以乐,乱世之音怨以怒,亡国之音哀以思。(《诗序》)

这些"以"字都与"而"字相当,都可以换用"而"字。

"尔"与"乃"都是对称代名词。"尔"字可以用在主位,领位和宾位,"乃"字用在主位和领位,可是不用在宾位。这里"与尔三矢"的"尔"字在宾位,第二个"尔"字在主位,"乃"字在领位。

"尔其无忘乃父之志"的"其"字与一般的"其"字不一样。这个"其"字表示叮咛戒勉的语气,与口语里的"可"字相当。就是说"你可别忘了你爸爸的意愿"。

藏之于庙——也可以作"藏于庙",前面已经说过。

入于太庙

自于人

积于忽微

困于所溺

就这五语可以讨论"于"字,"于"字是介词,把名词联系到动词,表明那个行动的某种情形。"庙"与"太庙"是"藏"与"入"的处所,"人"与"忽微"与"所溺"是"自"与"积"与"困"的来由。文言里介词用在动词之前或动词之后都有,"于"字多用在动词之后。试看这五语,就一律是"(动词)于(名词)"的形式。翻译成口语,可不能说"于"字一律与口语中的什么字相当,得根据上面那个动词的意义,选用一种说法。"藏于庙"就是"藏在庙里"("于"与"在……里"相当)。"入于太庙"就是"进太庙"(在口语里,"进"字之下不需要什么介词了。文言也可以不要"于"字,作"入太庙",可是"藏于庙"决不能作"藏庙")。"自于人"就是"从人事来的"("于"与"从"相当,"自"字原也是"从"义,但这里是动词不是介词,该是"来"的意义)。"积于忽微"就是"从忽微累积起来"("于"也与"从"相当)。"困于所溺"就是"被溺爱的事物困住"("于"与"被"相当)。可以注意的,说成口语,与"于"字相当的介词不一律在动词之后了。

"则遣从事以一少牢告庙"的"则"字的用法,是"则"字各种用法中最通常的一种,与口语中的"就"字相当。

前面说过,反诘语气感叹语气以用"哉"字为常。"可谓壮哉"的"哉"字是表示感叹语气。"岂独伶人也哉","哉"字上连个"也"字,表示反诘与感叹的意味更重。"何其衰也"的"也"字,与通常的"也"字不一样。这个"也"字表示询问语气兼带感叹语气。还有两个"欤"字,与"哉"字相类,也是反诘语气兼带感叹语气。

"岂……欤,抑……欤"这种反诘形式,表示撇开"岂"字以下的一层,侧重在"抑"字以下的一层。"抑"字大略与口语中的"还是"相当。

反诘语气不要人家回答,让人家直觉地领会作者正面的意思。询问语气以不说明为说明,让人家自己去找出答语来。两种语气的效果都比直陈语气来得大。因为直陈语气是平静的,反诘语气和询问语气(又兼带感叹语气)却使读者在心理上起一番震荡,因而印入较深。试把篇中的反诘语气询问语气一律改为直陈语气看看。

| | | |
|---|---|---|
| 岂非人事哉 | 改为 | 实亦人事也 |
| 何其衰也 | 改为 | 其衰甚矣 |
| 岂得之难而失之易 | 改为 | 非得之难而失之易也 |
| 欤抑本其成败之 | | 盖本其成败之迹皆 |
| 迹而皆自于人欤 | | 自于人也 |
| 岂独伶人也哉 | 改为 | 非独伶人也 |

意义虽然没有什么改变,摄引读者的力量却差得多了。

"至于誓天断发"的"至于"表示一件事情的程度。这儿说当时君臣狼狈的情形。狼狈到什么程度呢?狼狈到"誓天断发,泣下沾襟"。他如:

思之思之,至于不寐。

贫困无以自存,至于乞食。

聪敏殊甚,至于一目十行。

这些"至于",都是同一的用法。

"忧劳可以兴国,逸豫可以亡身",还有开头第二句中"可以知之矣",这三个"可以"需要提出来讨论一下。我们口语说"我可以帮他一手","你可以走了","这件事情这么办,你说可以不可以",这几个"可以",在文言中都只是个"可"字,不是"可以"。文言中的"可以"应该拆开来理解,"可"表示可能,"以"是个介词,把名词联系到动词上去。如果没有可能的意义,像这篇里的三语,本该作"以忧劳兴国","以逸豫亡身","以'原庄宗之所以得天下与其所以失之者'知之"。这是普通的形式。可是,在加上可能的意义的时候,就不作"可以忧劳兴国","可以逸豫亡身","可以'原庄宗之所以得天下与其所以失之者'知之",须把在"以"字之后的名词提到"可"字之前去,这就成了"(名词)可以(动词)"的形式。提到前面去是为的着重那名词。既经这么一提,那名词就处在主位了,"以"字之下又不须用什么代名词来填补,这是"……可以……"式的特别处。如:

诗可以兴,可以观,可以群,可以怨。(《论语》)

沧浪之水清兮,可以濯我缨;沧浪之水浊兮,可以濯我足。(《孟子》)

掺掺女手,可以缝裳。(《诗经》)

都是这种形式。不过也不是一定如此,如:

可以人而不如鸟乎?(《礼记》)

可以义起也。(《礼记》)

名词仍然在"以"字之下。


"夫祸患常积于忽微"的"夫"字,作用在提示。文言中常常用到"夫"字,口语中可没有相当的说法,大略近于"那"。


这篇文章很简单。第一句表出盛衰之理关乎人事,是全篇的主脑。以下的话无非说明这一层意思。第一句下也可以加一句"何以知之?"这是读者心中应有的问话。可是作者并没有加上这句问话,单把回答这句问话的话写了出来,就是第二句。从"世言晋王之将终也"到"可谓壮哉",叙述庄宗气焰煊赫的情形。从"及仇雠已灭"到"何其衰也",叙述庄宗狼狈不堪的情形。前一节的结尾,"其意气之盛可谓壮哉!"后一节的结尾,"何其衰也!"一个"盛"字,一个"衰"字,照应第一句中"盛衰之理"。接着用反诘句表出"本其成败之迹而皆自于人",其实只是把第一第二两句合起来重说一回。"本其成败之迹"与"原庄宗之所以得天下与其所以失之者"意义相近("迹"是事实,指上面两节叙述的,"所以……者"却是抽象的道理:所以只说相近,不说相同),"皆自于人"就是"岂非人事哉?"以下引用《书经》的话作为论据,又加以伸论,这才对"岂非人事哉"与"皆自于人"作了说明。"满""谦""忧劳""逸豫"都是人事,结果是"招损""得益""兴国""亡身",足见人事的关系特别重,原属"自然之理","天命"与"得之难而失之易"(相信"得之难而失之易"其实就是相信"天命")是不大相干的了。这只是泛说。以下回说到庄宗。"方其盛也"之中,暗含他当时能"谦",能耐"忧劳"的意思。"及其衰也"之中,暗含他当时自"满",耽于"逸豫"的意思。一个"盛"字,一个"衰"字,又照应第一句中"盛衰之理"。接着推广开来说,祸患不限于伶人,只要"困于所溺",样样都是祸患。这样把全篇的警戒意味发展到最高点,文章也就此结束了。

写这篇文章的动机就在警戒。警戒的是什么人?是做"人主"的人,说得广泛些,是站在统治地位的人。至于寻常老百姓,是不在警戒之列的,至少在作者那样的史书编撰者,是不措意到什么寻常老百姓的。史书的作用在于警戒,警戒的对象是统治阶级:这是我国古来传统的也就是正统的历史观念。

这篇文章诵读起来,很有音节声调之美。第一,篇中运用感叹句,反诘带感叹句,询问带感叹句,凭这些句子,就有"一唱三叹"的情味。第二,篇中运用一些对偶语,对偶语有均称的节奏。第三,在叙述庄宗狼狈不堪的一节里,多用四字语,四字语的音节紧张急促,与文情配合。可又不完全用四字语,"而士卒离散"是五个字,"至于誓天断发"是六个字,在整齐中见出变化。变化又正在极度紧张的处所,读起来若在那里特别顿挫,就很足以传情。

这篇文章,就立意说,代表着我国古来传统的也就是正统的历史观念。就结构说,开头提出"盛衰",以后两次一"盛"一"衰"的作为照应,极类似后来的八股文体。又具有音节声调之美,那也是八股文体竭力追求的。因此,这篇文章被历来选家看中了,一定要把它收在选本里头。

# 读《飞》①

　　读一篇文章，首先要弄清楚它说的什么。真正弄清楚了，它说得有理，你才可以赞同；它说得有趣，你才可以欣赏；它说得无理，你才可以批驳；它说得无味，你才可以厌弃。

　　真正弄清楚并不是十分容易的事。第一，自然要理解词句。词句是社会间"约定俗成"的东西。作者与读者之间的感情就只靠词句。遵守约定俗成的规范来运用词句，是作者的本分；遵守约定俗成的规范来理解词句，是读者的本分。对于某一个词，某一种句式，社会间是这样理解的，你因为不熟习，却那样理解了，这就是错误。对于一篇文章，必须完全没有这种错误，才算通体理解了它的词句。

　　其次，作者为什么要这样说，不那样说，那是不在文章里说明的；可是读者必须问个明白。明白了，才可以摸清作者思想的途径，辨明作者发言吐语的格调，对文章作进一步的理解。要做这一层功夫，凭借的仍然是摊在面前的那篇文章；但是，单从词句的字面去理解它还嫌不够，必须依据自己和旁人说话想心思的经验，从词句的背面去理解它。换句话说，理解了词句所表明的意思还嫌不够，要进一步理解它为什么这么表明；含蓄在话里的意思和情趣，都要把它体会出来。

　　现在举个例子，借用朱自清先生的一篇《飞》，按前面说的读法读它。

　　我从昆明到重庆是飞的。人们总羡慕海阔天空，以为一片茫茫，无边无界，必然大有可观。因此以为坐海船坐飞机是"不亦快哉！"其实也未必然。晕船晕机之苦且不谈，就是不晕的人或不晕的时候，所见虽大，也未必可观。海洋上见的往往只是一片汪洋，水，水，水。当然有浪，但是浪小了无可看，大了无法看——那时得躲进舱里去。船上看浪，远不如岸上，更不如高处。海洋里看浪，

---

也不如江湖里。海洋里只是水，只是浪，显不出那大气力。江湖里有的是遮遮碍碍的，山哪，城哪，什么的，倒容易见出一股劲儿。"江间波浪兼天涌"为的是巫峡勒住了江水；"波撼岳阳城"，得有那岳阳城，并且得在那岳阳城楼上看。

不错，海洋里可以看日出和日落，但是得有运气。日出和日落全靠云霞烘托才有意思。不然，一轮呆呆的日头简直是个大傻瓜！云霞烘托虽也常有，但往往淡淡的，懒懒的，那还是没意思。得浓，得变，一眨眼一个花样，层出不穷，才有看头。这是可遇而不可求的。平生只见过两回美丽的落日，都在陆上，不在水里。水里看见的，日出也罢，日落也罢，只是些傻瓜而已。这种奇观若是有意为之，大概白费气力居多。有一次大家在衡山上看日出，起了个大清早等着。出来了，出来了，有些人跳着嚷着。那时一丝云彩没有，日光直射，教人睁不开眼，不知那些人看到了些什么，那么跳跳嚷嚷的。许是在自己催眠吧。自然，海洋上也有美丽的日落和日出，见于记载的也有。但是得有运气，而有运气的并不多。

赞叹海的文学，描摹海的艺术，创作者似乎是在船里的少，在岸上的多。海太大太单调，真正伟大的作家也许可以单刀直入，一般离了岸却掉不出枪花来，象变戏法的离开道具一样。这些文学和艺术引起未曾航海的人许多幻想，也给予已经航海的人许多失望。天空跟海一样，也大也单调。日月星的，云霞的文学和艺术似乎不少，都是下之视上，说到整个儿天空的却不多。星空，夜空还见点儿，昼空除了"青天""明蓝的晴天"或"阴沉沉的天"一类词儿之外，好象再没有什么说的。但是初次坐飞机的人虽无多少文学艺术的背景帮助他的想象，却总还有那"天空任鸟飞"的想象，加上别人的经验，上之视下，似乎不只是苍苍而已，也有那翻腾的云海，也有那平铺的锦绣。这就够揣摩的。

但是坐过飞机的人觉得也不过如此。云海飘飘拂拂的弥漫了上下四方，的确奇。可是高山上就可以看见；那可以是云海外看云海，似乎比飞机上云海中看云海还清切些。苏东坡说得好："不识庐山真面目，只缘身在此山中。"飞机上看云，有时却只象一堆堆破碎的石头。虽也算得天上人间，可是我们还是愿看流云和停云，不愿看那死云，那荒原上的乱石堆。至于锦绣平铺，大概是有的，我却还未眼见。我只见那"亚洲第一大水扬子江"可怜得象条臭水沟似的。城市象地图模型，房屋象儿童玩具，也多少给人滑稽感。自己倒并不觉得怎样藐小，却只不明白自己是什么玩意儿。假如在海船里有时会觉得自己是傻子，在飞机上有时便会觉得自己是丑角吧。然而飞机快是真的，两点半钟，到重庆了，这倒真是个"不亦快哉！"

全篇是一番议论。议论根据经验，没有经验而乱发议论，那就是胡说。经验告诉作者，海上和天空太大，太单调，未必可观。全篇就说明这一层意思。话是从飞行说起的，末了也归结到飞行，当然天空是主，海上是宾。不过前半谈海上，却与后半谈天空，用了同样的劲儿。其意以为说明海上未必可观的部分，也可以教人推见天空未必可观。

细说起来，话很琐碎，而且没有条贯。为方便起见，现在按节次来说，每一节又按语句的先后，有可说就说，没有可说就跳过。

"不亦快哉！"就字面看，可以理解，但是，若把它的来历弄清楚了，理解更多。清初金圣叹(人瑞)有戏曲《西厢记》的评本，对于曲文说白下了评语之外，又在每出的前面，加上一些"读后感"似的随笔。在崔老夫人拷问红娘那一出的前面，他因红娘对答老夫人的话非常痛快，连带叙及他与他的朋友王斫山的闲谈。他们两人曾经谈及人间种种痛快事，一一记录下来，末了一句都作"不亦快哉！"这里就是引用这个"不亦快哉！"所以加上了引号。知道了这一层，可知说"不亦快哉！"犹如说"人间痛快事"。但是，直说"人间痛快事"，言外没有余味，说"不亦快哉！"可以联想到金圣叹创用此语的经过，意味就多了。

"晕船晕机之苦且不谈"一语，含蓄两层意思：一层是晕船晕机当然并非"不亦快哉！"二层是晕船晕机的时候，即使有可观也观不成。这两层容易想见，所以撇开不细说。下接"就是不晕的人或不晕的时候"，"不晕的人"指向来不患晕病的人，"不晕的时候"指有此毛病的人适逢不发作的时候，这两种人是可以畅观的。把这两种人分开来说，话极精密。

"水，水，水。"说了三个"水"。其实是可以说无数的——"一片汪洋"之中，除了"水"还有什么呢？因为"三"是习惯说的多数，说了三个，就等于说了无数个了。现在有一种说话方法，如说某人贪爱钱财，"他心爱的，第一个是钱，第二个是钱，第三个还是钱"；如说奋斗的重要，"目前我们的目标，第一个是奋斗，第二个是奋斗，第三个还是奋斗"。为什么不第四个第五个一直说下去呢？也因为三是习惯说的多数，说到第三个也就够了。若问说到"往往只是一片汪洋"为止，下面不说"水，水，水"可以不可以？当然可以。加说"水，水，水"有什么作用？比较单说"一片汪洋"来得具体，好像指着海面的这里那里在告诉人家似的。

以上说到海上只见水，所以没有什么可观。但是人家或许要问：海上不是有浪吗？问这句话的意思是：有了浪该可观了。"当然有浪"一语就是这么来的，把通常可以领会的一句问话略去了。以下就说明有浪也未必可观。同样的道理，第二节开头的"不错，海洋里可以看日出和日落"，也是回答一句通常可以领会的问话(海上不是可以看日出和日落吗?)的。

"大了无法看"之下用个破折号，加上"那时得躲进舱里去"一语，一是说明为什么"无法看"，二呢，带出一种幽默的语趣。躲进舱里去了，还看什么呢？

"船上看浪"的"船上"是就一般说，不分海洋里，江湖里。下一句的"海洋里有浪"也就一般说，不分船上，岸上，高处，"不如江湖里"是总之不如。以下说明为什么海洋里看浪不如江湖里看浪。

"江间波浪兼天涌"是唐朝杜甫《秋兴八首》第一首中的句子。这首诗作于夔府(四川奉节)。夔府以下，大江就入三峡(瞿唐峡、巫峡、西陵峡)了。兼天，同于说连天。为什么会"兼天涌"？为的有巫峡(照应上一句中的"山哪"一语)。这是岸上看浪的例子。"波撼岳阳城"是唐朝孟浩然《望洞庭湖赠张丞相》诗中的句子。撼是推动，摇动。并不是真的推动，摇动，是说洞庭湖波气势壮大，好像把岳阳城推动，摇动似的。为什么会有这种感觉？为的作者自己在岳阳城楼上(照应上一句中的"城哪"一语)。这是高处看浪的例子。

现在说到第二节了。第二节第一句的上半句，前面已经说过，这里只说下半句。下半句提出了"得有运气"，以下却说"云霞烘托"的话，好像把运气抛开了。其实不然。要说明为什么"得有运气"，必须说明日出和日落怎样才有看头，否则有运气没运气没凭准，作者认为要有"云霞烘托"才有看头，所以接说"云霞烘托"的话。以下根据自己的经验，说美丽的落日只见过两回，都在陆上。"海洋上也有美丽的日落和日出"，但是从未见过。于是在第二节的末了归结到运气，说"有运气的并不多"。有运气的不多，不就是可观的景色很少吗？

"一轮呆呆的日头"是说全无云霞烘托；下一句中"淡淡的，懒懒的"，是说烘托得不够；再下一句才是作者想望中的云霞烘托:话有层次。"得浓"针对"淡淡的"，"得变"针对"懒懒的"。"一眨眼一个花样，层出不穷"说明"变"的情形；"浓"字容易明白，"变"字或许教人起疑问，所以要加说明。"一眨眼一个花样"也可以说成"顷刻变化"，但是太抽象了，不及"一眨眼一个花样"可以引起具体的印象。

"可遇而不可求"是文言的习语，"遇"字表示偶尔遇见的意思，"求"字表示硬要寻求的意思。若改说"偶尔可以遇见，可不能硬要寻求"，当然也成话，但是太罗嗦了，不及径用"可遇而不可求"的习语来得爽快利落。凡是用习语，都假定读者能够完全理解那习语的意义的。在这个假定之下，用习语比自己造话来说，实在经济得多，可以用少量的话表达多量的意义。

"有意为之"也是文言的习语，死讲是"有意去做它"，讲不通，"奇观"怎么能"做"呢？但"有意为之"本来是空灵的，换句话说，是不能这样死讲的。硬要说漂亮话，可以说"有意为之"；装风雅，卖渊博，可以说"有意为之"；临到什么地点，逢到什么节令，一定要应个景儿作什么什么胜事，也可以说"有意为之"。总之，"有意为之"是"自然得之"的反面，恰与"可遇不可求"的"求"字相当。作者在这里用"有意为之"的习语，揣测起来，就为它有这样的作用。改说"这种奇观若是硬要见到"，固然可以，然而比较质直；改说"这种奇观若是去求它"，也可以勉强，然而不很流利。

"有一次大家在衡山上看日出"是"有意为之""白费气力"的例子。

"出来了"重复地说，传出"有些人跳着嚷着"的神情。

"自然，海洋上也有美丽的日落和日出"，语气是连接"水里看见的……只是些傻瓜而已"的，从"这种奇观"到"在自己催眠吧"几句，是加插进去的一层意思。"海洋上也有"的"有"是理论上有。"见于记载的也有"，人家看见过写下文字来了，是从事实上证明它有。

现在说到第三节了。以上一直在说可观无可观，为什么到这儿提起关于海的文学艺术来呢？想一想就容易回答。创作者动手制作文学艺术，必然由于那对象可观，值得赞叹描摹；假如那对象无可观，就连创作的动机都鼓不起来，哪儿来什么文学艺术？

"在船里的少，在岸上的多。"现在一般人说起来，往往在第二语的开头加上个"而"字，表示两语是相反的。其实这个"而"字是文言的残留，干净的口语里用不着。

"单刀直入"是比喻的说法，意思就是不需要依傍什么，借助什么，径自赞叹描摹那太大太单调的海。如果就照这样说，当然很明白，可是话没有什么韵味了。现在，上面说"真正伟大的作家"，下面说"单刀直入"，教人想见那真正伟大的作家仿佛一员英勇无敌的大将似的，任你敌阵怎样坚强难攻，在他却毫无所谓。

"掉枪花"和"像变戏法的离开道具"也是比喻的说法，上一个是隐比，下一个是明比。"掉枪花"的意思是施展技巧，"掉不出枪花来"就是没法施展技巧。

"岸"犹如变戏法的"道具",变戏法离开了道具就变不成,一般人离开了岸作不成赞叹海描摹海的文学艺术。

"这些文学和艺术"承上文而来,是离不了岸的文学和艺术。为什么"引起未曾航海的人许多幻想"?因为其中的赞叹描摹,使未曾航海的人觉得海上必然大有可观。为什么"给予已经航海的人许多失望"?因为航海的时候只见到太大太单调的海(离开了岸了),那些文学艺术里所赞叹所描摹的奇观往往见不到。

从"天空跟海一样"起,话才转到了天空。连锁的关键在"大"和"单调"上。以下仍旧就文学和艺术说,那是承接上文的。

"都是下之视上"是说那些文学和艺术都是从下面看上面,不是在天空里说"整个儿天空"。从下面看上面就有所依傍,有所借助,不是"单刀直入"。

"下之视上"和后面的"上之视下"显然是文言的句式,不是习语,可是有来历。晋朝王羲之的《兰亭集序》末尾有"后之视今,亦犹今之视昔"的话,作者"×之视×"就从那儿模仿来的。熟习了"后之视今""今之视昔"的,听见"下之视上""上之视下",自然会理解作"从下面看上面""从上面看下面",而且觉得比说"从下面看上面""从上面看下面"来得简捷有韵致。

"星空",有星可以依傍,可以借助;"夜空",有夜色可以依傍,可以借助;至于"昼空",只有"整个儿天空",却没有什么可以依傍,可以借助的了,只有一些平淡无奇的词可说。可见文学艺术对于"整个儿天空""单刀直入"的困难,纯写天空的文学艺术所以不多见,也就在此。

以上的话,无非要说明文学艺术不能引起初次坐飞机的人许多幻想(因为纯写天空的文学艺术实在不多)。但是人能像鸟一般在空中飞行,在初次坐飞机的人总觉得是快事:这是就人情推度而可知的。作者引用了唐朝僧人玄览的诗句"天空任鸟飞",比说"象鸟一般在空中飞行"意义丰富,而且具有语趣。一个"任"字,把自由自在,来去无牵挂的意义都包含在内了。"'天空任鸟飞'的想象",话多么利落;若是说成"'象鸟一般在空中飞行'的想象",虽不是不成话,到底太笨拙了。

以上一直就可观无可观说话,"'天空任鸟飞'的想象",却不属于可观的范围,所以只能算是连带提及。以下"别人的经验"才回到可观的范围。"别人"是什么人?就是有过飞行经验的人。没有坐过飞机的人听有过飞行经验的人述说他们的经验,然后自己想象,觉得"上之视下,似乎不只是苍苍而已,也有那翻腾的云海,也有那平铺的锦绣"。用个"似乎",见得那些可观(翻腾的云海,平铺的锦绣)是没有坐过飞机的人想象中的可观。

"平铺的锦绣"系指田地。田地里种着作物,从高处下望,形式好似图案,色彩错综复杂,宛如大幅锦绣。

"揣摩"是凭想象来揣摩"上之视下"的可观。读到这儿,应该知道作者有个没有说出来的意念,就是:没有坐过飞机的人往往从揣摩引起许多幻想。

现在说到第四节了。这里的"坐过飞机的人"好像泛指坐过飞机的人,其实是说作者自己以及那些没有见到什么奇观的人。

苏东坡咏庐山的诗是一首七绝,前面两句是"横看成岭侧成峰,远近高低各不同"。借用苏东坡的诗句,表达出云海中看云海难以认清云海的真面目的意思。

注意"有时"两字,这表明这句话里不再说云海了。"天上人间",用的南唐李煜词中的成语,可是意义并不与原词尽同;这里是说天上人间有别,人间看云谁都看惯了,天上看云却是难得的经验。"流云",历来文辞里习用的。"停云"是不流动的云,陶渊明有一篇四言诗,题目叫《停云》。"流云""停云"都得在地上(也就是人间)看。

"亚洲第一大水扬子江"是歌词。大约在四十年前,我国已经开办新式学校了,有人制作一些歌曲,作为唱歌的教材。当时有个很流行的歌叫做《扬子江》,从下游往上溯,歌咏长江的景物,共有八九首。第一首的第一行便是"长,长,长,亚洲第一大水扬子江"。这里若说"长江",那只是句寻常的话;现在说"亚洲第一大水",何等的壮大,下面却说"象条臭水沟",何等的不足道:两相对照,就显出下文所说的"滑稽感"来了。下一句中说"也多少给人滑稽感",从一个"也"字,可知长江像条臭水沟,作者是认为有滑稽感的。

"自己倒并不觉得怎样藐小",因为自己在飞机里,飞机里不比寻常居住的房间大。"却只不明白自己是什么玩意儿",因为眼前的景物都有了比方了(长江象臭水沟,城市象地图模型,房屋象儿童玩具),对于自己却不能离开了自己看自己,没法比方。"玩意儿"是从"地图模型"和"儿童玩具"来的。

隔绝了世界的一切,在又大又单调的海面上航行,干什么呢?"傻子"的称谓是这样来的。"丑角"的称谓是从上面所说的"滑稽感"来的。眼前的景物都有了滑稽感,便觉得自己是演滑稽戏的"丑角"了。

文章开头说"不亦快哉!"这儿照应前文,仍用"不亦快哉!"结束。"不亦快哉!"原是说痛快,这儿却把"快"字认作快慢的快,字面不改,意义转变,话有机趣。而飞行只有快速的"快",没有痛快的"快",这层意思也就含蓄在里头了。

# 关于《读〈飞〉》的一封来信和答复[①]

## 来　信

　　吾爱《中学生》，吾尤爱读《中学生》的中学生，所以写这封信向先生请教。

　　先生素来教人以写纯粹的白话文，这在我们这些"解放的天足"的人正因为自己一拿起笔来，文言字眼便纷至沓来的缘故，觉得的确是对症良药，深愿后一代不至于像我们这等的文白杂揉。不想在《中学生》第一八五期里。看到先生的《读〈飞〉》，对朱自清先生在这篇里所用的几句文言，竟详加介绍，认做言有余味，合于经济的条件。朱先生这篇文字的文学上价值，我不敢加以评估，也无须在这里加以评估，可是拿来做中学生的模范文，实在是不适合的。这篇题目只有一个"飞"字，所讲自应以乘飞机所见的为主，篇中写海洋中所见的似乎较多，这固然是衬托作用，可是初学的人如果效法起来，就难免犯"喧宾夺主"的毛病。至于文中所用的几句文言，我觉得只有"可遇而不可求"用得最自然，合于先生在《精读指导举隅》里所提示的"顺眼""上口"的条件。"不亦快哉"前后用过两次，先生在解释里说明这出于金圣叹《西厢记》评语，并且说"直说'人间痛快事'，言外没有余味，说'不亦快哉！'可以联想到金圣叹创用此语的经过，意味就多了。"我不大懂得这等意味，大约便是前人用典时所觉得的意味罢。后一个"不亦快哉"先生说它"却把'快'字认作快慢的快，字面不改，意义转变，话有机趣。"我以为这只是玩弄文词，未免近于纤巧，并不是写文字的康庄大道。"有意为之"用在"这种奇观"之后，实在容易使人发生"'奇观'怎么能'做'呢？"的误会，先生硬加以"空灵"二字的考语，并且说出几个"可以说"的例子。如何算得"空灵"，中学生大约是莫测高深，他们若照先生所说的话去运用，一定是"学步邯郸，失其故步。"改说"这种奇观若是硬要见到"，固然比较质直，改说"这种奇

_____

　　① 　原载一九四七年五月一日《中学生》第一八七期。

观若是去求他",自然"不很流利像话",如果我们在后一句的"若是"下面加以"有意"二字,似乎便觉得流利了罢。先生或且又嫌它不经济了?"下之视上""上之视下",先生又说到"来历"了,并且似为"比说'从下面看上面''从上面看下面'来得简捷,有韵致。"简捷吗? 不过少几个字。韵致吗? 也无非像"不亦快哉"的"意味"一般,是从"来历"联想而起的。"单刀直入"和后面"掉不出枪花",一"刀"一"枪",相映成趣,这一层先生没有提起,这自然也只是纤巧,也不是康庄大道。以合写《精读指导举隅》的两位先生,在"希望现在与将来的白话文的写作要把写得纯粹作目标"之后,一个写像《飞》这等白话文,一个又郑重地介绍给中学生,并且正当大家嚷中学国文破产而提倡文言的时候,使得我这"解放的天足"的人不得不用文白杂揉的文字,来表示异议,这实在是富有"滑稽感"的一桩事。我这里所用的文言字眼,自然也未能适合于"顺眼""上口"的条件,并不是不想努力去改成纯粹的白话,实在为的心有余而力不足。救救后一代罢,别让他们再蹈前人的覆辙。好好的天足,何苦穿起高跟皮鞋来呢!

# 答　复

读罢来信,非常感动。先生对于后一代的爱,对于纯粹白话文的期望,对于我的文章的具体指摘,都可以见出咱们是同志,是切磋的朋友,如果先生不嫌弃的话。

本来想直接写信,说一说我的意见,向先生请教。后来又想,咱们来回的信不妨刊载在杂志里,让读者也看看,对于他们多少有些用处。现在在这儿作公开的答复。

今年的《中学生》增加"精读举隅"一栏,由我来试作。开头的时候,曾经说明:我们的方法是就一篇文章谈谈细读应该注意应该讨论的事项。这些事项方面很多,不能面面俱到,只能每一回谈几个方面。几回之后,各个方面都谈到了。根据这个方法,第一回就《五代史·伶官传叙》谈谈文言的句式,文言虚字的用法,以及文章的结构等项。《读〈飞〉》是第二回,谈的着重点在"理解词句所表明的意思","进一步理解它为什么这么表明"。我为什么噜噜苏苏说这些话呢? 一来要请先生评判,这个办法对于读者的国文学习是不是有些帮助? 二来要请先生谅解,我谈《飞》那样繁,那样琐碎,是当初的办法决定的,目的在透彻地理解它。这当然得把全篇的词句都说到,除了不知道的没法说,没想到的无从说。

先生指摘朱先生在那篇文章里运用文言,又指摘我回护朱先生的运用文言。

先生读过我和朱先生合作的《精读指导举隅》，那本书里谈到纯粹的白话文要能"上口"，从先生的来信看，我知道先生是同意的。现在为了要让读者明白，请容我把那本书里的话抄一些在这儿。

或者有人要问：现在国文课里，文言也要读，这就有了文言的教养；既然有了文言的教养，写起白话文来，自然而然会有文言成分从笔头溜出来；怎样才可以检出并且排除这些文言成分，使白话文纯粹呢？这是有办法的，只要把握住一个标准，就是"上口不上口"。一些字眼与语调，凡是上口的，说话中间有这样说法的，都可以写进白话文，都不至于破坏白话文的纯粹。如果是不上口的，说话中间没有这样说法的（这里并不指杜撰的字眼与不合语文法的语句而言），那便是文言成分，不宜用入纯粹的白话文。……只要把握住"上口不上口"这个标准，即使偶尔有文言成分从笔头溜出来，也不难检出了。

以下还有一段话：

到这里，还可以进一步说。譬如董仲舒有句话："正其谊不谋其利，明其道不计其功。"这明明是文言的语调。可是，"从前董仲舒有句话说：'正其谊不谋其利，明其道不计其功。'"这样的说法却是口头常有的；口头常有就是上口，上口就不妨照样写入白话文，又如"知其不可而为之"一语出于《论语》，语调也明明是文言的。可是，"某人作某事是知其不可而为之"，这样的说法却是口头常有的；口头常有就是上口，上口就不妨照样写入白话文。前一例里的"正其谊不谋其利，明其道不计其功"所以上口，因为说话说到这里，不得不引用原文。后一例里的"知其不可而为之"所以上口，因为说话本来有这么一个法则，有时可以引用成语。在"引用"这一个条件之下，口头说话既然不排斥文言成分，纯粹的白话文当然可以容纳文言成分了。这与前一段话并不违背；前一段话原是这样说的：凡是上口的，说话中间有这样说法的，都可以写进白话文，都不至于破坏白话文的纯粹。

不知道先生对于这一段话同意不同意？如果也同意，那么，朱先生那篇文字里的文言成分多数是在"引用"的条件之下运用的（"不亦快哉"是成语，"可遇而不可求"与"有意为之"是习语），因而是"上口"的，不至于破坏白话文的纯粹的,不该受指摘。

说话里常常有"引用"的情形。如苏州人的一句"像煞有介事",现在各地人都说了,并且写入文章。他如"外甥提灯笼,照旧","丈二和尚,摸不着头脑"之类,说在口头,写入文章,也都是"引用"。就"像煞有介事"说,它有一种特殊的意味,换个说法就不免减色。就"外甥提灯笼,照旧"之类说,这些话比单说"照旧""摸不着头脑"多着语趣。(提到语趣,先生或许又要说"这只是玩弄文词,未免近于纤巧,并不是……康庄大道"了吧。我却以为就说话的实际情形来考察,这等地方只是自然流露,并不是"有意为之"。心中有那么个意念,口头就有那么个说法,根本没有存心玩弄什么。)这些话写在白话文里,我想先生一定不会说它不纯粹。那么,文言的成语习语的"引用",情形其实相同,为什么认为不纯粹呢?再说得明白一点,若教作者只说不写,他口头"引用'一些文言的成语习语;因为是"引用",所以是"上口"的,是纯粹的白话;待他照样写下来,当然也就是纯粹的白话文。此刻我手边有一张广告,其中有"……当然可推为抗战胜利以来第一部史学巨著,也可赞之为国史学界的新曙光"的话。这三十一个字里头,别的且不说,单说"也可赞之为",除了《镜花缘》淑士国里的人,谁也不会这么说的。这才是不纯粹的白话文的例子。像这样的说法现在很流行,每天看报看杂志,几乎随时可以遇见。一般写文章的人没有自觉,愿意做淑士国的国民,当然是他们的自由;可是对于咱们所期望的纯粹的白话文阻碍很大,咱们必须随时揭出,唤起大家的自觉,为了后一代,在笔下多留一点儿神。

我们在《精读指导举隅》里提出"上口"的标准,可没有谈到"上"什么人物的"口"。还有,那本书里专就作者一方面说,没有就读者一方面说。现在想补充几句。没有读过经典的决不会"引用"经典的句子,没有接触过文言的成语习语的决不会在话里运用文言的成语习语。因此,所谓"上口",实在只就从今以前的知识分子而言。从今以前的知识分子有过文言的教养,他们平常说话往往"引用"一些文言成分,他们照说话的样儿写他们的白话文,这就叫做"上口"。可是,作者如果从读者一方面着想,就不一定"上口"就成。那篇文章的读者若是与作者自己相仿的知识分子,固然不妨保留那些"上口"的文言成分;如果在预料之中,读者对于那些文言成分是不大理解的,那就得避去不用。为什么避去不用?并不是为了怕违犯什么规律,而是为了不愿意减低那篇文章的效果。《精读指导举隅》里有句话:"白话文里用文言的字眼,与文言文里用白话的字眼一样,没有什么可以不可以的问题,只有适当不适当,或是说,效果好不好的问题。"如果把读者不大理解的东西写给读者,这就是不适当。使读者因为部分的不理解,对于全篇的印象也不免朦胧了,这就是减低了效果。

"下之视上"与"上之视下",我说是模仿的"后之视今"与"今之视昔",那是说错的。朱先生来信说,"上之视下"连同"似乎不只是苍苍而已"的"苍苍"都出于《庄子·逍遥游》。《逍遥游》里说:"天之苍苍,其正色邪?其远而无所至极邪?其视下也亦若是,则已矣。""视下"是成语,"上之"是加上去的,反过来说,就来了个"下之视上"。这的确不合我们所说"引用"的条件。还有一层可以说的。从前人作诗文,喜欢运用典故和现成语句,运用又讲究"入化",要不落痕迹,看似寻常语句,其实都有来历。在这儿,朱先生也染上了从前人的癖好。这种癖好有个前提,就是假定读者都知道那些典故和现成语句,并且都能够看出那些运用入化处来。如果这个假定是实在的,那么,运用典故和现成语句确是个适当的有效的办法,好比电报,用简短的词句可以传达丰富的意思。无奈这个假定往往只是个假定,"电报"打过去,对方不定能理会。就如我,并没有想起"视下"和"苍苍"出于《逍遥游》,这就是朱先生的"电报"没有发生效果。先生来信里提起用典,言外当然反对用典。我以为用典之所以要反对,就在于癖好太过的,往往打出些不发生效果的"电报"来。至于绝对不用典是办不到的,咱们平常说话也常常用典。譬如谈到抓兵,有个舍不得儿子的父亲说:"我只恨下不来这一手,把儿子的眼睛刺瞎!"说"把儿子的眼睛刺瞎"就是用典。这个典故的来源是前两个月报上的一则新闻:某地方有个妇人,怕儿子被抓去当兵,在夜间儿子熟睡的时候,把儿子的两眼刺瞎了。这样说法并非有意做作,看见了那则新闻,自然会说出这样的话;若论力量,比较说"我巴望儿子成为残废"强得多了。但是,听话的人如果不知道那则新闻,听了这个话固然也能懂得,感到的意味可不及知道那则新闻的人那么深长了。

以下就来信顺次把没有说到的答复几句。

先生说那篇《飞》的组织如果初学的人效法起来,就难免犯"喧宾夺主"的毛病。我就文字揣摩作者意念的发展,还是保持我原来的说法。"话是从飞行说起的,末了也归结到飞行,当然天空是主,海上是宾。不过前半谈海上,却与后半谈天空,用了同样的劲儿。其意以为说明海上未必可观的部分,也可以教人推见天空未必可观。"至于效法的话,我想那篇文章不散漫,不抽象,处处有照应,也尽可以效法了。进一步说,我以为写作教学不宜使初学的人效法现成的文章,就是公认为了不起的文章也不宜效法。文章的内容是思想情感,思想情感从各人的实际生活而来；有什么样的思想情感，才写成什么样的文章。虽说人与人相去不远，思想情感小异而大同，可是教初学的人效法现成的文章组织他们的思想情感，不如教他们根据实际生活组织他们的思想情感来得切实有用。一边是模仿依傍，有意为文，不免"务外"；一边却独往独来，当前受用，纯是生活的实践。我常常对人说，提起笔来的时候，最好把读过的文篇完全忘掉，就是这个意思。不知道先生以为怎样？

后一个"不亦快哉！"我说"把'快'字认作快慢的快，字面不改，意义转变，话有机趣"。这是就读者见到的说。就作者一方面说，这儿用个"不亦快哉！"是顺口而来，极其自然的，不能说他有意玩弄。

"这种奇观若是有意为之"，先生主张改成"这种奇观若是有意去求它"，借此避免用那"有意为之"的习语，我表示同意。我说"有意为之"空灵，是说就习惯上看起来，"有意为之"的用法是空灵的，那个"为"字，用法要随事而异，不能死讲做"做"的。我举出几个怎样可以说"有意为之"的例子，无非要使读者明白它的用法。

先生说朱先生"写像《飞》这等白话文"，言外自然是说他写得不纯粹。我与朱先生是老朋友，可是我敢不避嫌疑地说，在现代的许多作者中，能写近乎纯粹的白话文的并不多，而朱先生是其中的一个。就说那篇《飞》吧，可以看，也可以念，念起来就是活生生的说话。不妨取别的文章来比较，有许多文章是只能看不能念的，念起来不像个说话；教人在旁边听，一半听得清，一半听不清。我这个话好像空说无凭，可是，先生如果实地试验，该会有与我同样的感觉。

来信末了有"大家嚷中学国文破产而提倡文言"，"救救后一代"，"天足何苦穿起高跟皮鞋来"等话，引起我的感想很多，说起来又是一大套，限于篇幅，这里只能简单的答复几句。我与先生一样，反对教后一代写文言，期望他们能写纯粹的白话文。反对写文言的理由不为别的，只为在现今的时代，再用文言来写作，就不适当了，效果就不好了。可是我以为后一代还得理解文言，因为他们要看好些文言的书，在日常生活中也常常要与文言接触。

匆匆奉答，还望先生指教。

# 读《史记·叔孙通传》<sup>①</sup>

写人物的文章，根据实际的如传记，出于虚构的如小说，都必然有对话与行动。对话与行动是人物的最显著的表现。从这两种表现可以知道人物的思想，情感，脾气，习惯等等，也就是可以知道人物的全部生活——不仅是生活的外表，而且是生活的根柢。作者用文字写人物，无非要使读者如见其人，不但如见其人，还要使读者接触到其人的内心生活。这就势所必然地要写其人的对话与行动。试想想看，如果不写对话与行动，要写人物又怎样下笔呢？那只有用一些抽象的语句，说其人的思想怎样怎样，癖好怎样怎样，待人接物怎样怎样了——这些"怎样怎样"可以简单，也可以繁复，简单的是一个形容词，繁复的是接二连三的形容语。一篇写人物的文章，没有人物的对话与行动，单由作者运用一些形容词形容语来构成，原不犯什么禁令；并且那样的文章也并非少见，咱们收到丧事人家发的"行状""传略"，往往是那一类。可是，那样写出的人物是平面的，不是立体的；是死板的，不是生动的。读者读过了，只能知道有那么一个人，可不能如见其人，更不用说接触到其人的内心生活了。所以就效果上说，那样的文章是很少效果的。作者期望他的文章收较多的效果，期望笔下的人物成为立体的，生动的，就不能不在人物的对话与行动上多用功夫。

这一回谈写人物的文章，在人物的对话与行动两种表现中，撇开行动，单说对话。采用的文章是《史记·刘敬叔孙通列传》中的一段。故事自成起讫，如果给它定个题目，可以题作《叔孙通定朝仪》。

汉二年，汉王从五诸侯入彭城，叔孙通降汉王。汉王败而西，因竟从汉。叔孙通儒服，汉王憎之；乃变其服，服短衣，楚制，汉王喜。叔孙通之降汉，从儒生弟子百馀人，然通无所言进，专言诸故群盗壮士进之。弟子皆窃骂曰："事先生数

---

① 原载一九四七年六月一日《中学生》第一八八期。

岁,幸得从降汉。今不能进臣等,专言大猾,何也?"叔孙通闻之,乃谓曰:"汉王方蒙矢石争天下,诸生宁能斗乎?故先言斩将搴旗之士。诸生且待我,我不忘矣。"汉王拜叔孙通为博士,号稷嗣君。

汉五年,已并天下,诸侯共尊汉王为皇帝于定陶,叔孙通就其仪号。高帝悉去秦苛仪法,为简易。群臣饮酒争功,醉或妄呼,拔剑击柱,高帝患之。叔孙通知上益厌之也,说上曰:"夫儒者难与进取,可与守成。臣愿征鲁诸生,与臣弟子共起朝仪。"高帝曰:"得无难乎?"叔孙通曰:"五帝异乐,三王不同礼。礼者,因时世人情为之节文者也。故夏殷周之礼所因损益可知者,谓不相复也。臣愿颇采古礼与秦仪杂就之。"上曰:"可试为之,令易知,度吾所能行为之。"

于是叔孙通使征鲁诸生三十馀人。鲁有两生不肯行,曰:"公所事者且十主,皆面谀以得亲贵。今天下初定,死者未葬,伤者未起,又欲起礼乐。礼乐所由起,积德百年而后可兴也。吾不忍为公所为。公所为不合古,吾不行。公往矣,无污我!"叔孙通笑曰:"若真鄙儒也,不知时变。"遂与所征三十人西,及上左右为学者与其弟子百馀人,为绵蕞野外习之。月馀,叔孙通曰:"上可试观。"上既观,使行礼,曰:"吾能为此。"乃令群臣习肄,会十月。

汉七年,长乐宫成,诸侯群臣皆朝十月。仪:先平明,谒者治礼,引以次入殿门。廷中陈车骑,步卒卫官,设兵,张旗志。传言趋。殿下郎中侠陛,陛数百人。功臣列侯诸将军军吏以次陈西方,东向。文官丞相以下陈东方,西向。大行设九宾,胪传。于是皇帝辇出房。百官执职传警。引诸侯王以下至吏六百石以次奉贺。自诸侯王以下莫不振恐肃敬。至礼毕,复置法酒。诸侍坐殿上皆伏抑首,以尊卑次起上寿。觞九行,谒者言罢酒。御史执法,举不如仪者,辄引去。竟朝置酒,无敢谨哗失礼者。于是高帝曰:"吾乃今日知为皇帝之贵也。"

乃拜叔孙通为太常,赐金五百斤。叔孙通因进曰:"诸弟子儒生随臣久矣,与臣共为仪,愿陛下官之。"高帝悉以为郎。叔孙通出,皆以五百斤金赐诸生。诸生乃皆喜曰:"叔孙生诚圣人也,知当世之要务。"

先请读者诸君把全篇中的词语弄明白了。大概使用《辞源》《辞海》一类的辞书就可以弄明白。然后通体细看,每一句辨明它的意义,每一节认清它的事迹。末了注意到这一回所谈的一个方面——人物的对话。

这一篇记的是叔孙通,他的对话最多,共计回答弟子一次,向高帝进言四次,讥笑鲁两生一次。他的弟子们发言两次,一次是怨他,一次是赞他。此外鲁两生拒绝叔孙通一次。高帝与叔孙通对话,并自己表示得意,共计四次。

叔孙通讥笑鲁两生,说他们是"鄙儒","不知时变",他自认该是"通儒","知时变"的了;后来弟子感激他,又说他"知当世之要务"。所谓"知时变"与"知当世之要务",用现在的话说起来,就是懂得迎合潮流,能够看风使舵,不死守着什么宗旨信仰。叔孙通的一些对话,都把他的"知时变"与"知当世之要务"具体地表现出来,使读者感到他就是那样一个"通儒",与拘守古制、效法先王的儒者并不一样。

试看他回答弟子的话:"汉王方蒙矢石争天下,诸生宁能斗乎?"用最实际的说法,把弟子们按住,一方面也就见出他能够"知当世之要务"。可又宽慰他们说,"诸生且待我,我不忘矣"。"不忘"什么? 当然是不忘引进他们,有朝一日大家弄个官做。这种话只有在师弟之间私谈的时候才好说,当着旁人决不便说。如果是以道行相砥砺的师弟,即使私谈也不会说这种话,特别是师的方面。听听那声气,不正与政治上一个小派系的头子回复谋干差使的人说"知道了,看机会吧,总有你的分"一模一样吗? 说这种话的时候,叔孙通把儒者的面具卸下来了。

再看他向高帝进言。他说"儒者难与进取,可与守成。"正当高帝"益厌之"的时候,他表示有办法——"守成"的办法,"起朝仪"来安定朝廷的秩序。这又是个"知时变",又是个"知当世之要务"。他这个话与回答弟子的话是一贯的。"难与进取"无异说"宁能斗乎";而"守成"就是他教弟子们等待的。从这前后一贯的对话,可见叔孙通心目中,儒者的任务无非帮助成功的皇帝想些办法,维持尊严,并没有儒者的宗师孔子那种"行道"的想头。他又说"愿征鲁诸生,与臣弟子共起朝仪",把"鲁诸生"提在前头,因为鲁是知礼之邦;同时带出弟子们,见得他的确"不忘",一直把弟子们的愿望放在心上,可是一点不落痕迹。高帝恐怕礼仪麻烦,他就回说"臣愿颇采古礼与秦仪杂就之"。这句话里的"古礼"与"秦仪"都只是陪衬,主要的是"杂就之",把马虎牵就的心情透彻地表出。儒者对于礼仪是看得非常郑重的,叔孙通却这样马虎牵就,他是何等样的儒者也就可想而知了。上面两句话是他不妨"杂就之"的论据。前一句大概是儒者相传的话,意思也见于《礼记·坊记》。后一句简缩了《论语》中孔子的话:"殷因于夏礼,所损益可知也;周因于殷礼,所损益可知也;其或继周者,虽百世可知也。"有了论据,见得"杂就之"就是"因",就是"损益",不违背儒者的传统。并且,三句不离本行,儒者的语句脱口而出,正见儒生的本色。叔孙通虽然不是正宗的儒者,在口头充充儒者的派头当然是擅场的。

　　最后看他把弟子们荐给高帝,也把儒者的面具卸下来,老实不客气说,"我手下有许多弟子,他们有功劳,他们要官做"。要知道那时候"守成"的办法已经见效,高帝得意得不可开交;叔孙通自己拜为太常,得了五百斤的赐金;他与高帝的关系已经达到亲近的地步了。既然如此,落得开门见山,老实不客气说出来。在这样的场合里,高帝还会吝惜几个"郎"的位置不给吗?这又见得叔孙通能够抓住时机,又是个"知时变"。

　　现在看弟子们的话。在抱怨的一次里,他们说"事先生数岁,幸得从降汉"。把他们希冀利禄的心情完全托出。他们师弟一伙儿原来是任何诸侯都可以投的,现在居然投在较有成功希望的一方面,这就是所谓"幸"。在这儿弄个一官半职,饭碗可以长久,而且有升擢的指望,这又是将来的"幸"。一班弟子所为何来,在一个"幸"字上表达得透彻明显极了。在赞扬的一次里,他们说"叔孙生诚圣人也,知当世之要务"。可见他们由于平时的习染(如听叔孙通批评鲁两生"不知时变")以及实际的经验(如乘机起朝仪果然成功,只要说一句话果然大家当了"郎"),相信他们的老师确然能"知当世之要务",是个顶了不起的人;用他们儒者习惯的说法,顶了不起的人就称他为"圣人"。可是,照正宗的儒者的见解,"圣人"的含义要广大高深得多,决不仅是"知当世之要务"。他们那样说,显见他们并非正宗的儒者。他们得了一官半职,就极口称扬老师,连"圣人"也说了出来,这正传出了他们热中的满足的感激的心情。

　　叔孙通的弟子是何等样的人物,就在前后两次发言中见出。写弟子无非作叔孙通的陪衬,弟子如此,老师可想而知了。

　　鲁两生正与叔孙通对照,写他们的话,作用在作叔孙通的反衬。鲁两生瞧不起叔孙通,说他"所事者且十主,皆面谀以得亲贵"。他们特别看重礼乐,讲"积德",讲"合古"。这些观念代表了正宗的儒者。在正宗的儒者看来,叔孙通的立身处世没有一丝儿对的。他们不仅拘谨的守着儒者的传统,也关注到当前的现实。他们说,"今天下初定,死者未葬,伤者未起,又欲起礼乐。"这显然说叔孙通不在安定社会一方面用功夫,却想迎合高帝,粉饰太平。安定社会,积德累仁,正是儒者精要的主张,也是期望于统治者的切要措施。他们虽然被叔孙通骂为"鄙儒",究竟谁是"鄙儒",细读全篇自然有数。

　　现在只剩高帝的对话了。高帝的对话都很简短,可是句句传神。"得无难乎?"表出他的流氓习性。他平日厌恶儒者,箕踞骂人,现在听叔孙通说要他搞一套儒者的花样,他就爽直地问这么一句,无异说"只怕老子弄不来吧"。待他听了叔孙通准备马虎牵就的话，就说"可试为之，令易知，度吾所能行为之"。他对于叔孙通说的"五帝"啊，"三王"啊，"节文"啊"夏殷周"啊，也许是不大入耳。你既然说"杂就之"，看你巴结，就让你试一试吧。总之要我弄得来才行，你得替我打算。这仍然是流氓头子口气。后来参观过试礼，他说"吾能为此"。这是他心动了，发生兴味了。他见那么一个大排场，自己将在其中做个供奉的中心，人家振恐，自己尊严，人家劳顿，自己安逸，那有什么弄不来的？最后真的行过了礼，他得意万分，自然流露，毫不掩饰，说了一句"吾乃今日知为皇帝之贵也"。假仁假义的皇帝决不肯说这句话，唯有流氓出身的皇帝才说这句话。他不怕人家说他寒伧，当了几年的皇帝到今朝才尝着皇帝的味道；他只知道今朝我尝着了，我得意，我就吐露我的得意。叔孙通的一套礼仪能够使高帝这样得意，说出这样的话，并且升他的官，给他厚重的赐金，又衬托出鲁两生说"面谀以得亲贵"的话并非肆口谩骂，是确然看透了叔孙通的骨子。

传记是根据实际的，单就对话而论，必须传记中的人物说过那些话，作者才可以写出那些话。这当儿，作者的功夫在于选择，就是选择那些与本篇题旨有关的对话，选择那些足以表现人物内心生活的对话，写入文章里头；以外的就一概不要。譬如在叔孙通定朝仪那件事情里头，叔孙通自己，他的弟子们，汉高帝，以至鲁两生，难道只有写入文章里，如咱们现在读到的那几句对话吗？就情理说，是决不止的。可是司马迁只把那几句对话写入文章，那是他选择的结果。他的选择果然收了效果；咱们读那几句对话，从而感知了那几个人的为人。

至于出于虚构的小说，其中的对话与整个故事一样，全凭作者创造。创造的标的无非要表现人物的思想，情感，脾气，习惯等等，无非要使全篇的题旨显示得又具体又生动。如果随便写些不要不紧的可有可无的对话，那就不是小说的能手，那小说决不是好小说。

# 读《风波》①

　　上一回，我们就《史记·叔孙通传》谈了记人的文章里的对话②。这一回要谈同类文章里的人物的行动。人物的行动有小有大，有暂有久。搔搔头捋捋胡须是行动，跑几千里路遍访名山大川也是行动。搔头捋须只是一会儿的事情，遍访名山大川可不是一天两天办得了的。行动无论大小久暂，都有写进文章里去的资格，如果那是与本篇题旨有关的。这与以前谈过的对话一样，无论什么样的对话都有写进文章里去的资格，只要它与本篇题旨有关。反过来说，凡是与本篇题旨没有关系的行动都不用写进去，写了反而是累赘。试想，传记是写实际人物的，实际人物的行动，单就一天里说，就不知道有多少；小说是写意想中的人物的，我们意想人物可能的行动，也不知道有多少；如果一切都要容纳进去，势必连篇累牍写不完；而读者看了，也必眼花撩乱，莫名其所以然。这就失去了效果，成了累赘。把一切行动容纳进去实在是用不着的，只要把有关题旨的那一些写进去就够了。题旨在描写人物的某种性格，足以显出那种性格的行动才值得写；题旨在表达某种事情衍变发展的经过，足以点明那种经过的人物行动才值得写。这并不是什么"文章作法"，原来是说话达意的自然的道理。

　　现在采用鲁迅先生的一篇《风波》，专谈其中人物行动的部分。《风波》写的是民国六年张勋拥溥仪"复辟"的事情。这本来是一幕滑稽剧，没有多久就失败了。这篇小说写那件事情在江南一个小村里所发生的影响，所引起的风波。就在这一场风波里，表现出乡民们的习性以及他们对于时代的认识，这就是本篇的题旨。篇中人物的行动都只是些小动作，可是仔细体会起来都与题旨有关，没有浪费的笔墨。

　　为说明方便起见，凡是有什么可以说的地方，就在原文里加入数目字，说明之前也标明数目字，请读者按照数目字对着看。

---

　　①　原载一九四七年九月一日《中学生》第一九一期。
　　②　见本书《读〈史记·叔孙通传〉》。

临河的土场上，太阳渐渐的收了他通黄的光线了。场边靠河的乌桕树叶，干巴巴的才喘过气来，几个花脚蚊子在下面哼着飞舞。面河的农家的烟突里，逐渐减少了炊烟，女人孩子们都在自己门口的土场上泼些水，放下小桌子和矮凳；人知道，这已经是晚饭时候了。

老人男人坐在矮凳上，摇着大芭蕉扇闲谈，孩子飞也似的跑，或者蹲在乌桕树下赌玩石子。女人端出乌黑的蒸干菜和松花黄的米饭，热蓬蓬冒烟。河里驶过文人的酒船，文豪见了，大发诗兴，说，"无思无虑，这真是田家乐呵！"

但文豪的话有些不合事实，就因为他们没有听到九斤老太的话。这时候，九斤老太正在大怒，拿破芭蕉扇敲着凳脚说：①

"我活到七十九岁了，活够了，不愿意眼见这些败家相，——还是死的好。立刻就要吃饭了，还吃炒豆子，吃穷了一家子！"

伊的曾孙女儿六斤捏着一把豆，正从对面跑来，见这情形，便直奔河边，藏在乌桕树后，伸出双丫角的小头，大声说，"这老不死的！"②

九斤老太虽然高寿，耳朵却还不很聋，但也没有听到孩子的话，仍旧自己说，"这真是一代不如一代！"

这村庄的习惯有点特别，女人生下孩子，多喜欢用秤称了轻重，便用斤数当作小名。九斤老太自从庆祝了五十大寿以后，便渐渐的变了不平家，常说伊年青的时候，天气没有现在这般热，豆子也没有现在这般硬：总之现在的时世是不对了。何况六斤比伊的曾祖，少了三斤，比伊父亲七斤，又少了一斤，这真是一条颠扑不破的实例。所以伊又用劲说，"这真是一代不如一代！"

伊的儿媳七斤嫂子正捧着饭篮走到桌边，便将饭篮在桌上一摔，愤愤的说，③"你老人家又这么说了。六斤生下来的时候，不是六斤五两么？你家的秤又是私秤，加重称，十八两秤；用了准十六，我们的六斤该有七斤多哩。我想便是太公和公公，也不见得正是九斤八斤十足，用的秤也许是十四两……"

"一代不如一代！"

七斤嫂还没有答话，忽然看见七斤从小巷口转出，便移了方向，对他嚷道，"你这死尸怎么这时候才回来，死到那里去了！ 不管人家等着你开饭！"

七斤虽然住在农村，却早有些飞黄腾达的意思。从他的祖父到他，三代不捏锄头柄了；他也照例的帮人撑着航船，每日一回，早晨从鲁镇进城，傍晚又回到鲁镇，因此很知道些时事：例如什么地方，雷公劈死了蜈蚣精；什么地方，闺女生了一个夜叉之类。他在村人里面,的确已经是一名出场人物了。但夏天吃饭不点灯,却还守着农家习惯,所以回家太迟,是该骂的。

七斤一手捏着象牙嘴白铜斗六尺多长的湘妃竹烟管,低着头,慢慢地走来,坐在矮凳上。④六斤也趁势溜出,坐在他身边,叫他爹爹。七斤没有应。

"一代不如一代!"九斤老太说。

七斤慢慢地抬起头来,叹一口气说,⑤"皇帝坐了龙庭了。"

七斤嫂呆了一刻,忽而恍然大悟的道,"这可好了,这不是又要皇恩大赦了么!"

七斤又叹一口气,说,"我没有辫子。"

"皇帝要辫子么?"

"皇帝要辫子。"

"你怎么知道呢?"七斤嫂有些着急,赶忙的问。

"咸亨酒店里的人,都说要的。"

七斤嫂这时从直觉上觉得事情似乎有些不妙了,因为咸亨酒店是消息灵通的所在。伊一转眼瞥见七斤的光头,便忍不住动怒,怪他恨他怨他;忽然又绝望起来,装好一碗饭,搡在七斤的面前道,⑥"还是赶快吃你的饭罢! 哭丧着脸,就会长出辫子来么?"

太阳收尽了他最末的光线了,水面暗暗地回复过凉气来;土场上一片碗筷声响,人人的脊梁上又都吐出汗粒。七斤嫂吃完三碗饭,偶然抬起头,心坎里便禁不住突突地发跳。伊透过乌桕叶,看见又矮又胖的赵七爷正从独木桥上走来,而且穿着宝蓝色竹布的长衫。

赵七爷是邻村茂源酒店的主人,又是这三十里方圆以内的唯一的出色人物兼学问家;因为有学问,所以又有些遗老的臭味。他有十多本金圣叹批评的《三国志》,时常坐着一个字一个字的读;他不但能说出五虎将姓名,甚而至于还知道黄忠表字汉升和马超表字孟起。革命以后,他便将辫子盘在顶上,象道士一般;常常叹息说,倘若赵子龙在世,天下便不会乱到这地步了。七斤嫂眼睛好,早望见今天的赵七爷已经不是道士,却变成光滑头皮,乌黑发顶;伊便知道这一定是皇帝坐了龙庭,而且一定须有辫子,而且七斤一定是非常危险。因为赵七爷的这件竹布长衫,轻易是不常穿的,三年以来,只穿过两次:一次是和他呕气的麻子阿四病了的时候,一次是曾经砸烂他酒店的鲁大爷死了的时候;现在是第三次了,这一定又是于他有庆,于他的仇家有殃了。

七斤嫂记得,两年前七斤喝醉了酒,曾经骂过赵七爷是"贱胎",所以这时便立刻直觉到七斤的危险,心坎里突突地发起跳来。

赵七爷一路走来,坐着吃饭的人都站起身,拿筷子点着自己的饭碗说,"七爷,请在我们这里用饭!"七爷也一路点头,说道"请请",却一径走到七斤家的桌旁,七斤们连忙招呼,七爷也微笑着说"请请",一面细细的研究他们的饭菜。⑦

"好香的干菜,——听到了风声了么?"赵七爷站在七斤的后面七斤嫂的对面说。

"皇帝坐了龙庭了。"七斤说。

七斤嫂看着七爷的脸,竭力陪笑道,⑧"皇帝已经坐了龙庭,几时皇恩大赦呢?"

"皇恩大赦?——大赦是慢慢的总要大赦罢。"七爷说到这里,声色忽然严厉起来,"但是你家七斤的辫子呢,辫子?这倒是要紧的事。你们知道:长毛时候,留发不留头,留头不留发,……"

七斤和他的女人没有读过书,不很懂得这古典的奥妙,但觉得有学问的七爷这么说,事情自然非常重大,无可挽回,便仿佛受了死刑宣告似的,耳朵里嗡的一声,再也说不出一句话。

"一代不如一代,——"九斤老太正在不平,趁这机会,便对赵七爷说,"现在的长毛,只是剪人家的辫子,僧不僧道不道的。从前的长毛,这样的么?我活到七十九岁了,活够了。从前的长毛是——整匹的红缎子裹头,拖下去,拖下去,一直拖到脚跟;王爷是黄缎子;拖下去,黄缎子;红缎子,黄缎子,——我活够了,七十九岁了。"

七斤嫂站起身,自言自语的说,"这怎么好呢?这样的一班老小,都靠他养活的人,……"

赵七爷摇头道,⑨"那也没法。没有辫子,该当何罪,书上都一条一条明明白白写着的。不管他家里有些什么人。"

七斤嫂听到书上写着,可真是完全绝望了;自己急得没法,便忽然又恨到七斤。伊便筷子指着他的鼻尖说,⑩"这死尸自作自受!造反的时候,我本来说,不要撑船了,不要上城了。他偏要死进城去,滚进城去,进城便被人剪去了辫子。从前是绢光乌黑的辫子,现在弄得僧不僧道不道的。这囚徒自作自受,带累了我们又怎么说呢?这活死尸的囚徒……"

村人看见赵七爷到村，都赶紧吃完饭，聚在七斤家饭桌的周围。七斤自己知道是出场人物，被女人当大众这样辱骂，很不雅观，便只得抬起头，慢慢地说道：⑪

"你今天说现成话，那时你……"

"你这活死尸的囚徒……"

看客中间，八一嫂是心肠最好的人，抱着伊的两周岁的遗腹子，正在七斤嫂身边看热闹；这时过意不去，连忙解劝说，"七斤嫂，算了罢。人不是神仙，谁知道未来事呢？便是七斤嫂，那时不也说，没有辫子倒也没有什么丑么？况且衙门里的大老爷也还没有告示，……"

七斤嫂没有听完，两个耳朵早通红了；便将筷子转过向来，指着八一嫂的鼻子，说，⑫"阿呀，这是什么话呵！八一嫂，我自己看来倒还是一个人，会说出这样昏诞胡涂话么？那时我是，整整哭了三天，谁都看见；连六斤这小鬼也都哭，……"六斤刚吃完一大碗饭，拿了空碗，伸手去嚷着要添。七斤嫂正没好气，便用筷子在伊的双丫角中间，直扎下去，⑬大喝道，"谁要你来多嘴！你这偷汉的小寡妇！"

扑的一声，六斤手里的空碗落在地上了，恰好又碰着一块砖角，立刻破成一个很大的缺口。七斤直跳起来，捡起破碗，合上了检查一回，也喝道，"入娘的！"一巴掌打倒了六斤。⑭六斤躺着哭，九斤老太拉了伊的手，连说着"一代不如一代"，一同走了。⑮

八一嫂也发怒，大声说，"七斤嫂，你'恨棒打人'……"

赵七爷本来是笑着旁观的；但自从八一嫂说了"衙门里的大老爷没有告示"这话以后，却有些生气了。这时他已经绕出桌旁，接着说，"'恨棒打人'，算什么呢。大兵是就要到的。你可知道，这回保驾的是张大帅，张大帅就是燕人张翼德的后代，他一支丈八蛇矛，就有万夫不当之勇，谁能抵挡他，"他两手同时捏起空拳，仿佛握着无形的蛇矛模样，向八一嫂抢进几步道，⑯"你能抵挡他么！"

八一嫂正气得抱着孩子发抖，忽然见赵七爷满脸油汗，瞪着眼，准对伊冲过来，便十分害怕，不敢说完话，回身走了。赵七爷也跟着走去，众人一面怪八一嫂多事，一面让开路，几十剪过辫子重新留起的便赶快躲在人丛后面，怕他看见。⑰赵七爷也不细心察访，通过人丛忽然转入乌桕树后，说道"你能抵挡他么！"跨上独木桥，扬长去了。

村人们呆呆站着，心里计算，都觉得自己确乎抵不住张翼德，因此也决定七斤便要没有性命。七斤既然犯了皇法,想起他往常对人谈论城中的新闻的时候,就不该含着长烟管显出那般骄傲模样,所以对于七斤的犯法,也觉得有些畅快。他们也仿佛想发些议论,却又觉得没有什么议论可发。嗡嗡的一阵乱嚷,蚊子都撞过赤膊身子,闯到乌桕树下去做市;他们也就慢慢地走散回家,关上门去睡觉。⑱七斤嫂咕哝着,也收了家伙和桌子矮凳回家,关上门睡觉了。⑲

七斤将破碗拿回家里,坐在门槛上吸烟;但非常忧愁,忘却了吸烟,象牙嘴六尺多长湘妃竹烟管的白铜斗里的火光,渐渐发黑了。他心里但觉得事情似乎十分危急,也想想些方法,想些计画,但总是非常模糊,贯穿不得:"辫子呢辫子?丈八蛇矛。一代不如一代! 皇帝坐龙庭。破的碗须得上城去钉好。谁能抵挡他? 书上一条一条写着。入娘的! ……"

第二日清晨,七斤依旧从鲁镇撑航船进城,傍晚回到鲁镇,又拿着六尺多长的淑妃竹烟管和一个饭碗回村。他在晚饭席上,对九斤老太说,这碗是在城内钉合的,因为缺口大,所以要十六个铜钉,三文一个,一总用了四十八文小钱。⑳

九斤老太很不高兴的说,"一代不如一代,我是活够了。三文钱一个钉;从前的钉,这样的么? 从前的钉是……我活了七十九岁了,——"

此后七斤虽然是照例日日进城,但家景总有些黯淡,村人大抵回避着,不再来听他从城内得来的新闻。㉑七斤嫂也没有好声气,还时常叫他"囚徒"。

过了十多日,七斤从城内回家,看见他的女人非常高兴,问他说,"你在城里可听到些什么?"

"没有听到些什么。"

"皇帝坐了龙庭没有呢?"

"他们没有说。"

"咸亨酒店里也没有人说么?"

"也没人说。"

"我想皇帝一定是不坐龙庭了。我今天走过赵七爷的店前,看见他又坐着念书了,辫子又盘在顶上了,也没有穿长衫。"

"……"

"你想,不坐龙庭了罢?"

"我想,不坐了罢。"

　　现在的七斤,是七斤嫂和村人又都早给他相当的尊敬,相当的待遇了。到夏天,他们仍旧在自家门口的土场上吃饭;大家见了,都笑嘻嘻的招呼。⑫九斤老太早已做过八十大寿,仍然不平而且康健。六斤的双丫角,已经变成一支大辫子了;伊虽然新近裹脚,却还能帮同七斤嫂做事,捧着十六个铜钉的饭碗,在土场上一瘸一拐的往来。

　　①单说"大怒",是空的,"拿破芭蕉扇敲着凳脚"就实际摹出了大怒的神态。与下一节话一起读,也觉得衬托了那节话的反感语气,使语气加强。

　　②就六斤的这些小动作,可以想见平时七斤嫂对于九斤老太的态度。既是藏身,可又伸出头来,又大声说,足见是厌她而不怎么怕她。看后面七斤嫂出场时的一节话,正是这种态度。六斤从她母亲那里学来了。

　　③"将饭篮在桌上一摔"实际摹出了"愤愤",也衬托了下一节话的辩驳语气。

　　④这见得七斤心中有事。

　　⑤对于"皇帝坐龙庭",七斤与七斤嫂是一般见识的,无非朦胧的觉得"这可好"了。可是他有特别原由,不能享受那个"这可好了",因而又悔又恨。悔恨的意味就在慢慢抬头与叹一口气上表出。

　　⑥"搡"是把东西没好气的送过去放下,读"桑"音上声。这个动作正与上面"绝望起来"相应。

　　⑦这一节里写各人的小动作,见出赵七爷在附近各村中的地位。

　　⑧看着他的脸,又竭力陪笑,不是她怀着一腔希望,想从他口里听到一句宽心话吗?

　　⑨"摇头"有无法可想的意味,也有事态严重,饶恕不得的意味。就下面的话看,似乎侧重在后一层。

　　⑩当时七斤嫂怎样一副恨相,用这一语作代表,其他由读者自己去揣摩。

　　⑪又是抬起头慢慢地说,七斤在悔恨之外,这时候又加上羞耻了。

　　⑫筷子马上掉转来,七斤嫂在忧急,愤怒之外,又加上羞耻,一时间卫护自己的心理冲动起来了。前面她用筷子指七斤,这儿就用那筷子指八一嫂,使人感到这动作生动而有力。

　　⑬"恨棒打人",画出鲜明的形象。连同下面的骂话看,可见她恨到了极点。

　　⑭七斤也是"恨棒打人"。

⑮九斤老太始终没有弄清楚这场风波的底细。

⑯活画出游手好闲的,自以为多见多闻的赵七爷。看他那姿态,听他那说话,自然是自以为站在张翼德一边。

⑰这几个人的"躲"可以注意。不就是说,在村人们的心目中,赵七爷就代表了皇帝的权力吗?

⑱风波于己无干,他们是安心睡觉。

⑲七斤嫂是无可奈何,只好去睡觉。

⑳在钉饭碗这件事上,见出七斤家(也是一般农村人家)生活的艰苦。在前面还有"夏天吃饭不点灯"一层。虽说这是农家习惯,崇尚俭约,但是俭约的原由还在于生活艰苦。

㉑不是不要听新闻,是因为七斤已经成了"问题人物",与他接近了,说不定会染上晦气,所以"回避"他。这种想头,一般人大多有的,不只是七斤的同村人如此。

㉒一场风波已经过去,一切恢复了以前的模样。

写人物的文字,总把行动与对话夹在一起。也有偏重在一方面的,他一方面就不很着力。这篇小说是双方并重的,读起来当然要双方兼顾,才能了解得透彻。前面只谈行动的部分,对话的部分以及其他部分请读者自己去玩味吧。

篇中用"伊"字,是女性的第三人称。"五四"前后几年间很有人用这个"伊"字,后来"她"字通行,就没有人用了。

# 揣　　摩[①]

一篇好作品，只读一遍未必能理解得透。要理解得透，必须多揣摩。读过一遍再读第二第三遍，自己提出些问题来自己解答，是有效办法之一。说有效，就是增进理解的意思。

空说不如举例。现在举鲁迅的《孔乙己》为例，因为这个短篇大家熟悉。

读罢《孔乙己》，就知道用的是第一人称写法。可是篇中的"我"是咸亨酒店的小伙计，并非鲁迅自己，咱们确切知道鲁迅幼年没当过酒店小伙计。这就可以提出个问题：鲁迅为什么要假托这个小伙计，让这个小伙计说孔乙己的故事呢？

用第一人称写法说孔乙己，篇中的"我"就是鲁迅自己，这样写未尝不可以，但是写成的小说会是另外一个样子，跟咱们读到的《孔乙己》不一样。大概鲁迅要用最简要的方法，把孔乙己活动的范围限制在酒店里，只从孔乙己到酒店里喝酒这件事上表现孔乙己。那么，能在篇中充当"我"的唯有在场的人。在场的人有孔乙己，有掌柜，有其他酒客，都可以充当篇中的"我"，但是都不合鲁迅的需要，因为他们都是被观察被描写的对象。对于这些对象，须有一个观察他们的人。于是假托一个在场的小伙计，让他来说孔乙己的故事。小伙计说的只限于他在酒店里的所见所闻，可是，如果咱们仔细揣摩，就能从其中得到不少东西。

连带想到的可能是如下的问题：幼年当过酒店小伙计的一个人，忽然说起二十多年前的故事来，是不是有点儿不自然呢？

仔细一看，鲁迅交代清楚了。原来小伙计专管温酒，觉得单调，觉得无聊，"只有孔乙己到店，才可以笑几声，所以至今还记得"。至今还记得，说给人家听听，那是很自然的。

从这儿又可以知道第一第二两节并非闲笔墨。既然是说当年在酒店里的所见所闻，当然要说一说酒店的大概情况，这就来了第一节。一个十几岁的孩子勉

---

① 原载《语文学习》一九六〇年一月号。

勉强强留在酒店里当小伙计,这也"侍候不了",那也"干不了",只好站在炉边温酒,他所感到的单调和无聊可以想见。因此,第二节就少不得。有了这第二节,又在第三节里说"掌柜是一副凶脸孔,主顾也没有好声气",那么"只有孔乙己到店,才可以笑几声"的经历,自然深印脑筋,历久不忘了。

故事从"才可以笑几声"说起,以下一连串说到笑。孔乙己一到,"所有喝酒的人便都看着他笑"。"众人都哄笑起来,店内外充满了快活的空气",说了两回。在这些时候,小伙计"可以附和着笑"。掌柜像许多酒客一样,问孔乙己一些话,"引人发笑"。此外还有好几处说到笑,不再列举了。注意到这一点,就会提出这样的问题:这篇小说简直是用"笑"贯穿着的,取义何在呢?

小伙计因为"才可以笑几声"而记住孔乙己,自然用"笑"贯穿着他所说的故事;这是最容易想到的回答。但是不仅如此。

故事里被笑的是孔乙己一个人,其他的人全是笑孔乙己的,这不是表明孔乙己的存在只能作为供人取笑的对象吗?孔乙己有他的悲哀,有他的缺点,他竭力想跟小伙计搭话,他有跟别人交往的殷切愿望。所有在场的人可全不管这些,只是把孔乙己取笑一阵,取得无聊生涯中片刻的快活。这不是表明当时社会里人跟人的关系,冷漠无情到叫人窒息的地步吗?为什么会冷漠无情到这样地步,故事里并没点明,可是咱们从这一点想开去,不是可以想得很多吗?

第九节是这么一句话:"孔乙己是这样的使人快活,可是没有他,别人也便这么过。"这句话单独作一节搁在这儿,什么用意呢?

最先想到的回答大概是结束上文。上文说孔乙己到来使酒店里的人怎样怎样快活,这儿结束一下,就说他"是这样的使人快活"。这样回答当然没有错。但是说"可是没有他,别人也便这么过",又是什么意思呢?这不是说孔乙己来不来,存在不存在,全跟别人没有什么关系吗?别人的生涯反正是无聊,孔乙己来了,把他取笑一阵,仿佛觉得快活,骨子里还是无聊;孔乙己不来,没有取笑的对象,也不过是个无聊罢了,这就叫"也便这么过"。"也便这么过"只五个字,却是全篇气氛的归结语,又妙在确然是小伙计的口吻。当年小伙计在酒店里,专管温酒的无聊职务,不是"也便这么过"吗?

还有不少问题可以提出,现在写一些在这儿。

第一节说酒店的大概情况,点明短衣帮在哪儿喝,穿长衫的在哪儿喝,跟下文哪一处有密切的联系呢?

开始说孔乙己的形相,用"身材很高大;青白脸色,皱纹间时常夹些伤痕;一部乱蓬蓬的花白的胡子"。这些话是仅仅交代形相呢,还是在交代形相之外,还含有旁的意思要咱们自己领会?

为什么"孔乙己一到店,所有喝酒的人便都看着他笑"呢?

孔乙己说的话,别人说的话,都非常简短。他们说这些简短的话的当时,动机是什么,情绪是怎样呢?

孔乙己的话里有"污人清白","窃书","君子固穷","多乎哉? 不多也"之类的文言。这除了照实摹写孔乙己的口吻之外,有没有旁的作用呢?

孔乙己到店时候的情形,有泛叙,有特叙,泛叙叙经常的情形,特叙叙某一天的情形。如果着眼在这一点上,是不是可以看出分别用泛叙和特叙的作用呢?

掌柜看孔乙己的账,一次是中秋,一次是年关,一次是第二年的端午,为什么呢?

诸如此类的问题,还可以提许多。

几个人读同一篇作品,各自提出些问题,决不会个个相同,但是可能个个都有价值,足以增进理解。

理解一篇作品,当然着重在它的主要意思。但是主要意思是靠全篇的各个部分烘托出来的,所以各个部分都不能轻轻放过。体会各个部分,总要不离作品的主要意思。提出来的必须是合情合理的值得揣摩的问题。要是硬找些不相干的问题来抠,那就没有意义了。

第四辑

　　作文不该看作一件特殊的事情,犹如说话,本来不是一件特殊的事情。作文又不该看作一件呆板的事情,犹如泉流,或长或短,或曲或直,自然各异其致。我们要把生活与作文结合起来,多多练习,作自己作的题目。久而久之,将会觉得作文是生活的一部分,是一种发展,是一种享受,而无所谓练习:这就与文章产生的自然程序完全一致了。

# 对于小学作文教授之意见[①]

此篇就著者平日之经验之理想撰述之。篇中多为平易朴实之理论,少陈类似教案之方法。盖理论乃根本,乃原则,根本定,原则立,自能左右逢源,自由肆应。方法则随事而变,难以隅反也。著者见解具如此篇所述。但欲期一事之进于优善,尤贵多人之共同讨究。著者颇抱此种期望。深望教育界诸君子审查一过,或将此种理论付诸试验而评其成绩。于此或为赞许,或加匡正,务请不吝赐教。(通讯处吴县甪直镇县立第五高等小学校)

处今日之时势,小学生所需智识至多。若以悠久之岁月而练习不可限程收效之作文,实非今日所应有之事。宜以最经济之时间练成其最能切实应用之作文能力。

小学作文教授之目的在令学生能以文字直抒情感,了无隔阂;朴实说理,不生谬误。至于修词之工,谋篇之巧,初非必要之需求。能之固佳,不能亦不为病。(按文字大别,不出抒情论叙二类。故但言抒情及说理)

目的既如上述,则选择读物殊为必要。必与以模范,始得有着手之方。其不能学及不必学之读物亟当屏绝,而选读古文自亦属不可能。古文于现时代小学生扞格颇多。请胪举之:

(一)陈义过高,所关至大,或学问家之所事,或谋国者之所究,与小学生现时处境绝不相关。

(二)时代不同,即思想互异。诵而习之,或且为推究事理之障碍。境遇不同,即感想各殊。在彼以为真切有味者,在此未必一一领略。若强令诵习,必然无益。(以上二端犹指古文之无谬点者)

(三)古人持论,喜为联想,少事归纳。究其结果,智词累幅。效此推理论事,谬误必多。

---

① 这篇文章是作者与王钟麒(伯祥)合写的,发表在一九一九年一月一日《新潮》第一卷第一号。

（四）牢愁写恨，避地鸣高，实居抒情之古文之大部分。此于学生孟晋之气必生障碍。

（五）古文中每有不落边际，不可捉摸者。读之终篇，唯觉文字缴绕，茫无所得。苟取法于此，其弊为徒好虚论，语无实质。

或谓诵习古文，盖欲辨别历代文学之变迁，推究各种体制之沿革，反今人于古人，而体其著作之旨趣耳。殊不知此乃文学家事，而非小学生事。且文学家下此功夫，亦不过证古察变，以为自创新文学地步，并非欲舍弃自身态度，步趋古人也。令今日之小学生而模仿古人之文，决无是处。

今日小学作文之教授殊无把握。毕业而去者，或已臻通顺，则由于学生之努力与习性，未必果为教授之效；或尚未通顺，则教者学者俱已殚精竭力，咎亦均非其所愿任。其实根本解决此问题，还当改换读物选择之方针。著者前已言小学作文教授之目的及古文之不宜选读矣。总之，小学生作文，初不欲求其高雅典丽，肖于古文。然则但避古文不读，遽即收效耶？此殊未必。国人习惯，酷好摹古，有所撰述，其结体琢句，亦喜力追古人。小学生得此种读物，自好者便力思仿效，不知功力未到，转成牵强不通；自弃者惮仿效之多艰，径自舍去，任意挥洒，既无独立撰述之力，而类乎自身思想之文字又无从得而仿效，其结果亦成浅陋不通。我国文字之难习，言文之异致实为其主因。方为文之际，初则搜索材料，编次先后，其所思考固与口说一致；然欲笔之于纸，则须译为文言。于是手之所写非即心之所思。其间迻译之手续殊为辛苦。求胜摹古之心弥炽，则辛苦弥甚。颇有一种人，亦尝识字，亦能运思，亦富情感，而不能下笔成文者，即此手续为之障碍。欲去此障碍，唯有直书口说，当前固尚难能，而将来终当期其达到。为今之计，使之较近口说，俾易练习，则未始不可。试思口之所说，其故为雕琢，几经烹炼者几何？即夙擅文学之人，吾知其寥寥也。然则小学生之读物亦唯求其为较近口说之文字耳。至其内容，固不因此而有所改易也。教者果能随处留意，于学生之读物，或自编，或修改，务使十分平易，有类口说，则学生临文之际，得此模范，但就情意所至，举笔照录，不必迻译，便成文字矣。或谓如此为教，则学生为文必无典丽乔皇峭拔奇突之观。则答之曰：此言似是而实非。盖思想正确，情感真挚，实质上未始不堂皇正则，初不关文字间之典丽乔皇峭拔奇突也。诚著者之说，持之勿懈，则限程收效，目的必达，固敢自信也。

作文之形式为文字，其内容实不出思想情感两端。以言思想，则积理必富而为文始佳。若但读物得宜，便令仿其词句，握管撰作，则收效犹薄。夫文无本体，必附丽于事物而后成其为文。读物之实质固亦为种种之事物;而读物之外,事物正多,尤贵实际探求。宜令学者随时随地探求事物之精蕴,且必经己之思考而得答案。然后陈事说理自能确切而畅达。以言情感,则因人而异,岂能强求其同。他人抒情之作,以为酣畅淋漓者,自我视之,或竟索然。又或言过其分,转为饰伪,读者对之亦不生情感。是以选择抒情之读物,须真切有味,确具至情,可以激发学生情感者。而于平日训练能注意学生个性,因势利导而陶冶之,收效自必更巨。

心有所思,情有所感,而后有所撰作。唯初学作文,意在练习,不得已而采命题作文之办法。苟题意所含非学生所克胜,勉强成篇,此于其兴味及推理力摧残殊甚。是以教者命题,题意所含必学生心所能思。或使推究,或使整理,或使抒其情绪,或使表其意志。至于无谓之翻案,空泛之论断,即学生有作,尚宜亟为矫正;若以之命题,自当切戒。

文题取材应广博。不特学校中之所诵习所闻见可以命题,即家庭社会之事,苟学生能思议及之者,亦无不可命题。事事物物,与学生接触而引起其思想情感者,均可为文题之材料。如是,既能收各科联络之效,亦能练随遇肆应之才。不知此义,弊即随生。学生遂以为作文乃国文科中独有之事,其作用但在虚理缴绕,修词琢句,而于应用转不甚措意。迨夫事物当前,宜有所撰录,斯正应用之机会矣,而欲求应用之具竟不可得。庸讵知向以为独有之事者,正普通应用之利器耶? 犯此弊者正夥,初非好为过言也。能史论不能书札,能拟古写景不能就眼前景物曲曲为之传神,即缘受此流毒。习染益深,其弊益甚,虚而无实,文字之功用失矣。

总之,作文命题及读物选择,须认定作主者读之者为学生,即以学生为本位也。教者有思想欲发挥,有情感欲抒写,未必即可命题,因学者未必有此思想有此情感也。教者心赏某文,玩索有素,未必即可选为教材,因学生读此文,其所摄受未必同于我也。必学生能作之文而后命题,必学生宜读之文而后选读,则得之矣。

教者或于学生作文之际示以意义,此最非所宜。教者之言动恒有一种暗示性质,势将予学生以限制。虽不强学生必从,而学生往往从之。意义既先讲出,则作文之效果充其量不过复述师言而止。甚者,学生于师意未能领解,更不免强为牵合。此习既成,其论事也,可以反无理为有理,我矛我盾萃于一篇。此于期望学生思考自由推理正确之初愿大相刺谬矣。但须讲题明白,使学生认题确切。此外手续均不必用。

学生作文,须令分段,每段之先标明含意。此法之利有二:

(一)作者起题,必先审定含义应有几段,方能扼要标明。经此手续,则一篇大体,动笔之先早已成立。意义明画,文字自然清楚。庶可免捉笔辄书,不自知其所云之弊。

(二)谈话演说,推理论事,往往一段已完,则语气停顿。下一段即不连属于前,初不必用联词为之介也。文字本济语言之穷者,彼此自当一例。而每见学生作文,有于段与段之间强用联词,转成文字之累者,有欲其一贯,强改前后两段意义,使迁就而联络者。今令分段,则遇含意多端,说理须精之文题,可逞臆直书,无牵强之弊。

今之评量文字者,往往高谈句调高古,词华典赡,而不问思想之精确完整与否。故其言作文进境每分三段:初则寥寥数十语,但求文从字顺;继则力求充畅,扩为数百语以至千语;终乃缩之使短,返于初状,而词句自古茂凝炼。颇有人持此见解以觇学生之进程。不知文字作用端在达意。意已完足,虽短何害? 意犹未尽,则当长以畅言之。若必故为擒纵,则意本无多,衍充篇幅;语有未尽,强为收敛。在若辈视之,未尝不谓极行文之能事;而自我观之,殊不谓然。盖举枉错直,离实已甚,充类发达,亦不过游戏笔墨耳。著者以为小学生作文,既慎择读物以积理,则作法自当注意其意义是否精确,语句是否完整。必求合乎论理,而不贵乎虚衍。篇幅短长固应随顺意义也。即主张小学生作文必求典雅,亦须先注意于此。然后自求得之,庶不致人云亦云。若必罗列典雅语句,奇拗笔法,一一注入学生脑海,正恐劳而无功,适足助长学生之依赖性耳。

觇学生作文之进步与否,当视其推理能否正确,抒情能否绵美。果日累月积,思想益正确而完善,情感益恳挚而缜密,即可断定为确有进步。此全属作文内容之事,而非形式之事。是以收效在作文者,用功决非仅在练习作文。盖文之所载者实质,而文之所以成者方术也。质之不存,术将焉用? 昧乎此而但以作文练习作文,不及其他,其卒无成效,固应得之果矣。或者乃专务形式方术,以文篇之峭拔波折,字句之研炼雕琢,为作文之进步,而于内容实质转无所措意,亦舍本而逐末矣。其实所谓峭拔波折研炼雕琢者亦何足道? 夫文,凭理推事,准情抒写,心之所至,即文之结构矣。果理真而情切,直捷写来,宁有弗当? 自经文家强命篇法,斟酌章句,一若吾既有真理至情可供抒写,又必顾及其所谓峭拔波折研炼雕琢者。于是改易实质以就篇章者有之;强造语句以成开合者有之;好为艰深,原意滋晦者有之;喜用僻字,意涉含糊者有之。求善反弊,究何取焉? 或曰:

子之所称,盖其流于弊,涉于歧途者耳。其不然者,固文家之上材也。答之曰:即不流于弊,不涉于歧途,亦何必于理真情切之外别加互易改换之功乎?小学生练习作文之要求,唯在理真情切而意达,即文学亦未能外此。不此之图,而务他求,即非无关,亦属旁义。小学生作文,练习既无多暇,目的又在应用;务其本,手段犹须经济;若骛旁义,虽非背道,已成异趋。终其身弗达理真、情切、意达之目的,亦未可知也。

作者于为文之实质既已理真、情切,犹未必遽能意达。吾人临文之先,往往觉有真切之理绵妙之情可供挥洒。一俟脱稿,试自讽诵,辄觉未能尽写我怀,因此不自惬意。更以示他人,而他人所摄受又未必即吾所思考。若此者,文字之效用可谓失其大部。夫一种情意必有一种最适切之语句表示之。此最适切之语句不可借用,不可互易;当机恰合,自然意达。今于作文教授,欲期其意达,亦只须令学生注意于此。盖初学者往往有语涉含糊意若两可之文字。苟迁就放过,致成素习,终其身且有情意满腔莫能卒达之苦。故教者须一一为之辨别,若何之情意,必以若何最适切之语句表示之。一衷名理,莫为强就,则意达之的庶几可达。

批改实为作文教授之要着,自须认定标的。批改固非教者自己作文,乃修正学生所作之意义及字句也。其意义不谬误而尚有不完全之处者,不必为之增;字句已通顺而尚欠凝炼高古者,不必为之改。意义不完,乃由于学生识力之未至,而非由于推理之谬误。夫识力之程度至无定限。今时教者所见,增之于作文簿者,他日学生识力进步或竟更造其深,而觉教者所增为意有未尽。然则于学生所作增加意义,已非妥善之方法;况一为增益,又足阻遏学生当时之精究心耶?至于字句之凝炼高古,本非必要之需求。己意既达,人亦共喻,虽不凝炼高古何害?苟字句可通,而必易之以同义异构之字句,此殊足减学生之兴味及精究心。况凝炼高古,厥义虚玄,以此责之,徒使生神秘之感。是以批改只应注意于谬误之推理,不通之字句。外此之事,不妨于发还时评论及之。如某处意义有未完之处,补入如何如何一层,则较完整而周密;某处字句有粗疏之嫌,倘作如何如何说法,则较精当而经济。如是,既重视学生精究之心,亦不失教者辅导之旨矣。

学生作文,意义有谬误,须为修改,前已言之。或全篇谬误,苟为之拟作,则学者既嫌文非己作,教者亦感不胜其烦。于是又有一法,指出其谬误之点,巧譬善导,使之领会,而后令之重作。令之重作,苟不授以意义,则前既谬误,或不能另辟途径;如告以如何作法,又将侵犯其思考之自由。但告以趋向,当从某方面着想,意在启发,而非限制,则重作之效果当有可观矣。意义不为增损,谬误促之自省,则于学生之推理及行文必多裨益,固不仅批改之足以尽事也。

综上所论,著者认为小学作文之教授,当以顺应自然之趋势而适合学生之地位为主旨。于读物则力避艰古,求近口说;于命题则随顺其推理之能力而渐使改进;于作法则不拘程式,务求达意,只须文字与情意相吻合;于批改则但为词句之修正,不为情意之增损。

# 作文论[①]

## 一　引　言

人类是社会的动物，从天性上，从生活的实际上，有必要把自己的观察、经验、理想、情绪等等宣示给人们知道，而且希望愈广遍愈好。有的并不是为着实际的需要，而是对于人间的生活、关系、情感，或者一己的遭历、情思、想象等等，发生一种兴趣，同时仿佛感受一种压迫，非把这些表现成为一个完好的定形不可。根据这两个心理，我们就要说话、歌唱，做出种种动作，创造种种艺术；而效果最普遍、使用最利便的，要推写作。不论是愚者或文学家，不论是什么原料什么形式的文字，总之，都是由这两个心理才动手写作，才写作成篇的。当写作的时候，自然起一种希望，就是所写的恰正宣示了所要宣示的，或者所写的确然形成了一个完好的定形。谁能够教我们实现这种希望？只有我们自己，我们自己去思索关于作文的法度、技术等等问题，有所解悟，自然每逢写作，无不如愿了。

但是，我们不能只思索作文的法度、技术等等问题，而不去管文字的原料——思想、情感等等问题，因为我们作文，无非想着这原料是合理，是完好，才动手去作的。而这原料是否合理与完好，倘若不经考定，或竟是属于负面的也未可知，那就尽管在法度、技术上用功夫，也不过虚耗心力，并不能满足写作的初愿。因此，我们论到作文，就必须联带地论到原料的问题。思想构成的径路，情感凝集的训练，都是要讨究的。讨究了这些，才能够得到确是属于正面的原料，不致枉费写作的劳力。

或许有人说："这样讲，把事情讲颠倒了。本来思想情感是目的，而作文是

---

① 《作文论》，一九二四年四月由商务印书馆印行单行本，列为百科小丛书第四十八种。后收入《万有文库》第一集，于一九二九年十月出版。署名叶绍钧。

按：上海亚细亚书局曾于一九三五年九月出版过一本《作文概说》，也署名叶绍钧。那是出版者借用了"叶绍钧"这个名字，该书作者实际是另一个人。

手段,现在因作文而去讨论思想、情感,岂不是把它们看作作文的手段了么?"固然,思想、情感是目的,是全生活里的事情,但是,要有充实的生活,就要有合理与完好的思想、情感;而作文,就拿这些合理与完好的思想、情感来做原料。思想、情感的具体化完成了的时候,一篇文字实在也就已经完成了,余下的只是写下来与写得适当不适当的问题而已。我们知道有了优美的原料可以制成美好的器物,不曾见空恃技巧却造出好的器物来。所以必须探到根本,讨究思想、情感的事,我们这工作才得圆满。顺着自然的法则,应当是这么讨究的,不能说这是目的手段互相颠倒。

所以在这本小书里,想兼论"怎样获得完美的原料"与"怎样把原料写作成文字"这两个步骤。

这个工作不过是一种讨究而已,并不能揭示一种唯一的固定的范式,好像算学的公式那样。它只是探察怎样的道路是应当遵循的,怎样的道路是能够实现我们的希望;道路也许有几多条,只要可以达到我们的目的地,我们一例认为有遵循的价值。

至于讨究的方法,不外本之于我们平时的经验。自己的,他人的,一样可以用来作根据。自己或他人曾经这样地作文而得到很好的成绩,又曾经那样地作文而失败了,这里边一定有种种的所以然。如能寻出一个所以然,我们就探见一条道路了。所以我们应当寻得些根据(生活里的情况与名作家的篇章一样地需要),作我们讨究的材料。还应当排除一切固执的成见与因袭的教训,运用我们的智慧,很公平地从这些材料里做讨究的功夫,以探见我们的道路。这样,纵使所得微少,不过一点一滴,而因为得诸自己,将永远是我们的财宝,终身用之而不竭;何况我们果能努力,所得未必仅止一点一滴呢?

凡事遇到需求,然后想法去应付,这是通常的自然的法则。准此,关于作文的讨究似应在有了写作需要之后,没有写作需要的人便不用讨究。但是我们决不肯这样迟钝,我们能够机警地应付。凡是生活里重要的事情,我们总喜欢一壁学习一壁应用,非特不嫌多事,而且务求精详。随时是学,也随时是用。各学科的成立以此;作文的所以成为一个题目,引起我们讨究的兴趣,并且鼓动我们练习的努力,也以此。何况"想要写作"真是个最易萌生的欲望,差不多同想吃想喝的欲望一样。今天尚未萌生的,说不定明天就会萌生;有些人早已萌生,蓬蓬勃勃地几乎不可遏止了;又有些人因为不可遏止,已经做了许多回写作这件事了。不论是事先的准备,或是当机的应付,或是过后的衡量,只要是希望满足写作的愿望的,都得去做一番作文的讨究的功夫。可以说这也是生活的一个基本条件。

再有一个应当预先解答的问题,就是"这里所讨究的到底指普通文而言还是指文学而言?"这是一个很容易发生的疑问,又是一个不用提出的疑问。普通文与文学,骤然看来似乎是两件东西,而究实细按,则觉它们的界限很不清楚,不易判然划分。若论它们的原料,都是思想、情感。若论技术,普通文要把原料表达出来,而文学也要把原料表达出来。曾经有许多人给文学下过很细密很周详的界说,但是这些条件未尝不是普通文所期望的。若就成功的程度来分说,"达意达得好,表情表得妙,便是文学。"①则是批评者的眼光中才有这程度相差的两类东西。在作者固没有不想竭其所能,写作最满意的文字的;而成功的程度究竟怎样,则须待完篇以后的评衡,又从哪里去定出所作的是什么文而后讨究其作法?况且所谓好与妙又是很含糊的,到什么程度才算得好与妙呢?所以说普通文与文学的界限是很不清楚的。

又有一派的意见,以为普通文指实用的而言。这样说来,从反面着想,文学是非实用的了。可是实用这个词能不能做划分的标准呢?在一般的见解,写作一篇文字,发抒一种情绪,描绘一种景物,往往称之为文学。然而这类文字,在作者可以留迹象,取快慰,在读者可以兴观感,供参考,何尝不是实用?至于议论事情、发表意见的文字,往往被认为应付实际的需用的。然而自古迄今,已有不少这类的文字被认为文学了。实用这个词又怎能做划分的标准呢?

既然普通文与文学的界限不易划分,从作者方面想,更没有划分的必要。所以这本小书,不复在标题上加什么限制,以示讨究的是凡关于作文的事情。不论想讨究普通文或文学的写作,都可以从这里得到一点益处,因为我们始终承认它们的划分是模糊的,泉源只是一个。

## 二 诚实的自己的话

我们试问自己,最爱说的是哪一类的话?这可以立刻回答,我们爱说必要说的与欢喜说的话。语言的发生本是为着要在人群中表白自我,或者要鸣出内心的感兴。顺着这两个倾向的,自然会不容自遏地高兴地说。如果既不是表白,又无关感兴,那就不必鼓动唇舌了。

作文与说话本是同一目的,只是所用的工具不同而已。所以在说话的经验里可以得到作文的启示。倘若没有什么想要表白,没有什么发生感兴,就不感到必要与欢喜，就不用写什么文字。一定要有所写才写。若不是为着必要与欢喜，而勉强去写，这就是一种无聊又无益的事。

勉强写作的事确然是有的，这或者由于作者的不自觉，或者由于别有利用的心思，并不根据所以要写作的心理的要求。有的人多读了几篇别人的文字，受别人的影响，似乎觉得颇欲有所写了；但是写下来的与别人的文字没有两样。有的人存着利用的心思，一定要写作一些文字，才得达某种目的；可是自己没有什么可写，不得不去采取人家的资料。像这样无意的与有意的勉强写作，犯了一个相同的弊病，就是模仿。这样说，无意而模仿的人固然要出来申辩，说他所写的确然出于必要与欢喜，而有意模仿的人或许也要不承认自己的模仿。但是，有一个尺度在这里，用它一衡量，模仿与否将不辩而自明，这个尺度就是"这文字里的表白与感兴是否确实是作者自己的？"拿这个尺度衡量，就可见前者与后者都只是复制了人家现成的东西，作者自己并不曾拿出什么来。不曾拿出什么来，模仿的讥评当然不能免了。至此，无意而模仿的人就会爽然自失，感到这必要并非真的必要，欢喜其实无可欢喜，又何必定要写作呢？而有意模仿的人想到写作的本意，为葆爱这种工具起见，也将遏抑利用的心思。直到确实有了自己的表白与感兴才动手去写。

像那些著述的文字，是作者潜心研修，竭尽毕生精力，获得了一种见解，创成了一种艺术，然后写下来的，写的自然是自己的东西。但是人间的思想、情感往往不甚相像；现在定要写出自己的东西，似乎他人既已说过的，就得避去不说，而要去找人家没有说过的来说。这样，在一般人岂不是可说的话很少了么？其实写出自己的东西并不是这个意思；按诸实际，也决不能像这个样子。我们说话、作文，无非使用那些通用的言词；至于原料，也免不了古人与今人曾经这样那样运用过了的，虽然不能说决没有创新，而也不会全部是创新。但是，我们要说这席话，写这篇文，自有我们的内面的根源，并不是完全被动地受了别人的影响，也不是想利用来达到某种不好的目的。这内面的根源就与著述家所获得的见解、所创成的艺术有同等的价值。它是独立的；即使表达出来恰巧与别人的雷同，或且有意地采用了别人的东西，都不应受到模仿的讥评；因为它自有独立性，正如两人面貌相似、性情相似，无碍彼此的独立，或如生物吸收了种种东西营养自己，却无碍自己的独立。所以我们只须自问有没有话要说，不用问这话是不是人家说过。果真确有要说的话，用以作文，就是写出自己的东西了。

更进一步说，人间的思想、情感诚然不甚相悬，但也决不会全然一致。先天的遗传,后天的教育,师友的熏染,时代的影响,都是酿成大同中的小异的原因。原因这么繁复,又是参伍错综地来的,这就形成了各人小异的思想、情感。那么,所写的东西只要是自己的,实在很难得遇到与人家雷同的情形。试看许多文家一样地吟咏风月,描绘山水,会有不相雷同而各极其妙的文字,就是很显明的例了。原来他们不去依傍别的,只把自己的心去对着风月山水;他们又绝对不肯勉强,必须有所写才写;主观的情思与客观的景物揉和,组织的方式千变万殊,自然每有所作都成独创了。虽然他们所用的大部分也只是通用的言词,也只是古今人这样那样运用过了的,而这些文字的生命是由作者给与的,终竟是唯一的独创的东西。

讨究到这里,可以知道写出自己的东西是什么意义了。

既然要写出自己的东西,就会连带地要求所写的必须是美好的:假若有所表白,这当是有关于人间事情的,则必须合于事理的真际,切乎生活的实况;假若有所感兴,这当是不倾吐不舒快的,则必须本于内心的郁积,发乎情性的自然。这种要求可以称为“求诚”。试想假如只知写出自己的东西而不知求诚,将会有什么事情发生?那时候,臆断的表白与浮浅的感兴,因为无由检验,也将杂出于笔下而不自觉知。如其终于不觉知,徒然多了这番写作,得不到一点效果,已是很可怜悯的。如其随后觉知了,更将引起深深的悔恨,以为背于事理的见解怎能够表白于人间,贻人以谬误,浮荡无着的偶感怎值得表现为定形,耗己之劳思呢?人不愿陷于可怜的境地,也不愿事后有什么悔恨,所以对于自己所写的文字,总希望确是美好的。

虚伪、浮夸、玩戏,都是与诚字正相反对的。在有些人的文字里,却犯着虚伪、浮夸、玩戏的弊病。这个原因同前面所说的一样,有无意的,也有有意的。譬如论事,为才力所限,自以为竭尽智能,还是得不到真际。就此写下来,便成为虚伪或浮夸了。又譬如抒情,为素养所拘,自以为很有价值,但其实近于恶趣。就此写下来,便成为玩戏了。这所谓无意的,都因有所蒙蔽,遂犯了这些弊病。至于所谓有意的,当然也如上文所说的那样怀着利用的心思,借以达某种的目的。或者故意颠倒是非,希望淆惑人家的听闻,便趋于虚伪;或者谀墓、献寿,必须彰善颂美,便涉于浮夸;或者作书牟利,迎合人们的弱点,便流于玩戏。无论无意或有意犯着这些弊病,都是学行上的缺失,生活上的污点。假如他们能想一想是谁作文,作文应当是怎样的,便将汗流被面,无地自容,不愿再担负这种缺失与污点了。

我们从正面与反面看,便可知作文上的求诚实含着以下的意思:从原料讲,要是真实的、深厚的,不说那些不可征验、浮游无着的话;从写作讲,要是诚恳的、严肃的,不取那些油滑、轻薄、卑鄙的态度。

我们作文,要写出诚实的、自己的话。

## 三　源　头

"要写出诚实的、自己的话",空口念着是没用的,应该去寻到它的源头,有了源头才会不息地倾注出真实的水来。从上两章里,我们已经得到暗示,知道这源头很密迩,很广大,不用外求,操持由己,就是我们的充实的生活。生活充实,才会表白出、发抒出真实的深厚的情思来。生活充实的涵义,应是阅历得广,明白得多,有发现的能力,有推断的方法,情性丰厚,兴趣饶富,内外合一,即知即行,等等。到这地步,会再说虚妄不诚的话么? 我们欢喜读司马迁的文,认他是大文家,而他所以致此,全由于修业、游历以及伟大的志操。我们欢喜咏杜甫的诗,称他是大诗家,而他所以致此,全由于热烈的同情与高尚的人格。假若要找反面的例,要找一个生活空虚的真的文家,我们只好说无能了。

生活的充实是没有止境的,因为这并非如一个瓶罐,有一定的容量,而是可以无限地扩大,从不嫌其过大过充实的。若说要待充实到极度之后才得作文,则这个时期将永远不会来到。而写作的欲望却是时时会萌生的,难道悉数遏抑下去么? 其实不然。我们既然有了这生活,就当求它充实(这是论理上的话,这里单举断案,不复论证)。在求充实的时候,也正就是生活着的时候,并不分一个先,一个后,一个是预备,一个是实施。从这一点可以推知只要是向着求充实的路的,同时也就不妨作文。作文原是生活的一部分呵。我们的生活充实到某程度,自然要说某种的话,也自然能说某种的话。譬如孩子,他熟识了人的眨眼,这回又看见星的妙美的闪耀,便高兴地喊道,"星在向我眨眼了"。他运用他的观察力、想象力,使生活向着充实的路,这时候自然要倾吐这么一句话,而倾吐出来的又恰好表达了他的想象与欢喜。大文家写出他每一篇名作,也无非是这样的情形。

所以我们只须自问,我们的生活是不是在向着求充实的路上? 如其是的,那就可以绝无顾虑,待写作的欲望兴起时,便大胆地、自信地写作。因为欲望的兴起这么自然,原料的来源这么真切,更不用有什么顾虑了。我们最当自戒的就是生活沦没在虚空之中,内心与外界很少发生关系,或者染着不正当的习惯,却要强不知以为知,不能说、不该说而偏要说。这譬如一个干涸的源头,那里会倾注出真实的水来?假若不知避开,唯有陷入模仿、虚伪、浮夸、玩戏的弊病里罢了。

要使生活向着求充实的路,有两个致力的目标,就是训练思想与培养情感。从实际讲,这二者也是互相联涉,分割不开的。现在为论列的便利,姑且分开来。看它们的性质,本应是一本叫作《做人论》里的章节。但是,因为作文是生活的一部分,所以它们也正是作文的源头,不妨在这里简略地讨究一下。

请先论训练思想。杜威一派的见解以为"思想的起点是实际上的困难,因为要解决这种困难,所以要思想;思想的结果,疑难解决了,实际上的活动照常进行;有了这一番思想作用,经验更丰富一些,以后应付疑难境地的本领就更增长一些。思想起于应用,终于应用;思想是运用从前的经验来帮助现在的生活,更预备将来的生活。"②这样的思想当然会使生活的充实性无限地扩大开来。它的进行顺序是这样:"(一)疑难的境地;(二)指定疑难之点究竟在什么地方;(三)假定种种解决疑难的方法;(四)把每种假定所涵的结果一一想出来,看那一个假定能够解决这个困难;(五)证实这种解决使人信用,或证明这种解决的谬误,使人不信用。"③在这个顺序里,这第三步的"假设"是最重要的,没有它就得不到什么新东西。而第四、第五步则是给它加上评判和证验,使它真能成为生活里的新东西。所以训练思想的涵义,"是要使人有真切的经验来作假设的来源;使人有批评、判断种种假设的能力;使人能造出方法来证明假设的是非真假。"④

至此,就得归根到"多所经验"上边去。所谓经验,不只是零零碎碎地承受种种见闻接触的外物,而是认清楚它们,看出它们之间的关系,使成为我们所有的东西。不论愚者和智者,一样在生活着,所以各有各的自得的经验。各人的经验有深浅广狭的不同。所谓愚者,只有很浅很狭的一部分,仅足维持他们的勉强的生活,除此以外就没有什么了。这个原因当然在少所接触;而接触的多少不在乎外物的来不来,乃在乎主观的有意与无意;无意应接外物,接触也就少了。所以我们要经验丰富,应该有意地应接外物,常常持一种观察的态度。这样,将见环绕于四围的外物非常多,都足以供我们认识、思索,增加我们的财富。我们运用着观察力,明白它们外面的状况以及内面的情形,我们的经验就无限地扩大开来。譬如对于一个人,如其不加观察,摩肩相值,瞬即东西,彼此就不相关涉了。如其一加观察,至少这个人的面貌、姿态在意念中留下一个印象。若进一步与他结识,更可以认识他的性情、品格。这些决不是无益的事,而适足以使我们获得关于人的种种经验，于我们持躬论人都有用处。所以随时随地留意观察，是扩充经验的不二法门。由多所观察，方能达到多所经验。经验愈丰富，则思想进行时假设的来源愈广，批评、判断种种假设的能力愈强，造出方法以证明假设的是非真假也愈有把握。

假如我们作文是从这样的源头而来的，便能表达事物的真际，宣示切实的意思，而且所表达、所宣示的也就是所信从、所实行的，所以内外同致，知行合一。写出诚实的话不是做到了么？

其次，论培养情感。遇悲喜而生情，触佳景而兴感，本来是人人所同的。这差不多是莫能自解的，当情感兴起的时候，浑然地只有这个情这个感，没有功夫再去剖析或说明。待这时候已过，才能回转去想。于是觉得先前的时候悲哀极了或者喜悦极了，或者欣赏了美的东西了。情感与经验有密切的关系。它能引起种种机会，使我们留意观察，设法试证，以获得经验；它又在前面诱导着，使我们勇往直进，全心倾注，去享用经验。它给我们极大的恩惠，使我们这世界各部互相关联而且固结不解地组织起来；使我们深入生活的核心，不再去计较那些为什么而生活的问题。它是粘力，也是热力。我们所以要希求充实的生活，而充实的生活的所以可贵，浅明地说，也就只为我们有情感。

情感的强弱周偏各人不同。有些人对于某一小部分的事物则倾致他们的情感，对其它事物则不然。更有些人对于什么都淡漠，不从这方面倾致，也不从那方面倾致，只是消极地对待，觉得什么东西总辨不出滋味，一切都是无边的空虚，世界是各不相关联的一堆死物，生活是无可奈何的消遣。所以致此的原因，在于与生活的核心向来不曾接近过，永久是离开得远远；而所以离开，又在于不多观察，少具经验，缺乏切实的思想能力。（因此，在前面说思想情感是"互相联涉，分割不开的"，原来是这么如环无端，迭为因果的呵。）于此可见我们如不要陷入这一路，就得从经验、思想上着手。有了真切的经验、思想，必将引起真切的情感；成功则喜悦，失败则痛惜，不特限于一己，对于他人也会兴起深厚的同情。而这喜悦之情的享受与痛惜之后的奋发，都足以使生活愈益充实。人是生来就怀着情感的核的，果能好好培养，自会抽芽舒叶，开出茂美的花，结得丰实的果。生活永远涵濡于情感之中，就觉这生活永远是充实的。

现在回转去论到作文。假如我们的情感是在那里培养着的，则凡有所写，都属真情实感；不是要表现于人前，便是吐其所不得不吐。写出诚实的话不是做到了么？

我们要记着，作文这件事离不开生活，生活充实到什么程度，才会做成什么文字。所以论到根本，除了不间断地向着求充实的路走去，更没有可靠的预备方法。走在这条路上，再加写作的法度、技术等等，就能完成作文这件事了。

必须寻到源头，方有清甘的水喝。

# 四　组　织

我们平时有这么一种经验：有时觉得神思忽来，情意满腔，自以为这是值得写而且欢喜写的材料了。于是匆匆落笔，希望享受成功的喜悦。孰知成篇以后，却觉这篇文字并不就是我所要写的材料，先前的材料要胜过这成篇的文字百倍呢。因此爽然自失，感到失败的苦闷。刘勰说："方其搦翰，气倍辞前；暨乎篇成，半折心始。何则？意翻空而易奇，言征实而难巧也。"⑤他真能说出这种经验以及它的来由。从他的话来看，可知所以致此，一在材料不尽结实，一在表达未得其道。而前者更重于后者。表达不得当，还可以重行修改；材料空浮，那就根本上不成立了。所以虽然说，如其生活在向着求充实的路上，就可以绝无顾虑，待写作的欲望兴起时，便大胆地、自信地写作，但不得不细心地、周妥地下一番组织的功夫。既经组织，假如这材料确是空浮的，便立刻会觉察出来，因而自愿把写作的欲望打消了。假如并非空浮，只是不很结实，那就可以靠着组织的功能，补充它的缺陷。拿什么来补充呢？这唯有回到源头去，仍旧从生活里寻找，仍旧从思想、情感上着手。

有人说，文字既然源于生活，则写出的时候只须顺着思想、情感之自然就是了。又说组织，岂非多事？这已在前面解答了，材料空浮与否，结实与否，不经组织，将无从知晓，这是一层。更有一层，就是思想、情感之自然未必即与文字的组织相同。我们内蓄情思，往往于一刹那间感其全体；而文字必须一字一句连续而下，仿佛一条线索，直到终篇才会显示出全体。又，蓄于中的情思往往有累复、凌乱等等情形；而形诸文字，必须不多不少、有条有理才行。因此，当写作之初，不得不把材料具体化，使成为可以独立而且可以照样拿出来的一件完美的东西。而组织的功夫就是要达到这种企图。这样才能使写出来的正就是所要写的；不致被"翻空"的意思所引诱，徒然因"半折心始"而兴叹。

所以组织是写作的第一步功夫。经了这一步，材料方是实在的，可以写下来，不仅是笼统地觉得可以写下来。经过组织的材料就譬如建筑的图样，依着兴筑，没有不成恰如图样所示的屋宇的。

组织到怎样才算完成呢？我们可以设一个譬喻，要把材料组成一个圆球，才算到了完成的地步。圆球这东西最是美满，浑凝调合，周遍一致，恰是一篇独立的、有生命的文字的象征。圆球有一个中心，各部分都向中心环拱着。而各部分又必密合无间，不容更动，方得成为圆球。一篇文字的各部分也应环拱于中心（这是指所要写出的总旨，如对于一件事情的论断，蕴蓄于中而非吐不可的情感之类），为着中心而存在。而且各部分应有最适当的定位列次，以期成为一篇圆满的文字。

至此，我们可以知道组织的着手方法了。为要使各部分环拱于中心，就得致力于剪裁。为要使各部分密合妥适，就得致力于排次。把所有的材料逐部审查，而以是否与总旨一致为标准，这时候自然知所去取，于是检定一致的、必要的，去掉不一致的、不切用的，或者还补充上遗漏的、不容少的，这就是剪裁的功夫。经过剪裁的材料方是可以确信的需用的材料。然后把材料排次起来，而以是否合于论理上的顺序为尺度，这时候自然有所觉知。于是让某部居开端，某部居末梢，某部与某部衔接；而某部与某部之间如共有复叠或罅隙，也会发现出来，并且知道应当怎样去修补。到这地步，材料的具体化已经完成了；它不特是成熟于内面的，而且是可以照样宣示于外面的了。

一篇文字的所以独立，不得与别篇合并，也不得剖分为数篇，只因它有一个总旨，它是一件圆满的东西，据此以推，则篇中的每一段虽是全篇的一部分，也必定自有它的总旨与圆满的结构，所以不能合并，不能剖分，而为独立的一段。要希望一段果真达到这样子，当然也得下一番组织的功夫，就一段内加以剪裁与排次。逐段经过组织，逐段充分健全，于是有充分健全的整篇了。

若再缩小范围，每节的对于一段，每句的对于一节，也无非是这样情形。唯恐不能尽量表示所要写出的总旨，所以篇、段、节、句都逐一留意组织。到每句的组织就绪，作文的事情也就完毕了。因此可以说，由既具材料到写作成篇，只是一串组织的功夫。

要实行这种办法，最好先把材料的各部分列举出来，加以剪裁，更为之排次，制定一个全篇的纲要。然后依着写作，同时再注意于每节每句的组织。这样才是有计画有把握的作文；别的且不讲，至少可免"暨乎篇成，半折心始"的弊病。

或以为大作家写作，可无须组织，纯任机缘，便成妙文。其实不然。大作家技术纯熟，能在意念中组织，甚且能不自觉地组织，所谓"腹稿"，所谓"宿构"，便是，而决非不须组织。作文的必须组织，正同作事的必须筹画一样。

# 五 文 体

写作文字，因所写的材料与要写作的标的不同，就有体制的问题。文字的体制，自来有许多分类的方法。现存的最古的总集要推萧统的《文选》，这部书的分类杂乱而琐碎，不足为据。近代完善的总集要数姚鼐的《古文辞类纂》，分文字为十三类。⑥这十三类或以文字写列的地位来立类，⑦或以作者与读者的关系来立类，⑧或又以文字的特别形式来立类，⑨标准纷杂，也不能使我们满意。

分类有三端必须注意的：一要包举，二要对等，三要正确。包举是要所分各类能够包含该事物的全部分，没有遗漏；对等是要所分各类性质上彼此平等，决不能以此涵彼；正确是要所分各类有互排性，决不能彼此含混。其次须知道要把文字分类，当从作者方面着想，就是看作者所写的材料与要写作的标的是什么，讨究作文，尤其应当如此。我们知道论辨文是说出作者的见解，而序跋文也无非说出作者对于某书的见解，则二者不必判分了。又知道颂赞文是倾致作者的情感，而哀祭文也无非倾致作者对于死者的情感，则二者可以合并了。我们要找到几个本质上的因素，才可确切地定下文字的类别。

要实现上面这企图，可分文字为叙述、议论、抒情三类。这三类所写的材料不同，要写作的标的不同，既可包举一切的文字，又复彼此平等，不相含混，所以可认为本质上的因素。叙述文的材料是客观的事物（有的虽也出自虚构，如陶潜的《桃花源记》之类，但篇中人、物、事实所处的地位实与实有的客观的无异），写作的标的在于传达。议论文的材料是作者的见解。写作的标的在于表示。抒情文的材料是作者的情感，写作的标的在于发抒。

要指定某文属某类，须从它的总旨看。若从一篇的各部分看，则又往往见得一篇而兼具数类的性质，在叙述文里，常有记录人家的言谈的，有时这部分就是议论。⑩在议论文里，常有列举事实作例证的，这等部分就是叙述。⑪在抒情文里，因情感不可无所附丽，常要借述说或推断以达情，这就含有叙述成议论的因素了。⑫像这样参伍错综的情形是常例，一篇纯粹是叙述、议论或抒情的却很少。但只要看全篇的总旨，它的属类立刻可以确定。虽然所记录的人家的言谈是议论，而作者只欲传述这番议论，所以是叙述文。虽然列举许多事实是叙述，而作者却欲借此表示他的见解，所以是议论文。虽然述说事物、推断义理是叙述与议论，而作者却欲因以发抒他的情感，所以是抒情文。

文字既分为上述的三类，从写作方面讲，当然分为叙述、议论、抒情三事。这些留在以后的几篇里去讨究,在这里先论这三事相互间的关系。

第一,叙述是议论的基本,议论是从叙述进一步的功夫。因为议论的全部的历程就是思想的历程,必须有根据,才能产生假设,并且证明假设;所根据的又必须是客观的真实,方属可靠。而叙述的任务就在说出客观的真实。所以议论某项事物,须先有叙述所根据的材料的能力;换一句说,就是对于所根据的材料认识得正确清楚;即使不必把全部写入篇中,而意念中总须能够全部叙述。不然,对于所根据的材料尚且弄不明白,怎能议论呢?不能议论而勉强要议论,所得的见解不是沙滩上的建筑么?写作文字,本乎内面的欲求,有些时候,叙述了一些事物就满足了,固不必再发什么议论。但发议论必须有充分的叙述能力做基本。叙述与议论原来有这样的关系。

第二,叙述、议论二事与抒情,性质上有所不同。叙述或议论一事,意在说出这是这样子或者这应当是这样子。看这类文字的人只要求知道这是这样子或者这应当是这样子。一方面说出,一方面知道,都站在自己的静定的立足点上。这样的性质偏于理知。至于抒情,固然也是说出这是这样子或者这应当是这样子,但里面有作者心理上的感受与变动做灵魂。看这类文字的人便不自主地心理上起一种共鸣作用,也有与作者同样的感受与变动。一方面兴感,一方面被感,都足使自己与所谓这是这样子或者这应当是这样子融合为一。这样的性质偏于情感。若问抒情何以必须借径于叙述、议论而不径直发抒呢?这从心理之自然着想,就可以解答了。我们决没有虚悬无着的情感;事物凑合,境心相应,同时就觉有深浓的情感凝集拢来。所以抒情只须把事物凑合,境心相应的情况说出来。这虽然一样是叙述、议论的事,但已渗入了作者的情感,抒情化了。若说径直发抒,这样就是径直发抒。否则只有去采用那些情感的词语,如哀愁、欢乐之类。就是写上一大串,又怎样发抒出什么呢?

# 六 叙 述⑬

供给叙述的材料是客观的事物,上章既已说过了。所谓客观的事物包含得很广,凡物件的外形与内容,地方的形势与风景,个人的状貌与性情,事件的原委与因果,总之离开作者而依然存在的,都可以纳入。在这些里面,可以分为外显的与内涵的两部:如外形、形势、状貌等,都是显然可见的;而内容的品德、风景的佳胜、性情的情状、原委因果的关系等都是潜藏于内面的,并不能一望而知。

要叙述事物,必须先认识它们,了知它们。这唯有下功夫去观察。观察的目标在得其真际,就是要观察所得的恰与事物的本身一样。所以当排除一切成见与偏蔽,平心静气地与事物接触。对于事物的外显的部分固然视而可见,察而可知,并不要多大的能耐,对于内涵的部分也要认识得清楚,了知得明白,就不很容易了。必须审查周遍,致力精密,方得如愿以偿。其中尤以观察个人的性情与事件的原委、因果为最难。

个人的性情,其实就是这个人与别人的不同处;即非大不相同,也应是微异处。粗略地观察,好像人类性情是共通的,尤其在同一时代同一社会的人是这样。但再进一步,将见人与人只相类似而决非共通。因为类似,定有不同之点。不论是大不同或者微异,这就形成各人特有的个性。非常人如此,平常人也如此。所以要观察个人的性情,宜从他与别人不同的个性着手。找到他的个性,然后对于他的思想言动都能举约御繁,得到相当的了解。

简单的事件,一切经过都在我们目前,这与外显的材料不甚相差,尚不难观察。复杂的事件经过悠久的时间,中间包含许多的人,他们分做或合做了许多的动作,这样就成为一组的事,互相牵涉,不可分割。要从这里边观察,寻出正确的原委、因果,岂非难事?但是凡有事件必占着空间与时间。而且凡同一时间所发生的事件,空间必不相同;同一空间所发生的事件,时间必不相同。能够整理空间时间的关系,原委、因果自然会显露出来了。所以要观察复杂的事件,宜从空间时间的关系入手。

我们既做了观察的功夫,客观的事物就为我们所认识、所了知了,如实地写录下来,便是叙述。也有一类叙述的文字是出于作者的想象的,这似乎与叙述必先观察的话不相应了。其实不然。想象不过把许多次数、许多方面观察所得的融和为一,团成一件新的事物罢了。假若不以观察所得的为依据,也就无从起想象作用。所以虚构的叙述也非先之以观察不可。

我们平时所观察的事物是很繁多的。要叙述出来,不可不规定一个范围。至若尚待临时去观察的,尤须划出范围,致力方能精审。划范围的标准就是要写作的总旨:要记下这件东西的全部,便以这件东西的全部为范围;要传述这人所作的某事,便以某事为范围;这是极自然的事,然而也是极重要的事。范围规定之后,才能下组织的功夫,剪裁与排次才有把握。凡是不在这范围以内的,就是不必叙述的,若偶有杂入,便当除去。而在范围以内的,就是必须叙述的,若尚有遗漏,便当补充。至于怎样排次才使这范围以内的事物完满叙出,也可因以决定。假如不先规定范围,材料杂乱,漫无中心,决不能写成一篇完整的文字。犯这样弊病的并不是没有,其故在忘记了要写作的总旨。只须记着总旨,没有不能规定所写材料的范围的。

假若规定以某事物的全部为范围而加以叙述,则可用系统的分类方法。把主从轻重先弄明白,再将主要的部分逐一分门立类,使统率其余的材料。这样叙述,有条有理,细大不遗,就满足了我们的初愿了。⑭使我们起全部叙述的意念的材料,它的性质往往是静定的,没有什么变化;它的范围又出于本然,只待我们认定,不待我们界划。静定而不变化,则观察可以纤屑无遗;范围自成整个,则观察可以不生混淆。既如此,应用系统的分类叙述,自然能够胜任愉快了。

有些时候,虽然也规定以某事物的全部为范围,而不能逐一遍举;则可把它分类,每类提出要领以概其余。只要分类正确,所提出的要领决然可以概括共余的材料。这样,虽不遍举,亦叙述了全部了。⑮

更有些时候,并不要把事物的全部精密地叙述出来,只须有一个大略(但要确实是全部的大略),则可用鸟瞰的眼光把各部分的位置以及相互的关系弄清楚,然后叙述。只要瞻瞩得普遍,提挈得得当,自能得一个全部的影子。⑯

至于性质多变化,范围很广漠的材料,假如也要把全部分纤屑不遗、提纲挈领地叙述下来,就有点不可能了。然而事实上也决不会起这种意念;如欲叙述一个人,决不想把他每天每刻的思想言动叙下来;叙述一件事,决不想把它时时刻刻的微细经过叙下来;很自然地,只要划出一部分来做叙述的范围,也就满足了。范围既已划定,就认这部分是中心,必须使它十分圆满。至若其余的部分,或者带叙以见关系,或者以其不需要而不加叙述。这是侧重的方法。⑰大部分的叙述文都是用这个方法写成的。这正如画家的一幅画,只能就材料丰富、顷刻迁变的大自然中,因自己的欢喜与选择,描出其中一部分的某一时令间的印象。虽说"只能",但是在画家也满足了。

以上所述,叙述的范围始终只是一个。所以作者的观点也只须一个;或站在旁侧,或升临高处,或精密地观察局部,或大略地观察全体,不须移动,只把从这观点所见的叙述出来就是了。但是有时候我们想叙述一事物的几方面或几时期,那就不能只划定一个范围,须得依着方面或时期划定几个范围。于是我们的观点就跟着移动,必须站在某一个适宜的观点上,才能叙述出某一范围的材料而无遗憾。这犹如要画长江沿途的景物,非移舟前进不可;又如看活动电影,非跟着戏剧的进行,一幕一幕看下去不可。像这样的,可称为复杂的叙述文,分开来就是几篇。但是并不把它们分开,仍旧合为一篇,那是因为它们彼此之间有承接,有影响,而环拱于一个中心之故。⑱

　　叙述的排次,最常用的是依着自然的次序;如分类观察,自会列出第一类第二类来,集注观察,自会觉着第一层第二层来,依着这些层次叙述,就把作者所认识、了知的事物保留下来了。但也有为了注重起见,并不依着自然的次序的。这就是把最重要的一类或一层排次在先,本应在先的却留在后面补叙。如此,往往增加文字的力量,足以引起读者的注意。但既已颠乱了自然的次序,就非把前后关系接笋处明白且有力地叙出不可,⑲否则成为求工反拙了。

# 七　议　论

　　议论的总旨在于表示作者的见解。所谓见解,包括对于事物的主张或评论,以及驳斥别人的主张而申述自己的主张。凡欲达到这些标的,必须自己有一个判断,或说"这是这样的",或说"这不是那样的"。既有一个判断,它就充当了中心,种种的企图才得有所着力。所以如其没有判断,也就无所谓见解,也就没有议论这回事了。

　　议论一件事物只能有一个判断。这里所谓一个,是指浑凝美满,像我们前此取为譬喻的圆球而言。在一回议论里固然不妨有好几个判断,但它们总是彼此一致、互相密接的;团结起来,就成为一个圆球似的总判断。因此,它们都是总判断的一部分,各各为着总判断而存在。如其说有两个或两个以上的判断,一定有些部分与这个总判断不相关涉,或竟互相矛盾;彼此团结不成一个圆球,所以须另外分立。不相关涉的,何必要它? 互相矛盾的,又何能要它? 势必完全割弃,方可免枝蔓、含糊的弊病。因而议论一件事物只有而且只能有一个判断了。⑳

　　议论的路径就是思想的路径。因为议论之先定有实际上待解决的问题,这就是所谓疑难的境地。而判断就是既已证定的假设。这样,岂不是在同一路径上? 不过思想的结果应用于独自的生活时,所以得到这结果的依据与路径不一定用得到。议论的判断,不论以口或以笔表示于外面时,那就不是这样了。一说到表示,就含有对人的意思,而且目的在使人相信。假若光是给人一个判断,人便将说,"判断不会突如其来的,你这个判断何所依据呢? 为什么不可以那样而必须这样呢?"这就与相信差得远了。所以发议论的人于表示判断之外,更须担当一种责任:先把这些地方交代明白,不待人发生疑问。换一句说,就是要说出所以得到这判断的依据与路径来。譬如判断是目的地,这一种工作就是说明所走的道路。人家依着道路走,末了果真到了目的地,便见得这确是自然必至的事，疑问无从发生，当然唯有相信了。

议论里所用的依据当然和前面所说思想的依据一样，须是真切的经验，所以无非由观察而得的了知与推断所得的假设。论其性质，或者是事实，或者是事理。非把事实的内部外部剖析得清楚，认识得明白，事理的因果含蕴推阐得正确，审核得得当，就算不得真切的经验，不配做议论的依据。所以前边说过，"叙述是议论的基本"，这就是议论须先有观察功夫的意思。在这里又可以知道这一议论的依据有时就是别一议论（或是不发表出来的思想）的结果，所以随时须好好地议论（或者思想）。

所用的依据既然真切了，还必须使他人也信为真切，才可以供议论的应用。世间的事物，人己共喻的固然很多，用来做依据，自不必多所称论。但也有这事实是他人所不曾观察、没有了知的，这事理是他人所不及注意、未经信从的，假若用作依据，不加称论，就不是指示道路、叫人依着走的办法了。这必得叙述明白，使这事实也为他人所了知；论证如式，使这事理也为他人所信从。这样，所用的依据经过他人的承认，彼此就譬如在一条路上了。依着走去，自然到了目的地。㉑

至于得到判断的路径，其实只是参伍错综使用归纳演绎两个方法而已。什么是归纳的方法？就是审查许多的事实、事理，比较、分析，求得它们的共通之点。于是综合成为通则，这通则就可以包含且解释这些事实或事理。什么是演绎的方法？就是从已知的事实、事理，推及其它的事实、事理。因此所想得的往往是所已知的属类，先已含在所已知之中。关于这些的讨论，有论理学担任。现在单说明议论时得到判断的路径，怎样参伍错综使用这两个方法。假如所用的一个依据是人己共喻的，判断早已含在里边，则只须走一条最简单的路径，应用演绎法就行了。㉒假如依据的是多数的事实事理，得到判断的路径就不这么简单了。要从这些里边定出假设，预备作为判断，就得用归纳的方法。要用事例来证明，使这假设成为确实的判断，就得用演绎的方法。㉓有时，多数的依据尚须从更多数的事实、事理里归纳出来。于是须应用两重的归纳、再跟上演绎的方法，方才算走完了应走的路径。㉔这不是颇极参伍错综之致么？

在这里有一事应得说及，就是议论不很适用譬喻来做依据。通常的意思，似乎依据与譬喻可以相通的。其实不然，它们的性质不同，须得划分清楚。依据是从本质上供给我们以意思的，我们有了这意思，应用归纳或演绎的方法，便得到判断。只须这依据确是真实的，向他人表示，他人自会感觉循此路径达此目的地是自然必至的事,没有什么怀疑。至若譬喻,不过与判断的某一部分的情状略相类似而已,彼此的本质是没有关涉的;明白一点说,无论应用归纳法或演绎法,决不能从譬喻里得到判断。所以议论用譬喻来得出判断,即使这判断极真确,极有用,严格地讲,只能称为偶合的武断,而算不得判断;因为它没有依据,所用的依据是假的。㉕用了假的依据,何能使人家信从呢? 又何能自知必真确、必有用呢? 我们要知譬喻本是一种修词的方法(后边要讨究到),用作议论的依据,是不配的。

现在归结前边的意思,就是依据、推论、判断这三者是议论的精魂。这三者明白切实,有可征验,才是确当的议论。把这三者都表示于人,次第井然,才是能够使人相信的议论。但是更有一些事情应得在这些部分以前先给人家:第一,要提示所以要有这番议论的原由,说出实际上的疑难与解决的需要。这才使人家觉得这是值得讨究的问题,很高兴地要听我们下个怎样的判断。第二,要划定议论的范围,说关于某部分是议论所及的;同时也可以撇开以外一切的部分,说那些是不在议论的范围以内的。这才使人家认定了议论的趋向,很公平地听我们对于这趋向所下的判断。第三,要把预想中应有的敌论列举出来,随即加以评驳,以示这些都不足以摇动现在这个判断。这才使人家对于我们的判断固定地相信(在辩论中,这就成为主要的一部分,否则决不会针锋相对)。固然,每一回议论都先说这几件事是不必的,但适当的需要的时候就得完全述说;而先说其中的一事来做发端,几乎是议论文的通例。这本来也是环拱于中心——判断——的部分,所以我们常要用到它来使我们的文字成为浑圆的球体。

还要把议论的态度讨究一下。原来说话、作文都以求诚为归,而议论又专务发见事实、事理的真际,则议论的目标只在求诚,自是当然的事。但是我们如为成见所缚,意气所拘,就会变改议论的态度;虽自以为还准对着求诚,实则已经移易方向了。要完全没有成见是很难的;经验的缺乏,熏染的影响,时代与地域的关系,都足使我们具有成见。至于意气,也难消除净尽;事物当前,利害所关,不能不生好恶之心,这好恶之心譬如有色的眼镜,从此看事物,就不同本来的颜色。我们固然要自己修养,使成见意气离开我们,不致做议论的障碍;一方面更当抱定一种议论的态度,逢到议论总是这样,庶几有切实的把握,可以离开成见与意气。

凡议论夹着成见、意气而得不到切当的判断的,大半由于没有真个认清议论的范围;如论汉字的存废问题,不以使用上的便利与否为范围,而说汉字是中国立国的精华,废汉字就等于废中国,这就是起先没有认清范围,致使成见、意气乘隙而至。所以议论的最当保持的态度,就是认清范围,就事论事,不牵涉到枝节上去。认清范围并不是艰难的功课,一加省察,立刻觉知;如省察文字本是一种工具,便会觉知讨论它的存废,自当以使用上的便利与否为范围。觉知之后,成见、意气更何从搀入呢?

又议论是希望人家信从的,人家愿意信从真实确当的判断,尤愿意信从这判断是恳切诚挚地表达出来的,所以议论宜取积极的诚恳的态度。这与前面所说是一贯的,既能就事论事,就决然积极而诚恳,至少不会有轻薄、骄傲、怒骂等等态度。至于轻薄、骄傲、怒骂等等态度的不适于议论,正同不适于平常的生活一样,在这里也不必说明了。

## 八 抒 情

抒情就是发抒作者的情感。我们心有所感,总要发抒出来,这是很自然的。小孩子的啼哭,可以说是"原始的"抒情了。小孩子并没有想到把他的不快告诉母亲,只是才一感到,就啼哭起来了。我们作抒情的文字,有时候很像小孩子这样自然倾吐胸中的情感,不一定要告诉人家。所谓"不得其平则鸣",平是指情感的波澜绝不兴起的时候。只要略微不平,略微兴起一点波澜,就自然会鸣了。从前有许多好诗,署着"无名氏"而被保留下来的,它们的作者何尝一定要告诉人家呢?也只因情动于中,不能自已,所以歌咏出来罢了。

但是,有时我们又别有一种希望,很想把所感的深浓郁抑的情感告诉人,取得人家的同情或安慰。原来人类是群性的,我有欢喜的情感,如得人家的同情,似乎这欢喜的量更见扩大开来;我有悲哀的情感,如得人家的同情,似乎这悲哀不是徒然的孤独的了:这些都足以引起一种快适之感。至于求得安慰,那是怀着深哀至痛的人所切望的。无论如何哀痛,如有一个人,只要一个人,能够了解这种哀痛,而且说,"世界虽然不睬你,但是有我在呢;我了解你这哀痛,你也足以自慰了"。这时候,就如见着一线光明,感着一缕暖气,而哀痛转淡了。有许多抒情文字就为着希望取得人家的同情或安慰而写作的。

前面说过,抒情无非是叙述、议论,但里面有作者心理上的感受与变动做灵魂。换一句说,就是于叙述、议论上边加上一重情感的色彩,使它们成为一种抒情的工具。其色彩的属于何种则由情感而定;情感譬如彩光的灯,而叙述、议论是被照的一切。既是被照,虽然质料没有变更,而外貌或许要有所改易。如同一的材料,当叙述它时,应该精密地、完整地写的,而用作抒情的工具,只须有一个粗略的印象已足够了;当议论它时,应该列陈依据、指示论法的,而用作抒情的工具,只须有一个判断已足够了。㉖这等情形在抒情文字里是常有的。怎样选择取舍,实在很难说明;只要情感有蕴蓄,自会有适宜的措置,正如彩光的灯照耀时,自会很适宜地显出改易了外貌的被照的一切一样。

抒情的工作实在是把境界、事物、思想、推断等等,凡是用得到的、足以表出这一种情感的,——抽出来,融和混合,依情感的波澜的起伏,组成一件新的东西。可见这是一种创造。但从又一方面讲,工具必取之于客观,组织又合于人类心情之自然,可见这不尽是创造,也含着摹写的意味。王国维说:"自然中之物互相关系,互相限制。然其写之于文字及美术中也,必遗其关系、限制之处。故虽写实家亦理想家也。又虽如何虚构之境,其材料必求之于自然,而其构造亦必从自然之法则。故虽理想家亦写实家也。"㉗他虽然不是讲抒情的情形,但如其把"自然"一词作广义讲,兼包人的心情在内,则这几句话正好比喻抒情的情形。

从读者方面说,因为抒情文字含着摹写的意味,性质是普遍的,所以能够明白了解;又因它是以作者的情感为灵魂而创造出来的,所以会觉着感动。所谓感动,与听着叙述而了知、听着议论而相信有所不同,乃是不待审度、思想,而恍若身受,竟忘其为作者的情感的意思。人间的情感本是相类似的,这人以为喜乐或哀苦的,那人也以为喜乐或哀苦。作者把自己的情感加上一番融凝烹炼的功夫,很纯粹地拿出来,自然会使人忘却人己之分,同自己感到的一样地感受得深切。这个感动可以说是抒情文的特性。

抒情以什么为适当的限度呢?这不比叙述,有客观的事物可据,又不比议论,有论理的法则可准。各人的情感有广狭、深浅、方向的不同,千差万殊,难定程限,唯有反求诸己,以自己的满足为限度;抒写到某地步,自己觉得所有的情感倾吐出来了,这就是最适当的限度。而要想给人家读的,尤当恰好写到这限度而止。如或不及,便是晦昧,不完全,人家将不能感受其整体;如或太过,便是累赘,不显明,人家也不会感受得深切。

抒情的方法可以分为两种:如一样是哀感,痛哭流涕、摧伤无极地写出来也可以,微歔默叹、别有凄心地写出来也可以;一样是愉快,欢呼狂叫、手舞足蹈地写出来也可以,别有会心、淡淡着笔地写出来也可以。一种是强烈的,紧张的;一种是清淡的,弛缓的。紧张的抒写往往直抒所感,不复节制,想到什么就说什么,毫不隐匿,也不改易。这只要内蕴的情感真而且深,自会写成很好的文字。它对人家具有一种近乎压迫似的力量,使人家不得不感动。㉘弛缓的抒写则不然,往往涵蕴的情感很多很深,而从事于敛抑凝集,不给它全部拿出来,只写出似乎平常的一部分。其实呢,这一部分正就摄取了全情感的精魂。这样的东西,对读者的力量是暗示的而不是压迫的。读者读着,受着暗示,同时能动地动起情感来,于是感到作者所有的一切了。所以也可以说,这是留下若干部分使人家自己去想的抒写方法。㉙

刘勰论胜篇秀句,"并思合而自逢,非研虑之所求也。或有晦塞为深,虽奥非隐;雕削取巧,虽美非秀矣。"㉚我们可以借这话来说明抒情文怎么才得好。所谓"思合而自逢",乃是中有至情,必欲宣发,这时候自会觉得应当怎样去抒写;或是一泻无余地写出来,或是敛抑凝集地写出来,都由所感的本身而定;并不是一种后加的做作功夫。这样,才成为胜篇秀句。至于"晦塞为深"、"雕削取巧"则是自己的情感不深厚,或竟是没有什么情感,而要借助于做作功夫。但是既无精魂,又怎么能得佳胜,感动人家呢?于此可知唯情感深厚,抒情文才得好;如其不从根本上求,却去做雕矸藻饰的功夫,只是徒劳而已。

取浑然的情感表现于文字,要使恰相密合,人家能览此而感彼,差不多全是修词的效力。这归入第十章中讨究。

# 九 描 写

描写一事,于叙述、抒情最有关系,这二者大部是描写的功夫;即在议论,关于论调的风格、趣味等等,也是描写的事;所以在这一章里讨究描写。

描写的目的是把作者所知所感密合地活跃地保存于文字中。同时对于读者就发生一种功效,就是读者得以真切了知作者所知,如实感受作者所感,没有误会、晦昧等等缺憾。

我们对于一切事物,自山水之具象以至人心之微妙,时相接触,从此有所觉知,有所感动,都因为有一个印象进入我们的心。既然如此,要密合而且活跃地描写出来,唯有把握住这一个印象来描写。描写这个印象,只有一种最适当的说法,正如照相器摄取景物,镜头只有一个最适当的焦点一样;除了这一种说法,旁的说法就差一点了。所以找到这一种最适当的说法,是描写应当努力的。

先论描写当前可见的境界。当前可见的境界给与我们一个什么印象呢?不是像一幅画图的样么?画家要把它描写出来,就得相定位置,审视隐现,依光线的明暗、空气的稀密,使用各种彩色,适当地涂在画幅上。如今要用文字来描写它，也得采用绘画的方法，凡是画家所经心的那些条件，也得一样地经心。我们的彩色就只是文字；而文字组合得适当，选用得恰好，也能把位置、隐现等等都描写出来，保存个完美的印象。㉛

史传里边叙述的是以前时代的境界。如小说里边叙述的是出于虚构的境界，都不是当前可见的。但是描写起来也以作者曾有的印象为蓝本。作者把曾有的印象割裂或并合，以就所写的题材，那是有的，而决不能完全脱离印象。完全脱离了便成空虚无物，更从哪里去描写呢？㉜

以上是说以静观境界，也以静写境界。也有些时候，我们对于某种境界起了某种情感，所得的印象就不单是一幅画图了，这画图中还掺和着我们的情感的分子。假如也只像平常绘画这样写出来，那就不能把捉住这个印象。必须融和别一种彩色在原用的彩色里（这就是说把情感融入描写用的文字），才能把它适当地表现出来。㉝

次论描写人物。人有个性，各各不同，我们得自人物的印象也各各不同。就显然的说，男女、老幼、智愚等等各有特殊的印象给我们；就是同是男或女，同是老或幼，同是智或愚，也会给我们特殊的印象。描写人物，假若只就人的共通之点来写，则只能保存人的类型，不能表现出某一个人。要表现出某一个人，须抓住他给予我们的特殊的印象。如容貌、风度、服饰等等，是显然可见的。可同描写境界一样，用绘画的方法来描写。至于内面的性情、理解等等，本是拿不出本体来的，也就不会直接给我们什么印象。必须有所寄托，方才显出来，方才使我们感知。而某一个人的性情、理解等等往往寄托于他的动作和谈话。所以要描写内面，就得着力于这二者。

在这里论描写而说到动作，这动作不是指一个人做的某一件事。在一件事里，固然大可以看出一个人的内面，但保存一件事在文字里是叙述的事情。这里的动作单指人身的活动，如举手、投足、坐、卧、哭、啼之类而言。这些活动都根于内面的活动，所以不可轻易放过，要把它们仔细描写出来。只要抓得住这人的特殊的动态，就把这人的内面也抓住了。㉞

描写动作，要知道这人有这样的动作时所占的空间与时间。如其当前描写，空间与时间都是明白可知的，那还不十分重要。但是作文里的人物往往不能够当前描写，如历史与小说中的人物，怎么能够当前描写呢？这就非注意空间与时间不可了。关于空间，我们可于意想中划定一处地方，这个地方的方向、设置都要认清楚；譬如布置一个舞台，预备演剧者在上面活动。然后描写主人翁的动作。他若是坐,就有明确的向背;他若是走,就有清楚的踪迹。这还是就最浅的讲呢。总之,唯能先划定一个空间,方使所描写的主人翁的动作——都有着落,内面的活动——与外面的境界相应。关于时间,我们可于意想中先认定一个季节、一个时刻,犹如编作剧本,注明这幕戏发生于什么时候一样。然后描写主人翁的动作。一个动作占了若干时间,一总的动作是怎样的次第,就都可以有个把握。这才合乎自然,所描写的确实表现了被描写的。㉟

在这里论到的谈话,不是指整篇的谈话,是指语调、语气等等而言。在这些地方正可以表现出各人的内面,所以我们不肯放过,要仔细描写出来。这当儿最要留意的:我们不要用自己谈话的样法来写,要用文中主人翁谈话的样法来写,使他说自己的话,不蒙着作者的色彩。就是描写不是当前的人物,也当想象出他的样法,让他说自己的话。在对话中,尤其用得到这一种经心。果能想象得精,把捉得住,往往在两三语中就把人物的内面活跃地传状出来了。㊱

至于议论文,那就纯是我们自己说话了。所以又只当用自己的样法来写,正同描写他人一样。

以上是分论描写境界和人物。而在一些叙述文里,特别是在多数的抒情文里,境界与人物往往是分不开的。境界是人物的背景;人物是境界的摄影者,一切都从他的摄取而显现出来。于是描写就得双方兼顾。这大概有两种趋向:一是境界与人物互相调和的,如清明的月夜,写情人的欢爱;苦雨的黄昏,写寄客的离绪。这就见得彼此成个有机的结合,情与境都栩栩有生气。一是境界与人物不相调和的,如狂欢的盛会,中有感愤的独客;肮脏的社会,却有卓拔的佳士。这就见得彼此绝然相反,而人物的性格却反衬得十分明显。这二者原没有优劣之别,我们可就题材之自然,决定从哪一种趋向。描写对应当注意的范围却扩大了;除却人物的个性以外,如自然界的星、月、风、云、气候、光线、声音、动物、植物、人为的建筑、器物等等,都要出力地描写,才得表现出这个调和或不调和来。

末了,我们要记着把握住印象是描写的根本要义。恰当地把握得住,具体地诉说得出,描写的能事已尽了。从反面看,就可知不求之于自己的印象,却从别人的描写法里学习描写,是间接的、寡效的办法。如其这么做,充其量也不过成了一件复制品。而自己的印象仿佛一个无尽的泉源,时时会有新鲜的描写流出来。㊲

# 十　修　词

现在要讨究造句用词了。我们所有的情思化成一句句话，从表现的效力讲，从使人家明了且感动的程度讲，就有强弱、适当不适当的差异。有的时候，写作的人并不加什么经心，纯任自然，直觉地感知当怎么写便怎么写，却果真写到刚合恰好的地步。但是有的时候，也可特意地经心去发见更强、更适当的造句用词的方法。不论是出于不自觉的或是出于特意的，凡是使一句句的话达到刚合恰好的地步，我们都称为修词的功夫。

修词的功夫所担负的就是要一句话不只是写下来就算，还要成为表达这意思的最适合的一句话。如是说明的话，要使它最显豁；如是指象的话，要使它最妙肖；意在激刺，则使它具有最强的刺激力；意在描摹，则使它含着最好的生动态；……因为要达到这些目的，往往把平常的说法改了，别用一种变格的说法。㊳

变格的说法有一种叫取譬。拿别一件事物来譬喻所说的事物，拿别一种动态来譬喻所说的动态，就是取譬。因为有时我们所说及的事物是不大容易指示的，所说及的动态是不能直接描绘的，所以只有用别的、不同的事物和动态来譬喻。从此就可以悟出取譬的条件：所取譬的虽然与所说的不同，但从某一方面看，它们定须有极相似处，否则失却譬喻的功用，这是一。㊴所取譬的定须比所说的明显而具体，这才合于取譬的初愿，否则设譬而转入晦昧，只是无益的徒劳而已，这是二。凡能合于这两个条件的就是适合的好譬喻。㊵

怎么能找到这等适合的好譬喻呢？这全恃作者的想象力；而想象力又不是凭空而至的，全恃平时的观察与体味而来。平时名为精密的观察、深入的体味，自会见到两件不同的事物的极相似处、两种不同的动态的可会通处，而且以彼视此，则较为明显而具体。于是找到适合的好譬喻了。

有的时候，我们触事接物，仿佛觉得那些没有知觉、情感的东西都是有知觉、情感的。有的时候，我们描写境界，又觉得环绕我们的境界都被着我们的情感的色彩。有的时候，我们描写人物，同时又给所写的境界被上人物的情感的色彩。这些也都来源于想象力；说出具体的话，写成征实的文句，就改变了平常的法则。㊶从事描写，所谓以境写人、以境写情等等，就在能够适当地使用这类的语句。

更有一种来源于想象的修词法，可以叫作夸饰，就是言过其实，涉于夸大。这要在作者的意中先存着"差不多这样子"的想象；而把它写下来，又会使文字更具刺激和感动的力量,才适宜用这个方法。尤当注意的,一方面要使读者受到它的刺激和感动,一方面又要使读者明知其并非真实。㊷唯其如此,所以与求诚不相违背,而是修词上可用的方法。

变格的说法有时是从联想来的。因了这一件,联想到那一件,便不照这一件本来的说,却拿联想到的那一件来说,这是常有的事。但从修词的观点讲,也得有条件才行。条件无非同前边取譬、夸饰一样,要更明显,更具体,更有刺激和感动的力量,才可以用。㊸唯其得自作者真实的联想,又合于增加效力的条件,就与所谓隶事、砌典不同。因为前者出于自然,后者出于强饰。出于强饰的隶事、砌典并非修词,只是敷衍说话而已。王国维论作词用代字,说"其所以然者,非意不足,则语不妙也"。又说,"果以是为工,则古今类书具在,又安用词为耶?"㊹最是痛切的议论。

要在语句的语气、神情中间达出作者特殊的心情、感觉,往往改变了平常的说法,这也是修词。如待读者自己去寻思,则出于含蓄,语若此而意更深;不欲直捷地陈说,则出于纡婉,语似淡而意却挚;意在讽刺,则出以反语、舛辞;情感强烈,则出以感叹、叠语。㊺这些都并非出于后添的做作,而是作者认理真确,含情恳切,对于这等处所,都会自然地写出个最适合的说法。

看了上面一些意思,可以知道从事修词,有两点必须注意。一点是求之于己;因为想象、联想、语句的语气、神情等等,都是我们自己的事情。又一点是估定效力;假若用了这种修词而并不见得达到刚合恰好的地步,那就宁可不用。现成的修词方法很多,在所有的文篇里都含蓄着;但是我们不该采来就用,因为它们是别人的。求之于己,我们就会铸出许多新鲜的为我们所独有的修词方法;有时求索的结果也许与别人的一样,我们运用它,却与贸然采用他人者异致。更因出于自己,又经了估计,所以也不致有陈腐、不切等等弊病。

**作者注**

① 见《胡适文存》卷一第二九七页。
② 见《胡适文存》卷二第一二六页。
③ 见《胡适文存》卷二第一二○页。
④ 见《胡适文存》卷二第一二七页。
⑤ 见《文心雕龙·神思》。
⑥ 十三类是论辨、序跋、奏议、书说、赠序、诏令、传状、碑志、杂记、箴铭、颂赞、辞赋、

哀祭。

⑦ 如序跋、碑志。

⑧ 如奏议、诏令。

⑨ 如箴铭、辞赋。

⑩ 如《史记·鲁仲连列传》仲连新垣衍的言谈，便是议论文。

⑪ 如《吕氏春秋·察征》列述许多故事，便是叙述文。

⑫ 如韩愈《祭十二郎文》差不多全是述说与推断。

⑬ 此章持论与举例，多数采自梁启超《中学以上作文教学法》，见《改造》第四卷九、十两号。

⑭ 如韩愈《画记》用分类的方法，把画上人、马及其它动物、杂器物全部叙入，便是一个适例。教科书也往往用这一种叙述法。

⑮ 如《史记·西南夷列传》把西南夷分为三大部，用土著、游牧及头发的装束等等做识别。每一大部中复分为若干小部，每小部举出一个或两个部落为代表。代表者的特殊地位固然见出，其余散部落亦并不遗漏。

⑯ 这可举《史记·货殖列传》为例。此篇从"汉兴海内为一"起，至"燕代田畜而事蚕"止，讲的是当时经济社会的状况。虽然只是一个大概，但物的方面，把各地主要都市所在以及物产的区划、交通的脉络，人的方面，把各地历史的关系，人民性质遗传上好处坏处、习惯怎样养成、职业怎样分布都讲到了。

⑰ 如《史记·廉颇蔺相如列传》中叙廉颇，只侧重与蔺相如倾轧而终于交欢的一件事；其余攻城破邑之功，仅是带叙而已。但就从这一件事，我们认识了廉颇了。

⑱ 如《汉书·西域传》，先叙西域交通的两条大路；再入本文，就依着路线叙去。作者的观点与叙述的范围固然随地变更，但自有一个中心统摄着，就是叙述西域。

⑲ 如《域外小说集》中《灯台守》一篇，先叙与本篇相关重要的老人应募守灯台事；及老人登台眺望，方追叙他的往事。其由说明他"回念前此飘流忧患，直可付之一笑"，因而追叙往事，由往事的最后，在"心冀安居"，因而接到现在的竟得安居，都是极完美的接笋方法。

⑳ 如《胡适文存》卷三第四六页一表，示一个总判断，说文言中"凡询问代词用作止词时，都在动词之前"。以上论"何、谁、孰、奚、胡、曷"诸字的判断，都只是总判断的一部分。

㉑ 如汪荣宝论证歌、戈、鱼、虞、模韵的字，古时读 a 音（见北京大学《国学季刊》第一卷第二号），而列叙日本所译汉字的音、古代西人所译汉字的音、六朝及唐译佛经关于声音的义例以及当时译外国人名地名关于声音的义例，无非因别人不曾观察这些地方，须得详述，才能使人也信为真切。

㉒ 这就如普通论理学书中所常用的例："凡人必死，故某必死。"岂非最简单么？

㉓ 如胡适《中国哲学史大纲》第二篇，论中国哲学的发生，先从《诗经》《国语》《左传》

几部书中看出当时社会状态的不安,足以引出哲学思想,用的是归纳法;又说在这样的社会状态之下,便有忧时、愤世等等思潮,为哲学的先导,这就是演绎法了。

㉔ 如⑳例,从许多文篇的摘句归纳出"何"字"谁"字等的用法;又从这些结果归纳出一个总判断,便是两重的归纳。

㉕ 如《孟子》"饥者易为食,渴者易为饮,德之流行,速于置邮而传命。"不过说"德之流行很快"而已。饥渴的情形,并不是它的依据,因为彼此不相关涉。这只是一种譬喻,作用在使人家易于了解,而且感兴趣。

㉖ 如李陵《答苏武书》中:"凉秋九月,塞外草衰,夜不能寐;侧耳远听,胡笳互动,牧马悲鸣,吟啸成群,边声四起。"只叙述个粗略的印象,但居此境界中的人情感何似,已可见了。又如同篇中:"人之相知,贵相知心,"乃是一个判断。但唯其这样,弥觉彼此之情亲密。

㉗ 见《人间词话》。

㉘ 如李陵《答苏武书》、司马迁《报任安书》都属此类。

㉙ 如曹丕《与吴质书》便属此类。

㉚ 见《文心雕龙·隐秀》。

㉛ 我们读柳宗元的《小石潭记》:"……伐竹取道,下见小潭,水尤清冽,全石以为底,近岸,卷石底以出,为坻,为屿,为嵁,为岩。青树、翠蔓蒙络摇缀,参差披拂。潭中鱼可百许头,皆若空游无所依,日光下澈,影布石上。佁然不动,俶尔远逝,往来翕忽。似与游者相乐。潭西南而望,斗折蛇行,明灭可见。其岸势犬牙差互,不可知其源……"哪有不觉得他所得的印象鲜明地展示在我们面前呢?

㉜ 如《域外小说集》中《月夜》一篇中,写月夜郊园,非常妙美,其实是作者曾有的印象:"小园浴月,果树成行,小枝无叶,疏影横路。有忍冬一树,攀附墙上,即发清香,仍有花魂——飞舞温和夜气中也……瞻望四野,皎然一白,碧空无云,夜气柔媚。蛙蛤乱鸣,声声相续,如击金石。月光冶美,足移人情……更进,则有小溪曲流,水次列白杨数树。薄雾朦胧,承月光转为银白,上下弥曼,遍罩水曲,若被冰绡。"

㉝ 如《水经注》描写巫峡这地方,"每至晴初霜旦,林寒涧肃,常有高猿长啸,属引凄异,空谷传响,哀转久绝。"说到"肃、凄异、哀转",就融入作者的情感了。

㉞ 如《史记·项羽本纪》写樊哙:"哙即带剑拥盾入军门。交戟之卫士欲止不内。樊哙侧其盾以撞,卫士仆地。哙遂入,披帷西向立,瞋目视项王,头发上指,目眦尽裂。"我们读此,就认识了樊哙了。

㉟ 描写人物也有笼统地写,不划定空间、时间的,那又当别论。

㊱ 如《史记·平原君列传》写毛遂定从一段:"十九人谓毛遂曰:'先生上。'毛遂按剑历阶而上,谓平原君曰:'从之利害,两言而决耳。今日出而言从,日中不决,何也?'楚王谓平原君曰:'客何为者也?'平原君曰:'是胜之舍人也。'楚王叱曰:'胡不下?吾乃与而君言,汝何

为者也?'毛遂按剑而前曰:'……吾君在前,叱者何也?……吾君在前,叱者何也?'"诸人的短语都能表现出内面的心情。

㊲ 如《现代日本小说集》中《金鱼》一篇中"一到街上卖金鱼的这样青的长雨的时节",这"青的雨"是作者从自己的印象中得来的新鲜的描写。

㊳ 如"素月流天"一语,这"流"字就是变格的说法。

㊴ 《史记·刺客列传》载樊於期逃亡到燕国,太子丹容纳了他。鞠武以为不可。当时燕国这么弱,此事又足以激起秦国欲吞之心,正如投肉引虎,以毛抵火。所以鞠武用"委肉当饿虎之蹊""以鸿毛燎于炉炭之上"两语为喻。

㊵ 只看上一个例,觉得两句譬喻把危险的情形明显且具体地表达出来了。所以它们是好譬喻。

㊶ 如说"天容愁惨",这就把天真当作有情感的东西了。从实际讲,天容哪有愁惨不愁惨呢?又如说"胡笳互动,牧马悲鸣",李陵把声音被上自己的情感的色彩了。从实际讲,他哪里会知道牧马因悲而鸣、鸣得很悲呢?

㊷ 如鲁迅《一件小事》,叙述一个车夫扶着受伤的老女人向巡警分驻所去,接着写作者的感想:"我这时突然感到一种异样的感觉,觉得他满身灰尘的后影,刹时高大了,而且愈走愈大,须仰视才见。"这是夸大的说法,可使读者感到作者对于这"满身灰尘的后影"的感动,同时又使读者明知其并非真实,所以是好的修词。

㊸ 如不说老人而说联想到的"白头",不说稚子而说联想到的"垂髫",很可把老和幼的特点明显且具体地表达出来,类此的都可用。

㊹ 见《人间词话》。

㊺ 如不说"贵在能行",而说"非知之艰,行之唯艰",便是含蓄。弦高不向秦军说"你们将去袭取郑国",而说"寡君闻吾子将步师出于敝邑……"便是纡婉。《史记·滑稽列传》优孟谏楚庄王以大夫礼葬所爱马,而说"以大夫礼葬之,薄,请以人君礼葬之。"优旃谏秦二世漆其城,而说"佳哉,漆城荡荡,寇来不得上。"都是反语。感叹语之例可以不举。

# 木炭习作和短小文字<sup>①</sup>

　　有些美术学生喜欢作整幅的画,尤其喜欢给涂上彩色,红一大块,绿一大块,对于油彩毫不吝惜。涂满了,自己看看,觉得跟名画集里的画幅有点儿相近,就十分满意;遇到展览会,当然非送去陈列不可。因此,你如果去看什么美术学校的展览会,红红绿绿的画幅简直叫你眼花;你也许会疑心看见了一个新的宗派——红红绿绿派。

　　整幅的彩色画所以被这些学生喜欢,并不是没有理由的。从效用上说,这可以表示作者从人生、社会窥见的一种意义;譬如灵肉冲突啊,意志难得自由啊,都会的罪恶啊,黄包车夫的痛苦啊,都是常见的题材。从技巧上说,这可以表示作者对于光跟色彩的研究功夫;人的脸上一搭青一搭黄,花瓶里的一朵大的花单是一团红,都是研究的结果。人谁不乐意把自己见到的、研究出来的告诉人家?美术学生会的是画画,当然用画来代替语言,于是拿起画笔来一幅又一幅地涂他们的彩色画。

　　但是从参观展览会的人这方面说,这红红绿绿派往往像一大批的谜。骤然看去,不知道画的什么,仔细看了一会儿,才约略猜得透大概是什么,不放心,再对准了号数检查手里的展品目录,也有猜中的,也有猜不中的。明明是一幅一幅挂在墙上的画,为什么看了还得猜?这因为画得不很像的缘故。画人不很像人,也许是远远的一簇树木;画花不很像花,也许是桌子上堆着几个绒线球。怎叫人不要猜?

　　像,在美术学生看来,真是不值得齿数的一个条件。他们会说,你要像,去看照相好了,不用来看画,画画的终极的目标就不在乎像。话是不错。然而照相也有两种:一种是普通照相,另一种是艺术照相。普通照相就只是个像;艺术照相却还有旁的什么,可是也离开不了像。把画画得跟普通照相一样,那就近乎

---

　　① 原载一九三五年三月一日《中学生》第五三号。

"匠"了,自然不好;但是跟艺术照相一样,除了旁的什么以外,还有一个条件叫作像,并没有辱没绘画艺术。并且,丢开了像,还画什么画呢?画画的终极的目标固然不在像,而画画的基础的条件不能不是这个像。

照相靠着机械的帮助,无论普通的、艺术的,你要它不像也办不到。画画全由于心思跟手腕的运用,你没有练习到像的地步,画出来就不像。不像,好比造房子没有打下基础,你却要造起高堂大厦来,怎得不一塌糊涂,完全失败?基础先打下了,然后高堂大厦凭你造。这必需的功夫就是木炭习作。

但是,听说美术学生最不感兴味的就是木炭习作。一个石膏人头,一朵假花,要一回又一回地描画,谁耐烦?马马虎虎敷衍一下,总算学过了这一门就是了。回头就嚷着弄彩色,画整幅。这是好胜的心肠,巴望自己创造出几幅有价值的画来,不能说不应该。然而未免把画画的基础看得太轻忽了。并且木炭习作不只使你落笔画得像,更能够叫你渐渐明白,画一件东西,哪一些烦琐的线条可以省掉,哪一些主要的线条一丝一毫随便不得。不但叫你明白,又叫你的手腕渐渐熟练起来,可以省掉的简直不画,随便不得的决不随便。这对于你极有益处,将来你能画出不同于照相可是也像的画来,基础就在乎此。

情形正相同,一个文学青年也得下一番跟木炭习作同类的功夫,那目标也在乎像而不仅在乎像。

文学的木炭习作就是短小文字,有种种名称,小品、随笔、杂感、速写、特写、杂文,此外大概还有。照编撰文学概论的说起来,这些门类各有各的定义跟范围,不能混同;但是,不多罗嗦,少有枝叶,有什么说什么,说完了就搁笔,差不多是这些门类的共通点,所以不妨并为一谈。若说应付实际生活的需要,唯有这些门类才真个当得起"应用文"三个字;章程、契券、公文之类实在只是"公式文"而已。同时,这些门类质地单纯,写作起来比较便于照顾,借此训练手腕,最容易达到熟能生巧的境界。

训练的目标在乎像。这话怎么说呢?原来简单得很:你眼前有什么,心中有什么,把它写下来,没有走样;拿给人家看,能使人家明白你眼前的、心中的是什么:这就行了。若把画画的功夫来比拟,不就是做到了一个像字吗?这可不能够三脚两步就达到。连篇累牍写了许多,结果自觉并没有把眼前的、心中的写下来,人家也不大清楚作者到底写的什么:这样的事情往往有之。所以,虽说是类乎木炭习作的短小文字,也非郑重从事不可。譬如写一间房间,你得注意各种陈设的位置,辨认外来光线的方向,更得捉住你从那房间得到的印象。譬如写一个人物，你得认清他的状貌，观察他的举动，更得发现他的由种种因缘而镕铸成功的性情。又譬如写一点感想，你得把握那感想的中心，让所有的语言都环拱着它，为着它而存在。能够这样当一回事做，写下来的成绩总会离像不远；渐渐进步到纯熟，那就无有不像——就是说，你要写什么，写下来的一定是什么了。

到了纯熟的时候，跟画画一样，你能放弃那些烦琐的线条，你能用简要的几笔画出生动的形象来，你能通体没有一笔败笔。你即使不去作什么长篇大品，这短小文字也就是文学作品了。文学作品跟普通文字本没有划然的界限，至多像整幅彩色画跟木炭习作一样而已。

画画不像，写作写不出所要写的，那就根本不成，别再提艺术啊文学啊那些好听的字眼。在基础上下了工夫，逐渐发展开去，却就成了艺术跟文学。舍此以外，没有什么捷径。谁自问是个忠实的美术学生或者文学青年的话，先在基础上下一番刻苦的工夫吧。

# 作自己要作的题目<sup>①</sup>

　　一篇文,一首诗,一支歌曲,总得有个题目。从作者方面说,有了题目,可以表示自己所写的中心。从读者方面说,看了题目,可以预知作品所含的内容。题目的必要就在乎此。从前有截取篇首的几个字作题目的,第一句是"学而时习之",就称这一篇为《学而》;有些人作诗,意境惝恍迷离,自己也不知道该题作什么,于是就用《无题》两字题在前头:这些是特殊的例子,论到作用,只在便于称说,同其他的篇章有所区别,其实用甲、乙、丙、丁来替代也未尝不可;所以这样办的向来就不多。

　　题目先文章而有呢,还是先有了文章才有题目?这很容易回答。可是问题不应该这样提。我们胸中有了这么一段意思,一种情感,要保留下来,让别人知道,或者备自己日后覆按,这时候才动手写文章。在写下第一个字之前,我们意识着那意思那情感的全部。在意思的全部里必然有论断或主张之类,在情感的全部里至少有一个集注点:这些统称为中心。把这些中心写成简约的文字,不就是题么?作者动手写作,总希望收最大限的效果。如果标明白中心所在,那是更能增加所以要写作的效果的(尤其是就让别人知道这一点说)。所以作者在努力写作之外,不惮斟酌尽善,把中心写成个适切的题目。这功夫该在文章未成之前做呢,还是在已成之后做?回答是在前在后都一样,因为中心总是这么一个。那么,问题目先文章而有还是文章先题目而有,岂不是毫无意义?我们可以决定地说的,是先有了意思情感才有题目。

　　胸中不先有意思情感,单有一个题目,而要动手写文章,我们有这样的时机么?没有的。既没有意思情感,写作的动机便无从发生。题目生根于意思情感,没有根,那悬空无着的题目从何而来呢?

　　但是,我们中学生确有单有一个题目而也要动手写文章的时机。国文教师

---

　　① 原载中学生杂志社编的《写作的健康与疾病》,开明书店一九三五年六月出版。

出了题目教我们作文,这时候,最先闯进胸中的是题目,意思情感之类无论如何总要迟来这么一步。这显然违反了一篇文章产生的自然程序。若因为这样就不愿作文,那又只有贻误自己。作文也同诸般技术一样,要达到运用自如的境界,必须经过充分的练习。教师出题目,原是要我们练习,现在却说不愿练习,岂非同自己为难? 所以我们得退一步,希望教师能够了解学生的生活,能够设身处地地想象学生内部的意思和情感,然后选定学生能够作的愿意作的题目给学生作。如果这样,教师出题目就等于唤起学生作文的动机,也即是代学生标示了意思情感的中心,而意思情感原是学生先前固有的。从形迹讲,诚然题目先有,按求实际,却并没违反一篇文章产生的自然程序。贤明的教师选题目,一定能够这样做。

我们还要说的是作文这件事情既须练习,单靠教师出了题目才动笔,就未免回数太少,不能收充分的效果。现在通行的不是两星期作一回文么? 一学年在学四十星期,只作得二十篇文章。还有呢,自己有了意思情感便能动手写出来,这是生活上必要的习惯,迟至中学时代须得养成。假若专等教师出了题目才动手,纵使教师如何贤明,所出题目如何适切,结果总不免本末倒置,会觉得作文的事情单为应付教师的练习功课,而与自己的意思情感是没有关涉的。到这样觉得的时候,这人身上便已负着人生的缺陷,缺陷的深度比哑巴不能开口还要利害。

要练习的回数多,不用说,还须课外作文。要养成抒写意思情感的习惯,那只须反问自己,内部有什么样的意思情感,便作什么样的文。两句话的意思合拢来,就是说除了教师出的题目以外,自己还要作文,作自己要作的题目。

自己要作的题目似乎不多吧? 不,决不。一个中学生,自己要作的题目实在很多。上堂听功课,随时有新的意想,新的发现,是题目。下了课,去运动,去游戏,谁的技术怎样,什么事情的兴趣怎样,是题目。读名人的传记,受了感动,看有味的小说,起了想象,是题目。自然科学的实验和观察,如种树,如养鸡,如窥显微镜,如测候风、雨、寒、温,都是非常有趣的题目。校内的集会,如学生会、交谊会、运动会、演说会,校外的考查,如风俗、人情、工商状况、交通组织,也都是大可写作的题目。这些岂是说得尽的? 总之,你只要随时反省,就觉得自己胸中决不是空空洞洞的;随时有一些意思情感在里头流衍着,而且起种种波澜。你如果不去把捉住这些,一会儿就像烟云一样消散了,再没痕迹。你如果仗一枝笔把这些保留下来,所成文字虽未必便是不朽之作,但因为是你自己所想的所感的,在你个人的生活史上实有很多的价值。同时,你便增多了练习作文的回数。

一个教师会出这样一个题目,《昨天的日记》。这题目并没不妥,昨天是大家度过了的。一天里总有所历、所闻、所思、所感,随便取一端两端写出来就得了。但是,一个学生在他的练习簿上写道:"昨日晨起夜眠,进三餐,上五课,皆如前日,他无可记。"教师看了没有别的可说,只说"你算是写了一条日记的公式!"这个学生难道真个无可记么?哪有的事?他不是不曾反省,便是从什么地方传染了懒惰习惯,不高兴动笔罢了。一个中学生一天的日记,哪会没有可写的呢?

就教师出的题目作文,虽教师并不说明定须作多少字,而作者自己往往立一个约束,至少要作成数百字的一篇才行,否则似乎不像个样儿。这是很无谓的。文篇的长短全视内容的多少,内容多,数千字尽写,内容少,几十字也无妨;或长或短,同样可以成很好的文章。不问内容多少,却先自规定至少要作多少字,这算什么呢?存着这样无谓的心思,会错过许多自己习作的机会。遇到一些片段的意想或感兴时,就觉这是不能写成像模样的一篇的,于是轻轻放过。这不但可惜,并且昧于所以要作文的意义了。

作文不该看作一件特殊的事情,犹如说话,本来不是一件特殊的事情。作文又不该看作一件呆板的事情,犹如泉流,或长或短,或曲或直,自然各异其致。我们要把生活与作文结合起来,多多练习,作自己要作的题目。久而久之,将会觉得作文是生活的一部分,是一种发展,是一种享受,而无所谓练习:这就与文章产生的自然程序完全一致了。

# "通"与"不通"①

讲到一篇文章,我们常常用"通"或"不通"的字眼来估量。在教师批改习作的评语里,这些字眼也极易遇见。我们既具有意思情感,提笔写作文章,到底要达到怎样的境界才算得"通"?不给这"通"字限定一个界域,徒然"通"啊"不通"啊大嚷一通,实在等于空说。假若限定了"通"字的界域,就如作其他事情一样定下了标准,练习的人既有用功的趋向,评判的人也有客观的依据。同时,凡不合乎这限定的界域的,当然便是"不通"。评判的人即不至单凭浑然的感觉,便冤说人家"不通";而练习的人如果犯了"不通"的弊病,自家要重复省察,也不至茫无头绪。

从前有一些骄傲的文人,放眼当世文坛,觉得很少值得称数的人,便说当世"通"人少极了,只有三五个;或者说得更少,就只有一个——这一个当然是自己了。这些骄傲的文人把个"通"字抬得那么博大高深,决不是我们中学生作文的标准。我们只须从一般人着想,从一般人对自己的写作能力的期望着想来限定"通"字的界域,这样的界域就很够我们应用。我们中学生不一定要作文人,尤其不要作骄傲的文人。

我们期望于我们的写作能力,最初步而又最切要的,是在乎能够找到那些适合的"字眼",也就是适合的"词"。怎样叫作适合呢?我们内面所想的是这样一件东西,所感的是这样一种情况,而所用的"词"刚好代表这样一件东西,这样一种情况,让别人看了不至感到两歧的意义,这就叫作适合。同时,我们还期望能够组成调顺的"语句",调顺的"篇章"。怎样叫作调顺呢?内面的意思情感是浑凝的,有如球,在同一瞬间可以感知整个的含蕴;而语言文字是联续的,有如线,须一贯而下,方能表达全体的内容。作文同说话一样,是将线表球的功夫,能够经营到通体妥帖,让别人看了便感知我们内面的意思情感,这就叫作调顺。适合

---

① 原载中学生杂志社编的《写作的健康与疾病》。

的"词"犹如材料,用这些材料,结构为调顺的"篇章",这才成功一件东西。

动笔写作之前,谁不抱着上面所说的期望呢? 这种期望是跟着写作的欲望一同萌生的。唯有"词"适合,"篇章"调顺,方才真个写出了我们所想写的。否则只给我们的意思情感铸了个模糊甚至矛盾的模型而已。这违反所以要写作的初意,绝非我们所甘愿的。

在这里,所谓"通"的界域便可限定了。一篇文章怎样才算得"通"?"词"使用得适合,"篇章"组织得调顺,便是"通"。反过来,"词"使用得乖谬,"篇章"组织得错乱,便是"不通"。从一般人讲,只用这么平淡的两句话就够了。这样的"通"没有骄傲的文人所说的那样博大高深,所以是不论何人都可能达到的,并且是必须达到的。

既已限定了"通"的界域,我们写成一篇文章,就无妨自家来考核,不必待教师的批订。我们先自问,使用的"词"都适合了么? 要回答这个问题,先得知道不适合的"词"怎样会参加到我们的文章里来。我们想到天,写下"天"字,想到汹涌的海洋,写下"汹涌的海洋"几个字,这其间,所写与所想一致,决不会有不适合的"词"闯入。但在整篇的文章里,情形并不全是这么简单。譬如我们要形容某一晚所见的月光,该说"各处都像涂上了白蜡"呢还是说"各处都浸在碧水一般的月光里"? 或者我们要叙述足球比赛,对于球员们奔驰冲突的情形,该说"拼死斗争"呢还是说"奋勇竞胜"? 这当儿就有了斟酌的余地。如果我们漫不斟酌,或是斟酌而决定得不得当,不合适的"词"便溜进我们的文章来了。漫不斟酌是疏忽,疏忽常常是贻误事情的因由,这里且不去说它。而斟酌过了何以又会决定得不得当呢? 这一半原于平时体认事物未能真切,一半原于对使用的"词"未能确实了知它们的义蕴。就拿上面的例来讲,"涂上白蜡"不及"浸在碧水里"能传月光的神态,假若决定的却是"涂上白蜡",那就是体认月光的神态尚欠工夫;"拼死斗争"不及"奋勇竞胜"合乎足球比赛的事实,假若决定的却是"拼死斗争",那就是了知"拼死斗争"的义蕴尚有未尽。我们作文,"词"不能使用得适合,病因全在这两端。关于体认的一点,只有逐渐训练我们的思致和观察力。这是一步进一步的,在尚不曾进一步的当儿,不能够觉察现在一步的未能真切。关于义蕴的一点,那是眼前能多用一些功夫就可避免毛病的。曾见有人用"聊寞"二字,他以为"无聊"和"寂寞"意义相近,拼合起来大概也就是这么一类的意义,不知这是使人不解的。其实他如果翻检过字典辞书,明白了"无聊"和"寂寞"的义蕴,就不至写下这新铸而不通的"聊寞"来了。所以勤于翻检字典辞书,可使我们觉察哪些"词"在我们的文章里是适合的而哪些是不适合的。他人的文章也足供我们比照。在同样情形之下，他人为什么使用这个"词"不使用那个"词"呢？这样问，自会找出所以然，同时也就可以判定我们自己所使用的适合或否了。还有个消极的办法，凡义蕴和用法尚不能确切了知的"词"，宁可避而不用。不论什么事情，在审慎中间往往避去了不少的毛病。其次，我们对自己的文章还要问，组织的"语句"和"篇章"都调顺了么？我们略习过一点文法，就知道在语言文字中间表示关系神情等，是"介词""连词""助词"等的重要职务。这些"词"使用得不称其职，大则会违反所要表达的意思情感，或者竟什么也不曾表达出来，只在白纸上涂了些黑字；小也使一篇文章琐碎涩拗，不得完整。从前讲作文，最要紧"虚字"用得通，这确不错；所谓"虚字"就是上面说的几类"词"。我们要明白它们的用法，要自己检查使用它们得当与否，当然依靠文法。文法能告诉我们这一切的所以然。我们还得留意我们每天每时的说话。说话是不留痕迹在纸面的文章。发声成语，声尽语即消逝，如其不经训练，没养成正确的习惯，随时会发生错误。听人家演说，往往"那么，那么""这个，这个"特别听见得多，颇觉刺耳。仔细考察，这些大半是不得当的，不该用的。只因口说不妨重复说，先说的错了再说个不错的，又有人身的姿态作帮助，所以仍能使听的人了解。不过错误终究是错误。说话常带错误，影响到作文，可以写得教人莫明所以。蹩脚的测字先生给人代写的信便是个适宜的例子；一样也是"然而""所以"地写满在信笺上，可是你只能当它神签一般猜详，却不能确切断定它说的什么。说话常能正确，那就是对于文法所告诉我们的所以然不单是知，并且有了遵而行之的习惯。仅靠文法上的知是呆板的，临到作文，逐处按照，求其不错，结果不过不错而已。遵行文法成为说话的习惯，那时候，怎么恰当地使用一些"虚字"，使一篇文章刚好表达出我们的意思情感，几乎如灵感自来，不假思索。从前教人作文，别的不讲，只教把若干篇文章读得烂熟。我们且不问其他，这读得烂熟的办法并不能算坏。读熟就是要把一些成例化为习惯。现在我们写的是"今话文"，假若说话不养成正确的习惯，虽讲求文法，也难收十分的效果。一方讲求文法，了知所以然，同时把了知的化为说话的习惯，平时说话总不与之相违背，这才于作文上大有帮助。我们写成一篇文章，只消把它诵读几遍，有不调顺的所在自然会发见，而且知道应该怎样去修改了。

　　"词"适合了，"篇章"调顺了，那就可以无愧地说，我们的文章"通"了。

　　这里说的"通"与"不通"，专就文字而言，是假定内面的思想情感没有什么毛病了的。其实思想情感方面的毛病尤其要避免。曾见小学生的练习簿，说到鸦片，便是"中国的不强皆由于鸦片"，说到赌博，便是"中国的不强皆由于赌博"。中国不强的原由这样简单么？中国不强果真"皆由"所论到的一件事物么？这样一反省，便将自觉意思上有了毛病。要避免这样的毛病在于整个的生活内容的充实，所以本篇里说不到。

# “好”与“不好”<sup>①</sup>

提笔作文,如果存心这将是“天地间之至文”,或者将取得“文学家”的荣誉,就未免犯了虚夸的毛病。“天地间之至文”历来就有限得很,而且须经时间的淘汰才会被评定下来。岂是写作者动笔的时候自己可以判定的?“文学家”呢,依严格说,也并不是随便写一两篇文章可以取得的——只有不注重批评的社会里才到处可以遇见“文学家”,这样的“文学家”等于能作文完篇的人而已。并且,这些预期与写作这件事情有什么关系呢?存着这些预期,文章的本身不会便增高了若干的价值。所以“至文”呀,“文学家”呀,简直不用去想。临到作文,一心一意作文就是了。

作文是我们生活里的一件事情。我们作其他事情总愿望作得很好,作文当然也不愿望平平而止。前此所说的“通”,只是作文最低度的条件。文而“不通”,犹如一件没制造完成的东西,拿不出去的。“通”了,这其间又可以分作两路:一是仅仅“通”而已,这像一件平常的东西,虽没毛病,却不出色;一是“通”而且“好”,这才像一件精美的物品,能引起观赏者的感兴,并给制作者以创造的喜悦。认真不肯苟且的人,写一篇文章必求它“通”,又望它能“好”,是极自然的心理。自己的力量能够做到的,假若不去做到,不是会感到像偷工减料一般的抱歉心情么?

怎样才能使文章“好”呢?或者怎样是“不好”的文章呢?我不想举那些玄虚的字眼如“超妙”“浑厚”等等来说,因为那些字眼同时可以拟想得很多,拿来讲得天花乱坠,结果把握不定它们的真切意义。我只想提出两点,说一篇文章里如果具有这两点,大概是可以称为“好”的了;不具有呢,那便是“不好”。这两点是“诚实”与“精密”。

在写作上,“诚实”是“有什么说什么”,或者是“内面怎样想怎样感,笔下便

---

① 原载中学生杂志社编的《写作的健康与疾病》。

怎样写"。这个解释虽浅显,对于写作者却有一种深切的要求,就是文字须与写作者的思想、性情、环境等一致。杜甫的感慨悲凉的诗是"好"的,陶渊明的闲适自足的诗是"好"的,正因为他们所作各与他们的思想、性情、环境等一致,具有充分的"诚实"。记得十五六岁的时候,有一个同学死了,动手作挽文。这是难得遇到的题目。不知怎样写滑了手,竟写下了"恨不与君同死"这样意思的句子来。父亲看过,抬一抬眼镜问道,"你真这样想么?"哪里是真? 不过从一般哀挽文字里看到这样的意思,随便取来填充篇幅罢了。这些句子如果用词适合,造语调顺,不能说"不通"。然而"不好"是无疑的,因为内面并非真有这样的情感,而纸面却这样说,这就缺少了"诚实"。我又想到有一些青年写的文章。"人生没有意义"啊,"空虚包围着我的全身"啊,在写下这些语句的时候,未尝不自以为直抒胸臆。但是试进一步自问:什么是"人生"? 什么是"有意义"? 什么是"空虚"? 不将踌躇疑虑,难以作答么? 然而他们已经那么写下来了。这其间"诚实"的程度很低,未必"不通"而难免于"不好"。

也有人说,文章的"好""不好",只消从它的本身评论,不必问写作者的"诚实"与否;换一句说,就是写作者无妨"不诚实"地写作,只要写来得法,同样可以承认他所写是"好"的文章。这也不是没有理由。古人是去得遥遥了,传记又多简略,且未能尽信;便是并世的人,我们又怎能尽知他们的心情身世于先,然后去读他们的文章呢? 我们当然是就文论文;以为"好",以为"不好",全凭着我们的批评知识与鉴赏能力。可是要注意,这样的说法是从阅读者的观点说的。如果转到写作者的观点,并不能因为有这样的说法就宽恕自己,说写作无需乎一定要"诚实"。这其间的因由很明显,只要这样一想就可了然。我们作文,即使不想给别人看,也总是出于这样的要求:自己有这么一个意思情感,觉得非把它铸成个定型不可,否则便会爽然若失,心里不舒服。这样提笔作文,当然要"诚实"地按照内面的意思情感来写才行。假若虚矫地掺入些旁的东西,写成的便不是原来那意思情感的定型,岂非仍然会爽然若失么? 再讲到另一些文章,我们写来预备日后自己覆按,或是给别人看的,如或容许"不诚实"的成分在里边,便是欺己欺人,那内心的愧疚将永远是洗刷不去的。爽然若失同内心愧疚纵使丢开不说,还有一点很使我们感觉无聊的,便是"不诚实"的文章难以写得"好"。我们不论做什么事情,发于自己的,切近于自己的,容易做得"好";虚构悬揣,往往劳而少功。我们愿望文字写得"好",而离开了自己的思想、性情、环境等,却向毫无根据和把握的方面乱写,怎能够达到我们的愿望呢?

到这里，或许有人要这样问：上面所说，专论自己发抒的文章是不错的，"不诚实"便违反发抒的本意，而且难以写得"好"；但是自己发抒的文章以外还有从旁描叙的一类，如有些小说写强盗和妓女的，若依上说，便须由强盗妓女自己动手才写得"好"，为什么实际上并不然呢？回答并不难。从旁描叙的文章少不了观察的功夫，观察得周至时，已把外面的一切收纳到我们内面。然后写出来，这是另一意义的"诚实"；同样可以写成"好"的文章。若不先观察，却要写从旁描叙的文章，就只好全凭冥想来应付，这是另一意义的"不诚实"。这样写成的文章，仅是缺乏亲切之感这一点，阅读者便将一致评为"不好"了。

所以，自己发抒的文字以与自己的思想、性情、环境等一致为"诚实"，从旁描叙的文章以观察得周至为"诚实"。

其次说到"精密"。"精密"的反面是粗疏平常。同样是"通"的文章，却有"精密"和粗疏平常的分别。写一封信给朋友，约他明天一同往图书馆看书，如果把这意思写了，用词造句又没毛病，不能不说这是一封"通"的信，但"好"是无法加上去的，因为它只是平常。或者作一篇游记，叙述到某地方去的经历，如果把所到的各地列举了，所见的风俗、人情也记上了，用词造句又没毛病，不能不说这是一篇"通"的游记，但"好"与否尚未能断定，因为它或许粗疏。文字里要有由写作者深至地发见出的、亲切地感受到的意思情感，而写出时又能不漏失它们的本真，这才当得起"精密"二字，同时这便是"好"的文章。有些人写到春景，总是说"桃红柳绿，水碧山青"，无聊的报馆访员写到集会，总是说"有某人某人演说，阐发无遗，听者动容。"单想敷衍完篇，这样地写固是个办法；若想写成"好"的文章，那是无论如何做不到的。必须走向"精密"的路，文章才会见得"好"。譬如柳宗元《小石潭记》写鱼的几句，"潭中鱼可百许头，皆若空游无所依。日光下澈，影布石上，怡然不动。俶尔远逝，往来翕忽，似与游者相乐。"是他细玩潭中的鱼，看了它们动定的情态，然后写下来的。大家称赞这几句是"好"文字。何以"好"呢？因为能传潭鱼的神。而所以能传神，就在乎"精密"。

不独全篇整段，便是用一个字也有"精密"与否的分别。文学家往往教人家发现那唯一适当的字用入文章里。说"唯一"固未免言之过甚，带一点文学家的矜夸；但同样可"通"的几个字，若选定那"精密"的一个，文章便觉更好，这是确然无疑的。以前曾论过陶渊明《和刘柴桑》诗里"良辰入奇怀"的"入"字，正可抄在这里，以代申说。

这个"入"字下得突兀。但是仔细体味,却下得非常好。——除开"入"换个什么字好呢?"良辰感奇怀"吧,太浅显太平常了;"良辰动奇怀"吧,也不见得高明了多少。而且,用"感"字用"动"字固然也是说出"良辰"同"奇怀"的关系,可是不及用"入"字来得圆融,来得深至。所谓"良辰"包举外界景物而言,如山的苍翠,水的潺湲,晴空的晶耀,田畴的欣荣,飞鸟的鸣叫,游鱼的往来,都在里头;换个说法,这就是"美景","良辰美景"本来是连在一起的。不过这"良辰美景",它自己是冥无所知的:它固不曾自谦道"在下蹩脚得很,丑陋得很",却也不曾一声声勾引人们说"此地有良辰美景,你们切莫错过"。所以有许多人对于它简直没有动一点心:山苍翠吧,水潺湲吧,苍翠你的,潺湲你的,我自耕我的田,钓我的鱼,走我的路,或者打我的算盘。试问,如果世人全属此辈,"良辰美景"还在什么地方? 不过,全属此辈是没有的事,自然会有些人给苍翠的山色、潺湲的水声移了情的。说到移情,真是个不易描摹的境界。勉强述说,仿佛那个东西迎我而来,倾注入我心中,又仿佛我迎那个东西而去,倾注入它的底里;我与它之外不复有旁的了,而且浑忘了我与它了:这样的时候,似乎可以说我给那个东西移了情了。山也移情,水也移情,晴空也移情,田畴也移情,游鱼也移情,一切景物融和成一整个而移我们的情时,我们就不禁脱口而出,"好个良辰美景呵!"这"良辰美景",在有些人原是视若无睹的;而另有些人竟至于移情,真是"嗜好与人异酸咸",这种襟怀所以叫作"奇怀"。到这里,"良辰"同"奇怀"的关系已很了然。"良辰"不自"良","良"于人之襟怀;寻常的襟怀未必能发见"良辰",这须得是"奇怀";中间缀一小"入"字,于是这些意思都含蓄在里头了。如其用"感"字或者"动"字,除开不曾把"良辰"所以成立之故表达外,还有把"良辰"同"奇怀"分隔成离立的两个之嫌。这就成一是感动者,一是被感动者;虽也是个诗的意境,但多少总有点索然。现在用的是"入"字。看字面,"良辰"是活泼泼地流溢于"奇怀"了。翻过来,不就是"奇怀"沉浸在"良辰"之中么? 这样,又不就是浑泯"辰"与"怀"的一种超妙的境界么? 所以前面说用"入"字来得圆融而深至。

从这一段话看,"良辰入奇怀"的所以"好",在乎用字的"精密"。文章里凡能这般"精密"地用字的地方,常常是很"好"的地方。

要求"诚实"地发抒自己,是生活习惯里的事情,不仅限于作文一端。要求"诚实"地观察外物,"精密"地表出情意,也不是临作文时"抱佛脚"可以济事的。我们要求整个生活的充实,虽不为着预备作文,但"诚实"的"精密"的"好"文章必导源于充实的生活,那是无疑的。

# 写作什么<sup>①</sup>

　　国文科牵涉到的事项很多,这儿只讲一点关于写作的话。分两次讲,这一次的题目是《写作什么》,下一次的题目是《怎样写作》。我的话对于诸位不会有直接的帮助,我只希望能有间接的帮助。就是说,诸位听了我的话,把应该留心的留心起来,把应该避忌的随时避忌,什么方面应该用力就多多用力,什么方面不必措意就不去白费心思。这样经过相当的时候,写作能力自然渐渐增进了。

　　诸位现在写作,大概有以下的几个方面:国文教师按期出题目,教诸位练习,就要写作了;听了各门功课,有的时候要作笔记,做了各种试验,有的时候要作报告,就要写作了;游历一处地方,想把所见所闻以及感想记下来,离开了家属和亲友,想把最近的生活情形告诉他们,就要写作了;有的时候有种种观感凝结成一种意境,觉得要把这种意境化为文字,心里才畅快,也就要写作了。

　　以上几方面的写作材料都是诸位生活里原有的,不是从生活以外去勉强找来的。换句话说,这些写作材料都是自己的经验。我们平时说话,从极简单的日常用语到极繁复的对于一些事情的推断和评论,都无非根据自己的经验。因为根据经验,说起来就头头是道,没有废话,没有瞎七搭八的无聊话。如果超出了经验范围,却去空口说白话,没有一点天文学的知识,偏要讲星辰怎样运行,没有一点国际政治经济的学问,偏要推断意阿战争、海军会议的将来,一定说得牛头不对马嘴,徒然供人家作为嗤笑的资料。一个人如有自知之明,总不肯作这样的傻事,超出了自己的经验范围去瞎说。他一定知道自己有多少经验,什么方面他可以说话,什么方面他不配开口。在不配开口的场合就不开口,这并不是难为情的事,而正是一种诚实的美德。经验范围像波纹一样,越来越扩大。待扩大到相当的时候,本来不配开口的配开口了,那才开口,也并不嫌迟。作文原是说话的延续,用来济说话之穷,在说话所及不到的场合,就作文。因此作文自然应该单把经验范围以内的事物作为材料,不可把经验范围以外的事物勉强拉到笔底下

---

<sup>①</sup>　原载作者与夏丏尊合著的《阅读与写作》。

来。照诸位现在写作的几个方面看,所有材料都是自己的经验,这正是非常顺适的事。顺着这个方向走去,是一条写作的平坦大路。

这层意思好像很平常,其实很重要。因为写作的态度就从这上边立定下来。知道写作原是说话的延续,写作材料应该以自己的经验为范围,这就把写作看作极寻常可是极严正的事。人人要写作,正同人人要说话一样,岂不是极寻常? 不能超出自己的经验,不能随意乱道,岂不是极严正? 这种态度是正常的,抱着这种态度的人,写作对于他是一种有用的技能。另外还有一种态度,把写作看作极特殊可是极随便的事。拿从前书塾里的情形来看,更可以明白。从前书塾里,学生并不个个作文。将来预备学工业、商业的,读了几年书认识一些字也就算了,只有预备应科举的几个才在相当的时候开始作文。开始作文称为"开笔",那是一件了不得的事,开了笔的学生对先生要加送束脩,家长对人家说"我的孩子开笔了",往往露出得意的笑容。这为什么呢? 因为作了文可以应科举,将来的飞黄腾达都种因在这上边,所以大家都认为一件极特殊的事,这特殊的事并且是属于少数人的。再看开了笔作些什么呢? 不是《温故而知新说》就是《汉高祖论》之类。新呀故呀翻来复去缠一阵就算完了篇;随便抓住汉高祖的一件事情,把他恭维一顿,或者唾骂一顿,也就算完了篇。这些材料大部分不是自己的经验,无非仿效别人的腔调,堆砌一些毫不相干的意思,说得坏一点,简直是鹦鹉学舌,文字游戏。从这条路径发展下去,这就来了专门拼凑典故的文章,无病呻吟的诗词。自己的经验是这样,写出来却并不这样,或许竟是相反的那样。写作同实际生活脱离了关系,只成为装点生活的东西,又何贵乎有这种写作的技能呢? 所以说,这种态度是极随便的。到现在,科举虽然废掉了,作文虽然从小学初年级就要开始,可是大家对于写作的态度还没有完全脱去从前的那种弊病。现在个个学生要作文,固然不再是少数人的特殊的事,但是往往听见学生说"我没有意思,没有材料,拿起笔简直写不出什么来",或者说"今天又要作文了,真是讨厌!"这些话表示一种误解,以为作文是学校生活中的特殊的事,而且须离开自己的经验去想意思,去找材料,自己原有的经验好像不配作为意思、不配充当材料似的。再从这里推想开去,又似乎所谓意思、所谓材料是一种说来很好听、写来很漂亮但不和实际生活发生联系的花言巧语。这种花言巧语必须费很大的力气去搜寻,像猎犬去搜寻潜伏在山林中的野兽。搜寻未必就能得到,所以拿起笔写不出什么来,许多次老写不出什么来,就觉得作文真是一件讨厌的事。进一步说,抱着这样的态度作文,即使能够写出什么来,也不是值得欢慰的事。因为作文决不是把一些很好听、很漂亮的花言巧语写在纸上就算完事的,必须根据经验,从实际生活里流注出来,那才合乎所以要作文的本意。离开了自己的经验而去故意搜寻,虽然搜寻的功夫也许很麻烦,但是不能不说他把作文看得太随便了。把作文看得特殊又看得随便的态度使作文成为一种于人生无用的技能。这种态度非改变不可。诸位不妨自己想想:我把作文认作学校生活中的特殊的事吗?我离开了自己的经验故意去搜寻虚浮的材料吗?如果不曾,那就再好没有。如果确曾这样,而且至今还是这样,那就请立刻改变过来,改变为正当的态度,就是把作文看得寻常又看得严正的态度。抱着正当的态度的人决不会说没有意思、没有材料,因为他决不会没有经验,经验就是他的意思和材料。他又决不会说作文真是讨厌的事,因为作文是他生活中的一个项目,好比说话和吃饭各是生活中的一个项目,无论何人决不会说说话和吃饭真是讨厌。

　　以上说了许多话,无非说明写作材料应以自己的经验为范围。诸位现在写作的几个方面原都不出这个范围,只要抱正当的态度,动一回笔自然得到一回实益。诸位或者要问:"教师命题作文,恐怕不属于我们的经验范围以内吧。"我可以这样回答,凡是贤明的国文教师,他出的题目应当不超出学生的经验范围,他应当站在学生的立脚点上替学生设想,什么材料是学生经验范围内的,是学生所能写的、所要写的,经过选择才定下题目来。这样,学生同写一封信、作一篇游记一样,仍然是为着发表自己的经验而写作,同时又得到了练习的益处。我知道现在的国文教师贤明的很多,他们根据实际的经验和平时的研究,断不肯出一些离奇的题目,离开学生的经验十万八千里,教学生搔头摸耳,叹息说没有意思、没有材料的。自然,也难免有一些教师受习惯和环境的影响,出的题目不很适合学生的胃口,我见过的《学而时习之论》就是一个例子。我若是学生,就不明白这个题目应该怎样地论。学而时习之,照常识讲,是不错的。除了说这个话不错以外,还有什么可说呢?这种题目,从前书塾里是常出的,现在升学考试和会考也间或有类似的题目。那位教师出这个题目,大概就由于这两种影响。诸位如果遇见了那样的教师,只得诚诚恳恳地请求他,说现在学会作这样的题目,只有逢到考试也许有点用处,在实际生活中简直没有需要作这样题目的时候。即使您先生认为预备考试的偶尔有用也属必要,可否让我们少作几回这样题目,多作几回发表自己经验的文章?这样的话很有道理,并不是什么非分的请求。有道理的话,谁不愿意听?我想诸位的教师一定会依从你们的。

　　再说经验有深切和浅薄的不同,有正确和错误的不同。譬如我们走一条街道,约略知道这条街道上有二三十家店铺,这不能不算是经验。但是我们如果仔细考察,知道这二三十家店铺属于哪一些部门,哪一家的资本最雄厚,哪一家的营业最发达,这样的经验比前面的经验深切多了。又譬如我们小时候看见月食,老祖母就告诉我们,这是野月亮要吞家月亮,若不敲锣打鼓来救,家月亮真个要被吃掉的。我们听了记在心里,这也是我们的经验,然而是错误的。后来我们学了地理,懂得星球运行的大概,才知道并没有什么野月亮,更没有吞食家月亮这回事,那遮了月亮的原来是地球的影子。这才是正确的经验。这不过是两个例子,此外可以依此类推。我们写作,正同说话一样,总希望写出一些深切的正确的经验,不愿意涂满一张纸的全是一些浅薄的错误的经验。不然,就是把写作看得太不严正,和我们所抱的态度违背了。

单是写出自己的经验还嫌不够,要更进一步给经验加一番洗炼的功夫,才真正做到下笔绝不随便,合乎正当的写作态度。不过这就不止是写作方面的事了,而且也不止是国文科和各学科的事,而是我们整个生活里的事。我们每天上课,看书,劳作,游戏,随时随地都在取得经验,而且使经验越来越深切,越来越正确。这并不是为作文才这样做,我们要做一个有用的人,要做一个健全的公民,就不得不这样做。这样做同时给写作开了个活的泉源,从这个泉源去汲取,总可以得到澄清的水。所怕的是上课不肯好好地用功,看书没有选择又没有方法,劳作和游戏也只是随随便便,不用全副精神对付,只图敷衍过去就算,这样,经验就很难达到深切和正确的境界。这样的人做任何事都难做好,当然不能称为有用,当然够不上叫作健全的公民。同时他的写作的泉源干涸了,勉强要去汲取,汲起来的也是一盏半盏混着泥的脏水。写作材料的来源普遍于整个生活里,整个生活时时在那里向上发展,写作材料自会滔滔汩汩地无穷尽地流注出来,而且常是澄清的。有些人不明白这个道理,以为写作只要伏在桌子上拿起笔来硬干就会得到进步,不顾到经验的积累和洗炼,他们没想到写作原是和经验纠结而不可分的。这样硬干的结果也许会偶尔写成一些海市蜃楼那样很好看的文字,但是这不过一种毫无实用的玩意儿,在实际生活里好比赘瘤。这种技术是毫无实用的技术。希望诸位记着写作材料的来源普遍于整个的生活,写作固然要伏在桌子上,写作材料却不能够单单从伏在桌子上取得。离开了写作的桌子,上课、看书、劳作、游戏,刻刻认真,处处努力,一方面是本来应该这么做,另一方面也就开凿了写作材料的泉源。

现在来一个结束。写作什么呢? 要写出自己的经验。经验又必须深切,必须正确,这要从整个生活里去下功夫。有了深切的正确的经验,写作就不愁没有很好的材料了。

# 怎样写作[①]

这一次讲的题目是《怎样写作》。怎样写作,现在有好些作文法一类的书,讲得很详细。不过写作的时候,如果要临时翻查这些书,一一按照书里说的做去,那就像一手拿着烹饪讲义一手做菜一样,未免是个笑话了。这些书大半从现成文章里归纳出一些法则来,告诉人家怎样怎样写作是合乎法则的,也附带说明怎样怎样写作是不合乎法则的。我们有了这些知识,去看一般文章就有了一枝量尺,不但知道某一篇文章好,还说得出好在什么地方,不但知道某一篇文章不好,还说得出不好在什么地方。自然,这些知识也能影响到我们的写作习惯,可是这种影响只在有意无意之间。写文章,往往会在某些地方写得不合法则,有了作文法的知识,就会觉察到那些不合法则的地方。于是特地留心,要把它改变过来。这特地留心未必马上就有成效,或许在三次里头,两次是改变过来了,一次却依然犯了老毛病。必须从特地留心成为不待经意的习惯,才能每一次都合乎法则。所以作文法一类书对于增强我们看文章的眼力有些直接的帮助,对于增强我们写文章的腕力只有间接的帮助。所以光看看这一类书未必就能把文章写好。如果临到作文而去翻查这些书,那更是毫无实益的傻事。

诸位现在都写语体文。语体文的最高的境界就是文章同说话一样。写在纸上的一句句的文章,念起来就是口头的一句句的语言,教人家念了听了,不但完全明白文章的意思,还能够领会到那种声调和神气,仿佛当面听那作文的人亲口说话一般。要达到这个境界,不能专在文字方面做功夫,最要紧的还在锻炼语言习惯。因为语言好比物体的本身,文章好比给物体留下一个影像的照片,物体本身完整而有式样,拍成的照片当然完整而有式样。语言周妥而没有毛病,按照语言写下来的文章当然也周妥而没有毛病了。所以锻炼语言习惯是寻到根源去的办法。不过有一句应当声明,语言习惯是本来要锻炼的。一个人生活在大群中

---

间,随时随地都有说话的必要,如果语言习惯上有了缺点,也就是生活技能上有了缺点,那是非常吃亏的。把语言习惯锻炼得良好,至少就有了一种极关重要的生活技能。对于作文,这又是一种最可靠的根源。我们怎能不努力锻炼呢?

现在小学里有说话的科目,又有演讲会、辩论会等的组织,中学里,演讲会和辩论会也常常举行。这些都是锻炼语言习惯的。参加这种集会,仔细听人家说的话,往往会发现以下的几种情形。说了半句话,缩住了,另外换一句来说,和刚才的半句话并没有关系,这是一种。"然而""然而"一连串,"那么""那么"一大堆,照理用一个就够了,因为要延长时间,等待着想下面的话,才说了那么许多,这是一种。应当"然而"的地方不"然而",应当"那么"的地方不"那么",只因为这些地方似乎需要一个词,可是想不好该用什么词,无可奈何,就随便拉一个来凑数,这是一种。有一些话听去很不顺耳,仔细辨辨,原来里头有几个词用得不妥当,不然就是多用了或者少用了几个词,这又是一种。这样说话的人,他平时的语言习惯一定不很好,而且极不留心去锻炼,所以在演讲会、辩论会里就把弱点表露出来了。若教他写文章,他自然按照自己的语言习惯写,那就一定比他的口头语言更难使人明白。因为说话有面部的表情和身体的姿势作为帮助,语言虽然差一点,还可以使人家大体明白。写成文章,面部的表情和身体的姿势是写不进去的,让人家看见的只是支离破碎前不搭后的一些文句,岂不教人糊涂?我由于职务上的关系,有机会读到许多中学生的文章,其中有非常出色的,也有不通的,所谓不通,就是除了材料不健全不妥当以外,还犯了前面说的几种毛病,语言习惯上的毛病。这些同学如果平时留心锻炼语言习惯,写起文章来就可以减少一些不通。加上经验方面的洗炼,使写作材料健全而妥当,那就完全通了。所谓"通"原来不是什么高不可攀的境界。

锻炼语言习惯要有恒心,随时随地当一件事做,正像矫正坐立的姿势一样,要随时随地坐得正立得正才可以养成坐得正立得正的习惯。我们要要求自己,无论何时不说一句不完整的话,说一句话一定要表达出一个意思,使人家听了都能够明白;无论何时不把一个不很了解的词硬用在语言里,也不把一个不很适当的词强凑在语言里。我们还要要求自己,无论何时不乱用一个连词,不多用或者少用一个助词。说一句话,一定要在应当"然而"的地方才"然而",应当"那么"的地方才"那么",需要"吗"的地方不缺少"吗",不需要"了"的地方不无谓地"了"。这样锻炼好像很浅近、很可笑,实在是基本的,不可少的。家长对于孩子,小学教师对于小学生,就应该教他们,督促他们,做这样的锻炼。可惜有些家长和小学教师没有留意到这一层,或者留意到而没有收到相当的成效。我们要养成语言这个极关重要的生活技能,就只得自己来留意。留意了相当时间之后,就能取得锻炼的成效。不过要测验成效怎样,从极简短的像"我正在看书""他吃过饭了"这些单句上是看不出来的。我们不妨试说五分钟连续的话,看这一番话里能够不能够每句都符合自己提出的要求。如果能够了,锻炼就已经收了成效。到这地步,作起文来就不觉得费事了,口头该怎样说的笔下就怎样写,把无形的语言写下来成为有形的文章,只要是会写字的人,谁又不会做呢?依据的是没有毛病的语言,文章也就不会不通了。

听人家的语言,读人家的文章,对于锻炼语言习惯也有帮助。只是要特地留意,如果只大概了解了人家的意思就算数,对于锻炼我们的语言就不会有什么帮助了。必须特地留意人家怎样用词,怎样表达意思,留意考察怎样把一篇长长的语言顺次地说下去。这样,就能得到有用的资料,人家的长处我们可以汲取,人家的短处我们可以避免。

写语体文只是十几年来的事。好些文章,哪怕是有名的文章家写的,都还不纯粹是口头的语言。写语体文的技术还没有练到极纯熟的地步。不少人为了省事起见,往往凑进一些文言的调子和语汇去,成为一种不尴不尬的文体。刚才说过,语体文的最高境界就是文章同说话一样。所以这种不尴不尬的文体只能认为过渡时期的产物,不能认为十分完善的标准范本。这一点认清楚了,才可以不受现在文章的坏影响。但是这些文章也有长处,当然应该摹仿;至于不很纯粹的短处,就努力避免。如果全国中学生都向这方面用功夫,不但自己的语言习惯可以锻炼得非常好,还可以把语体文的文体加速地推进到纯粹的境界。

从前的人学作文章都注重诵读,往往说,只要把几十篇文章读得烂熟,自然而然就能够下笔成文了。这个话好像含有神秘性,说穿了道理也很平常,原来这就是锻炼语言习惯的意思。文言不同于口头语言,非但好多词不同,一部分语句组织也不同。要学不同于口头语言的文言,除了学这种特殊的语言习惯以外,没有别的方法。而诵读就是学这种特殊的语言习惯的一种锻炼。所以前人从诵读学作文章的方法是不错的。诸位若要作文言,也应该从熟读文言入手。不过我以为诸位实在没有作文言的必要。说语体浅文言深,先习语体,后习文言,正是由浅入深,这种说法也没有道理。文章的浅深该从内容和技术来决定,不在乎文体的是语体还是文言。况且我们既是现代人,要表达我们的思想情感,在口头既然用现代的语言,在笔下当然用按照口头语言写下来的语体。能写语体,已经有了最便利的工具,为什么还要去学一种不切实用的文言？若说升学考试或者其他考试，出的国文题目往往有限用文言的，不得不事前预备，这实在由于主持考试的人太不明白。希望他们通达起来，再不要作这种故意同学生为难而毫没有实际意义的事。而在这种事还没有绝迹以前，诸位为升学计，为通过其他考试计，就只得分出一部分功夫来，勉力去学作文言。

以上说了许多话，无非说明要写通顺的文章，最要紧的是锻炼语言习惯。因为文章就是语言的记录，二者本是同一的东西。可是还得进一步，还不能不知道文章和语言两样的地方。前面说过，说话有面部的表情和身体的姿势作为帮助，但是文章没有这样的帮助，这就是两样的地方。写文章得特别留意，怎样适当地写才可以不靠这种帮助而同样可以使人家明白。两样的地方还有一些。如两个人闲谈，往往天南地北，结尾和开头竟可以毫不相关。就是正式讨论一个问题，商量一件事情，有时也会在中间加入一段插话，像藤蔓一样爬开去，完全离开了本题。直到一个人省悟了，说："我们还是谈正经话吧。"这才一刀截断，重又回到本题。作文章不能这样。文章大部分是预备给人家看的，小部分是留给自己将来查考的，每一篇都有一个中心，没有中心就没有写作的必要。所以写作只该把有关中心的话写进去，而且要配列得周妥，使中心显露出来。那些漫无限制的随意话，像藤蔓一样爬开去的枝节话，都该剔除得干干净净，不让它浪费我们的笔墨。又如用语言讲述一件事情，往往噜噜苏苏，细大不捐；传达一场对话，更是照样述说，甲说什么，乙说什么，甲又说什么，乙又说什么。作文章不能这样。文章为求写作和阅读双方的省事，最要讲究经济。一篇文章，把紧要的话都漏掉，没有显露出什么中心来，这算不得经济。必须把紧要的话都写进去，此外再没有一句噜苏的话。正像善于用钱的人一样，不该省钱的地方决不妄省一个钱，不该费钱的地方决不妄费一个钱，这才够得上称为经济。叙述一件事情，得注意详略。对于事情的经过不作同等分量的叙述，必须教人家详细明白的部分不惜费许多笔墨，不必教人家详细明白的部分就一笔带过。如果记人家的对话，就得注意选择。对于人家的语言不作照单全收的记载，足以显示其人的思想、识见、性情等等的才入选，否则无妨丢开。又如说话往往用本土的方言以及本土语言的特殊调子。作文章不能这样。文章得让大家懂，得预备给各地的人看，应当用各地通行的语汇和语调。本土的语汇和语调必须淘汰，才可以不发生隔阂的弊病。以上说的是文章和语言两样的地方。知道了这几层，也就知道作文技术的大概。由知识渐渐成为习惯，作起文来就有记录语言的便利而没有死板地记录语言的缺点了。

　　现在来一个结束。怎样写作呢？最要紧的是锻炼我们的语言习惯。语言习惯好，写的文章就通顺了。其次要辨明白文章和语言两样的地方，辨得明白，能知能行，写的文章就不但通顺，而且是完整而无可指摘的了。

# 语体文要写得纯粹[①]

且不要说什么"通俗化",我以为要把语体文写得纯粹,也不该向文言讨救兵。

平时阅读书报,那些文章多数是语体文,随时会遇见一些文言的字眼和语句,觉得很不舒服,仿佛看见眉清目秀的面孔上长了个疙瘩。

现在随便翻开几种书报来,把这种文句抄下一些。

"同样缅怀故乡童年,他和他的伴侣并不相似。"

"他进而指出言语本身的缺陷。"

"凝眸于栅外的篱笆。"

"听!秋原中有多少冤魂咽泣。"

"一线欲晴的阳光也没有。"

"以你的材力专用于救世济人。"

"但说到妒之一字,女人似乎再也推辞不脱了。"

"谁不关心蟹的市价?"

好了,抄是抄不完的。这不过举出一些例子,并不想指摘谁的文章写得不好,所以这些文句的篇名和作者都不注明了。

只要想想,一篇文言中间——就像梁任公那样明白通畅的文言吧——如果突然来一个"这个"或者"这怎么行呢",破坏全篇的纯粹多么利害!给读者的不快多么深切!想透了这一层就可以知道上面举出的一些例子在一篇语体文中间怎样地不协调了。

写语体文要纯粹是语体,正同写文言要纯粹是文言一样。

区别语体和文言固然可以从逐个词句下手,但是扼要的办法还在把握住一个标准。这个标准简单得很,就是"上口不上口"。凡是上口的、语言中间通行

---

① 原载作者与夏丏尊合著的《阅读与写作》。

这样说的词句,都可以写进语体文,都不至于破坏语体文的纯粹。如果是不上口的、语言中间不通行这样说的词句,那大概是文言的传统,只能用在文言中间;或者是文言传统里的错误的新产品,连文言中间也不适用。

写语体文就要把握住这个标准,"上学时""放假时"等等念不上口,把"时"字写作口头通行的复音词"时候"才念得上口。语言中间没有"以××为××"这种说法,非另外找一个口头通行的说法不可。想到了一个"缅怀",一个"进而",经这个标准一提醒,当然要放弃不用。

像"凝眸于栅外的篱笆"就是我所说的文言传统里的错误的新产品。且不说无论如何通文的人口头决不会有这种说法,就是文言中间也不许有这种文句。"建国于某地","涉足于某山",在文言中间原是通行的。可是有个限制,那动作必须是实在的:"国"实在"建"在"某地","足"实在"涉"到"某山"。至于凝眸,不过是一种虚拟的动作罢了,这就超出了限制,不能和上面两句用同样的句法。试把那一句调过来说:"眸子凝在篱笆上",这成了什么意思呢?——这种文言传统里的错误的新产品,我见得很多,只是没有随时记录下来。

现在写文章的人,多数还是从文言教养里出来的。他们写语体文,有意地或者无心地用一些文言的说法,原是他们的自由。不过,如果要求语体文写得纯粹,就得随时记着上面说的那个标准。如果还关心到自己文章给与读者的影响,那个标准更不容忽略。至少编辑教科书、写作通俗读物和文艺作品的人应该特别注意。

文言教养受得很浅的,或者简直不曾受过的,那是幸福的人。他们不必费什么心思气力让自己从旧镣铐里解放出来。很教人担心的是他们当中有些人竟去捡起那副旧镣铐来套在自己的手脚上——他们在语体文里也来一点文言的词句。这样一来,他们上当了,弄得不好,还会带来上面说的那种错误的新产品。如果他们明白语体文要写得纯粹,他们自己又具有写纯粹的语体文的资格,那就不会去捡起那副旧镣铐来了。我希望关心语文教育的人随时劝说一班青年作者,因为根据我的经验,这样的青年作者很不少。至于出了题目注明"限作文言"的国文教师,我只好对他们不抱希望了。

# 开头和结尾①

　　写一篇文章，预备给人家看，这和当众演说很相像，和信口漫谈却不同。当众演说，无论是发一番议论或者讲一个故事，总得认定中心，凡是和中心有关系的才容纳进去，没有关系的，即使是好意思、好想象、好描摹、好比喻，也得丢掉。一场演说必须是一件独立的东西。信口漫谈可就不同。几个人的漫谈，说话像藤蔓一样爬开来，一忽儿谈这个，一忽儿谈那个，全体没有中心，每段都不能独立。这种漫谈本来没有什么目的，话说过了也就完事了。若是抱有目的，要把自己的情意告诉人家，用口演说也好，用笔写文章也好，总得对准中心用功夫，总得说成或者写成一件独立的东西。不然，人家就会弄不清楚你在说什么写什么，因而你的目的就难达到。

　　中心认定了，一件独立的东西在意想中形成了，怎样开头怎样结尾原是很自然的事，不用费什么矫揉造作的功夫了。开头和结尾也是和中心有关系的材料，也是那独立的东西的一部分，并不是另外加添上去的。然而有许多人往往因为习惯不良或者少加思考，就在开头和结尾的地方出了毛病。在会场里，我们时常听见演说者这么说："兄弟今天不曾预备，实在没有什么可以说的。"演说完了，又说："兄弟这一番话只是随便说说的，实在没有什么意思，请诸位原谅。"谁也明白，这些都是谦虚的话。可是，在说出来之前，演说者未免少了一点思考。你说不曾预备，没有什么可以说的，那么为什么要踏上演说台呢？随后说出来的，无论是三言两语或者长篇大论，又算不算"可以说的"呢？你说随便说说，没有什么意思，那么刚才的一本正经，是不是逢场作戏呢？自己都相信不过的话，却要说给人家听，又算是一种什么态度呢？如果这样询问，演说者一定会爽然自失，回答不出来。其实他受的习惯的累，他听见人家都这么说，自己也就这么说，说成了习惯，不知道这样的头尾对于演说是没有帮助反而有损害的。不要这种

---

① 原载夏丏尊与作者合著的《文章讲话》，开明书店一九三九年五月出版。

无谓的谦虚,删去这种有害的头尾,岂不干净而有效得多?还有,演说者每每说:"兄弟能在这里说几句话,十分荣幸。"这是通常的含有礼貌的开头,不能说有什么毛病。然而听众听到,总不免想:"又是那老套来了。"听众这么一想,自然而然把注意力放松,于是演说者的演说效果就跟着打了折扣。什么事都如此,一回两回见得新鲜,成为老套就嫌乏味。所以老套以能够避免为妙。演说的开头要有礼貌,应该找一些新鲜而又适宜的话来说。原不必按照着公式,说什么"兄弟能在这里说几句话,十分荣幸"。

各种体裁的文章里头,书信的开头和结尾差不多是规定的。书信的构造通常分作三部分;除第二部分叙述事务,为书信的主要部分外,第一部分叫作"前文",就是开头,内容是寻常的招呼和寒暄,第三部分叫作"后文",就是结尾,内容也是招呼和寒暄。这样构造原本于人情,终于成为格式。从前的书信往往有前文后文非常繁复,竟至超过了叙述事务的主要部分的。近来流行简单的了,大概还保存着前文后文的痕迹。有一些书信完全略去前文后文,使人读了感到一种隽妙的趣味。不过这样的书信宜于寄给亲密的朋友。如果寄给尊长或者客气一点的朋友,还是依从格式,具备前文后文,才见得合乎礼意。

记述文记述一件事物,必得先提出该事物,然后把各部分分项写下去。如果一开头就写各部分,人家就不明白你在说什么了。我曾经记述一位朋友赠我的一张华山风景片。开头说:"贺昌群先生游罢华山,寄给我一张十二寸的放大片。"又如魏学洢的《核舟记》,开头说:"明有奇巧人曰王叔远,能以径寸之木为宫室、器皿、人物以至鸟、兽、木、石,罔不因势象形,各具情态。尝贻余核舟一,盖大苏泛赤壁云。"不先提出"寄给我一张十二寸的放大片"以及"尝贻余核舟一",以下的文字事实上没法写的。各部分记述过了,自然要来个结尾。像《核舟记》统计了核舟所有人物器具的数目,接着说"而计其长曾不盈寸,盖简桃核修狭者为之。"这已非常完整,把核舟的精巧表达得很明显的了。可是作者还要加上另外一个结尾,说:

魏子详瞩既毕,诧曰:嘻,技亦灵怪矣哉!《庄》《列》所载称惊犹鬼神者良多,然谁有游削于不寸之质而须麋了然者?假有人焉,举我言以复于我,亦必疑其诳,乃今亲睹之。繇斯以观,棘刺之端未必不可为母猴也。嘻,技亦灵怪矣哉!

这实在是画蛇添足的勾当。从前人往往欢喜这么做,以为有了这一发挥,虽然记述小东西,也可以即小见大。不知道这么一个结尾以后的结尾无非说明那个桃核极小而雕刻极精,至可惊异罢了。而这是不必特别说明的,因为全篇的记述都暗示着这层意思。作者偏要格外讨好,反而教人起一种不统一的感觉。我那篇记述华山风景片的文字,没有写这种"结尾以后的结尾",在写过了照片的各部分之后,结尾说:"这里叫做长空栈,是华山有名的险峻处所。"用点明来收场,不离乎全篇的中心。

叙述文叙述一件事情,事情的经过必然占着一段时间,依照时间的顺序来写,大致不会发生错误。这就是说,把事情的开端作为文章的开头,把事情的收梢作为文章的结尾。多数的叙述文都用这种方式,也不必举什么例子。又有为要叙明开端所写的事情的来历和原因,不得不回上去写以前时间所发生的事情。这样把时间倒错了来叙述,也是常见的。如丰子恺的《从孩子得到的启示》,开头写晚上和孩子随意谈话,问他最欢喜什么事,孩子回答说是逃难。在继续了一回问答之后,才悟出孩子所以欢喜逃难的缘故。如果就此为止,作者固然明白了,读者还没有明白。作者要使读者也明白孩子为什么欢喜逃难,就不得不用倒错的叙述方式,回上去写一个月以前的逃难情形了。在近代小说里,倒错叙述的例子很多,往往有开头写今天的事情,而接下去却写几天前几月前几年前的经过的。这不是故意弄什么花巧,大概由于今天这事情来得重要,占着主位,而从前的经过处于旁位,只供点明脉络之用的缘故。

说明文大体也有一定的方式。开头往往把所要说明的事物下一个诠释,立一个定义。例如说明"自由",就先从"什么叫作自由"入手。这正同小学生作"房屋"的题目用"房屋是用砖头木材建筑起来的"来开头一样。平凡固然平凡,然而是文章的常轨,不能说这有什么毛病。从下诠释、立定义开了头,接下去把诠释和定义里的语义和内容推阐明白,然后来一个结尾,这样就是一篇有条有理的说明文。蔡元培的《我的新生活观》可以说是适当的例子。那篇文章开头说:

什么叫做旧生活?是枯燥的,是退化的。什么叫做新生活?是丰富的,是进步的。

这就是下诠释、立定义。接着说旧生活的人不作工又不求学,所以他们的生活是枯燥的、退化的,新生活的人既要作工又要求学,所以他们的生活是丰富的、进步的。结尾说如果一个人能够天天作工求学,就是新生活的人,一个团体里的人能够天天作工求学,就是新生活的团体,全世界的人能够天天作工求学,就是新生活的世界。这见得作工求学的可贵,新生活的不可不追求。而写作这一篇的本旨也就在这里表达出来了。

再讲到议论文。议论文虽有各种,总之是提出自己的一种主张。现在略去那些细节且不说,单说怎样把主张提出来,这大概只有两种开头方式。如果所论的题目是大家周知的,开头就把自己的主张提出来,这是一种方式。譬如今年长江、黄河流域都闹水灾,报纸上每天用很多篇幅记载各处的灾况,这可以说是大家周知的了。在这时候要主张怎样救灾、怎样治水,尽不妨开头就提出来,更不用累累赘赘先叙述那灾况怎样地严重。如果所论的题目在一般人意想中还不很熟悉,那就先把它述说明白,让大家有一个考量的范围,不至于茫然无知,全不接头,然后把自己的主张提出来,使大家心悦诚服地接受,这是又一种方式。胡适的《不朽》是这种方式的适当的例子。"不朽"含有怎样的意义,一般人未必十分了然,所以那篇文章的开头说:

> 不朽有种种说法,但是总括看来,只有两种说法是真有区别的。一种是把"不朽"解作灵魂不灭的意思。一种就是《春秋左传》上说的"三不朽"。

这就是指明从来对于不朽的认识。以下分头揭出这两种不朽论的缺点,认为对于一般的人生行为上没有什么重大的影响。到这里,读者一定盼望知道不朽论应该怎样才算得完善。于是作者提出他的主张所谓"社会的不朽论"来。在列举了一些例证,又和以前的不朽论比较了一番之后,他用下面的一段文字作结尾:

> 我这个现在的"小我",对于那永远不朽的"大我"的无穷过去,须负重大的责任;对于那永远不朽的"大我"的无穷未来,也须负重大的责任。我须要时时想着,我应该如何努力利用现在的"小我",方才可以不辜负了那"大我"的无穷过去,方才可以不遗害那"大我"的无穷未来?

这是作者的"社会的不朽论"的扼要说明,放在末了,有引人注意、促人深省的效果。所以,就构造说,这实在是一篇完整的议论文。

普通文的开头和结尾大略说过了,再来说感想文、描写文、抒情文、纪游文以及小说等所谓文学的文章。这类文章的开头,大别有冒头法和破题法两种。冒头法是不就触到本题,开头先来一个发端的方式。如茅盾的《都市文学》,把"中国第一大都市,'东方的巴黎',——上海,一天比一天'发展'了"作为冒头,然后叙述上海的现况,渐渐引到都市文学上去。破题法开头不用什么发端,马上就触到本题。如朱自清的《背影》,开头说"我与父亲不相见已二年余了,我最不能忘记的是他的背影",就是一个适当的例子。

曾经有人说过,一篇文章的开头极难,好比画家对着一幅白纸,总得费许多踌躇,去考量应该在什么地方下第一笔。这个话其实也不尽然。有修养的画家并不是画了第一笔再斟酌第二笔的,在一笔也不曾下之前,对着白纸已经考量停当,心目中早就有了全幅的布置了。布置既定,什么地方该下第一笔原是摆好在那里的事。作文也是一样。作者在一个字也不曾写之前,整篇文章已经活现在胸中了。这时候,该用什么方法开头,开头该用怎样的话,也都派定注就,再不必特地用什么搜寻的功夫。不过这是指有修养的人而言。如果是不能预先统筹全局的人,开头的确是一件难事。而且,岂止开头而已,他一句句一段段写下去将无处不难。他简直是盲人骑瞎马,哪里会知道一路前去撞着些什么?

文章的开头犹如一幕戏剧刚开幕的一刹那的情景,选择得适当,足以奠定全幕的情调,笼罩全幕的空气,使人家立刻把纷乱的杂念放下,专心一志看那下文的发展。如鲁迅的《秋夜》,描写秋夜对景的一些奇幻峭拔的心情,用如下的文句来开头:

在我的后园,可以看见墙外有两株树。一株是枣树,还有一株也是枣树。

"还有一株也是枣树"是并不寻常的说法,拗强而特异,足以引起人家的注意,而以下文章的情调差不多都和这一句一致。又如茅盾的《雾》,用"雾遮没了正对着后窗的一带山峰"来开头,全篇的空气就给这一句凝聚起来了。以上两例都属于显出力量的一类。另有一种开头,淡淡着笔,并不觉得有什么力量,可是同样可以传出全篇的情调,范围全篇的空气。如龚自珍的《记王隐君》,开头说:

于外王父段先生废簏中见一诗,不能忘。于西湖僧经箱中见书《心经》,蠹且半,如遇簏中诗也,益不能忘。

这个开头只觉得轻松随便,然而平淡而有韵味,一来可以暗示下文所记王隐君的生活,二来先行提出书法,可以作为下文访知王隐君的关键。仔细吟味,真有说不尽的妙趣。

现在再来说结尾。略知文章甘苦的人一定有这么一种经验:找到适当的结尾好像行路的人遇到了一处适合的休息场所,在这里他可以安心歇脚,舒舒服服地停止他的进程。若是找不到适当的结尾而勉强作结,就像行路的人歇脚在日晒风吹的路旁,总觉得不是个妥当的地方。至于这所谓"找",当然要在计划全篇的时候做,结尾和开头和中部都得在动笔之前有了成竹。如果待临时再找,也不免有盲人骑瞎马的危险。

结尾是文章完了的地方,但结尾最忌的却是真个完了。要文字虽完了而意义还没有尽,使读者好像嚼橄榄,已经咽了下去而嘴里还有余味,又好像听音乐,已经到了末拍而耳朵里还有余音,那才是好的结尾。归有光《项脊轩志》的跋尾既已叙述了他的妻子与项脊轩的因缘,又说了修葺该轩的事,末了说:

庭有枇杷树,吾妻死之年所手植也,今已亭亭如盖矣。

这个结尾很好。骤然看去,也只是记叙庭中的那株枇杷树罢了,但是仔细吟味起来,这里头有物在人亡的感慨,有死者渺远的惆怅。虽则不过一句话,可是含蓄的意义很多,所谓"余味""余音"就指这样的情形而言。我曾经作过一篇题名《遗腹子》的小说,叙述一对夫妇只生女孩不生男孩,在绝望而纳妾之后,大太太居然生了一个男孩;不久那个男孩就病死了;于是丈夫伤心得很,一晚上喝醉了酒,跌在河里淹死了;大太太发了神经病,只说自己肚皮里又怀了孕,然而遗腹子总是不见产生。到这里,故事已经完毕,结句说:

这时候,颇有些人来为大小姐二小姐说亲了。

这句话有点冷隽,见得后一代又将踏上前一代的道路,生男育女,盼男嫌女,重演那一套把戏,这样传递下去,正不知何年何代才休歇呢。我又有一篇小说叫作《风潮》,叙述中学学生因为对一个教师的反感,做了点越规行动,就有一个学生被除了名;大家的义愤和好奇心就此不可遏制,捣毁校具,联名退学,个个人都自视为英雄。到这里,我的结尾是:

路上遇见相识的人问他们做什么时,他们用夸耀的声气回答道:"我们起风潮了!"

这样结尾把全篇停止在最热闹的情态上,很有点儿力量,"我们起风潮了"这句话如闻其声,这里头含蓄着一群学生在极度兴奋时种种的心情。以上是我所写的两篇小说的结尾,现在附带提起;作为带有"余味""余音"的例子。

结尾有回顾开头的一式,往往使读者起一种快感:好像登山涉水之后,重又回到原来的出发点,坐定下来,得以转过头去温习一番刚才经历的山水一般。极端的例子是开头用的什么话结尾也用同样的话。如林嗣环的《口技》,开头说:

京中有善口技者。会宾客大宴,于厅事之东北隅施八尺屏幛,口技人坐屏幛中,一桌、一椅、一扇、一抚尺而已。

结尾说:

忽然抚尺一下,众响毕绝。撤屏视之,一人、一桌、一椅、一扇、一抚尺而已。

前后同用"一桌、一椅、一扇、一抚尺而已",把设备的简单冷落反衬口技表演的繁杂热闹,使人读罢了还得凝神去想。如果只写到"忽然抚尺一下,众响毕绝",虽没有什么不通,然而总觉得这样还不是了局呢。

# 论写作教学<sup>①</sup>

　　国文课定期命题作文，原是不得已的办法。写作的根源是发表的欲望；正同说话一样，胸中有所积蓄，不吐不快。同时写作是一种技术；有所积蓄，是一回事；怎样用文字表达所积蓄的，使它恰到好处，让自己有如量倾吐的快感，人家有情感心通的妙趣，又是一回事。依理说，心中有所积蓄，自然要说话；感到说话不足以行远传久，自然要作文。作文既以表达所积蓄的为目的，对于一字一词的得当与否，一语一句的顺适与否，前后组织的是否完密，材料取舍的是否合宜，自然该按照至当不易的标准，一一求能解答。不能解答，果真表达了与否就不可知；能解答，技术上的能事也就差不多了。这样说来，从有所积蓄而打算发表，从打算发表而研求技术，都不妨待学生自己去理会好了。但是国文科写作教学的目的，在养成学生两种习惯：（一）有所积蓄，须尽量用文字发表；（二）每逢用文字发表，须尽力在技术上用功夫。这并不存在着奢望，要学生个个成为著作家、文学家；只因在现代做人，写作已经同衣食一样，是生活上不可缺少的一个项目，这两种习惯非养成不可。唯恐学生有所积蓄而懒得发表，或打算发表而懒得在技术上用功夫，致与养成两种习惯的目的相违反，于是定期命题作文。通常作文，胸中先有一腔积蓄，临到执笔，拿出来就是，是很自然的；按题作文，首先遇见题目，得从平时之积蓄中拣选那些与题目相应合的拿出来，比较的不自然。若嫌它不自然，废而不用，只教学生待需要写作的时候才写了交来，结果或许是一个学期也没有交来一篇，或许是来一篇小说一首新诗什么的，这就达不到写作教学的目的。所以定期命题作文的办法明知不自然，还是要用它。说是不得已的办法，就为此。

　　定期命题作文是不得已的办法，这一层意思，就教师说，非透切理解不可。理解了这一层，才能使不自然的近于自然。教师命题的时候必须排除自己的成

---

　　① 原载作者与朱自清合著的《国文教学》。

见与偏好;唯据平时对于学生的观察,测知他们胸中该当积蓄些什么,而就在这范围之内拟定题目。学生遇见这种题目,正触着他们胸中所积蓄,发表的欲望被引起了,对于表达的技术自当尽力用功夫;即使发表的欲望还没有到不吐不快的境界,只要按题作去,总之是把积蓄的拿出来,决不用将无作有,强不知以为知,勉强的成分既少,技术上的研摩也就绰有余裕。题目虽是教师临时出的,而积蓄却是学生原来有的。这样的写作,与著作家、文学家的写作并无二致;不自然的便近于自然了。学生经过多年这样的训练,习惯养成了,有所积蓄的时候,虽没有教师命题,也必用文字发表;用文字发表的时候,虽没有教师指点,也能使技术完美。这便是写作教学的成功。

胜义精言,世间本没有许多。我们的作文,呕尽心血,结果与他人所作,或仅大同小异,或竟不谋而合;这种经验差不多大家都有。因此,对于学生作文,标准不宜太高。若说立意必求独创,前无古人,言情必求甚深,感通百世,那么,能文之士也只好长期搁笔,何况学生? 但有一层最宜注意的,就是学生所写的必须是他们所积蓄的。只要真是他们所积蓄,从胸中拿出来的,虽与他人所作大同小异或不谋而合,一样可取;倘若并非他们所积蓄,而从依样葫芦、临时剽窃得来的,虽属胜义精言,也要不得。写作所以同衣食一样,成为生活上不可缺少的一个项目,原在表白内心,与他人相感通。如果将无作有,强不知以为知,徒然说一番花言巧语,实际上却没有表白内心的什么:写作到此地步便与生活脱离关系,又何必去学习它? 训练学生写作,必须注重于倾吐他们的积蓄,无非要他们生活上终身受用的意思。这便是"修辞立诚"的基础。一个普通人,写一张便条,作一份报告,要"立诚";一个著作家或文学家,撰一部论著,写一篇作品,也离不了"立诚"。日常应用与立言大业都站在这个基础上,又怎能不在教学写作的时候着意训练?

学生胸中有积蓄吗? 那是不必问的问题。只要衡量的标准不太高,不说二十将近的青年,就是刚有一点知识的幼童,也有他的积蓄。幼童看见猫儿圆圆的脸,眯着眼睛抿着嘴,觉得它在那里笑:这就是一种积蓄。他说"猫儿在笑",如果他会运用文字了,他写"猫儿在笑",这正是很可宝贵的"立诚"的倾吐。所以,若把亲切的观察、透彻的知识、应合环境而发生的情思等等一律认为积蓄,学生胸中的积蓄是决不愁贫乏的。所积蓄的正确度与深广度跟着生活的进展而进展;在生活没有进展到某一阶段的时候,责备他们的积蓄不能更正确更深广,就犯了期望过切的毛病,事实上也没有效果。最要紧的还在测知学生当前具有的积蓄,消极方面不加阻遏,积极方面随时诱导,使他们尽量拿出来,化为文字,写上纸面。这样,学生便感觉写作并不是一件特殊的与生活无关的事;在技术上也就不肯马虎,总愿尽可能尽的力。待生活进展到某一阶段,所积蓄的更正确更深广了,当然仍本着"立诚"的习惯,一丝不苟地写出来,这便成了好文章。好文章有许多条件,也许可以有百端,在写作教学上势难一一顾到;但好文章有个基本条件,必须积蓄于胸中的充实而深美,又必须把这种积蓄化为充实而深美的文字,这种能力的培植却责无旁贷,全在写作教学。

不幸我国的写作教学继承着科举时代的传统,兴办学校数十年,还摆脱不了八股的精神。八股是明太祖所制定,内容要"代圣人立言",这是不要说自己的话,而要代替圣人说话,说一番比圣人所说的更详尽的话。八股的形式也有规定,起承转合,两股相对,都不容马虎。当时朝廷制定了这么一种文体来考试士子;你要去应试,自然非练习不可。但是写作的本意原不在代他人说话,而在发表自己的积蓄;即使偶尔代他人写封家信,也得问个清楚明白,待要说的话了然于胸,写来才头头是道。若照八股的办法,第一,不要说自己的话,就是不要使胸中的积蓄与写作发生联系,这便阻遏了发表的欲望了。第二,圣人去今很远,他们的书又多抽象简略,要代他们立言,势非揣摩依仿不可,从揣摩依仿到穿凿附会,从穿凿附会到不知说些什么,倒是一条便捷的路;走上了这条路,写作便成了不可思议的事了。依常理而论,写作文章,除了人类所共通的逻辑的法则与种族所共通的语言的法则不容违背以外,用什么形式该是自由的。审度某种形式适于某种内容,根据内容决定形式,权衡全在作者。所谓文无定法,意思就在此。八股却不然,无论你内容是什么,不管你勉强不勉强,总得要配合那规定的间架与腔拍。这样写下来,写得好的,也只是巧妙有趣的游戏文字,写得坏的,便成莫名其妙的怪东西了。从前一般有识见的人,知道八股绝对不足以训练写作。为求取功名起见,他们固然要学习八股;但是要倾吐胸中的积蓄,要表白内心与他人相感通,八股是没有用处的,他们唯有努力于古文与辞赋诗词甚而至于白话小说才办得到。一些传世的著作家、文学家就是从这班有识见的人中选拔出来的。可是学习八股究竟是利禄之途,有识见的人究竟仅占少数;所以大多数人只知在八股方面做功夫,形式上好像在训练写作,实际上却与训练写作南辕北辙。其结果,不要说做不到著书立说,就是写一封通常的书信,也比测字先生的手笔高明不到多少。这并不是挖苦的话,如今在六七十岁的老辈中间还可以找到这样的牺牲者呢。八股不要了,科举废止了,新式教育兴起来了。新式教育的目标虽各有各说，但有一点为大家所公认，就是造就善于处理生活的公民。按照这个目标，写作既是生活上不可缺少的一个项目，自该完全摆脱八股的精神，顺着自然的途径，消极方面不阻遏发表的欲望，积极方面更诱导发表的欲望，这样来着手训练。无奈大家的习染太深了，提出目标是一回事，见诸实践又是一回事。实际上，便是史地理化等科，也被有意无意的认为利禄之途，成了变相的八股，而不问它与生活有什么干系。何况写作一事，直接继承着从前八股的系统，当然最容易保持八股的精神了。我八九岁的时候在书房里"开笔"，教师出的题目是《登高自卑说》；他提示道："这应当说到为学方面去。"我依他吩咐，写了八十多字，末了说："登高尚尔，而况于学乎？"就在"尔"字"乎"字旁边博得了两个双圈。登高自卑本没有什么说的，偏要你说；单说登高自卑不行，你一定要说到为学方面去才合式：这就是八股的精神。这个话离现在将近四十年了，而现在中学生的作文本子上时常可以看到《治乱国用重典论》《经师易得，人师难求说》《荀子天论篇纯主人事，与向来儒家之言天者矛盾，试两申其义》《孟子主性善，荀子主性恶，二家之说孰是？》《上古竞于道德，中世逐于智谋，方今争于气力说》《宁静致远说》《蒙以养正说》《文以气为主论》一类的题目，足见八股的精神依然在支配着现在的写作教学。这并不是说那些题目根本要不得，如果到政治家、教育家、哲学家、史学家、文艺批评家手里，原都可以写成出色的文章。但是到中学生手里，揣量自己胸中没有什么积蓄，而题目已经写在黑板上，又非作不可；于是只得把教师提示的一点儿，书上所说到的一点儿，勉强充作内容，算是代教师代书本立言；内容既非自有，技术更无从考究，像不像且不管它，但图交卷完事。这样训练写作，不正合着八股的精神了吗？学生习惯了这样的训练，便觉写作是一件特殊的与生活无关的事；自己胸中的什么积蓄与写作不相干，必须拉扯一些不甚了了的内容，套合一个不三不四的架子，才算"作文"。有个极端的例子，对于《我的家庭》是人人都有积蓄的题目，可是有的学生也会来一套"家庭是许多人的集合体，长辈有祖父、祖母、父亲、母亲、伯父、叔父，平辈有兄、弟、姊、妹，小辈有侄儿、侄女，但是我的家庭没有这么多人"的废话。你若责备他连"我的家庭"都说不上来，未免冤枉了他；他胸中原来清清楚楚知道"我的家庭"，但是他从平日所受的训练上得了一种错觉，以为老实说出来就不像"作文"了，为讨好起见，先来这么几句，不知道却是废话。所以训练者的观念合着八股的精神的时候，即使出了与学生生活非常相近的题目，也可以得到牛头不对马嘴的结果。你说学生的写作程度不好，诚然不好；但是那种变相的八股的写作程度，好了也没有多大用处。

在生活上真有受用的写作训练,你并没有给他们,他们的程度又怎么会好?现在写作教学的一般情形,这两句话差不多可以包括尽了。训练写作的人只须平心静气问问自己:(一)平时对于学生的训练是不是适应他们当前所有的积蓄,不但不阻遏他们,并且多方诱导他们,使他们尽量拿出来?(二)平时出给学生作的题目是不是切近他们的见闻、理解、情感、思想等等?总而言之,是不是切近他们的生活,借此培植"立诚"的基础?(三)学生对于作文的反映是不是认为非常自然的不做不快的事,而不认为教师硬要他们去做的无谓之举?如果答案都是否定的,便可知道写作教学的成绩不好,其咎不尽在学生,训练者实该负大部分的责任。而训练者所以要负这种不愉快的责任,其故在无意之中保持了八股的精神。

学生写给朋友的信,还过得去;可是当教师出了《致友人书》的题目的时候,写来往往不很着拍。这种经验,教师差不多都有。为什么如此,似乎难解释,其实不难解释。平常写信给朋友,老实倾吐胸中的积蓄;内容决定形式,技术上也乐意尽心,而且比较容易安排。待教师出了《致友人书》的题目,他们的错觉以为这是"作文",与平常写信给朋友是两回事,不免做一些拉扯套合的功夫;于是写下来的文章不着拍了。学校中出壁报,上面的论文、记载、小说、诗歌,往往使人摇头。依理说,这种文章都是学生的自由倾吐,该比命题作文出色一点,而仍使人摇头,也似乎难以解释。其实命题作文也没有什么不好,命题作文而合着八股的精神,才发生毛病;学生中了那种毛病,把胸中所积蓄与纸面所写看作互不相关的两回事,以为写壁报文章也就是合着八股的精神的"作文";所以写下来的文章也不足观了。无论写什么文章,只要而且必须如平常写信给朋友一样,老实倾吐胸中的积蓄。现在作文已不同于从前作八股,拉扯套合的功夫根本用不到,最要紧的是"有",而且表达出那"有":这两层,学生何不幸而得不到训练呢?曾经看见一位先生的文章,论大学国文系,"各体文习作"教材的编选,对于不懂体制的弊病,举一个青年为例。他说那个青年平时给爱人写情书,有恋爱小说作蓝本,满可以肆应不穷;但是母亲死了,要作哀启,恋爱小说这件法宝不灵了,无可奈何,只好请人代笔。我看了这段文章就想:写情书不问自己胸中的爱情如何,而要用恋爱小说作蓝本,的确是弊病;而这弊病的由来在于没有受到适当的写作训练。至于做母亲的哀启,在发表胸中所积蓄这一点上,实在与情书并无二致。单说不懂哀启的体制所以作不来哀启,好像懂了哀启体制就可以作成哀启,这样偏于形式,也是一种八股的精神。学生在不正确的观念之下受写作训练,竟至于写情书不问自己胸中的爱情，作母亲的哀启要请人代笔；说得过火一点，这样的训练还不如不受的好。不受训练，当然得不到诱导，但也遇不到阻遏；到胸中有所积蓄，发表的欲望非常旺盛的时候，由自己的努力，写来或许像个样子。受了八股的精神的训练，却渐渐走上了岔路，结果写作一事反而成为自由倾吐的障碍。八股时代的牺牲者写一封通常的书信也比测字先生的手笔高明不到多少，便是榜样。除非如从前有识见的人那样，明知所受的写作训练不是路数，自己另辟途径来训练自己，那才可以希望在生活上终身受用。然而有识见的人在大众中间究竟仅占少数啊！

教学生阅读，一部分的目的在给他们个写作的榜样。因此，教学就得着眼于（一）文中所表现的作者的积蓄，以及（二）作者用什么功夫来表达他的积蓄。这无非要使学生知道，胸中所积蓄要达到如何充实而深美的程度，那才非发表不可；发表又要如何苦心经营，一丝不苟，那才真做到了家。学生濡染既久，自己有数，何种积蓄值得发表，决不放过；何种积蓄不必发表，决不乱写；发表的当儿又能妥为安排，成个最适合于那种积蓄的形式，便算达到了作榜样的目的。阅读的文章并不是写作材料的仓库，尤其不是写作方法的程式。在写作的时候，愈不把阅读的文章放在心上愈好。但实际情形每与以上所说不合。曾经参观若干高等学校的阅读教学，教材无非《古文观止》中所收的几篇，教师的讲解也算顾到写作训练方面；如讲李白《春夜宴桃李园序》，便说"古人秉烛夜游"点"夜"，"况阳春召我以烟景"点"春"，"会桃李之芳园"点"桃李园"，"开琼筵以坐花，飞羽觞而醉月"点"宴"：这样逐字点明，题旨才没有遗漏。又如讲苏轼《喜雨亭记》，便说"亭以雨名，志喜也"是"开门见山法"，直点"喜"字"雨"字"亭"字；"既而弥月不雨，民方以为忧"是"反跌法"，衬托下文的"喜"；以下"乃雨"，"又雨"，"大雨"，逐层点"雨"字；以下"相与庆于庭"是官吏"喜"，"相与歌于市"是商贾"喜"，"相与忭于野"是农夫"喜"：这样反复点明，题旨才见得醋畅。把作者活生生的一腔积蓄僵化为死板板的一套程式，便是这种讲法的作用。那给与学生的暗示，仿佛《春夜宴桃李园序》与《喜雨亭记》并不是李白苏轼自己有话要说，而是他们的教师出了那两个题目要他们做的；而他们所以交得出那样两本超等的卷子，功夫全在搬弄程式，既不遗漏又且醋畅的点明题旨。从此推想开来，自然觉得写作是一种花巧；遇到任何题目，不管能说不能说，要说不要说，只要运用胸中所记得的一些程式来对付过去就行。为对付题目而作文，不为发表积蓄而作文；根据程式而决定形式，不根据内容而决定形式：这正是道地的八股精神。从前做好了八股,还可以取得功名;现在受这种类似八股的写作训练,又有什么用处呢?

你若去请教国文教师,为什么要学生作那种与他们生活不很切近的论说文,大半的回答是:毕业会试与升学考试常常出这类题目,不得不使学生预先练习。的确,毕业会试与升学考试的作文题目常常有不问学生胸中有些什么的,使有心人看了,只觉啼笑皆非。训练者忽视了学生一辈子的受用,而着眼于考试时交得出卷子;考试者不想着学生胸中真实有些什么,而随便出题目,致影响到平时的写作训练;这又是道地的八股精神。有一位主持高等考试的先生发表过谈话,说应试者的卷子"技术恶劣,思路不清",言外有不胜感慨的意思。我想,要看到"技术完美,思路清晰"的多数好卷子,须待训练者与考试者对于写作训练有了正当的观念。观念不改变,而望学生写作能力普遍地够得上标准,那便是缘木求鱼。

改变观念,头绪很多,但有一个总纲,就是:完全摆脱八股的精神。所有指导与暗示,是八股的精神,彻底抛弃;能使学生真实受用的,务必着力:这就不但改变了观念,而连实践也革新了。至于命题作文的实施,罗庸先生的话很可以参酌。他说:"国文教师似应采取图画一课的教法,教学生多写生,多作小幅素描,如杂感短札之类,无所为而为,才是发露中诚的好机会。"(见《国文月刊》一卷三期)

# 以画为喻<sup>①</sup>

咱们画图，有时候为的实用。编撰关于动物植物的书籍，要让读者明白动物植物外面的形态跟内部的构造，就得画种种动物植物的图。修建一所房子或者布置一个花园，要让住在别地的朋友知道房屋花园是怎么个光景，就得画关于这所房屋这个花园的图。这类的图，绘画动机都在实用。读者看了，明白了，住在别地的朋友看了，知道了，就体现了它的功能。

这类图决不能随便乱画，首先要把画的东西看得明白，认得确切。譬如画猫罢，它的耳朵怎么样，它的眼睛怎么样。你如果没有看得明白，认得确切，怎么能下手？随便画上猪的耳朵，马的眼睛，那是个怪东西，决不是猫；人家看了那怪东西的图，决不能明白猫是怎样的动物。所以，要画猫就得先认清猫。其次，画图得先练成熟习的手腕，心里想画猫，手上就得画成一只猫。像猫这种动物，咱们中间谁还没有认清，可是咱们不能人人都画得成一只猫；画不成的原因，就在乎熟习的手腕没有练成。明知道猫的耳朵是怎样的，眼睛是怎样的，可是手不应心，画出来的跟知道的不相一致，这就成猪的耳朵马的眼睛，或者什么也不像了。所以，要画猫又得练成从心所欲的手腕。

咱们画图，有时候并不为实用。看见一个老头儿，觉得他的躯干，他的面部的器官，他的蓬松的头发跟胡子，线条都非常之美，配合起来，是一个美的和谐，咱们要把那美的和谐表现出来，就动手画那个老头儿的像。走到一处地方，看见三棵老柏树，那高高向上的气派，那倔强矫健的姿态，那苍然蔼然的颜色，都仿佛是超然不群的人格的象征，咱们要把这一点感兴表现出来，就动手画那三棵老柏树的图。这类的图，绘画的动机不为实用，可以说无所为。但是也可以说有所为，为的是表出咱们所见到的一点东西，从老头儿跟三棵老柏树所见到的一点东西——"美的和谐"、"仿佛是超然不群的人格的象征"。

---

① 原载作者的《西川集》。

这样的图也不能随便乱画。第一，见到须是真切的见到。人家说那个老头儿很美，你自己不加辨认，也就跟着说那个老头儿很美，这就不是真切的见到。人家都画柏树，认为柏树的挺拔之概值得画，你就跟着画柏树，认为柏树的挺拔之概值得画，这就不是真切的见到。见到不真切，实际就是无所见，无所见可是还要画，结果只画了个老头儿，画不出那"美的和谐"来；只画了三棵老柏树，画不出那"仿佛是超然不群的人格的象征"来。必须要整个的心跟事物相对，又把整个的心深入事物之中，不仅认识它的表面，并且透达它的精蕴，才能够真切地见到些什么。有了这种真切的见到，咱们的图才有了根本，才真个值得动起手来。第二，咱们的图既以咱们所见到的一点东西为根本，就跟前一类的图有了不同之处：前一类的图只须见什么画什么，画得准确就算尽了能事；这一类的图要表现出咱们所见到的一点东西，就得以此为中心，对材料加一番选择取舍的功夫；这种功夫如果做得不到家，那么虽然确有见到，也还不成一幅好图。那老头儿一把胡子，工细的画来，不如粗粗的几笔来得好；那三棵老柏树交结着的桠枝，照样的画来，不如删去了来得好；这样的考虑就是所谓选择取舍的功夫。做这种功夫有个标准，标准就是咱们所见到的一点东西。跟这一点东西没有关系的，完全不要；足以表出这一点东西的，不容放弃；有时为了要增加表出的效果，还得以意创造，而这种功夫的到家不到家，关系于所见的真切不真切；所见越真切，选择取舍越有把握；有时几乎可以到不须思索的境界。第三，跟前边说的一样，得练成熟习的手腕。所见在心，表出在手腕，手腕不熟习，根本就画不成图，更不用说好图。进个很明白，无须多说。

以上两类图，次序有先后，程度有浅深。如果画一件东西不会画得像，画得准确，怎么能在一幅画中表出咱们所见到的一点东西？必须能画前一类图，才可以画后一类图。这就是次序有先后。前一类图只凭外界的事物，认得清楚，手腕又熟，就成。后一类图也凭外界的事物，根本却是咱们内心之所见；凭这一点，它才成为艺术。这就是程度有浅深。这两类图咱们都要画，看动机如何而定。咱们要记载物象，就画前一类图；咱们要表出感兴，就画后一类图。

我的题目"以画为喻"，就是借画图的情形，来比喻文字。前一类图好比普通文字，后一类图好比文艺。普通文字跟文艺，咱们都要写，看动机如何而定。为应付实际需要，咱们得写普通文字；如果咱们有感兴，有真切的见到，就得写文艺。普通文字跟文艺次序有先后，程度有浅深。写不来普通文字的人决写不成文艺;文艺跟普通文字原来是同类的东西,不过多了咱们内心之所见。至于熟习的手腕,两方面同样重要;手腕不熟,普通文字跟文艺都写不好。手腕要怎样才算熟? 要让手跟心相应,自由驱遣语言文字,想写个什么,笔下就写得出个什么,这才算是熟。我的话即此为止。

# 谈文章的修改①

　　有人说，写文章只该顺其自然，不要在一字一语的小节上太多留意。只要通体看来没有错，即使带着些小毛病也没关系。如果留意了那些小节，医治了那些小毛病，那就像个规矩人似的，四平八稳，无可非议，然而也只成个规矩人，缺乏活力，少有生气。文章的活力和生气全仗信笔挥洒，没有拘忌，才能表现出来。你下笔，多所拘忌，就把这些东西赶得一干二净了。

　　这个话当然有道理，可是不能一概而论。至少学习写作的人不该把这个话作为根据，因而纵容自己，下笔任它马马虎虎。

　　写文章就是说话，也就是想心思。思想，语言，文字，三样其实是一样。若说写文章不妨马虎，那就等于说想心思不妨马虎。想心思怎么马虎得？养成了习惯，随时随地都马虎地想，非但自己吃亏，甚至影响到社会，把种种事情弄糟。向来看重"修辞立其诚"，目的不在乎写成什么好文章，却在乎绝不马虎地想。想得认真，是一层。运用相当的语言文字，把那想得认真的心思表达出来，又是一层。两层功夫合起来，就叫做"修辞立其诚"。

　　学习写作的人应该记住，学习写作不单是在空白的稿纸上涂上一些字句，重要的还在乎学习思想。那些把小节小毛病看得无关紧要的人大概写文章已经有了把握，也就是说，想心思已经有了训练，偶尔疏忽一点，也不至于出什么大错。学习写作的人可不能与他们相比。正在学习思想，怎么能稍有疏忽？把那思想表达出来，正靠着一个字都不乱用，一句话都不乱说，怎么能不留意一字一语的小节？一字一语的错误就表示你的思想没有想好，或者虽然想好了，可是偷懒，没有找着那相当的语言文字：这样说来，其实也不能称为"小节"。说毛病也一样，毛病就是毛病，语言文字上的毛病就是思想上的毛病，无所谓"小毛病"。

　　修改文章不是什么雕虫小技，其实就是修改思想，要它想得更正确，更完美。

―――――――――

　　① 原载一九四六年五月一日《中学生》第一七五期。

想对了，写对了，才可以一字不易。光是个一字不易，那不值得夸耀。翻开手头一本杂志，看见这样的话："上海的住旅馆确是一件很困难的事，廉价的房间更难找到，高贵的比较容易，我们不敢问津的。"什么叫做"上海的住旅馆"？就字面看，表明住旅馆这件事属于上海。可是上海是一处地方，决不会有住旅馆的事，住旅馆的原来是人。从此可见这个话不是想错就是写错。如果这样想："在上海，住旅馆确是一件很困难的事。"那就想对了。把想对的照样写下来："在上海，住旅馆确是一件很困难的事。"那就写对了。不要说加上个"在"字去掉个"的"字没有多大关系，只凭一个字的增减，就把错的改成对的了。推广开来，几句几行甚至整篇的修改也无非要把错的改成对的，或者把差一些的改得更正确，更完美。这样的修改，除了不相信"修辞立其诚"的人，谁还肯放过？

思想不能空无依傍，思想依傍语言。思想是脑子里在说话——说那不出声的话，如果说出来，就是语言，如果写出来，就是文字。朦胧的思想是零零碎碎不成片段的语言，清明的思想固有条有理组织完密的语言。常有人说，心中有个很好的思想，只是说不出来，写不出来。又有人说，起初觉得那思想很好，待说了出来，写了出来，却变了样儿，完全不是那回事了。其实他们所谓很好的思想还只是朦胧的思想，就语言方面说，还只是零零碎碎不成片段的语言，怎么说得出来，写得出来？勉强说了写了，又怎么能使自己满意？那些说出来写出来有条有理组织完密的文章，原来在脑子里已经是有条有理组织完密的语言——也就是清明的思想了。说他说得好写得好，不如说他想得好尤其贴切。

因为思想依傍语言，一个人的语言习惯不能不求其好。坏的语言习惯会牵累了思想，同时牵累了说出来的语言，写出来的文字。举个最浅显的例子。有些人把"的时候"用在一切提"冒"的场合，如谈到物价，就说"物价的时候，目前恐怕难以平抑"，谈到马歇尔，就说"马歇尔的时候，他未必真个能成功吧。"试问这成什么思想，什么语言，什么文字？那毛病就在于沾染了坏的语言习惯，滥用了"的时候"三字。语言习惯好，思想就有了好的依傍，好到极点，写出来的文字就可以一字不易。我们普通人难免有些坏的语言习惯，只是不自觉察，在文章中带了出来。修改的时候加一番检查，如有发现就可以改掉。这又是主张修改的一个理由。

# 谈 叙 事 [①]

照理说,凭着可见可知的事物说话作文,只要你认得清楚,辨得明白,说来写来该不会有错。

所谓可见可知的事物是已经存在的,或是已经发生的。好比一件东西摆在你面前,不用你自己创造什么东西,可说可写的全在它自己身上。

虽说事物摆在面前,但是不一定就说得成写得成。事物两字是总称,分开来是两项,一项是经历一段时间的"事",一项是占据一块空间的"物"。要把"事"与"物"化为语言文字说出来写出来,使人家闻而可知,见而可晓,说话作文的人先得下"化"的功夫。如果"化"不来或者"化"不好,虽然事物摆在面前,现成不过,还是说不成写不成。

把经历一段时间的"事"化为语言文字,通常叫做叙事,这功夫并不艰难。语言文字从头一句到末了一句也经历一段时间,经历一段时间就有个先后次序,这个先后次序如果按照着"事"的先后次序,这就"化"过来了。

叙事的语言文字怎样才算好,起码的条件是使人家明白那"事"的先后次序。在先的先说先写,在后的后说后写,固然可以使人家明白;尤其要紧的,对于表明时间的语句一毫不可马虎。如果漏说漏写了,或者说得含糊,写得游移,就教听的人看的人迷糊了。这儿不举例,请读者自己找几篇叙事文字来看,看那几篇文字怎样点明先后次序,怎样运用表明时间的语句。

按照"事"的先后次序叙事,那是常规。为着需要,有时候常规不能适用。譬如,叙事叙到某一个阶段,必须追叙从前的事方始明白。又如,一件事头绪纷繁,两方面三方面同时在那里进展,必须把几方面一一叙明。遇到这种情形,就不能死守着按照先后次序了。试举个例子(从茅盾所译的《人民是不朽的》录出)。

---

① 原载一九四六年七月一日《中学生》第一七七期。

马利亚·铁木菲也芙娜·乞列特尼成科，师委员的母亲，七十岁的黑脸的女人，准备离开她的故乡。邻人们邀她在白天和他们同走，但是马利亚·铁木菲也芙娜正在烘烤那路上用的面包，要到晚上才能烤好。集体农场的主席却是预定次日一早走的，马利亚就决定和他同走。

若照次序先后叙下去，以下就该叙马利亚当夜怎样准备，次日怎样动身。但是读者还不知道马利亚带谁同走，她的已往经历怎么样，她舍不得离开故乡的心情怎么样。这些都有叙明的需要，于是非追叙不可了。

她的十一岁的孙子辽尼亚本来在基辅读书，战争爆发前三星期学校放假，辽尼亚从基辅来看望祖母，现在还没回去。开战以后，马利亚就得不到儿子的消息，现在决定带了孙子到喀山去，投奔她的儿媳妇的一个亲戚，儿媳妇是早三年就故世了。

辽尼亚回来看望马利亚，马利亚得不到儿子的消息，儿媳妇已经故世，都是马利亚准备离开故乡以前的事。请注意"现在还没回去""现在决定带了孙子到喀山去""儿媳妇是早三年就故世了"这些语句。如果不用这些语句表明时间，非但次序先后搞不清楚，连事情的本身也弄不明白。以下叙马利亚到基辅去的情形。

从前，她的儿子常常请她到基辅和他同住在那大的公寓里……

叙她怎样在基辅各处游览，怎样因为儿子受到人们的尊敬。请注意"从前"两字，明明标明那是追叙。随后是：

一九四零那一年，马利亚·铁木菲也芙娜生了一场病，不曾到儿子那里去。但在七月，儿子随军演习，顺路到母亲这里住了两天。这一次，儿子又请母亲搬到基辅去住……

于是在父亲的坟园里，母亲对儿子说了如下的话：

"你想想，我能够离开这里吗？我打算老死在这里了。你原谅我吧，我的儿。"

这里见出她是万万舍不得离开故乡的。请注意"一九四零那一年"和"这一次"，也明明标明那是追叙。接下去是：

而现在，她准备离开她这故乡了。动身的前夕，她去拜访她所熟识的一位老太太。辽尼亚和她一同去……

直到这里，在时间先后上才接上那头一节。其间追叙的部分计有七百字光景。那"而现在"三字仿佛一个符号，表示追叙的那部分已经完毕，直接头一节的叙写从此开始。现在再举个例子（从《水浒》武松打虎那一回录出）。

……跳出一只吊睛白额大虫来。武松见了，叫声"啊呀！"从青石上翻将下来，便拿那条哨棒在手里，闪在青石边。那大虫又饥又渴，把两只爪在地下略按一按，和身望上一扑，从半空里撺将下来。武松被那一惊，酒都做冷汗出了。说时迟，那时快，武松见大虫扑来，只一闪，闪在大虫背后。那大虫背后看人最难，便把前爪搭在地下，把肥胯一掀，掀将起来。武松只一闪，闪在一旁。大虫见掀他不着，吼一声，却似半天里起小霹雳，震得那山冈也动，把这铁棒也似虎尾倒竖起来，只一剪。武松欲又闪在一旁。

这里大虫的一扑和武松的第一个一闪同时，大虫的一掀和武松的第二个一闪同时，大虫的一剪和武松的第三个一闪同时。同时发生的事情不能同时说出写出，自然只得叙了大虫又叙武松。单就大虫方面顺次叙，或是单就武松方面顺次叙，都无法叙明。叙述头绪更繁的事情，也只该如此。

以上说的不是什么人为的作文方法，实在是说话想心思的自然规律。世间如果有所谓作文方法，也不过顺着说话想心思的自然规律加以说明而已。

# 写　　话①

"作文"，现在有的语文老师改称"写话"。话怎么说，文章就怎么写。

其实，三十年前，大家放弃文言改写白话文，目标就在写话。不过当时没有经过好好讨论，大家在实践上又没有多多注意，以致三十年过去了，还没有做到真正的写话。

写话是为了求浅近，求通俗吗？

如果说写话是为了求浅近，那就必须承认咱们说的话只能表达一些浅近的意思，而高深的意思得用另外一套语言来表达，例如文言。实际上随你怎样高深的意思都可以用话说出来，只要你想得清楚，说得明白。所以写话跟意思的浅近高深没有关系，好比写文言跟意思的浅近高深没有关系一样。

至于通俗，那是当然的效果。你写的是大家说惯听惯的话，就读者的范围说，当然比较广。

那么写话是为什么呢？

写话是要用现代的活的语言写文章，不用古代的书面的语言写文章——是要用一套更好使的，更有效的语言。用现代的活的语言，只要会写字，能说就能写。写出来又最亲切。

写话是要写成的文章句句上口，在纸面上是一篇文章，照着念出来就是一番话。上口，这是个必要的条件。上不得口，还能算话吗？通篇上口的文章不但可以念，而且可以听，听起来跟看起来念起来一样的清楚明白，不发生误会。

有人说，话是话，文章是文章，难道一点距离也没有？距离是有的。话不免罗嗦，文章可要干净。话说错了只好重说，文章写错了可以修改。说话可以靠身势跟面部表情的帮助，文章可没有这种帮助。这些都是话跟文章的距离。假如有一个人，说话一向很精，又干净又不说错，也不用靠身势跟面部表情的帮助，单

---

① 原载一九五一年一月十日《新观察》第二卷第一期。

凭说话就能够通情达意，那么照他的话记下来就是文章，他的话跟文章没有距离。不如他的人呢，就有距离，写文章就得努力消除这种距离。可是距离消除之后，并不是写成另外一套语言，他的文章还是话，不过是比平常说的更精的话。

又有人说，什么语言都上得来口，只要你去念，辞赋体的语言像《离骚》，人工制造的语言像骈文，不是都念得来吗？这么样问的人显然误会了。所谓上口，并不是说照文章逐字逐句念出来，是说念出来跟咱们平常说话没有什么差别，非常顺，叫听的人听起来没有什么障碍，好像听平常说话一样。这得就两项来检查，一项是语言的材料——语汇，一项是语言的组织形式——语法。这两项跟现代的活的语言一致，就上口，不然就不上口。我随便翻看一本小册子，看见这样的语句，是讲美国资产阶级自由主义者支配的几种刊物的："……在不重要的地方，大资产阶级让他们发点牢骚，点缀点'民主'风光，在重要的地方，则用不登广告……的办法，使他们就范。"不说旁的，单说一个"则"，就不是现代语言的语汇，是上不得口，说不来的。就在那本小册子里，又看见这样的语句，是讲美国司法界的黑暗的："有好多人，未等到释放，便冤死狱中。"不说旁的，单说按照现代语言的组织形式，"冤死"跟"狱中"中间得加个"在"，说成"冤死狱中"是文言的组织形式，不是现代语言的组织形式，是上不得口，说不来的。

或许有人想，这样说未免太机械了，语言是发展的，在现代的语言里来个"则"，来个"冤死狱中"，只要大家通用，约定俗成，正是语言的发展。我想所谓语言的发展并不是这样的意思。实际生活里有那样一种需要，可是现代的语言里没有那样一种说法，只好向古代的语言讨救兵，这就来了个"咱们得好好酝酿一下"，来了个"以某某为首"。"酝酿"本来是个古代语言里的语汇，"以……为……"本来是文言的组织形式，现在参加到现代的语言里来了，说起来也顺，听起来也清：这是一种发展情形（还有别种发展情形，这儿不多说）。"则"跟"冤死狱中"可不能够同这个相提并论。现在在文章里用"则"的人很多，但是说话谁也不说"则"，可见这个"则"上不得口，又可见非"则"不可的情形是没有的。"冤死狱中"如果可以承认它是现代的语言的组织形式，那么咱们也得承认"养病医院里""被压迫帝国主义势力之下"是现代的语言的组织形式，但是谁也知道"养病"跟"被压迫"底下非加个"在"不可，不然就不成话。

还可以从另外一方面想。既然"则"可以用，那么该说"了"的地方不是也可以写成"矣"吗？该说"所以"的地方不是也可以写成"是故"吗？诸如此类，不用现代语言的语汇也可以写话了。既然"冤死狱中"可以用，那么该说"没有知道这回事"的地方不是也可以写成"未之知"吗？该说"难道是这样吗"的地方不是也可以写成"岂其然乎"吗？诸如此类，不照现代语言的组织形式也可以写话了。如果这样漫无限制，咱们就会发现自己回到三十年以前去了，咱们写的原来是文言。所以限制是不能没有的，哪一些是现代语言的词汇跟组织形式，哪一些不是，是不能不辨的。不然，写成的文章上不得口，不像现代的语言，那是当然的事。咱们看《镜花缘》，看到淑士国里那些人物的对话觉得滑稽，忍不住要笑，就因为他们硬把上不得口的语言当话说。咱们既然要写话，不该竭力避免做淑士国的人物吗？

不愿意做淑士国的人物，最有效的办法是养成好的语言习惯。语言习惯好，写起文章来也错不到哪儿去，只要你不做作，不把写文章看成希奇古怪的另外一套。

把写成的文章念一遍是个好办法，可以检查是不是通篇上口。不要把它当文章念，要把它当话说，看既下去有没有不上口的地方，有没有违反现代语言规律的地方，如果它不是写在纸面的文章，是你口头说的话，是不是也那样说。

还可以换个立场，站在听话的人的立场，你自己听听，那样一番话是不是句句听得清，是不是没有一点儿障碍，是不是不发生看了淑士国里那些人物的对话那样的感觉。

还有个检查的办法。你不妨想一想，你那篇文章如果不用汉字写，用拼音文字写，成不成。有人说，咱们还在用汉字，还没有用拼音文字，所以做不到真正的写话。这个话也有道理。但是，为了检查写话，就把汉字当拼音文字用，也不见得不可以。一个语词有一个或者几个音，尽可以按着音写上适当的汉字。这样把汉字当拼音文字用，你对语言的看法就完全不同了，你会发觉有些话绝对不应该那样说，有些话只能够写在纸面，不能够放到口里。经过这样检查，再加上修正，距离真正的写话就不远了。

# 拿起笔来之前①

写文章这件事,可以说难,也可以说不难。并不是游移不决说两面话,实情是这样。

难不难决定在动笔以前的准备功夫怎么样。准备功夫够了,要写就写,自然合拍,无所谓难。准备功夫一点儿也没有,或者有一点儿,可是太不到家了,拿起笔来样样都得从头做起,那当然很难了。

现在就说说准备功夫。

在实际生活里养成精密观察跟仔细认识的习惯,是一种准备功夫。不为写文章,这样的习惯本来也得养成。如果养成了,对于写文章太有用处了。你想,咱们常常写些记叙文章,讲到某些东西,叙述某些事情,不是全都依靠观察跟认识吗? 人家说咱们的记叙文章写得好,又正确又周到。推究到根柢,不是因为观察跟认识好才写得好吗?

在实际生活里养成推理下判断都有条有理的习惯,又是一种准备功夫。不为写文章,这样的习惯本来也得养成。如果养成了,对于写文章太有用处了。你想,咱们常常写些论说文章,阐明某些道理,表示某些主张,不是全都依靠推理下判断吗? 人家说咱们的论说文章写得好,好像一张算草,一个式子一个式子等下去,不由人不信服。推究到根柢,不是因为推理下判断好才写得好吗?

推广开来说,所有社会实践全都是写文章的准备功夫。为了写文章才有种种的社会实践,那当然是不通的说法。可是,没有社会实践,有什么可以写的呢?

还有一种准备功夫必得说一说,就是养成正确的语言习惯。语言本来应该求正确,并非为了写文章才求正确,不为写文章就可以不正确。而语言跟文章的关系又是非常密切的,即使说成"二而一",大概也不算夸张。语言是有声无形的文章,文章是有形无声的语言:这样的看法不是大家可以同意吗? 既然是这

---

① 原载一九五一年七月十四日《中国青年》第七十期。

样,语言习惯正确了,写出来的文章必然错不到哪儿去;语言习惯不良,就凭那样的习惯来写文章,文章必然好不了。

什么叫做正确的语言习惯?可以这样说:说出来的正是想要说的,不走样,不违背语言的规律。做到这个地步,语言习惯就差不离了。所谓不走样,就是语言刚好跟心思一致。想心思本来非凭借语言不可,心思想停当了,同时语言也说妥当了,这就是一致。所谓不违背语言的规律,就是一切按照约定俗成的办。语言好比通货,通货不能各人发各人的,必须是大家公认的通货才有价值。以上这两层意思虽然分开说,实际上可是一贯的。想心思凭借的语言必然是约定俗成的语言,决不能是"只此一家"的语言。把心思说出来,必得用约定俗成的语言才能叫人家明白。就怕在学习语言的时候不大认真,自以为这样说合上了约定俗成的说法,不知道必须说成那样才合得上;往后又不加检查,一直误下去,得不到纠正。在这种情形之下,语言不一定跟心思一致了;还不免多少违背了语言的规律。这就叫做语言习惯不良。

从上一段话里,可以知道语言的规律不是什么深奥奇妙的东西;原来就是约定俗成的那些个说法,人人熟习,天天应用。一般人并不把什么语言的规律放在心上,他们只是随时运用语言,说出去人家听得明白,依据语言写文章,拿出去人家看得明白。所谓语言的规律,他们不知不觉地熟习了。不过,不知不觉的熟习不能保证一定可靠,有时候难免出错误。必须知其然又知其所以然,把握住规律,才可以巩固那些可靠的,纠正那些错误的,永远保持正确的语言习惯。学生要学语言规律的功课,不上学的人最好也学一点,就是这个道理。

现在来说说学一点语言的规律。不妨说得随便些,就说该怎样在这上头注点儿意吧。该注点儿意的有两个方面,一是语汇,二是语法。

人、手、吃、喝、轻、重、快、慢、虽然、但是、这样、那样……全都是语汇。语汇,在心里是意念的单位,在语言里是构成语句的单位。对于语汇,最要紧的自然是了解它的意义。一个语汇的意义,孤立地了解不如从运用那个语汇的许多例句中去了解来得明确。如果能取近似的语汇来作比较就更好。譬如"观察"跟"视察","效法"跟"效尤",意义好像差不多;收集许多例句在手边(不一定要记录在纸上,想一想平时自己怎样说的,人家怎样说的,书上怎样写的,也是收集),分别归拢来看,那就不但了解每一个语汇的意义,连各个语汇运用的限度也清楚了。其次,应该清楚地了解两个语汇彼此能不能关联。这当然得就意义上看。由于意义的限制,某些语汇可以跟某些语汇关联,可是决不能跟另外的某些语汇关联。譬如"苹果"可以跟"吃""采""削"关联，可是跟"喝""穿""戴"无论如何联不起来，那是小孩也知道的。但是跟"目标"联得起来的语汇是"做到"还是"达到"，还是两个都成或者两个都不成，就连成人也不免踌躇。尤其在结构繁复的句子里，两个相关的语汇隔得相当远，照顾容易疏忽。那必须掌握语句的脉络，熟习语汇跟语汇意义上的搭配，才可以不出岔子。再其次，下一句话跟上一句话连接起来，当然全凭意义，有时候需用专司连接的语汇，有时候不需用。对于那些专司连接的语汇，得个个咬实，绝不乱用。提出假设，才来个"如果"。意义转折，才来个"可是"或者"然而"。准备说原因了，才来个"因为"。准备作结语了，才来个"所以"。还有，说"固然"，该怎样照应，说"不但"，该怎样配搭，诸如此类，都得明白。不能说那些个语汇经常用，用惯了，有什么稀罕；要知道唯有把握住规律，才能保证用一百次就一百次不错。

咱们说"吃饭""喝水"，不能说"饭吃""水喝"。意思是我佩服你，就得说"我佩服你"，不能说"你佩服我"；意思是你相信他，就得说"你相信他"，不能说"他相信你"。"吃饭""喝水"合乎咱们语言的习惯；"我佩服你""你相信他"主宾分明，合乎咱们的本意：这就叫做合乎语法。语法是语句构造的方法。那方法不是由谁规定的，也无非是个约定俗成。对于语法要注点儿意，先得养成剖析句子的习惯。说一句话，必然有个对象，或者说"我"，或者说"北京"，或者说"中华人民共和国"，如果什么对象也没有，话也不用说了。对象以明白说出来的居多；有时因为前面已经说过，或者因为人家能够理会，就略去不说。无论说出来不说出来，要剖析，就必须认清楚说及的对象是什么。单说个对象还不成一句话，还必须对那个对象说些什么。说些什么，那当然千差万别，可是归纳起来只有两类。一类是说那对象怎样，可以举"中华人民共和国成立了"作例子，"成立了"就是说"中华人民共和国"怎样。又一类是说那对象是什么，可以举"北京是中华人民共和国的首都"作例子，"是中华人民共和国的首都"就是说"北京"是什么。在这两个例子中，哪个是对象的部分，哪个是怎样或者是什么的部分容易剖析，好像值不得说似的。但是咱们说话并不老说这么简单的句子，咱们还要说些个繁复的句子。就算是简单的句子吧，有时为了需要，对象的部分，怎样或者是什么的部分，也得说上许多东西才成，如果剖析不来，自己说就说不清楚，听人家说就听不清楚。譬如"以美国为首的帝国主义者侵略朝鲜的行动正在严重地威胁着中国的安全"这句话，咱们必须能够加以剖析，知道这句话说及的对象是"行动"，"行动"以上全是说明"行动"的非要不可的东西。这个"行动"怎样呢？

这个"行动""威胁着中国的安全";"正在"说明"威胁"的时间,"严重地"说明"威胁"的程度,也是非要不可的。至于繁复的句子,好像一个用许多套括弧的算式。你必须明白那个算题的全部意义才写得出那样的一个算式;你必须按照那许多套括弧的关系才算得出正确的答数。由于排版不方便,这儿不举什么例句,给加上许多套括弧,写成算式的模样了;只希望读者从算式的比喻理会到剖析繁复的句子十分重要。能够剖析句子,必然连带地知道其他一些道理。譬如,说及的对象一般在句子的前头,可是不一定在前头:这就是一个道理。在"昨晚上我去看老张"这句话里,说及的对象是"我"不是"昨晚上",在前的"昨晚上"说明"去看"的时间。繁复的句子里往往包含几个分句,除开轻重均等的以外,重点都在后头:这又是一个道理。像"读书人家的子弟熟悉笔墨,木匠的儿子会玩斧凿,兵家儿早识刀枪"这句话,是三项均等的,无所谓轻重。像"我们不但善于破坏一个旧世界,我们还将善于建设一个新世界。"宁可将可作小说的材料缩成速写,决不将速写材料拉成小说。"如果我们不学习群众的语言,我们就不能领导群众。""我们有很多同志,虽然天天处在农村中,甚至自以为了解农村,但是他们并没有了解农村。""即使人家不批评我们,我们也应该自己检讨。"(以上六句例句是从吕叔湘朱德熙两位先生的《语法修辞讲话》里抄来的,见六月二十日的《人民日报》。)这几句话的重点都在后头,说前头的,就为加强后头的的分量。如果径把重点说出,原来在前头的就不用说了。已经说了"我们将善于建设一个新世界",底下还用说"我们善于破坏一个旧世界"吗?要说也连不上了。知道以上那些道理,对于说话听话,对于写文章看文章,都是很有用处的。

开头说准备功夫,说到养成正确的语言习惯就说了这么一大串。往下文章快要结束了,回到准备功夫上去再说几句。

以上说的那些准备功夫全都是属于养成习惯的。习惯总得一点一点地养成。临时来一下,过后就扔了,那养不成习惯。而且临时来一下必然不能到家。平时心粗气浮,对于外界的事物,见如不见,闻如不闻,也就说不清所见所闻是什么。有一天忽然为了要写文章,才有意去精密观察一下,仔细认识一下,这样的观察和认识,成就必然有限,必然比不上平时能够精密观察仔细认识的人。写成一篇观察得好认识得好的文章,那根源还在于平时有好习惯,习惯好,才能够把文章的材料处理好。

平时想心思没条没理,牛头不对马嘴的,临到拿起笔来,即使十分审慎,定计划,写大纲,能保证写成论据完足推阐明确的文章吗?

平时对于语汇认不清它的确切意义,对于语法拿不稳它的正确结构,平时说话全是含糊其词,似是而非,临到拿起笔来,即使竭尽平生之力,还不是跟平时说话半斤八两吗?

所以,要文章写得像个样儿,不该在拿起笔来的时候才问该怎么样,应该在拿起笔来之前多做准备功夫。准备功夫不仅是写作方面纯技术的准备,更重要的是实际生活的准备,不从这儿出发就没有根。急躁是不成的,秘诀是没有的。实际生活充实了,种种习惯养成了,写文章就会像活水那样自然地流了。

# 和教师谈写作①

## 想清楚然后写

想清楚然后写,这是个好习惯。养成了这个好习惯,写出东西来,人家能充分了解我的意思,自己也满意。

谁都可以问一问自己,平时写东西是不是想清楚然后写的? 要是回答说不,那么写不好东西的原因之一就在这里了(当然还有种种原因)。往后就得自己努力,养成这个好习惯。

不想就写,那是没有的事。没想清楚就写,却是常有的事。自以为想清楚了,其实没想清楚,也是常有的事。

没想清楚也能写,那时候情形怎么样呢? 边写边想,边想边写。这样地想,本该是动笔以前的事,现在却就拿来写在纸上了。假如动笔以前这样地想,还得有所增删,有所调整,然后动笔,现在却已经成篇了。

这样写下来的东西,假如把它看做草稿,再加上增删和调整的功夫才算数,也未尝不可。事实上确也有些人肯把草稿看过一两遍,多少改动几处的。但是有两点很难避免。既然写下来了,这就是已成之局,而一般心理往往迁就已成之局,懒得作太大的改动,因此,专靠事后改动,很可能不及事先通盘考虑的好,这是一点。东西写成了,需要紧迫,得立刻拿出去,连稍微改动一下也等不及,这是又一点。有这两点,东西虽然写成,可是自己看看也不满意,至于能不能叫人家充分了解我的意思,那就更难说了。

这样说来,自然应该事先通盘考虑,就是说,应该想清楚然后写。

什么叫想清楚呢? 为什么要写,该怎样写,哪些必要写,哪些用不着写,哪些

---

① 这一组文章共八篇,是作者一九五八年应《教师报》的约请而写的,发表在《教师报》副刊。发表的日期是四月十一日、十八日、二十五日,五月二日、九日、十六日,六月二十七日,七月四日。

写在前,哪些写在后,是不是还有什么缺漏,从读者方面着想是不是够明白了……诸如此类的问题都有了确切的解答,这才叫想清楚。

要写东西,诸如此类的问题都是非解答不可的。与其在写下草稿之后解答,不如在动笔以前解答。"凡事豫则立",不是吗?

想清楚其实并不难,只要抓住关键,那就是为什么要写。如果写信,为什么要写这封信?如果写报告,为什么要写这篇报告?如果写总结,为什么要写这篇总结?此外可以类推。

如果不为什么,干脆不用写。既然有写的必要,就不会不知道为什么。这个为什么好比是个根,抓住这个根想开来,不以有点儿朦胧的印象为满足,前边提到的那些问题都可以得到解答。这样地想,是思想方法上的过程,也是写作方法上的过程。写作方法跟思想方法原来是二而一的。

怕的是以有点儿朦胧的印象为满足。前边说的自以为想清楚了,其实没想清楚,就指的这种情形。

教学生练习作文,要他们先写提纲,就是要他们想清楚后写,不要随便一想就算,以有点儿朦胧的印象为满足。先写提纲的习惯养成了,一辈子受用不尽,而且受用不仅在写作方面。我们自己写东西,当然也要先想清楚,写下提纲,然后按照提纲顺次地写。提纲即使不写在纸上,也得先写在心头,那就是所谓腹稿。叫腹稿,岂不是已经成篇,不再是什么提纲了吗?不错,详细的提纲就跟成篇的东西相差不远。提纲越详细,也就是想得越清楚,写成整篇越容易,只要把扼要的一句化为充畅的几句,在需要接榫的地方适当地接上榫头就是了。

这样写下来的东西,还不能说保证可靠,得仔细看几遍,加上斟酌推敲的功夫。但是,由于已成之局的"局"基础好,大体上总不会错到哪里去。如果需要改动,也是把它改得更好些,更妥当些,而不是原稿简直要不得。

这样写下来的东西,基本上达到了要写这篇东西的目的,作者自己总不会感到太不满意。人家看了这样写下来的东西,也会了解得一清二楚,不发生误会,不觉得含糊。

想清楚然后写,朋友们如果没有这个习惯,不妨试一试,看效果怎样。

## 修改是怎么一回事

写完了一篇东西,看几遍,修改修改,然后算数,这是好习惯。工作认真的人,写东西写得比较好的人,大都有这种好习惯。语文老师训练学生作文,也要在这一点上注意,教学生在实践中养成这种好习惯。

修改究竟是怎么一回事呢?

从表面看,自然是检查写下来的文字,看有没有不妥当的地方,如果有,就把它改妥当。但是文字是语言的记录,语言妥当,文字不会不妥当,因此,需要检查的,其实是语言。

怎样的语言才妥当,怎样的语言就不妥当呢? 这要看有没有充分地确切地表达出所要表达的意思(也可以叫思想),表达得又充分又确切了,就是妥当,否则就是不妥当,需要改。这样寻根究底地一想,就可见需要检查的,其实是意思,检查过后,认为不妥当需要修改的,其实是意思。

这本来是自然的道理,可是很有些人不领会。常听见有人说:"这篇东西基本上不错,文字上还得好好修改。"好像文字和意思是两回事,竟可以修改文字而不变更意思似的。实际上哪有这样的事? 凡是修改,都由于意思需要修改,一经修改就变更了原来的意思。

譬如原稿上几层意思是这样排列的,检查过后,发觉这样排列不妥当,须得调动一下,作那样排列,这不是变更了原来的意思的安排吗?

譬如原稿上有这一层意思,没有那一层意思,检查过后,发觉这一层意思用不着,应该删去,那一层意思非有不可,必须补上,这不是增减了原来的意思的内容吗? 增减内容就是变更意思。

譬如原稿上用的这个词,这样的句式,这样的接榫,检查过后,发觉这个词不贴切,应该用那个词,这样的句式和这样的接榫不顺当,应该改成那样的句式和那样的接榫,这不是变更了原来的词句吗? 词句需要变更,不为别的,只为意思需要变更。前边说的不贴切和不顺当,都是指意思说的。你觉得用"发动"这个词不好,要改"推动",你觉得某地方要加个"的"字,某地方要去个"了"字,那是根据意思决定的。

说到这儿,似乎可以得到这样的理解:修改必然会变更原来的意思,不过变更有大小的不同,大的变更关涉到全局,小的变更仅限于枝节,也就是一词一句。修改是就原稿再仔细考虑,全局和枝节全都考虑到,目的在尽可能做到充分地确切地表达出所要表达的意思。实际情形不是这样吗?

这样的理解很关重要。有了这样的理解,对修改就不肯草率从事。把这样的理解贯彻在实践中,才真能养成修改的好习惯。

# 把稿子念几遍

写完一篇东西，念几遍，对修改大有好处。

报社杂志社往往接到一些投稿，附有作者的信，信里说稿子写完之后没心思再看，现在寄给编辑同志，请编辑同志给看一看，改一改吧。我要老实不客气地说，这样的态度是要不得的。写完之后没心思再看，这表示对稿子不负责任。请编辑同志给看一看，改一改，这表示把责任推到编辑同志身上。编辑同志为什么非代你担负这个责任不可呢？

我们应该有个共同的理解，修改肯定是作者分内的事。

有人说，修改似乎没有止境，改了一遍两遍，还可以改第三遍第四遍，究竟改到怎样才算完事呢？我想，改到自己认为无可再改，那就算尽了责任了。也许水平高的人看了还可以再改，但是我没有他那样的水平，一时要达到他的水平是勉强不来的。

修改稿子不要光是"看"，要"念"。就是把全篇稿子放到口头说说看。也可以不出声念，只在心中默默地说。一路念下去，疏忽的地方自然会发现。下一句跟上一句不接气啊，后一段跟前一段连得不紧密啊，词跟词的配合照应不对头啊，句子的成分多点儿或者少点儿啊，诸如此类的毛病都可以发现。同时也很容易发现该怎样说才接气，才紧密，才对头，才不多不少，而这些发现正就是修改的办法。

曾经问过好些人，有没有把稿子念几遍的习惯，有没有依据念的结果修改稿子的习惯。有人说有，有人说没有。我就劝没有这种习惯的人不妨试试看。他们试了，其中有些人后来对我说，这个方法有效验，不管出声不出声，念下去觉得不顺当，顿住了，那就是需要修改的地方，再念几遍，修改的办法也就来了。

这是很容易理解的。念下去顺当，就因为语言流畅妥贴，而语言流畅妥贴，也就是意思流畅妥贴。反过去，念下去不顺当，必然是语言有这样那样的疙瘩，而语言的任何疙瘩，也就是意思上的疙瘩。写东西表达意思，本来跟说一番话情形相同，所不同的仅仅在于说话用嘴，写东西用笔。因此，用念的办法——也就是用说话的办法来检验写成的稿子，最为方便而且有效。

古来文章家爱谈文气，有种种说法，似乎很玄妙。依我想，所谓文气的最实际的意义无非念下去顺当，语言流畅妥贴。念不来的文章必然别扭，就无所谓文气。现在我们不谈文气，但是我们训练学生说话作文，特别注重语言的连贯性，个个词要顺当,句句话要顺当,由此做到通体顺当。这跟古人谈文气其实相仿。语言的连贯性怎样,放到口头去说,最容易辨别出来。修改的时候"念"稿子大有好处,理由就在这里。

## 平时的积累

写任何门类的东西,写得好不好,妥当不妥当,当然决定于构思、动笔、修改那一连串的功夫。但是再往根上想,就知道那一连串的功夫之前还有许多功夫,所起的决定作用更大。那许多功夫都是在平时做的,并不是为写东西作准备的,一到写东西的时候却成了极关重要的基础。基础结实,构思、动笔、修改总不至于太差,基础薄弱,构思、动笔、修改就没有着落,成绩怎样就难说了。

写一篇东西乃至一部大著作虽然是一段时间的事,但是大部分是平时的积累的表现。平时的积累怎样,写作时候的努力怎样,两项相加,决定写成的东西怎样。

现在谈谈平时的积累。

举个例子,写东西需要谈到某些草木鸟兽的形态和生活,或者某些人物的状貌和习性,是依据平时的观察和认识来写呢,还是现买现卖,临时去观察和认识来写呢? 回答大概是这样:多半依据平时的观察和认识,现买现卖的情形有时也有,但是光靠临时的观察和认识总不够。因为临时的观察认识不会怎么周到和真切。达到周到和真切要靠日积月累。日积月累并不为写东西,咱们本来就需要懂得某些草木鸟兽,熟悉某些人物的。而写东西需要谈到那些草木鸟兽那些人物,那日积月累的成绩就正好用上了。一般情形不是这样吗?

无论写什么东西,立场观点总得正确,思想方法总得对头。要不然,写下来的决不会是有意义的东西。正确的立场观点是从斗争实践中得来的。立场观点正确,思想方法就容易对头。这不是写东西那时候的事,而是整个生活里的事,是平时的事。平时不错,写东西错不到哪儿去,平时有问题,写东西不会没有问题。立场观点要正确,思想方法要对头,并不为写东西,咱们在社会主义社会里做公民本来应当这样。就写东西而言,唯有平时正确和对头,写东西才会正确和对头。平时正确和对头也就是平时的积累。

写东西就得运用语言。语言运用得好不好,在于得到的语言知识确切不确切,在于能不能把语言知识化为习惯,经常实践。譬如一个词或者一句成语吧,要确切地知道它的意义而不是望文生义,还要确切地知道它在哪样的场合才适用,在哪样的场合就不适用,知道了还要用过好些回,回回都得当,才算真正掌握了那个词或者那句成语。这一批词或者成语掌握了,还有其他的词或者成语没掌握。何况语言知识的范围很广,并不限于词或者成语方面。要在语言知识的各方面都有相当把握,显然不是一朝一夕的事,非日积月累不可。积累得多了,写东西才能运用自如。平时的积累并不是为了此时此刻要写某一篇东西。而是由于咱们随时要跟别人互通情意,语言这个工具本来就必须掌握好。此时此刻写某一篇东西,语言运用得得当,必然由于平时的积累好。

写东西靠平时的积累,不但著作家、文学家是这样,练习作文的小学生也是这样。小学生今天作某一篇文,其实就是综合地表现他今天以前知识、思想、语言等等方面的积累。咱们不是著作家、文学家,也不是小学生,咱们为了种种需要,经常写些东西,情形当然也是这样。为要写东西而注意平时的积累,那是本末倒置。但是知识、思想、语言等等方面本来需要积累,不写东西也需要积累,而所有的积累正是写东西的极重要的基础。

## 写东西有所为

写东西,全都有所为。如果无所为,就不会有写东西这回事。

有所为有好的一面,有不好的一面。咱们自然该向好的一面努力,对于不好的一面,就得提高警惕,引以为戒。

譬如写总结,是有所为,为的是指出过去工作的经验教训和今后工作的正确途径,借此推进今后的工作,提高今后的工作。譬如写通信报道,是有所为,为的是使广大群众知道各方面的实况,或者是思想战线方面的,或者是生产战线方面的,借此提高大家的觉悟,鼓动大家的干劲。譬如写文艺作品,诗歌也好,小说故事也好,戏剧曲艺也好,都是有所为,为的是通过形象把一些值得表现的人和事表现出来,不仅使人家知道而已,还能使人家受到感染,不知不觉中增添了前进的活力。要说下去还可以说许多。

就前边所举的来看,这些东西都是值得写的,所为的都是对社会主义革命社会主义建设有好处的。从前有些文章家号召"文非有益于世不作"。现在咱们也应该号召"文非有益于世不作",当然,咱们的"益"和"世"跟前人说的不同。咱们写东西为的是有益于社会主义之世。

所为的对头了,跟上去就是尽可能写好。还用前边所举的例子来说,写成的总结的确有推进工作提高工作的作用,写成的通信报道的确把某方面的实况说得又扼要又透彻,写成的文艺作品的确有感染人的力量,就叫写好。有所为里头本来包含这个要求,就是写好。如果不用力写好,或者用了力而写不好,那就是徒然怀着有所为的愿望,结果却变成无所为了。

从前号召"文非有益于世不作"的文章家看不起两类文章,一类是八股文,一类是"谀墓之文"。这两类文章他们也作,但是他们始终表示看不起。作这两类文章为的是什么呢?为要应科举考试,取得功名利禄,就必须作八股文。为要取得些润笔(就是稿费),或者要跟人家拉拢一下,就不免作些"谀墓之文"。

八股文什么样儿,比较年轻的朋友大概没见过。这儿也不必详细说明。八股文的题目有一定的范围,该怎样说也有一定的范围,写法有一定的程式。总之,要你像模像样说一番话,实际上可不要你说一句自己的真切的话。换句话说,就是要你像模像样说一番空话,说得好就可以考上,取得功名利禄。从前统治者利用八股文来笼络人,用心的坏在此,八股精神的要不得也在此。现在不写八股文了,可是有"党八股",有"洋八股",这并非指八股文的体裁而言,而是指八股精神而言。凡是空话连篇,不联系实际,不解决问题,虽然不是八股文而继承着八股精神的,就管它叫"八股"。

"谀墓之文"指墓志铭、墓碑、传记之类。一个人死了,子孙要他不朽,就请人作这类文章。作文章的人知道那批子孙的目的要求,又收下了润笔,或者还有种种社会关系,就把一个无聊透顶的人写成足为典范的正人君子。这类文章有个共通的特点,满纸是假话。假话不限于"谀墓之文",总之假话是要不得的。

从前的文章家看不起八股文和"谀墓之文",就是不赞成说空话说假话,这是很值得赞许的。但是他们为了应试,为了润笔,还不免要写他们所看不起的文章,这样的有所为,为的无非"名利"二字,那就大可批评了。现在咱们写东西要有益于社会主义之世,咱们的有所为,为的唯此一点。如果自己检查,所为的还有其他,如"名利"之类,那就必须立即把它抛弃。唯有这样严格地要求自己,才能永远不说空话假话,写下来的东西才能多少有益于社会主义之世。

## 准确、鲜明、生动

写东西全都有所为。要把所为的列举出来,那是举不尽的。归总来说,所为的有两项,一项是有什么要通知别人,一项是有什么要影响别人。假如什么也没有,就不会有写东西这回事。假如有了什么而不想通知别人或者影响别人,也不会有写东西这回事。写日记和读书笔记跟别人无关,算是例外,不过也可以这样说,那是为了通知将来的自己。

通知别人,就是把我所知道的告诉别人,让别人也知道。影响别人,就是把我所相信的告诉别人,让别人受到感染,发生信心,引起行动。无论是要通知别人还是要影响别人,只要咱们肯定写些什么总要有益于社会主义之世,就可以推知所写的必须是真话、实话,不能是假话、空话。假话、空话对别人毫无好处,怎么可以拿来通知别人呢?假话、空话对别人发生坏影响,那更糟了,怎么可以给别人坏影响呢?这样想,自然会坚决地作出判断,非写真话、实话不可。

真话、实话不仅要求心里怎样想就怎样说,怎样写。譬如不切合实际的认识,不解决问题的论断,这样那样的糊涂思想,我心里的确是这样想的,就照样说出来或者写下来,这是真话、实话吗?不是。真话、实话还要求有个客观的标准,就是准确性。无论心里怎样想,必须所想的是具有准确性的,照样说出来或者写下来才是真话、实话。不准确,怎么会"真"和"实"呢?"真"和"实"是注定跟准确连在一起的。

立场和观点正确的,一步一步推断下来像算式那样的,切合事物的实际的,足以解决问题的,诸如此类的话就是具有准确性的,就是名实相符的真话、实话。

准确性这个标准极重要。发言吐语,著书立说,都需要用这个标准来衡量。具有准确性的话才是真话、实话,才值得拿来通知别人,才可以拿来影响别人。

除了必须具有准确性而外,还要努力做到所写的东西具有鲜明性和生动性。

鲜明的反面是晦涩,含糊。生动的反面是呆板,滞钝。要求鲜明性和生动性,就是要求不晦涩,不含糊,不呆板,不滞钝。这好像只是修辞方面的事,其实跟思想认识有关联。总因为思想认识有欠深入处,欠透彻处,表达出来才会晦涩,含糊。总因为思想认识还不能像活水那样自然流动,表达出来才会呆板,滞钝。这样说来,鲜明性、生动性跟准确性分不开。所写的东西如果具有充分的准确性,也就具有鲜明性、生动性了。具有鲜明性、生动性,可是准确性很差,那样的情形是不能想象的。在准确性之外还要提出鲜明性和生动性,为的是给充分的准确性提供保证。

再就通知别人或者影响别人着想。如果写得晦涩,含糊,别人就不能完全了解我的意思,甚至会把我的意思了解错。如果写得呆板,滞钝,别人读下去只觉得厌倦,不发生兴趣,那就说不上受到感染,发生信心,引起行动。这就可见要达到通知别人或者影响别人的目的,鲜明性和生动性也是必要的。

# 写什么

许多教师都想动动笔,写些东西,这是非常好的事情,能经常写些东西,大有好处。

写东西是怎么一回事呢?无非把所见所闻所思所感想一想,想清楚了,构成个有条有理的形式,用书面语言固定下来。那些东西在脑子里的时候往往是朦胧的,不完整的。要是不准备把它写下来,朦胧地、不完整地想过一通也就算了,过些时也许就忘了。那些东西如果是无关紧要的,随便想过一通就算,也没有什么。如果是比较有意义的,对人家或者对自己有用处的,那就非常可惜,为什么不想一想,把它想清楚呢?即使不准备写下来,也可以多想几遍,构成个有条有理的形式,储藏在记忆里。但是写下来是个很有效的办法,叫你非想清楚不可。对于任何东西,不肯随便想过一通就算,非想清楚不可,这是大有价值的习惯,好处说不尽。因此,谁都应该通过经常写些东西的办法,养成这种习惯。

写什么呢?在今天,可写的东西太多了。几乎可以说,环绕着咱们的全是可写的东西,咱们所感知所领会所亲自参加的全是可写的东西。试想,思想解放,敢想敢做,领导和群众交互影响,精神面貌和实际工作的变化发展越来越快,不是值得写吗?各地普遍地兴修水利,改进耕种,创制工具,举办工业,情况各式各样,精神殊途同归,不是值得写吗?什么工程兴建了,什么矿厂投入生产了,什么地方发现丰富的矿藏了,什么地方找到极有用的野生植物了,不是值得写吗?教师最切近的是学校,就学校说,勤工俭学,教学改进,教师自己思想的不断改造,学生认识上和实践上的深刻变化,不是值得写吗?

这儿提到的这些已经不少了,可是值得写的还不止这些。那么,究竟选哪些题目来写好呢?简单地说,自问了解得比较确切的,感受得比较深刻的,就是适于写的题目。自问了解得不怎么确切,感受得不怎么深刻,虽然是值得写的题目也不要勉强写。这样选题目写东西,可以得到写东西的好处,像前边所说的,而且所写的东西多少总有益于社会主义之世,像前几篇短文里谈到的。

经常写些东西,语文教师更有必要。语文教师要给学生讲解课文,要指导学生练习作文,要批改学生的作文,这些工作全都涉及文章的思想内容和表达方式。做好这些工作,平时要深入学习教育的方针和政策,努力钻研教学的原理和方法。如果经常能用心写些东西,这些工作将会做得更好。自己动手写,最能体会到写文章的甘苦。自己的真切的体会跟语文教学结合起来,讲解就会更透彻,指导就会更切实,批改就会更恰当。常言道熟能生巧,经常写些东西,就是达到"熟"的一个重要法门。

## 挑能写的题目写

前一回我说值得写的题目很多,要挑了解得比较确切的,感受得比较深刻的来写。为什么这样说呢?

某个题目值得写是一回事,那个题目我能不能写又是一回事。譬如,创制新农具改良旧农具的事,目前正象风起云涌,这当然是个值得写的题目。我能不能写呢?那要看我了解得怎样。如果我了解一两种农具创制或改良的实际情形,或者了解创制或改良的一般倾向和所得效益,就能写。如果都不甚了了,就不能写。又如,参加修建十三陵水库的义务劳动,这当然是个值得写的题目。我能不能写呢?那要看我感受得怎样。如果我从集体劳动中确有体会,或者从工地上的某个场面受到深切的感动,就能写。如果没有什么体会,也并不怎样感动,就不能写。

总之,不但要挑值得写的题目,还要问那个题目自己能不能写。题目既然值得写,自己又能写,写起来就错不到哪儿去。辨别能不能写,只要问自己对那个题目是否了解得比较确切,感受得比较深刻。

了解和感受还没到能写的程度,只为题目值得写就写,这样的事也往往有。那时候一动手立刻碰到困难,一枝笔好像干枯的泉源,渗不出一滴水来。还是用前边举过的例子来说。譬如写创制农具或改良农具的事,那农具的构造怎样,原理怎样,效用怎样,全都似懂非懂,不大清楚,那怎能写下去呢?又如写参加修建十三陵水库的事,除了"热烈""伟大""紧张"之类的形容词再没有什么感受可说的,专用一些形容词怎能成篇呢?存心要写这两个题目,当然有办法:暂且把笔放下,再去考察农具的创制或改良的实际情形,再去十三陵好好儿劳动几天。"再去"之后,有了了解和感受,自然就能写了。

题目虽然值得写,作者了解得不怎么确切,感受得不怎么深刻,就没法写。没法写而硬要写,那不是练习写东西的好办法,得不到练习的好处。咱们要养成这么一种习惯,非了解得比较确切不写,非感受得比较深刻不写,这才练习一回有一回的长进。(这儿用"练习"这个词,不要以为小看了咱们自己。咱们要学生练习作文,咱们自己每一回动笔,其实也是练习的性质。谁敢说自己写东西已经达到神乎其技的地步,从整个内容到一词一句全都无懈可击呢?)

　　写东西总是准备给人家读的，所以非为读者着想不可。读者乐意读的正是咱们的了解和感受。道理很简单，他们读了咱们所写的东西，了解了咱们所了解的，感受了咱们所感受的，思想情感起了交流作用，经验范围从而扩大了，哪有不乐意的？咱们不妨站在读者的地位问一问自己：如果自己是读者，对自己正要写的那篇东西是不是乐意读？读了是不是有一些好处？如果是的，写起来更可以保证错不到哪儿去。

# 要写得便于听①

报纸不仅是用眼睛看的。一个人用眼睛看用嘴读，另外一些人不用眼睛看只用耳朵听，也就知道报纸上的新闻、通讯、社论、特写说的是什么。一个人的读代替了好些人的看，这是个协作互助的办法。

读报是咱们生活里的经常事儿。还没完全脱盲的人，自己看报不怎么顺当，人家给他读一读，花费时间就少些，理解也透彻些。在劳动工地上，在机关团体的办公室里，休息时间到了，大家急于知道当天报纸上的重要消息和重要文章，可是报纸只有一份，归谁先看好呢？一个人挑重要的读一读，大家静心听一听，就等于所有在场的人同时看了报。这个办法不是咱们经常采用的吗？

咱们又随时开收音机听广播。国内国际的新闻报道，某工厂某公社先进的经验，某某大会实况的转播，还有文艺作品的朗诵，音乐戏曲的介绍分析，名目繁多，说也说不尽。咱们听广播其实也是看报，不过不用眼睛看而用耳朵听，听跟看完全一样，都能知道必要知道的或者乐于知道的许多事物。

既然听是那么重要，报纸的一切稿子，广播的一切稿子，就得经常注意，要写得便于听。便于听，是报纸读者和广播听众的要求。报社和广播电台要服务得好，必须满足读者和听众的这个要求。

稿子有便于听和不便于听的分别吗？

对于这个，要数广播员同志知道得最清楚了。他们日也广播，夜也广播，由于说得熟练，养成了听的敏感。一篇稿子拿到手里，他们就能发觉某些地方听起来有点儿障碍，该怎样说才没有障碍，凡是可以改动的稿子，他们往往建议改动。咱们听读报，听广播，也有一些经验。有时候听得完全明白，好像看了书面的文字一样。有时候心里一愣，不明白听到的话什么意思，又不便仔细揣摩，因为读报的人广播的人并不等咱们，一揣摩，以下的话就滑过去了。这就说不上完全听

---

① 原载《新闻战线》一九六〇年第一期。

明白。可见便于听和不便于听的分别显然是有的。

写稿子只顾到用眼睛看,没顾到用嘴读用耳朵听,写成的稿子就可能不便于听。只顾到用眼睛看,语句繁复点儿累赘点儿就无所谓,一遍看不明白,再看一两遍就明白了。只顾到用眼睛看,就不免过分地依靠标点符号,一句话里要加入些解释的部分,来个破折号就解决了,一句话里有三层意思,用两个分号一个句号就算交代清楚了。只顾到用眼睛看,并列的几件事物写在一块儿,可以不管说法是不是整齐一致,音节是不是匀称顺当,反正字写在纸上,人家看了总能明白。只顾到用眼睛看,有时候找不到恰当的词就来杜撰,好在单个汉字是有意义的,拿大致用得上的两个字三个字凑在一块儿,也可以叫人家意会了。咱们从听的方面着想,前边说到的几种情形都可能是听的时候的障碍。听只听一遍,听了前一句还要听后一句,听了前一段还要听后一段,繁复累赘的语句可能成为听的人理解上的疙瘩。标点符号是听不出来的,听得出来的是语气和停顿,要是使用的标点符号跟语气和停顿不相应,可能使听的人感到别扭。并列的几件事物排在一块儿说,说法要一样,音节要协调,音节少的在前,音节多的在后,这是咱们说话的传统习惯。不顾到这个习惯,你以为写的是并列的几件事物,可能使听的人认为并非并列的几件事物。几个单个汉字拼凑成功的杜撰的词,听的时候可能完全不知道是哪几个字,因而完全不知道这个词表示什么意义。

如果写稿子顾到用嘴读、用耳朵听,情形就不同了。顾到听,就会要求写下来的稿子能够读。稿子哪有不能够读的?按稿子上写的字一个个念出声来,什么稿子都能够读。这儿说的能够读,是要念下去顺当流畅,语气和音节非常自然,跟平时说话一样,没有含糊的不确切的词语,没有罗嗦的不起作用的词语,这才叫能够读。咱们常常听人说某一类文章只能够看不能够读,或者说某人的文章只能够看不能够读,可见放到嘴上去检验,能够读不能够读确然有分别。要求写下来的稿子能够读,同时就是顾到听,因为能够读的文章就是便于听的文章。

稿子写完就算数,当然不是妥当的办法。念几遍,看看是不是能够读,大概是必要的。有好些朋友听了这个话,亲自试验了。他们说,的确有道理,一顾到读,一遍又一遍,就改动了不少地方,原来在先是只顾到看,没顾到读和听。一顾到读和听,在先写得不怎么妥当的地方就显出来了,该怎么改动也好像就在口头,就在笔端,不用费多大劲儿就能够抓住似的。

譬如说一件事情发生的时间,咱们常常用"在……的时候"的方式,安在句子的开头,下边才说那件事情怎么样。有时候说明时间需要很多话,似乎全都不能省，就一股脑儿写下来，在"在"和"的时候"之间插入了几十个字。又如除开某部分专说另外的部分，咱们常常用"除……外"的方式，安在句子的开头，下边才说另外的部分。有时候说明那除开的部分需要很多话，似乎全都不能省，就一股脑儿写下来，在"除"和"外"之间插入了几十个字。诸如此类的情形，只顾到用眼睛看，觉得没有什么。用嘴一读，可就觉得有点儿不顺当了。"的时候"距离"在"太远了，"外"距离"除"太远了，好像彼此照顾不到似的，语气有点儿不连贯似的。尤其是那么长的"在……的时候"和"除……外"还不是主要的话，主要的话还在后头。要是主要的话倒并不长，就有小脑袋戴大帽子的感觉，要是主要的话也很长，即使组织严密，关系分明，读起来也够吃力的了。读起来觉得如此，听起来怎么样就可想而知。于是咱们着手改动，或者改换方式，或者精简一些可说可不说的话，做到读起来顺当不吃力为止。读起来顺当不吃力，那就便于听了。

说长句不该用，谁也知道这是武断。意思有那么多，短句哪里容纳得下？但是，为了能够读，便于听，似乎可以这么说：尽量少用长句，凡是能够分为几句而不损害意思和情态的长句尽量分。此外似乎还可以像用钱一样坚持节约，使长句变得短些。用钱是可用可不用者不用，咱们写稿子也来个节约，无论一个形容语，一个插语，一个"了"字或者"着"字，可写可不写者不写。要检查出什么地方可以节约，应该节约，最便利的方法是用嘴读。讲究节约的稿子，干净利落，那就便于听了。

语句里的动词跟宾语和动词跟补语之类，前后呼应的连词跟连词和连词跟副词之类，咱们下笔的时候偶尔疏忽，会成为结构不配合，前后不呼应。用嘴一读，疏忽之处就检查出来了。咱们平时养成的这种习惯好比勘察器，凭这种勘察器，哪儿不配合，哪儿不呼应，很难躲得过去。还有一些勉强凑合的杜撰的词，不自觉地漏出来的方言土语，只要放到嘴上一读，自己就觉得拗口。再替别人想想，别人听到这些地方，准会只听见声音，不明白什么意思。于是咱们着手改动，结果不配合的配合了，不呼应的呼应了，拗口的不拗口了，读下去像活泼的流水一样，听起来也就很顺当而没有障碍了。

写这篇短文的动机是从听读报、听广播引起的，意思很浅薄，可也表达了读者和听众的殷切的期望。恳请执笔的同志们指教。

# "上口"和"入耳"①

　　《文字改革》今年第三期登了吕叔湘先生的一篇文章,题目叫《拼音字母和文风》。吕先生说"文章的风格跟所用的文字的形式密切相关"。他拿两段文章做例子,一段文章用汉字写用拼音字母写都成,另一段文章如果不用汉字而用拼音字母写,"可能有些读者对于里边的某些词语始终弄不明白是怎么回事"。

　　吕先生的看法我完全赞同。我很早就这么想,假如使用拼音文字,文章的风格必然要有所改变,决不能完全照现在的样子。现在的文章是依靠汉字的,放弃汉字,改用拼音,如果原封不动,把一个个汉字拼出来,作者自己准不会满意。那时候作者一定想到一个问题,像这样的拼音文字的文章,能使读者完全看懂,不感觉一点障碍,不发生一点误会吗? 回答的话就跟在后头,未必能使读者完全看懂吧。未必能使读者完全看懂的文章,认真负责的作者怎么会满意呢? 于是知道改用拼音不仅是把汉字改成拼音文字的事,更重要的是文章的风格也得改。

　　说现在的文章依靠汉字,就是说,咱们看了一连串的汉字,只要认得字形,了解字义,就能领会全篇的意义。这一连串的汉字组织起来,固然按照汉语的规律,可是不很顾到"上口"和"入耳"两个条件,换句话说,不很顾到便于说和听。这是很自然的事,并非作者存心贪懒。有汉字摆在那里,只要看就是了,说起来拗口不拗口,听起来陌生不陌生,似乎都不关重要。

　　使用拼音文字,情形就不同了。拼音文字当然也有定形,也是某个定形表示某个意义。但是就整篇文章说,必须充分顾到"上口"和"入耳"两个条件,说起来挺顺当,听起来不含糊,才能使读者完全懂。拼音文字的文章着重依靠声音,所以要禁得起说和听的考验。写拼音文字的文章,只要顾到这一点,风格自然不能跟用汉字写的文章完全一样。

　　以下另外说一点意思。

---

　　① 原载《文字改革》一九六〇年第五期。

现在咱们写文章用汉字，不用拼音文字，是不是也该充分顾到"上口"和"入耳"两个条件，也该要求禁得起说和听的考验呢？我想是应该的，因为情势已经发展到这样地步，文章不光是用眼睛看看就算，需要放到嘴上去说，用耳朵来听的场合太多了。

读报小组、读书小组、大会发言、广播、朗诵，诸如此类的场合，不都是由一个人或者几个人拿现成的文章放到嘴上去说，此外多数人就用耳朵来听吗？说出来的只是一连串声音，听到的就是这一连串声音，汉字不再起媒介的作用。这时候，听的人能否完全听懂，要看说的人能否尽量说好，更要看拿来说的文章能否尽量写好。要是文章不很顾到"上口"这个条件，说起来即使格外努力，多方注意，想把它说好，也不能使听的人句句"入耳"，完全听懂。这样的经验，做广播员的，当朗诵者的，印象最深刻。咱们在收音机旁边，在小组或者大会的会场里，静心细听，也常常会感觉文章确实要顾到"上口"和"入耳"，才能充分地起交流思想的作用。

"上口"是就说的方面说，"入耳"是就听的方面说，其实是一回事。"上口"的文章必然"入耳"，反过来，不怎么"入耳"的文章就因为它不怎么"上口"。既然文章应用在说和听的场合越来越广，写文章就有顾到"上口"和"入耳"的必要。关键在乎"上口"，前边已经说过，"上口"的文章必然"入耳"。

文章当然要加工，但是要在平常说话习惯的基础上加工，做到比平常说话更好。无论斟酌用修辞手段或者描写技巧，考虑用简炼的短句还是繁复的长句，准备用文言词语或者如吕先生所说的"发掘口语潜力"，总之抓紧一点：是不是合乎平常说话习惯。平常有这么说的，习惯这么说的，并不是生撰生造，才决定用上，否则一概不用。真能做到这一点，写成的文章就禁得起说和听的考验，说起来"上口"，听起来"入耳"。有些文章禁不起这个考验，多半由于只照顾到内容，可是疏忽了平常说话习惯。或者也注意了加工，可是疏忽了要在平常说话习惯的基础上加工。

现在咱们写文章用汉字，是不是可以拿汉字当拼音文字看待呢？当然可以。拼音文字表音，汉字也表音。只要设想改用拼音文字的时候文章该怎么写就怎么写，不就可以用汉字而避免依靠汉字的弊病，形成便于说和听的新风格了吗？这个话说说容易，实践起来并不简单。但是我相信，为了使文章充分地起交流思想的作用，凡是执笔的人，作者、记者、编辑员，一切文件的撰稿者，都愿意朝这个方向努力。

# "教师下水"①

　　在成都听一位中学老师谈,他学校的领导向语文老师提出"教师下水"的要求,很有意思。"下水"是从游泳方面借过来的。教游泳当然要讲一些游泳的道理,但是教的人熟谙水性,跳下水去游几阵给学的人看,对学的人好处更多。语文老师教学生作文,要是老师自己经常动动笔,或者作跟学生相同的题目,或者另外写些什么,就能更有效地帮助学生,加快学生的进步。经常动动笔,用比喻的说法说,就是"下水"。

　　这无非希望老师深知作文的甘苦,无论取材布局,遣词造句,知其然又知其所以然,而且非常熟练,具有敏感,几乎不假思索,而自然能左右逢源。这样的时候,随时给学生引导一下,指点几句,全是最有益的启发,最切用的经验。学生只要用心领会,努力实践,作一回文就有一回进步。

　　老师出身于学生。当学生的时候,谁不曾练习作文?当了老师之后,或者工作上需要,或者个人有兴趣,经常动动笔的也有。但是多数老师就只教学生作文,而自己不作文了。只教而不作,能派用场的不就是学生时代得来的一点儿甘苦吗?老话说,三日不弹,手生荆棘。这点儿甘苦永久保得住吗?固然,讲语法修辞的书,讲篇章结构的书,都可以拿来参考,帮助教学。但是真要对学生练习作文起作用,给学生切合实际的引导和指点,还在乎老师消化那些书而不是转述那些书,还在乎老师在作文的实践中深知作文的甘苦。因此,经常动动笔是大有好处的,"教师下水"确然是个切要的要求。

　　试拿改文做例子来说。给学生改文,最有效的办法是当面改。当面改可以提起笔来就改,也可以跟学生共同念文稿,遇到需要改的地方就顿住,向学生提出些问题,如"这儿怎么样"、"这儿说清楚了没有"之类,让学生自己去考虑。两种办法比较起来,后一种对学生更有好处。学生经这么一点醒,本来忽略了的地方他注意了,他动脑筋了。动过脑筋之后,可能的情形有二。一是他悟出来了,

---

　　① 原载一九六一年七月二十二日《文汇报》第二版。

原稿写得不对，说该怎么样才对。这多好啊，这个不对那个对由他自己悟出，印象当然最深刻。二是他动过脑筋还是不明白，不知道老师为什么要在这儿向他提问题。这时候他感到异常困惑，在这异常困惑的时候听老师的改正，也将会终身忘不了。前面说，让学生自己去考虑的办法对学生更有好处，理由就在此。现在要说的是老师要念下去就有数，哪儿该给学生点醒，哪儿该提怎么样的问题给学生点醒最为有效，这并不是轻易办得了的。要不是对作文非常熟练，具有敏感，势将无能为力。怎么达到非常熟练，具有敏感的境界呢？唯有经常动笔，勤写多作而已。

当面改不是经常可行的办法。一般是把全班的文稿改好，按期给学生评讲指导。只要评讲得当，指导切要，而且能使学生真正领会，深印脑筋，当然也是有效的办法。既然如此，就不能说某一段不怎么好，所以要改；某一句不大通顺，所以要改。必须扣得很准，辨得很明，某一段为什么不好，所以要改，某一段为什么不通顺，所以要改，评讲才有可靠的资料，指导才有确切的依据。而要处处能扣准，处处能辨明，哪怕一个"的"一个"了"，增删全有交代，哪怕一个逗号一个问号，改动全有理由，非对作文非常熟练，具有敏感不可。怎么达到非常熟练，具有敏感的境界呢？唯有经常动笔，勤写多作而已。

作文教学的事不限于改文。凡是有关作文的事，老师实践越多，经验越丰富，给学生的帮助就越大。教学的方式方法多种多样，自然要仔细研究，看准本班学生的实际，乃至某一个学生的实际，挑选适当的来用。但是老师的实践中得来的经验是根本。根本深固，再加上适当的教学的方式方法，成绩就斐然可观了。

新华通讯社曾经发动一个练笔运动，要求社中人员认真地经常地练习作文。当时我非常赞成这个运动。通讯社担任的是宣传报道工作，而直接跟读者见面的，没有别的，唯有写出来的文章。要是文章差点儿，问题不在乎文章不好，而在乎做不好宣传报道的工作。因此，练笔是非常必要的。现在说到语文老师。语文老师担任的工作，有一项是教学生作文，而教好作文，根本在乎老师深知作文的甘苦。那么，练笔不是也非常必要吗？语文老师练笔，通讯社人员练笔，目的并无不同，都是为做好所担任的工作。我非常赞成"教师下水"，乐于写这篇短文来宣传，就是为此。

还可以推广开来说几句。语文老师担任的工作，再有一项是讲读教学。讲读教学就是教学生读书。跟教作文一样，唯有老师善于读书，深有所得，才能教好读书。只教学生读书，而自己少读书或者不读书，是不容易收到成效的。因此，在读书方面，也得要求"教师下水"。

# 阅读是写作的基础①

在中小学语文教学中,基础知识和基本训练都重要,我看更要着重训练。什么叫训练呢? 就是要使学生学的东西变成他们自己的东西。譬如学一个字,要他们认得,不忘记,用得适当,就要训练。语文方面许多项目都要经过不断练习,锲而不舍,养成习惯,才能变成他们自己的东西。现在语文教学虽说注意练习,其实练得不太多,这就影响学生掌握基础知识。老师对学生要求要严格。严格不是指老师整天逼着学生练这个练那个,使学生气都透不过来,而是说凡是要学生练习的,不要练过一下就算,总要经常引导督促,直到学的东西变成他们自己的东西才罢手。

有些人把阅读和写作看作不甚相干的两回事,而且特别着重写作,总是说学生的写作能力不行,好像语文程度就只看写作程度似的。阅读的基本训练不行,写作能力是不会提高的。常常有人要求出版社出版"怎样作文"之类的书,好像有了这类书,依据这类书指导作文,写作教学就好办了。实际上写作基于阅读。老师教得好,学生读得好,才写得好。这样,老师临时指导和批改作文既可以少辛苦些,学生又可以多得到些实益。

阅读课要讲得透。叫讲得透,无非是把词句讲清楚,把全篇讲清楚,作者的思路是怎样发展的,感情是怎样表达的,诸如此类。有的老师热情有余,可是本钱不够,办法不多,对课文不能透彻理解,总希望求助于人,或是请一位高明的老师给讲讲,或是靠集体备课。这不是从根本上解决问题的办法。功夫还在自己。只靠从别人那里拿来,自己不下功夫或者少下功夫,是不行的。譬如文与道的问题。人家说文与道该是统一的,你也相信文与道该是统一的,但是讲课文,该怎样讲才能体现文道统一,还得自辟蹊径。如果词句不甚了解,课文内容不大清楚,那就谈不到什么文和道了。原则可以共同研究商量,怎样适当地应用原则还

---

① 原载一九六二年四月十日《文汇报》第二版。

是靠自己。根本之点还是透彻理解课文。所以靠拿来不行,要自己下功夫钻研。

我去年到外地,曾经在一些学校听语文课。有些老师话说得很多,把四十五分钟独占了。其实许多话是大可不讲的。譬如课文涉及农村人民公社,就把课文放在一旁,大讲农村人民公社的优越性。这个办法比较容易,也见得热情,但是不能说完成了语文课的任务。

在课堂里教语文,最终目的在达到"不需要教",使学生养成这样一种能力,不待老师教,自己能阅读。学生将来经常要阅读,老师能经常跟在他们背后吗?因此,一边教,一边要逐渐为"不需要教"打基础。打基础的办法,也就是不要让学生只是被动地听讲,而要想方设法引导他们在听讲的时候自觉地动脑筋。老师独占四十五分钟固然不适应这个要求,讲说和发问的时候启发性不多,也不容易使学生自觉地动脑筋。怎样启发学生,使他们自觉地动脑筋,是老师备课极重要的项目。这个项目做到了,老师才真起了主导作用。

听见有些老师和家长说,现在学生了不起,一部《创业史》两天就看完了,颇有点儿沾沾自喜。我想,且慢鼓励,最要紧的是查一查读得怎么样,如果只是眼睛在书页上跑过,只知道故事的极简略的梗概,那不能不认为只是马马虎虎地读。马马虎虎地读是不值得鼓励的。一部《创业史》没读好,问题不算大。养成了马马虎虎的读书习惯,可要吃一辈子的亏。阅读必须认真,先求认真,次求迅速,这是极重要的基本训练。要在阅读课中训练好。

阅读习惯不良,一定会影响到表达,就是说,写作能力不容易提高。因此,必须好好教阅读课。譬如讲文章须有中心思想。学生听了,知道文章须有中心思想,但是他说:"我作文就是抓不住中心思想。"如果教好阅读课,引导学生逐课逐课地体会,作者怎样用心思,怎样有条有理地表达出中心思想,他们就仿佛跟作者一块儿想过考虑过,到他们自己作文的时候,所谓熟门熟路,也比较容易抓住中心思想了。

总而言之,阅读是写作的基础。

作文出题是个问题。最近有一个学校拿来两篇作文让我看看,是初中三年级学生写的,题目是《伟大鲁迅的革命精神》。两篇里病句很多,问我该怎样教学生避免这些病句。我看,病句这么多,毛病主要出在题目上。初中学生读了鲁迅的几篇文章,就要他们写鲁迅的革命精神。他们写不出什么却要勉强写,病句就不一而足了。

有些老师说《难忘的一件事》《我的母亲》之类的题目都出过了,要找几个新鲜题目,搜索枯肠,难乎其难。我想,现在老师都是和学生经常在一起的,对学生了解得多,出题目该不会很困难。

有些老师喜欢大家挂在口头的那些好听的话,学生作文写上那些话,就给圈上红圈。学生摸准老师喜欢这一套,就几次三番地来这一套,常常得五分。分数是多了,可是实际上写作能力并没提高多少。特别严重的是习惯于这一套,往深处想和写出自己真情实意的途径就给挡住了。

老师改作文是够辛苦的。几十本,一本一本改,可是劳而少功。是不是可以改变方法呢?我看值得研究。要求本本精批细改,事实上是做不到的。与其事后辛劳,不如事前多作准备。平时不放松口头表达的训练,多注意指导阅读,钻到学生心里出题目,出了题目作一些必要的启发,诸如此类,都是事前准备。作了这些准备,改作文大概不会太费事了,而学生得到的实益可能多些。

# 评改《当我在工作中碰到困难的时候》①

　　我仔细读了一位同志写的《当我在工作中碰到困难的时候》这篇文章,有些看法,跟大家说说,供参考。

　　先说作文动笔之前,有两件事要注意,一是认定对象,一是辨明用意(或者说"立意")。作文决非无所为而为。换句话说,就是有的放矢。对象和用意是作文的"的",认定了,辨明了,要写什么,不要写什么,该这样写,不该那样写,才有依据。换句话说,就是取材和组织才有依据。取材和组织决定文章的好不好。这一点很关重要。咱们作文都是有所为的,都有一定的对象和一定的用意。练习作文,应该明白这个道理,还要在实践当中养成习惯,不管写什么,首先辨一辨写给谁看,什么用意。这样,实际应用的时候才不至于信笔挥洒,乱跑野马,写成不切用的文章。

　　练习作文往往由别人出题目,这叫作命题作文。命题作文跟为了实际需要而作文有所不同。为了实际需要而作文,对象和用意早就清楚了,譬如写信,写给谁,为什么要写,自己全有数。由别人命题练习作文,对象和用意要看见了题目才能考虑。

　　看见了题目,先要考虑对象和用意。写给谁看?为什么要写给他或他们看?即使并不真给他或他们看,心里可不能不明确地认定。为什么呢?第一,唯有明确地认定了对象,辨明了用意,取材和组织才有依据。第二,这是一种必须养成的习惯,既然练习作文,自然每一回都要这么办,才能养成习惯。

　　试以这一篇作文为例,我不知道作者是否有意识地考虑过,只能就写成的文章看,对象是谁,用意是什么。假如作者有意识地考虑过,那么他这篇文章不是预备给文工团的同志们看的,是预备给文工团以外的人看的。预备给文工团的同志们看,第一第二两段就用不着。第一段说上级领导要他们去湖南慰问,第二

---

　　① 原载一九六三年二月《语文学习讲座》第四辑。

段说到了长沙又到湘潭,这些事文工团的同志们都知道,何必说呢? 所以我说是预备给文工团以外的人看的。他写这篇文章是什么用意呢? 用意在坦率地告诉人家,他遇到小小的困难,曾经有过畏惧的心情,后来想到自己对领导的保证,想到争取入团,想到革命先烈,想到毛主席,精神振作起来,完成了任务,但是终究感到惭愧。这的确是值得告诉人家的,态度也是可取的。只有一处地方,在第五段中间,他在那里反省,大意说,这回克服困难完成任务,不是为入团创造条件的好机会吗? 当时这么想,写的时候照样写下来,也是坦率。但是这个想法很不对头。把入团看作目的,把克服困难的积极表现看作达到这个目的的手段,显然本末倒置了。正确的想法应当是"我不是正在积极要求加入共青团吗? 那就应当拿共青团员的标准来要求自己"。

假如作者动笔之前并不曾有意识地考虑过对象和用意,那么就写成的文章看,对象是谁,用意是什么,都能看清楚,并非无的放矢,乱跑野马,这也是好的。不过我要奉劝作者,往后动笔作文,总要有意识地考虑对象和用意。我再说一遍,咱们作文都是有所为的。

为了实际需要而作文,刚才说过,对象和用意早就清楚了。写得好不好,看作者的政治修养、理论修养、工作经验、生活经验而定。写成的东西决不会超过作者的修养水平和经验范围。由别人命题,那么作文这回事本来是假设的(假设有某种需要而作文),所以刚才说,首先要考虑对象和用意。这就是说,先把对象和用意假设停当,才好根据它来动脑筋。既然是假设,就可以有几种考虑。或以一个人为对象,或以多数人为对象,同样是多数人,或以这批人为对象,或以那批人为对象。至于用意,或在此,或在彼。譬如《当我在工作中碰到困难的时候》这个题目,这篇文章的作者以文工团以外的人为对象,用意在把当时的心理状态告诉他们,但是也可以以文工团的同志们为对象,也可以以某一个朋友为对象,也可以拿这回搬运箱子、布景的事为例,告诉人家他遇到小困难就会萌生畏惧的心情,实在不够坚强,以后必须认真锻炼。假如那样写,就跟这一篇很不相同了。至于别人写这个题目,别人既非文工团的一员,根本没有这回事情,写成的文章当然跟这一篇完全不同。以上是说遇到一个题目,可以有几种考虑,各人考虑同一个题目,当然各有各的考虑。每个作者在几种考虑中最后决定一种,只能作这样解释,他以为他所决定的是最有可说的,最愿意告诉人家的,这就是他的用意。咱们对这一篇,可以这么说,作者认为当时的心理状态是最有可说的,最愿意告诉人家的,或许作者并没有清楚地意识到。

我所说的看见了题目先要考虑对象和用意,请大家想想,如果认为有些意思,希望随时注意,养成这样的好习惯。

现在就这一篇作文说。这一篇主要把当时的心理状态告诉人家。光说心理状态,人家不明白,一定要连带说当时的种种情形。全篇分六段,按时间先后叙述。现在把这六段的意思简单地说一说。

第一段:建筑文工团要到湖南慰问演出。

第二段:在长沙,作者和四位同志接受突击任务,要把留在长沙的箱子、布景运到湘潭,时间只有一天半。

第三段:在湘江边遇到风雨,不能摆渡,后来风雨停了才摆渡。

第四段:作者呆在开往湘潭的轮船上,又冷又饿,萌生埋怨情绪。

第五段:想到自己的保证,想到争取入团,想到学习革命先烈,感到惭愧。望见湘潭,想到毛主席,劲头又足了。

第六段:到了湘潭,完成任务,领导表扬他们,作者又高兴又惭愧。

我想作者写这篇文章的用意是要把当时的心理状态告诉人家。就写成的文章看,可以说完成了这个任务。咱们看,第二段末了,接到任务,有完成它的信心和决心。第三段,因为不能摆渡,很着急,感到离开大伙儿工作的困难。第四段,在轮船上的种种想法。第五段,自己反省,自己责问,感到惭愧。望见湘潭,兴奋起来。第六段,一边装台,一边料想当夜演出时候的种种情景而劲头更大,听了领导的表扬,又高兴又惭愧。这样看来,这篇文章把心理状态的变化说得很详细了。而两处提到惭愧,一是萌生畏难情绪而惭愧,一是受到表扬而惭愧,文章就此收住,惭愧还是为了曾经萌生过畏难情绪,这可以说是画龙点睛之笔。妙在这里头有言外之意,人家一揣摩就可以知道。既然有这两次惭愧,往后不将加强实际锻炼,期望做到不怕任何困难吗?如果在"又高兴又惭愧"之下再多说些,往后该怎样怎样,当然也可以,可是嫌说尽了,剥夺了人家揣摩一番的权利了。

以下再说些优点。

第一段第二句"……领导指示我们……一定把戏为工人送上门……"固然是领导的指示,也是全篇的线索。假如不说这句话,就是缺漏。因为下文的着急,引起种种思绪,继之振作精神,提早完成装台工作,都是跟"把戏送上门"有关联的。

第二段从文工团要从长沙赶往湘潭说起,这是好的,因为所遇的困难只是时间短促,又遇风雨,不能从速过江,赶往湘潭。如果说怎样从北京到长沙,怎样在长沙演出,那就是说了不必说的话,浪费笔墨了。

第三段叙述到了湖南大学,把箱子、布景往卡车上装,说"劲头好像比平时大了许多"。这虽是叙述,却可以见到上文所说的"信心和决心"真正产生了力量。

第四段全写低沉的心情。这段末了一句"船外还是一片漆黑,唉!"包含着好些意思。天老是不亮,路那么长,困难像黑暗似地包围在周围,诸如此类的意思全包含在这一句里。

第五段写作者的心情从低沉转到兴奋。转变的过程说得很清楚,一由于反省,二由于望见了湘潭,湘潭是不寻常的地方。末了一句叫同伴们"来吸毛主席故乡的新鲜空气",兴奋之情跃然如见。就文章说,这一句和第四段的末了一句,都是可以吃双圈的。

第六段写兴奋之情影响到工作。以"又高兴又惭愧"作结,点明写这篇文章的用意,收得住,这很好。

总而言之,这一篇文章是用心写的。取材都适当,层次很清楚。如果不太费功夫而能作到这样,就可以说,作者在取材和组织方面已经比较熟练,养成好习惯了。不过我要老实说,在很多地方,想个意思还不能想得着实,也就是说,不能抓住恰当的词语和句式,把要表达的意思固定下来,因而有不少文句要修改。以下逐段细说。

## 第 一 段

一九六〇年的春天,我们"中国建筑文工团"带着中央首长的心意前往湖南省①向战斗在建筑战线的英雄们表示亲切的慰问。我们在离京前②,上级领导指示我们③在这次慰问演出工作中④,一定把戏为⑤工人送上门,使工人能更好更及时地⑥看到演出。

## 评 改

①"湖南省"的后面加个逗号,因为这句话比较长,说到这里要停顿一下。

②上一句的主语是"我们",这里的"我们"可以省去。说一种行为的时间,口头不常用"在"字,例如"昨天",不说"在昨天","上个星期",不说"在上个星期"。"离京前",我主张加个"以"字,改为"离京以前"。"以前"是两个音节,说起来顺口,听起来顺耳。

③"上级领导指示我们"的后面加个逗号。

④"在……工作中","在工作中"四个字可以去掉,去掉了并不损失原意。逗号可以去掉,因为说的时候这里不停顿。

⑤"一定把戏为工人送上门"的"为"字,说的时候是"给"。

⑥"更好更及时地"跟下面的"看到"关联。什么叫"好地看到"? 想不清楚。什么叫"及时地看到"? 想不清楚。因而加上"更"字,说"更好更及时地看到",也想不清楚。是不是什么时候想看戏,马上就能看到,就是"及时地看到"呢? 这是无论如何办不到的。如果说约定某月某日某时看戏,到那时刻果真看到了,这该说"准时",不该说"及时"。所以"更好更及时地"加在"看到"上面是不妥当的。现在改为"使他们看得舒适满意"。把戏送上门就是使他们看得舒适,表演得好就是使他们看得满意。

## 第 二 段

当我们在长沙演出结束时①是四月十四日,但②湘潭——毛主席故乡③的建筑工人要求在四月十六日看到我们的演出④,并为了欢迎我们的到来⑤,把生产任务提前了三天完成⑥。这一消息深深地感动了我们这些年轻的演员,但也带来了很大的困难⑦,那就是如何用更短的时间把在长沙湖南大学剧场中的演出布景道具,运到湘潭,然后装台(把灯光布景装到舞台上)⑧。按往常这一工作得用两天的时间,但这次只有一天半的时间了⑨。领导经过研究,把这项任务交给了我和其它四位同志⑩,于是我们五个人马上研究如何完成这项任务。这是我们几个年轻人第一次脱离大集体而只有五个人去进行的⑪,当时我只感到任务的艰巨,但对这项工作也抱了必定的信心和决心⑫。

## 评 改

①"当"字跟前面说过的"在"字一样,可以不要。"时"字写在纸上没有什么,如果口头念,就不如"……的时候"叫人听得清楚。现在我改为"我们结束在长沙的演出是四月十四日","……的时候"也不必用了。

②"但"字我主张不要单用,因为口头通常说"但是"。这里用"但是"不如用"而"字好,用"而"字也是连下去说而带着转折的语气,不过比"但是"轻些,这里宜于轻些。

③"湘潭——毛主席故乡",照汉语的习惯,应当说"毛主席故乡湘潭"。

④"建筑工人要求在四月十六日看到我们的演出"改为"建筑工人要求我们四月十六日到他们那里演出",因为"看到"在这里可以有两种理解,一是建筑工人要"我们"到湘潭演出,一是湘潭的建筑工人要到长沙来看"我们"演出,这样改了就清楚了。

⑤"并为了欢迎我们的到来","并"字可以省。"的到来"三字也该去掉,因为这时候"我们"在长沙,还没有到湘潭。

⑦"把生产任务提前了三天完成","了"字移到末尾,改为"把生产任务提前三天完成了"。这篇文章"了"字用得滥,除了这一处,还有好几处。这里"三天"是"提前"的补语,中间用不着"了"字。"完成"之后倒要用个语气词"了"字,念起来才顺口。

⑦"但也带来了很大的困难","带来"是如今用得很滥的一个词,这一篇第三段还有"于是我们的着急实际上是妄(枉)然,随之给我们带来许多想法"。"带来什么"本来不是通常的说法,如果要说,大概先要说一种具体情况,这种具体情况影响到谁或者哪方面,才说"给谁或者哪方面带来……"。例如说:"今年好几个月不下雨,给农业生产带来困难。"这里说"消息""带来""困难","消息"不是一种具体情况,而且没说给谁"带来",所以不妥。第三段里的例子更不妥。"着急是枉然"当然不是一种具体情况,"给我们带来"的又是"想法","想法"怎么能由外界"带来"呢?总之,无论习用的或是时行的说法,都不要随便用,一定要想清楚该怎么用,该用在什么场合,才不至于用错。现在我改成通常的说法:"这一消息深深地感动了我们这些年轻的演员,但是他们给我们出了个难题。"

⑧"如何用更短的时间把在长沙湖南大学剧场中的演出布景道具,运到湘潭,然后装台(把灯光布景装到舞台上)","如何"改为"怎么",取其顺口,"用更短的时间"的"更短",意思是比通常所需的两天时间更短。"演出布景道具",后面说法不一致,有的地方只说"布景",有的地方又说"箱子"。这样容易使人误会,应当前后一致。现在一律改为"箱子、布景",搬运中的道具服装之类想必装在箱子里,此外是布景,说了两项该够了。

⑨"按往常这一工作得用两天的时间,但这次只有一天半的时间了","按往常"没有表达清楚,可能使人误会,好像文工团的箱子、布景从长沙搬到湘潭,已经搬过好几次了。因此,我改为"按往常的速度,这一工作得用两天的时间,这次却只有一天半的时间了"。"但这次"改为"这次却",转折语气轻些。

⑩"把这项任务交给了我和其它四位同志","交给了"的"了"字可以去掉,

"其它"应当写"其他"。

⑪"这是我们几个年轻人第一次脱离大集体而只有五个人去进行的","脱离"用得不对。如果五个人从此不参加文工团了,才用"脱离",这里应当用"离开"。"而只有五个人去进行的",这个说法别扭,改为"而进行工作"。

⑫"当时我只感到任务的艰巨,但对这项工作也抱了必定的信心和决心","当时"可以去掉,"对这项工作"也可以去掉,"抱了"改为"抱着","必定"改为"一定",下边还得加个动词。结果改成这样,"我只感到任务艰巨,但是抱着一定完成的信心和决心"。

## 第 三 段

①我们五个人②首先③随着卡车,渡过湘江到湖南大学④把布景往卡车上搬⑤。往往这一工作都是大家一块抬箱子搬布景⑥,这次只有我们这几个人⑦,可是我们的劲头好像不自觉的就比平时大了许多⑧,不到两个小时就装完了车⑨。这时候⑩,十五日的夜色已经罩住了⑪大地,卡车开到了湘江边,准备过江把布景运上轮船,连夜运往湘潭⑫。但正巧⑬,在这个时候⑭老天爷好像不了解我们的心情似地⑮突然变了脸,风刮起来了,随着大雨也无情的向人身上打来⑯,湖南梅雨的春天,有时候那真不比严寒的冬天暖和多少⑰。我们穿的衣服不多,都冻的⑱打哆嗦,但更着急的是⑲,因为起了大风,载运汽车过江的轮船不能开。这里汽车不能过江⑳,那就是说,布景也㉑不能及时地送上轮船,明天㉒也就不能为湘潭的建筑英雄们演出。我们几次找船长商量,能否过江㉓,但㉔船长为了行船的安全,坚决不同意㉕,于是我们的着急实际上是妄然,随之给我们带来许多想法,感到离开领导和同志们单独进行工作是多么难呀㉖。在大风雨和湘江波涛的呼啸声中,我们挨到了深夜两点多,老天爷究竟还是㉗照顾了我们㉘。风不刮了,雨也止了,湘江的波涛也随之㉙平静了一些㉚,于是轮船㉛把卡车送过了江后㉜,又是一阵紧张的劳动,布景都搬到轮船上,开往湘潭㉝。

## 评 改

①这一段开头应把动身到湖南大学去的时间交代清楚。这里交代了,下文"十五日的夜色"的"十五日的"四字就可以不说了。"十五日的夜色"是个很别扭的说法,实际上谁也不说的。

②"五个人"三字可以去掉,因为前面已经说过了。

③"首先"可以不要,因为下文没有说"后来"怎么样。

④"湖南大学"后面应当用个逗号,因为话说到这里有个停顿。

⑤说"搬"没有错。不过改为"装"字好,可以跟下文"装完"扣紧。

⑥"往往这一工作都是大家一块抬箱子搬布景","往往"这个词用得不对,这里应当说"往常"或者"向来"。"抬箱子搬布景"已经包含在"这一工作"里,不用说了。所以我改为"这一工作向来是大伙儿一起干的"。

⑦"这次只有我们这几个人",这里倒要点明"我们五个人",跟上文"大伙儿"对照。

⑧"不自觉的就"五个字去掉,因为说"劲头比平时大了许多"明明是"自觉",并非"不自觉"。

⑨"车"字可以不要。

⑩"这时候"后面的逗号应当去掉。顺便说一下,现在很有人喜欢滥用逗号,"过去"后面用逗号,"昨天"后面用逗号,"虽然"后面用逗号,"但是"后面用逗号。我认为凡是说的时候不停顿的地方都不必用逗号。

⑪前面说过,这里的"十五日的"是用不上的。"罩住了"改为"笼罩"。

⑫"准备"后面加上"上渡轮"三个字,点明"渡轮",为的跟"轮船"区别开来。"轮船"前面加上"当夜开往湘潭的"七个字,后面"连夜运往湘潭"六个字就可以不要了。

⑬"但正巧","但"字用不上,因为这里没有转折的意思。"正巧"常常用在称心合意的场合,这里用不上,改为"偏偏"。

⑭"在这个时候"可以去掉。

⑮"好像不了解我们的心情似地",或者去掉,或者改为"好像故意跟我们为难"。

⑯"随着大雨也无情的向人身上打来","的"字应当改为"地"字。"向人身上打来"没有错,但是雨不仅打在人身上,不如改为"泼下来"。

⑰"湖南梅雨的春天,有时候那真不比严寒的冬天暖和多少",这里说的是当时湘江边的天气,不是一般地说湖南的天气,所以用不上"有时候"。"那"字可以去掉。

⑱"的"字应当改为"得"字。

⑲"但"字去掉。受冻,着急,渡轮不能开,更着急,顺接更紧凑。"是"字后面的逗号应当去掉。

⑳"因为"可以去掉,前面已经点明"渡轮","载运汽车过江的轮船"改为"渡轮"就可以了。"不能开"后面的句号应当是逗号,因为这句话到这里还没有完。"这里汽车不能过江","这里"可以去掉。"汽车"改为"卡车",跟上文一致。这句话到这里完了,逗号改为句号。

㉑用不着"也"。

㉒"明天"改为"十六日",又明白又跟第二段里说的十六日演出照应。

㉓"找船长商量,能否过江",改为"找船长商量过江",商量的是不按常规,冒着大风雨过江的事。

㉔"但"字应当去掉,这里没有转折的意思。

㉕"不同意"后面应当是句号。

㉖"于是"去掉。"实际上是妄然"改为"也是枉然"。"随之给我们带来许多想法",前面已经说过,这是很不妥当的说法,所以去掉。"感到"前面加上"这时候"三个字。"领导和同志们"改为"大集体",跟第二段里用过的"大集体"照应。"单独"去掉。五个人在一起,怎么能说"单独"呢?

㉗"老天爷究竟还是"改为"老天爷总算","总算"带有不满的意味,用在这里比较合适。

㉘话还没说完,句号改为逗号。

㉙"也随之"改为"随之也"。

㉚"一些"后面的逗号改为句号。

㉛"轮船"改为"渡轮"。

㉜"后"字去掉,逗号改为句号。

㉝"布景都搬到轮船上,开往湘潭",改为"我们把箱子、布景都搬到轮船上"。"开往湘潭"去掉,这时候轮船还没有开呢。

## 第 四 段

十六日清晨四时开船,船平平稳稳地行驶在湘江中①,这时②我往船板③上一靠,身子一斜,忽然觉得恍惚起来④,身子怎么这样软的没劲⑤,噢,肚子也在叫唤呢,打昨天中午吃过饭后⑥,到现在已有二十多个小时⑦没吃东西了。船到湘潭后⑧还得把这些布景道具一件一件的⑨搬上汽车,拉到剧场进行装台⑩,我还能有劲站在舞台上面高高的天桥上系绳吗⑪? 我的身体好像有点支持不住了,唉,领导上为什么要让我来呢⑫,身体比我好的同志很多呢⑬,为什么不让他们来呢？他们现在可能都安静的睡在旅馆里呀⑭，可我现在又冷又饿的靠在船板上，而且天明后，还有更劳累的工作在等着我呢⑮，船外还是一片漆黑，唉！

## 评　改

①"船平平稳稳地行驶在湘江中"改为"船在湘江中平稳地行驶"，后面的逗号改为句号。"平平稳稳"是叠词，用叠词有强调的意味，这里不需要强调，用"平稳"就可以了。

②"这时"改为"这时候"。

③"船板"没有指明什么，可能使人误会为甲板，改为"舱壁"。

④"恍惚起来"改为"昏晕"，比较清楚些。

⑤"身子怎么这样软的没劲"改为"身子怎么软得这样没劲?"

⑥"打昨天中午吃过饭后"，"打"和"后"都可以去掉。

⑦"二十多个小时"，只要想一想就知道不确切，改为"将近二十个小时"。咱们写文章要养成个好习惯，用到数目字一定要核算一下。

⑧"船到湘潭后"改为"到了湘潭"。

⑨"一件一件的"应当改为"一件一件地"。

⑩"拉到剧场进行装台"改为"运到剧场去装台"。

⑪"我还能有劲站在舞台上面高高的天桥上系绳吗?""能"和"上面高高"去掉，因为"能"跟"有劲"重复，"上面高高"说跟不说没有多大分别，话不宜太繁，可以不说的就不说。

⑫"呢"字后面的逗号改为问号。

⑬"身体比我好的同志很多呢"，去掉"呢"字。念到这里，觉得不用语气词比较好。

⑭"他们现在可能都安静的睡在旅馆里呀"，"现在"移到"他们"前面，表明时间的词一般都放在前面。这样改还有一点好处，可以点明对比，"现在"他们怎么样，我怎么样。"可能"改为"大概"比较好，猜测的意思更明显。"安静的"应当改为"安静地"。末了的"呀"字去掉，也因为不用语气词比较好。

⑮"可我现在又冷又饿的靠在船板上，而且天明后，还有更劳累的工作在等着我呢"，"可"改为"可是"。"现在"可以去掉，理由前面已经说了。"又冷又饿的靠在船板上"改为"又冷又饿地呆在船上"。靠在什么地方不关重要，说"呆在船上"就可以了。"天明后"改为"天亮以后"。"更劳累的工作"的"更"字去掉，

这时候"我"并不做什么劳累的工作,所以用"更"字没有根。"在等着我呢"的"在"字也可以去掉。

## 第 五 段

一阵凉风吹过来,我打了个哆嗦,忽然感觉到我怎么畏难困难了呢①,临行时我不是向领导和同志们表示过保证一定圆满的完成任务吗②,怎么刚遇到这么小小的困难就踌头了呢③。我现在不正积极要求加入共青团吗,那这不是一个很好地创造条件的机会吗④? 平时自己老想要⑤学习革命先烈的不畏艰难困苦的优良品质,然而在今天碰到个困难就受不了了⑥,想到这些,自己的脸忽然觉得有点热了,感到很惭愧⑦。正在来回寻思的时候,船上的汽笛和前面江岸上的汽笛同时叫了起来⑧,那就是告诉旅客们,湘潭到了。啊! 前面就是我们伟大的领袖毛主席的故乡啊⑨。那里的土地培育出了⑩中国的伟人,人民的领袖,只有在毛主席的领导下,我们才能不畏任何困难,从胜利走向胜利。想到这些自己劲头又足了⑪。深深的吸了一口带有乡土味道的新鲜空气之后⑫,好像疲劳已经随着呼出的二氧化碳一样⑬,烟消云散了。叫醒了同伴们⑭,让我们共同来吸一吸毛主席故乡的新鲜空气吧⑮。

## 评 改

①"畏难"是笔误,应当是"畏惧"。这里含有自责的意味,所以后面的逗号应当改为惊叹号。

②"表示过保证一定圆满的完成任务吗","表示过"和"圆满的"可以去掉,后面的逗号改为问号。

③"踌头",有人说是"怵头"之误,可以改为"胆怯"或"气馁"。后面的句号改为问号。

④"我现在不正积极要求加入共青团吗,那这不是一个很好地创造条件的机会吗?"前面曾经说过,这是个不对头的想法。现在只就原意改为"我不是正在积极要求加入共青团吗? 这不是一个创造条件的很好的机会吗?"

⑤"要"字可以去掉。

⑥"然而在今天碰到个困难就受不了了",改为"今天碰到个小困难却受不了了"。

⑦"自己的脸忽然觉得有点热了,感到很惭愧",改为"觉得脸上有点发热

了,心里很惭愧"。

⑧"正在来回寻思的时候,船上的汽笛和前面江岸上的汽笛同时叫了起来","来回"可以去掉,"叫了"改为"响"。这里总应当交代一下天亮了,否则"船外还是一片漆黑",怎么能望见湘潭呢? 我只在这里说一声,并没有添上文句。

⑨"啊"字可以去掉,后面的句号改为逗号。

⑩"了"字去掉。

⑪"想到这些自己劲头又足了"改为"想到这些,我精神振作了",跟前面的"昏晕"扣紧。

⑫"深深的吸了一口带有乡土味道的新鲜空气之后","深深的"改为"深深地"。如果作者不是湘潭人,说"乡土味道"就不合适。现在改为"带有泥土气息的新鲜空气",大雨刚过,蒸发的空气该有泥土气息。"之后"两字可以去掉,因为前边已经说"吸了"。

⑬"好像疲劳已经随着呼出的二氧化碳一样"改为"疲劳好像随着呼出的二氧化碳",后面不用什么符号。

⑭"叫醒了同伴们"改为"我叫醒同伴们说"。

⑮"让我们共同"五字可以去掉,一个"来"字,一个"吧"字,招邀同伴的意味已经很足了。"吸一吸"改为"吸"。后面的句号改为惊叹号。

## 第　六　段

船到岸后①,我们又紧张的②把布景运到剧场,进行装台工作③。虽然还是很累,但想到晚上我们就要与建筑毛主席故乡的英雄们见面④,就可听到他们热烈的鼓掌声,在鼓掌声中又可听到了他们的生产指标像火箭一样突飞向上的消息⑤,那时自己将是多么高兴呀⑥。于是,劲头更大了⑦,很快地就完成了装台任务⑧。下午,我们团全体同志都来到了湘潭,见到了领导和同志们,我异常兴奋地说⑨,领导交给我们的任务胜利地完成了。领导表扬了我们,我听在心里⑩又高兴又惭愧。

## 评　改

①"船到岸后"改为"船靠了岸",比较顺口。
②"紧张的"改为"紧张地"。

③"进行装台工作"改为"随即装台"。"进行……工作"最好少用。譬如说"教育学生",很干脆,何必说"对学生进行教育工作"呢?

④"我们"可以去掉。揣摩作者的意思或许要说"建设",不留心说了"建筑"。可是说"建设毛主席故乡"也不行,只能说"建设湘潭"。现在改为"但是想到晚上就要与在毛主席故乡工作的建筑英雄们见面"。这里用了"就要",如果后面连用几个"就要"就能增加语言的力量,表示兴奋的情绪,所以我在后面又用了两个"就要"。

⑤"在鼓掌声中又可听到了他们的生产指标像火箭一样突飞向上的消息",这个"了"字绝对不能用,因为这里是预想当晚的情形。"在鼓掌声中又可……"这个说法不妥,改为"就要"。

⑥"那时自己将是多么高兴呀"改为"那时候将是多么高兴呀"。这里都是就自己说,不用点明"自己"了。

⑦"于是,劲头更大了"接不上,改为"越想劲头越大"。

⑧"任务"改为"工作"。

⑨"下午,我们团全体同志都来到了湘潭,见到了领导和同志们,我异常兴奋地说",改为"下午,全体同志来到湘潭。我见了领导和同志们,异常兴奋地说"。

⑩"我听在心里"不妥,改为"我听了"。"听在心里"有另外的意思和用法,如说"我无心说了一句话,他倒听在心里了"。这就可见"听在心里"用在这里不合适。

逐段细说完毕,现在看一遍修改过的全文:

一九六〇年的春天,我们"中国建筑文工团"带着中央首长的心意前往湖南省,向战斗在建筑战线的英雄们表示亲切的慰问。离京以前,上级领导指示我们,这次慰问演出一定要把戏给工人送上门,使他们看得舒适满意。

我们结束在长沙的演出是四月十四日,而毛主席故乡湘潭的建筑工人要求我们四月十六日到他们那里演出,为了欢迎我们,把生产任务提前三天完成了。这一消息深深地感动了我们这些年轻的演员,但是他们给我们出了个难题,怎么能在短时间内把留在长沙湖南大学剧场里的箱子、布景运到湘潭,然后装台(把灯光布景装到舞台上)呢?按往常的速度,这一工作得用两天的时间,这次却只有一天半的时间了。领导经过研究,把这项任务交给我和其他四位同志,于是我们五个人马上研究如何完成这项任务。这是我们几个年轻人第一次离开大集体而进行工作,我只感到任务艰巨,但是抱着一定完成的信心和决心。

十五日,我们随着卡车渡过湘江到湖南大学,把箱子、布景往卡车上装。这一工作向来是大伙儿一起干的,这次只有我们五个人,可是我们的劲头好像比平时大了许多,不到两个小时就装完了。这时候夜色已经笼罩大地,卡车开到湘江边,准备上渡轮过江,把箱子、布景搬上当夜开往湘潭的轮船。偏偏老天爷好像故意跟我们为难,突然变了脸,风刮起来了,随着大雨也无情地泼下来。湖南梅雨的春天真不比严寒的冬天暖和多少,我们穿的衣服不多,都冻得打哆嗦。更着急的是起了大风,渡轮不能开,卡车不能过江。那就是说,箱子、布景不能及时送上轮船,十六日不能为建筑英雄们演出了。我们几次找船长商量过江,船长为了行船的安全,坚决不同意。我们着急也枉然,这时候感到离开大集体进行工作多么难呀。在大风雨和湘江波涛的呼啸声中,我们挨到深夜两点多,老天爷总算照顾我们,风不刮了,雨也止了,湘江的波涛随之也平静了一些。于是渡轮把卡车送过了江。又是一阵紧张的劳动,我们把箱子、布景都搬到轮船上。

十六日清晨四时开船,船在湘江中平稳地行驶。这时候我往舱壁上一靠,身子一斜,忽然觉得昏晕,身子怎么软得这样没劲?噢,肚子也在叫唤呢。昨天中午吃过饭到现在,将近二十个小时没吃东西了。到了湘潭还得把箱子、布景一件一件地搬上汽车,运到剧场去装台,我还有劲站在舞台的天桥上系绳吗?我的身体好像有点支持不住了。唉,领导为什么要让我来呢?身体比我好的同志很多,为什么不让他们来呢?现在他们大概安静地睡在旅馆里,可是我又冷又饿地呆在船上,而且天亮以后还有劳累的工作等着我呢。船外还是一片漆黑,唉!

一阵凉风吹过来,我打了个哆嗦,忽然感觉到我怎么畏惧困难了呢!临行时我不是向领导和同志们保证一定完成任务吗?怎么刚遇到这么小小的困难就气馁了呢?我不是在积极要求加入共青团吗?这不是一个创造条件的很好机会吗?平时自己老想学习革命先烈的不畏艰难困苦的优良品质,今天碰到个小困难却受不了了。想到这些,觉得脸上有点发热了,心里很惭愧。正在寻思的时候,船上的汽笛和前面江岸上的汽笛同时响起来,那就是告诉旅客们湘潭到了。啊!前面就是我们伟大的领袖毛主席的故乡,那里的土地培育出中国的伟人,人民的领袖,只有在毛主席的领导下,我们才能不畏任何困难,从胜利走向胜利。想到这些,我精神振作了。深深地吸了一口带有泥土气息的新鲜空气,疲劳好像随着呼出的二氧化碳烟消云散了。我叫醒同伴们说,来吸毛主席故乡的新鲜空气吧!

　　船靠了岸,我们又是紧张地把箱子、布景运到剧场,随即装台。虽然还是很累,但是想到晚上就要与在毛主席故乡工作的建筑英雄们见面,就要听到他们热烈的掌声,就要听到他们的生产指标像火箭一样突飞向上的消息,那时候将是多么高兴呀! 越想劲头越大,很快就完成了装台工作。下午,全团同志来到湘潭。我见了领导和同志们,异常兴奋地说,领导交给我们的任务胜利地完成了。领导表扬了我们,我听了又高兴又惭愧。

# 评改《最近半年工作情况汇报》①

我再评改一篇文章,题目是《最近半年工作情况汇报》。全文分十三段。第一段说自己担任的工作,第二段说批改"大作文",第三段说"大作文"的次数和题目,第四段说明出这些题目的用意和要求——"看题作文",第五段说"看文批改",第六段说自我要求——"看文批改"的注意之点,第七段说"批",第八段说怎样写总批和写总批的效果,第九段列举七则批语,第十段说这些批语的毛病和毛病的原因,第十一段提出今后的保证,第十二段向领导上提出两点建议,第十三段是结束语。程序比较自然,是按照思考的次序写的。现在一段一段地评改。

### 第 一 段

这半年①,领导上分配②我担任初中三年级两个班的语文教学③。经常所作的工作,主要有以下三个方面:

一、课堂教学;

二、批改作文(包括"大作文"和"小作文");

三、指导学生课外阅读④。

### 评 改

①开头说"这半年",稍嫌突兀,可以照题目改成"最近半年",或者改成"这个学期"。

②"领导上分配"五个字去掉。文章既然是写给领导看的,这五个字就不必说了。

③"担任……教学",一般不这么说,要说就得说"担任……教学工作"。我把"担任"改为"教",把"教学"改为"课",这是最通常的说法。

---

① 原载一九六三年六月《语文学习讲座》第八辑。

374

④"经常所作的工作……指导学生课外阅读",这里不必"一、……二、……三、……"分开来说。这种分项分行的格式用于叙述比较繁复的事项的场合,目的在使眉目清楚。这里所说的事项很简单,用不着分项分行写。括弧里的"大作文"和"小作文"是行话,同行间口头说说当然没有什么,写书面文件,最好换个正当的说法。

**全段改为:**

最近半年,我教初中三年级两个班的语文课。经常工作是课堂教学、批改作业(包括"大作文"和"小作文")、指导学生课外阅读。

## 第 二 段

关于课堂教学①,关于指导学生课外阅读②,都是同其他老师一样,照例地做着,工作的情况③,也同其他老师的差不多④。因此,在这里,我准备把上述三个方面中的第二个方面,即批改作业方面的情况作为汇报的重点⑤,又以批改"大作文"的情况作为汇报的重点的重点。⑥

## 评 改

①"关于课堂教学"的"关于"去掉,后面的逗号改为"和"字。

②"关于指导学生课外阅读"的"关于"去掉,"阅读"后面加上"两方面的工作"。

③"都是……情况"去掉。

④"也同其他老师的差不多"的"也"和"的"去掉,后面的句号改为逗号,加上"不说了"。

⑤"因此……作为汇报的重点"全去掉。

⑥"又以……重点的重点"的"又以"改为"只把","情况"改为"工作","作为"去掉,"汇报"后面加上"如下"和冒号。"的重点的重点"和句号去掉。

这里把去掉"重点"和"重点的重点"的理由说一说。如果下文对三方面的工作都说到,而着重说批改作业,那就可以说把"批改作业方面的情况作为汇报的重点"。现在下文只说批改一方面的工作,所以不能那么说。既然不能说"重点",又怎么能说"又以批改'大作文'的情况作为汇报的重点的重点"呢?这些原是作者构思时候的想法,不必说出来。这里说了出来而且说错了,说错的缘由在于想错了。

**全段改为：**

课堂教学和指导学生课外阅读两方面的工作，同其他老师差不多，不说了。只把批改"大作文"的工作汇报如下：

## 第 三 段

这半年①，按照规定，每班学生共作"大作文"七次，都是②由老师命题。题目如下③：

一、看群众文艺创作演出后

二、团代会传达报告对我的教育

三、在公社劳动时的见闻

四、我应该这样作

五、新人新事

六、拾金不昧

七、友谊④

### 评 改

①第一段已经交代过"最近半年"，这里说"这半年"就很顺当了。

②"是"字去掉。

③"题目如下"去掉。

④"一、看群众文艺创作演出后……七、友谊"七个题目全去掉。

## 第 四 段

这些题目①，大都是②结合学生的学习、劳动和③生活④等活动来出的⑤。用意在使学生有材料可写，不致"题目到手，不好下手"。而⑥"看题作文"⑦，也就是说⑧要⑨看清楚题目的意思作文，作文的内容要切合题意⑩，是我每次向学生强调之一点，⑪也是我向学生提出的作文基本要求之一点⑫。

### 评 改

①"这些题目"的"这些"去掉，后面的逗号也去掉，连接在第三段"都由教师

命题。"后面。

②"是"字去掉。

③"和"字后面加"日常"两字。

④"生活"后面加逗号。

⑤"等活动来出的。"去掉,加上"例如《在公社劳动时的见闻》《看群众创作的文艺表演》",后面用逗号。还该举一个跟学习有关的题目,可是七个题目里没有。

⑥"而"字去掉。

⑦"看题作文"后面加上"是我对学生作文的基本要求之一",后面用逗号。

⑧"说"字去掉。

⑨"要"字后面加"他们"。

⑩"题意"后面的逗号改为句号。

⑪"是我每次向学生强调之一点"的"是我""向""之"去掉。"每次"移到"学生"后面,"每次"后面加上"作文,我都"四字。"强调"后面加上"这"字。"一点"后面的逗号改为句号。

⑫"也是……一点。"全去掉。

第三、第四两段为什么要并起来?我以为总结、汇报之类不宜写成流水账。某些次要的东西可以概括起来,一笔带过,不必逐一罗列。第三段的七个题目可以不列,只要挑两三个插入第四段的第一句,作为例子,就够了。再说,第九段列举七则批语,每则批语后面注明的作文题目正是这七个,这里就更没有列出的必要了。第三段不列题目,就只有一句话了。第四段的第一句说题目怎么样,正跟"教师命题"紧密连贯,因而两段可以并起来。

原第三段里的第一个题目《看群众文艺创作演出后》要说一说。"群众文艺创作演出",没有这种说法,这八个字的关系很不清楚。大概那些表演的东西全是群众创作的,不是专业人员创作的,那么"创作"要紧接在"群众"后面,说成"群众创作的"。再说,属于"文艺"的音乐、舞蹈、戏曲、相声之类要用一个动词来总说,"表演"比"演出"适当,"表演"后面连上哪一个都成,说"演出音乐"就不成。因此,"文艺"后面要加上一个由动词转化的名词,也宜用"表演"。"文艺表演",现在已经通用了。还有,这个题目末了的"后"字可以去掉。读了一本书,看了一回表演,写些意见或者感想,当然在读过看过以后,不交代也不会发生误会。所以我把这个题目改成《看群众创作的文艺表演》。原第四段的第二句话"而'看题作文'……是我每次向学生强调之一点",层次不清楚,我揣摩作者的意思给改了。

**第三、第四两段合并,改为:**

这半年,按照规定,每班学生共作"大作文"七次,都由教师命题。题目大都结合学生的学习、劳动和日常生活,例如《在公社劳动时的见闻》《看群众创作的文艺表演》,用意在使学生有材料可写,不致"题目到手,不好下手"。"看题作文"是我对学生作文的基本要求之一,也就是要他们看清楚题目的意思作文,作文的内容要切合题意。学生每次作文,我都强调这一点。

## 第 五 段

在向学生提出①"看题作文"②的要求的同时③,我也向自己提出批改的要求④,其中有一条,我叫做"看题改文",也叫做"看题批改",又叫做⑤"看文批改"。

## 评 改

①"在向学生提出"的"在向"改为"我要求","提出"去掉。
②"看题作文"后面加逗号。
③"的要求的同时,"保留"要求",其余去掉。
④"我也向自己提出批改的要求"保留"自己",其余去掉。
⑤"其中有一条……又叫做"去掉。

**全段改为:**
我要求学生"看题作文",要求自己"看文批改"。

## 第 六 段

根据"看文批改"这一条,我在作文批改中①特别注重以下四点:
一、立场、观点不正确的,一定要改;
二、错别字一定大力纠正②,一个错别字都不轻视③,也就是说很重视地指出错别字④,要求学生一个一个纠⑤正;

三、用得有问题⑥的词,一定要改;

四、不通的句子,一定要改。

## 评 改

①"根据……作文批改中"改为"就'改'的方面说,我"。"就'改'的方面说"原文在下一段开头。与其在下一段补说,不如在本段开头就说来得醒豁。

②"一定大力纠正,"去掉。

③"错别字都不轻视,"去掉,"一个"后面加上"也不放过,给学生一一"。

④"也就是说很重视地指出错别字"保留"指出",其余去掉。

⑤"要求学生一个一个纠"改为"让他们自己改"。

⑥"有问题"改为"不适当"。

对于这一段所说改作文注意之点的第一点"立场、观点不正确的,一定要改",我想说一点意见。学生作文,如果立场、观点不正确,那不是给他一改就能了事的。重要的在于改正他的思想认识,培养他的道德品质,使他不再存这样不正确的想头,不再说这样不正确的话。这就是整个教育工作的事情了,所有教师都该留意,班主任尤其要负责任。对于作文本上不正确的话,写个眉批也好,招那个学生来谈谈也好,总之要让他自己考虑,这样想这样说是否妥当,如果不妥当,为什么会这样想这样说。教师给他改,不如让他考虑一番之后自己改。他能改得比较正确,思想认识至少有点进步了。

**全段改为:**

就"改"的方面说,我特别注意以下四点:

一、立场、观点不正确的,一定要改;

二、错别字一个也不放过,给学生一一指出,让他们自己改正;

三、用得不适当的词,一定要改;

四、不通的句子,一定要改。

## 第 七 段

以上是就"改"的方面说。再①就"批"的方面说,我②对于③总批和眉批④是同时使用的⑤。而且⑥着力⑦写好总批。这不是说我已经把总批写好了,而是说我本来是想写好总批的⑧。下边我着重就写总批问题谈两点。

第一、我是怎样考虑准备写总批的；

第二、我写过什么样的一些总批⑨。

## 评　　改

①"以上是就'改'的方面说。再"去掉。

②"我"字后面加上"同时使用"。

③"对于"去掉。"对于……是……的"这种句式能不用最好不用。这里说"同时使用总批和眉批"又简单又明了。

④"眉批"后面加上逗号。

⑤"是同时使用的。"去掉。

⑥"且"字去掉。这里语气转折，不能用"而且"。用"但是"嫌转折语气太重，用"而"字就够了。

⑦"着力"后面加上"于"字。

⑧"这不是说……总批的"全句去掉。说"着力于写好总批"本来只表示意愿，并没有已经写好了的意思。

⑨"下边……谈两点：第一、……第二、……"这也是构思时候的想法，如果下文相当繁复，不妨先提一提，使看的人醒目，现在下文很简单，尽可不说。

**全段改为：**

就"批"的方面说，我同时使用总批和眉批，而着力于写好总批。

## 第　八　段

现在先谈第一点①。

我写总批时②，首先③考虑到要④切合实际，有的放矢⑤；其次，考虑到要⑥使学生感觉⑦到确有帮助⑧；再次⑨，我每写一个总批，都先要作准备：（1）总是把批改的这篇作文再加以细看一遍之后才写；（2）先把总批写在一个"总批草稿"本上，斟酌之后才写在作文⑩上面。

虽然作过⑪这样的考虑和准备，但是⑫，由于自己的水平不高，又少经验，实际上，说得上写好了总批吗？⑬每次把作文卷⑭发下去之后，我也⑮有意地去征求学生的意见⑯，学生的反映⑰，总而言之⑱不外三种情况：（1）有的说"没啥意见"⑲（2）有的说的很妙⑳："有意见，说不出来"㉑，（3）有的说"每次的批语不都是差不多吗？没意见"。从这些反映中，使㉒我感到我所写的总批㉓。没有起什么作用。于是我对自己所写的总批的价值也高度的怀疑了㉔。

评　改

①"现在先谈第一点。"去掉。

②"时"字去掉。

③"首先"去掉。

④"要"字去掉。

⑤"有的放矢"后面的分号改为逗号。

⑥"其次,考虑到要"去掉。

⑦"觉"字去掉。

⑧"确有帮助"后面的分号改为句号。

⑨"再次,"去掉。

⑩"作文"改为"作文本"。

⑪"过"改为"了"。

⑫"但是"后面的逗号去掉。

⑬"实际上"后面的逗号去掉。"说得上写好了总批吗?"改为"还是没有把总批写好",并加上句号。这里应当直说,不适用反问。

⑭"卷"改为"本"。

⑮"也"字去掉。

⑯"征求"改为"询问"。"意见"后面的逗号改为句号。

⑰"反映"后面的逗号去掉。

⑱"总而言之"去掉。

⑲"没啥意见"后面加上分号。

⑳"说的"改"说得","很妙"后面的冒号改为逗号。

㉑"有意见,说不出来"后面的逗号改为分号。

㉒"使"字去掉。

㉓"总批"后面的句号去掉。

㉔"于是我……怀疑了。"全句去掉。

这一段的改动,有几处可以注意的。"首先……其次……再次"用于叙说内容比较繁复的场合,这里意思很简单,用不着这么说。"总而言之不外三种情况",说"不外"就含有"总而言之'的意思,所以"总而言之"可以去掉。"从这些反映中,使……",这个"使"字用得很不妥当。要用"使"字,就得让"反映"作主语,说成"这些反映使我感到……"。这里"反映"并非主语,"从这些反映中"跟"感到"发生关系,表明"感到"的来由,换个说法,就是"我从这些反映中感到……",可见"使"字是无论如何用不上的。既然断定总批"没有起什么作用",就不必说什么"怀疑"了,所以把下一句去掉。去掉的一句里说"高度的怀疑",习惯上没有这个说法。

**全段改为:**

我写总批,考虑到切合实际,有的放矢,使学生感到确有帮助。我每写一个总批,总要先作准备:(1)总是把批改的这篇作文再细看一遍之后才写;(2)先把总批写在一个"总批草稿"本上,加以斟酌之后才写在作文本上面。虽然作了这样的考虑和准备,但是由于自己的水平不高,又少经验,实际上还是没有把总批写好。每次把作文本发下去之后,我有意地去询问学生的意见。学生的反映不外三种情况:(1)有的说"没啥意见";(2)有的说得很妙,"有意见,说不出来";(3)有的说"每次的批语不都是差不多吗?没意见"。从这些反映中,我感到我所写的总批没有起什么作用。

## 第 九 段

关于第二点,我写过一些什么总批语,现在分别不同的作文题①,抄几则作为例子,以供研究。

批语一:

"评论正确,观点鲜明,观察较具体。文章结构完整,有头有尾,有事实②,有说明,也有作者自己的感情。只是对节目的评论,还没有把这种美作更细致地描绘③。"(作文题"看了群众文艺创作演出后④")

批语二:

"全篇论述清楚,有你自己的感情,可见对报告领会较深⑤,但⑥谈到你自己过去不够的地方,不具体,应该具体些⑦,不然,自己是模糊的⑧。"(作文题"团代会传达报告对我的教育")

批语三:

"条理清楚⑨。写了整个劳动场面,又分别写了几个人物,但⑩这几个人物的特点不够突出。"(作文题"在公社劳动时的见闻")

批语四:

"题材很好。人物很可爱⑪。结构上⑫严密,用倒叙法很自然⑬说明了故事的发生⑭。"(作文题"我应该这样作")

批语五:

"对所写的人物,有重点,有感情,有批判⑮。以后写这类文章还可就人物的思想活动着重地写。"(作文题"新人新事")

批语六:

"文章反映出拾物儿童思想的新面貌。失物者的焦急和感激心情,也写得很生动。但在细节描写方面还不够,影响了故事的生动⑯。"(作文题"拾金不昧")

批语七:

"开始⑰一般写得细致,但是,的确⑱用不着这样下功夫。描写是为了表现主题,不能为描写而描写,那就是形式主义⑲。"(作文题"友谊")

## 评　改

①"关于第二点……作文题,"改为"现在把我写的总批"。

②看来这篇作文是评论文艺表演的,这里说的"事实",大概是记叙了表演节目里的情节的意思。如果猜测得不错,"事实"改为"记叙"比较切当。

③"只是对节目的评论……细致地描绘。"这句话里的"评论"和"描绘"不相应。假如是"评论",就应说理,用不着"描绘"。假如"描绘"了,就不是"评论"了。"这种美"指的是什么,也不清楚。所以全句去掉。

④改为《看群众创作的文艺表演》。此外六个作文题,引号一律改为篇名号。

⑤"领会较深"后面的逗号改为句号。

⑥"但"改为"但是"。

⑦"不具体,应该具体些",去掉"不具体"。单说"应该具体些","不具体"的意思包含在内了。"具体些"后面的逗号改为句号。

⑧"不然,自己是模糊的",意思没表达清楚,去掉。实际上正是自己模糊,所以不能谈得具体。

⑨"条理清楚。"移到"又分别写了几个人物"之后,总承写场面写人物两项,"条理"就是这两项的条理。

⑩"但"字这样用法是常见的,语气来个转折,表示美中不足。不过也不一定要用"但"字,譬如这里,用上"可惜",也表出美中不足的意思了。因此我把"但"字改为"可惜"。

⑪"人物很可爱"之前加上"所写的"三字,意思比较明确。

⑫"上"字去掉。

⑬"很自然"的后面加上"地"字。

⑭"发生"改为"开端"。

⑮"对所写的人物",说"有感情",可以,说"有批判",可以,说"有重点",不行。"有重点"跟"对所写的人物"搭配不上。把"对所写的人物"改为"写人物",就跟"有重点""有感情""有批判"都搭配得上了。

⑯"但在细节描写方面还不够,影响了故事的生动。"这句话跟"你擦得太马虎,影响了桌子的干净"一样,似乎明白,实际不明白。"影响了故事的生动",究竟是生动还是不生动呢?全句改为"如果在细节描写方面多下些功夫,故事会更生动些。"这样就很明白,跟前面的话也连贯了。

⑰"开始"改为"开头"。

⑱"但是"后面的逗号和"的确"两字去掉。

⑲"不能为描写而描写,那就是形式主义",这里的"那"字用得很不妥当。作者原想用"那"字指代"为描写而描写",没想到实际上指代了"不能为描写而描写",跟想要表达的意思正相反。"不能为描写而描写"显然不是"形式主义"。现在改为"不顾主题,为描写而描写,那就是形式主义",意思对了,"那"字也用对了。对"形式主义"该怎么样呢?总得说一说。因此,后面补上"要力求避免"。


**全段改为:**

现在把我写的总批抄几则作为例子,以供研究。

批语一:

"评理正确,观点鲜明,观察较具体。文章结构完整,有头有尾,有记叙,有说明,也有作者自己的感情。"(作文题《看群众创作的文艺表演》)

批语二:

"全篇论述清楚,有你自己的感情,可见对报告领会较深。但是谈到你自己过去不够的地方应该具体些。"(作文题《团代会传达报告对我的教育》)

批语三:

"写了整个劳动场面,又分别写了几个人物,条理清楚,可惜几个人物的特点不够突出。"(作文题《在公社劳动时的见闻》)

批语四:

"题材很好。所写的人物很可爱。结构严密,用倒叙法很自然地说明了故事的开端。"(作文题《我应该这样作》)

批语五:

"写人物有重点,有感情,有批判。以后写这类文章还可就人物的思想活动着重地写。"(作文题《新人新事》)

批语六:

"文章反映出拾物儿童思想的新面貌。失物者的焦急和感激心情,也写得很生动。如果在细节描写方面多下些功夫,故事会更生动些。"(作文题《拾金不昧》)

批语七:

"开头一段写得细致,但是用不着这样下功夫。描写是为了表现主题,不顾主题,为描写而描写,那就是形式主义,要力求避免。"(作文题《友谊》)

## 第 十 段

现在再看这些批语,自己也①觉得有不少问题,最主要的问题是话说得又像清楚,又像不清楚,为什么发生这样的问题呢? 主要的原因:一是我的想法不对头,每次写批语时总想着②:既是老师,既是批语③,就要写得"高明"一些,让学生说声"好",因而写的时候,不是自自然然地写,而是有点"做作"④,结果反而弄巧成拙;二是究竟应该怎样写批语,在思想上很不明确⑤。

## 评 改

①"自己也"三字去掉。"再看"的也是自己,不说"自己再看"并不见得不明白,足见"觉得"的前面不必说"自己"。用上"也"字是表示已经有人觉得这些批语有不少问题了,可是在这份汇报里并没提到这一点。

②"每次写批语时总想着"改为"每次写批语总是这样想",后面的冒号改为

逗号。

③"既是老师,既是批语"改为"既是老师的批语"。

④"因而写的时候……有点'做作'"改为"因而写得有点'做作'"。

⑤"在思想上很不明确",这个说法很通行,其实是累赘的套语。凡是有关理解和认识的事情都属于思想方面,不说也明白,说"思想上想通了","思想上不明确",有什么必要呢?因此,去掉"在思想上"四字,加上个"我"字。

**全段改为:**

现在再看这些批语,觉得有不少问题。最主要的问题是话说得又像清楚,又像不清楚。为什么发生这样的问题呢?主要的原因:一是我的想法不对头,每次写批语总是这样想,既是老师的批语,就要写得"高明"一些,让学生说声"好",因而写得有点"做作",结果反而弄巧成拙;二是究竟应该怎样写批语,我很不明确。

## 第 十 一 段

由于上述问题的存在①,已使作文②批改工作受到不好的影响。为了改进今后的批改工作,我准备努力③逐步做到两点④:(1)写批语时,把话说得清清楚楚,(2)写批语时,把话说得自自然然⑤。

## 评 改

①"由于……的存在",这个说法也很通行,其实也是累赘的套语。让"问题"作主语,只说"上述问题",又干脆又清楚。

②"作文"两字去掉。

③"努力"后面加上逗号。

④"两点"和后面的冒号去掉。

⑤"(1)写批语时……(2)写批语时……"这里还要分为两项,太没有道理了。改为"把批语写得清清楚楚,自自然然"。

**全段改为:**

上述问题已使批改工作受到不好的影响。为了改进今后的批改工作,我准备努力,逐步做到把批语写得清清楚楚,自自然然。

## 第 十 二 段

为了有效地改进批改工作,谨提出以下的建议:

一、由学校每学期①组织一次作文批改经验交流会,特别②是同年级教师批改经验交流会,通过交流③,研讨批改中的问题,想出改进批改的办法;

二、请领导上定期抽查教师批改的作文,指出优点和缺点,特别是指出缺点,帮助教师改进批改工作。

### 评 改

①"每学期"移到"由学校"的前面。表示时间的词语,一般都放在前面。

②"特别"改为"最好"。

③本来在说"经验交流会","通过交流"不用说了。

**全段改为:**

为了有效地改进批改工作,谨提出以下的建议:

一、每学期由学校组织一次作文批改经验交流会,最好是同年级教师批改经验交流会,研讨批改中的问题,想出改进批改的办法;

二、请领导上定期抽查教师批改的作文,指出优点和缺点,特别是指出缺点,帮助教师改进批改工作。

## 第 十 三 段

半年来①,我的工作情况,就这样简略地汇报如上②,其中问题可能很多,最后提出的两点建议③,也未必恰当并④请领导上予以指示。

### 评 改

①"来"字后面的逗号去掉。

②"我的工作……汇报如上"改为"我的工作情况如上"。第二段末了说过"汇报如下",这里不必再说"汇报如上"。

③"建议"后面的逗号去掉。

④"并"改为"一并",总说"汇报"和"建议"。

**全段改为：**

半年来我的工作情况如上，其中问题可能很多，最后提出的两点建议也未必恰当，一并请领导上予以指示。

这份汇报有两个优点：一是层次清楚，段与段衔接得还顺当；二是态度老实，把自己批改作文的情形、所写的批语、学生对批语的反映都老老实实地写出来。全篇经过修改，比较通顺简明了，但是只能说是一份极普通的汇报。

这是语文教师的一份工作汇报，语文教师的工作有三方面，汇报没有谈到课堂教学和指导学生课外阅读两方面，只谈批改作业的工作。"作业"的含义比"作文"广，汇报只谈批改作文，因而批改作业的工作也没有谈得全面。关于改作文，只列出四个"一定要改"的原则，没有举出实例，不能叫人知道改得怎样，提出的四个原则究竟贯彻了没有。关于批作文，说了"同时使用总批和眉批"，就用"而着力于写好总批"的话转到总批方面，把眉批撇开了，怎样写眉批就不谈了。关于写总批，说得比较详细，先说自己对写总批怎样考虑，怎样准备，然后说学生对总批的反映，自己从学生的反映中感到总批"没有起什么作用"。以下举七个总批为例，自己承认这些总批有问题，发生问题的主要原因，一是写得有点"做作"，二是自己很不明确怎样写总批。总之，这份汇报只说了这样的意思，最近半年着力于写总批，可是没有起什么作用，也就是没有收到什么效果。

写汇报的目的，当然不只是说工作没有做好，没有收到什么效果，重要之点还在往后怎样改进工作。这份汇报提出改进工作的保证，确是必要的。可是保证只就写好批语说，不从作文教学的根本方面着想，不研究批改到底是怎么一回事，改进的话就不免落空。学校训练学生作文，目的在使他们学会写文章的本领，这种本领一辈子需要，做任何工作都需要。要使他们学会这种本领，就得引导他们在构思、选材、谋篇、分段、造句、用词等方面下功夫，不断地练习，养成良好的习惯，无论写什么都能表达得准确清楚。阅读教学训练学生读书，本来要引导他们留意这些方面，写作教学的指导和批改也离不开这些方面。所谓批，无非向学生说几句提示的话，引导他们自己去思考，该怎样想才对，该怎样写才好。如果能当面给他们说，不妨当面给他们说，说了就不用批了。所谓改，无非给学生示范，那样想不合适，那样写不妥当，一定要这样想这样写才对头。既是示范，自然希望他们逐渐能够辨别哪里不合适不妥当，逐渐能够决定该怎样想怎样写才对头。可以这样说，给学生批改，目的在使他们达到自己能够批改的地步，自已能够批改了,无论写什么就比较稳当了。打个比方,这情形有点像教小孩走路,一面要留心扶着他,一面要准备放手,先是放一点,到末了完全放手。各科教学工作和整个教育工作都如此。总括一句话,尽心尽力地教,目的在达到不需要教。学生真正不需要教了,这才是教学工作和教育工作的大成功。所以语文教师的责任并不是专为学生讲书和批改作文。尽到责任还要推进一步,讲书要达到不需要讲,学生自己能够读书,批改作文要达到不需要批改,学生自己能够认真下笔,完稿之后又能够斟酌修改。假如不明白这些,只认为写批语是作文教学特别重要的事,没有认清写批语究竟为了什么,虽然有改进工作的愿望,实际上工作不会有什么改进,愿望就不得不落空。

退一步说,要写好批语,也得有具体的办法。譬如研究遇到什么情形才须批几句提示的话;考虑怎样说话才能鼓励学生,启发学生;自己加强语文训练,表达一定要准确清楚,造句用词绝不马虎,以身作则,给学生好影响:这些都是办法。没有什么办法,只是空口保证说"我准备努力,逐步做到把批语写得清清楚楚,自自然然",这个保证能不落空吗?

根据上述几点,所以说这是一份极普通的汇报。

这份汇报中提出的两点建议比较切实。如果领导采纳了,自然有好处。可是就作者说,改进工作的希望似乎不应该主要寄托在经验交流会和领导的帮助上。改进工作的有效办法还在于自己努力进修,认清语文教学的目的,研究语文教学的方法,在实际教学中不断试验,不断改进,逐步提高教学质量,总要使学生真正受到益处,学到本领。这样来要求自己,才是根本的途径,可靠的保证。

以上说的认清目的、研究方法、试验改进、提高教学质量,都属于认识和经验,不是写作技能方面的事。写任何东西决定于认识和经验,有什么样的认识和经验,只能写出什么样的东西来。对写作教学没有多少认识和经验,汇报里当然不会写出认识和经验来。认识和经验,从前叫作"蕴蓄",现在通常说"内容"。没有蕴蓄或内容,写作技能虽好也写不出像样的东西来。假如有一个人,他写作技能很不错,可是没有参加过某项工作,或者参加了而并不深入,不知道这项工作的优点和缺点、经验和教训,他一定写不来这项工作的总结。当然,他可以勉强写一份,但是勉强写的总结决不能起推进工作的作用,决不能称为好的总结。推广开来,如果没有彻底明白某件事情的前因后果,中间复杂曲折的过程,写作技能虽好,也不能把这件事情写好,使人看了知道详细的内容。又如写有关社会科学或自然科学的论文,如果对所说的道理只懂得一点皮毛,并没有深究,写作技能虽好,也不能把道理说清楚,使人读了得到益处。再如从事文艺创作,如果没有丰富的生活经验,没有深入到火热的斗争中去,写作技能虽好,也写不出富有感染力的作品来,使人读了受到教育。总之,无论应用文(总结、汇报之类),记叙文(报道、特写之类),论说文(议论说理文章),文艺作品(小说、诗歌、戏剧之类),都决定于蕴蓄或内容,光靠写作技能是不济事的。蕴蓄或内容从实践中来,从各方面的斗争中来,这是大家知道的,不须多说。

现在要问,既然蕴蓄或内容重要,是不是写作技能就不重要?咱们在这里评改文章,谈写作技能的重要,是不是近于形式主义?要知道内容决定形式,而形式是内容的定型。内容就是认识和经验,刚才说过了。形式是什么呢?形式就是说出来的话,写下来的文章。有什么样的认识和经验,话里文章里就只有这些认识和经验,不会有其他,这就是内容决定形式。所谓内容决定形式还有其他意义,我说的是很重要的一个意义,其他不说了,咱们所有的认识和经验大多是比较散乱的,要经过一番整理组织,去芜存精,使它形成一个比较完整而精炼的定型,然后藏在心灵的仓库里,对自己的学习、工作各方面才更有好处。举例来说,读了几篇论述某个理论问题的长文章,当然增进了很多认识。如果只是从头到尾读几遍,当时似乎全都明晓,过后就会想不周全,得此失彼,这可见所得的认识还是散乱的。假如读过一篇随即把自己的认识整理组织,写一则简明的提要,篇中主要论证了哪几点,是怎样论证的,论据是什么,全篇的思路是怎样发展的,思路这样发展为什么就一一击中了论敌的要害,如此等等,全写在提要里,这就比仅仅读几遍强得多。要写这样的提要,必然有一个深入理解和融会贯通的过程,因而所得的认识比较完整而精炼。写下来的提要就是所得的认识的定型,有了这个定型,掌握和运用都方便。咱们要养成这样一种习惯,讨论过一个问题,经历过一件事情,能够扼要写下来固然最好,不写也要在事后想一通,把这回讨论这回经历想成一串首尾连贯的语言,记在心里。有了这种习惯,认识和经验全都清澈明晰,不致有好似明明白白其实朦朦胧胧的弊病。再说拿认识和经验告诉别人,不是说就是写,短的几句话,长的数千万言,而说成这样,写成这样,都是定型。假如平时早有准备,完美的定型具于胸中,说或写的时候自然不须费什么事。假如自问平时并没有准备,那么说或写之前就得作一番整理组织的功夫,形成一个完美的定型,一不走样,二不凌乱,三不罗嗦,才能真正把自己的认识和经验告诉别人。认识和经验藏在你的头脑里,别人无从知道。别人只能从你说出来的话,写下来的文章,知道你的认识和经验。因此,定型非常重要。这就是说,说成什么样的话,写成什么样的文章,非常重要。定型不合式,可能使内容走样,可能叫别人完全弄不清内容是什么。所以主旨的确定,材料的选择,段落的组织,词句的运用,都要讲究,一点也不能马虎。讲究这些,诚然是形式方面的事情,然而是为了切合内容而讲究形式,是为了表达内容而形成一个完美的定型。这怎么能叫作"形式主义"呢?

最后,让我们看一遍修改过的全文。

最近半年,我教初中三年级两个班的语文课。经常工作是课堂教学、批改作业(包括"大作文"和"小作文")、指导学生课外阅读。

课堂教学和指导学生课外阅读两方面的工作,同其他老师差不多,不说了。只把批改"大作文"的工作汇报如下:

这半年,按照规定,每班学生共作"大作文"七次,都由教师命题。题目大都结合学生的学习、劳动和日常生活,例如《在公社劳动时的见闻》《看群众创作的文艺表演》,用意在使学生有材料可写,不致"题目到手,不好下手"。"看题作文"是我对学生作文的基本要求之一,也就是要他们看清楚题目的意思作文,作文的内容要切合题意。学生每次作文,我都强调这一点。

我要求学生"看题作文",要求自己"看文批改"。

就"改"的方面说,我特别注重以下四点:

一、立场、观点不正确的,一定要改;

二、错别字一个也不放过,给学生一一指出,让他们自己改正;

三、用得不适当的词,一定要改;

四、不通的句子,一定要改。

就"批"的方面说,我同时使用总批和眉批,而着力于写好总批。

我写总批,考虑到切合实际,有的放矢,使学生感到确有帮助。我每写一个总批,总要先作准备:(1)总是把批改的这篇作文再细看一遍之后才写;(2)先把总批写在一个"总批草稿"本上,加以斟酌之后才写在作文本上面。虽然作了这样的考虑和准备,但是由于自己的水平不高,又少经验,实际上还是没有把总批写好。每次把作文本发下去之后,我有意地去询问学生的意见。学生的反映不外三种情况:(1)有的说"没啥意见";(2)有的说得很妙,"有意见,说不出来";(3)有的说"每次的批语不都是差不多吗?没意见"。从这些反映中,我感到我所写的总批没有起什么作用。

现在把我写的总批抄几则作为例子,以供研究。

批语一:

"评论正确,观点鲜明,观察较具体。文章结构完整,有头有尾,有记叙,有说明,也有作者自己的感情。"(作文题《看群众创作的文艺表演》)

批语二:

"全篇论述清楚,有你自己的感情,可见对报告领会较深。但是谈到你自己过去不够的地方应该具体些。"(作文题《团代会传达报告对我的教育》)

批语三:

"写了整个劳动场面,又分别写了几个人物,条理清楚。可惜几个人物的特点不够突出。"(作文题《在公社劳动时的见闻》)

批语四:

"题材很好。所写的人物很可爱。结构严密,用倒叙法很自然地说明了故事的开端。"(作文题《我应该这样作》)

批语五:

"写人物有重点,有感情,有批判。以后写这类文章还可就人物的思想活动着重地写。"(作文题《新人新事》)

批语六:

"文章反映出拾物儿童思想的新面貌。失物者的焦急和感激心情,也写得很生动。如果在细节描写方面多下些功夫,故事会更生动些。"(作文题《拾金不昧》)

批语七:

"开头一段写得细致,但是用不着这样下功夫。描写是为了表现主题,不顾主题,为描写而描写,那就是形式主义,要力求避免。"(作文题《友谊》)

现在再看这些批语,觉得有不少问题。最主要的问题是话说得又像清楚,又像不清楚。为什么发生这样的问题呢?主要的原因:一是我的想法不对头,每次写批语总是这样想,既是老师的批语,就要写得"高明"一些,让学生说声"好",因而写得有点"做作",结果反而弄巧成拙;二是究竟应该怎样写批语,我很不明确。

上述问题已使批改工作受到不好的影响。为了改进今后的批改工作,我准备努力,逐步做到把批语写得清清楚楚,自自然然。

为了有效地改进批改工作,谨提出以下的建议:

一、每学期由学校组织一次作文批改经验交流会,最好是同年级教师批改经验交流会,研讨批改中的问题,想出改进批改的办法;

二、请领导上定期抽查教师批改的作文,指出优点和缺点,特别是指出缺点,帮助教师改进批改工作。

半年来我的工作情况如上,其中问题可能很多,最后提出的两点建议也未必恰当,一并请领导上予以指示。

# 评《读和写》，兼论读和写的关系①

〔原作〕

## 读 和 写

〔一〕语文是人类交流思想的工具，它包括阅读和写作两个方面。作为一个国家干部，如果没有一定的语文知识，就不容易全面而正确地领会党的指示和政策，当然也就不容易更好地贯彻执行。不但做革命工作如此，就是日常生活也是如此。譬如我们去看京剧或者听曲艺，如果你语文知识很差，你就不能更全面更深刻地理解这出戏或这段大鼓演唱的内容。再进一步讲，我们日常说话也必须具备一定语文知识，否则你说的话人家可能听不懂，或者你想的是一码事说的却是另一码事。从而说明每个人都必须具备一定的语文知识，才能更好地工作和生活，语文水平越高越能正确地理解别人的感情，也越能正确地表达自己的思想，也就有更好的条件做好工作。

〔二〕可是如何才能提高语文水平呢？读写结合是提高阅读能力和写作能力的根本方法。

〔三〕读是学好语文的基础，就如同盖房子一样，基础打的越深越坚实，房子才能盖的越高越大。读就是打基础。因此读书必须由浅入深，循序渐进。但是一定要多读，所谓多读有三：(一)要持之以恒，每天必读，长期坚持；(二)要读多种多样的文章，不但读有关写作技巧方面的书，而且要读报纸、读小说、读科学理论方面的文章，更要读毛主席的著作；(三)不仅要读现代的、中国的文章，古今中外一切好的文章都应认真阅读。只有读的多了才能了解更多的语文知识，才能提高阅读能力，也才能有条件去提高写作能力。

〔四〕写是学好语文的关键。语文既是一门学问，也是一种技能，因此只懂

---

① 原载一九六四年十月《语文学习讲座》第二十辑。

得写作技巧还不行,必须去具体的练习,通过长期实践才能掌握它、运用它。这就像学骑脚踏车一样,道理很简单,但是你只懂得道理而没有实际的练习,骑上去还是要摔下来的。写就是练习的过程,写也必须由浅入深,一步一步的来。开始可以从写生、写日记入手。经过长期不断的磨练才能把学到的知识变成自己的,才能得心应手想写什么就写什么。

〔五〕读和写是学好语文的两个方面,它们之间是相辅相成的,只读不写是不行的,其结果是眼高手低。只懂得写作理论还是写不出好文章来,正像一个只懂得骑脚踏车理论而实际不会骑车的人一样,硬上去也是要摔下来的。可是只写不读更不行,没有足够的基础知识,不懂得写作技巧,想写出好文章来是绝对不可能的。没有基础的大楼是不存在的。因此只有多读多写,并且把读写密切结合起来,阅读能力与写作能力才会逐步得到提高。


这一篇谈读和写。现在借讨论这一篇的机会,把读和写的关系重新考虑一下,我想是对大家有好处的。

先思考一个问题:作者写这一篇,思路是怎样开展的? 换句话说,是怎样一步接着一步想的? 如果能够自觉地注意思路的开展,对读和写都有很大好处。

咱们听人家说话,读人家的文章,或者自己说话,自己写文章,往往觉得有的很顺畅,一句接一句,一段接一段,意思前后连贯,语言一气呵成;有的可不然,意思和语言好像断了串的珠子,一会儿说这个,一会儿说那个,前前后后可以划好几道杠杠。这样的经验几乎人人都有,而且所觉得的大多符合实际,就是说,觉得它顺畅的,实际上的确顺畅,觉得它不怎么顺畅的,实际上的确不怎么顺畅。可是仅仅觉得,还只是个朦胧的印象。如果进一步问为什么这样就顺畅,那样就不怎么顺畅,可能回答不上来。回答不上来,那就对读和写的练习没有什么帮助。咱们要求读和写的能力逐步长进,必须能够回答为什么这样就顺畅,那样就不怎么顺畅,必须说得出个所以然。这是基本功之一。练这项基本功,得注意思路的开展。思路,是个比喻的说法,把一番话一篇文章比作思想走的一条路。思想从什么地方出发,怎样一步一步往前走,最后达到这条路的终点,都要踏踏实实摸清楚,这就是注意思路的开展。踏踏实实摸下来,发现思想走这条路步步落实,没有跳过一两段路,没有在中途走到歪路上去,最后达到的终点正好是这条路的终点,这就是顺畅的话或是顺畅的文章。如果发现的情形相反,那就是不怎么顺畅的话或是不怎么顺畅的文章。这时候说顺畅和不怎么顺畅,跟仅仅觉得不同了,而是从考核思路开展的实际情况得出来的,是有凭有据的。练就这样的基本功,无论听人家的,读人家的,或是自己说,自己写,就都有了凭准,不至于不着边际地去瞎揣摩。所以我希望大家在练习读和写的时候,自觉地注意思路的开展。下一句跟上一句怎么连上的,后一段跟前一段怎么连上的,某一句跟前面哪一句有关系,某几段从前面哪一段分派出来的,诸如此类,全都辨一辨,想一想,这就是所谓自觉地注意思路的开展的具体办法。

现在咱们看一看这一篇文章,算是举个实例。有了实例,大概能明白了。

这一篇共有五段。现在看第一段。第一段开头说"语文是人类交流思想的工具",咱们就知道这一篇以说明语文的性质为思想的出发点,接下去说"它包括阅读和写作两个方面"。"它"称代"语文",也就是"语文包括阅读和写作两个方面"。仔细一想,语文本身无所谓阅读和写作两个方面,人类运用语文来交流思想才有阅读和写作两个方面。作者没想准,应该说"运用语文包括阅读和写作两个方面"才对。前面说语文是什么,接着说运用语文,意思承贯,连得很紧。以下假设三项事例,说(一)领会党的指示和政策,(二)日常生活中如看戏听曲艺等事,(三)日常跟人家谈话,都得有一定的语文知识才成。前面说到运用语文,这三项事例都说明运用语文得有一定的语文知识,是推进一步想。这儿还有两点须得辨一辨。一点是"作为一个国家干部……"跟上文怎么联系起来的。咱们知道作者是个国家干部,他就本身着想,假设事例来说明运用语文得有一定的语文知识,这就提出了国家干部。虽然就本身着想,可不光指他个人,凡是国家干部都如此,这是可以体会出来的。又一点是三项事例里都提到"语文知识",这三个"语文知识"是不是同一内容。第一项事例里说领会党的指示和政策,实际就是理解党的各种文件,所以所说的"语文知识"是关于阅读的语文知识。第二项事例里说看戏听曲艺,都是听,听和阅读都要求理解,是同类的事,所以所说的"语文知识"类乎关于阅读的语文知识。第三项事例里说跟人家谈话,说话和写文章都是表达,是同类的事,所以所说的"语文知识"类乎关于写作的语文知识。固然,关于阅读的语文知识和关于写作的语文知识并非截然不相干的两回事,但是也不能说竟是一回事。所以咱们看到这三个"语文知识"须得辨一辨。现在再看下去。从前面的三项事例达到一个论点,"每个人都必须具备一定的语文知识,才能更好地工作和生活"。以下从具备一定的语文知识更进一步,说语文水平越高就越善于理解,越善于表达,而善于理解和表达是做好工作的条件。这儿有三点可以商量的。一点是对别人只说"理解别人的感情",对自己只说"表达自己的思想"。照心理学的分析,人类有种种的心理活动,而照通常的习惯,往往用"思想感情"概括所有的心理活动。因此,无论理解别人的,表达自己的,都该是"思想感情"才见得周全。又一点是说善于理解和表达,"就有更好的条件做好工作"。做好工作的条件很多,不止是善于理解别人的思想感情和善于表达自己的思想感情。这儿固然没有说这是唯一的条件,但是没有带出还有其他条件的意思,就好像是唯一的条件了。如果改为"这是做好工作的条件之一",那就把还有其他条件的意思带出来了。还有一点可以商量的,前一句说"才能更好地工作和生活",明明分成工作和生活两项,而这一句说"这是做好工作的条件之一",只承接了前一句所说两项里的一项(工作),就叫人感觉前后不相配称。猜测作者的想法,或许以为工作最重要,生活是次要的,所以略去生活,光说工作。

到这儿,咱们把第一段看完了。我所说的自觉地注意思路的开展,就是指这样阅读人家的文章,这样检查自己的文章。总之,扣紧思想的路,一步也不放松,前后连贯不连贯,意思周到不周到,都要仔细考虑;为什么连贯,为什么不连贯,为什么周到,为什么不周到,都要回答得出个所以然。我相信用这个办法练习读和写,练就这样一项基本功,将会一辈子受用不尽。

以下还有四段。说得简略些。

现在看第二段。第二段只有两句话,一句是设问,一句是回答这个设问。前一段末了说到语文水平越高就怎样怎样,那当然应该要求语文水平高。因此,这一段提出"如何才能提高语文水平",是连得很紧的。不过开头的"可是"用得不合适,因为从意思上揣摩,这儿是顺接上文,用不着表示转接语气的"可是"。回答的一句话里用"阅读能力和写作能力"来替换问句里的"语文水平",把"语文水平"具体化了,这是好的。整句话的意思是"读写结合是提高语文水平的根本方法"。看到这儿,"读写结合"是怎样结合还不能明白,要看下文才知道。这时候咱们心中产生一种期望,说到"结合",大概要阐明读和写的关系了。读和写的关系究竟怎样,倒要仔细看看作者的意见,同时把咱们自己平时的想法检查一下呢。

现在把第三第四两段连起来看。这两段主要的意思都在第一句提出来,第三段的第一句说"读是学好语文的基础",第四段的第一句说"写是学好语文的关键"。"学好语文"相当于第二段里说的"提高语文水平",这是一望而知的。再看第三段里说打基础是怎么个打法。咱们看到"必须由浅入深,循序渐进",

"一定要多读",这些都是打基础的方法。"多读"又分为三点,一要有恒,二要读多种多样的文章,三要读古今中外一切好文章。唯有这样多读,才能有足够的语文知识,"才能提高阅读能力,也才能有条件去提高写作能力"。这就是说,多读的目的在丰富语文知识,提高阅读能力,而写作能力的提高以阅读能力的提高为条件。第四段开头说"写是学好语文的关键",咱们已经看过第三段,看到这一句,自然会理解这儿所谓"写",是在勤读多读的基础上学写。同时咱们不能不注意"关键"这个词,读是基础,写是关键,关键是最关紧要的地方,可见作者所谓学好语文,最紧要的是学好写作。连着上文看,可以知道这里头暗藏着一层意思,阅读只是一种手段,学好写作才是目的。是不是这样呢,后边再讨论,现在且往下看。下边说语文是一门学问,也是一种技能。说语文是一种技能,跟第一段里说语文包括阅读和写作两个方面同样有毛病。语文本身不是什么技能,人类运用语文来交流思想要经过练习,要练习得又准确又纯熟,这才是技能。下边说既然运用语文是一种技能,所以"只懂得写作技巧还不行",必须练习,"通过长期实践",才能掌握那写作技巧,运用那写作技巧。以下以骑车打比方,光懂骑车的道理不行,得真个去骑,练得纯熟,才不会摔下来。看到这儿,咱们进一步了解第三段里所说的勤读多读那些方法,目的只在懂得写作技巧,别无其他。懂得写作技巧是为练习写作作准备。练习写作的目的在掌握写作技巧,运用写作技巧。咱们又发见,"练习"这个词只用于写作方面,没看到用于阅读方面,就不能不想,作者所认为的"练习"只是动笔写作,阅读方面似乎没有什么练习的事了。以下说练习写作的具体办法,"由浅入深","从写生、写日记入手"。经过长期练习,"才能把学到的知识变成自己的,才能得心应手想写什么就写什么"。这儿有两点可以想一想。一点是所谓"学到的知识"指什么。从第三段和本段一路看下来,可以断定指的就是写作技巧。又一点是掌握了写作技巧,是不是能够"想写什么就写什么"。关于这一点,留到后边讨论。

现在看第五段。这一段承接第三第四两段,开头提出读和写相辅相成。接下去分两层,只读不写不行,只写不读更不行。只读不写会得到什么后果呢?"眼高手低","还是写不出好文章来"。随即重复用已经用过的比方,拿不能好好儿骑车来比写不出好文章。这儿有一点可以注意,忽然出现了"写作理论",上文没有提起过"写作理论"。仔细揣摩,这个"写作理论"就是上文的"写作技巧",不过换了个说法。我要特别说一句,这样换个说法是不好的,"写作技巧"是一个概念,"写作理论"是另外一个概念,不能随便替换。只写不读为什么更不行呢？"没有足够的基础知识，不懂得写作技巧"，不可能写出好文章来。随即重复用第三段里用过的比方，拿没有基础造不起大楼来比不懂得写作技巧写不出好文章。看到这儿，咱们就要想，只读不写，写不出好文章，只写不读，同样是写不出好文章，为什么说只写不读"更"不行呢？咱们还要想，本段开头提出读和写相辅相成的说法，按"相辅相成"的意思，不就是说读有利于写，写也有利于读吗？而接下去说的是读了还得写，只读不写不行，必须在读的基础上写，只写不读不行，这不是偏在读有利于写一面，没顾到写也有利于读一面吗？这不是不成其为"相辅相成"吗？现在看末了一句，走到了思路的终点，照应到第二段里提出的论点，说唯有读写结合，阅读能力和写作能力才会逐步得到提高。方才看完第二段的时候，咱们说过"读写结合"是怎样结合还不能明白，现在完全明白了。要读又要写，读是为了写，就是这样的结合。

这一篇文章不满一千字，咱们扣紧作者思想开展的路阅读，一步也不放松，现在总算把作者所想的所说的摸清楚了，真正摸清楚他是怎样想怎样说的了，不只是知道他大概想些什么说些什么了。达到这个地步，才叫作理解——真正的理解。有了真正的理解，才能进一步考虑，作者的意见对还是不对，或者有对有不对。对的就信从它，不对的就批驳它。要是理解得不很清楚，只是朦朦胧胧地理解，那么说它对或者不对都可能并不正中要害，成为无的放矢。所以阅读首先要求达到真正的理解。而达到真正的理解，自觉地注意思路的开展是重要方法之一。再说检查咱们自己写的东西或者斟酌人家写的东西，看它妥当不妥当，完整不完整，要不要修改，要修改又怎样修改。怎样检查，怎样斟酌呢？也无非像阅读一样，看它从哪儿出发，怎样一步一步往前走，直到它的终点，凡是脱空一段的地方或是走上歪路的地方，就是要修改的地方。这关涉到全篇的中心意思，所谓检查和斟酌，主要的着眼点应该放在这上头。其次才看用词用语是不是妥适，前后照应是不是顺当。所以自觉地注意思路的开展又是改作的重要方法之一。

下面根据阅读这一篇得到的理解，咱们来讨论这一篇的想法和说法。第一段里说运用语文包括阅读和写作两个方面，接着假设三项事例，第一项是关于阅读方面的，第二项是类乎关于阅读方面的，第三项是类乎关于写作方面的，用来证明人人都必须具备一定的语文知识才行。以下说语文水平越高，越能正确地理解别人的思想感情，越能正确地表达自己的思想感情，这是做好工作的条件之一。正确地理解别人的思想感情是阅读方面的要求，正确地表达自己的思想感情是写作方面的要求。可见在第一段里，作者是把阅读和写作看作对等的两回事的。可是以下就不然了。第二段提出"读写结合",第五段提出读和写"相辅相成"。怎样"结合"呢？怎样"相辅相成"呢？回答就是第三第四两段开头的两句话,"读是学好语文的基础","写是学好语文的关键"。这就不是把阅读和写作看作对等的两回事了,是把善于写作看作学习语文的目的,而把阅读看作达到善于写作的手段了。换句话说,阅读是为了写作。咱们还可以回上去辨一辨第一段末了一句"也越能正确地表达"的"也"字。如果这个"也"字表示"越能正确地理解"那就"越能正确地表达"的意思,语气侧重在表达方面,那么在第一段的这句话里就露出苗头,认为学好写作是目的,阅读只是手段了。这样看来,这一篇的中心意思是学习语文的目的在达到善于写作,而阅读是达到这个目的的手段。

咱们不妨凭实际的经验想一想,善于写作固然是咱们学习语文的目的,可是阅读仅仅是达到这个目的的手段吗？善于阅读不也是学习语文的目的吗？

小学中学都有语文课程。语文课程教学生阅读课本,通过阅读课本培养他们的阅读能力,也就是理解能力,目的在达到能够独立阅读跟他们的程度相适应的书籍报刊。语文课程教学生练习作文,通过练习作文培养他们的写作能力,也就是表达能力,目的在达到能够自由写作工作中生活中需用的文章。阅读和写作是对等的两回事,各有各的目的,这是很清楚的。说两回事,是从各有各的目的来的。说对等的两回事,并不等于说彼此不相干的两回事,这是应该辨明白的。阅读自有它的目的,主要在真正地理解所读的东西,从而得到启发,受到教育,获得间接经验,从而提高觉悟,丰富见识,使咱们得以在革命和生产中很好地贡献力量。请想一想,咱们阅读文件、阅读书籍报刊,不正是为了这样的目的吗？阅读要达到真正地理解的地步,是要经过练习的。笼统看一两遍,决不会真正地理解。必须认真地辨析词义、句意和语气,像我刚才所说那样地注意作者思路的开展,该翻查工具书或是参考书就不惮烦地翻查,才能达到真正地理解的地步。这是一种技能。凡是技能,唯有在实践中才能练就。所以阅读的技能要在阅读各种文件或是书籍报刊中练习;练习阅读不只是练习写作的手段,练习阅读自有它的目的,如刚才所说的。

刚才咱们仔细看这一篇文章,理解到第三段末了一句的"语文知识",第四段末了一句的"学到的知识",第五段的"写作理论"和"基础知识",实际上都是指"写作技巧"。作者认为勤读多读就只为懂得写作技巧,给练习写作打基础。这个想法不全面。咱们学习毛主席著作,难道只为学习写作技巧,给练习写作打基础吗？当然不是。这就可见这个想法不全面。如果换个想法，阅读任何文章，主要在得到启发，受到教育，获得间接经验，等等，而在真正地理解的同时，咱们对文章的写作技巧必然有所领会，可以作为练习写作的借鉴，那就想得比较全面了。"主要在得到启发，受到教育，获得间接经验，等等"，这是认清了阅读的目的。"同时对文章的写作技巧必然有所领会，可以作为练习写作的借鉴"，这是认清了阅读跟写作的关系。由此推出一个论断，阅读和写作是对等的两回事，可不是彼此不相干的两回事，认真阅读有助于练习写作。还有一点可以考虑的，为什么说"借鉴"而不说"榜样"或是"范例"呢？人家写文章表达人家的思想感情，咱们写文章表达咱们的思想感情，彼此的思想感情不会完全相同，因而彼此的表达方法（就是写作技巧）也不会完全相同。如果死死咬定，一切要以人家的表达方法为榜样或是范例，很可能走上形式主义的道路，结果人家的表达方法是学像了，却不能恰当地表达出自己的思想感情。以人家的表达方法为借鉴就不然。借鉴就是自己处于主动地位，活用人家的方法而不为人家的方法所拘。为了恰当地表达思想感情的需要，利用人家的方法不妨斟酌损益，取长去短，还可以创立自己的方法。志愿认真练习写作的人不是应当抱这样的态度吗？

　　这一篇第三段里说多读，分为三点。三点的第二点说要读有关写作技巧方面的书，要读多种多样的文章，第三点说要读古今中外一切好文章，这样多读才能了解更多的语文知识，也就是更多的写作技巧。咱们已经讨论过，阅读的主要目的不在于学习写作技巧。现在退一步，光就学习写作技巧一方面想，要花这么多功夫，要读这么多书籍和文章吗？写作技巧果真是那样繁复多端，非广收博采就学不周全吗？花了这么多功夫，读了这么多书籍和文章，繁复多端的写作技巧学到手了，写作就有了足够的依靠，可以保证无往而不利吗？按实际说，花这么多功夫，读这么多书籍和文章，那是很难办到的。如果写作技巧一定要照样办到之后才能学到手，也就很难学到手了。按实际说，写作技巧也并不怎么繁复，扣准自己的用意来写是要注意的，怎样针对读者打动读者是要注意的，表达得准确是要注意的，通篇连贯有照应是要注意的，当繁即繁当简即简是要注意的，大概不过这么些事儿吧。按实际说，写作技巧仅仅是技巧而已，而写得好不好，不是光看技巧好不好，主要是看内容好不好。这样一想，可见这一篇第三段的想法是不切实际的。过分强调了写作技巧的繁复，过分强调了写作技巧的作用，几乎把学习写作技巧看成学习写作的唯一的事，看成学习语文的唯一的事了。

　　第四段末了说，经过长期练习，把所学的写作技巧变成自己的，才能得心应手,想写什么就写什么。过分强调写作技巧的作用,自然会达到这样的论断。实际情形是不是这样呢?咱们知道,作为一个国家干部,写各种性质的文件,作为一个文艺工作者,写各种体裁的作品,都必须深切体会党的方针政策,都必须深入实际,得到真实的经验和明确的观点,这是主要的,根本的,然后运用适当的写作技巧,才能写成好文件好作品。不顾主要的,根本的,光凭所学的写作技巧,怎么能想写什么就写什么呢?如果套用"唯武器论""唯成份论"的说法,这可以说是"唯技巧论"了。"唯技巧论"不切实际,对认真练习写作是有妨碍的。

说到这儿,这一篇可以讨论的地方说完了。刚才理解原作的时候,在有些地方曾经说过,按照原作的意思,要改为怎样说才妥当,如第一段第一句的"它"字改成"运用语文"才对,第一段的末了要说成"这是做好工作的条件之一",意思才见得周到。这一篇的中心意思,我是有不同意见的,这些意见都说了。我不能把自己的意见强加于人,因而不能依据自己的意见修改这一篇。至于一个词一个句的修改,以前几回做得多了,这一回不再做。希望诸位自己推敲。

我诚恳地请求诸位,包括写这一篇的同志在内,各自依据学习经验,本着独立思考的精神,认真考虑我所说的意见。对还是不对,或者哪一点对哪一点不对,都得出个确切的答案。这是认识方面的事,同时是实践方面的事。咱们要学好语文,必须好好考虑才行。

# 评改一篇作文①

〔原作〕

## 雷锋式的战士

〔一〕七月一日这一天,我奉上级的指示,送到农村参加工作的同志到指定的生产队去。汽车开到万寿山西北约二十余里的地方,突然发现汽车水箱大漏水。司机下来一检查,才知道水箱上的皮垫坏了。怎么办呢? 这里上不着村下不着店。正在这紧要关头,一辆摩托车从西边飞驰而来。从很远的地方就可以看到,摩托车驾驶员的帽子上,八一帽徽闪烁光芒,银辉耀眼。来到近处再一看,他穿着一身崭新的绿军装,是一个英俊的解放军战士。

〔二〕这位解放军战士一面给我们打招呼,一面下了车。"同志,你们的车子坏了吗?"我们向这位解放军同志说明了情况。他原来是甲211信箱汽车修理工张开元同志,今天替通讯员到解放军某部送急件。张开元同志说:"你们别着急,我给你们想办法。"说罢,飞身跨上摩托车飞驰而去。一瞬间就无影无踪了。

〔三〕大约二十分钟后,张开元同志给找来一块胶皮垫。他和汽车司机左量右算,结果只够三分之二。张开元同志一看这情景,抱歉地说:"我到他们连之后,找了半天,才找到这么一小块,真不凑巧,还是回我们的驻地去吧。请你们再等一会儿。"他又跨上车飞驰而去。

〔四〕没等多久,张开元同志就回来了,这次他带来了钳子、搬子、剪子、小工具箱,样样都有。另外,还带来一个大水壶,我很纳闷。他搬起工具就忙碌起来。这时,好像天气也和大家作对,悬在天空的太阳,就好像是浇上汽油的大火球,烤得人们喘不过气来,汗流不止。张开元同志头上的汗水就像雨点一样,掉在地上、胳臂上、衣服上,衣服很快被汗水浸透了。但他不顾这一切,只用了二十分钟

---

① 原载一九六四年十一月《语文学习讲座》第二十一辑。

就把汽车水箱给修好了。张开元同志提起水壶直奔河沟,大家这才明白水壶的用意。

〔五〕这时,司机高兴地说:"汽车又活了!"我们紧紧地握着这位解放军同志的手,感动地说:"谢谢你为我们想得这样周到,连装水用的壶都带来了,要不我们就得用手捧了。"张开元同志说:"要谢,你谢党和毛主席,这都是他老人家对我们的教导。"

〔六〕我在第二天特意带上一封感谢张开元同志的信给他送功。到达该部受到刘指导员的热情接待。刘指导员向我介绍了张开元同志的情况,他说,张开元同志是为人民做过一百零八次好事的模范战士,因此,全连都管他叫"活雷锋"。

## 〔一〕

"这一天"可以不要。拿另外一句话来比比。譬如说,"七月一日这一天是党的诞生纪念日",这句话里的"这一天"也可以不要。但是两种说法有区别。说"这一天",见得郑重些。本篇的"七月一日"只是表明干这件事的时间,无须乎郑重。

"奉"改为"受"。"指示"改为"指派"。原文的说法宜用于文件,口头没有说"奉"谁的什么的,"指示"也不切实际。

这儿有两个"到"字,念起来拗口,总得想办法去掉一个。从意思方面想,"送同志到生产队去",后一个"到"字不能去。只能去前一个。再看"到农村参加工作的同志",不是也可以说成"参加农村工作的同志"吗?这样一改动,前一个"到"字就去掉了。

顺便说说拗口的问题。照原文,"送"是一个单音词,"到"是一个单音词,"农村"是"到"的宾语,可是骤然读下去,很容易误认"送到"是一个词。待辨明白"送"和"到"各是一个单音词,该读成"送——到农村",就觉得拗口了。另外举两个例子。譬如说"在对这件事情的看法上,我跟你有分歧","在"是一个单音词,"对"是一个单音词,"这件事情"是"对"的宾语。又如说"从定计划到实现计划……""从"是一个单音词,"定"是一个单音词,"计划"是"定"的宾语。这两句话念起来也拗口。可见凡是这样形式的话,念起来都拗口。要它不拗口,得避免两个单音词叠在一起。本篇改成"送参加农村工作……""到"字就去掉了。举例的前一句不用"在……上"的说法，只说"对这件事情的看法……"就只有一个单音词"对"了。举例的后一句改为"从制定计划到实现计划……""从"之下就是双音词"制定"了。请念一念，是不是觉得都顺口了？

咱们写东西，不能只顾眼睛看，要注意念起来顺口，听起来顺耳。拗口的话不便于念，不便于听的。咱们要养成敏感，随时留意，不要写拗口的话。

"约"字不要。说二十余里，就是约计。"余"改为"多"。

"怎么办呢"总得跟"不着村，不着店"连在一块儿说。原文分开了，后一句就见得不完整，收煞不住。改法有两个。一个是把"怎么办呢"调到后边，改成"这里前不着村，后不着店，怎么办呢？"又一个是改成"怎么办呢，前不着店的！"两个办法都改成连在一块儿说了。还可以比较一下，在这里，哪个改法好。后一个改法惊叹语气比较强，用在人物的对话里很能传神。这里只是一般的叙述，不必用那么强的惊叹语气，所以我采取前一个改法。

习惯说"前不着村，后不着店"。说前后是对的，因为设想中的村和店是在一个平面上，无所谓上下。写稿者用上下，或许是有意换个新花样，或许是他曾经看见有人用上下。只要想一想究竟上下对还是前后对，就不会用错了。

"不着村"之下用个逗号好。

"紧要关头"用在这里不合适。譬如说"修建大坝，合龙是紧要关头"，那是对的。拿来一比较，就知道这里用"紧要关头"不合适了。"紧要关头"是事情的最关重要的阶段，而这里只是一时没有办法，并不是什么最关重要的阶段。现在改为"大家正在着急的时候"，表明摩托车开来的时间。上文说"这里前不着村，后不着店，怎么办呢？"就是说全车的人正在着急。用"大家正在着急的时候"接上，连得紧，而且跟下文张开元说的"你们别着急"照应。

原文用两句话叙明来的人的服装，知道他是解放军战士。先说远看，看清楚来人帽子上有"八一"帽徽，后说近看，看清楚来人穿一身崭新的绿军装。咱们不妨想一想，这样分两层说，是不是符合实际情形。军装形象大，帽徽形象小，那一天天气又晴朗，帽徽都看清楚了，军装应该同时看清楚。写稿者分远看近看两层说，是写稿时候的空想，并不符合实际情形。写作要符合实际情形，所以这儿要改。帽徽和军装虽然同时看清楚，说的时候总得有个先后。现在把军装说在前头，把帽徽说在后头，用意是使"八一"帽徽跟"解放军战士"连得紧密。

原文还有一点不符合实际。"八一"帽徽并不是银色的，却说"银辉耀眼"，这也得改。

现在把原文的两句话改为如下的一句话："老远就可以看清楚,驾驶摩托车的穿着一身崭新的草绿色军装,'八一'帽徽闪着光,是一个英俊的解放军战士。"

原文"从很远的地方"为什么改成"老远"呢? 这里只须表明写稿者跟来人距离还远,用现成的"老远"就够了,说"从很远的地方"是不自然不顺当的说法。原文"看到"为什么改成"看清楚"呢? 看出军装是崭新的,看出闪着光的帽徽上的"八一"二字,那不仅是"看到"而是"看清楚"了。"驾驶员"是跟"司机""通讯员"同类的名称,这时候不能断定来人担任驾驶员的职务,所以改为"驾驶摩托车的"。"绿军装"改为"草绿色军装",比较确切。"帽子上"不用说,帽徽当然在帽子上。

〔二〕

第一句的"给"改为"跟"。

"车子"去"子"字。

去掉"吗"字,还是问话,而意味不同。有"吗"字,问得着实。不用"吗"字,虽是问话,实际上已经明白了,可又不是敷衍。

前面已经点明一个人的姓名或者身份,再说到这个人,只要能叫人家明白,不致引起误会,一般不重复说这个人的姓名或者身份而说"他"。这里"跟我们打招呼"并且问话的,是"这位解放军战士","我们"当然只有向"他""说明情况",所以尽可以用"他",不必说"这位解放军同志"。

写东西称一个人,用他的姓名或者身份还是用代词"他",最好有个体例,不要随便。一般的办法是,每一段第一次说到这个人,用他的姓名或者身份,以下再提到这个人,只要能叫人家明白,不致引起误会,就一律用代词"他"。

说了"我们向他说明了情况",接着说"他原来是……",前后两句连不起来。怎么知道他是谁呢? 一定要他自己说了才会知道。现在补上"听他自我介绍",下面转述他自我介绍的内容就连得上了。

"原来"可以不要。说"原来",有早已慕名,喜得见面的意味。这里并不是那样情形,所以不必说"原来"。

"甲211信箱"用得很不妥当。部队或是机关为了不对外公开,用一个信箱号码跟外间通信,这是常事。但是说一个人属于某部队或是某机关,决没有说这个人是多少号信箱的什么人的。再说,张开元自我介绍决不会说"我是甲211信箱的汽车修理工",一定是问他通讯地址他才说出来的。因此,"甲211信箱"非改为"某部队的"不可。

这里是转述张开元自我介绍的内容,应该顺着张开元的口气。他决不会自称"张开元同志",所以在"修理工"之下加个逗号,把"张开元同志"改为"叫张开元"。

"替"改为"代替",念起来顺口些。

上文已经改用"某部队",这儿"解放军某部"改为"另一部队"。"部队"之下加"去"字。

"张开元同志说"改为"他对我们说"。照刚才所说,这里用代词"他"能叫人家明白,就该用"他"。上一句是转述他的自我介绍,这一句不是他的自我介绍了,所以却"对我们"。

"说罢"下停顿也可以,可是不如不停顿而说"就"见得紧凑。从前有"飞身上马"的说法,上摩托车当然也可以说"飞身"。但是下文有"飞驰而去",为了避免重复用"飞"字,"飞身"改为"纵身"。再看第三段末一句,那里用"纵身"可以传出他赶紧上车的情形,所以让给那里用。"摩托车"下加逗号。

明明看摩托车开走,到完全看不见的时候,说"无影"当然对,说"无踪"却不贴切,车去的那条路就是踪。其实这一句可以不说了,有了"飞驰而去",尽够表达车去得飞快了。

〔三〕

"大约二十分钟后",平常说话不这么说,改为"大约过了二十分钟","后"字去掉。

说"给找来一块胶皮垫",话过于简略。"找来"要在听他说明之后才知道,这时候只见他拿来一块胶皮垫。因此,改为"张开元同志回来了,给我们带来一块胶皮垫"。

第二句前一部分改为"他跟汽车司机一块儿左量右算"。两个人共同做一件事,一般是这样说。譬如说"我跟他一块儿劳动","我跟你一块儿去找张三"。如果"和""跟"分工,这儿决非"和"字。

上文说"左量右算",意思是这样量那样量,这样算那样算,不只量一回算一回。量来量去,算来算去,只够三分之二,径说"只够三分之二"最干脆,用不着说"结果"。"只够三分之二"是个判断,不是量和算的"结果"。

第三句的"张开元同志"改为"他","一看这情景"删去。说"情景",所遇的困难总要复杂些,而这里很简单,不过是胶皮垫小,不够用罢了,不适用"情景"这个词。

"之后"改为"里"字。"到他们连之后"表明"找"的时间,不用"之后",意思一样,只因一个"连"字站不住,所以加个"里"字。有许多"后"或"之后"往往是多余的。譬如说"大约过了二十分钟后,张开元同志回来了","我读完某一篇文章之后,仔细想一想这篇文章的中心意思,写了一则笔记",把"后""之后"去掉,意思绝无损伤。当然"后"和"之后"保留在那里也不算错,可是那是可要可不要的,就得去掉。

"一小块"之下改用句号。

记人家的话不能改动原意,但是可以选择。写对话本来不应全部照录的。"真不凑巧"跟下面的话连不上,可以不要。

回到驻地去做什么,总得点明。"去"之下加个"取"字。取什么呢?当然是取一切需用的东西。说起取东西,顺便说说写稿者写下一段的疏忽。这儿说胶皮垫小,不够用,张开元是为此而去的,下一段却只说带来工具和水壶,没有交代胶皮垫。是用了这些工具修理就不需要胶皮垫呢,还是张开元带来了胶皮垫而写稿者漏说了呢,咱们无法断定。无法断定就不能凭主观想法改,只能提出来说一说而已。

记完张开元的话,就说"他又跨上车……",连得不紧密。改为"话一说完,他又纵身跨上摩托车,飞驰而去"。上一段的"纵身"移用在这儿,写他去得急迫。

## 〔四〕

第二句的"这次"可要可不要,就不要。

"钳子、搬子、剪子"之类该是放在工具箱里的,原文的说法不切合实际。改为"他带来一只小工具箱,打开箱子,里边钳子、扳子、剪子,样样都有"。打开箱子,里边有些什么,是写稿者记他所见到的。"扳"字写成"搬"是错字。

"另外"之下逗号删去,念的时候这里并不停顿。"一个"改为"一把"。量词最好分别用,不要什么都用"个"。"水壶"之下逗号改为句号。

说"我很纳闷",嫌重,改为"我心里纳闷"。光是这么说,意思还不够明白,人家可能不知道为什么纳闷。看下文,知道写稿者为什么纳闷,就补上"不知道这把大水壶什么用处"。"纳闷"之下改用逗号。

看见张开元带来一把水壶,那用意是很容易看出的,按情理不会"纳闷"。可是写稿者说了"纳闷",本段末了又说才知道他带来水壶的用意,似乎当时确曾纳闷的。为记实起见,咱们不便把这个情节去掉。不过应该说明,假如这个情节并非当时的实情,而是写稿的时候想出来的,那就大可不必。记实的文章不宜有虚构的成分。

上文已经说带来工具,不用再说"搬起工具"了。第四句全句改为"他拿起工具就动手修理"。"忙碌起来"是虚说,"动手修理"是实说,实说更醒豁。

纸上写"这时",眼看能明白。口头念"这时",听的人可能不明白。"这时"改为"这时候"。

说天气热,而说天气好像跟人作对,有点儿过甚其词,而且下文具体地说出怎么热了,更见得多余。"好像天气也和大家作对"删去。

太阳老是"悬在天空的",不必说。写稿者要说太阳直射,特别热,没想到切当的说法,随便说了个"悬在天空的太阳"。改为"当顶的太阳好像是个浇上汽油的大火球"。太阳当顶,这就表明了阳光直射。

"汗流不止"是文言,一念就觉得不调和。改为"身上直冒汗"。

"汗水"改为"汗珠",跟下文的"雨点"相应。"就"字去掉。上一句"太阳"下的"就"字也去掉了。一连串句子里出现好些"就"字,念起来觉得累赘。这两个"就"字又都是可以不要的,所以去掉。

"掉在地上、胳臂上……"改为"掉在地上,掉在胳臂上",重复用"掉在",表现汗珠陆续往下掉。"衣服上"可以不说了。衣服湿透,不仅由于头上掉下汗珠,还有身上冒出来的汗呢。

下一句不用转接更好,去掉"但"字。因为这儿是写稿者就眼中所见的来叙述,上一句说张开元浑身是汗,这一句说他"不顾",尽不妨顺着说。

前面只说张开元浑身是汗,"这一切"说得不对。一定要前面说了好些事项,才能说"这一切"。改为"淌汗",就对准了上文。

"不顾淌汗"只说了消极的一面,还得说积极的一面,意思才完足。只要就当时的情形想,很容易说出"只顾操作"四个字来。

"只用了"改为"才"字,表示写稿者觉得张开元操作的时间不多。

"张开元同志"改为"他"字。"他"之下加"随即"二字,表示动作的紧凑。

"提起水壶直奔河沟"做什么呢?补上"打回水来灌水箱",就明白了。"水箱"下用句号。

别人看见水壶有没有"纳闷","我"是无法知道的。"我"只能就自己说。还有,"明白水壶的用意",没有把想说的意思说明白。改为"我这才明白他带来水壶的用意"。

## 〔五〕

"这时"删去。保留"这时",那就是司机在张开元灌水箱的时候说这句话,显然与实际情形不合。去掉"这时",这里是另起一段,意思是水箱灌了水,试一试,汽车又能开动了。这些事略去不说,只说司机见到汽车又能开动了,高兴地说了"汽车又活了!"一句话。但是总不如说清楚的好。咱们不知道司机究竟在什么情况之下说的,不能随便改,只好照原样。

"我们"都跟张开元握手,"我们"一齐说同样的话,不合情理。猜想起来,或许是写稿者跟张开元握手并且说话,因为他是这一伙的负责人。究竟怎样,不得而知,只能提出来说一说,这是个不合情理的说法。

"感动"改为"感激",比较确切。

"装水用的壶"不如说"水壶"干脆。

上文用"我们",张开元答话就得说"你们"。即使实际上是一个人跟张开元说话,张开元答话也可以说"你们"。

上文说"你们谢党和毛主席","他老人家"光指毛主席,显然跟上文不相应。"他老人家"只能改为"党和毛主席"。前后相承的话最要留意,切不可承接了一头,忘了另一头。

## 〔六〕

"特意"可以不说。带了信,跑到部队去,事情本身就表示"特意"了。"送功"的说法很怪,不知道部队里有没有这个说法。我曾经见过有用"请功"的,意思是提请给某人记功,用在这里正合适。全句改为"第二天,我带了一封感谢信去给张开元同志请功"。语序调动一下,念起来顺当些。

前面第二段已经改为"他是某部队的汽车修理工",这里"该部"就可以说"某部队","部队"下加个逗号。"该部"是公文里的用语,用在一般文章里不合适。

第三句的"刘指导员"改为"他"。

"向"改为"给"。

说"情况"不如说"事迹"。

上文用了"他",当然用不着再说"他"了。"他说"改为"最后说",表明介绍事迹终了,总说一句。

"次"改为"桩"。

"因此"用不着。

"全连"之下加"同志"二字。

〔改作〕

# 雷锋式的战士

七月一日,我受上级的指派,送参加农村工作的同志到指定的生产队去。汽车开到万寿山西北二十多里的地方,突然发现汽车水箱大漏水。司机下来一检查,才知道水箱上的皮垫坏了。这里前不着村,后不着店,怎么办呢?大家正在着急的时候,一辆摩托车从西边飞驰而来。老远就可以看清楚,驾驶摩托车的穿着一身崭新的草绿色军装,"八一"帽徽闪着光,是一个英俊的解放军战士。

这位解放军战士一面跟我们打招呼,一面下了车。"同志,你们的车坏了?"我们向他说明了情况。听他自我介绍,他是某部队的汽车修理工,叫张开元,今天代替通讯员到另一部队去送急件。他对我们说:"你们别着急,我给你们想办法。"说罢就跨上摩托车,飞驰而去。

大约过了二十分钟,张开元同志回来了,给我们带来一块胶皮垫。他跟汽车司机一块儿左量右算,只够三分之二。他抱歉地说:"我到他们连里找了半天,才找到这么一小块。还是回我们的驻地去取吧。请你们再等一会儿。"话一说完,他又纵身跨上摩托车,飞驰而去。

没等多久,张开元同志就回来了。他带来一只小工具箱,打开箱子,里边钳子、扳子、剪子,样样都有。另外还带来一把大水壶。我心里纳闷,不知道这把大水壶什么用处。他拿起工具就动手修理。这时候,当顶的太阳好像是个浇上汽油的大火球,烤得人们喘不过气来,身上直冒汗。张开元同志头上的汗珠像雨点一样,掉在地上,掉在胳臂上,衣服很快被汗水浸透了。他不顾淌汗,只顾操作,才二十分钟就把汽车水箱修好了。他随即提起水壶直奔河沟,打回水来灌水箱。我这才明白他带来水壶的用意。

　　司机高兴地说:"汽车又活了。"我们紧紧地握着这位解放军同志的手,感激地说:"谢谢你为我们想得这样周到,连水壶都带来了,要不我们就得用手捧了。"张开元同志说:"要谢,你们谢党和毛主席,这都是党和毛主席对我们的教导。"

　　第二天,我带了一封感谢信去给张开元同志请功。到达某部队,受到刘指导员的热情接待。他给我介绍了张开元同志的事迹,最后说,张开元同志是为人民做过一百零八桩好事的模范战士,全连同志都管他叫"活雷锋"。

# 《文章评改》序①

　　一九六二年秋季,中华函授学校举办语文学习讲座,到现在两年多了。报名参加学习的,绝大部分是机关和工商企业的干部,还有部队的官兵和中小学校业余学校的教师。他们参加学习的目的很明确。他们深切地感到自己的语文水平还差,读写能力不适应实际工作的需要,希望提高读写能力,达到适应自己的实际工作的地步。中华函授学校的同志和十多位主讲人几经考虑,认为所设功课必须针对学员参加学习的目的,才对他们真有帮助。他们要提高读的能力,就跟他们共同阅读一些文章。他们要提高写的能力,就跟他们共同斟酌一些文章。阅读一些文章,斟酌一些文章,都是实践。凡是能力,总要在实践中锻炼。空谈该怎样读,该怎样写,是无济于事的。而主讲人跟学员共同阅读,共同斟酌,随时启发指点,就起了主导作用。这是一层。阅读一些文章,斟酌一些文章,只是"举一隅",目的在于学员通过实践,能"以三隅反"。能"以三隅反",就是阅读其他文章,也能像跟主讲人共同阅读选读的文章那样,得到比较真切透彻的理解;斟酌自己或是别人的文章,也能像跟主讲人共同斟酌取供讨论的文章那样,比较周到妥帖地考虑。能"以三隅反"标志着读写能力真有提高,可以不依靠旁人而独立读写了。学员所希望的不就是达到这个地步吗?而这个地步是能够达到的,只要学员学习得主动,钻研得精勤,主讲人又启发得切当,指点得中肯。这是又一层。根据以上说的两层意思,语文学习讲座就以文章选读和文章评改为主要功课。

　　收在这一册里的十四篇,就是两年来文章评改的讲稿。取供讨论的文章,有学员写的,有登在报刊上的。预先把取供讨论的文章发给学员,请他们仔细考虑。考虑分两方面。一方面看这篇文章有哪些优点,为什么是优点,要说出个所以然。另一方面看这篇文章有哪些缺点,为什么是缺点,该怎样修改才成,也要

---

　　①　原载一九六五年一月《语文学习讲座》第二十二辑。

说出个所以然。学员把文章看过几遍，知道了这一篇的中心意思是什么，读者对象是谁，撰写的目的是为什么，当然能够设身处地地想，假如这一篇是自己写的，满意在哪儿，不满意在哪儿。于是文章的优点看出来了，缺点也看出来了，该怎样修改跟着想停当了，所以然也都说得出来了。这样考虑一番是大有作用的一回练习。文章虽然是人家的，而把它看做自己写的，考虑它的优劣正误，势必从动笔之前的立意谋篇想起，一直想到完篇之后的反复推敲，才说得出种种所以然来。说出的种种所以然不一定全对，那不妨事，重要在于仔细考虑了一番，认真练习了一回。练习的回数多了，成了习惯，动笔就有了自觉地辨别优劣正误的能力。以上说的是预先把取供讨论的文章发给学员的用意。到讲的时候，学员不仅是来听讲，更是来跟主讲人互相印证。他们想的跟主讲人说的一样，想对了，学习情绪当然得到鼓舞。想的跟主讲人说的不一样，就要探索不一样的缘故，或者是自己确然想错了，或者是这样那样两可，或者是主讲人说的不如自己想的周妥，就提出来共同讨论，求得个究竟。无论属于哪种情形，经过进一步探索讨论，印象必然更深，理解必然更透。还有一种情形，他们没想到的地方，主讲人却提出来说了，这时候将会省悟自己的眼力还不够敏锐，考虑还不够周到，往后要加强注意才行。总而言之，学员听讲一直处于主动的地位，在思考，在衡量。而这样的思考和衡量又是一回认真的练习。

从去年起，渐渐听到一些学员说自己的经验了。大致是这样的意思：以前写文稿，没有什么把握，可以说是信笔所之，写完了也不知道成不成。如今能在动笔之前多想想，规划好了才动笔，完篇之后复看，哪些地方该增该删该改，也大概有个数了。又听到一些学员所属单位的领导人说，以前某同志起的文稿往往不合用，把它一改，有时完全不是原样了，如今他起的文稿大多能合用，就是要改的也只有少数几处了。以上说的反映表明这些学员经过精勤的钻研，写的能力确然有提高，达到了或者接近了适应实际工作的地步。从此可见语文学习讲座设文章评改的功课，路是走得对的。今后还得在实践中逐步改进，做到所有学员都真正受益，能够适应实际工作的需要。

中华函授学校辑这些讲稿交给上海教育出版社出版，意在扩大它的服务范围，供应切盼提高写的能力的人阅读。象参加学习的学员那样，感到自己写的能力不很适应实际工作的需要，因而切盼提高的，社会上还有相当多的人。如果这些人阅览这一册书，钻研劲儿跟学员同样地精勤，他们该会得到益处吧。阅览这一册书，可以先看取供讨论的文章，仔细考虑它的优点缺点，直到说得出种种所以然,然后看主讲人怎样说。看了主讲人说的,还是要独立思考,细心衡量,免于被动。要是这样做,练习的过程就跟学员一样,该也会得到跟学员大体一致的成效。

料想中小学语文教师会欢迎这一册书,拿来作评改学生作文的参考。参考当然可以。如果完全仿照,那就不怎么合适。学员是自己先下了一番功夫,然后来跟主讲人互相印证的。主讲人从全体学员想得到的和想不到的广泛地考虑,就不能不尽可能多说,重要的说,次要的也说,大问题说,小问题也说,这才能使大家得到印证,各自满足。语文教师评改学生作文,情形不尽相同。教师首先要顾到学生的实际能力。根据学生的实际能力,各个阶段的作文训练就得各有重点,不能像这一册里的讲稿那样,一下子把任何方面都说到。要是也像讲稿那样评改,学生将会感到头绪纷繁,把握不住,这就得不到多大益处。再说,这一册里取供讨论的文章,特别是报刊上发表的文章,立意是可取的,至少没有大问题,选取这样的文章,为的是便于就表达方面多斟酌。而看学生的作文,首先要看立意。如果立意有不妥当处,必须指明,并且通过教育工作切实地帮助。这又是个不同的情形。总之,这些讲稿是学员跟主讲人共同斟酌的笔录,并非学校作文评改的范例,所以只能取供参考。不为讲稿所拘,而在评改的实践中取它的某些方法,那可以说是善于参考了。

# 端正文风①
## ——在新华社国内记者业务训练班的讲话

我今天要说的意思是端正文风。打算讲八点意见。

（一）端正文风是大家的事。

（二）为谁服务？

（三）反求诸己。

（四）写文章的人要做杂家。

（五）语法、修辞、逻辑。

（六）不说套话，不用老调。

（七）文章要尽可能短。

（八）养成写作的好习惯。

**现在说第一点，端正文风是大家的事。**

"四人帮"造成了极端恶劣的文风。他们专说假话、大话、空话、废话，还说绝话。那些日子里，报纸、刊物（报纸大概可以以《人民日报》为代表，刊物大概可以以《红旗》杂志为代表），谁也不爱看。重要的一个原因就是非常厌恶那种极端恶劣的文风。

文风是作风，也是思想风。前年粉碎了"四人帮"，大家马上提出要改变文风。这是必要的，所以也就是必然的。经过一年多以来批判"四人帮"，文风有些改变。这在《人民日报》、各省报、刊物上都能看出来，可以说是很好的开端。

端正文风是大家的事，必须大家当成一回事来干。单在报上登一篇文章，鼓吹鼓吹，号召号召，不够。我说的大家，不限于记者、作家，凡是写点书稿，写点文稿的人（文稿包括报告、通知、讲义），乃至写一封信，写一张字条的人，都包括在

---

① 原载《中学语文教学》一九七九年第二期。

内。文风是风,风是刮来刮去的,彼此影响的。所以,唯有大家来说一种端端正正的好风,才能彼此促进,共同提高,造成新中国的好文风。

大家都要来干,但是重要的是三个机构:一是新华社,二是《人民日报》社,三是广播电台。新华社一天要发许多稿,还要用许多种外国文字向国外播出去。电台除了向国内广播以外,还要译成好多种语言对外广播。假如这三个机构都重视,还在实践当中真的来做,文风的改变就大有希望了。

**第二点,为谁服务?**

毛主席有一篇《对晋绥日报编辑人员的谈话》,诸位是一定要学的。但是,单知道了,讲得出,回答得出,不算。要在工作中体现出来。还有一篇《在延安文艺座谈会上的讲话》,诸位也一定学过。当时,在场听的都是做文艺工作的人,当然是讲文艺了。我看,这篇讲话不仅是讲文艺创作,实在是讲了怎样做人这个根本性的问题。就是从怎样做人、做什么样的人这个根本性的问题来讲文艺创作的。请看,这篇文章讲到立场、态度、工作对象、怎样创作,还有学习。这些,岂不都是怎样做人、做什么样的人的事?这些,是什么人都要注意的,不限于文艺工作者。

大家记得,"四人帮"横行的时候,有的记者、编辑成了"四人帮"的爪牙。《人民日报》有个做总编辑的,这个人真莫名其妙,那就拿他来作代表吧。他们仗势欺人,乱搞一气,说假话,说空话,造谣。所以做人是做工作的根本条件。无论做什么工作,首先要明确的就是为谁服务。然后才谈得上其他,包括端正文风的事。

**第三点,反求诸己。**

咱们都是动笔的,都要写文章。写文章不像写日记,不给人家看的;是发表出来,一定要给人家看的。这就先要考考自己。怎么考法?如讲一个道理,先问问自己:这个道理我自己懂清楚了没有?又如碰到一个场合,或者参加一个会,干一件工作。有的人往往写这个会场怎样叫人感动、兴奋。假如我在场,就要先问问:我自己感动不感动?假如自己不感动,还要叫别人感动,那就怕很难了。又如要劝人家学,劝人家干。那么,请问:你学不学?你干不干?不能光要人家干。诸如此类。总之,写文章的人要认定,我跟读者是一伙里人。咱们都是一伙人。就是我在你们之中,不是在你们之外。这叫群众观点。

今天,《人民日报》转载了一篇《吉林日报》特约评论员的文章:《写文章、讲话都得交心》。我看这篇文章好。"交心"是现在常用的话。这就是说作者和读者站在一起,心心相印。写文章,作报告,无非是拿一点我听到的,看到的,真懂得、真体会到的东西来告诉读者和听众,并不是舞文弄墨,随便说两句花言巧语来骗读者和听众。所谓舞文弄墨,花言巧语,就是哗众取宠。哗众取宠是不行的。所以这是一件极严肃的事情。我不是记者,但是当过编辑。记者、编辑都要有这个认识,而且要能够实践。

**第四点,写文章的人要做杂家。**

咱们干写文章的工作,总要尽可能有丰富的知识。鲁迅曾经写信给一位搞文学的青年说:"专看文学书,也不好的。先前的文学青年,往往厌恶数学,理化,史地,生物学,以为这些都无足轻重,后来变成连常识也没有,研究文学固然不明白,自己做起文章来也糊涂,所以我希望你们不要放开科学,一味钻在文学里。"鲁迅这几句话,对于记者、编辑都极有用。鲁迅没有说下去,一味钻在文学里怎样。他的意思其实就是说,你一味钻在文学里,文学也是研究不好的,创作也是不会成功的。所以要各方面都知道一些。无论做什么工作,总是多学一些东西、多懂一些东西好。当记者、编辑,要报道,要知道的东西,方面极广。

在当前这个新时期里,要极大地提高整个中华民族的科学文化水平,实现四个现代化。自然科学方面,最大的门类是六个字:数、理、化、天、地、生;社会科学一般地是文、史、哲,还有其他。自然科学、社会科学两个方面,内容这么广泛,而且这些东西都是人们日常要接触的。怎样跟上这个形势,恐怕跑步跟还不够呢。

我看了到一九八五年的科学规划简报,有好些不懂。往往常识性的东西都不懂,要好好学一点常识才行。科学里那许多门类,宏观世界,微观世界,各式各样。还有宏观、微观的相互交叉,复杂得很。不懂,怎么去报道?咱们不是专门搞科学的,但是起码的常识应该懂一点。如报道一个专家,他讲得很专门,咱们自己不懂,写下来登在报纸上,人家只看到一些字,不懂什么意思。这起码是对读者不负责。如高能物理、遗传工程是什么东西,假如我们不懂,就把这几个字写进稿子,登在报上,不就是对读者不负责吗?

现在这个时代,和我们小时候完全不同了,和四十年代、五十年代也不同了。你不能说,时代变不变我不管,我还是搞三十年代、二十年代的。这是不行的。所以,记者、编辑没有比较广泛的知识,无论到工厂、农村,都无法发现问题,挑重要的值得报道的东西来报道。没有常识,怎么能写出言之有物、准确鲜明的新闻?怎么能不使读者看了半天,结果只好叹一口气说:"我只看到纸上的字,没有看到什么东西。"要给读者看到东西,这就要有知识。要有知识,就要随时随地吸收,随时随地搞清楚,不要含糊、笼统,以为大概是这么一回事就算了。

杂家这个名词,这里是借用来表示写文章的人知识要广泛。《汉书》里的《艺文志》把古来的诸子分为十家,说,"共可观者九家而已。"杂家就是可观的九家中的一家。我说,我们要做个杂家。唯其杂,才能在各方面运用我们的知识,做好报道,写好文章。

**第五点,语法、修辞、逻辑。**

毛主席曾在《工作方法六十条》中提到,学点语法、修辞、逻辑。学这些东西很必要,因为这些东西跟思想方法、表达方法有关。学这些东西,主要的不在于只知道书上怎么讲而已,而是要把从书上学来的知识化为自己的实践,能够熟练地运用到说话、写文章。化为自己的东西,在日常工作、生活中运用,才能把话说好,把文章写好。如语法,什么叫定语? 定语是附加在名词上面的。什么叫状语? 状语是附加在动词、形容词或副词上面的。回答得出来,可以得到一百分。算不算? 我说,不算。不会用,得一百分,只能骗骗自己。必须练成功很熟练的能力,连想都不必想,就能判断这里到底要不要用定语,那里到底要不要用状语。如果要,该用什么样的定语、状语才合适。比如某某人,可以加上"坚强的"、"勇敢的","什么的什么的",都叫定语。到底给这个人加什么定语适当呢? 这个很重要。又如状语,为什么人干杯,为什么什么干杯。"为什么什么"是状语。状什么,就是状这个"干杯"。你回答得出这些还不够,还要看你在一个场合,一个会上,到底说哪个为"什么"干杯最恰当,这个很重要。所以,能够用好定语、状语,不容易,这个本领要练。要练成这个本领,不是一天的功夫。

修辞,花样很多。用一个比喻,用一句成语,都是修辞的方法。用一个比喻,要能比不用比喻更鲜明、更生动、更能够打动读者。这就要挑选适当。比喻就是用这个比那个,就是要使大家对"那个"有更鲜明的印象。假如达不到这个效果,你何必用? 成语、比喻要用得适当,也要有熟练的基本功。要不必多想,马上就能判断下来。如果考虑一个比喻要花很多时间,那就麻烦了。现在报纸上常常见到"司空见惯"这个成语。还有一个成语叫作"东山再起",也盛行了一阵。

我说，"司空见惯"这种成语最好不用。"司空见惯"无非是告诉人家，这回事是大家看惯了的。这个成语是从唐朝刘禹锡的诗里来的。刘禹锡做苏州刺史，有一次赴宴，主人招了歌伎到宴会上唱歌。刘禹锡倒觉得不舒服。他做了一首诗，前两句是说歌伎的，第三、四句说："司空见惯浑闲事，断尽苏州刺史肠。"《唐诗纪事》说那主人是大司马，这是太尉的别称。在唐朝，太尉、司徒、司空为三公，都是表示荣宠的加衔，不设官属。诗里的司空，大概是就三公的关系说的。苏州刺史是说他刘禹锡自己。这首诗的意思不过是说这个主人对于这样的歌伎是看惯了的，没有什么。我刘禹锡看来却觉得不大好，肠要断了。肠当然没有断，就是说看了不舒服。那么照现在说，这件事是大家看惯了的就行了，为什么要把"司空"请出来呢？你说生动，我说不生动。你说漂亮，我说不漂亮。人家不懂的，还说得上什么生动、漂亮？这样写，实际上是没有群众观点。新华社发出去的消息，看的人不知有几千万、几亿。知道"司空见惯"的来历的，我看不会多。当然读旧书的人懂，那是旧时代的事情。为什么要给读者作难？这就叫作没有群众观点。

"东山再起"才妙咧。前一个时期，报纸上常常用，用错的极多。我有个朋友注意到，用对的只有一次，就是去年说邓副主席恢复工作用对了。为什么说用错的多呢？这要说"东山再起"这句成语是怎么来的。东晋时有个谢安，很有声望，原来隐居在浙江绍兴的东山，不出来做官。后来做官了，建立了卓越的功绩。有名的淝水之战，就是在他筹划部署之下取胜的。"东山"是指代谢安。后人因而颂扬有声望的人退隐了再出来当政叫"东山再起"。所以这个成语要用在正面人物上，不能连坏人再上台都说是"东山再起"。为什么那样喜欢用成语？当中有一个思想，以为用这种东西使文章漂亮，有文采。其实，这实在不成为文采。干干净净生动鲜明的话才叫有文采。如果你从古代的仓库里随便找一点破旧的东西放到文章里去，不值一文钱，那还能算有文采？

逻辑，这里指的是形式逻辑，不是辩证逻辑。简单地说，形式逻辑无非是讲一点推理的规律。推理好像数学那样，怎样加减乘除，一个式子等于下一个式子，再等于下一个式子，一路等下去，得到一个答数，一个结果。逻辑无非是讲推理的方法，都是从人的推理方法上总结出来的东西。这个东西要学一点，学了主要是为了用，随时随地能够用，并不是预备人家来考的。说话，写文章，要能够随时运用才行。

**第六点,不说套话,不用老调。**

老套子、老调子,说惯了,唱惯了,很不新鲜,大家听得厌烦了。话说成了老套子,写成了老调子,就不鲜明,不生动。看的人、听广播的人,一看到、一听到这类东西,就觉得"呀,又来了!"什么"又来了"? 老套子又来了,就不想仔细地看,仔细地听。他们想:"哦! 原来这样,可以跳过去不听。""哦! 又来这个! 可以跳过去不看。"如果我们说的话,写的文章,让人们跳过去不听、不看,这就麻烦了。要使人家非听不可,非看不可,不肯跳过去,这是非常必要的。比如"意气风发,斗志昂扬"八个字,现在似乎结成了亲密的友谊,不能分开,天天听到,天天看见。我说,能不能把意气风发,斗志昂扬的情景,用你鲜明生动的话描摹出来,使我这个没有在场的人仿佛亲眼看到一样呢? 假如你办得到,我就喜欢看喜欢听了。光用八个字,说一个工厂、一个大队意气风发,斗志昂扬,错不错呢? 没有错。但是人家要看的是某厂某队意气怎样风发,斗志怎样昂扬,你偏不讲,就来这八个字,这样写固然不用动脑筋,可是读者和听众失望了。

还有哩,也是常看见的,如开什么大会,领导接见什么代表,总是写领导人"红光满面,神采奕奕,健步登上主席台,频频挥手致意"。这类话常常碰到,很容易写,不必动脑筋。人家看了,也要跳过去的,也会说"又来了!"能不能换一换,变一下写法,把会场上的领导人、参加会的人有什么特点写一写呢? 假如写点特点,不用那些套话,当然要动动脑筋。我看这个脑筋值得动。为读者,值得动;为宣传,值得动。

举个例子。叶剑英副主席在五届人大会上作修改宪法的报告,说到最后一段:"再过二十三年,跨入二十一世纪,你看我们的社会主义祖国会变成什么样子吧!"这时候,叶副主席非常激动,会场上的人也非常激动。后来,电视播送了这个情景,叶副主席当时的神态、当时的声调,都从电视里播出来了,我想,这个很可以写一写呀。但是没有在报纸上看到报道。

再举个例子。我们现在的报道里,往往有一个先进工作者或者科学家讲自己的工作经验,末了,就来这么一段:"我虽然作了一些成绩,但是距离党的要求很远,我要在什么什么之下,在什么什么之下,再努力奋斗。"这叫结笔,好像是必需的。我看,这也是套话。自然,这也要分析。如果一个先进工作者或者科学家把自己的工作经验讲一通,好像自己了不起,非常自满了,当然不好。要说自己虽然做出一些成绩,自己并不满意,对党对国家来说也做得很不够,这当然好。

假如把自己做得不够的地方在哪里,或者还有什么缺点,以及准备怎样改正缺点也写一写,这就会更好些。我这样讲,可能是求全责备。对人家最好不要求全责备。对人家求全责备,这叫苛求。但是对自己还是应当严格要求的。

**第七点,文章要尽可能短。**

文章自然要言之有物,要环绕一个中心,把意思说清楚。五百字可以说完的,不要说到六百字。说完了就完。内容实在多了,当然也不妨长。当短的短,当长的长,这叫适当。前几年,报上好像什么文章都要满版,就是"四人帮"的那套歪风膨胀。影射史学、影射文学,什么影射的东西都要一大版。现在好像有改变了,《人民日报》好像在注意登短文章。我想,还要大家注意尽可能短。

还有,标题要鲜明,让人看了标题就知道你讲的中心是什么。这个,记者、编辑都要注意。现在大家忙得很,只能在不长的时间里看看《人民日报》,各地方的人多半是看看省报。看报,大多数是先看标题,挑要看的来看。所以,标题要鲜明,文章要短。《人民日报》的同志告诉我,他们在改变排版的格式。改了后,一天可以多登几千字。我说这当然好,也是一个办法,但是这还是次要的。研究怎么写得短,是主要的。如果都注意尽可能写短文,那么从排版中腾出地位还是次要的。现在几乎每篇文章中总有一些不必要的话,把它圈掉,地位就多出来。地位多出来了,岂不是就可以多登些东西了?岂不是就可以满足各方面读者的需要了?所以,短,不仅是篇幅问题,也有个群众观点的问题。不管人家时间够不够,不管人家有没有功夫看我的文章,这样,你的群众观点也少了一点。你写文章,应当想想看的人,特别是现在和今后,一九七八年的现在和今后,看报纸、看杂志的人是什么样的人?是非常繁忙的人。这些人没有功夫来看你的大块文章。你的文章非大块不可,大家也不怪你。但是,可以写成小块的偏要写成大块,那你太自由了。这个自由,就是不顾人家,所以说有个群众观点的问题在里面。

**第八点,养成写作的好习惯。**

我们动笔的人要养成好习惯。大概有些什么好习惯呢?我说,文章写在纸面上,跟两个人、三个人在一起聊天有所不同。写文章总是为了一个目的。或者是很大的目的,包括许多东西,许多部分。或者只是一个很简单的目的,一个小目的。总之,是为了一个目的,普通的说法叫作主题。写的人要养成一种习惯,就是首先要考虑:我要告诉读者什么,怎样使人家完全明白我所说所写的,不至于误会。然后考虑用什么材料,什么语言,才可以达到我的目的,表现出文章的主题。想好了,来个提纲,写在纸面上,记在脑子里,都可以。这个习惯养成了很方便,不至于写了上一段还要考虑下一段怎么办。这是讲动笔之前。

文章写好了,马上交卷不行。要自己看,看一遍不够,要看几遍。工厂里,一个设计一次成功恐怕是难得的。我们写文章一次成功,恐怕也是难得的。文章总得要改的。开头起草,一定有缺点,有漏洞,有毛病。所以写完了要看几遍。看,就是自己审查妥当不妥当,完整不完整。假如我原来的想法不到家,或者我写出来的话没有针对我所想的,那就要改了。改,就是要使文章切合我所要表达的那个主题,达到我的目的。

我是当过语文教师的。语文老师给学生改作文,也得有个道理。你对学生说,这个地方要改,我给你改了。为什么改呢? 这个地方写得不大好,这不是回答。什么叫不大好呢? 你要说出来,或者这个地方跟事实不符;或者你这句话说得不准确,没有这样说法的,你瞎说;或者人家要发生误会的。这样,对学生才有点用处。我们自己改文章,也应该问问为什么要改,怎样改才合适。这个习惯也要养成。

还有一个办法,我倒是常用的,就是比较。觉得这个地方要改,不妨想出两个三个改的办法,经过比较,挑选一个。这样,容易改得精一点。用老话说,就叫作推敲。推敲就是比较。唐时贾岛想到一句诗"僧推月下门"。想改"推"字作"敲",从推和敲的动作来研究比较,难决定。韩愈说,用敲字好,以后斟酌怎样修改好文章,就叫推敲了。假使改稿能有几个人共同商量一下,那就更好了。经过商量挑选出来的做法,总是比较好的。

写在纸上的文章,跟口头说的话,有同有不同。同的地方是,写在纸上的和口头说的都是现代话,就是我们现在说的普通话;不同的地方是,口头说话往往罗嗦,书面的话一定要求精而简。精简,也是做到短的要点。口头说话,可以天南海北,说着说着也不知说到哪里去了,那是随便聊天。写文章不是聊天,要比口头说话简洁得多。还有一个不同的地方:口头说话可以借表情、手势,帮助对方了解你的意思。而书面说话,人家看不到你的脸,也见不到你的手势,只能依靠文字来了解。因为有这个同的和不同的地方,文章改完之后,最好是念一两遍。这也是个好习惯。怎么念法呢? 要跟平常说话一样地念,而不是像有些同志在会上作报告念稿子那样念法。要念起来上口,听起来顺耳。这也是对自己的考试,我看很要紧。要念到没有什么别扭,没有什么听不明白的地方才好。

现在广播事业有很大的发展,许多东西要广播。工厂、农村、各种机关都用广播来通报什么东西。所以,写出来的东西要念起来上口,听起来顺耳。我举两个念不来的例子:"步某某的后尘","继承某某的衣钵"。广播员当然念出来了,但是咱们几亿人听广播,到底有多少人懂得? 你为什么要说这种话呢? 有群众观点的人就不会写出这样的话来。他这样写了,就是忘记这个东西要登在报上,要广播的。这种脱离群众的写法,最好不用。我看,新华社也可以注意,能不能劝大家不用?

总而言之,写文章要顾到两个方面要约束自己,要顾到读者。自己要尽可能写得准确、鲜明、生动,念起来上口,听起来顺耳。要站在读者的地位上着想。我们和读者就是靠文章来交心的,这个一点也不能马虎。这就叫群众观点。

一九七八年四月二十日

去年四月间新华社招我去讲话,后来把记录稿送来让我看,题目叫《叶圣陶同志在新华社国内记者业务训练班上的报告》。那时候我在医院里割除胆结石,手腕上插了输液的针,头脑似清醒非清醒,记录稿没有看。

新华社在内部刊物上印了这篇稿子,后来有三四种刊物又转载了。我每看见一回总觉一阵羞愧,因为当时信口谈谈,说错的,说乱的,辞不达意的,前不搭后的,往往而有。想到看我这篇稿子的同志方在耐心细看这样极其平常的文稿,真感到无地自容,万分对不起。

现在《中学语文教学》又来跟我商量,说要转载这一篇。推辞既不成,我只得考虑修改记录稿。可是病后心思不能集中,执笔修改连续半小时就不成,因而修改的办法又做不到。

直到本月初,我才与一位极亲密极钦佩的老朋友商谈,我现在自己没有能力改这篇稿子,而要重新登载又非改不可,假如您能代我仔细改一通,我就放心了,我就对得起读者了。老朋友爱护我体谅我,一口答应下来,绝无迟疑。昨天清早,他把改过的全稿交来了,真叫我说不出半句感激的话来。我兼用眼镜和放大镜看这份修改稿,心里只有一个念头,要是由我自己改,决然改不到这么满意。

末了儿补一句,希望看过以前记录稿的同志再看一遍这回的修改稿,给我一个补过的机会。

一九七九年六月二十一日,叶圣陶记

第
五
辑

　　熟读名文,就是在不知不觉之中追求语言的完美。诵读的功夫,无论对语
体对文言都很重要。仅仅讨究,只是知识方面的事情,诵读却可以养成习惯,
使语言不期然而近于完美。

# 文章病院①

## 第一号病患者——
## 辞源续编说例　据商务印书馆初版辞源续编

　　辞源一书。自民国四年出版。不觉转瞬已十余年。〔"不觉"与"转瞬"作用相同，都说"十余年"过去之快。此二辞必有一辞是赘疣，须割去。〕此十余年中。世界之演进。政局之变革。在科学上名物上自有不少之新名辞发生。〔这里的数语连在一起看，实难明白表达的是什么意思。原意若是"世界演进了，政局变革了，科学方面名物方面自有不少的新名辞发生"，那末，"世界之演进，政局之变革"，两个"之"字是多用的，"在科学上名物上"的"在"字"上"字都用得不适当。原意若是"因为世界演进，政局变革，科学方面名物方面有不少的新名辞发生"，那末，除前面所指出的毛病外，"世界"之前还少一"因"字，而"自"字是多余的。＊揣摩这里的语气，"世界"与"政局"并列，"科学"与"名物"并列，而以"科学"应"世界"，以"名物"应"政局"。世界演进，科学研究益精，因新发明新发见而产生新名辞，那是不错的。但是，"政局变革"与"名物"有什么关系呢？＊科学上发生新名辞，讲得通；名物上发生新名辞，讲不通。"名"是事物之名，"物"是器物。"名称器物上发生新名辞"，这样的话谁能懂？〕所受各界要求校正增补之函。〔"所受"的受者是谁呢？不说明白是不行的。〕不下数千通。有决非将原书挖改一二语。〔从事出版事业的人看到这里，当能知道"挖改"是说挖改纸版。一般人看了，恐怕不能明白。这里又明明写着"将原书挖改"，不将使人误会为挖破原书，再把改正的文字贴上去么？〕勘误若干条所能餍望者。〔"勘

　　① 原载一九三二年二月一日《中学生》第二十二号。这一期载有《文章病院规约》六条，说明了只诊治病患者本身——文章，使公众知道如此是病，即不如此是健康，是正常，对于作者绝不作任何评论。

误"是勘正错误的意思,这两个字不是一个动词。但这里必须用一个动词,与先行的目的格"原书"相呼应。试令先行的目的格"原书"归原位,说"挖改原书",可通,说"勘误原书"不可通,便足证"勘误"之有毛病了。若改作"勘正"便妥。)

若照外国百科全书及各大辞典之例。每隔数年。增订一次。新著出版。旧者当然作废。〔这里不妨说"使用者多舍其旧而别购新者",但不能说"新著出版,旧者作废"。在"作废"之上再加一个"当然",好像这是什么法令上规定了的事,尤属不妥。出版家岂能在报纸上登一条广告,说某某大辞典新版已出,所有旧版"当然作废"呢?〕然我国学者购书。〔本文各处所用"学者"二字含义并不一致,本节的"学者"只指购书人(看本语和"大半皆在学者之手"一语可知),而末节的"专门学者""当代学者"又指学问家了。同样的辞语在一篇中间不宜有歧义。)物力维艰。〔"物力"并无财力或购买力的意义,这里用错了。〕辞源出版以来。销行达数十万册。大半皆在学者之手。故重订与增补。均为著作人应负之责。而应付一时之需要。尤以增补为急务。〔依据这里的意思反过来说,假使《辞源》大半并不在"物力维艰"的人的手中,著作人便可不负增补的责任。这成什么话? *这一节意在说明不着手重订而只从事增补的理由。若先说著作人原有重订和增补的责任,次说"学者"购买力有限,不能不顾及,故现在从事于增补,这样就没有毛病了。〕

并且当辞源付印时。〔上节说到"以增补为急务",这里回叙到"《辞源》付印时"直捷地说就是了,绝对用不到"并且"。〕已发觉有少数重要辞类。漏未列入。因制版已就。无法增加。嗣后叠版时虽略有挖改移补。未能尽量加入。亦惧先购者之向隅也。〔如无"亦惧先购者之向隅也"一语,并不觉得缺少什么,今有此语,却犯了意思不周密的毛病。"叠版时略有挖改移补",先购者就不向隅了么?要不使先购者向隅,只有依照原样叠版,一字不改。〕故所积应补之辞。与年俱增。加以文体不变。报章杂志。多文言语体兼用。在昔日不甚习用之语句。〔辞书所收为辞语,这里"语句"应作"辞语"。)后来成为常言。〔"后来"指现今呢,还是今后呢? 意不明确。〕是不独新发见之事物。月异而岁不同。即旧有之文物宪章。因时世推移。不能不变更去取之目的。〔从"加以文体不变"到这里,读下去似颇有文腔,细按之,便将莫名其妙。先说"不甚习用之语句""成为常言",次说"新发见之事物月异而岁不同"和"旧有之文物宪章"须"变更去取之目的",中间用一"是"字,表示它们有因果关系。但它们的因果关系在哪里呢? *揣测原意,这里当是说对于文物宪章须变更去取之目的,那末"旧有之"之前应有一"于"字。＊试问为什么要"去取"呢？当然为了增补《辞源》。但本节绝未说到增补《辞源》，上节也只说到"以增补为急务"，并未说到从事增补，怎么就"去取"起来了？＊"去取之目的"就是"文物宪章"，怎能"变更"？这里"目的"二字用错了。若改为"目标"或"准绳"便讲得通。〕

　　当辞源出版时。公司当局。拟即着手编纂专门辞典二十种。相辅而行。〔单说"相辅而行"欠明白，应作"与之相辅而行"。〕嗣后陆续出版或将近出版者。（"嗣后"与"将近"不相呼应，"嗣后陆续出版"，可通，"嗣后将近出版"，不可通。若改作"迄今已出版及将出版者"，便没毛病。）有人名、地名、动物、植物、哲学、医学、教育、数学、矿物等各大辞典。故辞源所取材料。均以普通应用为原则。〔"所取材料"就是辞类，辞类本身是无所谓原则的。这里应作"故《辞源》所收均为普通应用之辞类"方妥。〕各科术语及人地名等。或因切于实用。或因习于见闻。均视同故事成语。不涉专门范围。今所增补。仍用此例。〔"所增补"就是增补的辞类，辞类本身是无所谓"例"的。这里应作"今兹增补"，"增补"是一种行动，这才有"例"可"用"〕于人地名所增綦少。不外与政治掌故有关系者。〔"不外"二字甩在这里不适当，若改"唯"字便妥〕始行列入。其余宁缺毋溢。以各有专书在也。唯现在科学时代。〔就字面看，似乎"科学时代"始于"现在"；就前后意义看，也似乎编辑正编时还不是"科学时代"。这与实际不合。其实这里"科学时代"四字大可省去，简捷地说"唯现在杂志中各科论文日多"，就没有毛病。〕杂志中各科论文日多。虽专门之学。多为学生应知之普通常识。〔这里忽有"学生"出现，殊觉突兀。大家知道《辞源》并非专供学生使用的。为前后一贯计，也应作"学者"。＊说"普通知识"可通，说"常识"亦可通，唯说"普通常识"不妥。因为没有"特殊常识"，所以不应说"普通常识"。〕且各科自有系统。〔既已说明各科术语等视同故事成语，不涉专门范围，这里却又说要收科学辞语，涉及专门范围，未免自相矛盾。若欲免除矛盾，就该去掉"仍用此例"的话，说现在一般人须阅读各科论文，故增补《辞源》，应当略变前例，兼收专门辞语，这才妥当。）不能取甲舍乙。〔所谓"甲""乙"，甲科乙科呢，甲系统乙系统呢？揣测原意，是说每科辞语自有系统，不能任意取舍。这意思用"各科自有系统，不能取甲舍乙"来表达，是不会明白的。〕故所收较多。将正续两编性质比较。一则注重古言，一则广收新名。正书为研究旧学之渊薮〔"正书"二字不切当，普通说正书，对疏证、注解等等而言，例如《文心雕龙》对于《文心雕龙札记》是正书，《史记》对于《史记索隐》是正书，《辞源》对于《辞源续编》，情形与此不同。＊

"渊薮"就是"荟萃之区"。若说"旧学之渊薮",是讲得通的。这里说"正书为研究旧学之渊薮",《辞源》是研究旧学的荟萃之区,这成什么话?〕此编为融贯新旧之津梁。〔只能说"贯通新旧之津梁"。"融"字与"津梁"并无关合,故不可用。〕正可互救其偏。〔通常说"补偏救弊",这里说"救偏",未免生硬。前面说了《辞源》的好处是什么,《辞源续编》的好处是什么,接下去说,应是"正可相资为用"。〕

辞源引书不下数百种。除本事与传纪题目有关系外。〔揣测原意,"本事"当是《辞源》所收辞语之有本事者。单用"本事"二字,怎么表达得明白? ＊"本事与传纪题目有关系",意极含糊。若说"本事出于传纪",就非常明白了。＊丢开上两点不讲,"关系"下缺少一个非有不可的"者"字,也是重病。这里说的是"本事与传纪题目有关系"的辞类,"者"字就是代"辞类"的代名词。〕多不注明篇目。因断章取义。已可证明辞之来源。〔查《辞源》"断章取义"条云:"谓引证书籍文字,取其一段或一句之义以为我用,不问作者之本意也。"这如何"可证明辞之来源",颇难置想。＊这里讲的是注不注篇目的话,辞书职责又并不在"证明辞之来源",故"证明"二字殊不切当。〕因亦须乎篇目也。〔"因亦"当是"固无"之误。〕间亦有本书难得。即沿用类书转引之辞。清代学者。多根据类书证补经子佚文。则类书亦自有其价值。近年以来。因校订各书。发见类函韵府所引与原书歧异者甚多。〔"类函""韵府"是什么书呢? 这里说到类书,大概指习用的"《渊鉴类函》""《佩文韵府》"而言。这绝对不能作如此简称。称"类函"的尚有明俞安期的"《唐类函》",称"韵府"的尚有元阴时夫的"《韵府群玉》"。现在作简称,怎能叫人知道是此非彼呢?〕即最有价值之经籍纂诂。〔"纂"字是"籑"字之误。〕亦且闹出以人名作义训之笑话。纂诂真韵季字下有至也一训。引国语周语叔迁季伐注。按原文。今卻伯之语犯。〔"卻"字是"郤"字之误。〕叔迁季伐。韦昭注。伯、锜也。叔、鞸也。季、至也。至谓卻至。〔"卻"字是"郤"字之误。〕故本编于类书中可疑之辞。多不敢引用。所采经史子各条。不仅补列篇目。〔"本编"是新编的,怎么能说"补列"? 应作"标列"。〕并一一校对原书。版本不同者。同时或参校数本。其佚文佚书未能对证原书者。则指明某类书引某书。以存真实。

各科系统。皆经科学专家严格审查。分别去取。〔"系统"是事物间相互联络的关系或顺序。例如动物学的系统为门、纲、目、科、属等。"各科系统"早经审定,辞书又是管不到"各科系统"的,何待"科学专家严格审查"? 又说"分别去取"，"各科系统"如何能"分别去取"？譬如有一个动物学专家在这里，对于动物学的系统，他能去门取纲，去目取属么？这里的毛病在于误用"系统"二字。若改作"辞类"，便讲得通。〕而学说有新旧。试验方法有繁简。皆取最新最通行之学说。〔先是"学说"与"试验方法"并举，次说"皆取最新最通行之学说"，却把"试验方法"丢开了。说话作文怎能这样地不顾前后？若改作"皆取最新最简者"，文字上就没有毛病，只剩是否该取最简的试验方法的实际问题了。〕于排校时随时损益改纂。往往一条易稿数次。并由各专家负责签字以期尽善。其他叙述西史。〔前面说"各科"，这里说到"西史"而冠以"其他"，难道"西史"不在各科之内么？若说前面的"各科"指自然学科，那末单用"各科"二字决不能使人明晓。＊辞书"叙述西史"，不就同于"西史"了么？要免除误会，"叙述西史"应改作"解释出自西史之辞类"。〕如要重之战争和会、著名之种族系统。〔"要重"当是"重要"之误。"战争""和会"是两个名词，那末"种族""系统"也应是两个名词，但是著名的系统是什么东西呢？〕皆据确切之记载。新名辞如第三国际、不合作运动等。〔"第三国际"和"不合作运动"也自有类可归，不得笼统称为"新名辞"。〕皆详其源委。不加论断。〔辞书本非"论断"的著作，"不加论断"一语是多说的。〕

此外略例之可言者。

（一）单字之增补　凡与辞类有关系之单字而正篇所无者。〔这里又称《辞源》为"正篇"。举名称物，不应这样漫无规制。〕均尽量补入。唯辞章家习用之骈语。〔看下面所举的例，固然是辞章家所用的，但并不"习用"。〕仅取形声无独立之意义者。〔既称"骈语"，明明指一对的字而言，例如"崌嶙"。"崌嶙"如何"无独立之意义"？这里若作"共单字仅具形声无独立之意义者"，就妥当了。〕则在本条下注明读音。不另列单字。如山部之岹峋、崌嶙。水部之濯涣、瀴溟等。

（二）意义之补充　正编原有各条。意义尚未赅备者。本编重行列入。而以阴文❷以下之数码注明之。如子集一介条所补为第三义。三官条所补为第二第三两义等。

（三）译名之审慎〔（一）（二）（四）（五）例的标题曰"增补"，"补充"，"互见"，"增改"，都是动词作名词用，唯这里"审慎"是形容词作名词用。凡开列项目，并举标题，须彼此匀称。这里若改为"译名之复见"，就较为妥善。〕西文迻译汉名凡正编原有者。悉依正编译名。正编所无者。均依本馆所出外国人名地名译音表为标准。〔说"以……译音表为标准"，或说"依……译音表"，均可，唯说

"依……译音表为标准"不妥。〕使归一律。〔或"依正编译名",或"依本馆所出《外国人名地名译音表》",怎能"使归一律"呢?〕唯报章或通俗习用之译名。出于上二例以外者。多复见以便读者。如地名维丹补出凡尔登。物名华摄林补出凡士林之异译等。〔"之异译"三字大可省去。本节专讲译名,省去了也很明白。否则"凡尔登"之下也须有"之异译"三字才行。〕

(四)正续之互见 正编中两辞类互相关系。或详略不同。〔"不同"下应增一"者"字。〕多于行末具参看某条详见某条等字样。〔"具"字何不作"注"字?〕本编仍沿此例。间有与正编各条关涉者。〔看以下的话,就知"与正编各条关涉"是说错的,原来是"与正编条目关涉"。〕则于条目右上角加星号以指明之。如丑集史案下详私史狱*条。大苏打下详轻养化钠*条之类。指明私史狱、轻养化钠两条均在正编也。

(五)附录之增改 正编所附各表。有与现在时代不合者。〔下列(甲)(乙)两项,是"与现在时代不合"而著手重编的例子。行政区域名称更改,其旧名固"与现在时代不合";表列世界大事,"止于民国四年",只能说"不足应今日之用",不能说"与现在时代不合"。〕(甲)行政区域地名。〔既说"行政区域",谁都知道所指是"地","名"上何必再加"地"字?"地名"若改为"名称",便妥。〕近多更改。兹重编最新行政区域表附入。(乙)世界大事表。止于民国四年。兹重编民国纪元以来世界大事年表。备载最近革命事业之成功及训政时期之建设。〔就字面看,似乎"《民国纪元以来世界大事年表》"里只列我国的大事,而且限于"最近革命事业之成功及训政时期之建设"。这怎能称"世界大事年表"呢?若把"备载……建设"删去,既可免除人家的误会,又与(甲)项相称。〕其他如商埠表、铁路表、度量衡币表、化学元素表等。皆重行改编。可见此十余年间事业学说之进步。〔末句意在表明改编各表的用意,"可见"若改"藉见",口气方合。"藉见"是"藉此表见"的意思。*上举"商埠""铁路""度量衡币"都与"学说之进步"无关;化学元素续有发见,也只是化学研究的进步,而不是化学学说的进步。故这里"学说"二字全无着落。〕

其余各例。多沿正编。不再赘述。

本书自辞源出版日。即拟着手进行。而主任陆尔奎先生以目眚离馆。〔旧时习惯,以名呼人,认为不敬。除对幼辈或仆役外,通常相呼以字。现在说来,这没有什么道理,自可不拘。但在一篇文字中说起许多人,究须自立体例,或均称名,或均称字,使归一律。本节中提到的共有五人:陆尔奎先生(字伟士),高梦旦先生(名凤谦),傅运森先生(字纬平),王岫庐(名云五),何柏丞(名炳松)两所长。称名者二,称字者三,不知是什么体例。]各旧同事亦多他就者。致此事受一大打击。毅以浅学肩兹重责。幸高梦旦先生及陆先生以去职之身。仍关怀兹事。俾得时时请益于私室。〔"私室"对官署而言。私人住宅不得称"私室",正如书局编辑所不得称"公室"。〕而傅运森先生尤能始终相助。拾遗订误。获益最多。〔就字面看,"获益"的是傅先生。但实际是本文作者"获"傅先生的"益"。若把"获益最多"改为"益我最多",就表达得切当了。查《辞源续编》版权页(书末列署编辑者姓名的一页),傅先生也是"编辑主任",与本文作者并列;那末,这里的数语及前面的"毅以浅学肩兹重责"殊觉失体,因为这样说无异把傅先生"编辑主任"的资格取消了。两个"编辑主任"固不妨由一个出面说话,但须把"毅以浅学"的"毅"改作"毅等",更把这里"而傅运森先生……获益最多"数语删去,方为得体。〕王岫庐何柏丞两所长暨同馆各专门学者。均随时予以校订。往往一批排稿。分向各方商榷。删改满纸。为手民拒绝。辍而复作者屡。故本书成分止及正编之半。〔这里"成分"二字用错了。"成分"是构成物体的分子。一杯水与一桶水,成分都是 $H_2O$,能说一杯水的成分止及一桶水的几分之几么? 须改为"分量"或"篇幅",才讲得通。〕而所需时功。或且过之。编校诸同事。昕夕黾勉。荏苒数载。〔"荏苒"是时光展转的意思,含有懒散的情味,与"昕夕黾勉"不一致。若于"昕夕黾勉"之下接"绵历岁月",便觉一气呵成。〕始底于成。然舛谬之端。诚知难免。〔看到这里,准都要想"舛谬之端""难免"的责任原来全在"编校诸同事"身上,与本文作者无涉;因为前面正说"编校诸同事"对这工作如何尽力,舛谬的责任自不能不属于他们。本文作者如觉这样未免对不起"编校诸同事",就该在"编校诸同事"之前加"毅与"二字,或者说"同人昕夕黾勉",亦可。〕当代学者。当有以督责教诲之也。民国二十年九月武进方毅。

# 第二号病患者——

## 中国国民党第四届第一次中央执行委员全体会议宣言 <sub>据二十年十二月二十九日上海民国日报</sub>

本党秉承总理遗训。努力国民革命。虽险阻备尝。毋或稍渝。际此内忧外患之时。〔"内忧之时"是什么，"外患之时"是什么，均属不可思议。若说"内忧发生之时"，"外患袭来之时"，就有意义。这里"内忧外患"下加"交迫"二字便妥。〕共矢精诚团结之愿。爰于二十年十二月二十二日开第四届中央执行委员全体会议。其目的为同心同德。谋中华民族之生存。中华民国之独立。欲达到此目的。必须先扫除同志间一切障翳。永矢真诚，必须先适应人民所急迫要求。公开庶政。必须集中人才。共赴国难。必须安靖闾阎。培养生产。而尤要在依总理忠孝仁爱信义和平之遗教。树立党员的人格。以及于全党。〔既说"树立党员的人格"，当然全党的党员都在内了。何必还要"以及于全党"呢？"以及于全党"应删去。〕以及于全民。

暴日侵略东北。凶焰益张。〔这里开始说到"暴日侵略东北"，只能说"凶焰大张"，若欲保存"益"字，至少应说"暴日侵略东北，野心昭著，及九一八事件发生，而凶焰益张"。〕全国人士同深愤慨。大会认为际此存亡之顷。〔这里"此"指现在。看了这一语，人家将问：现在是"存之顷"呢，还是"亡之顷"？若原意想说"际此存亡关头"，那末"存亡之顷"不就是"存亡关头"。须改为"存亡危急之顷"方妥。〕为国牺牲。为民前锋。乃本党应有之责任。本党今天矢志与国家共存亡。本此决心。熟察局势。无论为自卫之国防准备。为自卫之外交方策。均待世界公理为之判断。全国人民为之后盾。〔上文说"无论为自卫之国防准备，为自卫之外交方策"，下承以"均待世界公理为之判断，全国人民为之后盾"，那无异说"自卫之国防准备"亦须"待世界公理为之判断"了。这在国家体统上殊说不过去。并且，"国防准备"如何判断呢？〕中国苟离国际而陷于孤立。人民与本党之步骤苟不能一致。则国家失败可以断言。故本党于此。一方面应切实认识最近世界情势。为一切急迫之有效行动。一方面将立即召集国难会议国民救国会议。以定救国之根本方针。国难会议与国民救国会议之目的有二。其一。为集中全国专门人才之计画。使成一整个的准备。其二。为集中人民之意见。

使成一整小的表现。〔这里就字面看，似乎国难会议与国民救国会议共同有两个目的。目的既同，召集其一好了，何必有国难会议与国民救国会议的分别？倘若"其一"是国难会议的目的，"其二"是国民救国会议的目的，那末，非将"有二"二字删去，更将"其一为""其二为"均改为"一为"不可。〕有全国整个的意见与标准。然后乃可作对外长期问奋斗。以复我疆土。完我主权。故国难会议与国民救国会议之召集。事在必成。期待至迫。本党将于最短时期内规定办法。立即实行。

国难会议与国民救国会议之目的与急待召集。已如上述矣。大会依民主政治之原则。更认为有早日完成地方自治。依据建国大纲。召集国民参与政治机关之必要。〔"召集"之下，若接被召集的人，须有一定的范围，例如"召集全校学生"，"召集执行委员"；若接会议等等，须将会议名称举出，例如"召集国难会议"，"召集市民大会"。这里"国民参与政治机关"并非一个会的名称，用法当然属于前者。那末，所谓"国民"是全体国民呢，是十个八个国民呢？又"参与"一个"机关"是讲不通的，例如"参与第一小学"，"参与开明书店"，均不成话；再举"政治机关"作例，如"参与县公署"，"参与国民政府"，同样地不成话。这里若要保留"机关"二字，须把"参与"改为"加入"。否则应把"机关"删去，只说"参与政治"。〕……但本党早日完成训政。授权于民之诚。则未敢偶荒。故一方面决定努力促进自治制度。〔"制度"可以"订立"，可以"实行"，可以"修改"，可以"撤废"，但是无法"促进"。这里若说"促进自治"，"促进自治制度之完成"，均妥。或者把"促进"改为"推行"也行。〕以提早宪政时期之实现。一方面决定于国民政府组织法中先与人民以参与政治之机会。〔"《国民政府组织法》"是一种法规。法规只能"规定"什么，却不能从其中给人什么机会，给予机会须在一件事情上。譬如说"我命你做这件事，给你一个成功的机会"，那是讲得通的。这里说"于《国民政府组织法》中与人民以参与政治之机会"，就与说"在公司章程中与企业家以投资之机会"同样地讲不通。应说"于《国民政府组织法》中规定人民参与政治之办法"才妥。〕国民政府组织法中有立法院监察院参加民选委员之规定。乃本力求推行民主政治之原则。循训政之轨以导人民于宪政之途者也。大会又认为国民政府之组织固当与人民以参加之机会。并应保障元首地位之稳定与五权独立之行使。〔"保障元首地位之稳定与五权独立之行使"与上文人民参加国民政府之组织并无冲突，亦无何等连带关系。用"固当"与"并应"连结起来，实未妥帖。并且，"国民政府之组织"无从"保障元首地位之稳定与五权独立之行使"，"必须国民政府之组织法"才能说到"保障"。但说了"组织法"又不能说"与人民以参加之机会"了。须把"国民政府之组织固当与人民以参加之机会并"等字删去才行。〕爰规定国民政府主席不负实际政治责任。且使五院各自对最高权力机关负责。

政治改革之原则既已——实现于国民政府组织法矣〔凡事到实行了的时候才能说"实现"。"政治改革之原则"仅仅表见于《国民政府组织法》，只能说"列入"或"规定于"。〕在此训政时期中。苟不积极谋党的健全。则势必影响于政的健康。大会对于党的组织认为应集中干部人才。以健全中央党部。应确定各级党部选举办法。以树立党内民主集权之规模。应改善民众运动指导方案。以整齐全国一致之步骤。〔"整齐全国之步骤"或"整齐全国不一致之步骤"是可通的，"整齐全国一致之步骤"欠通。〕此次关于改进党务诸案。无不依此主要意义以定议。

"一致对外"为本党与全国人民共同之呼声。大会认为尚有急需注意者。国内生产日渐衰落。因生产衰落而社会经济逐渐崩溃。〔这里"国内生产日渐衰落"一语非常突兀。要说"日渐衰落"，前面就不能不说出原因，下文说"逐渐崩溃"，说"日多"，说"更益衰落"，前面都说出原因，便是明证。再设一个譬喻，遇见一个朋友，突然对他说道，"我的身体日渐衰弱"，朋友必将问道，"为什么呢?"这就因为没有说明身体日渐衰弱的原因。如果说明因为什么什么病，故身体日渐衰弱，朋友就明白了，不会再问了。生产衰落岂是无因的吗? 就常识着想，这里大可说我国因帝国主义之侵略与连年不息之内战，而"生产日渐衰落"。假若说，这样说不就成为"因果相循，回环不已"了;那末还有一法，就是姑不管生产衰落有没有原因，在"注意者"之下径作"我国因生产衰落而社会经济逐渐崩溃"，这样，至少在文字上是过得去的了。〕因社会经济逐渐崩溃而失业日多。〔"失业"并非就是"失业的人"，犹之"做官"并非就是"做官的人"。应改作"失业者"。〕……大会对此认为应妥定操之自我。无损国权。仅应用国外资本技能以发展国家生产。实现总理实业计画之方针。〔"妥定"什么呢? 细玩文意，"妥定"的关系名词似乎是"方针"，"操之自我"以下若干字都是"方针"的形容语。这不但太累赘，且文脉也不清。"操之自我"云云原是实业计画的大旨，这里应改为"妥定方针，实现总理'操乏自我……以发展国家生产'之实业计画"，头绪才明白。〕(下略)

# 杂谈读书作文和大众语文学[①]

昨天稜磨先生《文言的前途》一篇文章里的话说得非常透切，他说："在五四时代反对白话文和在今日提倡文言文的人是不相同的：前者决不容认白话，后者只要人能写四书五经式的白话文，一定能够容认。只因为要写白话的人写四书五经式的文章决不可能，于是仍只有提倡文言。他们也知道复兴文言文并不可能，但他们以为至少可以勉强读一点古书。"读一点古书做什么呢？至多像他们一样，自己陷在没落的退潮里，同时给前进的船只一点轻微的阻力罢了。这是实在的情形，可是他们决不肯相信。他们的生活决定他们的意识，从他们的意识出发去处理教育上的问题，不能不得到这样的结论，就是把古书的内容和形式一股脑儿装到青年的头脑里去。他们认为这样做是最合理的，否则对不起青年。我们不想做什么猜测，说他们别有用意，存着不好的心肠。但是，显然的，他们没有理会到人是常常跟着环境而有改变的，没有理会到人的生活的改变从来没有像现今这般的迅速和剧烈，更没有理会到生活有了改变，而其他应当跟着一同改变的却停顿着没有改变，在各人方面是多么大的不幸。遭到这种不幸的人的实例不必到远处去找，只要看我们自己就是，虽然他们决不肯相信。

如果他们的愿望实现了，这就是说，在教育上，真个把古书的内容和形式一股脑儿装到青年的头脑里去了，结果怎样呢？那是很容易想到的：大部分的青年不肯放松现实生活，对比下来，他们觉得现实生活完全不是这么一回事，立刻把被装进头脑里去的丢了出来，像丢掉一个不足顾惜的烂苹果。少数青年呢，或者因为特殊的关系，能够写几篇像今年初本市中学会考第一名所作的《礼义廉耻国之四维论》那样的文章。丢了出来同根本不曾装进去差不了多少，自不用说。只有写得出第一名的文章的人给与提倡者一种安慰，然而这种安慰太微弱了。所以提倡者的失望是必然的，失望的因子就包含在他们的意识里边。

---

① 原载一九三四年六月二十五日《申报·自由谈》。

现今的在校青年说不定真会遇到这样的一天,硬被人家装这么一下。只须看一些执着武器的人都在呐喊着"装啊!装啊!"而一班摇着鹅毛扇的谋士也从旁响应着"装啊!装啊!"就约略可知道一点消息。青年遇到了这样的一天,对于古书的道理当然无所领会,古文也一定写不通。然而这并不是青年的重大的灾难,至多使学校教育成为空白的一页罢了。他们离开了学校,或者说,他们丢开了学校的教训和课业,自会从现实生活当中建立他们的意识,写通足以表现他们的意识的文章。写通文章,途径只在乎读书,这本来是很可笑的话。写通了文章,而只像鹦鹉一般说些什么,这尤其是没有意义的事。必须根源于现实生活,文章才真能写通,写来才真有意义。青年只要认清这一层,即使硬被人家装这么一下,也就没有什么关系,好像我们的老祖母在我们耳朵旁边念《心经》《大悲咒》和我们没有什么关系一样。

最近几位先生在《自由谈》提出的"大众语文学",该是我们现实生活当中最切用的工具。胡愈之先生更给大众语文学下了个内容形式都包括在内的定义,说这是表达大众意识的文学,尤其使人容易辨认。除了执着武器的以及摇着鹅毛扇的,谁不是大众里的一个?谁不需要大众语文学?被除外的少数人不满意白话文,他们要回到文言,回到读古书,依他们的道理讲是不错的。但是大众也不满意白话文,他们觉得单把"的了吗呢"换去"之乎者也"毫无意义,文学必须真能表达大众的意识,才配在社会中间尽交通情意的职分。自然,大众语文学须由大众的努力,才得建立起来。教育家、语言学家、文学家等等尤其要特别努力。这些"家"中间有摇着鹅毛扇的,他们当然无望。我们只有切望着不摇鹅毛扇的那一批。今天(廿二日)看见《中华日报》的《动向》栏登载耳耶先生的《话跟话底分家》,剖析语文的所以差异,是一篇精密通达的文章。像这样的文章,在"大众语文学"刚提出的现在,希望各"家"多多写作。

# 语言与文字①

文字根据语言，并不是直录语言。语言或不免拖沓，脱节，似是而非，这些毛病在文字中必须除掉。只有写对话，为了妙肖其人的口吻，才是例外。我们说某人善于说话，并不是说他能够花言巧语，只是说他能把一些意思说出来，通体完美，没有拖沓、脱节、似是而非等毛病。假如是这样一个善于说话的人，他写文字尽可以直录语言，怎么说就怎么写。可惜这样的人不多。多数人说话总是噜噜苏苏，支离破碎，临到没有办法就随便找一个词拉一个句式来应急。你只要在会场中听五分钟的演说，就会相信这个话并非过甚其词。一般人主张作文之前须有一番周密的考虑，作成了文字又须经一番精审的修改，一半固然在求意思的圆满妥贴，一半就在求语言的完美。这里说"一半"也只是勉强分开，实际上两个一半是一回事。意思若不圆满妥贴，语言就无论如何不会完美；语言若不完美，意思虽圆满妥贴也无从充分表达。

求语言的完美，学习论理学，文法，修辞学，是一个办法。论理学告诉我们思想遵循的途径，使我们知道如何是合理，如何便不合理。文法告诉我们语言的习惯，使我们知道如何是合式，如何便不合式。修辞学告诉我们运用语言的方式，使我们知道如何是有效，如何便没有效。多数人说话往往欠完美，指摘起来虽有多端，但是总不出不合理、不合式、没有效这三项。他们决非明知故犯，只因没有意识到合理不合理等等问题，就常在口头挂着破破烂烂的语言。其中有些人又误认为文字就是直录语言，就常在纸面上涂上破破烂烂的文字。现在从根本着手，对合理不合理等等问题考查个究竟。待到心知其故，自会检出哪些语言是不合理，不合式，没有效的，剔除它们，不容它们损坏语言的完美。

不学习论理学，文法，修辞学，也未尝不可，但是要随时留意自己的和他人的语言，不仅说了听了就完事，还要比较，要归纳，这样说不错，那样说更好，这样说为了什

---

① 原载一九四三年三月十日《国文杂志》(桂林) 第一卷第四、五期。

么作用，那样说含有什么情趣。这样做，可以使语言渐渐接近完美的境界。还可以随时留意自己的和他人的文字。文字，依理说，该是比语言完美。但是也要比较，也要归纳，看它是否完美。如果完美，完美到什么程度。这样随时留意，实在就是学习论理学，文法，修辞学，不过不从教师，不用书本，而以自己为教师，以自己的比较和归纳为书本罢了。所得往往会与教师教的书本上写的暗合。教师的和书本上的经验原来也是这样得来的。

现在学校教国文，按照课程标准的规定说，要带教一点文法和修辞学，实际上带教的还很少见。如有相当机会，还要酌加一点论理学大意。例子以日常生活中的语言，读本上的文句，作文练习簿上的文句为范围。这样办，目的之一是使学生心知其故，语言要怎样才算完美。从前文家教人笔法章法，练字练句，也大致着眼在语言的完美上。他们对自己的和他人的口头语言虽不措意，可是所讲文字之理实在就是语言之理。从前有些人看不起这种讨究，以为这是支离破碎的功夫；他们有个不二法门，就是熟读名文，读着读着，自己顿悟。他们的想头未免素朴了些，然而他们的取径并没有错。熟读名文，就是在不知不觉之中追求语言的完美。诵读的功夫，无论对语体对文言都很重要。仅仅讨究，只是知识方面的事情，诵读却可以养成习惯，使语言不期然而然近于完美。

知识方面既懂得怎样才算完美，习惯上又能实践，这就达到了知行合一，得心应手的境界。于是开口说话，便是个善于说话的人；提笔作文，便是个行于所当行，止于所不可不止的能手。善于说话的人与作文的能手若称为天才的，那天才成因一定有十之八九是自己的努力。一个人在还不敢自信是善于说话的人的时候，不要谈直录语言，怎么说就怎么写，而要在动笔之前与成篇之后，下一番功夫求语言的完美。一篇像样的文字须是比一般口头语言更完美。

# 读《文言虚字》①

说话作文不通，有两种原因，一是不合逻辑，二是不合语法。一个人思路清楚，说出话来写出文来都顺当有理，又一律依照语言习惯说出，不闹什么别扭，他的话与文就是通的了。至于见解不很高明，情感不够深至，那是由于生活经验的限制；只能说他不好，不能说他不通。

这儿撇开逻辑不说，单说语法。大概要熟习一种语法，对于语言中的语法成分该比实义成分多加注意。如烟卷习惯说"一枝"或"一根"，不说"一只"，若说"一只"，就是不合语法。但这种实义成分一说就明白，只要知道说"一只"不合，自然会改说"一枝"或"一根"。语法成分就没有这么简单。语法成分没有实义，如单独一个"虽""而""吗""呢"等字意义都很空；可是组织在语言里头却表示种种的意义，而且像人身的脉络似的。人身的脉络有了阻障就是病身，语言的语法成分不顺条理就根本不成语言，更不用说什么达意表情了。唯其意义空，必须把握得切实；唯其是语言的脉络，必须把它的条理弄得清清楚楚。我们应该多加注意，就是为此。

我们常常想，供给一般人应用的辞典里应该包含一种成分，就是把语言中每一个语法成分作为一个条目，多举一些例句，分析它的用法，再加说明；如"于""以""然而""罢了"等各为一个条目，就若干例句观察，看出各有若干用法，再给说明为什么这样用可以，那样用不成。这对于读者很有帮助，听话读书如有疑惑，取来翻查，不致有误会；说话作文如有疑惑，也可以在翻查之后决定个不背语法的说法。可惜现在通用的辞典里没有这种成分。这儿并不是说辞典里没有这些条目，是说在条目之下大多只做了解释的工作，一个意义是什么，另一个意义又是什么，却没有仔细地做分析说明的工作，像前面所说的。要这么做，须是语法学家当行；而编辑辞典的人往往只是注释家，他们的辞典里缺少这种成分也就无怪其然。其实，不必撮合在辞典里头，单把语法成分分析说明，也就是一种非

---

① 原载作者的《西川集》。

常有用的著作。刘淇的《助字辨略》,王引之的《经传释词》,杨树达的《词诠》,裴学海的《古书虚字集释》,都属于这一类。可是这几种著作有两个共通之点:一是偏重古语的语法成分;二是解释考证多,辨析说明少。为此,对少数阅读古籍的人见得有用,一般人却未必要利用,而且未必能利用。吕叔湘先生这本《文言虚字》也属于这一类,却跟前面说的几种著作有不同处:第一,讲的虽也是古语的语法成分,但没有"古"到秦汉以前,只以所谓"普通文言"为范围;第二,完全用语法学的观点来辨析说明,常取现代口语作参照,作比较,特别详于每个语法成分的各种习见用法。现代人固然不一定要读秦汉以前的古籍,可是"普通文言"却不能不通晓,有许多的书都是用"普通文言"写的;写作方面,虽然我们主张不必用古语,但是事实上还有许多人在用,在提倡用,他们用的跟提倡用的就是"普通文言"。"普通文言"虽说"普通",到底也是古语,不像经常挂在口头的语言那样易于熟习。要熟习它,多读是一法;读得烂熟,不知不觉之中就懂得了它的条理。不过这样的懂得只是知其然而不知其所以然。要知其所以然,别有一法,就是做语法研究。语法研究好像是专门学者的事情,其实不然,咱们普通人也常常在做零星的研究。外省人初到川省,听到川省人说"我莫得钱","我莫得功夫","他没有来","我没有遇见他",觉得奇怪,因为外省人说普通话,这些话里一律说"没有",不说什么"莫得"奇怪之后,不免留意地听,考求川省人口中的"莫得"跟"没有"到底有什么分别,该怎么用法。从听到的许多语言中,条理发现出来了:"莫得"指事物而言,没有某种事物,就说"莫得",相当于文言的"无"字;"没有"指动作而言,没有某种动作,就说"没有",相当于文言的"未"字。普通话不问指事物还是指动作,一律说"没有";川省人口中却分开来,这情形正与文言相同。这样的考求就是语法研究,研究的结果是知其所以然。知其所以然,你就能够解释为什么川省人决不说"他莫得来","我莫得见他",你若说川省话,也不会依照普通话的习惯说"我没有钱","我没有功夫"了。文言跟口语,比起川省话跟普通话来,差别的程度还要大;对于文言的语法成分,要一个个的知其然并知其所以然,实在有一个个的作语法研究的必要;不能说这是语法学者的事情,由语法学者去费心思好了;应该知道谁要想通晓文言,知其所以然,谁就得在这上头费心思,费心思为的是自己得益,受用。这本《文言虚字》正是引导读者对"普通文言"的语法成分作语法研究的一种著作,所以我们愿意把它介绍给读者。

这儿请举一个例子,"之"字的一种用法,让读者窥见这本书的一斑。作者先列举如下的例句:

孤之有孔明,犹鱼之有水也。

有功之生也,孺人比乳他子加健。

大道之行也,天下为公。

余之识君,且二十年。

君子之爱人也,以德。

异哉,此人之教子也!

这些句子里的"之"字都安在主语和谓语的中间,似乎不是必要的,若作"孤有孔明,犹鱼有水。""余识君且二十年。"……意义并无改变。然则为什么要加用"之"字?作者用语法学的观点说明道:

这里的"之"字的作用可说是化词结①为词组。词组指加词和端词的配合;词结指主语和谓语的配合。句子是独立的词结,句子里头又常常包容一个或多个不独立的词结。词结有主语有谓语,本来具备句子的资格,包含在别的句子里面,暂时失去这个资格。加一个"之"字就在形式上确定他的地位,因为词组不能独立成句,至少是寻常的句子不取词组的形式。这是就形式而论。我们还可以从心理上加以说明。"大道行"可以断句。虽然接着说"则天下为公",我们就知道"大道行"并不独立,不如加一"之"字,让我们从头就知道句子未完,就期待下文。这样,句子更觉紧凑。

以上的说明显然只适用于前三例。其余三句原来就只有一个词结,何以也加用"之"字呢?这里是因为"二十年""以德""异"等词语本来是附加词(或称副词短语),附加词只是谓语的一部分,且在形式上是不重要的部分,现在要重视这些附加词,所以在主语和动词之间加一"之"字,化成词组的形式,做句子的主语,原来的附加词就升为句子的谓语,占据重要的地位了。

咱们看了以上的说明,就可以解释

人之为学有难易乎?

昔者先王知兵之不可去也,是故天下虽平,不敢忘战。

鸟之将死,其鸣也哀,人之将死,其言也善。

人之欲得产业谁不如我?

---

① 词结和下文中的加词、端词,都是过去语法书里的用语。词结相当于现在说的句子结构。加词,在连接作用的"之"字上面的词,相当于现在说的附加语。端词,在连接作用的"之"字下面的词,相当于现在说的中心词。

这些句子里的"之"字的作用。同时,如果看见

> 人爱我,以我能自爱也。

> 某君至,余伏案读书。

> 我父适昆明,不以车而以飞机。

> 人皆称美余好学。

这些句子,就会觉察这些句子有些生硬,不紧凑,要加用个"之"字(有的再加用个语气词),才成合式入调的文言。

取现代口语作参照,作比较,极容易见出文言之所以然,这儿也举一个例子。作者说明现代口语里已经不用了的"所"字,就用文白对照的办法。

> (甲)耕田的牛:耕田之牛。

> (乙)牛耕的田:牛所耕(之)田。

(甲)式"的"变为"之",(乙)式"的"仍变为"之",但"牛"与"耕"之间必须再加一"所"字。从白话的立场看,这个"所"字好像多余似的,但在文言里,"之"字倒可省,"所"字倒必不可省。因为"之"字既可省,若无"所"字,则"牛耕田"(=牛耕的田)就和"牛耕田"(句子)无分别了。

这个对照扼要而且明白,咱们看了就可以懂得"所"字在文言里的必要;文言说"我读书"(我读的书)"我见物"(我看见的东西)既嫌表达不明,又不通行"我读之书""我见之物"的说法,怎么能不用个在这种场合上特具任务的"所"字? 同时,咱们也可以懂得现代口语不必用"所"字的所以然;现代口语通行说"我读的书""我看见的东西",自然无须用"所"字了。推想开来,咱们又可以悟出现代人口头笔头(指白话的写作)有时还用着这个"所"字,那只是文言的残留,并非非用不可;说"我读的书""我看见的东西",比较说"我所读的书""我所看见的东西",是更普遍的方式。

这本书详于文言语法成分的各种习见用法,在还须用"普通文言"的今日,这个办法甚为得要,前面已经说过。至于别义僻解,索性丢开不谈;如"所不与舅氏同心者""君子所其无逸"的"所"字,"焉作辕田""自然存焉天地之间"的"焉"字,在《者·所》篇《焉·耳》篇里都不讨论。因为"所"字"焉"字的这种用法,在"普通文言"里已经没有了;谁要考求的话,可以去查《经传释词》一类的书。作者这个办法,我们完全同意。

这本书中讨论的只有二十几个字,虽然是最重要的二十几个字,究竟还没有齐备。作者在序文中说"或当更为续说",我们希望他从早实践。另一个希望是对于现代口语的语法成分,作者也来这么一本书。

# 语文随笔①

看《文艺报》第七期江华先生的一篇《要努力驱逐使人糊涂的词汇》，觉得很有意思。他随便在近来的诗篇中找了些例子，像：

"驱迫着我们走上共同的命运"

"当下工的汽笛鸣过"

"没有一滴水，而要讨喝别人的屎便"

"城楼和屋脊

都被树条拍抚着"

指出作者运用"驱迫""鸣过""屎便""拍抚"这些词汇，暴露了他们在语言学习的努力中还有缺憾。他的解释可以说是平情之论，"并不完全是诗人本身的糊涂，这实在也是中国文学语言发展时期的过渡现象。"最后他表示愿望，"要求诗人们作家们自觉地主动地缩短自己在语言学习上的'过渡'。努力从活人的嘴上，采用与洗炼有生命的词汇！放弃这些使人糊涂的语言，努力驱逐这样的词汇！"

看完这一篇，头一个想到的是使人糊涂的词汇不但诗里有，不但文艺作品里有，几乎到处都有，有文字的处所都有。可惜平时没有随手摘录的习惯，不然至少一抄就是百来个。所谓过渡时期也不算短了，"五四"已经做过了三十周年，可是还有这样的现象，该怪咱们拿笔杆儿的始终没能够"自觉地主动地缩短自己在语言学习上的'过渡'"。

第二个想到的，不但词汇吧，语法跟修辞式恐怕也有问题。就像"当下工的汽笛鸣过"的"当"，文言里是常用的（"当尧之时""当其壮年"）。现在文章里也常用，不过是从翻译文字来的，翻译家把"When"翻成"当"。一般的语言决不说这个"当"，除了有意无意沾染了书本子上的语法的。还有，像江华先生文章里的"采用与洗炼有生命的词汇"，两个动词用个连词连起来，贯到目的格的名词，

---

① 原载一九五〇年一月四日《人民日报》第六版。

这样的语法现在很流行了，文件上可以见到，集会上可以听到。这是从书本子来的，书本子又是从翻译西洋语文或者仿效西洋语文来的，我国一般的语言没有这样的语法。我是这么想，古来的外来的语法都不妨采用，采用了才可以丰富咱们的语言。不过有条件，一要弥补咱们原来语法的缺陷，二要行得开，约定俗成，大家采用。像"当……"以及两个并列的动词下面贯到目的格的语法，是不是丰富了咱们的语言，咱们原来的语法是不是没有办法表现相同的意念，都是可以讨论的。至于行得开行不开，得过一些时候再看，在文件上集会上流行未必能算数，要在大多数人的嘴上生根才真是行开了。

再说修辞式。咱们常看见"义愤填膺"，通电里用，报道文章里也用。去年十月一日中华人民共和国成立，最近斯大林元帅七十大寿，咱们在各色各样的文章里看见了"欢欣若狂"之类的语句。我不赞成运用这种语句，第一，因为是文言，一般的语言里不说。第二，尤其重要的，这种说法已经不生效果。你说"义愤填膺"，人家没法理会你那"义愤"强烈到什么程度，你说"欢欣若狂"，人家也不过知道你在那里欢喜罢了。如果从活的语言里去找，效果强的多的是，毛病就在不去找，不去学习。

# 拆开来说①

先举几个例子。

（一）为了配合中华全国民主妇女联合会在三月十三日《人民日报》发布给全体女干部学习三月八日新华社社论《学会本领做好工作》的通告，该刊本期特意选辑了几个报纸与个人有关目前妇女工作及思想问题的文章。——四月九日第六版《介绍〈新中国妇女〉第九期》

（二）为使这一运动达到发挥各种组织机构及各级工作人员的积极性创造性，提高工作效率和节省爱护国家资财，适应和推进东北大规模的经济建设的目的，东北首届人民代表会议、东北人民政府、中共中央东北局曾先后作出关于在东北各机关部门实行整编的决议。（原文到这里全句还没有完，"决议"之下用个分号，以下还有一百一十几字才是个句号。实在太繁复了。为了便于讨论，姑且在这里断句。）——四月八日第一版《减少国家开支，提高工作效率，东北区进一步贯彻整编》

（三）据上海《解放日报》、《新闻日报》讯：上海市私营棉纺、丝织、染织、帆布等轻工业，由于国营花纱布、蚕丝、贸易信托等公司，本公私兼顾原则，积极以代纺、代织、代染及订货等方式，大力加以扶植，和在各该厂劳资双方开诚协商、克服困难的情况下，生产已得以逐步恢复和趋向好转。——五月三十日第一版《国营企业大力扶植，劳资双方开诚协商，上海棉纺等业趋向好转》

要多尽可以多，就这三个例子也够了。这三个例子大体上没有想错说错，可是这么样的复句叫读者读下去感觉费力，必须一点儿不放松，或者回上去重读一遍，才可以明确地了解。如果念给人家听，或者在电台上广播，听的人没有从容剖析的时间，就未必能够不折不扣地了解。咱们写东西，第一，固然要想得正确，说得正确。第二，还得为读者着想，尽量给读者方便，写得能让读者一下就了解。

---

① 原载一九五〇年六月七日《人民日报》副刊《新闻工作》（双周刊）第十二期。文中的例句及《多说和少说》、《谈搀用文言成分》中的例句，都见《人民日报》。

我要提出这三句复句来说,就为的这第二层。

这三句复句是同类的,都是叙述一种情况,连带说明它的目的或者原因。在(一)例,"该刊本期""选辑了"一些"文章";在(二)例,"东北首届人民代表会议"等"作出"了"决议";在(三)例,"上海市私营……轻工业"的"生产已"恢复和"好转":这些个是情况。"为了配合……的通告"共五十五个字是(一)例情况的目的;"为使这一运动……的目的"共六十三个字是(二)例情况的目的;"由于国营……的情况下"共六十五个字是(三)例情况的原因。

三个说明目的或者原因的语句里头,(一)例的最简单。只因为加在"通告"前头的形容语"中华全国民主妇女……'学会本领做好工作'的"有四十九个字之多,才觉得看起来费力,听起来麻烦。

(二)例的可就复杂了。总的目的是"为使这一运动达到……目的"。要达到什么目的呢?咱们就字面上看,"发挥各种组织机构及各级工作人员的积极性创造性",这是把"各种组织机构"跟"各级工作人员"合并起来说的,该算两个目的。"提高工作效率"是第三个目的。"节省爱护国家资财"又是两个目的,因为"节省"跟"爱护"是两回事(写在纸面上,中间至少得加个尖点儿)。末了"适应和推进东北大规模的经济建设","适应……"是第六个目的,"推进……"是第七个目的。但是就意义上想,以上的分析太机械了,咱们不能够见一个动词就认为一个目的。实际上恐怕只有"适应……"跟"推进……"两个目的:"发挥各种组织机构及各级工作人员的积极性创造性"是"提高"他们的"工作效率"的途径,也是叫他们做到"节省爱护国家资财"的途径;"提高工作效率"跟"节省爱护国家资财"又是"适应……"跟"推进……"的途径。但是咱们只能这样猜测,可不能断定准是作者的原意,因为文字并没有把这一串的关系表达清楚。

(三)例说明原因的语句分两部分,也就是两个原因,用一个"和"连起来。前一部分是"由于国营花纱布……加以扶植",后一部分是"在各该厂……的情况下"。前一部分里头又包含两个语句,说明怎样"加以扶植",就是"本公私兼顾原则"跟"积极以代纺……等方式"。像这样复杂的组织,咱们必须直读到"逐步恢复和趋向好转",才知道"上海市私营……轻工业"现在怎么样了,未免隔得远一点。还有,无论咱们自己读或者听人家念,到"和在各该厂"的地方总不免感觉别扭,仿佛话岔开去了。必须再一细想,才知道这是说的跟"由于国营花纱布……加以扶植"并列的第二个原因。

有人要问:写东西要为读者着想是不错的;像(二)(三)两个例子,目的跟原因就有那么些，难道为了照顾读者，就得牺牲全部或者一部分吗？

我预备这么样回答：必须说的非说不可，一点儿也不能牺牲。不过要让读者少费些心思，一下就了解，应该设法少说太繁复的句子。觉得某一句句子头绪纷繁，不妨把它拆成几句来说。

现在试把（一）（三）两个例子拆开来说，请比较读下去是不是可以少费些心思。（二）例作者的原意究竟怎样不能断定，只好不改算了。

（一）中华全国民主妇女联合会在三月十三日的《人民日报》上给全体女干部发布了一个通告，要她们学习三月八日新华社的社论《学会本领，做好工作》。该刊本期配合着这个通告，特地选辑了几家报社写的和一些个人写的有关妇女工作和思想问题的文章。

（三）据上海《解放日报》、《新闻日报》消息：上海市私营棉纺、丝织、染织、帆布等轻工业的生产已逐步恢复，趋向好转。这有两个原因。第一，因为国营花纱布、蚕丝、贸易信托等公司本着公私兼顾的原则，用代纺、代织、代染及订货等方式，积极地扶植那些厂家。第二，因为那些厂家劳资双方能够开诚协商，克服困难。

两个例子拆开来说，字数都比原来多。可是，如果能让读者少费些心思，一下就了解，多写一些也是值得的。除了拆开来说以外，文字也有些改动，并不全照原文，这也为的说得更清楚些。


复句里头叙明时间的，通常用"在……时""在……之后"等方式；限定范围的，通常用"对于……""除……外"等方式；点清条件的，通常用"在……下""就……说"等方式。使用这些方式也往往搞得很繁复，"在"字之后隔开三四十个字才来个"时"字，"除"字之后隔开四五十个字才来个"外"字。这都使读者感觉费力。如果读者不小心把"时"字"外"字滑过？全句的意思就认不准了。凭耳朵听尤其危险，"时"跟"外"都是单音词，很容易滑过的。

我写这篇小东西，想向朋友们提议：复句里头，目的、原因、时间、范围、条件等等的部分如果太繁复了，最好拆开来说，把复句化作几个单句。这是给读者方便，也可以使咱们的意思直捷地传达给读者。

# 多说和少说①

说一个意思,说得罗嗦些好呢,还是说得简捷些好? 为听的人方便(说换成写,为看的人方便),当然说得简捷些好,只要传达了那个意思,不至于叫人家误会。而且简捷的话必然干净利落,这不单是说话方面的好处,也是思路方面的好处。如果不能够简捷,那就是多说,说了不必说的。夸张些把花钱来打比,那就是浪费。

先举些多说的例子,把我的意思说一说。抱歉的是手头虽然有不少的例子,可没有功夫分类研究,提出典型来。

(一)并不是说,东北区的财政已经是一帆风顺……困难依然是很大的,还需要继续进行不懈的努力才能克服。——五月九日第二版《生产建设性的东北财政》

(二)工会、劳动局、工商局等联合组成的领导机构,事先向劳资双方进行解释政策并发动双方充分酝酿,并领导制定集体合同。——五月八日第一版《华北若干中小城市行业,广泛签订劳资集体合同》

(三)这样黑暗腐朽的封建主义的婚姻制度如不彻底废除……则男女平等的口号和民主自由的社会生活是不可能实观的,广大妇女群众的劳动积极性的发扬是不可能实现的。——四月十六日第一版社论《实行新民主主义的婚姻制度》

(四)近因我们营业不振,对电话费无力负担,决定将电话机拆除……——四月七日第六版《电话拆机如何收费》

(五)电车公司一切开支,依赖票款收入来维持,所以不能允许无票乘车的情况,以免影响收入,使人民财富遭到损失……——四月十六日第六版《荣誉军人乘电车也要买足票》

---

① 原载一九五〇年六月二十一日《人民日报》副刊《新闻工作》(双周刊)第十三期。

（六）在这种情况下，如果有投机家敢于冒险，与人民为敌，他就只有等着破产的命运。——六月十一日第一版社论《为物价完全稳定而努力》

（七）该县供销社……曾协同专区供销总社打通与东北的销路。——五月十日第一版《滦南县供销社广泛订立纺织合同，支持灾民春耕播种》

（八）申新纺织事业经营三十多年。……由于过去机构庞大，人事复杂，组织散漫，都成为今天困难的包袱。——五月十二日第一版《沪申新系七纱厂合组新机构》

（九）所以需要宣传物价必须稳定的观点，还因为当人民政府正在设法减轻人民的负担，向工业家和农民实行订货和收购产品，并救济失业者和灾民的时候，有些投机家又在恶意地散布物价将从新高涨的幻想。但是这些幻想是要落空的，因为人民政府的这一切措施，仍然是以保持物价稳定为界限的。——六月十一日第一版社论《为物价完全稳定而努力》

（一）（二）两例可以一起说。我以为两个"进行"是多说的。在（一）说"还需要不懈的努力"（连"继续"也可以省），在（二）说"向劳资双方解释政策"，就够明白了。说"不懈的努力"已经包含"继续进行"在里头。"解释政策"是做一种行动，既然在做，也就是"进行"了，不必重复说了。把"解释政策"认为一件工作（就是把它看成名词），上头再加上个动词"进行"，这样的说法未免弯曲、累赘。

在（三）例，我要说的是"劳动积极性的发扬是不可能实现的"。这样的说法弯曲些，累赘些，不如说成"劳动积极性是不可能发扬的"来得简捷。"劳动积极性不可能发扬"就是"劳动积极性的发扬不可能实现"，既然"不可能发扬"，"发扬不可能实现"已经包含在里头了。

（四）例的"对电话费无力负担"也是弯曲的累赘的说法，说"无力负担电话费"多简捷。

（五）（六）两例可以一起说。说"不能允许无票乘车""他就只有等着破产"，够明白了，而且切实。加上个"的情况""的命运"，反而把切实性减轻了，因为"情况"跟"命运"都是抽象性的。

（七）例多说了个"与"。如果重说一遍，多想一想，决不会说这个"与"。

在（八）例里，"机构庞大""人事复杂""组织散漫"是申新原有的情况。是情况，才会"成为今天的包袱"（"包袱"是比喻说法，不用比喻，就是"受累的负担"）。照原文，"由于过去……组织散漫"是个表明原因的说法。原因表明了，什么东西"都成为今天的包袱"呢?可没有着落。推究到这儿,就知道原来是多说了个"由于"。去掉"由于",就切合作者要说的意思了。还有"包袱"这个比喻说法,现在大家都了解它的含义,无须形容。给形容上个"困难"倒有些别扭了,因为单说"困难"并不等于"难以负担"。这个"困难"大可以不要。

(九)例里我要说的是"但是这些幻想是要落空的"。幻想还有能够实现的吗?说投机家的幻想要落空,底下又给说明原因,原因在人民政府的措施"仍然以保持物价稳定为界限"。好像如果没有这个原因,投机家的幻想也许能够实现似的。其实"要落空"的意思已经包含在"幻想"本身里头,不必多说了。(末了"界限"也有问题,因为不属于"多说"的范围,不谈了。)

多说的反面是少说。少说当然不能把意思说清楚。夸张些把花钱来打比,那就是吝啬——当用不用,现在也随便举些例子来谈谈。

(十)棉花、百货等商品价格,则逐渐达到产、销区间应有的合理差额。——六月十一日第一版《物价由落转趋平稳,武汉市场情况好转》

(十一)根据武汉市工商局的统计:四月份全市工商业申请停、歇业与申请开业两者约为七与一之比。——同上

(十二)在提问题中,有些单位也曾表现了认为税收是件麻烦事……等错误思想。但这些问题经充分酝酿、组织学习、讨论终于得到解决。——四月八日第二版《张市公营企业完成纳税》

(十三)我保证把妇女组织起来,并发动妇女动员男子参加挖河。——五月十日第一版《宁河妇女下地生产,解决了春耕与河工的矛盾》

(十四)为了提高学习效果……许多机关学校采取了自上而下的领导重视和自下而上的学习自觉相结合的方法。——五月十日第三版《平原六千干部补习文化》

(十五)由于支部注意了健全党内组织生活,加强支部教育,并得到县区领导的直接帮助,因之能够团结全村农民,结合改良技术巩固互助组织,为广大劳动群众指出了劳动互助,生产致富的道路。——四月二十二日第三版《改良技术,巩固互助,山西榆社大寨村支部领导生产经验》

(十六)因此,在残余土匪可能进行破坏扰乱地区,一切人民武装均应……严密注意隐蔽敌人的一切破坏活动。——六月二日第一版社论《全力领导夏收夏播》

(十)(十一)两例同样的少说了一点儿。就是"产、销区""停、歇业"都没有

说够。这不能拿"产销合作社""进出口生意"来比拟。"产销合作社"是一个合作社,干生产又干销售,"进出口生意"是一行生意,做进口又做出口。"产、销区"可硬是两个区域——"产区"跟"销区","停、歇业"可硬是两回事情——"停业"跟"歇业",不能够合并起来说。或者有人要说:"你没见有个尖点儿在那里吗?用上个尖点儿,就表示'产''销'共同贯到'区','停''歇'共同贯到'业'。"这个道理我当然明白。可是我要问:如果念给人家听,这些个尖点儿怎么念出来?还有,为什么一定要省说一个"区"一个"业"呢?(十)例的标题里的"由落"也说少了,无论念起来看起来,总要叫你一愣。

(十二)例里的"酝酿、组织学习、讨论"也是利用尖点儿省说话。如果念出来,人家只听见一连串的双音词——"酝酿""组织""学习""讨论",搞不清作者的原意。咱们凭两个尖点儿来揣摩,才知道"酝酿"跟"组织"是两回事,"学习"跟"讨论"又是关合"酝酿"跟"组织"的两回事,二二得四,这里头实际说了四回事,就是"酝酿学习""酝酿讨论""组织学习""组织讨论"。且不说听不清楚,单说看,必须揣摩一会才了解,也太难了。我要劝大家不要这么办(现在很多人喜欢这么办)。这不是简捷,简直是只顾自己,不顾别人。可是说话写文章是决不能只顾自己,不顾别人的。

在(十三)例里,参加挖河的是妇女跟男子呢,还是只有男子?"发动"跟"动员"意思差不多,骤然一看,这句话很可以了解成号召妇女跟男子一同去参加挖河。幸而有个标题在,咱们看了标题(当然还有上文),知道妇女"下地生产"去了,挖河的只有男子。因此断定这句话实在是"发动妇女"去"动员男子参加挖河"。说起来有个"去",这个"去"表明了关系。如果写下来也保留这个"去",就不至于叫人疑惑了。

在(十四)例里,我要说的是"领导重视"跟"学习自觉"。"领导"就是领导干部、领导人物,现在很通行的了。"重视"什么?重视下级干部跟学生的学习。所以加上个"自上而下",一点没有错。底下的话是跟这个对称的。用对称的看法看,上头的"领导"既然指领导干部、领导人物,底下的"学习"也该指参加学习的下级干部跟学生。可是这样的指称方法现在并没有通行,恐怕将来也不会通行。所以"学习自觉"是少说了话,为了硬要跟上头对称,没有把意思说清楚。至于"自下而上"又是多说的例子。下级干部跟学生自觉的乐意学习,怎么说"自下而上"呢?这是难以想通的。

(十五)例里的"结合改良技术巩固互助组织"又是一连串的双音词,跟(十二)

例相同。这个话硬把表明关系的词省去了,跟(十三)例相同。改作"把改良技术和巩固互助组织结合起来",就清楚了。再说这个例子的标题。明明是"巩固互助组织",可是标题把"组织"省去了。"互助"跟"互助组织"不同,不能随便。为了形式的对称牺牲内容,无论说话写文章,都是不应该的。

末了一个例子也因为少说了一个表明关系的词,"隐蔽"的作用就不明确,可以把它看成个形容词,也可以把它看成个动词。如果把它看成个动词,毛病可大了,正好把原意了解得相反。事实上自然不至于了解得相反的。可是,为说得清楚起见,为什么不按照咱们说话的习惯,说成"隐蔽'的'敌人",把"隐蔽"确定作形容词呢?

# 谈掺用文言成分①

　　为什么掺用文言成分？原由很多。咱们读过文言。咱们没有学好语言。咱们感觉现代口语贫乏，好像不够用，咱们分不清文言跟现代口语的界限。还有其他。

　　可是一般的读者未必全读过文言。他们的语言训练也许比咱们好，说来又纯粹，又不感觉贫乏。凭他们的语言习惯看咱们的夹七夹八的东西，即使不至于不能了解，至少感觉不怎么亲切。

　　还有，现在报上的材料有很多要从电台广播出去，要在读报小组里由一个人念给大家听。为了照顾听众，第一要避免罗嗦的繁复的语句，第二要尽量少用文言成分。像近来差不多每天可以看见的"日趋好转"，一个"日"一个"趋"就是文言成分；还有，近来天天可以看见用作连词的"则"字，这是从文言来的，必须熟习文言的语调才能了解。对于这些，咱们自己是太熟悉了，可是能够保证听的人听得明白吗？（如果用拼音文字来写，这些成分过了一天半天，连作者自己也要认不清了。）

　　现在举一些例子在后面，请读者从看下去听下去两方面想：看下去是不是有点异样？听下去是不是有点不顺耳？

　　（一）经过反复宣传，与中共支部党员、各行业能手的带动……——四月五日第二版《宁宝重灾区战胜冬荒》

　　（二）该市行将有三十四万多失业工人参加浚河……——六月十九日第二版《各地人民政府和工会组织用多种方式救济失业工人》

　　（三）此次各公营企业税收计划之所以能按期如数完成——四月八日第二版《张市公营企业完成纳税》

　　（四）比较适当的方法是编制一定范围的统一价格标准材料，或由一定部门

---

　　① 原载一九五〇年七月五日《人民日报》副刊《新闻工作》（双周刊）第十四期。

统一作价,才能减少偏差、避免过分悬殊——六月四日第二版《东北清理资产的几点经验》

(五)这里林立着一座座的工厂——四月八日第三版《渤海区劳动教育所访问记》

(六)劳动保护规程和制度的制订和执行,也是非常不力的——四月九日第二版《东北公营企业实行劳动保护,五十五万职工福利改进》

(七)去年南距该村五里的莫台寺村群众——四月十日第六版《荒山变成了松山》

(八)这就充分的表现了这些同志对于运用批评与自我批评的武器改正工作缺点的重视之不足——四月十日第一版《东北人民政府监察委员会处理密山县拆房事件》

(九)说明该厂领导干部力图跳出事务主义圈子——四月二十日第一版《石景山钢铁厂……普遍、开展民主管理运动》

(十)但与现在的记录比较,依然是逊色的——四月二十日第二版《恢复中的广东糖业》

(十一)有数种商品的价格几与产区持平——六月十一日第一版《物价由落转趋平稳,武汉市场情况好转》

(十二)还有少数工厂则偷工减料牟取非法利润——六月十九日第三版《工业局指导私营机器铁工业成立加工订货管委会筹备会》

例子是很多的,节省篇幅,不能多抄。就前面的例子来看,这些语句里的文言成分个个都有口语的说法,并不是口语贫乏,非借文言的光不可。或者以为用文言可以经济些,说口语必然说得多。我说经济是要讲的,可是应该就通篇讲,就一段一段讲,单在一句里打算少写几个字,那是讲不好的。还有,为什么这一部分用文言,那一部分又不用呢?这是答不上来的。说到这儿,可以说随便用些个文言成分也是一种自由主义——不照顾看的人听的人,自己爱怎么写就怎么写。我想劝朋友们改变这种自由主义,咱们只要记住一句话:为看的人听的人着想。

随便用文言又不熟习文言的规律,有时就不免发生错误。举两个错误的例子在这儿。

(十三)岛中部为五指山脉所分布——四月二十一日第一版《海南岛介绍》
"……为……所……","为"字前头的部分必然是"所"字底下的动词的对象。譬如一句文言说"敌军为我军所歼","敌军"是"歼"的对象。"分布"是个自动词,"岛中部"不是它的对象,所以这一句话是不能采用"……为……所……"的形式的,应该说"五指山脉分布于岛中部"(还是文言)。

(十四)我中央人民政府外交部周恩来部长,于十九日致电盟国对日管制委员会主席赛鲍尔,通知其国民党反动派残余集团的所谓"代表"没有参加对日管制委员会的资格,必须将他们从该委员会的各项机构和会议中驱逐出去,同时通知其我中央人民政府已任命周士第将军为出席该委员会中国代表团团长。——六月二十日第四版《我周外长电盟国对日管委会要求驱逐蒋匪帮"代表"》

这两个"其"是用错的。历来的习惯,"其"不作单纯的受格用,这儿却作单纯的受格用了。"其"作受格用有个条件:对于底下的动词它又是主格,它一身充两役。例如,文言说:"嘱其以时赴会。""其"是嘱的对象,对于"嘱"是受格,同时,"其"又是"赴会"的主体,对于"赴会"是主格。(十四)例两个"其"字底下的话跟"以时赴会"完全不相类。照文言惯例,这两处也不需用代名词,把"其"换成"以",作"通知以……"就成了。如果干脆说口语,当然不妨说"通知他……"。

# 一些简单的意见①

希望写广播稿新闻稿的,写完之后好好儿念一遍。念起来不一定要高声,也可以不出声,作用是一样的。凭自己的口念一遍,同时凭自己的耳听。不出声也可以听,因为默念的是自己,在内里可以引起听的感觉。

广播稿完全是让人家听的。新闻稿印在报上,固然是让人家看的,可是各处地方都有读报组,一个人读报,不就有好些人听报吗?所以这儿的"新闻"应该取它最广泛的意义,连社论、专论、通讯之类都包括在内,凡是印在报上的,不但让人家看,同时也是让人家听的。

写稿的自己好好儿念一遍,就是自己先来检验一下,写下来的那些语言上不上口,顺不顺耳。也可以说,就是自己站在旁人的地位,把自己的语言念一念,听一听。要是不怎么上口,不怎么顺耳,必然是语言有毛病,就得修改。人家了解咱们的意思单凭语言,语言有毛病,怎么可以不修改?人家要念咱们的语言、听咱们的语言的,语言有毛病,怎么可以不修改?修改成什么样儿才了事呢?到自己满意,认为上口顺耳为止。

这儿必须说明,修改语言同时是修改意思。原来用的"但是",修改之后去掉"但是",意思就跟原来不一样了。原来用的"责罚",修改之后成为"惩罚",意思就有些出入,因为名副其实的两个同义词根本不太多。原来说的"我昨天上天津去",修改之后成为"昨天我上天津去",意思好像一样,语气可不同了——语气也是意思的成分。仅仅修改语言的事儿是少有的,修改语言往往连带修改意思。

语言不上口不顺耳,怎么不好呢?简单地回答,那是说得不好。仔细想一想,说得不好不就是意思不大对劲吗?不就是没有挑中切当的语言把意思说出来吗?不就是咱们跟人家之间,在意思的传达上还隔着一层吗?语言改得切当

---

① 原载《中国语文》一九五三年一月号。

了，又上口又顺耳了，同时意思就对劲了，在意思的传达上就一丝儿也不隔了，这才符合咱们的意愿。

必须这样了解，才知道修改语言不是枝节的事儿，不是纯技术的事儿。

念下去觉得噜里噜苏，意思必然不清不楚，不明不白。那大概得下手删除，好像整理荒废的花园似的，去掉那些乱枝杂草，就可以像个样儿。

念下去觉得连不上气，意思必然有不怎么贯通的地方。那大概得重新想，重新说，或者换几个语词，或者调一些句式，或者颠倒一下语句的次序。重新说得念下去顺溜了，意思就像溪里的活水似的流通了。

最好尽量用通行的说法。通行的说法是大多数人用来传达意思的，是大多数人说惯听惯了的，咱们拿来用，就一丝儿不隔。语言出在咱们的口里心里，意思透进人家的耳里心里。不太通行的说法、绕一些弯子的说法就不然，即使意思没有错，人家总觉得有些儿生分、不自然，这多少就是隔。譬如说"我们对于贪污浪费必须予以反对"，"我们对于某某要进行说服工作"，人家一听，稍稍一愣，跟着就想，原来就是"我们必须反对贪污浪费"，"我们要说服某某"，为什么说得那么弯曲呢？在这一愣一想之间，人家一口气听下去的劲儿就打断了。

广播的听众、新闻的读者已经提出要求，要咱们尽量用通行的说法。要是咱们只管自己，不顾旁人，那当然不用考虑什么。要是咱们明白那不是自己一面的事儿，还得顾到旁人，就该随时调整咱们的语言，运用大多数人传达意思的方式。咱们必须分别清楚，用不太通行的说法、绕一些弯子的说法并不等于语言的提高，尽量用通行的说法却能够扩大咱们意思的普及。就不说什么为人民服务吧，单为咱们意思的普及打算，咱们也得顺着这条路子走。

切不要用一些怪模怪样的词语，如"但却"之类。就时代说，古今全不用，就地区说，咱们中国东南西北没有一处用，是语言里头生造的东西，是意思里头不合用的成分，那样的词语只能说它怪模怪样。生造词语不能跟语言的发展混为一谈。语言的发展全凭实际的需要，合乎民族语言的规律，生造词语好比私印钞票硬要拿到市场上去流通。假钞票不起交换的作用，生造的词语虽然不像假钞票那样不值钱，传达意思总得大大地打个折扣。

上口顺耳的稿子就是意思明白通顺的稿子，人家不必花费无谓的力气就可以了解，而且决不致发生误会。在这个基础上，人家可以赞同稿子里的意思，也可以不赞同——反对或是驳斥稿子里的意思。咱们不是有那样的经验吗？听了一番不怎么明白通顺的话，心里只觉得糊涂，简直说不上赞同还是反对。

上口顺耳的稿子可不一定就是意思有价值、对人家有益处的稿子。听众们读者们还有要求呢。他们的要求归结成一句话,希望不要来那么老一套。这一句话很简单,意思可不简单。这不就是说他们对于老一套有点儿不耐烦了吗!这不就是说他们希望听一些读一些所谓言之有物的东西吗?要是咱们顾到听众们读者们的利益的话,做到了上口顺耳还不能就此满足(这儿补一句,上口顺耳是起码的条件,非做到不可),必须在上口顺耳之外,给人家一些有价值的、有益处的东西。

听众们读者们不要老一套,就是不要概念化、公式化。

成段成篇的举例未免麻烦,不妨拿片言只语来谈谈。譬如说"某某做工作一贯积极","会议始终在友好的气氛中进行",就语言说,又上口,又顺耳,就意思说,也确然成个意思。可是前后如果再没有照应补充的话,那就不能叫人家满意。人家要知道的是怎样一贯积极,你可只告诉人家一个一贯积极。人家要知道的是怎样在友好的气氛中进行,你可只告诉人家一个始终在友好的气氛中进行。哪一个积极分子都可以说他一贯积极。哪一个和谐的会议都可以说它始终在友好的气氛中进行。所以那样说法实在没有告诉人家某一个积极分子和某一次会议。

概念化、公式化的情形就是这样:好像告诉了人家一些东西,可是人家仔细辨一下,并没有得到什么东西。

去年文艺界纪念毛主席《在延安文艺座谈会上的讲话》发表十周年,提出了必须克服文艺方面概念化、公式化的倾向。广播界、新闻界似乎没有提,可是也应该提。在宣传教育的意义上,广播、新闻不是跟文艺有共通之点吗?何况听众们读者们已经表示了意见,希望不要来那么老一套。

或许有人要说,那不是语言问题,是内容问题了。

我就是最不信服把语言跟内容分开来说的一个人。咱们不能抛开了意思谈语言,也就是不能不管内容专谈语言。咱们既然要谈广播和新闻的语言,我就提出写在这篇里的一些简单的意见,一要求其上口顺耳,二要求其不概念化、不公式化。

# 语言和语言教育①

今天让我在这里发言。可以说的很多，可是不能散漫地说，不能想到哪里说到哪里，只能限定个范围来说。我想文学是语言的艺术，我就把我的发言限定在语言这个范围里。并不是我对于语言有什么特别研究，我只想在同志们面前说一说我的理解，请同志们看我的理解对不对。根据我的理解，我还有一个希望，希望大家互相勉励，在语言方面多多注意，因为我们搞的是语言的艺术。

斯大林的《马克思主义与语言学问题》的译本出版之后，我读了两三遍。我不敢说对于这部著作有多少领会，现在只想从这部著作里摘出少数语句来谈谈。从一部著作里摘出几句来，往往容易犯断章取义的毛病，我希望我不至于犯这个毛病。斯大林的著作里说："语言是直接与思维联系的，它把人的思维活动的结果，认识活动的成果，用词及由词组成的句子记载下来，巩固起来，这样就使人类社会中思想交流成为可能的了。"这是我要摘出的一句话。另外还要摘出几句，就是以下的几句。"不论人底头脑中会产生什么样的思想，以及这些思想在什么时候产生，他们只有在语言的材料底基础上、在语言的术语和词句底基础上才能产生和存在。完全没有语言的材料和完全没有语言的'自然物质'的赤裸裸的思想，是不存在的。'语言是思想底直接现实，(马克思)。思想底真实性是表现在语言之中。"

斯大林否认"赤裸裸的思想"。什么叫"赤裸裸的思想"？就是说，思想无所依傍，没有质料也没有形式，是自然而然出现的那么空灵玄妙、难以捉摸的东西。斯大林说那样的思想"是不存在的"。思想决不是无所依傍的，思想依傍语言。思想有它的质料，就是语言的材料，就是语汇。思想有它的形式，就是语言的规律，就是语法。无论想得粗浅的，想得精深的，都摆脱不了语言的质料跟形式。无论这个民族的人，那个民族的人，他想的时候都摆脱不了他那个民族的语言的

---

① 这是作者一九五三年在中国文学艺术工作者第二次代表大会上的发言，发表在一九五三年十月十一日《光明日报》第三版。

质料跟形式。一个人学会了旁的民族的语言,他也可以依傍旁的民族的语言来思维,可不能一种语言也不依傍。脱离了语言就没法思维。

再说得明白些,人在那里思维,同时就是在那里说话。起初想不清楚,那因为适当的材料(语汇)跟适当的组织形式(语句构造)还没有确定下来。什么时候才算想清楚了呢?那就是适当的材料跟适当的组织形式确定下来了,能够把语言明白通畅地说出来的时候。思维活动的结果,认识活动的成果,无非是说成明白通畅的语言,简单的只消一句两句就成,繁复的就得多到几千句几万句。我惯常说这么一句话,语言是思想的定型。所谓定型不仅定思想的形式,同时也定思想的质料,因为语言里所用的材料就是思想本身的质料,那是二而一的。思想拿不出来,定型成为语言,这才拿得出来,说出来可以让人家听见,写下来可以让人家看见,人家凭你的语言就可以知道你想的什么。马克思说"语言是思想底直接现实",大概就是这个意思。

所谓思维活动跟认识活动当然得根据实践,得根据直接间接的种种经验,经过一番活动,然后定型成为拿得出来的语言。那定型对不对,好不好,就决定思维活动跟认识活动的对不对,好不好,所以绝对不能随便。要是觉得活动的结果有些不对头,有些不大好,就得重新来过,重新定型,也就是重新说成拿得出来的语言。我们决不能说,我拿出来的只是个大概的轮廓,朦胧的影像,这就够了,藏在我脑子里的东西可要完美得多。这样把拿出来的跟藏在脑子里的分开,以为不妨让它们有些距离,其实就是承认脑子里另外有个"赤裸裸的思想",就是承认思维是一回事,语言又是一回事。这个想法是很不妥当的,在思想交流上是大有妨碍的。

要是我的语言杂乱无章,人家决不会承认我的思想有条有理,因为语言杂乱无章正就是思想杂乱无章。要是我的语言含糊朦胧,人家决不会承认我的思想清楚明确,因为语言含糊朦胧正就是思想含糊朦胧。要是我的语言干巴巴的,人家决不会承认我的思想好像刚开的花朵,因为语言干巴巴的正就是思想干巴巴的。——照样说下去可以说得很多,不要说吧。总之,在思想交流上,我跟人家,人家跟我,关系是这样的:只有我拿出来的定型的语言对头,人家才会承认我的思维跟认识对头。反过来,我拿出来的不对头,人家就无从承认我的思维跟认识对头。这是一条明白得很的规律。要是不相信这么一条规律,希望人家不要太拘拘于我的语言,希望人家在我的语言之外领会我的思维跟认识,那就未免有些主观主义了。主观主义是经常会误事的。

曾经有人说,语言,小节而已,重要的是内容。现在从思维跟语言的联系上看,知道没有什么赤裸裸的内容,又从思想交流的实际情况上看,知道思想交流不靠旁的,就靠语言,那么语言到底是小节不是,也无须说明了。这几天听了茅盾、周扬两位先生的报告,他们都强调语言的重要,茅盾先生说得尤其多。我自以为能够体会他们两位的用心。无论什么场合,思想交流总希望它尽量少打折扣,何况文学工作是思想工作里头的重要部门,更希望它完全不打折扣,收到思想交流最大的效果。所以,我们虽然不存语言是小节的想头,还是应该在语言方面多多注意。——我的前一段话到此为止。我还要补一句似乎多余的话,我并没有说应该注意的就只有这一方面。

现在再来说一段。语言原是不断的发展的,有发展就有变化。从我幼年到现在,几十年来,我觉得我国的语言变化相当大。这是可以理解的。社会生活各方面的变化,历史上没有一个时期像几十年来那样的剧烈。剧烈的生活变化不能不影响语言,语言就相应地起相当大的变化了。这个变化不是仅仅与少数人有关的事情,可以说,每个人都参加在内。怎么说每个人都参加在内?为了需要,每个人可以创造一些新的语言,同时不可避免的,每个人都受着旁人的语言的影响。正因为每个人都参加在内,所以语言变化的面积非常宽广,语言变化的情况非常复杂。这就免不了发生分歧跟混乱。语言的发展跟变化是势所必然的,语言的分歧跟混乱却是不能容忍的。因为分歧跟混乱妨碍着思想交流,会使思想交流打折扣。

一九五一年六月间《人民日报》发表社论,号召大家"正确地使用祖国的语言,为语言的纯洁和健康而斗争",这是很及时的,很必要的。大家提高警惕,正确地使用语言,要求语言的纯洁和健康,才可以适应语言发展语言变化的趋势,而不至于走向分歧跟混乱。在这里,我想简单地说一说怎样才是正确的使用。可以分两方面说。就语言的材料说,从实际事物出发,彻底了解彻底掌握了语汇的意义,然后使用,那就是正确的使用。就语言的组织形式说,从实际事物出发,彻底了解彻底掌握了语法的关系,然后使用,那就是正确的使用。巴甫洛夫研究人类的高级神经活动,把语言叫作信号的信号。他那后一个信号指语言,前一个信号指实际事物。他所谓信号,好比运动场上的信号枪声,砰的一响,运动员就起反应,拔脚飞跑。信号这个概念是跟反应这个概念联系着的。实际事物为什么是信号?因为它引起我们的反应,使我们的头脑作种种的思维活动跟认识活动。语言又是实际事物的信号,我们听到了语言或者看到了记录语言的文字,也起反应,跟接触了实际事物一个样。这样看来,了解语言的意义跟规律,掌握语言的意义跟规律,必须从实际事物出发,语言必须恰好地代表实际事物,不是很明白吗?所以我说,只有在这样的情况之下使用语言,才是正确的使用。

正确地使用语言原是大家的事,不仅是文学作家的事。谁能够正确地使用谁就有好处,而且好处不仅在自己。不过在这件事情上,我以为文学作家应该起带头作用。这是无须说噜噜苏苏的许多话来阐明的。光有号召,没有范例,大家未必摸得清正确不正确的区别在哪里,未必认得准什么叫纯洁,什么叫健康,什么叫不纯洁,什么叫不健康。文学作家带头来实践,写成的作品就是范例,可以拿给大家看,可以告诉大家,这样的使用就是正确的使用,这样的语言就是纯洁的,健康的。当然有许多作家在这方面起了带头作用,现在我在这里表示我的希望,希望所有的作家都来带头。要是我们的作家都来带头,那影响是不可估量的,不但社会中语言分歧语言混乱的现象可以从早消灭,而且我国现代的文学语言也可以从早形成。照目前的情形看,我国现代的文学语言还没有形成,我这个说法想来可以取得同志们的同意。

我是个出版工作者,写稿子,看稿子,改稿子,发排,校对,付印,成年累月就搞这一套。我经常有这么一个想头,我们的书出出去,让读者吸收种种知识跟经验,同时不可避免的让读者受到语言方面的影响。换句话说,我们的书对读者进行社会科学自然科学文学美术种种方面的教育,同时对读者进行语言的教育。而且照我刚才所说,语言跟内容是拆不开的,必须语言方面毫不马虎随便,才可以恰如其分地表达出那个内容。想到这些,我就不敢存马虎随便的心思。虽然因为思想的水平不够,实践的力量不充分,我跟我的工作同志没有什么比较可以满意的成绩,可是我们的认识大概是可取的。语言教育固然不是唯一的大事,然而不可否认,也是许多大事里头的一件。像刚才说的,要消灭社会中语言分歧语言混乱的现象,要形成我国现代的文学语言,难道是小事不是大事?担当这件大事的不仅是学校里的语文教师,作报告的,发表演说的,广播员,戏剧演员,电影演员,写稿子登在报上的,写稿子登在杂志上的,写各种各样的书稿出版的,翻译各种各样的书稿出版的,全都担负着语言教育的责任,就影响的范围看,语文教师的影响限于学校里,其他的人的影响普遍到整个社会。要是其他的人不跟语文教师配合,不负起语言教育的责任,那么语文教师即使不至于徒劳无功,也必然会事倍功半。可是,其他的人只要想到语言是所谓"公器",是大家使用的工具,这个工具必须磨炼得无往不利,才可以拿来作各方面的斗争,就会觉得责无旁贷,就会把语言教育的责任认真地担负起来。其中文学作家的责任感一定会比旁人更强,因为文学作家是灵魂的工程师,文学是语言的艺术。——我的后一段话到此为止。

我的理解很浅薄,非但浅薄,可能错误,可是我的心是诚恳的。刚才说过,语言教育固然不是唯一的大事,然而是许多大事里头的一件。我相信这个看法不至于错误,所以有机会总愿意说一说我的理解。今天,各方面的作家,文学工作的领导同志,差不多都在这里,这在我是个难得的机会,所以我不说别的,光说这个,请同志们指教。我愿意跟在同志们的后头,共同努力。

# 文艺写作必须依靠语言①

## 一

文艺的根源是生活。作者从生活里见到了某些东西,想把那些东西告诉人家,让人家也见到,于是拿起笔杆来。

告诉人家有各种各样的方式。大体归一归,可以分做两类。一类方式是把见到的结论告诉人家,见到东就说东,见到西就说西。一类方式是把从那里见到某些东西的一部分生活告诉人家,让人家自己去跟那一部分生活打交道。见到的某些东西或说或不说,一般的情形是不说,但是不说也等于说了。什么理由呢?作者既然从那一部分生活里见到了某些东西,现在他把那一部分生活告诉人家,根据"人同此心,心同此理"的道理,人家该也会像作者那样见到某些东西。

文艺采取的是后一类方式。

前面的话里屡次提到两个词,一个是"告诉",一个是"说",这一点可以注意。

作者经历过、体验过、想象过的生活藏在作者的头脑里,要让人家知道必须把它拿出来。可是藏在头脑里的生活没有办法拿出来,像从口袋里拿出一盒烟卷来那样。要拿出来就得把它化为语言。生活是根源,语言是手段。咱们说"告诉"说"说",都是语言方面的事儿。

其他艺术也一样。

藏在画家头脑里的生活没有办法拿出来,要拿出来就得依靠线条跟色彩。线条跟色彩是绘画的手段。

藏在音乐家头脑里的生活没有办法拿出来,要拿出来就得依靠声音跟旋律。

① 原载一九五四年七月二十七日《文艺学习》第四期。

声音跟旋律是音乐的手段。

藏在舞蹈家头脑里的生活没有办法拿出来,要拿出来就得依靠身体种种的动作跟姿态。身体种种的动作跟姿态是舞蹈的手段。

总之,各种艺术都有必须依靠的手段,不依靠某种手段,就没有某种艺术。要是有人说他可以不依靠什么手段把藏在头脑里的生活拿出来,他固然有说这个话的自由,咱们可不能想象。

这一节说文艺注定是依靠语言的艺术。至于文字是语言的记录,文字跟语言是二而一的东西,所以不该说文艺是依靠文字的艺术,这些道理很简单,不必多说。

## 二

文艺既然是依靠语言的艺术,咱们就该看看依靠的情形。

这不用单就文艺方面看,只要就一般的情形看看就成。什么叫一般的情形?就是不搞文艺,平常时候把头脑里的东西拿出来的情形。搞文艺跟平常时候说话发表意见虽然有性质上的本同,然而同样是把头脑里的东西拿出来。

要是稍微留意一下,咱们就会发现一些道理:凡是立刻拿得出来的,必然是已经形成语言或者极容易形成语言的东西;凡是不能够立刻拿出来,要待想一想才拿得出来的,必然是还没形成语言的东西。

谁问我平时看哪几种文艺刊物,我立刻可以回答说"我看《文艺学习》《人民文学》《文艺报》《译文》"。这是已经形成的语言,所以拿出来就是。

谁问我吃过午饭没有,那时候我已经吃过午饭,就立刻可以回答说"吃过了"。这是极容易形成的语言,所以一拿就拿出来。

谁问我朝鲜问题跟印度支那问题的前途怎样,我就不能够立刻回答,我得好好地想一想。虽说想一想,牵涉的方面可很广,需要的知识可很多,这且不谈。想一想以后,或者想清楚了,我才能够回答(正确不正确还不一定),或者终于想不清楚,我就只好老实说回答不出。

在最后一种情形里,可以注意的是什么叫想清楚,什么叫想不清楚。

我想的时候考虑到很多的方面,运用到很多的知识,这些方面,这些知识都以语言的形式在我的头脑里出现,决不会赤裸裸的出现(就是说不形成什么形式而出现)。最后我对于朝鲜问题跟印度支那问题的前途有所理会,那理会也必然形成语言的形式,决不会是赤裸裸的理会(就是说不形成什么形式的理会）。要是我终于无所理会，那就是我对于朝鲜问题跟印度支那问题的前途终于形成不了语言的形式，换句话说，那就叫想不清楚。

可见所谓想清楚就是形成语言的形式，所谓想不清楚就是形成不了语言的形式。

咱们想无论什么东西，非常简单的或者极端繁复的，都得依靠语言，没法凭空想。依靠语言来想，想清楚的时候也就是形成语言的时候。那个时候，那些形成了的语言藏在头脑里就是知识、见解、学问、"腹稿"……要往外拿就可以往外拿，拿出来的全是语言，不管口说还是笔写。

想的过程也就是形成语言的过程。咱们想，那件事情的因果关系该是这样，不该是那样。这不是同时规定了语言的说法吗？咱们想，那个人用"聪明"来形容他还嫌不够，他简直是"智慧的化身"。这不是同时选定了应用的语词吗？古代词人看见杏花开得堆满树枝，蜂儿在花间来来往往，他想，这个景象闹烘烘的，蜂儿固然闹烘烘，杏花挤挤挨挨的开出来也是闹烘烘，这里头蕴蓄着多少春意啊！于是一句有名的词句形成了："红杏枝头春意闹。"

在前一节里说过这样的一句话：要拿出来就得把它化为语言。现在谈到这里，可以推进一步说，即使不准备拿出来，咱们头脑里的东西也必须形成了语言才成其为东西。所谓知识、见解、学问全都是以语言的形式藏在咱们头脑里的东西，"腹稿"更不成问题，正因它形成了语言的形式才叫"腹稿"。

咱们头脑里不成其为东西的东西是很多的。那些东西来无影，去无踪，飘飘浮浮，朦朦胧胧，有时候显一鳞，有时候露一爪，总之不成个具体的东西。那些东西当然形成不了语言的形式，当然拿不出来。

这一节说头脑里的东西跟语言的关系。

# 三

头脑里的东西跟语言的关系既然如此，文艺既然是唯一依靠语言的艺术，作者就不该说语言是小节，是小道。

这里说不该，并不是说谁说语言是小节、小道就犯了什么法，违背了什么道德。只因为这么说显然有不大注意语言的意思，显然有只要"大节""大道"就成，小节、小道尽不妨放松一点儿的意思。不知道实际是无论什么"大节""大道"都得通过语言（所谓小节、小道）才成其为"大节""大道"。好比拉紧一条绳子，要是只抓住这一头不抓住那一头就无论如何拉不紧，而这么说的人恰好采取了只抓住这一头不抓住那一头的办法。凭无论如何拉不紧的办法怎么能达到拉紧的愿望？那岂不是认错了方向,走错了道路？这里说不该,理由在此,仅仅在此。

头脑里的东西跟语言的关系既然如此,文艺既然是唯一依靠语言的艺术,作者对于经历过、体验过、想象过的生活就不能有了个飘飘浮浮的、朦朦胧胧的影子就感到满足。

飘飘浮浮的、朦朦胧胧的影子不济事,不成东西,拿不出来,必须把它想清楚才成。想清楚了,那些生活才真个在咱们头脑里形成了具体的东西,咱们才真个掌握了那些生活。想清楚了,那些生活才拿得出来,因为所谓想清楚也就是形成了语言的形式。

作者的劳动,咱们管它叫文艺写作。文艺写作到底是怎么回事呢？难道指拿着笔杆写些字在纸上这回事吗？

我想文艺写作该是这么回事:就经历过、体验过、想象过的生活着着实实地想,把它想清楚,想得轮廓分明,须眉毕现——想的目的是把在生活里见到的某些东西告诉人家——想的手段是语言,让语言把想清楚的东西固定下来。

着着实实地想,依靠语言来想,这是文艺写作最基本的事儿。

至于拿着笔杆写些字在纸上,当然也重要,不写下来就不能普遍的告诉人家,但是那究竟不是最基本的事儿。

这一节说文艺写作是怎么回事。

# 从《语法修辞讲话》谈起<sup>①</sup>

近来《中国语文》上有好些篇文章讨论汉语文法的问题,尤其是词类的问题。我是外行,不能赞一辞。我想谈谈另一方面。

语言文字的事儿,大概可以分两方面来谈。一是语言本身有什么规律,怎么使用就恰当,不那么使用就不恰当,简单的说,就是实际使用上的是非得失。另一方面是怎么理解这些规律,这是科学理论,这里头大有文章可做。《中国语文》上撰稿的诸位先生谈的是后一方面,我要谈的是前一方面。我想从《语法修辞讲话》谈起。

《语法修辞讲话》从一九五一年六月六日起登在《人民日报》上,每星期登两回,连续了好几个月才把六讲登完。当时要吕叔湘、朱德熙两位先生写这个《讲话》,为的是大家觉得语言使用上有些混乱。你也说混乱,我也说混乱,到底怎样才可以消除混乱现象呢?怎样才可以使咱们的语言纯洁和健康呢?这就有在语言的实际使用上讨究一番的必要。《讲话》登在《人民日报》上,后来又印成单行本,读者那么多,不但读过看过而已,好些单位还组织学习,拿它做学习资料。反映是多种多样。有的说它着实解决些语言的实际使用上的问题。有的说它头绪纷繁,徒乱人意。有的坚持学习,直到最后一讲,说不看全貌,得不着好处就不能怪人家。有的半途而废,实在学不下去了,说语法那么罗嗦,还是照平时习惯说话写文章吧……再说自从这个《讲话》登出以后,群众中间普遍地有了个认识,就是语法很关重要,即使是嫌语法那么罗嗦的,也认识到现在有那么多的人在看重语法。这是《讲话》登在《人民日报》上的影响。可是评论《讲话》的文章不多见,就其中个别论点来评论的还有过一些,通评全部的似乎更少。《人民日报》编者在开始登《讲话》的时候写过按语,说如有不同的见解尽可以提出来讨论,这个按语好像已经估计到会有这样的情形。

---

① 原载一九五五年一月十五日《人民日报》第三版。

《讲话》跟其他语法书不同。它不仅说明一些名目和格式,不仅就那些名目和格式列举一些例子,还指出一些实际使用上的缺陷,拿那些缺陷来讨论。譬如讲到主语(在第四讲里),不仅说明什么叫主语,还指出有些句子有了主语缺少合式的谓语,有些句子有了谓语缺少合式的主语,有些句子主语谓语配合不恰当,有些句子主语重复了,有些句子暗中更换了主语了,诸如此类。这个办法是好的,它使《讲话》具有现实的意义。即使一部分还有可以商量的地方,可是不用商量的大部分对人家很有帮助。

第五讲讲修辞,作者声明把重点放在"明确"上,其次是"简洁",这就是说,这里讲的是消极修辞方面的事儿,至于怎样可以使形式更好,用怎样的形式表达内容可以收到更大的效果,那些属于积极修辞方面的事儿,暂时不去讨论。大约作者是这么想的:在一般情况下,应该先求"无过",在"无过"的基础上再从容地进求"有功",这一部分指出的语言使用的好些现象,咱们不留心,也不觉得怎样不妥当,一经作者说破,才觉得确然有些毛病。

第六讲讲使用标点,着重在辨析疑难。

就全部看,觉得第四、第五两讲写得较好,第二讲较差。第二讲讲用词,这里头可以商量的地方恐怕最多。第三讲讲虚字,那里头可以商量的地方也不少。例如"有些、有的""为……而……""致以"。按现在的情况,作者所批评的某些用法正是大家乐于使用的,而且觉得用得还顺适,可见作者的讲法不见得全正确。

好些读者的意见,《讲话》的要求似乎苛一点儿,这也不对,那也不合。说话写文章原是挺平常的事儿,哪里会那样的到处荆棘?尤其是初学写文章的人,要是拿《讲话》做学习资料,极容易犯束手束脚的毛病,那就"非徒无益而又害之"。我想,《讲话》的写作既然为了支持《人民日报》社论《正确地使用祖国的语言,为语言的纯洁和健康而斗争!》的号召,搜罗一些不纯洁、不健康的例子来讨论是必要的。实际上各类例子有那么多,咱们就不能怪作者搜罗得太多了——固然有些例子到底纯洁不纯洁、健康不健康还可以商量。可是,假如适当地增多一些正面的(纯洁的、健康的)例子,减少一些不常见的反面的例子,那就叫人家可以多所取法,又可以省去不必要的揣摩,效果该会好些。

此外还可以指出两点,该是《讲话》的缺点。这里头只讲到句,没谈段落和篇章。一般语法书原来大都如此。可是《讲话》既然把语法和修辞合起来谈,既然着重在讨论语言的使用,这就离不了思维的条理,而思维的条理常常在一段一篇里看出来。上下两句分开来看都完整,连起来看可不相应,那就说不上恰当地使用语言。前后两段分开来看都要得,连起来看可搭不上,那也说不上恰当地使用语言。因此,要给读者更多的帮助,应该在下一句和上一句、后一段和前一段的关系上有所讨论。可惜《讲话》没这样做。其次,看现在的情况,长句的应用越来越广,而长句极容易出毛病。为读者着想,应该用较多的篇幅谈长句,《讲话》谈得太少了。第四讲第九段指出各种结构上的毛病,这是有用处的。可是正面的长句只在第一讲的末了分析了三句,那是不够的。

《讲话》注重在语言的实际使用上的是非得失,既然谈是非得失,就得有所取舍。下判断,定取舍,人人的意见不会全同,不同就得讨论。当时《人民日报》的按语希望大家讨论,我也一直在盼望大家讨论,因为语言是交流思想的工具,该怎样使用才合适,是咱们切身的事儿。注重在语言的实际使用上,实在就是讨论文学语言("文学语言"这个术语跟古时候所谓"雅言"相近,就是大家通晓的、了无隔阂的语言,可以用来谈话、演说、作报告,也可以用来写普通文章和文艺作品)规范化的问题,虽然《讲话》里没正面提出。再说,大家希望消除语言混乱的现象,反过来说,不就是希望规范化吗? 规范化了就不混乱了。规范化了,说东是东,说西是西,出于你的口,入于我的心,一清二楚,不折不扣,这才做到充分的交流。规范化是语言工作里头一项重要的工作,要是在这方面无所作为,好些事情不容易做,如文字改革、编词典、编课本等等。大家好像还不大关心这个问题。我热切地期望大家关心起来,尤其是语言学家。

有人认为现在的书面语言是"五花八门,一团混乱。要想给他整理出一套规矩来,并且教给人学会他,真是个劳而无功的事"(陆宗达、俞敏:《现代汉语语法》第十面)。这是一种看法。这种看法认为不能就书面语言来谈书面语言,只能拿口头语言来衡量书面语言,合则留,不合则去。这个话当然也有道理,可是这样说是不是全面,书面语言和口头语言的关系是不是那么单纯,这是值得讨论的。《讲话》的作者也注意到书面语言和口头语言的关系,对于古代成分和外来成分的处理也提出一些意见,但是好像认为基本上是可以在现在的书面语言里整理出一套规矩来的。是不是可以这样做,《讲话》里哪些地方做得好,哪些地方做得不好,都是可以讨论而且应该讨论的。经过讨论,把应该肯定的肯定下来,应该否定的否定掉,然后总结出一些原则原理来,那就大有好处——对于说汉语、写汉语的人都有好处。事情当然不会那样单纯,在析疑辨难的当儿,问题引问题,将会引出许多问题来,连《讲话》里没提出的也都有机会拿出来讨论了。

要是咱们认定这么一个前提,规范化是必要的而且可能的,讨论就不嫌其广,不嫌其繁。

　　附带说一点。既然讲语法,就少不了体系术语。我看《讲话》所用的体系术语是折衷诸家之说,更确切一点儿说,是在黎(锦熙)、王(力)两家之间,作者并没有什么创立。在这方面,异军突起可以注意的有《中国语文》上连载的《语法讲话》和陆宗达、俞敏两位先生的《现代汉语语法》。最近有高名凯先生否认词类分别,不过他还没在这个前提下提出新的体系来。我已经说过,我在这方面不能赞一辞。但是,由于从事语文工作,我常常跟教师、编辑同志接触,彼此一谈起来,就不免诉说,体系不一,术语分歧,大是苦事。教师采用甲的体系讲授,学生提出乙的体系来问难,怎么办? 同一学校里,一班的教师采用甲的体系讲授,另一班的教师采用乙的体系讲授,旁的功课都有固定的教材,唯有语法不然,怎么办? 编辑课本,既不能罗列诸家之说让学生自己去斟酌,又没法揉合诸家之说成为一说,怎么办? 用强迫命令的手段“定于一”,固然不应该,事实上也办不到,但是能不能充分协商,先提出个在教学上可以试用的纲领来呢? 有些人对于语法学家的争辩起反感,认为他们争他们的,跟大伙儿毫不相干。我倒不那么想。真理应该是愈辩愈明,语法学家争辩的对象正是咱们大伙儿头等重要的工具——语言的问题。必须从各个不同的角度看,然后看得全,看全之后,也许各种说法都有一部分对,一部分不对。但是哪一部分对,哪一部分不对,就非讨论不可。很希望“学”和“思”并重,一面调查研究,一面认真争辩,这样才能够早有结果。

# 广播工作和语言规范化①

听说要创刊这个《广播爱好者》，我很高兴，现在写这篇短文章，首先表示我的祝贺。我国解放以来，广播事业有了很大的发展，的确需要这么个全国性的期刊。有了这个期刊，全国各地做广播工作的同志就可以交流经验，广大的听众就可以发表对广播工作的意见，提出对广播工作的要求。这当然会把广播事业推进，使它达到更高的发展阶段。

现在从我的有关工作着想，跟全国各地做广播工作的同志说两点意思，也可以算是我提出的要求。读者也不妨看看，考虑一下我的要求有没有道理，因为要求虽然由我个人提出，事情可不是我个人的事情。

我常常这么想，咱们经常讲些什么，写些什么，一方面是报道，鼓动，宣传，教育，另一方面，这就是在做语言教育的工作。嘴里说的是语言，笔下写的也是语言。说出去，写出去，不能不影响人家。所以，只要开口说，动笔写，自然就担负了语言教育的责任。广播工作者跟教师、演员、作家一样，是语言教育的执行者，除了内容实质必须就种种方面多加考虑以外，得在语言方面多下功夫。要不然，语言教育就不会到家，这是一个缺点。语言方面欠功夫，一定会使内容实质打折扣，一定会使报道、鼓动、宣传、教育的效果打折扣，这是另一个缺点。

我确实知道广播工作者一向注意语言，在语言方面下过很多功夫，我的要求是今后要更多地注意，注意的目标用一个术语说出来，就是"语言规范化"。

我们越来越感觉到，在全国人民共同努力建设社会主义的今天，各地人语言不一致是个不小的障碍。大家齐心协力干一件事，必须交流思想，交流经验。语言不一致，当然也可以交流思想，交流经验，可是不能充分交流。说起来只是个"不充分"，由于这个"不充分"引起的损失却是不能用多少数目什么单位来计算的。总之，建设社会主义是咱们的实际，语言不一致也是咱们的实际，这两个实

---

① 原载《广播爱好者》一九五五年七月号。

际不相应的情形再不能继续下去了。所以在最近期间,语言规范化的工作就要展开。这是头绪繁复的工作,需要各方面共同努力的工作。目的要求是做到语音、语汇、语法都有规范,也就是语音、语汇、语法都有个标准,怎样对,怎样就不对,怎样能说,怎样就不能说。这样,全国人民说话写文章就有了标准,大家的语言就会逐渐一致起来,最后达到能充分交流思想能充分交流经验的地步。

前边说过,广播工作者是语言教育的执行者。现在要展开语言规范化的工作,广播工作者自然该在这个工作里起极大的作用。各地电台的广播,除了特定的方言广播、外语广播以外,都用首都语。所谓语言规范化,也以首都语为基础。所以我要求的对语言方面更多地注意,无非希望广播工作者把语言规范化这个观念牢牢记在心上,坚决贯彻在写稿、改稿、播音各种工作里头。只要想,一个词语写定下来,一个声音播送出去,都要起规范的作用,自然丝毫也不肯含糊了。

下边说我的第二个要求。

我希望各地人民广播电台普遍增添语言教学的节目。

以语言规范化为目标,各地编成教材,按时广播。语言规范化既然以首都语为基础,为什么不用一套教材,要各地各编呢?这里头有个理由。各地各编,可以举出本地方言跟首都语的不同点,彼此比较,找出些规律来,使学习的人便于掌握,容易记住和运用。语汇和语法还可以写成书本,让学习的人看了书本自修。唯有语音,必须靠口头传授,靠耳朵听了就在口头练习,所以广播应该在语音方面特别多下功夫。山东人学习首都语的语音该注意什么,广东人学习首都语的语音该注意什么,福建人学习首都语的语音该注意什么,太湖地域的人学习首都语的语音该注意什么……要是各地广播电台各有一套精当的教材,那就对语言规范化的工作有很大的帮助。教语音必然同时教语调,由于口耳授受,学习的人语音准确了,语调也合式了,这才便于实际运用。

还可以安排一些节目,帮助学校里的语文教学。小学里的语文课,中学里的文学课,除了思想政治教育的任务以外,都是对学生进行语言教育的。教学语文课本和文学课本,几个重要项目里头有一个项目,就是好好地读。读得好,就可以深切地传出课文的思想感情,同时就是领会它的思想感情。读得好,就可以受到很好的语言教育,因为课本里的语言是近乎规范的。可是在目前的语文教学里,大多数还没做到好好地读。有很多地区,小学里读语文课本还是一字一拍的,这根本不成语言了。中学里也往往不注意读,随口念一遍,就算是读了,发音不讲究,语调不揣摩,更不用说表出逻辑关系,传出神情意态了。这是不能容忍的。读得马虎,就减低了语文教学的效果？哪怕你旁的方面做得相当好。这当然要请老师们加紧进修,钻研业务,改革教学方法,从不注意读转变到好好地读。在这个转变过程里广播可以给老师们有力的帮助。从小学课本和中学课本里挑选一些课文,请几位能够读得很好的人读,语音是准确的,语调是合式的,逻辑关系和神情意态种种方面也都读得到家,录下音来,按时广播。这样,无论哪个地区的老师,只要他有收音机可以利用,就能听见很好的范读,再加上他自己的努力钻研,认真教学,必然能使学生受到极大的好处。学生受到的好处不但在语言方面,也在思想政治方面,因为他们能够读得好,对课文的理解和体会就加深了。在北京,我们已经跟广播机关初步接洽,承他们答应,说极应当在这件事情上出力帮助。我希望在最近期间,各地人民广播电台都有协助中小学语文教学的节目。

这第二个要求其实是第一个要求的另一方面。广播工作者在语言规范化的工作里头是重要支柱之一,他们必须兼顾我在前边说的两个方面,才能充分起重要支柱的作用。

六月五日

# 文字改革和语言规范化①

文字改革,主要是为还不认识文字的人着想。刚入学的儿童,成年的文盲,都要学习文字,学了文字就可以通过文字跟别人交流思想,不必光靠口耳了。光靠口耳,交流的范围那么窄,通过文字,范围却扩大了不知多少倍,这是谁都知道的。总之,语言是交流思想的工具,文字是记录语言的工具,所以人人都要学习文字。可是咱们的汉字不太容易学,辨认不容易,书写不容易,要学到能够自由运用,得花很多的功夫。因此,汉字需要改革,现在要简化,将来还要改用拼音文字。这无非要使文字容易辨认,容易书写,不用花太多的功夫就能够很好地掌握它,自由地运用它。

文字改革跟已经认识文字的人并不是没有关系。譬如说汉字简化方案草案经过各方面讨论,决定通用了,所有的书报就要刊用那些简化的汉字,已经认识文字的人就得经常看那些简化的汉字。自己写东西也得写那些简化的汉字,因为写下来的东西多半是给人家看的,不能不为人家着想。再说,谈到汉字简化,这个"简"字里头就包含着减少总字数的意思。减少总字数也是为学习和运用的方便。在减少总字数这个目标之下,异体字就要统一,有些字可以用同音字替代。这样看来,自己随便造字当然是不应该的了。要是随便造一个字,就在总字数里头增加一个字,这个字在字典里找不着,给别人添麻烦,写的人自己也没好处,因为这么办至少在自己跟人家之间设了一层障壁。

文字改革已经得到多数人赞同。我想,目前咱们还用汉字,要改革汉字,首先就要对汉字的看法有所改变。怎么改变呢?就是对于每一个字,不必再从构字法方面追究它的意义,只把它看成代表语言里某一个音节的符号。举例来说,不必管什么"人言为信",只认定"信"代表语言里"写信"的"信"那个音节,也代表语言里"信用"的"信"那个音节。不必管什么"扌"就是"手",凡是从"扌"的

---

① 原载《文艺报》一九五五年第十四期。

字大都表示一种动作,只认定"拥护"代表语言里"拥护"那两个音节,"指挥"代表语言里"指挥"那两个音节。

这样改变对于汉字的看法,至少有两种好处:一,写字不至于随便生造,增多总字数;二,写东西不至于脱离语言,跟语言不一致。最近看一本长篇创作,里头说到"马蹄掌",把"掌"写成"镩"。有个学生把"排斥"写成"排拆"。"镩"是生造的字,"拆"是写错的字,生造和写错的原因就在想从构字法方面表示意义,结果反而增加人家的麻烦。又如现代汉语习惯说"时候"说"但是","时候"和"但是"都是两个音节,可是有不少人写东西光写"时"和"但",跟语言不一致。还有人觉得"但"只有一个音节,说起来似乎不怎么顺口,忘了它原来还有个音节"是",给另外配上个音节"却",写成"但却"。这个"但却"是向来没有的,现在全国各地方也没有一个地方说"但却",只能说它是脱离语言的语言。抛开"但却"不谈,现在谈光写"时"和"但"。为什么会光写"时"和"但"呢?就由于顾了字义,不顾语言。从前,"时"就是现在语言里的"时候","但"就是现在语言里的"但是",写的人知道看的人有同样的认识,就乐得少写一个字,不知道少写一个字就不是现代汉语了。要是认定每一个字只是代表语言里某一个音节的符号,不从构字法方面的意义着眼,那么,前边作为例子的那些情形都不会发生了。"掌"就代表"马蹄掌"的"掌"那个音节,用不着生造什么"镩"字。"斥"就代表"排斥"的"斥"那个音节,再不会错写成"拆"字。"时"只是"时候"的一个音节,"但"只是"但是"的一个音节,另外一个音节当然非写上不可。

拿一个个汉字看成代表音节的符号,固然不错,可是某一个字代表哪一个音节,从字形上看不出来,不像拼音文字那样,只要学会了拼法,谁都能够把一个个音节拼出来。还有,虽然古来就有同音替代的办法,现在也主张一部分字同音替代,可是还做不到凡是相同的音节只用一个字来代表。譬如"今天"的"今","金子"的"金","一斤两斤"的"斤",音节相同,不用一个字来代表,分别用了"今""金""斤"三个字,要是谁写了"金天""斤子""一今两今",还得认为错。

前边说的两点都是实情。要知道只要还用汉字,不用拼音文字,就没法克服这些缺点。某一个字代表哪一个音节,除了看字形死记之外没有办法。相同的音节那么多,汉字又是一个个分开写的,要是不在字形上有所区别,看一句句子就得作好几回猜详。所以"今""金""斤"音节虽然相同,只好保留字形的不同,认字的人就得死记住这个不同,"今天"要用"今"字,"金子"要用"金"字,"一斤两斤"要用"斤"字。说到这里,可以知道汉字究竟不是很方便的记录语言的工具。所谓汉字简化，也不过使汉字在辨认和书写上比较方便一些，稍微减少学习文字的困难罢了。这只是过渡的办法，不是彻底的办法。

说到过渡，总有个去向，往哪儿过渡呢？过渡到拼音文字。制定拼音方案并不是太难的事，是不是赶紧制定个拼音方案，咱们就改用拼音文字呢？事情没有这么简单。我国各地的语言那么分歧，那是不能就改用拼音文字的，大家用拼音文字记录自己的语言，别地方人就不能完全看懂，甚至会完全看不懂。要拿拼音文字作为大家记录语言的工具，必须各地人说共同的语言，也就是语言必须规范化。大家除了本乡本土的语言而外，能够说那种共同的语言了，那才可以按照拼音方案制定拼音文字，这种拼音文字才能叫大家看懂，供大家使用。因此，谈文字改革的问题必然连带到语言规范化的问题。总之，文字改革为的是大家方便，彼此交流思想毫无障碍，而要获得这种方便，光改革文字不成，还得统一语言，因为文字是用来记录语言的。现在我国正在进行社会主义建设，在建设工作里头，全国人民必须充分交流思想，才能完全通力合作。可见前边说的方便不仅是属于个人方面的，从整个国家的发展前途看，更要求规范化的语言和便于学习便于使用的文字。说到这里，就远远超出我这篇文章开头说的"主要是为还不认识文字的人着想"的范围了。文字改革是一项重大的历史任务，所以谁都应当关心这件事，为这件事尽力。

对于这件事，的确谁都可以尽力。道理很简单，因为谁都使用语言。无论讲话写文章都是使用语言，只要在使用语言的时候注意规范化，就扩大了规范化的影响——人家听你的话看你的文章不能不在语言方面受你的影响，这就是尽了力。现在几个不同地区的人碰在一块儿，大家自然而然说一种在场的人都能了解的话，丢开那些只有同乡人才懂得的话。至于写下来的东西，书啦，报啦，文件啦，文艺作品啦，无论哪个地区的人都大体能看，只要他认得汉字，受过相当程度的阅读训练。可见写东西跟不同地区的人在一块儿谈话一样，大家也写各地人都能了解的语言，丢开那些只有同乡人才懂得的语言。但是这种情形并不表明咱们的语言已经规范化了，只表明语言规范化的基础已经很不薄弱。咱们应该在这个基础上努力，求得语音、语汇、语法三方面的进一步的一致，让大家使用起来不发生丝毫隔阂，真做到心心相通。咱们还要宣传推广，通过各种的教育方式，使全国各地方人在语音、语汇、语法三方面逐步趋向一致，虽然并不要求他们丢掉本乡本土的语言（不丢掉，可以说两套，现在说两套的人有的是）。所谓语言规范化的工作，大致就指这些事情。

　　以下单就写东西方面谈一谈。咱们写东西，虽然说按照语言写，可是往往会跟语言不一致。前边举的例子，"时候"写个"时"字就算，"但是"写个"但"字就算，是一种情形。又如写"他步某某的后尘"，"讲明道理，使之彻底了解"，诸如此类又是一种情形。为什么会发生这些情形呢？无非因为咱们用的是汉字，设想读者看了那些汉字能够从字义上了解，就不大想到放到口头去说，凭耳朵去听。在从前，文字是少数人的专利品，尽不妨说的是一套，写的又是一套。到现在，文字将要是全体人民的工具，虽然还是拿来看，可不能不充分顾到说和听了，因为唯有能说能听的东西，看起来才能毫无隔阂。看其实是默默地在那里听。再说，在实际生活里，说和听的需要越来越广大了。教科书是把各种科学知识说给学生听。一篇报告的稿子，报告人照着说，听众听他的。广播电台的各种广播稿子，情形也一样。此外如小说、诗歌要朗诵，戏剧、电影的对话由各个演员说给观众听……说也说不尽。既然如此，写东西非设想到放到口头去说凭耳朵去听不可，是显而易见的了。要写成完全能说能听的东西，像我在前边说过的，把汉字看成代表语言里的音节的符号，该是一个办法。写成以后自己说给自己听，不去想那些汉字，光想那些音节，拿来广播成不成，用拼音文字来记录成不成，这是个很好的检验方法。检验下来就会知道光说"时"和"但"不成，说"步……后尘""使之……"会叫人家听不清楚想不明白。这种地方就是跟语言不一致的地方，都得改。改到完全没有这种地方了，那就是完全能说能听的东西了。

　　还有个检验方法，设想自己是他方异乡的人，然后把自己写的东西放在口头说，凭耳朵听。要是其中有些部分，只有本乡人那么说，他方异乡的人并不那么说，只有本乡人听起来顺耳，他方异乡的人听了就觉得生疏，甚至完全不了解，那就检验出自己写的东西里头有了方言土语的成分了。方言土语的成分也得改。我这句话并不是说方言土语有什么不好，也不是说方言土语不应该用，我是着眼在影响的宽窄上。要是写出东西来只准备给本乡本土的人看，用方言土语一点儿也没障碍。要是还准备给他方异乡的人看，给全国人看，就多少有障碍了。不用方言土语，可以通行全国，影响的范围宽，挽用方言土语，多少有阻碍，影响的范围窄。就为这个缘故，我希望写东西的人不用或者少用方言土语。

　　有些人爱用方言土语，并且以为用方言土语就是他的风格。我不大同意这个想法。我想，一个人写东西有没有个人的风格，不在于用不用方言土语。同样一个道理，由于思维习惯语言习惯不同，各人可以有各人的说法，但是同样把事情说清楚了，把道理说明白了。这儿所谓各人的说法就是各人的风格。一个人思维习惯语言习惯没有定型,他无所谓风格,有了定型,他就有风格。风格在于整篇话整篇文章的流动和节奏,不在于搀用些方言土语。

有些人不大相信一种语言有一种语言的规律,不大愿意受语法的约束,喜欢信笔写下去,写一些无论古代现代都没有的说法也无所谓,以为这就是他的风格。还有些人不大注意用词构词的法则,往往随便用,叫人很难接受(如一部作品里说大风"抨击"在脸上,声音"飘失"在空中,就是例子),自己以为这就交代清楚了,并且以为这就是他的风格。我想,风格当然有好多种,可是,不合语法,不合用词构词的法则,也说成一种风格,那是决不能叫人相信的。

要是说,不合语法,不合用词构词的法则,这全是作者的自由,作者有权利享受这种自由。我想,这样说法是不妥当的。第一,作者享受了这种自由,在表情达意上一定打折扣。其次,写东西给人家看,一定对社会发生影响,作者享受了这种自由,多少会发生不良的影响。因此,我希望写东西的人充分享受其他种种自由,可不要享受这种自由。

以上说的是写东西方面跟语言规范化有关的事,是我个人的浅薄的见解。不正确的地方想必不少,请求读者指教。

# 什么叫汉语规范化<sup>①</sup>

　　汉语规范化，这个话还没有普遍熟悉。我想浅显地说一说什么叫汉语规范化。

　　先说规范化。这就是定个标准的意思。就拿最近召开的全国文字改革会议中讨论的汉字简化方案做例子。汉字简化方案选了些简化字，这些简化字通过和公布以后，就作为标准，在印刷物上一致使用。无论是谁，只要他要求写下来的字合乎标准，就得照公布的字体写。汉字简化方案为简化字定个标准，这样就叫规范化。

　　再说汉语规范化。汉语是汉族人民的语言。历来的音韵学家、训诂学家、文字学家，现代的语言学家，都证明汉语是个整体，为汉族人民所共同使用。只因人口众多，居住地区广阔，方言分歧的情形相当复杂。可是，分歧尽管分歧，离合变化决不超出汉语整个体系的范围。一个人住在本乡本土，交往的全是些本地人，使用方言尽够跟人家交流思想，在一切活动中调整共同工作了。要是来一个别地的人，彼此方言的差别比较大，或者到方言的差别比较大的别地去，方言就不济事了。这只有两个办法解决。一个办法是学会来的那个人的方言，学会所到的那个地方的方言。另一个办法是彼此不用方言，使用一种共同的语言来交流思想，在一切活动中调整共同工作。现在提出的汉语规范化就是后一个办法。以一种语言为标准，共同学会它，使用它，那就碰到什么地方的人都成，到什么地方去都成，一边说，一边听，心心相通，毫无阻碍。汉语规范化就是要做到这样。

　　很久以来，这种共同语已经逐渐形成，就是普通话。跟本地人，在本乡本土，说从小学会的方言，碰到别地的人，到了别地，就说普通话，这不是一般的情形吗？当然，没学过普通话的没法说，只要有点儿会，就是勉强也要说一说。谁说话都不肯出门不认货，说出去总希望听话的对方了解，这是社会生活中的必然

---

①　原载一九五五年十月二十八日《人民日报》第三版。

要求。

由于实际需要而学普通话,各人的成绩并不一样。有的人学得好,说出来很够标准,有的人学得差,也许一辈子只能勉强对付。大家的学习是自发的,又没有训练班讲习班之类可以报名参加,程度参差不齐是当然的。换句话说,说得好的,说得差的,都自以为说的普通话,实际上却大有出入。这就使人们有这么一种观念,以为普通话是一种南腔北调七拼八凑的语言,是一种没有什么方言做基础的语言。这种观念并不正确。语言学家根据一连串的历史事实告诉我们,普通话的形成是以北方话为基础的。

目前全国人民正在齐心协力做建设社会主义的大事业。对共同语的需要,自古以来,再没有目前这样迫切了。由于语言的障碍而妨害工作的事例,谁都举得出一大串,我不再说。只要想一想,语言的障碍妨害着工作,而工作呢,无论哪一项全是一环套一环的大事业中的一环,试问语言的障碍还能让它存在吗? 不能,当然不能。对共同语的需要是从这样的意义上出发的,我们必须明确地认识。有了这样的认识,就知道甲地或乙地的方言固然没资格做共同语,就是普通话,因为它是长时期中逐渐形成的,使用它的人说起来又彼此有出入,也还要进一步规范化才能成为切合目前需要的共同语。因此,我们可以说,汉语规范化就是普通话的规范化。给普通话定些标准,共同学会它,使用它,收到有利于大事业的效果:这就是汉语规范化这项工作的任务和目的。

任何语言都有语音、词汇、语法三个方面。普通话作为共同语,以什么语音为标准呢?

汉语方言的分歧,语音方面最厉害。同样一番话,用汉字写在纸上,各地的人都看得懂,可是,方音差别比较大的两个人各用自己的方音念出来,就可能彼此不大明白,甚至完全不懂。这种经验我们有的是。可见不要共同语便罢,要共同语就非有标准音不可。彼此用标准音说出来,才能彼此听明白。

标准音不能凭人工创造,这不用说。也不能拼凑。要是“天”用西安语音,“钱”用广州语音,“鱼”用苏州语音,“雨”用昆明语音,这样拼凑起来,这套语音谁听得懂? 而且,请谁来当教师示范呢? 其实拼凑也就是凭人工创造。

因此,标准音必须是一个地方的语音,采用某一个地方的语音就得整套采用。在一个地方,“天”怎么说,“钱”就怎么说,“鱼”怎么说,“雨”就怎么说,这里头是有系统的。完全按照它的系统,学起来说起来都方便。

学普通话的人向来都学北京语音,学得准确不准确是另一回事,总之,这个办法是合乎以一个地方的语音为标准音的原则的。当初为什么不学天津或是保定的语音而学北京语音，当然由于政治上经济上文化上的种种关系。我们现在要定一种标准音，不能违反以一个地方的语音为标准音的原则。那么，哪处地方呢？还是北京。向来说普通话就用北京语音，已经有了坚实的基础，继承下来，是最为顺当的事情。况且现在全国人民向往北京，北京从来没有像现在这样吸引全国人民的心。

说到这里，可见以北京语音为标准音并不是新事情，而是既成事实。在规范化的意义上说，只是指出个明确的目标，希望大家努力学会北京语音，要按有效的方法学，在语言实践中逐渐达到准确和熟练。——听人家说，自己说，都熟练，都准确，如此而已。

学一种语音，除了利用标音符号以外，最好能够口耳授受。教的人发出准确的音，学的人听了，学着发，起初不准确，不熟练，后来听的能力加强，口的活动能够适应，逐渐达到准确和熟练。这一段功夫叫正音。我们学任何外国语，都有正音课。现在各地的人要学会北京语音，也得好好地正音。以前各地说普通话的人没受过正规的正音训练。语言环境好，自己又肯用心练习的，他的发音很够标准。语言环境不好，自己又不肯用心，只是依稀仿佛地学一学的，那就可能距离标准很远，可是他也自以为这就是北京语音。今后大家认真正音，就不会有这种参差不齐的情形了。

一个地方的方音跟北京语音的差别并不是漫无规律的。譬如按苏州的方音，"安""寒""看""干"一类音跟北京语音中的"安""寒""看""干"一类音不同，不同在各个音的下半截。苏州的"安"跟北京的"安"，苏州的"寒"跟北京的"寒"……一对一对的音的不同情形是一致的。这就是一条规律。苏州人掌握了这条规律，只要在这一类音里学会几个北京语音——例如前边举出的几个，同类的音——例如"欢""盘""乱""满"就可以类推，不至错误。掌握了规律就省事得多，用不着一个音一个音死记死练了。

就一个地方的方音说，类似前边所说的规律不止一条。就各地的方音说，跟北京语音差别的情形，彼此并不一致。这样看来，掌握规律似乎是很麻烦的事。其实不然。苏州人和熟悉苏州的人都可以证明：苏州人要把"安""寒"一类音改成北京语音是并不困难的，前边所说的那条规律是自然而然会在语言实践中领会的。其他地方情形也如此。何况研究语音的人在找出这些规律，教语音的人又必然教这些规律，因而任何地方的人学习北京语音，都不难掌握这些规律。

光是发音发准了,还不一定就是普通话。譬如苏州人把"格搭"(这里)"归搭"(那里)按北京语音发音发得极端准确,但是别地的人听不懂,苏州人也听不懂。这是词汇的问题。"格搭""归搭"是苏州方言的词,不是普通话的词,所以苏州人要说普通话,必须按北京语音说"这里""那里"才成。

又如"大夫"是北京方言的词,"郎中"是苏州方言的词(这两个词都指医生),对其他地方的人说"大夫",说"郎中",他们不知道是什么,可是说"医生"大家都懂,可见"医生"才是普通话的词。就汉语的词汇方面说,这样的情形很不少。现在要讲规范化,无论说话写文章最好全用普通话的词。要是有一本比较完备的词典,哪些词是普通话的词,哪些词是方言的词,都根据精密研究的结果注在上头,那就很方便。可惜现在还没有这样的词典。没有这样的词典不要紧,因为我们说话写文章,或是自觉或是不自觉,也在那里做辨别和选择的功夫,只要不自觉的变为自觉,自觉的更加自觉,就促进了规范化的过程。大家的辨别和选择为词典家打下基础,词典家研究起来就比较容易得到精密的结果,他们编成的词典就可以成为比较确切的标准。

方言的词也可以转化成普通话的词。譬如某地的方言里有一个词,它有很好的表达力量,各地的人都喜欢使用它,尤其是写一般文章和文学作品的人都喜欢使用它,它就有资格转化成普通话的词。岂但方言的词如此,文言的词和外来的词也一样。这样的情形就会使普通话的词汇丰富起来。

还有一种情形,那并不是方言跟普通话差别的问题。由于用词不注意,随便用,这就造成用词的混乱。现在要讲规范化,这种情形非纠正不可。经常查词典是一个纠正的办法,尤其重要的是大家在语言实践中自觉地辨明每一个词的意义,它可以用在什么场合,不可以用在什么场合,都仔细辨明,然后恰当地使用它。这样,不是很麻烦吗? 麻烦当然有点儿麻烦,可是为了汉语规范化,为了把自己的思想确切地表达出来,谁都不应该怕这个麻烦。

现在再说语法方面。据语法学家说,各地的方言之间,方言跟普通话之间,语法的差别并不大。微小的差别当然有,譬如普通话说"要吃饭吗?""要看戏吗?"苏州人说"阿要吃饭?""阿要看戏?"这就是语法的差别。可是苏州人说普通话,决不会把"阿要吃饭?""阿要看戏?"发了北京语音就算,一定会把"阿要……"的格式改成"要……吗"的格式。因为学北京语音不能脱离语言实践孤立地学。苏州人在学北京语音的同时,也把"要……吗"的格式学会了。

那么语法方面的问题是什么呢? 找出汉语语法的规律,明确地简要地说明这些规律,使本来能够运用语法的群众(要是不能运用语法,说出来的话就没有人能懂)自觉地掌握这些规律,知其然,又知其所以然。换句话说,就是需要一本切合汉语实际的语法书,作为大家学习语法的标准。这是语法方面急需的规范化的工作。语法学家为满足群众的要求,一定能够尽早完成这个任务。

到这里,什么叫汉语规范化的各方面大致都说了。

汉语规范化决不是一朝一夕的事,也不是三年五载的事。可是,谁都使用语言,谁都跟这件事有密切关系,只要大家明白我们需要一种共同语的重大意义,汉语规范化的工作一定会在不太长的时期内完成。

# 关于使用语言<sup>①</sup>

文艺作者动脑筋,搞创作,这是一种思维活动;这种思维活动要塑造一些人物,布置一些情节,描写一些景象,目的在反映生活的实际——虽然写成的小说戏剧之类是假设虚构,可是比记载实在的事情还要真实。

有人以为思维活动是空无依傍的,这种想法并不切合实际。空无依傍就没法想。就说想一个人的高矮吧,不是高个子,就是矮身材,或者是不高不矮,刚刚合度,反正适合那想到的对象就成。要是不许你想高个子,矮身材,不高不矮,刚刚合度,等等,你又怎么能想一个人的高矮呢?

高个子,矮身材,不高不矮,刚刚合度,等等,全都是语言材料。各种东西的性状,各种活动的情态,这个,那个,这样,那样,不依傍语言材料全都没法想。因此,咱们可以相信,思维活动决不是空无依傍的,必须依傍语言材料才能想。

必须依傍语言材料才能想,所以思维活动的过程同时就是语言形成的过程。不是先有个空无依傍的想头然后找些语言把它描写出来,是一边在想一边就在说话,两回事其实是一回事。

两回事既然是一回事,那么,想的对头,说的也必然对头,说的有些不到家,就表示想的有些不到家。

要是说,"我想的倒挺好,只是说出来的语言走了样",人家怎么会相信呢?人家会问:"你是依傍语言材料想的,想的挺好,形成的语言当然也不错,怎么说出来会走了样呢?"人家这个问话是没法回答的。其实这儿所谓想的挺好只是一种幻觉,语言走样就证明你还没想得丝丝入扣。

再拿文艺作品来说。文艺作品是作者思维活动的成果,思维活动的固定形式,也就是写在纸面上的语言——文字。作者给读者的,仅仅是这些写在纸面上的语言,这以外再没有别的。读者认识作者所反映的生活的实际,了解作者的世

---

① 原载《人民文学》一九五六年三月号。

界观和人生观,也仅仅靠这些写在纸面上的语言,这以外再没有别的。因此,这些写在纸面上的语言是作者读者心心相通的唯一的桥梁。读者不能脱离作品的语言理解作品,要是那样,势必是胡思乱想。作者也不能要求读者理解没提到的东西,搞清楚没说清楚的东西,要是那样,就不免宽容了自己,苛待了读者。固然,文艺作品里常常有所谓"言外之意",话没明说,只要读者想得深些透些,也就能够体会。可是言外之意总得含蓄在明说出来的话里头,读者才能够体会。要是根本没有含蓄在里头,怎么能叫读者无中生有地去体会呢,所以言外之意还是靠语言来传达的。

以上的话无非要说明这么个意思:思维和语言密切地联系着,咱们不能把想的和说的分开来看待。实际上思维和语言是分不开的。可见分开来看待是主观方面的态度。分开来看待就出毛病,主要的毛病是走上这么一条路:想得朦胧模糊,说得潦草随便。所谓想得朦胧模糊,就是头脑里只有一些跳荡的没有秩序的语言材料,语言的固定形式还没有形成,在这时候就以为是够了,想得差不多了——其实还得好好地继续想。所谓说得潦草随便,就是赶紧要把还没形成固定形式的东西说出来,这其实是说不出来的,说不出来的硬要说,硬要说又非取一种固定形式不可,非说成一串语言不可——这就免不了潦草随便。

不把想的和说的分开来看待,情形就完全不同了。头脑里只有一些跳荡的没有秩序的语言材料的时候,决不就此停止,非想到形成了语言的固定形式不可。这固定形式并不是随便形成的,它的形成是有原则的,就是跟所想的符合。一边在想,一边就是在说,当然只能取这么个原则。为什么用这个词,不用那个词,为什么用这样的句式,不用那样的句式,为什么先说这个,后说那个,为什么这一部分说得那么多,那一部分说得那么少,诸如此类,全都根据这么个原则而来。这样的固定形式不保证一定是好作品,那还得看作者的世界观和人生观怎样,作者对生活的实际认识得怎样。可是作者这一番思维活动是认真的,着实的,那是可以肯定的。凡是好作品大概都具备这样的基础。

不把想的和说的分开来看待,就不会像有些人那样,说"语言只是小节罢了"——言外颇有尽可以不管或者少管的意思。要是听见人家在那里说"语言只是小节罢了",一定会毫不放松,跟人家争辩,哪怕争得面红耳赤。语言是作者可能使用的唯一的工具,成败利钝全在乎此,怎么能是小节? 咱们能对读者说"不要光看我的作品,你得连带看我的头脑"吗? 咱们能对读者说"我的头脑比作品高妙得多"吗? 不能。头脑,藏在里面,怎么能看呢? 而且读者就要看咱们的作品,就要通过作品看咱们的头脑。而作品呢,从头到尾全都是写在纸面上的语言,就靠这些写在纸面上的语言,咱们的头脑才跟读者相见。语言怎么能是小节?

不把想的和说的分开来看待,对作品的修改的看法也就正确了。有人说自己的或者人家的作品还得修改,往往接着说"不过这是文字问题"(所谓文字问题就是语言问题)。咱们在开会讨论什么文件章则的时候,也常常听见这样的话:"大体差不多了,余下的只是文字问题了。"单就"文字问题"四个字着想,就知道说话的人是相信内容实质可以脱离语言而独立存在的,是相信语言的改动不影响内容实质的。实际上哪有这回事呢?内容实质凭空拿不出来,它要通过语言形式才拿得出来。语言形式有改动,内容实质不能不改动。而且,正因为内容实质要改动,才改动语言形式。不然,为什么要改动语言形式呢?这么想,就可以知道所谓修改,实际上是把内容实质重新想过,同时就是把话重新说过。一大段话的增补或者删掉,这一段和那一段的对调,一句话一个词的增删改动,全都是重新想过重新说过的结果,决不仅仅是"文字问题"。这是个正确的看法。这个看法的好处在注重内容实质,所作的修改必能比先前提高一步。

就语言的使用说,大概跟经济工作一样,节约很重要。经济工作里头所谓节约,并不是一味地省,死扣住物力财力尽量少用的意思。节约是该用的地方才用,才有计划地用,用得挺多也要用,不该用的地方就绝对不用,哪怕用一点也是浪费。关键在乎该用不该用。咱们写个作品,在语言的使用上也该遵守节约的原则。

就说描写一个人的状貌吧,五官四肢,肥瘦高矮,坐着怎样,站着怎样,跑路又怎样,诸如此类,可以写个无穷无尽。再说写几个人的对话吧,说东道西,天南地北,头绪像藤本植物那样蔓延开来,也可以写个无穷无尽。此外如描写一个乡村的景物,叙述一间屋子里的陈设,要是把想得到的实际上可能有的全都搬出来,也就漫无限制。像这样无穷无尽,漫无限制,就违反了节约的原则。要讲节约,就得考虑该用不该用。怎么知道哪些该用哪些不该用呢?写个作品总有个中心思想,跟中心思想有关系的就该用,而且非用不可,没有关系的就不该用,用了就是累赘。这只是抽象地说。某个作品的中心思想是什么,认真的作者自然心中有数。心中有数,哪些该用哪些不该用就有了把握。于是,譬如说吧,描写一个人的状貌,不写别的,光写他的浓眉毛和高颧骨。写几个人的对话,绝不罗嗦,只让甲说这么三句,乙说这么五句,丙呢,让他说半句不完整的话。乡村景物可以描写的很多,可是只写几棵新栽的树和射到树上的阳光。房间里的陈设该不止一个收音机,可是就只写那个收音机,再不提旁的。为什么只挑中这些个呢?一句话回答:这些个跟中心思想有关系,适应中心思想的要求。这就叫厉行节约。

再就一句话来说。一句话里的一个名词,加得上去的修饰语或者限制语决不止一个,一个动词或者形容词,加得上去的修饰语决不止一个。要是把加得上去的都给加上去,大概也会违反节约的原则。怎么办呢? 只有看必要不必要。必要的才给加上去,不必要的全丢开。或者一个必要的也没有,就一个也不给加上去。必要不必要怎么断定呢? 还是看中心思想。一句话的作用不是写人就是写物,不是写事情就是写光景……这些个全跟中心思想有关系。所以每句话全跟中心思想有关系,全该适应中心思想的要求。凡是适应要求的就是必要的。

语言里象"虽然""那么""固然""但是""因为""所以"之类的词好比门窗上的铰链,木器上的榫头。这些词用起来也有必要不必要的分别。譬如说"因为怕下雨,所以我带着把伞出门",这交代得挺明白,不能说有什么错。可是咱们大都不取这么个说法,只说"怕下雨,我带着把伞出门"。为什么呢? 因为不用"因为""所以",这里头的因果关系已经够明白了。已经够明白,还给加上榫头,那就不必要,就不合节约的原则。

咱们评论语言的使用,往往用上"干净"这个词,说某人的话很干净,某篇东西的语言不怎么干净。所谓干净不干净,其实就是节约不节约。从一节一段到一个词一个句子,全都使用得恰如其分,不多也不少,就做到了节约,换个说法,这就叫干净。

语言的节约仅仅是语言问题吗? 或者仅仅是某些人惯说的"文字问题"吗?只要领会到语言跟思维的密切联系,就知道不仅仅是语言问题或者"文字问题"。语言要求节约跟思维要求节约是分不开的。在思维过程中,必须把那些罗罗嗦嗦的不必要的东西去掉,同时非把那些必要的东西抓住不可,这是思维的节约。表现在语言方面,就是语言的节约。

就语言的使用说,还有很重要的一点必须特别注意,就是语言的社会性。语言是社会的产物,是大家公用的东西,用起来不能不要求彼此一致。你这么说,我就这么了解,你那么说,我就那么了解,你说个什么,我就了解个什么,切实明确,不发生一点儿误会,这全在乎双方使用语言的一致。

决不可能有个人的语言。与众不同,自成一套,那是办不到的,那样的语言

（要是也可以叫语言的话）非但不能叫人家了解，自己也没法依傍着来思维。所以一个人生在这个社会里，就注定使用这个社会的共同的语言。

使用共同的语言，可是跟人家不怎么一致，这种情形是可能有的。或者是学习不到家，养成了不正确的习惯，或者是一时疏忽，应该这样说的那样说了，这就跟人家不一致了。跟人家不一致总是不好的，即使差得有限，也叫人家了解不真切，有朦胧之感，要是差得很远，就叫人家发生误会，或者完全不了解。因此，凡是使用语言的人，包括文艺作者，都得随时注意，自己在使用上有没有跟人家不一致的地方，要是有，赶快纠正。

注意可以分三个方面——语音、语法、词汇。单就写在纸面上的语言说，作者的语音准确不准确无从分辨，因此，可以撇开语音，只谈语法和词汇两个方面。

语法是联词成句的规律，每种语言有它的语法，没有语法就不成其为语言。咱们从小学语言，逐渐能叫人家了解，正因为不但学会了些词，同时也学会了语法。有些人觉得没有什么语法似的，这跟咱们生活在空气里，仿佛觉得没有什么空气一样。中小学要教语法，理由就在此。自发地学会了语法，并不意识到有什么语法，难保十回使用不出一两回错。在学校里学了语法，自觉地掌握住语法的规律，就能保证每回使用都不错。怎样叫掌握住规律？怎样叫不错？也无非跟使用这种语言的人的语法完全一致罢了。

谁要是说"语法不能拘束我，我自用我法"，这好比说脱离了空气也可以生活，当然是个不切实际的想法。现在这样想的人并不太多了，大家知道语法的重要性。知道语法重要就得研究语法。依靠一些语法书来研究，或者不看什么语法书，单就平时的语言实践来研究，都可以。一般说来，文艺作者对语言的敏感胜过其他的人，文艺作者只要随时留心，即使不看什么语法书，发现规律掌握规律也是容易的。譬如说吧，同样是疑问语气，为什么有的用"吗"，有的用"呢"，有的任何助词都不需要呢？又如同样是假设语气，为什么有的需要用"如果"或是"要是"，有的不必用这些词，假设语气也显然可辨呢？又如同样是重叠，为什么"研究研究"不能作"研研究究"，"清清楚楚"不能作"清楚清楚"，并且，重叠跟不重叠的不同作用在哪儿呢？又如最平常的一个"的"字，为什么有的地方必不可少，少了就使词跟词的关系不明，有的地方尽可不用，用了反而见得累赘呢？诸如此类，只要一归纳，一比较，就把所以然看出来了。这样看出来的是最巩固的，不仅能永远记住，而且能在语言实践里永远掌握住。

无论是谁，说话写文章大致是合乎语法的。偶尔有些地方不合语法也是难免的,原因不外乎前边说过的两点——习惯不良,一时疏忽。文艺作者笔下的东西,按道理说不应该有这个偶尔。只要随时留心,把语法放在心上,当一回事儿,就能够纠正不良的习惯,防止疏忽的毛病,就能够避免这个偶尔。

现在再就词汇说一说。各人的词汇的范围并不完全相同,可是谁都在那里逐渐扩大词汇的范围。单就一个人说,了解的词汇必然大于使用的词汇。因为使用的非了解不可,而了解的未必全拿来使用。譬如咱们了解一些文言的词,咱们大都不拿来使用。

在思维活动的时候,咱们随时挑选适当的词。什么叫适当的词呢?一,切合咱们所想的对象;二,用得跟社会上一致。譬如想的是一种颜色,这种颜色是"红",社会上确实叫它"红",那么"红"就是适当的词。又如想的是一种动作,这种动作是"推",社会上确实叫它"推",那么"推"就是适当的词。切合对象,跟社会上一致,这两点是联系着的。正因为约定俗成,这种颜色大家都叫它"红",这种动作大家都叫它"推","红"和"推"才是切合对象的词。要是换成"绿"和"拉",那就跟社会上完全不一致了,也就是跟对象完全不切合了。

像"红"和"推"那样的词还会用得不适当吗?当然不会。可是大多数的词不像"红"和"推"那么简单,往往要下功夫挑选,才能找着那个最适当的。譬如"美丽""美""艳丽""漂亮",粗看好像差不多。这几个词的分别到底在哪儿,当前该用哪一个才切合所想的对象,才跟社会上一致,这是挑选的时候必须解决的。求解决可以查词典,一部好的词典就在乎告诉人家每个词的确切的本义和引申义,明确地指出它能用在某种场合,不能用在某种场合。要是平时做过归纳比较的功夫,能够辨别得很明确,那就无须查什么词典,因为词典也是经过这样的功夫编出来的。说到这儿又要提起文艺作者对语言的敏感了。文艺作者凭他的敏感,平时在这方面多多注意,也是"工欲善其事,必先利其器"的准备工作。在目前还没有一部叫人满意的词典,这种准备工作尤其需要。要是平时不做这种准备工作,连勉强可用的词典也不查一查,那么临到选用的时候就有用得不适当的可能——本该用"美"的,用了"美丽"了,或者本该用"美丽"的,用了"漂亮"了。咱们对每一个词,不能透彻地了解它,就不能适当地使用它。严格一点儿说,只有咱们透彻地了解的那些词,才该归入咱们"使用的词汇"的范围。

咱们要随时吸收先前不曾了解不会使用的词,扩大"使用的词汇",扩大了再扩大,永远没有止境。不是说从广大群众方面,从种种书刊方面,都可以学习语言吗?这不仅指扩大词汇而言,可是扩大词汇也包括在内。平时积蓄了财富,需用的时候就见得宽裕,尽可以广泛地衡量,挑选最适当的来使用。要是吸收不广,积蓄不多,就可能发生两种情形。一种情形是一时找不着适当的词,随便用上一个对付过去。另一种情形是生造一个词用上,出门不认货,不管人家领会不领会。譬如某一部作品里说大风"抨击"在脸上,这就是前一种情形。"抨击"不是普通话的词,是文言的词,意义是攻击人家的短处,拿来说大风,牛头不对马嘴。同一部作品里又说声音"飘失"在空中,这就是后一种情形。"飘失"是作者生造的词,用方块汉字写在纸面上,人家认得"飘"字"失"字还可以猜详,要是口头说出来,人家就听不懂,或者用拼音字母写下来,人家就看不懂。可见这两种情形都是不好的。

新事物不断地出现,新词就陆续地产生。凡是新词,总有人在口头或是笔下首先使用。可是仅仅一个人使用一两次,这个新词不一定就能成立,必须多数人跟上来,也在口头或是笔下使用它,它才能成立。多数人使用它就好比对它投了同意票。至于并非新事物的事物,既然有现成的词在那里,就无须另外造什么新词。固然,另外造新词也是一种自由,谁也不能禁止谁,然而享受这种自由的结果,无非给自己的语言蒙上一层朦胧的阴影,给人家添点儿猜详的麻烦罢了。

咱们还应该注意辨别普通话和方言土语。要依照普通话的语法,使用普通话的词,不要依照方言土语的语法,使用方言土语的词。推广普通话,汉民族使用统一的语言,在社会主义建设高潮的今天,是作为一种严肃的政治任务提出来的。文艺作者跟其他文化工作者一样,应该而且必须担当这个任务。普通话和方言土语,就语法说,差别不太大,可并不是没有种种微小的差别。就词和熟语成语说,那就差别很大,各地的方言土语之间差别也很大。在文艺作品里,方言土语的成分搀用在普通话里的情形大致有两种。一种情形是只搀用某一地区方言土语的成分,如只搀用东北话或者河南话的成分。这在某一地区的人读起来方便,对其他地区的人可就是不小的障碍。另一种情形是搀用某几个地区方言土语的成分,南腔北调,兼收并蓄。这对各地区的人都是不小的障碍。而作者掺用那些方言土语的成分,又有有意识和无意识的分别。有的是故意要用上那些成分,有的是没有下功夫辨别,不知不觉地用上那些成分了。现在咱们的目标是使用纯粹的普通话,那当然不该故意用上些方言土语的成分了。为要避免不知不觉地用上,就得养成习惯,哪些是普通话的成分,哪些是方言土语的成分,要能够敏感地辨别,恰当地取舍。

还可以这么考虑,方言土语的成分也不是绝对不用,只是限制在特定的情况下使用。譬如作品里某个人物的对话,要是用了某地区的方言土语,确实可以增加描写和表现的效果,这就是个特定的情况,这时候就不妨使用。又如作者觉得方言土语的某一个成分的表现力特别强,普通话里简直没有跟它相当的,因此愿意推荐它,让它转成普通话的成分,这就是个特定的情况,这时候就不妨使用。——到底能不能转成普通话的成分,那还得看群众同意不同意。

到这儿,关于语言的社会性说得差不多了。要讲究语法,要注意选词,要避免使用方言土语的成分,这些并不是什么清规戒律,全都为的语言的一致。大家的语言一致,语言才真正是心心相通的桥梁。不要以为这样未免太不自由了,要知道在这点上讲由自,势必造成语言的混乱。不要以为这样就限制得很严,再没有用武之地了,要知道这些要求只是语言的基本要求,在达到基本要求的基础上,作者凭他的世界观人生观和才能,尽可以千变万化地运用,完成他的语言的艺术。

# 谈语法修辞①

我今天同做新闻工作的同志谈谈语法修辞问题。

什么是语法呢？语法不是谁造出来的，它是语言在发展中自然形成的规律。每一个民族的语言都有它自然形成的规律。比如我们说"吃饭"，"吃"一定在"饭"前面，"饭"一定在"吃"后面；"我吃饭"或"你吃饭"，"我"、"你"一定在"吃"前面，这个次序就属于汉语语法的规律。这个次序是不是所有的语言都一样呢？不是的。比如日语，就说"我饭吃"。

学语法不一定到学校去学，不一定从书本上学。小孩子开始学话，同时就在学语法。说这是"妈妈"，这叫"茶"，这样叫"喝茶'。小孩说"茶喝"，大人就告诉他，不说"茶喝"，说"喝茶"。这就是在学语法了。

小孩子一进小学，语法就可以得四分五分（假如按五分制），因为先生的话，学生懂，学生的话，先生懂，同学的话，彼此也懂。既然说话能让人懂，就是合乎语法，就可以得四分五分。

一九五一年，《人民日报》发表社论，号召大家"正确地使用祖国的语言，为语言的纯洁和健康而斗争！"还登了有关语法的文章，曾经引起大家的注意。其实，大家对语法，老早就会了，只是平常注意不够，现在自觉地揣摩一下，研究一下，就能很好地掌握了。一个人对语法，如果仅仅是自发地学，说十句话，八九句是对的，一两句还不免有错，经过揣摩、研究以后，说十句，写十句，就可以十句不错，说百句，写百句，就可以百句不错。抓住规律，按照规律说话写文章，就可以保证不错。语法所以要学，原因就在这里。

什么是修辞呢？我国有句古话"修辞立其诚"。修辞，就是把话说得很正确，很有道理，很完善。"修"并不是修饰的意思，白茶碗不好看，画朵花来修饰一下，修辞不是这样。

---

① 这篇文章是作者一次报告的记录，原载，一九五七年三月三日《新闻与出版》（中国人民大学新闻系编）第四版。编入本书，经过整理。

比如说："英法入侵埃及,毫无理由,毫无根据,这是大家理解的。"这是正面的说法。如果说："英法入侵埃及,毫无理由,毫无根据,这不是大家都理解的吗?"这是反诘的说法。两种说法都对,说出来人家都了解,到底用哪种说法好呢? 要看说话当时的情况来挑选。这就是修辞。又比如说"这件事情叫人怒发冲冠",也就是说"这件事情叫人生气极了"。说"生气极了"也行,但是听起来印象不怎么深,说"怒发冲冠"就不同。当然,哪有头发把帽子顶起来的? 这是夸张的说法。这也是修辞。

总起来说,什么叫语法呢? 语法就是教人如何把话说得对。什么叫修辞呢? 修辞就是教人如何把话说得好。自觉地研究语法,说话就可以不出错误;自觉地研究修辞,就可以把话说得更好。要很好地运用语言,就要研究语法和修辞。这不是说不研究话就说不好,不研究也可以说得好,但是有时可能说不好,研究以后,可以自觉地把话说好。

语法和修辞都是语言方面的事。做新闻工作的同志同语言有什么关系呢?

第一,语言是新闻工作者的工具,也可以说是武器。

新闻工作者是靠语言来工作的。新闻工作无非是宣传、鼓动、说服、教育。比如这几天报纸上登载纪念孙中山先生的文章,说孙中山先生是伟大的革命先行者,说他怎样怎样,这许多意思,怎么拿出来呢? 要靠语言。人和人当着面,有什么意思要告诉人,必须说出来,而不能把脑袋打开给人看,不当面,就得写出来。说出来是什么? 是语言。写出来是什么? 是用文字表达出来的语言。

新闻工作者既然靠语言工作,那就专门学语言好了。这对不对呢? 当然不对,还要学习理论,学习政策法令,学习各种科学知识。世间没有不牵涉理论、政策法令和各种科学知识的空洞的语言。语言一定有内容。用"空洞的语言"来做新闻工作是不行的。

反过来,理论、政策法令和各种科学知识都学好了,但是语言差,有内容拿不出来,这也不行。学语言如果学得认真,学得好,就容易把宣传的内容拿出来。如果学得囫囵吞枣,乱七八糟,那就不能很清楚地拿出来了。

所以,新闻工作者要学语言,而且要学好。不把语言学好,就等于砍柴的没有把刀磨好。

第二,新闻工作者同时又是语言教育工作者。

新闻工作者要对群众进行语言教育,认识这一点是很重要的。群众不但从报刊上知道事情,而且从报刊上学习语言。不仅报刊这样,学生用的教材,无论是历史、地理、化学、物理……同时也都是语文教材，从这些教材中都可以学习语言。做出版工作的是把编成的书拿出去，同时也就是对读者进行语言教育。这样一想，我们就感到责任重大，应当很谨慎从事。假如道理讲错了，就有坏的影响，道理讲得不错，但是话说得乱七八糟，废话很多，也有坏的影响。人家学了，还要认为好，说这是某报某刊说的，这是某书说的。为什么前几年《人民日报》特地为使用语言发表社论呢？就是这个道理。大家不注意语言，说话、作报告乱讲一气，写文章、写书乱写一气，这个影响很大。

一方面，我们要做好工作，需要善于运用语言；另一方面，我们给人家做语言教师，需要给广大读者做善于运用语言的榜样。要善于运用语言，就必须熟悉语法和修辞。

运用语言还有个普通话的问题。

一九五五年十月，开了文字改革会议，后来又开了汉语规范问题学术会议，都提出了推广普通话。

什么是普通话呢？以北京语音为标准音，以北方话为基础方言，以典范的现代白话文著作为语法规范的语言，就是普通话。

为什么要推广普通话呢？汉语方言分歧，例如，一样东西有许多名称，玉米，有的叫棒子，有的叫包谷，有的叫玉蜀黍……有二十来种。你说你的，我说我的，这有什么好处呢？没有好处。要定一个规范，大家都叫玉米，或者都叫包谷。

语言分歧，在实际工作中产生很多困难，对社会主义建设是很不利的。建设社会主义要全体人民通力合作，这就要多数人说一致的话。说话不一致，勉强可以了解，可是要打折扣。如果完全一致，彼此就能彻底了解了。

推广普通话，不能由政府下个命令要大家非说不可，必须从各方面用各种方式进行语言教育，使大家运用语言逐渐趋于一致；也不能限到某年某月为止，而要逐渐推广。推广普通话要从各方面进行，新闻工作者当然负有重要的责任。

新闻工作者运用语言有几个特点：

第一个特点，时间性很强。昨天的事，今天报上就登出来了。写小说就没有这个特点，今天写不成明天写，明天写不成后天写，没有时间限制。别的写文章的人也可以从容考虑，可以今天打腹稿，明天整理一下后天写稿，过几天再看，修改修改，还可以请朋友看看。

第二个特点，篇幅有限制。就是说不能太长，大概是愈短愈好，要短到不能再短。当然，篇幅短并不是内容单薄，而是用最少的文字写出要说的内容，而且要写得好,能感动人。这个就很不容易。

写文章要讲节约,不能浪费。《人民日报》现在一天出八版,如果每一版有八分之一的废话,它的内容实际上就只剩七版,八分之一的篇幅浪费了。我们如果没事做,可以毫无限制地讲废话,比如讲一个人,从他的面貌、声音、姿态、衣服讲起,可以讲一小时。写文章就不要这些废话。写文章,说话,只能必要的才讲。现在常说"可要可不要的就不要","可用可不用的就不用",我们写文章说话也要"可说可不说的就不说"。说一些话,要考虑这些话说出去有什么作用,如果不发生作用,那就不说。

这个道理不只做新闻工作应该注意,无论写什么东西、说什么话都应该注意。你写文章不预备给人看,说些废话无所谓,但是登在报纸杂志上却不行。人家看你的东西,不是看你的废话。说废话就是不愿意对读者负责。让读者多花几个钱买报纸杂志还是小事情,大事情是浪费人家的精神,浪费人家的时间,太对不起人家了。

第三个特点,影响很大。报纸、杂志、书本上说的话,人家都要拿来作榜样。不能给人家坏的榜样。我常常发现报纸、杂志、广播的文字和语言有些不妥当的地方。比如有一次广播里讲到两个朋友很好,你尊重我,我尊重你,用了"相敬如宾"的成语,这就用错了。最近《人民日报》的一篇社论,说到帝国主义看到某一事件,以为有机可乘,用了"一心以为有鸿鹄将至",这也错了。这是孟子用的一个比喻。有一个善下棋的人叫作秋,他教两个学生下棋。一个专心学习,学得很好;另一个虽是学习,却一心想着天上有鸿鹄飞来,想用弓箭把它射下来。这个比喻明明是用来说明不专心的。报纸上那样用,就牛头不对马嘴了。

报纸杂志和广播上的错误,影响是很大的。人家拿来做根据,说"报纸上这样用的","广播上这样用的"。你用错了,大家都跟着错,那多么不好。

了解不清楚的词,最好不用,等查清楚了再用。随便用了,就会在社会上造成坏影响。我们的新闻工作对人民影响很大,最好能够作到每一个字、每一句话都恰当,都有力量。

总起来说,新闻工作者应该非常敏捷地写出一点毛病都没有的文章。要作到这一点,就得掌握语法修辞的规律。

语法修辞的基本要求是什么呢?

(1)用词方面。

语言好像一幢房子,词好像砖和木头。房子是用砖和木头盖起来的,语言是用词组织起来的。用词要恰当，不要用那些模糊的词，要用表达意思最准确的词。比如说，这一把茶壶，我说它的形状是圆的。这是不是对呢？不完全对。说圆茶壶就会使人家想到像皮球一样。像皮球一样的茶壶是少见的。

我们讲到的大多是客观的东西。比如这把茶壶，要把它讲清楚，就要用恰当的词。让人家听了，虽然没看见这把茶壶，可是像看见了一样。就是你自己的情感，也可以当作客观的东西，看应该用什么词把它说出来才恰当。比如说，"我非常愉快"。当时的情感确是这样，那么只讲"愉快"就不够，得加个"非常"。又比如说，"我悲哀得很"。当时的情感确是这样，那么只讲"悲哀"就不够，得加个"得很"。把客观的东西和你所用的词对照一下，就能知道用得恰当不恰当。这跟说话写文章的态度有关系。有的人自己心里先有一套程式，例如春景一定是桃红柳绿，而不管那时候的客观情况怎样。应该对准客观的东西说话。你说香山，就把香山说出来。你要写颐和园，就一定不要借北海的光。看清楚什么地方，说什么地方。你要写"五一"、"十一"，你就要到天安门广场去看一下，你当时有什么感觉，有什么感想，就把这些作为客观的东西写出来。

用词恰当怎么来的呢？靠自学，靠查词典。我们从小到大，因为生活经验的扩大，对于一个词的了解会逐渐丰富起来。还有些抽象的词，它的涵义要在生活中去体会。查词典，能帮助我们弄清楚一个词在什么地方可以用，在什么地方不可以用。

现在报纸上和广播里还免不了有念起来不上口，听起来不入耳的语句。例如"步××的后尘"。这句话没有文言修养的人不了解。放在广播里面讲，有文言修养的人也要想一想才能听出是什么意思。这种文言的词语少说为妙。

方言词最好是不用。方言词很多人不懂得。比如在我们家乡，有一个词叫"日逐"，意思是"每天"，《儒林外史》上用过它。说这种方言的人看了懂，别地人看了就不懂。我们写东西不是专给同乡人看的。

还有一种不好的倾向，是自己造词。说话用词好比用钞票，钞票不能自己造。自己造钞票是犯法的。生造词虽然不犯法，却使人家模糊。我看到过一首诗，里面用了这样一个词——"聊寞"，算是"无聊寂寞"的意思。这样生造词是很不好的。

那么，是不是只能永远使用已有的词呢？不是的。随着语言的发展，要出现越来越多的新词。词是可以造的，但是要看造出来的词起什么作用。用出去之后，大家觉得你这个新造的词有作用，跟着来用，那就通行了。

词是要配搭着使用的。比如,动词跟名词配搭,"打倒敌人","克服困难","取得胜利"……这些都是两个词配搭起来的,而且都配搭得很恰当。比照着"取得胜利"说"取得失败",就不行,只能够说"招致失败"。反之,如果说"招致胜利",也是不行的。现在的报纸、杂志上,人们的口头上,用词配搭不适当的常有,这个毛病必须去掉。

(2)造句方面。

造句越自然越好,不要装腔作势,摆出一副架子,用一些不同于平常说话的调子。我们经常受到一些外来的影响,比如从外语中学来了如下的说法:两件事情绝不相同,就说"这件事情与那件事情毫无共同之点"。两件事情关系密切,就说"这件事情跟那件事情是分不开的"。这两个说法汉语里本来没有,采用这两个说法,可以丰富我们的表达方式,当然好。但是,说到两件事情绝不相同,一定要说"毫无共同之点",说到两件事情关系密切,一定要说"是分不开的",这就不自然,有的时候不必要这样说。如果说"毫不相同",说"关系很密切",就很自然。不要故意。这样说表示我能够从外国吸收一些新鲜的说法。新鲜的说法如果用滥了,反而讨厌。比如吃东西,山珍海味吃多了,就觉得厌了,还是青菜豆腐吃不厌。所以,写文章跟平常说话一样,一定要自然。

造句要用最妥贴、最恰当的句式和虚词。这在说话和写文章都很重要。我们的话里有许多没有实际意义的词,比如,"因为"、"所以"、"但是"……这些都是虚词,虚词很重要,不能乱用。我们经常听到有些人乱用虚词,像"所以因此"这两个词,只要用一个就够了,但是,把它们连在一起用,几乎成了传染病,好像不这样说就不对似的。

怎样注意用虚词呢? 就要研究平常说话是怎样说的。假如你的说法跟平常说法不大一致,就有些问题了。平常不说"所以因此",为什么作报告的时候要说呢? 又如"虽然"、"但是",平常说话用得很少,为什么写文章就要用呢? 这些问题都需要注意。工人、农民说话,很少用"虽然""但是"之类的词,也能把意思表达得很好。知识分子就要摆出一副架子,左一个"虽然",右一个"但是",文章里只看见这些东西。尤其是文艺作品,用了那么多虚词,艺术性至少要减低一半。

文章中多用长句,恐怕也是一个毛病。报纸上短句不常见,长句常见。意思复杂不能断开的,那只好长,有的不必要那样长,就可以分成几句说。我手边没有现成例子,大家有兴趣的话,翻翻报纸,就可以看到许多长句。凡是可以分成几句说的,就不要写成一个长句。

说话有种种格式,如"在……时候""除……以外",都是格式。长句的长,往往由于运用这些格式拉成的。比如"在……时候"中间加上几十个字,等你从"在"看到"时候","在"已经忘了。这说明写文章的人只管自己,不管别人,爱怎么写就怎么写,你要看明白就得自己留心。其实写文章应该为读者着想,碰到这些地方,总要想点办法,使人家不太吃力,更要使人家不发生误会。

现在长句很流行。是不是可以发起一个运动,大家来写短句,说话也说短句。一个长句分成几个短句,看起来,听起来都不费力。这对读者、听者是有好处的。

(3)文风方面。

《人民日报》从七月一日起改四版为八版,发表一篇《致读者》的社论,提出三点。第三点是改进文风。这个号召非常好。我们现在的文风的确需要改进一下。谁来改进呢?凡是开口的、动笔的人都有份。动笔就是开口,是不声不响的开口。

改进文风,起码的是简洁明快。这就是说,去掉那些不需要的部分。我们写文章,重看一遍总要去掉几句,可去掉的总比要增加的多。要写短的文章,用最少的字句表达必须说清楚的意思,不要说废话,不要说晦涩难懂的话。

改进文风还要明晰畅达。文章要有"气","气"就是条理。第二句和第一句接起来,一定有必然的道理。第二句是从第一句来的,第三句是从第二句来的。这就叫思路。看人家的文章,把他的思路弄清楚以后,主要的意思也就弄清楚了。

能够引导学生把一篇文章的思路摸清楚,就是最好的语文老师。善于看文章的人一定要把作者的思路摸清楚。

要把作者的思路摸清楚,先要看一句跟一句怎样联系,再来看段,一段跟一段怎样联系,一段一段清楚了,全篇文章也就清楚了。研究人家的文章应当如此。自己写文章,如果思路有条理,第一段有第一段的道理,第二段有第二段的道理,不留没有道理的段落,这就是明晰。每句每段清楚了,意思就畅通了。

新闻工作者应当认识到我们的文风还需要改进。我的话虽然简单,但是心意很诚恳。希望诸位回去,努力提倡改进文风,而且以身作则。

现在讲一讲怎样锻炼自己的语言,怎样提高语言方面的修养。

首先，应当从思想上重视语言工作。很有些人看轻语言，比如有些机关的文件写得不好，却有人说，反正发出去下边总可以看懂。再如拜会讨论问题作出决议，主席往往说："今天我们是原则上通过，至于具体说法，请张秘书下去写。"这些都是不重视语言的例证。机关发出文件你随便写写，人家可要照着办事呀。说的糊里糊涂，如果人家理解错了，后果就不堪设想。发出文件，既要政策不错，办法具体，还要说得明白，使人家不会误解，发下去才能贯彻，怎么可以随便写写？比如盖一所什么房子，不能作出"要盖房子"的决议就算，其他都让张秘书去动脑筋。有关盖房子的主要事情全商量好，写下来才是决议。如果什么都叫张秘书去动脑筋，那叫什么集体领导呢？这是最粗浅的道理。从这里也可以看出不重视语言工作跟不重视思想方法大有关系。

新闻工作者要明确认识，我们的武器是语言。我们做工作，非写不可，非讲不可，都离不开语言。有的总编辑、有的社长说，只要内容好，文章可以马虎。这样说是不对的。语言是我们的武器，不能不好好掌握这个武器。

我们要认识语言的重大意义，从思想上重视语言工作。我们做宣传、鼓动、教育、说服的种种工作，完全依靠语言。而且新闻出版工作对语言发展的影响很大。我们出的书，出的报纸，都会影响语言的发展。如果大家在这方面多注意，学校里的语言教育就会得到极大的帮助，就能不费太大的力量，收到很大的成效。如果我们新闻出版工作者对语言工作不注意，学校里虽然用了很大的力量对下一代进行语言教育，希望他们学好语言，但是他们受到报纸、杂志上不好的影响，语言教育的成效就要大打折扣。

有人说，只要内容好，语言好不好没有关系。这个观点是错误的。要知道，内容跟形式是分不开的，哪里有形式上乱七八糟的好内容呢？反过来说，有了好的内容必须用好的形式才能表达出来。

其次，在日常工作中要多揣摩，多研究，多修改。

多揣摩，就是看东西多留心。留心的时间长了，就养成敏感，一看就能发现毛病。报纸上的大标题，出毛病的常有。这些毛病，如果不留心，随便看看也就过去了，一揣摩就会看出来。

看人家的文章要多研究。文章好，要研究好在什么地方。发现错误，要研究错误是从什么地方来的，应该怎么改。

自己写文章，要多修改。我不知道你们的情况怎么样，是不是稿子写好了就送到排字房？我是无论怎样忙，稿子写好了之后，都要看过几遍才送到排字房的。

修改文章,可以用自己说话的调子来念。自己的嘴代表一个人,耳朵代表另外一个人,好像这个人说给那个人听一样。用耳朵听,比光凭眼睛看能多看出一些毛病,多发现一些问题。要改到没有办法再改,然后送到排字房去。

在我们出版社里,有些稿子是集体改的。起稿人写成稿子,打印出来,发给好些人先看,然后大家在一起,念一段改一段。这样修改,当然比自己修改好。这个办法,诸位可以试一下。不过报馆里如果这样作,第二天恐怕出不出报了。

听人家的讲话,看人家的文章,多揣摩,多研究。好在什么地方? 为什么好? 不好在什么地方? 为什么不好? 我们要独立思考,不要人家说好就跟着说好,人家说不好就跟着说不好。自己写文章,要尽力地改,要勤改,能改多少就改多少,不要写好了就拿出去,免得印出来了后悔。

到这里就讲完了。我讲了三个小时,如果有三十分钟或者十五分钟讲的话对诸位有一些帮助,我就很荣幸了。

# 从语言教育的角度看①

《新闻战线》来信提起改进文风,我非常高兴。要我谈谈我的看法,我愿意谈谈。我只说一层意思,不求其全面。

来信单就改进报纸的文风说。我知道这是"反求诸己"的意思,并不是说需要改进的只有报纸的文风。其实呢,凡是写些什么给人家看的,写下来的东西靠着现代的印刷技术或是通信技术传播极广的,都该考虑改进文风。各方面一齐来,新文风才容易形成。

写些什么给人家看是怎么一回事呢? 一方面是把各色各样的认识和意见传达给人家,一方面是对人家进行语言教育。不管执笔的人意识到或是没有意识到这一点,实际总是那样。因为你传达你的认识和意见不靠别的,光靠写在纸上的语言。人家通过写在纸上的语言了解你的认识和意见,同时不能不受你的语言方面的影响,不能不受你的语言教育。这种语言教育比学校里的语言教育,范围广得多,影响所及是整个社会。而且这种语言教育给人家的影响不仅在语法、修辞、章节结构等等方面,尤其重要的是在生活实践、思想方法、工作作风等等方面。有什么样的生活实践、思想方法、工作作风等等,就有什么样的语言,那语法、修辞、章节结构等等不过是运用语言的方式罢了。

要是我的话中肯,那么写些什么给人家看实在是一件不容随便的事。这是范围很广的语言教育,郑重其事就给社会好影响,疏忽潦草就给社会坏影响。如果说,既然如此,还是少写些为妙,那不免是消极的办法。何况在一切以集体为先的现代,有了各色各样的认识和意见而不拿出来,硬把它藏在心里,不就是对集体的怠工吗? 那又是谁也不愿意的。因此,积极的办法唯有郑重其事地拿出来,要求在语言教育方面尽可能给社会好影响,至少也要做到不给社会坏影响。这就联系到改进文风了。文风要是好到无可再好了,那才不需要改进。但是试

---

① 原载《新闻战线》一九五八年三月号。

问,会有个好到无可再好的境界吗？何况好些位明达的先生已经指出,现在的文风有什么什么情形,都不怎么好,可见即使有那么个好到无可再好的境界,现在距离还远。所以,凡是写些什么给人家看的,先得承认文风确然需要改进,还得考虑怎样在实践中改进,这才真能做到我所说的郑重其事地拿出来。

这一回我就说这一层意思。从语言教育的角度看,改进文风是切要的,因为文风给社会的影响实在大。

近几年来,咱们推广以北京语音为标准音的普通话,对不同的对象有不同的要求。对广播员、电影和话剧的演员、师范学校的语文教师要求严些,对一般人要求宽些(见周恩来总理《当前文字改革的任务》的报告)。现在咱们说,凡是写些什么对社会公开的,都该考虑改进文风,也是要求严些的道理;你既然对人家进行语言教育,人家对你就不能不要求严些。

# 谈谈翻译<sup>①</sup>

　　前些日子有一位同志在第八版<sup>②</sup>谈到"译风"，说译风和文风大有关系。我同意这个意见。现在我就翻译工作来说些意思。我不通一种外国语，常常看些翻译东西，凭这样的资格来说些意思，外行当然难免。但是外行的想法也往往有足供内行人参考的，所以我不避外行之嫌。

　　翻译工作是怎么一回事呢？

　　据我想，翻译家是精通两种语言的人，也就是能运用两种语言来思维、来表达的人。同样一个意思，运用甲种语言该怎样表达，运用乙种语言该怎样表达，他都心中有数，熟极了。他凭关于甲种语言的素养，吸取了甲种语言的原作里的全部内容，又凭关于乙种语言的素养，用乙种语言把它表达出来，这就是翻译工作。

　　既然是两种语言，语法方面，修辞方面，选词造句方面，不同之处当然很多。总之，决不能光靠字典，逐个词逐个词死翻。不是死翻，而是衡量得非常恰当，能使不通甲种语言的人读了译本，跟精通甲种语言的人读了原作一模一样，那是好翻译。

　　好翻译对不通甲种语言的人，真可以说是功德无量。试想，不通甲种语言的人要读原作，先得学习甲种语言，随便学点儿还不成，必得学通，那要花多少时间，多少精力？现在有了好翻译，就不必花学习甲种语言的时间和精力，却可以领会原作的全部内容，单从节约观点说，好处就够大了。

　　关于不好的翻译，据我看，情形有种种。现在只说其中的一种，那就是把甲种语言改装成乙种语言的外貌，实际上还是甲种语言。我这个话怕不太明白，说得明白点，就是译本的语法、修辞等等方面多半按照外国的语言习惯，不过使用了我国的语言材料而已。再说得明白点，就是译本成为用中国字写的外国话。

---

①　原载一九五八年四月十四日《人民日报》第八版。

②　即《人民日报》第八版。

　　因为用中国字写,通篇念得下去,可又是外国话,念下去不甚了了,至少要琢磨半天才能够大体通晓。这是我的亲身的经验,不知道朋友们有没有同感。

　　如果责备我,为什么不学点外国的语言习惯再来读译本,我就这么回答,正因为不通外国语,我才读译本呢。

　　如果说,语言也是不断变化的,语言的外来影响正是值得欢迎的;我就这么说,各种语言的语言习惯都是相当稳定的,咱们接受外来影响要以跟中国的语言习惯合得来为条件,而我说的用中国字写的外国话,就指那些跟中国的语言习惯合不来的。

　　这样不好的翻译,近年来比较少了,这当然是好现象。然而少不等于没有。还有一篇译文或是一部译作中间,大体都好,可是某些部分还是用中国字写的外国话。所以翻译界还得力求改进。

# 算式似的组织要不得<sup>①</sup>

先举两个例子,都是从报上摘下来的。

第二个例子是下面两句。这里要谈的是后一句。为了容易看明白,把前一句也抄上。

经过这些争辩,大多数艺人渐渐认识到政治第一的重要,多数坚持艺术第一的人对自己的主张也开始怀疑了。但他们又从剧团里今年曾有部分演员参加第六届世界青年联欢节,艺术较好的才能出国,没有艺术不能出国和练工、排戏、演戏的业务时间比听报告、政治学习的时间多得多来说明艺术第一。

第二个例子是下面一句。

安徽省为了把农村扫盲运动向前推进一步,还举办了扫盲动员广播大会,组织全省农民收听省委书记处书记桂林栖,省教育厅、妇联、青年团的负责同志作的动员报告,乡、社干部和优秀的民校讲师介绍教学和办学的经验。

这两个例子大体没有错,能叫人家理解。但是人家看下去,不会马上就理解,要好好动脑筋,分析一下,悟出这里头原来是算式似的组织,才能够理解。现在把所谓算式似的组织写出来看看。第一个例子的后一句需用两套括弧。

但他们又从〔剧团里(今年曾有部分演员参加第六届世界青年联欢节,艺术较好的才能出国,没有艺术不能出国)＋(练工、排戏、演戏的业务时间比听报告、政治学习的时间多得多)〕来说明艺术第一。

第二个例子需用括弧更多,非三套不可。

安徽省为了把农村扫盲运动向前推进一步,还举办了扫盲动员广播大会,组织全省农民收听｛〔(省委书记处书记桂林栖＋省教育厅、妇联、青年团的负责同志)作的动员报告〕＋〔(乡、社干部＋优秀的民校讲师)介绍教学和办学的经验〕｝。

但是印在报上的文句没有两套三套的括弧,当然也没有加号。

---

① 原载《新闻战线》一九五八年四月号。

为什么说这样的文句不能叫人家马上就理解呢？让我简单地说一说。请看第一个例子。人家看到"但他们又从"，下边是"剧团里今年曾有部分演员参加第六届世界青年联欢节"，不免有点儿茫然了。什么叫"从……部分演员参加……联欢节"呢？不知道跟"从"字关联的是"剧团"到"多得多"，一共六十六个字，作者的意思是从这六十六个字"来说明艺术第一"。还有，人家看到"没有艺术不能出国"，下边是"和练工"，不免一愣，心里想，没有艺术不能出国是当然，怎么连"工"也不能"练"呢？不知道这个"和"字的作用等于算式似的组织里两套圆括弧之间的加号。

再请看第二个例子。人家看到"组织……农民收听……桂林栖，"下边是个逗号，不免觉得奇怪，桂林栖怎么能收听呢？不知道下边还有"作的动员报告"六个字，这六个字是跟"省教育厅……的负责同志"共用的。而且，收听的不仅是动员报告，还收听乡、社干部和民校讲师讲的办学和教学的经验①，这也是乍看的时候料想不到的。

乍看不能理解，待回转去再看一两遍，头脑里列出了算式，哪儿该有个加号，哪儿到哪儿该是一套括弧，哪儿到哪儿又该是一套括弧，这才能够理解。作者写下来的东西，读者能够理解了，当然是起了作用，并没有白写。但是读者要下那么一番功夫才理解，多花费精力，多花费时间啊！

我不知道别人怎么样，按我自己的经验，遇到这样的写法的确感觉麻烦，感觉费时间。这样的写法常常会遇到，读书籍报刊，看机关团体的文件，我常常自己朝自己说："又来了。"咱们要改进文风，努力的方面当然很多，我想，其中应该有一条，就是：算式似的组织要不得，必须彻底改掉。

这种算式似的组织怎么来的，我没有研究，说不上来。我只觉得作者运用选样的写法，运用这种算式似的组织，仿佛存心要使文章跟语言分道扬镳似的。语言怎么说的，文章偏偏不怎么写。不准备让读者依据语言习惯来理解文章，却要求读者在头脑里列出个算式，然后理解文章。就读者方面说，未免太费事了。这种算式似的组织要不得，原由就在此。

谁都是依据语言习惯来听人家的语言，来读人家的文章的。咱们的语言习惯从小在社会里养成，说得过火点儿，它的顽固性相当强。无论听人家的话或是读人家的文章，顺着语言习惯的，理解很容易，跟语言习惯有距离的，理解就比较难。再说，咱们读文章，不一定出声读，有时就靠一双眼睛这么看下去，虽然靠一双眼睛看下去，实际上还是在那儿读。换句话说，就是凭咱们的语言习惯，在那儿不出声地说作者写在纸上的话,并不是光靠一双眼睛。那时候,文章流畅的,也就是顺着咱们的语言习惯的,不出声地说下去很容易理解,文章别扭的,也就是跟咱们的语言习惯有距离的,不出声地说下去就比较难理解。

作者写文章既然要给读者读,就不能不顾到读者的语言习惯。要尽可能使读者容易理解,不感觉困难。决不能说我有我的办法,你读者应该迁就我的办法。而运用所谓算式似的组织正是要读者迁就作者的办法,所以要不得。

照前边举出的两个例子,该怎样写才能使读者看下去不觉得费事呢?我看,得改变组织,不用算式似的组织,照平常说话那样写。现在试写如下。我不敢说这样就好,希望读者指教。

但是他们又举出两点来说明艺术第一。剧团里今年曾有部分演员参加第六届世界青年联欢节,他们都是艺术较好的,这是一点。花在练工、排戏、演戏等业务上的时间比花在听报告、政治学习上的时间多得多,这是又一点[②]。

安徽省为了把农村扫盲运动向前推进一步,还举办了扫盲动员广播大会,组织全省农民收听。大会上广播的,有省委书记处书记桂林栖和省教育厅、妇联、青年团的负责同志作的动员报告,有乡、社干部介绍的办学经验,有优秀的民校讲师介绍的教学经验[③]。

## 作者注

①原文说收听"乡、社干部和……民校讲师介绍……的经验",这是说不通的,应该说收听什么人讲的什么经验,或者说什么人介绍的什么经验。关键在"讲"或者"介绍"底下那个"的"字,有"的"字就对,少个"的"字就说不通。不妨拿前边的话对着看。如果说收听什么人"作动员报告","作"字底下少个"的"字,说得通吗?

原文"乡、社干部"在前,"民校讲师"在后,下边"教学"经验在前,"办学"经验在后,这就不相应了。我想,"办学"该是"乡、社干部"的事,"教学"该是"民校讲师"的事,所以我把"办学"经验说在前,把"教学"经验说在后。

②原文用"从……说明",这样说法很生,不习用。

如果前边说"挑选"部分演员参加世界青年联欢节,那么接着说"艺术较好的才能出国,没有艺术的不能出国"是很顺当的。可是现在说的是"曾有"部分演员参加世界青年欢节,那么接下去只要说明这"部分演员"的艺术怎样就成了。"才能出国"不必说了(因为"曾有……参加……"就是出国),"没有艺术的不能出国"也是多余的了。

我说"花在……上的时间",似乎醒豁些。

③前边说举办广播大会,组织农民收听,接下去说大会上广播的有什么什么,读者就知道这些全是农民收听的了。

# 文风问题在哪儿①

咱们说改进文风，话里头就含有这么个意思：咱们现在的文风不够好。谁同意要改进文风，谁就得真心承认这一点。否则尽说改进也不会改进到哪儿。

所谓文风的"文"，该给它定个范围。就是说，这个"文"究竟包括哪些东西？

我想，凡是在社会上散布的，在机关团体里传送的，用油印铅印种种方法印刷的，都包括在内。无论文告、讲稿、政治论文、学术论文、科学著作、通信报道、文艺创作，凡是存心给公众看的，都包括在内。

唯有学生的习作可以不包括在内。学生的习作既然是"文"，当然也有"风"，为什么可以不包括在内呢？我想，学生的习作只送请老师指正批改，并不是给公众看的，这是一。其二呢，学生的习作受一般文风的影响很大，可是还没有形成固定的风，一般文风有所改进的时候，学生的习作受到好影响，自然会往好的方面发展。

假如我的想法不错，咱们以存心给公众看的东西为范围，该怎样考虑文风问题在哪儿呢？

我想，咱们必须特别注意"存心给公众看"这六个字。

存心给公众看，那就必须是值得给人家看的东西，对人家有好处的东西，哪怕好处只有一点儿。手里拿个烂苹果，能送给人家吃吗？

咱们有没有拿错误的思想，不正确不精密的理解和认识写在文章里呢？

咱们有没有拿自己也不大相信、自己也不甚了了的东西写在文章里呢？

咱们有没有连篇累牍写了一大堆，实在意义可只有一点儿，或者连一点儿也说不上，使人家浪费了宝贵的时间和精力呢？

咱们有没有放任咱们的思路和笔，写到哪儿算哪儿，使人家摸不清头脑，看了半天一无所得呢？

---

① 原载《语文学习》一九五八年四月号。

咱们有没有违反了我国的语言习惯,错用一些词,错用一些句式,或者生造一些词,生造一些句式,使人家感觉非常别扭,揣摩也揣摩不透呢?

诸如此类的问句还可以提出很多。

假如回答说"有",无论属于哪一项,总之对人家多少有不利,文风问题就在那儿,不够好就在那儿。

既然"有",就该老实承认,千万不要想出种种理由为自己辩护。其次就该努力充实自己,首先是思想认识方面,次之是表达的技巧方面。唯有努力充实自己,咱们的文风才能有所改进。

# 怎样改进文风①

　　咱们查明文风问题在哪儿，要求改进就有了着手处。拿治病来比，根据病象可以探究病原，知道了病原就可以确定疗法，开出药方。

　　譬如病象是拿一些错误的思想、不正确不精密的理解和认识写在文章里，病原就在咱们思想改造的努力还差，思想方法的锻炼还不够。今后必得认真改造思想，认真锻炼思想方法。即使不为写文章，只为在社会主义社会里做个具有积极作用的人，这些努力也必不可少，何况要写文章给公众看？

　　譬如病象是拿一些自己也不大相信、自己也不甚了了的东西写在文章里，病原就在咱们的态度和作风不对头。这也由于思想改造的努力还差，还没透彻地领会什么叫对读者负责。今后必得切切实实改变态度和作风，作任何事情都要对得起公众，写文章是任何事情里的一件事情，当然要对得起读者。经过再三考虑，确然是由衷的，是自己的真知灼见，才写下来贡献给读者。否则宁可暂时搁笔，决不勉强对付。

　　譬如病象是写得多，实在意义不多，病原就在咱们忽略了节约的原则。不顾节约，让它浪费，那是没有底的。可有可无的，无关紧要的，既然可以容留一句或是一段，为什么不可以容留十句或是十段呢？不忽略节约，这就有个一定的限度，充分写出那非写不可的，就是一定的限度。今后必得在实践中特别注意，无论一个词，一句话，一大段，都拿是不是非写不可来衡量。是的，决不让它遗漏，不是的，决不随便容留。意义丰富，无妨写成长篇，意义不多，当然来个短篇，意义实在寥寥，也就宁可搁笔。

　　譬如病象是写得使人家似懂非懂，摸不清头脑，病原就在咱们有不可告人的隐情，或者在咱们没有养成良好的思维习惯，所谓思路是一条七叉八出的路。如果属于前一项，那是很严重的毛病，要治疗也得从认真改造思想下手。如果属于

---

　　① 原载《语文学习》一九五八年四月号。

后一项,读点儿逻辑会有好处,能从各方面的实践中体会逻辑的道理,尤其有好处。

　　譬如病象是用词造句不恰当,病原就在咱们的语言素养差,没有完全走上约定俗成的轨道,或者在咱们根本瞧不起语言,以为语言是小节,无关宏旨。无论属于前一项或是后一项,今后必得看重语言,改变以前忽视或是藐视的态度。写文章,就是凭语言跟人家打交道,语言是咱们能够使用的唯一的工具,所以丝毫马虎不得。这句话看来也平常,但是深切体会之后,将会见得确然有受用处。

　　总说一句,文风问题是多方面的,因而改进的途径也是多方面的。

# 改进文风①

　　关于改进文风，我已经零零星星写了些意见。主要的一点是无论咱们自己努力改进，或是写文章跟人家讨论怎样改进，首先要认清楚这不仅是语言文字方面的事。写文章，运用的是语言，唯一的工具是语言，固然不错。但是为什么运用这样的一些语言，不运用那样的一些语言，那决定于思想和认识，那是根本。根本方面对头了，又在语法、修辞、篇章结构等等方面留意，才会形成好文风。换句话说，光在语法、修辞、篇章结构等等方面下功夫，却忽略了根本方面的思想和认识，那么好文风会不会形成就很难说。因此，咱们要改进文风，第一要着眼在咱们的思想和认识，其次是端正咱们的语言习惯——就是语法、修辞、篇章结构等等方面的习惯。这就不是动笔的时候注点儿意就办得了的，非联系到平时的一切实践不可。动笔的时候当然要注意，而且要郑重地注意，但是素养不够，积蓄不丰富，随你怎样注意，成绩总不会好到哪儿。唯有平时的素养够，平时的积蓄丰富，再加上临时的注意，才会有比较好的成绩。

　　现在大家知道，要写得好，形成好文风，须使文章具有正确性、鲜明性、生动性。就拿这三个"性"来谈谈吧。要是平时的思想和认识，在立场、观点上有错误，在观察、理解上有不确切不周密处，临到动笔的时候会突然变得正确、确切、周密吗？不会的。

　　要是平时不善于逻辑思维，意念凌凌乱乱，思路曲曲弯弯，造成一团晦涩，一片朦胧，临到动笔的时候会突然变得鲜明吗？不会的。要是平时习惯于普普通通，呆呆板板，应有尽有，抓不住中心，打不中要害，临到动笔的时候会突然变得生动吗？不会的。可见文章要具有三个"性"，功夫还在于平时。有平时的功夫做底子，做准备，再加上动笔时候的斟酌推敲，三个"性"才会在文章里表现出来。

---

　　① 原载《中国语文》一九五八年四月号。

　　我这一点意见很浅薄，而且，我不敢说它一定对。如果《中国语文》的作者和读者认为还有点儿中肯的话，我愿意跟大家在这一点上共勉，来努力改进自己的文风，来共同讨论怎样改进文风。

　　《中国语文》的作者大都是语言学专家，在有关语言的各方面有精深的研究。现在咱们谈改进文风，我对专家作者们抱着殷切的希望，希望他们多做些普及的工作。固然，文风好坏，主要是思想和认识方面的事；但是拿思想和认识表达出来，那就是语言文字方面的事。因此，语言绝对不容忽视。专家作者们多做些普及的工作，对大家表达能力的提高有帮助，也就是帮助大家改进文风。

　　我的希望并不过奢，只有两点。一点是就一些不妥当的语言现象说出它所以不妥当的理由来，然后找出个规律，该怎样才妥当。换句话说，就是促进语言的规范化。又一点是从心理上作探讨，那些语言现象既然不妥当，为什么大家乐于运用它，几乎积非成是。探讨得出结果，给大家一说明，大家解除了心理上的疙瘩，也就会自觉地排斥那些不妥当的语言现象了。

　　现在举一些浅显的例子来说说。譬如，"无论工人或是农人，无论老人或是孩子……"，这样用"无论"是不错的。但是还有一种用法也很普遍，例如"无论工人，无论农民"，这样用"无论"妥当不妥当？又如，"但……却……"这样的照应是不错的。但是还有个"但却"，前几年还不多见，近来可泛滥了，这个"但却"妥当不妥当？又如，咱们听人谈话，或者在会场里听人发言，常常听见"所以"之后再来个"因此"，这样说法还没在文章里见到，但是难保将来不在文章里见到，因为语言永远是文章的依据。这个"所以因此……"的说法妥当不妥当？

　　一些讲说语法、修辞的书往往举出些例子，说这样不对，那样不合，就有人在报纸上杂志上发表文章反驳，说这也不错，那也可以，凭证是从某人某人的文集里摘出来的一些句子，意思是"你说这样不对，那样不合，为什么某人某人的文章正是这样那样呢"。于是读者无所适从，到底语法、修辞的书说得对呢，还是反驳的文章说得对？依我想，争辩当然很必需，不过仅仅从某人某人的文集里摘出些句子来争辩，仿佛说凡是存在的就是合理的，没想到某人某人智者千虑，或许也有一失，那决不是个办法。如果不采用这样的办法，而用讲道理的办法，就拿我们所举的例子来说吧，"无论"到底该怎样用，"但却"到底成不成，"所以因此"到底能不能叠用，都从道理上来争辩，争辩到最后，意见不同的双方或是几方总会趋于一致。那时候，大家在语言实践上自然也趋于一致，这不就是规范化吗？我希望《中国语文》的作者们在这方面多做些工作。

　　再说，假定"但却"是不成的，而很有些人非常喜欢用"但却"，那心理基础是什么呢？假定"所以因此"是不能叠的，而很有些人常常把"所以因此"挂在嘴边，那心理基础又是什么呢？又如报刊文章和机关公文有这么一种情形，爱把繁复的内容包括在一句话里说，人家遇到那种句子，先得在头脑里给它加上几套括弧，把它看成个算式，才能够理解（我把那种句式叫做"算式似的组织"，写过一篇短文谈它①，登在《新闻战线》四月号）。作者宁可让读者麻烦，宁可不顾一般的语言习惯，那心理基础又是什么呢？我希望《中国语文》的作者们对于诸如此类的问题作个科学的解答。

---

　　①　即编入本书的《算式似的组织要不得》。

# 说"之所以"①

近年来报刊文章中有把"之所以"用在一句话的开头的。这很不妥当。

"之所以"就是"的所以"。一句话要用"的所以"开头,谁都知道没法说。这就可以知道没头没脑用"之所以"开头的话要不得。

假如说"'之所以'之所以不能摆在一句话的开头,因为这么说叫人家糊涂,不知道你说的什么",这就要得了。为什么要得?因为人家一听就知道你说的是前头那个"之所以"能不能摆在一句话的开头的问题。

"之所以"只能紧跟在事物或人称或集体名之后。例如:

"之所以"之所以不能摆在一句话的开头……

改土治水之所以能迅速开展……

小麦之所以必须灌足越冬的水……

小张之所以干得这么好……

东沟大队之所以连年增产……

据此可见"之所以"没有资格处于语句开头的位置,它注定得跟在什么东西后头。如果写成书面,它前头必得是文字而不该是句号逗号或旁的符号。

再用刚才用过的例句来说。假如先下判断说"'之所以'不能摆在一句话的开头",然后说明理由,为要避免重复说判断语开头的那个"之所以",说成"之(相当于'它',用来代替判断语开头的那个'之所以')所以不能摆在一句话的开头,因为……",这样说成不成呢?回答说,不成。

"之"相当于"的"之外,又相当于"它""他""她",是确实的。可是有个限制,"之"只相当于例如"敬他"的"他","爱她"的"她","喜欢它"的"它",而不相当于例如"他看见……"的'他',"她考虑……"的"她","它存在……"的"它"。因此,用"之"来代替判断语开头的那个"之所以"显然是不成的。

---

① 原载《人民日报·战地增刊》一九七八年第一期。

　　那么,要避免重复说判断语开头的那个"之所以"该怎么办呢? 或者说"它的所以……"或者说"其所以……"都成。文言"其"相当于现代语"它的""他的""她的"。

第
六
辑

　　可否自始即不多讲，而以提问与指点代替多讲。提问不能答，指点不开窍，然后畅进，印入更深。而学生时常听老师提问，受老师指点，亦即于不知不觉之中学会遇到任何书籍文篇，宜如何下手乃能通其义而得要。此如扶孩子走路，虽小心扶持，而时时不忘放手也。我近来常以一语语人，凡为教，目的在达到不需要教。以其欲达到不需要教，故随时宜注意减轻学生之依赖性，而多进则与此相违也。

# 语文教育书简①

## 一

接读惠书，欣愉殊深。于出题目大费心思，诸题皆能深入学生心中，学生据以练习，成绩想有可观。我尝谓为教师者只须多动脑筋，经常为当前之学生设想，必能自致善法，予学生以切实之助益。足下即如是之教师也，佩佩。

有一教师尝出一题，令学生致书其友，假定其友将来北京相访，书中告以出车站而后，于何处趁何路汽车或电车，到何站下车，循何方向抵学校所在之胡同，入胡同如何辨认学校所在。我以为此是好题目。又有教师出题，令学生说明应用誊写机印刷文件之详情，令学生说明如何生火炉。我以为此等题目亦好。命题作文，不仅练笔，实为训练脑筋，使其就某一事物详悉思之。思之既明，取舍自定，条理自见。苟不为作文练习，学生于所见所闻或皆知之不详，识之不真，此于学习或从事工作，俱有不利。由作文练习启其精思之途，逐渐养成良习，则其效不仅在于能作文而已也。因来书谈作文，辄以鄙见奉告，不识足下以为有当否。

手头事稍多，作答简略，幸谅之。

一九六一年六月十九日

## 二

学生须能读书，须能作文，故特设语文课以训练之。最终目的为：自能读书，不待老师讲；自能作文，不待老师改。老师之训练必作到此两点，乃为教学之成功。又有人以为学习语文课之目的唯在作文，而读书为作文之预备，故讲读之际，喋喋言作法，言技巧。我则语之以读书亦为目的，老师能引导学生俾善于读

---

① 作者谈语文教育的书信很多，编入本书的三十六封，是编者从搜集到的作者的书信中选录的。题目是编者加的。书信开头的受信人称呼，结尾的问候语和署名是编者略去的。

书，则其功至伟。果能不为死讲乱讲，而养成学生读书之良好习惯，不知不觉之中自能影响作文，固不必喋喋言作法，言技巧也。至于勿教成政治课，勿教成文学课，颇有以此相询者。我谓课本之中各体各类之文都有，书籍报刊亦复兼备各体各类，故政治性之文而不言政治，文学性之文而不及文学，断无此理，所谓"勿教成"云云者，勿舍本文于一旁而抽出其政治道理而讲之，或化作品之内容为抽象之概念与术语而讲之也。苟如是讲课，学生即完全理会老师之所讲，而于本文犹生疏，或竟不甚了了，此与练习读书之本旨不合，故务必戒之也。果能引导学生细读本文，获得透彻之理解，则学生非徒理解而已，其思想感情必受深切之影响。语文教学之思想政治教育之效果，宜于此求之。舍本文而大讲一通，不克臻此也。作书不能详言，大致如上述。

一九六一年七月

## 三

承询问题至多，恕不能一一作答。有些是说起来很罗嗦，有些是回答不出。我认为教师教语文，无非是引导学生练习看书作文的本领，主要一步在透彻理解课文。而所谓透彻理解，须反复玩味课文，由字句章节而通观全篇，作者的思路，文章的脉络，都宜求之于本文，不宜舍本文而他求。我此说也只是常谈，因足下担任教学，敢以奉闻，聊备参考。

至于我那篇《一篇宣言》，自己言之，至为简单。无非欲写国民党反动派之畏惧民意，辄思压制，而手段又卑劣而愚蠢。教师方面则爱国有心，而团结无力。我所能奉告者，如是而已。

我希望教师练习写文章，并不是专指练习写文艺作品而言。尤重要的是写一般文章。一般文章是文艺作品的基础。一般文章又是实际工作中随时需用的，谁都要能写好，所以尤为重要。教师要指导写作，不能空讲些作法，一定要有写作的切实经验，才能随机应变，给学生真正有益的帮助。

一九六二年六月十九日

## 四

来信诵悉。稿子也读了。提不出什么意见，只觉得这稿子很平常，没有多大毛病，也没有优点。足下算是借此习作一回，练练笔，也是好的。多多习作，每回都用心练。写成之后自己看，优点何在，毛病何在。眼光渐高，笔下渐熟，定会写成较好的东西。

一九六二年七月六日

## 五

惠书诵悉。增教数篇文言，所示篇目均可用。唯词可不选。诗词与散文是两回事，似非必需。另一办法，专从《史记》或《孟子》中选若干篇亦可。教材仅是教学之凭借，学文言在领会文言之词义句式及表达方法，教师指导有方，学生潜心修习，只从一书中选材亦能有长进，固不须五花八门也。教师当然须教，而尤宜致力于"导"。导者，多方设法，使学生能逐渐自求得之，卒底于不待教师教授之谓也。附述所见，以供参考。

一九六二年七月十二日

## 六

惠书并总结两份诵悉，欣愉之情，非可言状。为别年余，未尝通信，而时闻社①中同志相告，足下教学日进，誉声颇著。今岁之初到无锡，曾思奉访，而参观时迫，离去匆匆，怅未如愿。今读惠书及印件，宛如对面长谈，所云欣愉，盖以此也。

总结两份之内容，大部分皆足下在此之时社中同志所恒言者，而足下又益之以近获之经验，故能深切著明若是。我唯有欣然领受，别无意见可提，印件则留置案头，俾得随时重观，以资沾溉。

年来常与景山、二龙路、丰盛胡同三校②之语文教师接触，时或往观授课，颇感教师增加本钱，最为切要。所谓本钱，一为善读，一为善写，二者实相关而不可剖分。去年尝写一短文曰《"教师下水"》付《文汇报》，希望教师经常练笔，深知作文之甘苦，盖即添本钱之意。而除课本以外，经常认真看书读报，熟悉阅读之道，是亦添本钱也，我尚未为文言之。此添本钱之说实至寻常。唯有老师善读善写，乃能导引学生渐进于善读善写。苟非然者，学生即或终臻善读善写，断非老师之功。足下精研语文教学，敢以浅见奉告，乞断其所思当否。

循诵印件，觉其强调教师精究课文，讲透课文，此固非常必要，而于同时导引

---

① 指人民教育出版社，下同。

② 指北京的景山学校、二龙路学校、丰盛学校。

学生自动理解课文,为他时阅读任何书籍文篇作准备,言之无多,似感不足。及读至从多讲到少讲,从讲到不讲之处,乃知足下与同事诸君,固已注意及之。于此我欲进一言,可否自始即不多讲,而以提问与指点代替多讲。提问不能答,指点不开窍,然后畅进,印入更深。而学生时常听老师提问,受老师指点,亦即于不知不觉之中学会遇到任何书籍文篇,宜如何下手乃能通其义而得其要。此如扶孩子走路,虽小心扶持,而时时不忘放手也。我近来常以一语语人,凡为教,目的在达到不需要教。以其欲达到不需要教,故随时宜注意减轻学生之依赖性,而多讲则与此相违也。

我颇有零星想法,如获晤面,逞臆而言,可历数小时。而累累书之,则为时力所弗许,幸谅我书之简略。何日大驾来京,或我有再到无锡之便,必当谋作半日之谈。无锡景物宜人,足下居之,想至安适。余不多及。

一九六二年七月二十三日

# 七

承相问,自当作答。但是说不出精要的话,又不能详说,恐怕对足下没有多大助益。

通过写作关,大概须在思想认识方面多下功夫。思想认识是文章的质料。有质料是首要的,没有质料如何能写?质料有了,还要求其好,不好的质料当然写不成好的文章。平时学习理论,学习各种学科,关心国内外形势,阅读书籍报刊,参加生产劳动,参加社会活动,都是丰富和提高思想认识的途径。从中有所得,就是文章的质料,练习写文章就可以利用这些质料。

写文章是运用语言来写的,因而语言方面也须下功夫。正确,明白,有条有理,首尾贯通,大概是起码的要求。经常留心自己的语言,经常观摩人家口头说的笔下写的语言,哪是好的对的,哪是不好的不对的,都仔细辨别,这样可以提高对语言的敏感。要紧的当然是多练,就是勤于动笔,每逢动笔决不马虎。勤于动笔实际上不仅是动笔而已,同时也是勤于动脑筋,在运用语言写出某些质料来这件事情上动脑筋。多练才会熟,熟了,写作关也就通过了。

我开不出书目,说不出哪些书对写作最有助益。我只觉得文艺作品当然应该读,但是为要通过写作关,就不宜只读文艺作品,其他东西也应该读。所谓通过写作关,目的在能顺顺当当地写好一般文章,记事记得一清二楚,说理说得明白晓畅。文艺创作是另外一回事,先要通过了写作关,才谈得上文艺创作。在中学阶段,语文课教学生作文,并不希望学生从事创作。就是大学语文系,也是如此。文艺创作不是人人必须办到的,写作关却是人人必须通过的。读一些文艺作品,就学习写作这方面说,也无非因其有助于写好一般文章而已。

一九六二年九月一日

## 八

惠示大稿已逾一月,今日始作复,定劳盼念,深以为歉。

大稿通读一过,于其大旨,我颇同意。尝谓教师教各种学科,其最终目的在达到不复需教,而学生能自为研索,自求解决。故教师之为教,不在全盘授与,而在相机诱导。必令学生运其才智,勤其练习,领悟之源广开,纯熟之功弥深,乃为善教者也。因读来稿,辄简书所见于此,请观我意如何。

原稿另封奉还,请检收。

一九六二年十一月七日

## 九

寄来文稿已细读一过。所叙确是足下之经验,勤于教学,刻苦进修,良佩。以文章而论,我嫌其说得稍繁,还可精简。

我谓教师宜勤于动笔,不专指与学生同作一题。出题为学生设想,自属必要,每次与学生同作,似可不必。教师另作他文,第须认真为之,皆于指导学生有助益。足下以为何如?我将大稿寄与《文汇报》,请报社考虑是否可以刊载。如不刊载,我托报社直接奉还。

一九六三年一月三日

## 一〇

来书早读,迟至今日作复为歉。承告工作与生活之情形,皆感欣慰。已得麟儿,遥致祝贺。所询数点,简答于下。

传统的语文教学方法,我未尝说过。有人言之,恐各有其概念,所指未必尽同。从前注重读,此至有道理。古文与口头语言殊异,读之至熟,实即学习古文之语言。必熟乃能写,亦如今时儿童熟习口语,乃能说连贯之一段话也。今时教古文,自亦宜熟读,虽不求其能写,而熟习其语言乃能深味其意义,较之仅仅看一二遍好得多。在此意义上,现代文亦须熟读,即不能篇篇熟读,亦宜挑若干佳篇读之。

为活动而活动,当然不好。任何事情,遗其本旨,流于形式,均属不好。教课之本旨并非教师讲一篇课文与学生听,而是教师引导学生理解此课文,从而使学生能自观其他类似之文章。既曰引导,自须令学生有所事事。使彼练习,向彼提问,皆其事也。若此之练习与提问,当不致流于形式。

《夜》另有所据,据实事而益之以想象。瞿秋白所说,与《夜》无关。

《略谈作文批改》已看过。意思大体同意,唯觉说批的部分说得太多,似乎有非作种种的批不可之意。我想有可批才批,无可批即不批,不一定眉批段批总批一应俱全。批改不是挑剔,要多鼓励,多指出优点,此意甚好。请容我老实说,此篇写得较粗糙,似未经仔细斟酌,故颇有欠妥当之语句,如"眉批的针对性强,能把批语落实到具体的病例中",即其一也。足下如仔细重观,当能逐一发现不妥之处。率直奉告,谅不以为忤。

一九六三年一月十五

一一

来信诵悉。承询之事,简略奉告如下。

我在座谈会中所言,原属个人意见,供教师参考,非欲强人必须照办。此点想尊处亦已知之,不待我之详细解释。

作文教学欲期收效,欲令学生获得实益,最重要之一点在提高教师之业务水平。教师业务水平高,讲读课教得好,作文课指导得好,批改得好,学生自能日有进益。帮助教师不断提高业务水平,我以为是文教科之重要工作,不知足下以为然否。

至于批改,无论全班改,轮流改,重点改,必须使学生真正明晓教师之用意,且能用之于此后之实践,乃为有效。尤须所批所改无不中的,悉得其当,使学生受真正之实益。如何使学生真正明晓,此教学方法之事,未可忽视。如何则所批所改无不中的,此系于教师之业务水平,尤关重要。

教师必须兼顾全班,使全班学生均有进益,此是天经地义。我并非反对全班改,我只以为于全班改之外,兼采其他方法,既节教师之劳,不损学生之益,似亦未尝不可试行。此所谓其他办法,教师可以本其经验而为创造,轮流改、重点改之外或更有他途。如以某一学生之文为材料,书于黑板,师生共改,而教师于此际起主导作用。全班学生如真能人人用心,其受益必不鲜矣。

至如本本批改，而所批所改或当或不当，询之学生，学生又不尽明晓教师之用意，如此者即属劳而少功，我未能同意者也。

一九六三年一月二十二

## 一二

惠寄长函敬悉。所论诸点皆见高怀，无不心折。我识见短浅，又杂事稍集，仅能略书数语，勉酬雅意。

新作歌词，满人意者殊不多觏，往往病在缺乏诗味。诗味为何固难言，然自有此一种味。无此一种味即歌之索然，听之寡趣。至于作曲，往往调与歌之情不合，甚且工尺与字之声音不合。先生志欲通诗乐之邮，自必于来学者多方启迪，庶免我所举之病矣。

习作一课，我谓宜认定标的，师生全力以赴之。标的为何？文理通顺而已。学生明乎此，认真练习，教者明乎此，认真指导，终必有成。批改固教者之要务，然须进一步想，必使学生能自改其文，或文成而竟不须改，乃有济也。果臻文理通顺，习作课即为成功。至于思想之高深，意境之超妙，皆关系于学养，习作课所不克任也。高明以为何如？

一九六三年三月二十九

## 一三

惠书并意见书一份均诵悉。所论诸点，与我平日所思颇有相同之处。同声相应，感佩可知。所谓教师之主导作用，盖在善于引导启迪，俾学生自奋其力，自致其知，非谓教师滔滔讲说，学生默默聆受。所谓阅读教学，本身自有其重要性，并非作文教学之辅。而善于指导阅读，虽不喋喋言作文，实大有利于学生作文能力之培养。我有时应邀作讲，辄言及以上两点。听者似皆首肯，而是否遽付诸实践，尚不可知。行与知固未必常相随也。

尊论各级各科之安排，用意与极少数试验学校之设想相类。不拘故常，深研求是，精神可佩。

意见书当交部①中研究部门仔细研究。

---

① 指教育部。

简略奉复,聊答雅意。

一九六三年五月八日

## 一四

来书并文稿两篇均诵毕,欣快殊甚。近日我尝应邀为一部分语文老师谈话,亦及此题。我谓课本中明明有政治性文篇,明明有文学作品,宁有避而不谈政治与文学之理?所称"不要讲成"云云者,勿脱离本文,抽出其政治之道理而讲之,化为文学理论之概念而讲之耳。此意颇与尊论相近。今闻同调,自当欣快。我之了解,工作条例①中列入"不要讲成"云云之语,盖针对教学上之积弊而言。其言至简略,且引起若干教师之疑惑,是则有待于商讨研究,其为阐明。复次,工作条例固未遽定,苟多数意见以为宜改否定之语式为正面之述说,必将择善而从矣。大稿即转交《人民教育》编辑部,请彼考虑是否发表。特此奉答,幸恕简短。

一九六三年七月二十四

## 一五

接读来书已月余,近又获诵第二书,延迟作报,良为歉疚。选辑若干文篇供学生阅读,此事自属可行。盖课本选文不能多,而学生诵此少量文篇实嫌不足,别有选本俾自为诵习,正应其所需。至于多诵文篇,固有裨于作文,然目的不仅在练习作文。阅读教学之目的,我以为首在养成读书之良好习惯。教师辅导学生认真诵习课本,其意乃在使学生渐进于善读,终于能不待教师之辅导而自臻于通篇明晓。课外更读选本,用意亦复如是。果能善读,自必深受所读书籍文篇之影响,不必有意摹仿,而思绪与技巧自能渐有提高。我谓阅读为写作之基础,其意在此。若谓阅读教学纯为作文教学服务,则偏而不全矣。承嘱为选本作序,拟即以此意书之,请观妥否。序文暂不动笔,待选本排版将成之时,当可交上,不误出版之期。选本之名,我以为用《中学语文课外阅读文选》即可。前次寄来拟选之文篇全份,嘱我阅看。我杂事稍多,暇时颇少,苟随便翻阅,同于未阅,欲遂篇详览,势有所不能,以故敢违雅命,不复阅看,径即奉还。(写作常识之部分曾约略翻阅,觉得尚可。)我思足下有教研室之同志共商,复有教育厅与出版社之协助,第须以郑重其事相约,入选之文必以"质文并美"为准,所选定能悉当矣。吕

---

① 指《全日制中学暂行工作条例(试行草案)》。

叔湘先生近往东北,回京须在九月间,嘱转致之书暂留我处。《教师报》恐未能遽行恢复。承告他科教师亦须留意语文,高师文科宜加书法课,宜介绍传统语文教育,用意甚好,当告部①中同志,期共同注意,促其实现。

一九六三年七月二十七日

## 一六

惠书诵悉。我的意思,练字要认清目的。目的在应用,叫人看起来方便,觉得顺眼,照我那篇短文所说的尽够了,用哪种笔都一样。目的在学习传统的书法,自然要看看碑帖,下功夫临摹。看碑帖无非要看出它间架行款的好处。临摹可以挑几种跟自己的字相近的碑帖。讲究执笔法,目的在做到运笔灵活。死死拿着笔,运笔不灵活,字就不容易写好。临摹只是初步,进一步要求有自己的独到处。真有独到处,就是书法家了。

至于每天写多少,什么时候写,我想并无一定。总之,一要不间断,二要每写必认真。当今国内谁是书法家,恕我回答不出。

一九六三年八月八日

## 一七

惠书及大稿均诵悉,欣愉殊甚。所叙语文教学各方面意见,皆属经验之谈,非确有所得,不能言之深切著明若是也。为学生改易文稿,令探索所以改易之故,此一举尤堪称美。教师改文,业至辛勤,苟学生弗晓其故,即功夫同于虚掷。今责令探索,彼必将用心而自得之矣。近年来我常与教师会晤,谈次辄及语文教学,既无实际经验,则言平日之所思,而颇有与尊论暗合者。同声相应,同气相求,展诵终篇,乐可知矣。大稿恐须留存,谨奉还。

一九六三年十月七日

## 一八

来书以今晨读悉。承相念,深感。我身体尚好,无甚毛病。堪以告慰。所询各点,我亦未必知之深切,详尽言之,此书将极长,只得简略言之。

一、此一点我曾在京与一部分教师谈过。大意谓语文教学之一个目的为使

---

① 指教育部。

学生练成读书之本领。此种本领不能凭空练，故令阅读课本而练之。课本必须善读，一也，因善读课本而自能读其他书籍报刊；二也，二者皆能做到，乃为达到目的，教学成功。——课本中有各类文章，包括政治性之文章与文学作品，皆须善读，由语言文字而深明其内容，且有裨于思想之提高，品德之修养。故凡篇中之内容，决不可随便放过，此其一。又不可脱离文篇，作不相干之发挥，致违循文求义，练成读书本领之旨，此其二。——而前此数年，一般教者有置课本于旁，另外发挥一通之习惯。今纠其弊，乃提出"不要教成……"之说。不要教成政治课者，不要从课文中抽出其政治道理而空讲之也。不要教成文学课者，不要从课文中概括出若干文学概念文学术语而空讲之也。学生但听空讲，弗晓本义，无由练成读书之本领，所以其法不足取也。

二、布局谋篇，我想是一个意义就两方面说。譬如造房子，某室放在东南角，某室放在西南角，此是布局，而现有多大地皮，意想中要造成如何用途如何式样之房子，此是谋篇。

三、文章深浅恐不能以时期分。先秦之文亦有较浅易者。唐宋作者大多摹古，而选词造语，或平易或艰深，殊不一致，即一人之作，亦复互有浅深。我思读文言，最当令学生明白同一个字而意义有古今之别。次则须令熟习常用之文言虚词，熟习常用之文言句式。此数者皆于读课文时训练之。训练得好，学生读课本以外之文言自能大体通晓。自己能读《资治通鉴》，若悬为高中毕业之标的，我想良师善教，学生勤学，或可做到。

四、评点的办法，做得好，确于读者大有助益。出版社编辑者尚无力及此，有心的教师不妨试为之。

五、《古代汉语》稿本我看过①。其中语法问题与他家有相异之处，各大学亦有提出者。我意中学不妨照课本教。

简答如上，皆个人之见，未必尽当，聊备参考耳。

一九六四年一月二日

# 一九

去年五月间接来书并大稿，稽迟至今始作报，疏慢之咎，未敢乞恕。倘蒙原宥，感幸深矣。所示油印本虽亦通体翻观，以目力不济，第知大略，未能细读。凡

---

① 指北京大学王力教授主编的《古代汉语》，该书稿本，曾经请作者审阅。

所述说，均表同意，复有鄙意之所未及，良感开导之益。教师于此获得启发，从而改进其业务，学生于此获得指引，从而勤勉于练习，成就必多，造诣必深。先生之嘉惠溥矣，至深钦佩。

我尝怀一念，书之于此，希承教正。我谓实际作文，皆有所为而发，如作书信，草报告，写总结，乃至因事陈其所见，对敌斥其谬妄，言各有的，辞不徒作。而学生作文系属练习，势不能不由教师命题。学生见题而知的，审题而立意，此其程序与实际作文违异。故命题必如学生所自发，彼本无所为，示之以题，彼即觉有所为，欲罢不能，非倾吐不可：如是乃可使练习与实际一致，见题作文与自发作文无殊。而作文为社会生活中不可缺少之技能，非语文教师强加于学生之作业，学生亦可历久益明，习之益加勤奋。先生以为此意何如？

一九六四年一月四日

## 二〇

来书接到已久，延至今日作报，良深歉疚。"语文"一名，始用于一九四九年华北人民政府教科书编审委员会选用中小学课本之时。前此中学称"国文"，小学称"国语"，至是乃统而一之。彼时同人之意，以为口头为"语"，书面为"文"，文本于语，不可偏指，故合言之。亦见此学科"听""说""读""写"宜并重，诵习课本，练习作文，固为读写之事，而苟忽于听说，不注意训练，则读写之成效亦将减损。原意如是，兹承询及，特以奉告。其后有人释为"语言""文字"，有人释为"语言""文学"，皆非立此名之原意。第二种解释与原意为近，唯"文"字之含意较"文学"为广，缘书面之"文"不尽属于"文学"也。课本中有文学作品，有非文学之各体文章，可以证之。第一种解释之"文字"，如理解为成篇之书面语，则亦与原意合矣。

一九六四午二月一日

## 二一

昨日听赵老师教课①，至为欣慰。今略陈鄙见，以备参考。

赵老师讲说不多，随时启发学生思考，评学生之答案，有鼓励，有指正，要言

---

① 课文是《十六年前的回忆》（李大钊的女儿李星华一九四三年作），北京市高小语文第四册。

不繁:此皆引导学生用心阅读之正途。又闻两位学生指出同学读书之缺点("舆论很多是……""很多是"必须连读,"登着父亲他们二十几个人……""父亲他们"必须连读),足见赵老师平时注意训练诵读,诵读得其当,于理解课文内容,于养成语言好习惯,关系皆至重大。赵老师又举出学生未及指出之误读,谓"我是不能轻易离开北京的"读为"我是不轻易离开北京的",指出"不"与"不能"有别,引起学生之仔细辨别,此亦至为得要。又"侦"字板书多写一画,学生为之指出,赵老师随即更正,此足见师生关系之融洽。

我之意见,教师引导学生用心阅读,宜揣摩何处为学生所不易领会,即于其处提出问题,令学生思之,思之而不得,则为讲明之。今据此一课举出数点为例。

昨曾与二位言及,此课第一段第二段皆从四月六日早晨说起,此为学生所不易领会(二位亦言预习时曾有学生提出此一点)。以是必须令学生辨明,第一段"春天来了,快到外面玩去吧"以下,并非叙当日之事,而是叙四月六日以前数日间之事。父亲见姐妹二人换上新夹衣,说此简短之一句话,作者即想到"那些天父亲很忙,很少得空跟我们讲话",于是说"那些天"之事。直到第二段开头又回到四月六日早晨,出游者为母亲与妹妹,而作者并未依父亲之言出游,遂与父亲同被拘捕。

"书籍和文件"大概属何种性质,何以须烧去,李大钊烈士所做为何种工作,张作霖何以要拘捕李大钊烈士,此诸点恐非学生所能明知。教师若为简要之讲说,可以加强革命传统教育。(二十九页十五行虽有"革命事业"字样,似宜令学生知之较具体。)

二十八页倒二行与末句,恐须令学生细辨。前一句作者心中自问"是不是痛心……无辜被烧呢"。自问之后即作肯定回答,父亲确是痛心……无辜被烧。此意并未写出,而径作第二问。所云"不愿意",即痛惜此类书籍文件,不愿烧去也。

总之,教师之主导作用在就学生已有之能力水平而适当提高之,使能逐步自己领会课文之内容与语言之运用,最后达到不待教师之讲解而自能阅读。阅读教学循此为之,学生写作能力之提高亦非甚难事矣。未识二位与诸位老师以为然否。

一九六四年三月十一日

二二

惠书诵悉。编辑《作文辞典》之计划,亦细读一过。此辞典收集各类佳句,我不敢谓其不切于用,亦未能信其至切于用。请略言之。作文必有可写之材料,材料之来源为真经验真知识真感受,此类皆由"自得",不宜求之于辞典。既有材料,发而为文,用语务求明确,缀语必有伦次。此则平时锻炼思想方法之功,学习语言运用之效,而善听他人之谈说,善读他人之佳作,亦复有助。辞典唯列语句,无上文下文,莫由知其承贯,即或略资启发,究未免近乎枝节。我谓未能信其至切于用,盖在此耳。

一九六四年三月二十日

## 二三

惠书诵悉。承询之事,我无实际经验,仅能以涉想所及奉答。工农子女家庭中无人辅导,或且有参加生产劳动助作家事之负担,故其学习较差系由于条件,非其资质特低劣,此一点拟宜首先肯定。足下为班主任,是否可以与各科担任教师共商,一方面改进教学,一方面注意个别辅导。某学生何处不明,何处不熟,即针对而助之。苟有数学生情形相类,自可合为一组。教师之积极性固须鼓起,而学生亦必鼓超其积极性,乃能悟教师之好意,认真补习,逐步有进。无论何种功课,大概步步踏实,则习之不难。故为学生辅导,宜究明其不明不熟之处何在,由此出发,更令稳步前进。另作辅导,教师自必增其劳。教师可云甘为学生服务,不惮其劳,而增加学生之学习负担,或妨碍学生回家劳动助理家事,亦必设法尽可能避免。至于如何设法,须就实况斟酌,我弗能言矣。复次,来书言改进教学,不识其内容何如。我意如能令学生于上课之时主动求知,主动练习,不徒坐听教师之讲说,即为改进教学之一道。教师不宜以讲课本为专务。教师指示必须注意之点,令自为理解,彼求之弗得或得之而谬误,然后为之讲说。如是则教师真起主导作用,而学生亦免处于被动地位矣。上述意见未必悉当,希以实际教学经验评断之。

一九六四年五月三日

## 二四

惠书诵悉,迟复为歉。昔在上海尝晤面,恕我健忘,已不复记忆,观尊影乃仿佛想起。大稿数篇,皆循诵一过。所叙多为学校生活,此方面题材,写之者较少。足下任教有年,就其亲历而抒发之,所趋自属正途。读之不感枯燥,想象时有佳趣,唯主人公思想认识之转变,往往言之简略,令人感觉其过于轻便。他则语言颇嫌粗糙,用词造句有未妥处,一气读下去有不承贯处。总之,各篇似尚在粗坯之阶段,欲以示报刊之读者,还宜认真加工。足下既嘱我过目,我不敢不以实告,幸亮察焉。至于投稿,固文人之常事,投而不见录,亦属恒有。据我所知,解放以来报刊编者之作风大胜于前,彼辈于多量之来稿中反复发掘,务求得佳稿而刊布之,以期无负读者。故所投稿果有长处,必不致埋没,苟不见录,当有其所以然矣。来书意谓须有人推荐揄扬,乃易于见录。请容我直言,此盖封建时代文坛之旧习,以观今世,则未免卑视报刊编者矣。来书又谓专业思想巩固,我深感欣慰。教学工作大有可为,专意为之,贡献至大,其乐无穷。如是则不宜更谋徙业。而又托我以三事,何也?兹特奉答,此三事皆我所弗克办,且亦弗愿办。请思之,足下处于教学工作岗位,颇具专业思想,我肯想方设法,引而去之乎?易地以处,足下亦必不愿为之矣。我意教学工作与文艺习作并不相妨。教学为本业,自当尽心竭力,务求克致佳绩。以其余暇从事习作,精究如何着笔则有裨于读者,如何琢磨则可成为佳作,持之不懈,终必有进。而此亦为服务之一途,非为个人之名利,犹必始终以之,乃可谓善于自处。我言率直,意则诚恳,若蒙斟酌采纳,则深幸矣。大稿另封奉还。

一九六四年五月六日

## 二五

　　诵来书并大稿,甚佩造诣之深。以若是之才教语文,编教材,自易使学子心通,课本切用。且二十四之年已臻此境,更积岁月,精进何可限量?我不唯于足下深感欣慰矣。通览全稿,具见比勘归约,用力至勤。我无意见可提,第请陈其心情。偶见有人称扬拙作,我辄惶愧不安,以为过誉。非好为谦抑,实缘自知之明。凡我所作,其质皆甚平庸;至于语言文字之间,虽欲求其精当,而实践不足以副之,文集固经修改,疏漏宁能尽免?足下谓有若干不妥之处未加改动,复有改而转见弗当者,即其著例。又,于规范化未能前后一致,则以改动非于一时,认识尚未确立之故。今承指明,良为汗颜。我意大稿于此等处不宜略而不谈,此则唯一欲提之意见矣。农中教材如何编辑,我至愿闻知。尝谓语文教材在培养学生阅读之能力。阅读得其方,写作之能力亦即随而增长。学生离校而后须阅读各类各体之文,故教材须兼收各类各体之文。学生诵习教材,赖教师之指导,而领会其质与文,第领会教材之质与文犹未已也,非最后之目的也。必于教学之际培养其自动性,终臻不待教师指导而自能领会之境,于是可以阅读书籍报刊而悉明其旨矣。此则阅读教学最后之目的也。所见如是,略陈之以备参考。足下谓将撰《修改的艺术》一书,甚善。我意修改之要,在材料之取舍,观点之斟酌,组织之当否,逻辑之顺否。若此之类,较之一词一句之推敲尤有关于文章之优劣。想足下必熟知其故矣。

一九六四年六月六日

# 二六

　　五日手书诵悉,作答稍迟为歉。我之文集未必再版,足下所见修改疏漏处,希便中抄示,俾据以核对,自知其谬。尊撰提纲阅过,略提意见如下。"前言"一项中谈"修改是怎么一回事",似可说明修改非语言文字之事,实为思想认识之事。作者检点其所叙所论,觉识之未真,思之未谛,乃援笔修改。改动者固为语言文字,推其根源,则思想认识有异于初时之故也。第二项1、2、3 三款之材料诚不易得,苟扩大选材之范围,不以所列诸人为限,或较有办法。今时机关团体撰写文件,往往屡易其稿,数经讨论,最后定稿颇有大异于初稿者。苟能收集若干件,择其无妨公开者采用之,初稿与数次改稿并列,征得其同意,则于读者甚为有益。又,报社杂志社于记者投稿者之稿恒有大加工,如能收集若干篇,亦可选出其特具精心者。且选用机关团体文件与报刊文章,实最切读者所需之举也。第二项5、6、7、8 四款似可斟酌合并,"确切""明确"可不分,"表达精粹"似颇难言。9 款似可不提,苟能"顺畅",即为广义之"通俗"矣。意见止此而已,思之未审,聊备参考。我甚望足下此作,不偏于文艺,而兼及各类文章。目的在使读者得所借鉴,勤自练习,达于通顺之境。无论撰文艺,作他类文章,固同以通顺为之基也。关于农中课本,来书"体裁"一项中有"以记叙文说明文为主"之语。我觉说明文极重要,说一种机械,说一种操作方法,说一种原理,皆学生必须学会者。此类文章首须准确,次须明白。而选材至不易。报刊所载,类多不耐仔细揣摩,准确明白两皆有违。语文以外之其他课本大多为说明文,似可选少数章节入语文课本也。尊处选得之篇章,希以其目抄示,并书明其出处,我社①将据以考虑选入普中课本或否。至于文言诗文,我亦主张"索性不选"。写作知识短文不列在单元末尾,甚好。写作系技能,不宜视作知识,宜于实践中练习,自悟其理法,不能空讲知识。或以为多讲知识即有裨于写作能力之长进,殊为不切实际之想。

---

　　① 指人民教育出版社。

农用杂字,各地殊异,编入课文,恐将顾此而失彼。我不知如《新华字典》是否具备苏省各地区之农用杂字。如已遍牧,则令学生学会查字典,即可解决,不必求备于课本矣。因须用入若干生字而撰课文,往往流于牵强,此固编辑人共有之经验也。

一九六四年七月十五日

## 二七

来书今日始收到,观发书之日为上月十七日,不知何以延迟至此。承告精心研究语文教学,将按毛主席著作之精神,从实践中探讨规律与方法,并执笔写文章,一遍已毕,复写第二遍,夜以继日,工作不懈。足下身为语文教师,怀此大愿,于语文教学之重要,语文教学现况之了解,言之皆颇深切,又复注重力行,欲竭其所得,写告同业,凡此诸端,我深表敬佩。因未观尊稿,无甚意见可提。俟稿成之日,希寄我一读。苟有所见,当详悉言之,藉贡参考。有一事可言者,语文教学之提高,与教师之水平关系至巨。教师辅导学生者为阅读与作文二事。教师善读善作,深知甘苦,左右逢源,则为学生引路,可以事半功倍。故教师不断提高其水平,实为要图。而不断提高之原动力又在于思想政治也。

一九六四年九月五日

## 二八

来书到已十余日,迟复为歉。尊论谓《梅花岭记》"或曰"一段记种种传闻,旨在写影响,我以为此说至确。苟非此旨,则上文既已叙史公之死之葬,何必复叙或人之言?其叙或人之言,盖以引出英霍山师与孙兆奎答洪承畴语。是皆影响也。曰"英霍山师",曰"仿佛陈涉之称项燕",曰"孙公兆奎以起兵不克",全氏之立场显然可知。而末一段议论则承"或曰"一段,其要义为"忠烈之面目宛然可遇"。全氏与客于百年之后尚"宛然可遇",则篇末一语自宜言当时起兵者之"遇"矣。由此以思,深钦足下辨析甚精,识解至卓,尝与编辑室诸同志共论,诸同志于尊论皆表同意,别有一书奉复。我再为寻绎,拟明如下数事。"而况"系自我辈(全氏与客)推进一层。"者"字确指"人"。明言"冒其未死之名",见起兵者于"果解脱否"固未尝视为问题,彼辈盖有所为而冒之也。至于"是不必问其果解脱否也"一语,系就我辈而言,此语亦可无,以回应上文"何必出世入世之面目"而有。如是云云当否,尚希察之。教学参考资料一份奉还。

一九六四年九月廿九日

# 二九

来书到已数日，并大稿皆诵悉。今日得暇，作此奉答。

大稿言注释古书之意见，皆精到。谓作注宜有决断，众说之中，其一显然准确，即不当罗列诸说，致增读者麻烦，实为卓见。投寄刊物，我意以足下径寄为便。此一份为油印件，拟不奉还，而交与人民教育出版社编辑同志作参考，缘其中有多处言及《古代散文选》故。希邀惠许。

三种口号①我偏向第三种，即"读写结合，以用为主"。前二种均有"讲"字。讲当是教师作讲之意，教师讲，学生听，则主动被动之势判然。学生已在大学阶段，而犹处于一味听讲之被动地位，恐非所宜。苟教师不讲，唯为简要之启发与指点，俾学生由是而自求得之，则学生处于主动地位，而教师亦未尝失其主导作用也。次言'练'字。练即实践，即认真执笔为文，此断不可少。唯练似宜通乎课内课外，不宜专以课内作文为练。课外应需而作文，固用也，而亦练也。学生能明乎此，则随时随处认真，不以课内作文为特殊事项，进步殆可较快。复次，课内作文最好令作应需之文，易言之，即令叙非叙不可之事物，令发非吐不可之议论。课内练习，固将求其应需，非欲其徒然弄笔也。练习而同时应需，此即解放军训练从实践出发之观点，宜可提倡。此我所以赞同"以用为主"也。

大学写作课选范文，我略知数校之情形。知之弗广，不能提出意见。我思选若干篇亦好。而尤宜令学生注意者，书籍报刊佳作至多，用心读之，皆为范文，固不以课内所选之若干篇为限也。课内授范文，尊意与我同，即唯作简要之启发与指点，俾学生由是而自求得之。启发与指点，我意宜注重范文作者如何达到此思想认识，又如何表达之。所谓篇章结构，盖皆由此而定。徒求之于篇章结构而不探其本，是为以文学文，恐非善道。

诗歌与抒情文，我亦不主张归入写作课。中有蕴蓄，必欲以语人，作诗与抒情文，自然值得赞许。然究非人之必需，故不必列入课内。若有课外文艺小组，即可共同切磋观摩。

来书谓在一年级系统的集中的结合学生作文例子讲写作基础知识，此言我大体赞同。结合学生作文例子，大概属于纠正错误者多。学生作文之错误，按实

---

① 三种口号，指"讲练结合，以练为主"、"讲读练结合，以练为主"，"读写结合，以用为主"。

言之，情形亦无多种。只以不多加注意，致一错再错。苟能深切注意，于实践中认真纠正，则自多错而不错，亦正非难。至于求作文之更好，则在政治认识之提高，思想方法之有进，社会实践之深入，固非写作一课之事。"讲"字我不甚赞同，而以为须令学生自求得之。

以上所叙皆我个人之见。第凭想象，非出实验，未必尽当，聊供参考。大学尚须设写作课，实非得已。如何于不甚多之课时内令学生获得应需之本领，诚属迫切之事。甚望诸同志以马列主义毛泽东思想为指针，钻研此一要题，获得佳绩。

一九六五年七月十七日

## 三〇

手书并大稿①于前四日收到。对观鲁翁文之原稿与改定稿，此事至有意味，因即抽两日之余暇展读之。虽仅抄录有改动之处，左右省视至便，已能窥见鲁翁当时之用心。足下之说明，颇有会心者多，能道着经营之甘苦。其他不甚重要处，鄙意似可不说。原文既标符号，对观即见异同。此胜于彼，可俟自悟也。承嘱修改，以不任多用脑力，未能应命，尚希谅之。二三年来，即为一二千言之短文，辄引起肝阳旧疾，累日不舒。书以奉告，以明其非推托耳。

一九六五午九月二十三日

## 三一

承将大稿重抄②寄示，感甚。这样指点文章的脉络，揭示作者的用心，旧时有所谓"评点"一派，做得好的对于读者很有帮助。今时语文教师若能继承这个传统，运用在教学过程之中，要言不繁，启发几句，让学生自己去体会领略，自必使学生大有受益。而足下此作，正是很好做到了这个地步的。五篇通体看完，觉得是颇为愉快的享受，回味犹有余甘。我为足下的学生庆幸，他们得到如此启迪，阅读能力与写作能力必然逐渐有进，终能达到随时肆应不穷。

我又想，应用于教学，与写在纸面上应有所不同。教学的时候，似可多提问

---

① 指收信人的《鲁迅手稿管窥》的部分原稿。

② 收信人第一次寄给作者的稿件，字体小而笔画细，作者多方用力审视，都无法辨认，只好将稿件寄还，请收信人用较大的字重抄一份。

题,让学生自己找答案,待他们真答不出,然后明白告之。足下以为然否？写成稿子,就自己说,等于作教案,把教学的主要步骤确定下来。如果拿给同事的教师看,又可以收到观察切磋的益处。写得较多,选取其精者出版,那不仅是教师,一般读者也喜欢看的。至于哪家出版社愿意出这一类书,我说不准。

承询哪些文章便于作解说,愧我未能作答。宽泛言之,凡是精心结撰的文章都有足以揣摩领略之处。

一九七三年八月二十日

## 三二

惠书昨日收读,良为欣快。

参加语文教研组活动,此甚有意义。据往时接触及近时间接闻知,语文教师以讲解为务者尚不乏其人,以为学生鲜能自览,必为之讲解始能明晓。鄙意则谓今日而言教育,此一点首宜打破。凡为教者必期于达到不须教。教师所务唯在启发导引,俾学生逐步增益其知能,展卷而自能通解,执笔而自能合度。苟能若是,或未足以言教育革命,然教育革命殆莫能外之。聊陈此意,请察其可否贡之于现任教师。

承示大诗三题四首,五律最胜。二绝句之前一首较次,诗味无多,意嫌拼凑。妄评忽罪。

一九七四年一月六日

## 三三

寄来颐和园图录的前言,此刻已经看完。要提的意见太多了,我目力不济,不能多写,只能画些黑线条,表示这个地方有些欠妥。总的意见是这篇东西还是毛坯,不像一篇可以给广大读者阅览的文字。

前一部分说颐和园的历史,后一部分说颐和园的建筑艺术,都像是写在作者笔记本上的摘记。这些材料还得充分融化,适当安排,找到恰当的语言形式表达出来,才能使读者理会,并且感到很有兴味。假如就用这一篇作为前言,读者看了前一部分会感到厌倦,看了后一部分只能似懂非懂。

我对于贵社和他社出版的风景名胜图册、古今书画册、考古文物图册之类的"前言"或者"出版说明"(还有风景名胜地区写在牌子上的"简介")一向有个意见,总觉得套语笼统语比较多,语言是似文似白,非文非白,基本上是文言底子。

这一篇就是个例子,因而我第一回把我的意见说出来了。

我想,风景名胜,古今书画,考古文物,全是挺名贵的东西,而在图册前部加上那样的"前言"或者"出版说明",太不相称了,我几乎要说出"玷污'这个词来。

改进文风,大家有分,我希望干编辑工作的同志都来做促进派。

凡是套语笼统语坚决不说,只要随时留心,是容易办到的。至于语言形式,当然要用明确的干净的现代汉语。文字虽然写在纸上或者印在纸上,要顾到口头念起来顺当,耳朵听起来清楚。像这篇稿子,放到口头是没法念的,用耳朵来听是无论如何听不清楚的。

我的话直率,也算是"知无不言,言无不尽"的意思。倘若诸位同志不给责备,又能虚心地考虑这些话对不对,就是我的荣幸了。

一九七九年一月二十二日

## 三四

来示敬诵。我于去岁六月杪病作就医,割除胆结石。住院至十月上旬始返寓,迄今又将四个月。虽体温脉搏消化睡眠皆正常,而心思体力大不如前。阅览书写全疏,亦不外出参加集会,不思不想,唯以闲坐遣时。承询语文教学法参考资料之编选,我前未涉想及此,颇难作答。古籍简要,如需采取,似宜作简要明确之释解,乃可使学生通其意而应乎用。师院学生将来为师,教其学生学习语文,鄙意以为先宜做到自己"通"。通亦不必求之甚高,善读善写即可。而所谓善写,非为饰美,务切实用,工作所需,生活所遇,咸能畅达,斯为善矣。苟此想不谬,则语文教学法似当着力于此。愧并无经验,言多空想,聊为书之,乞审其然否。

一九七九年二月三日

## 三五

来信业已接读。我年八十四有余,去夏因胆结石病动手术,至今还没有完全恢复,心思体力大不如前。加以视力衰退,阅览和书写都不甚方便,以故只能简略作答,尚希原谅。

寄示的几点意见虽是十几年前所写,我以为如能切实照做,在今天必能把语文教学推进若干步。教学有原理,有方法。原理须体现于实践之中,方法须灵活运用,不陷于拘泥。以故任课教师之不断提高,实为真正致效的主要途径。近年教师们人人自奋，都切盼做好本职工作，可是时间不多，条件不甚具备，进修提高还不怎么方便。我恳切盼望足下和同室研究的同志们特别致力于帮助教师们的进修提高，使语文教学迅速改变少慢差费的毛病，我极少实际经验，又兼衰老，不能外出，不能用心思考，而愿望语文教学得到切实改进的心情不衰。以故接来书之后，写以上的简单想法奉告。写如此二纸已感稍有疲劳，即止于此。

一九七九年三月十日

## 三六

来信今日接读。

我于去年因患胆结石入院动手术，住院将近四个月而后返寓。至今又将半年。虽一切正常，而心思体力大不如前。视力听力皆衰退，阅览，书写，交谈，俱不甚方便。医嘱勿出门，故外间集会悉不参加。今接来信，只能简略作答，尚希原谅。

语文教学诚须认真研究，且须从速而务求实效，否则必将妨碍四个现代化之进程。我久已不与学校接触，偶有所思，无非空想。时有人来询问，我总说今日大家注重研究，此是极佳事。切实研究，得到训练学生读作能力之纲目与次第，据以编撰教材，此恐是切要之事。至于教学之方式与方法，似可不求一律。甲教师与乙教师无妨各尽其能，教一年级与二年级，教此课与彼课，亦不必一致。总之以学生获得实益，练成读作之熟练技能为要。教师之所必须自励者，一则自己善读善作，心知其所以然，二则能真知语文教学之为何事（如何以须教学生阅读，何以须教学生作文之类），而不旁骛耳。拉杂写之，恐达意未必明晰。有无说错处，尚希察之。

一九七九年三月廿九日

出 版 人　　所广一
责任编辑　　代周阳
版式设计　　徐丛巍　郝晓红
责任校对　　贾静芳
责任印制　　叶小峰

**图书在版编目（CIP）数据**

叶圣陶语文教育论集/叶圣陶著：中国教育科学研
究院编 .—北京：教育科学出版社，2015.2（2024.11 重印）
　　ISBN 978-7-5041-9003-1

　　Ⅰ.①叶…　Ⅱ.①叶…　②中…　Ⅲ.①叶圣陶
（1894~1988）—汉语—语文教学—文集　Ⅳ.①G40—092.7
②H19-53

　　中国版本图书馆 CIP 数据核字（2014）第 178474 号

叶圣陶语文教育论集
YE SHENGTAO YUWEN JIAOYU LUNJI

| 出版发行 | **教育科学出版社** | | |
|---|---|---|---|
| 社　　址 | 北京·朝阳区安慧北里安园甲 9 号 | 市场部电话 | 010-64989009 |
| 邮　　编 | 100101 | 编辑部电话 | 010-64989422 |
| 传　　真 | 010-64891796 | 网　　址 | http://www.esph.com.cn |
| 经　　销 | 各地新华书店 | | |
| 制　　作 | 北京博祥图文设计中心 | | |
| 印　　刷 | 唐山玺诚印务有限公司 | 版　　次 | 2015 年 2 月第 1 版 |
| 开　　本 | 720 毫米×1020 毫米　1/16 | 印　　次 | 2024 年 11 月第 17 次印刷 |
| 印　　张 | 35 | 印　　数 | 56 001—59 000 册 |
| 字　　数 | 526 千 | 定　　价 | 59.80 元 |